鎮宅霊符神

感応秘密修法集

金華山人編著

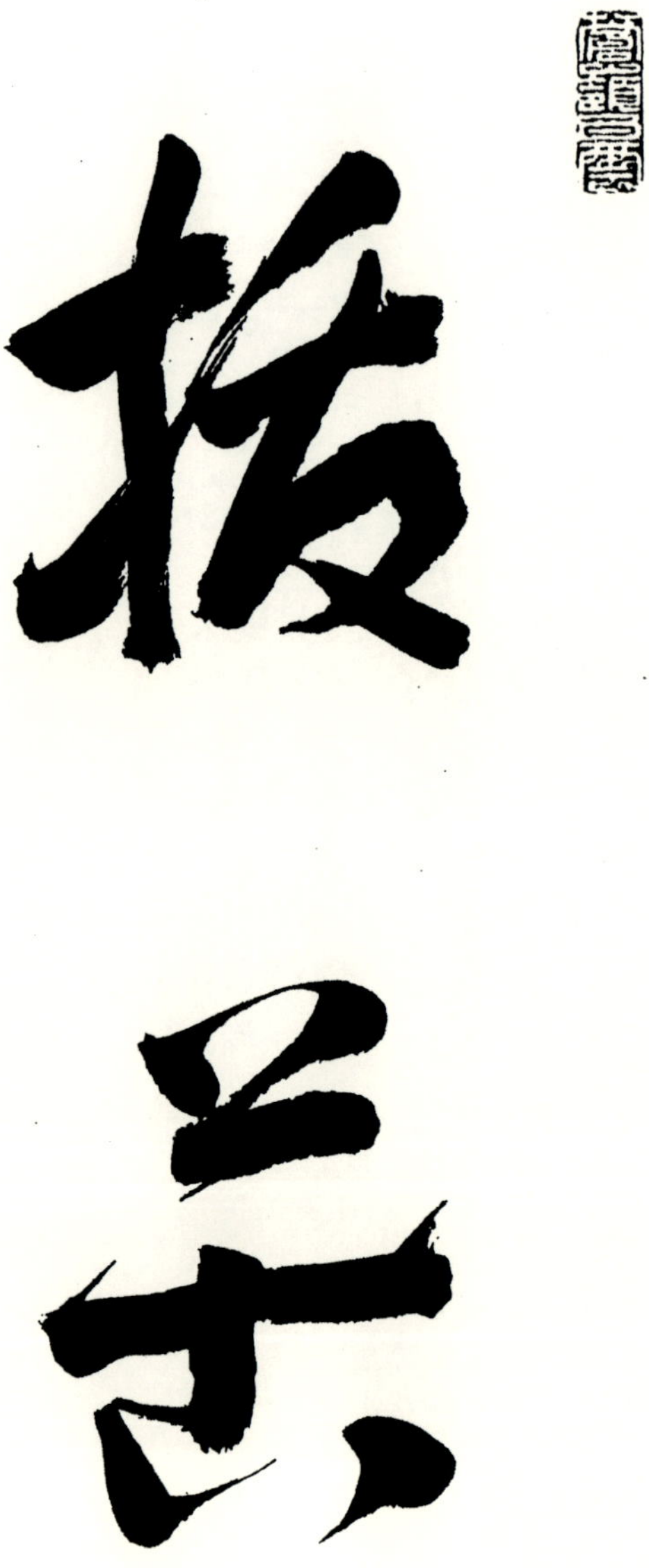

至乐

大觉篆书
辛酉二月 永垫

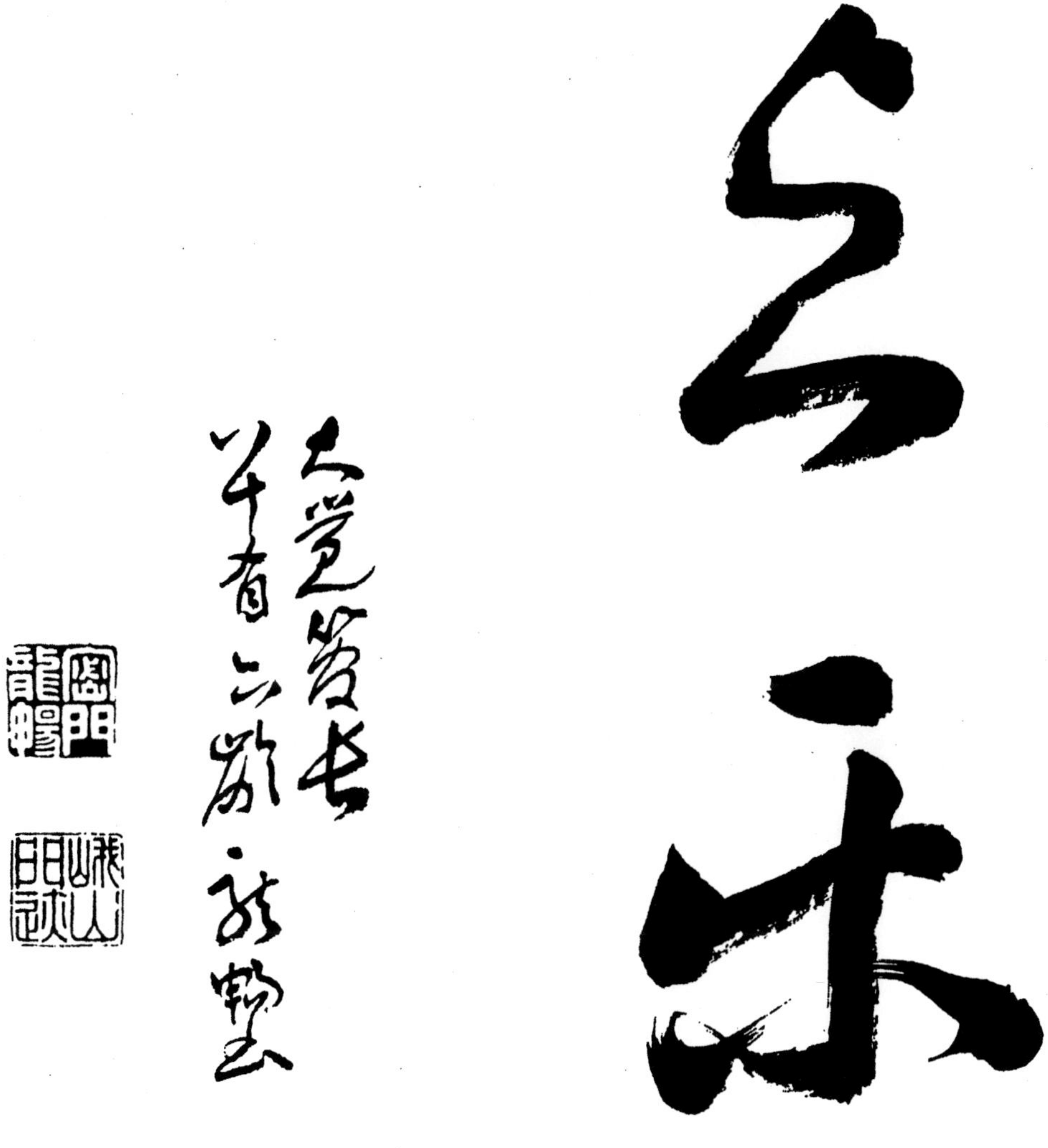

肥後守藤原清正公護身念持神

表面

肥後守藤原清正公護身念持神

裏面

鎮宅靈符神尊像

鎭宅靈符神古鈴并ニ畫像之圖解

此古鈴《コノコレイ》ノ鎭宅靈符神《チンタクレイフジン》ハ現時《ケンジ》某家《ハウケ》ニ傳來《テンライ》シテ、是則《コレスナハ》チ御神躰《ゴシンタイ》ト爲《ナ》シ安置《マツリ》在《ア》ルユヘ人《ヒト》ニ拜《ハイ》セシメサル神秘《シンピ》ノ器《キ》ナルモ、本卷刊行《ホンクワンカンカウ》ニ就《ツキ》テ同胞《ドウハウ》ニ結緣《ケツエン》ノ爲《タメ》ニ懇談《コンタン》シ遂《ツイ》ニ謹寫掲載《キンシヤケイサイ》シタリ、當時《トウジ》ノ古色《コシヨク》ハ燦然《サンセン》ナルニ、象形《シヤウケイ》ニ尊嚴備《ソンゲンソナハ》ル故《ユヘ》自然《シセン》ニ敬虔信念《ケイケンシンネン》ヲ發《ハツ》スヘシ、是《コレ》ニ附屬《フゾク》セシ公《コウ》ノ軍旗《グンキ》書類《シヨルヰ》モ添居《ソヒヲリ》シカ、今《イマ》ハ散逸《サンイツ》セシヲ惜《ヲシ》ムモ、是唯《コレタヾ》傳說《テンセツ》ノミニアラスシテ、鈴《レイ》ノ正面《セイメン》ニ嚴然《ケンセン》ト神號《シンカウ》ヲ拜《ハイ》シ、裏面《リメン》ニ肥後守《ヒゴノカミ》藤原《フシハラ》淸正《キヨマサ》ノ下《シタ》ニ花押《カヲ》及《オヨ》ヒ文祿《フンロク》二癸巳《キキ》二月日、於釜《オイテフ》山海《サンカイニ》ト在《ア》リ、又上部《シヤウブ》ニ龜蛇《カメヘヒ》ノ象像《シヤウ〱》在《ア》リ、是即《コレスナハ》チ靈符神《レイフジン》ハ玄武《ケンブ》朱雀《シユシヤク》ト稱《シヤウ》ス眷屬《ケンゾク》在《ア》リ、故《ユヘ》ニ神靈《シンレイ》ノ躰《タイ》悉《コト〱》ク具備《ソナハ》ル、是即《コレスナハ》チ公《コウ》ノ護身《ゴシン》常念神《シヤウネンジン》ニシテ、彼《カノ》朝鮮《テウセン》征伐《セイバツ》ノ時《トキ》ニ彼地《カノチ》ニ於《オイ》テ鑄製作《チウセイサク》ノコト炳然《ヘイセン》タリ、靈符《レイフ》ノ感應《カンオウ》ハ福壽《フクシユ》無量《ムリヤウ》圓滿《エンマン》ニ、諸災《シヨサイ》消除《セウシヨ》ノミナラス、出陣勝利《シユツジンシヤウリ》ニ武運《ブウン》永久《エイキウ》等《トウ》ハ、是則《コレスナハ》チ靈符《レイフ》ノ本誓《ホンゼイ》ニ有《ア》リ、故《ユヘ》ニ軍人《グンジン》カ信仰《シンカウ》スレハ、公《コウ》ノ如《ゴト》ク百戰《ヒヤクセン》ニ臨《ノゾミ》テ敗績《ハイセキ》無《ナ》ク連戰連勝《レンセンレンシヤウ》ノ大《タイ》功《コウ》顯著《ケンチヨ》ニシテ武《ブ》運長久《ウンチヤウキウ》ニ其名《ソノナ》ヲ轟《トヾロカ》シ得《ウ》ルコト疑《ウタカヒ》ヲ容《イ》ルヽ地《チ》無《ナ》シ、公《コウ》カ一世中《イツセチウ》ノ戰場《センシヤウ》ニ負傷《フシヤウ》セラレシ事《コト》ハ聞知《フンチ》セス、是則《コレスナハ》チ靈符《レイフ》ノ擁護《ヨウゴ》感應《カンオウ》ト考《カンガ》フ、世《ヨ》ニ誠忠無二《セイチウムニ》唯《タヾ》法華《ハフケ》信者《シンシヤ》トハ兒童《ジドウ》モ知《シ》ルカ斯《カク》ノ如《ゴト》ク靈符《レイフ》ヲ信念《シンネン》シテ、軍陣中《グンチンチウ》ニ祀《マツ》ルノミナラス、戰時《センジ》ニ提携《テイケイ》セラレタル鈴《スヾ》ト謂《イ》フ、今回《コンカイ》靈符《レイフ》ヲ祭祀《サイシ》シ信仰《シンカウ》ヲ廣《ヒロ》ク鼓吹《コスイ》スルニ方《アタツ》テ、能《ヨ》ク靈應《レイオウ》ノ迅速《シンソク》ト利生《リシヤウ》ノ偉大《ヰタイ》ナル徵證《チヨウシヤウ》ニ供《キヨウ》ス、

鎭宅靈符神《チンタクレイフジン》ノ畫像《クワソウ》ハ、是《コレ》亦《マタ》同家《ドウケ》ニ秘藏《ヒザウ》シテ、種々《シユ〳〵》ノ傳說《ナンセツ》有《アリ》ト雖《イヘト》モ、畫者《クワシヤ》ハ不明《フメイ》ナリ其《ソノ》傳說《デンセツ》ノミヲ妄信《モウシン》スヘキニアラス、故《ユヽ》ニ敢《アヘ》テ爰《コヽ》ニ喋々《テフ〳〵》ノ辨《ベン》ヲ畧《リヤク》ス、予《ヨ》ハ靈符《レイフ》ノ尊《ソン》像《ソウ》ヲ拜《ハイ》スルニ坐像《ザソウ》多《オホ》ク立像《リツソウ》甚《ハナハ》タ少《スクナ》キヲ以《モツ》テ、只《タヽ》神軆《シンタイ》ノ何《イカ》ナル御姿《オスカタ》カ知《シ》ラサル者《モノ》ノ爲《タメ》ニ、謹寫《キンシヤ》提供《ケイキヨウ》シテ信念《シンネン》ヲ興起《コウキ》ノ便《ベン》ト爲《ナ》ス而已《ノミ》

往時《ムカシ》ハ多田滿仲卿《タヽマンジウケウ》モ靈符神《レイフジン》ヲ守護神《シユゴシン》ト爲《ナ》シ、常《ツネ》ニ信仰《シンカウ》セラレタル事《コト》ハ、攝津《セツヽ》ノ能《ノ》勢《セ》妙見緣記《メウケンエンキ》ニ錄《シル》スヲ見《ミ》ル、其他《ソノタ》高位高官《カウヰカウクワン》、名將英雄豪傑《メイシヤウエイユウカウケツ》ノ御信仰《ゴシンガウ》多《オホ》シト聞《キ》クモ、一々之《コレ》ヲ調査《テフサ》スルノ閑《ヒマ》無《ナ》ク、清正公《セイシヤウコウ》ノ例《レイ》ノ如《コト》ク世人《セジン》ノ不知《シラサル》ノ事蹟《ジセキ》多《オホ》シト思《オモ》フ、

因《チナミ》ニ云能勢家《イノノセケ》ノ末孫《ハツソン》カ、日蓮宗《ニチレンシウ》ニ歸依《キエ》セラレ該家《カイケ》ノ祠殿堂《シテントウ》共《トモ》ニ日蓮宗《ニチレンシウ》ニ寄附《キフ》ノ後《ノチ》ニ靈符神《レイフジン》ヲ妙見大士《メウケンタイシ》ト改《カイ》稱《シヤウ》セシコト現時《ゲンジ》ノ緣記《エンキ》ニ明《アキラ》カナリ御本地《ゴホンチ》ハ佛家《ブツケ》ノ說《セツ》ノ如《ゴト》ク妙見《メウケン》ナルカ然《シカ》ルニ靈符神《レイフシン》ヲ信念者《シンネンシヤ》ハ妙見《メウケン》トシ念《ネン》スルト其理一《ソノリイノ》ナルモ靈應《レイヲウ》ハ疾《ハヤ》ク蒙《カフム》ラント欲《ホツ》スル者《モノ》ハ、靈符神《レイフジン》トシテ念《ネン》スルカ頗《スコブ》ル感應迅速《カンオウジンソク》ナリ、是予《コレヨ》カ獨《ヒト》リ唱《トナフ》ルニアラス提出《テイシユツ》ノ神鈴《シンレイ》ヲ拜《ハイ》スル者《モノ》已《スデ》ニ明瞭《メイリヤウ》ナルヲ以テ唯《タヽ》信仰者《シンカウシヤ》ノ參考《サンカウ》ニ一言《イチケン》ヲ附記《フキ》ス、

自叙

曾《カツ》テ時《ジ》事《ジ》ニ感《カン》スル處《トコロ》在《アツ》テ、此《コノ》編《ヘン》著《チヨ》ヲ計《ケイ》畫《クワク》シ、漸《ヤウヤ》ク發《ハツ》行《カウ》期《キ》ニ臨《ノゾミ》テ、遽《キヨ》然《セン》明《メイ》治《チ》聖《セイ》天《テン》子《シ》ノ崩《ホウ》御《キヨ》ニ遭《ア》遇《ヒ》タリ、嗚《ア》呼《ア》億《オク》兆《テフ》ハ恐《キヨウ》懼《ク》シテ身《ミ》ヲ措《チ》ク所《トコロ》無《ナ》ク、仰《アヲキ》テ天《テン》ニ慟《ドウ》シ俯《ウツムキ》テ地《チ》ニ哭《コク》シ爲《ナ》ス處《トコロ》ヲ知《シ》ラス、普《フ》天《テン》ノ下《シタ》卒《ソツ》土《ト》ノ濱《ヒン》、太《タイ》陽《ヤウ》タメニ光《クワウ》輝《キ》薄《ウス》ク、山《サン》川《セン》草《ソウ》木《モク》亦《マタ》寂《シユク》然《ゼン》トノ聲《コエ》無《ナ》ク、聖《セイ》天《テン》子《シ》ノ御《オン》稜《ミ》威《イツ》ハ、實《ジツ》ニ全《セン》世《セ》界《カイ》ニ及《オヨ》ホシ、列《レツ》國《コク》皆《ミナ》我《ワカ》臣《シン》民《ミン》ト共《トモ》ニ御《ゴ》威《イ》德《トク》ニ感《カン》激《ゲキ》シ、御《ゴ》治《チ》績《セキ》ノ偉《ヰ》大《タイ》洪《コウ》業《ケフ》ニ對《タイ》シテ、古《コ》今《コン》ノ歷《レキ》史《シ》ニ無《ム》比《ヒ》ト、外《クワイ》臣《シン》ノ頌《シ》詞《ジ》ヲ奉《タテマツ》ルヲ讀《ヨ》ミ、曾《マコト》ニ恐《キヨウ》惶《クワウ》シ大《タイ》ナル哉《カナ》、御《ゴ》聖《セイ》德《トク》無《ム》彊《キヨウ》ト稱《シヤウ》ス他《ホカ》ニ辭《ジ》無《ナ》シ、伏《フ》シテ惟《オモンミ》ルニ易《エキ》象《シヤウ》ニ天《テン》行《カウノ》健《ケン》。君《クン》子《シハ》以《モツテ》自《ジ》彊《キヨウシテ》《ツトメテ》不《ス》息《ヤマ》ト在《ア》ル、天《テン》道《ダウ》ノ行《メク》ルニ准《ヒト》シク、常《ツネ》ニ御《ゴ》精《セイ》勵《レイ》遊《アソ》ハサレ、殊《コト》ニ不《フ》撓《トウ》不《フ》屈《クツ》ノ御《ゴ》精《セイ》神《シン》ヲ以テ、百《ヒヤク》事《シ》ヲ遂《スイ》行《カウ》在《アラ》セラレタルト、亦《マタ》與《ト》天《テン》地《チ》合《アハセ》其《ソノ》德《トクヲ》。與《ト》日《ジツ》月《ゲツ》合《アハス》其《ソノ》明《ミンヲ》。ト在《ア》ルガ如《ゴト》ク、至《シ》仁《ジン》至《シ》慈《ジ》ヲ公《コウ》平《ヘイ》ニ御《ゴ》在《サイ》世《セイ》中《チウ》ハ施《ホトコ》シ給《タマ》ヒ、皇《クワウ》室《シツ》ノ御《ゴ》調《テウ》度《ド》ハ、總《スベ》テ儉《ケン》素《ソ》ヲ主《シユ》ト爲《ナ》シ玉《タマ》ヒ、御《ゴ》聖《セイ》德《トク》ハ日《ヒ》日《ビ》ニ高《タカ》ク、僅《ワツカ》ニ此《コノ》二句《ク》ヲ以《モツ》テ、御《ゴ》偉《ヰ》績《セキ》ヲ形《ケイ》容《ヨウ》シ盡《ツク》スヘキニアラス、御《ゴ》乾《ケン》德《トク》タル夫《フウ》子《シ》ノ繫《ケイ》辭《ジ》全《セン》文《ブン》ヲ、御《ゴ》一《イツ》生《シヤウ》中《チウ》ニ悉《コトゴト》ク實《ジツ》踐《セン》遊《アソ》ハサレタルヲ、四十五年間《カン》ノ久《ヒサ》シク拜《ハイ》シタルハ、我《ワカ》臣《シン》民《ミン》ノ無《ム》上《ジヤウ》ノ光《クワウ》榮《エイ》ナリ、猶《ナホ》又《マタ》其《ソノ》御《ゴ》詔《セウ》勅《チヨク》ハ皆《ミナ》貴《タツト》ク、特《トク》ニ教《ケウ》育《イク》勅《チヨク》語《ゴ》ハ御《ゴ》國《コク》體《タイ》ノ起《キ》因《イン》ヨリ、臣《シン》民《ミン》ハ忠《チウ》孝《カウ》ヲ本《モト》ト爲《ナ》シ、智《チ》德《トク》ヲ完《クワン》備《ビ》ニ爲《ナ》スヘキ聖《セイ》教《ケフ》ナレハ、是《コン》即《スナハ》チ萬《ハン》世《セ》不《フ》易《エキ》ニ國《コク》民《ミン》ノ實《ジツ》踐《セン》ヲ要《エフ》ス、畏《カシコ》クモ今《キン》上《シヤウ》陛《ヘイ》下《カ》、至《シ》孝《カウ》、至《シ》仁《ジン》、御《ゴ》明《メイ》達《タツ》ノ天《テン》資《シ》ニテ、御《ゴ》踐《セン》祚《ソ》ノ首《ハシ》メ大《タイ》詔《セウ》ニ祖《ソ》宗《ソウ》ノ宏《コウ》謨《ホ》ニ遵《シタカ》ヒ、先《セン》帝《テイ》ノ遺《ユ》業《ケフ》ヲ失《シツ》墜《ツイ》セサランコトヲ期《キ》スト宣《ノラ》セ給《タマフ》ヲ拜《ハイ》ス、是《コヽ》ニ於《オイ》テ忠《チウ》孝《カウ》ノ國《コク》教《ケフ》ヲ維《イ》持《ジ》シテ、精《セイ》華《クワ》ヲ爲《ワク》リタル歴《レキ》史《シ》ヲ按《アン》スルニ、神《シン》儒《シユ》佛《ブツ》ノ三《サン》教《ケフ》ハ、世《セ》道《ダウ》人《シン》心《シン》ヲ輔《ホ》翼《ヨク》シ、猶《ナホ》仙《セン》教《ケフ》モ其《ソノ》一部《ブ》分《ブン》ナルカ、時《ジ》勢《セイ》ノ變《ヘン》遷《セン》ニ由《ヨツ》テ仙《セン》教《ケフ》ノ湮《イン》滅《メツ》ニ歸《キ》スヲ惜《ヲシ》ミ、今《イマ》茲《コヽ》ニ提《テイ》供《キヨウ》スル靈《レイ》符《フ》神《シン》ノ祭《サイ》祀《シ》ハ、是《コレ》即《スナハ》チ元《モ》ト仙《セン》教《ケフ》ニテ、推《スイ》古《コノ》朝《テウ》以《イ》還《クワン》御《ゴ》歴《レキ》代《タイ》ニ、已《スチ》ニ行《オコナ》ハレタルコト古《コ》書《シヨ》ニ明《アキラ》カナリ、此《コノ》法《ハフ》ハ人《シン》躰《タイ》ニ關《クワン》聯《レン》ノ深《シン》理《リ》有《ア》ルユヘニ、靈《レイ》應《オフ》ノ感《カン》シ頗《スコブ》ル迅《シン》速《ソク》ナレハ、貴《キ》賤《セン》共《トモ》ニ厭《エン》嫌《ケン》爲《ナ》ス、諸《モロ〱》ノ災《サイ》害《ガイ》ヲ消《セウ》禳《シヤウ》シ、萬《ハン》人《ニン》ノ渇《カツ》望《ハウ》スル福《フク》壽《ジユ》ヲ増《ソウ》延《エン》ノ驗《ケン》著《イチジル》シク、其《ソノ》子《シ》孫《ソン》ハ榮《エイ》顯《ケン》ノ證《シヤウ》炳《ヘイ》然《ゼン》タリ、民《ミン》業《ゲフ》ノ田《デン》蠶《サン》ハ倍《バイ》盛《セイ》ノ利《リ》生《シヤウ》有《ア》リ、尚《ナホ》六《ロク》畜《チク》ノ興《コウ》生《セウ》等《トウ》ハ、靈《レイ》符《フ》秘《ヒ》抄《メウ》ノ大《タイ》綱《カウ》目《モク》ナリ、故《ユヘ》ニ社《シヤ》寺《ジ》ニ祀《マツ》レハ、水《スイ》火《クワ》ノ災《サイ》厄《ヤク》ヲ免《マヌカ》ル加之《シカノミナラス》、繁《ハン》昌《シヤウ》シ人《ニン》氣《キ》聚《アツマ》ル等《トウ》ノ感《カン》應《オウ》頗《スコブ》ル顯《ケン》著《チヨ》ノ徴《チヨウ》證《ジヤウ》在《ア》リ、民《ミン》家《カ》モ又《マタ》然《シカ》リ、故《ユヘ》ニ永《ナカ》ク門《モン》庭《ナイ》ニ鎭《シヅム》レハ、人《ジン》生《セイ》ノ憂《ユウ》患《クワン》悉《コト〲》ク消《セウ》滅《メツ》シテ、殊《コト》ニ無《ム》病《ヒヤウ》長《チヤウ》壽《ジユ》等《トウ》ヨリ、人《シン》事《ジ》ノ心《シン》願《クワン》成《シヤウ》就《シユ》ニ至《イタツ》テハ、三教《ケウ》ニ優《マサ》勝《ル》ノ徴《チヨウ》ハ本《ホン》文《ブン》ニ讓《ユツ》リ、爰《コヽ》ニ其《ソノ》一《イツ》ヲ掲《カヽク》レハ、經《ケイ》ニ曰《イハ》ク、精《セイ》ヲ移《ウツ》シ氣《キ》變《ヘン》スト有《ア》ル是《コレ》ナリ、原《モ》ト神《カミ》ハ虚《キヨ》ナリ、虚《キヨ》ハ是《コレ》則《スナハ》チ無《ム》形《ケイ》ニ感《カン》シテ、則《スナハ》チ有《ユウ》象《シヤウ》ニ應《オウ》スルモノナリ、夫《フウ》子《シ》教《テシヘ》テ曰《イハ》ク、禱《イノ》ルコト久《ヒサ》シト有《ア》リ、此《コノ》靈《レイ》符《フ》ヲ祀《マツ》ルニ至《シ》誠《セイ》ヲ以《モツ》テ信《シン》念《ネン》セハ、梗《カウ》要《エフ》ヲ示《シメ》スカ如《ゴト》ク、秘《ヒ》妙《メウ》秘《ヒ》靈《レイ》ノ感《カン》應《オウ》疾《ハヤ》ク、其《ソノ》理《リ》ハ實《ジツ》ニ至《シ》理《リ》至《シ》數《スウ》ニシテ、人《ジン》智《チ》ヲ以《モツ》テ左《サ》右《ユウ》スベキモノニアラス、是《コレ》啻《タヾ》ニ不《フ》測《シキ》ト尊《ソン》信《シン》シテ、濫《ミタリ》ニ思《シ》議《ギ》スヘカラサル靈《レイ》法《ハフ》ナリ、

抑《ソモ〳〵》モ天《テン》地《チ》ノ鬼《キ》神《シン》ヲ感《カン》動《ドウ》セシムル者《モノ》ハ、是《コレ》則《スナハ》チ人《ヒト》ノ至《シ》誠《セイ》ニ勝《マサ》ルモノ無《ナ》シ、是《コレ》ニ則《ノツト》リ其《ソノ》始《ハジメ》ニ靈《レイ》驗《ケン》ノ確《カク》乎《コ》ナルヲ信《シン》シ、一《イツ》心《シン》ニ修《シユ》法《ハフ》ヲ實《ジツ》驗《ケン》セシニ、感《カン》應《オウ》ハ恰《アタカ》モ山《サン》間《カン》ニ入《イ》リ、忽《タチマ》チ幽《コ》谷《タ》響《マ》ヲ聽《キク》カ如《ゴト》ク、現《ケン》實《ジツ》ノ徴《チヨウ》證《シヤウ》燎《レウ》然《ゼン》タリ、此《コノ》故《ユヘ》ニ神《シン》仙《セン》ノ妙《メウ》道《ダウ》ノ再《サイ》興《コウ》ヲ期《キ》圖《ト》シ、靈《レイ》德《トク》ヲ

宣揚《センヤウ》セント決心《ケツシン》ス、倘《モ》シ幸《サイハイ》ニ現代《ケンタイ》ニ行《オコナ》ハルニ至《イタ》レハ、聖世《セイセ》ノ精華《セイクワ》ハ一層《イツソウ》堅固《ケンコ》ト成《ナ》リ、微《イサ》カ國家《コクカ》ニ報《ムクユ》ル一端《イツタン》トモナラン乎《カ》、予《ヨ》ハ固《モト》ヨリ適任《テキニン》ニ非《ア》ラサルモ、唯《タヾ》熱誠《ネツセイ》ヲ以《モツ》テ獻身的《ケンシンテキ》ニシテ、身《ミ》ノ不敏《フビン》ヲ省《カヘリミ》ル遑《イトマ》無《ナ》ク、爰《コヽ》ニ實踐《ジツセン》セシ靈應《レイオウ》ノ大意《タイイ》ヲ叙《ジヨ》ス矣《イ》、

大正元壬子歳立秋吉辰

金華山人乾齊山岸致敬六十三叟謹識

凡例

一本《ホン》書《シヨ》ハ鎭《チン》宅《タク》靈《レイ》符《フ》神《ジン》ノ由《ユ》來《ライ》、及《オヨ》ヒ祭《サイ》祀《シ》修《シユ》法《ハフ》等《トウ》ヲ集《シウ》錄《ロク》ス、其《ソノ》來《ライ》歷《レキ》ハ推《スイ》古《コ》天《テン》皇《ワウ》ノ御《ミ》代《ヨ》ニ傳《ツタハ》リ、上《カ》ミ皇《クワウ》室《シツ》ヨリ下《シ》モ萬《バン》民《ミン》ニ至《イタ》ル、皆《ミナ》崇《ソウ》敬《ケフ》シ祀《マツ》ルコト、舊《キウ》記《キ》古《コ》書《シヨ》等《トウ》ニ燦《サン》然《ゼン》タリ、其《ソノ》梗《カウ》要《エウ》ヲ摘《ツマミ》テ徵《チヨウ》證《シヤウ》ニ供《キヨウ》シ、靈《レイ》應《オウ》ノ實《ジツ》現《ゲン》等《トウ》ヲ網《モウ》羅《ラ》蒐《シウ》輯《イ》シテ、鎭《チン》宅《タク》靈《レイ》符《フ》神《ジン》、一名《メイ》感《カン》應《オウ》秘《ヒ》密《ミツ》修《シユ》法《ハフ》集《シウ》ト題《タイ》ス、蓋《ケダ》シ鎭《チン》宅《タク》ノ稱《シヤウ》ハ、家《カ》宅《タク》ノ災《サイ》禍《クワ》ヲ禳《ハラヒ》消《ケ》シ鎭《シヅメ》ル意《イ》義《ギ》ニテ、是《コレ》恰《アタカ》モ國《コク》家《カ》ニ鎭《チン》臺《タイ》ヲ設《セツ》備《ビ》シ、守《シユ》護《ゴ》有《ア》ルト一《イツ》班《ハン》同《ドウ》意《イ》ナル故《ユヘ》、能《ヨ》ク鎭《チン》宅《タク》ノ字《ジ》義《ギ》ヲ味《アジハ》フヘシ、

一靈《レイ》符《フ》神《ジン》ハ我《ワカ》神《シン》道《タウ》ニ國《クニ》常《トコ》立《タチノ》尊《ミコト》ト稱《シヤウ》シ、神《シン》道《ダウ》ノ祭《サイ》式《シキ》法《ハフ》有《ア》リ、又《マタ》儒《シユ》佛《ブツ》ノ法《ハフ》傳《デン》來《ライ》ノ後《ノチ》ハ、儒《ジユ》佛《ブツ》ノ祭《サイ》式《シキ》法《ハフ》有《ア》リ、之《コレ》ニ由《ヨツ》テ神《シン》儒《ジユ》佛《ブツ》ノ三道《ダウ》ノ修《シユ》法《ハフ》備《ソナハ》ル、恐《カシ》コクモ皇《クワウ》室《シツ》ノ御《ゴ》祭《サイ》典《テン》遊《アソ》ハサレタルハ、國《コク》家《カ》

安《アン》寧《ネイ》ニ天《テン》災《サイ》消《セウ》禳《シヤウ》シテ、五《ゴ》穀《コク》豊《ホウ》饒《ニヨウ》ヲ祈《イノ》リ玉《タマ》ヒ、萬《バン》民《ミン》ハ又《マタ》五《ゴ》穀《コク》等《トウ》ヨリ幸《カウ》福《フク》ヲ願《ネガ》フ類《タグヰ》ニテ、上《シヤウ》下《ゲ》共《トモ》ニ靈《レイ》應《オウ》ヲ蒙《カウム》リシ徵《チヨウ》有《ア》リ、是《コヽ》ニ久《ヒサ》シク祭《サイ》祀《シ》シテ現《ケン》時《ジ》ニ至《イタ》ル、適《タマ》ニ舊《キウ》家《カ》ハ代《タイ》代《く》奉《ホウ》仕《シ》ノ家《イヘ》在《ア》ルモ、今《イマ》ヤ洽《アマネ》カラスシテ概《オホム》ネ不《シラ》知《ザル》者《モノ》多《オホ》キカ如《ゴト》シ、

一 本《ホン》書《シヨ》ハ道《ダウ》藏《ソウ》七《ヒチ》籤《セン》、洞《トウ》神《ジン》玄《ゲン》訣《ケツ》、遵《ジユン》生《セイ》八《ハツ》牋《セン》、雲《ウン》笈《キウ》七《ヒチ》籤《セン》、陽《ヤウ》宅《タク》十《ジツ》書《シヨ》、甲《カフ》庚《カウ》秘《ヒ》籙《ロク》、靈《レイ》符《フ》緣《エン》起《キ》集《シウ》說《セツ》等《トウ》ノ數《スウ》書《シヨ》ヲ引《イン》用《ヨウ》セシカ、皇《キヤウ》都《ト》ニ菊《キク》丘《キウ》臥《クワ》山《サン》人《ジン》在《ア》リ、安《アン》永《エイ》ノ頃《コロ》ニ靈《レイ》符《フ》及《オヨ》ヒ仙《セン》敎《ケフ》ヲ學《マナヒ》テ著《チヨ》書《シヨ》多《オホ》ク、我《ワカ》國《クニ》ノ事《シ》蹟《セキ》ヲ探《サク》ル便《タヨリ》ヲ得《エ》タリ、安《アン》永《エイ》（約百五十年前）ヨリ天《テン》明《メイ》ノ頃《コロ》ハ、天《テン》災《サイ》頻《ヒン》頻《く》ト累《ルイ》起《キ》シテ、大《タイ》旱《カン》ニ大《タイ》洪《コウ》水《スイ》ニ大《ダイ》暴《バウ》風《フウ》ニ、大《タイ》火《クワ》ニ疫《エキ》病《ヒヤウ》等《トウ》交《カハ》ル〳〵起《オコ》リ、凶《ケフ》慌《クワウ》飢《キ》饉《キン》ニ迫《セマ》ル慘《サン》狀《シヤウ》凄《セイ》然《セン》タリ、實《ジツ》ニ心《シン》膽《タン》ヲ寒《サム》カラシメタルモ、明《メイ》治《ジ》聖《セイ》代《タイ》ハ幸《サイハイ》ニ慘《サン》澹《タン》飢《キ》餓《ガ》ニ迫《セマ》ル如《ゴト》キ、天《テン》警《ケイ》ノ災《サイ》厄《ヤク》ヲ目《モク》擊《ゲキ》セス、其《ソノ》厄《ヤク》ニ遭《ア》遇《ハ》サレハ天《テン》災《サイ》ヲ恐《オソ》ルコト知《シ》ラス、故《ユヘ》ニ冷《レイ》

淡《タン》ニ樂《ラク》觀《クワン》者《シヤ》多《オホ》キカ、若《モ》シ昊《カウ》天《テン》ヨリ一《イツ》朝《テウ》妖《ヨウ》孽《ケツ》ヲ降《ク》下《ダ》シ、何《イ》時《ツ》警《ケイ》醒《ゼイ》ノ大《タイ》災《サイ》無《ナ》シト斷《サダ》メ難《カタ》シ、故《ユヘ》ニ怠《タイ》慢《マン》ヲ疾《ハヤ》ク反《ハン》省《セイ》ノ急《キウ》務《ム》ナルヲ警《ケイ》告《コク》シ、爰《コヽ》ニ靈《レイ》符《フ》ノ祭《サイ》祀《シ》ヲ皷《コ》吹《スイ》シテ、災《サイ》厄《ヤク》ヲ輕《ケイ》微《ビ》ニ免《マヌカ》レシメント欲《オモ》フナリ、

一本《ホン》書《シヨ》ハ三道《ダウ》ノ祭《サイ》式《シキ》法《ハフ》ヲ併《ヘイ》錄《ロク》ス、是《コレ》其《ソノ》信《シン》仰《カウ》ハ自《シ》由《ユウ》ナルヲ以《モツ》テ、何《ナニ》法《ハフ》式《シキ》ニテモ隨《ズイ》意《イ》ニ其《ソノ》法《ハフ》ヲ撰《エ》擇《ラ》ハシム、且《カツ》又《マタ》古《コ》書《シヨ》ハ已《スデ》ニ乏《トボ》シク適《タマ》ニ存《ソン》在《サイ》ノ書《シヨ》ハ、口《ク》傳《デン》ト記《シル》ス處《トコロ》在《アツ》テ、意《イ》義《ギ》ヲ解《カイ》シ難《カタキ》ヲ以《モツ》テ、逐《チク》一《イチ》解《カイ》說《セツ》ヲ附《フ》シ實《ジツ》修《シウ》ノ便《ヘン》ニ供《キヨウ》ス、亦《マタ》此《コノ》法《ハフ》ノ衰《スイ》頽《タイ》久《ヒサ》シク、只《タヽ》形《ケイ》式《シキ》ニ流《ナカ》ル嫌《キラ》ヒ在《アツ》テ、眞《シン》理《リ》ニ通《ツウ》スル者《モノ》尠《スクナ》ク、偶《タマ》ニ祭《マツ》ル家《イヘ》ヲ視《ミ》ルニ區《マチ》〳〵ノ祭《サイ》式《シキ》ヲ用《モチヒ》ル故《ユヘ》、靈《レイ》應《オウ》薄《ウス》キ感《カン》有《ア》リ、是《コレ》即《スナハ》チ眞《シン》秘《ヒ》法《ハフ》ヲ不《シラ》知《サル》ニ由《ヨ》ル乎《カ》、拙《セツ》家《カ》ノ秘《ヒ》法《ハフ》ハ古《コ》今《コン》流《ル》布《フ》ノ書《シヨ》ニ載《ノセ》ザル、三敎《ケフ》中《チウ》ノ神《シン》髓《ズイ》ノ秘《ヒ》法《ハフ》ニテ、濫《ミタリ》ニ他《タ》人《ニン》ニ許《ユル》サヽル法《ハフ》ナリ、是《コレ》即《スナハ》チ宇《ウ》宙《チウ》

ノ五《ゴ》行《ギヤウ》ノ奥《オウ》義《ギ》ニ屬《ゾク》ス、而《シカ》ルニ實《ジツ》驗《ケン》ノ機《キ》ヲ逸《イツ》シ居《チリ》シカ、曩《サキ》ニ實《ジツ》驗《ケン》シテ靈《レイ》應《オウ》ノ嚴《ゲン》然《ゼン》タルニ一《イツ》驚《キヨウ》シテ、唯《タヾ》玄《ゲン》妙《メウ》ノ神《シン》威《ヰ》ト深《フカ》ク感《カン》激《ゲキ》ス、其《ソノ》法《ハフ》ニ準《シユン》據《キヨ》シ畧《リヤク》式《シキ》修《シユ》法《ハフ》ヲ制《セイ》定《テイ》シテ、知《チ》人《ジン》ニ修《シユ》セシムルニ、是《コレ》亦《マタ》感《カン》應《オウ》ヲ受《ウク》ル甚《ハナハ》タ速《スミヤカ》ナルコトヲ確《カク》認《ニン》シ、眞《シン》ニ無《ム》二《ニ》ノ法《ハフ》ナレハ、特《トク》ニ天《テン》下《カ》無《ム》比《ヒ》福《フク》壽《ジユ》必《ヒツ》得《トク》ト題《ダイ》ヲ加《クワ》ヘタリ、

一靈《レイ》符《フ》ハ七十二符《フ》篆《シヨウ》ヲ首《ハジメ》トシ、武《ブ》帝《テイ》應《オウ》用《ヨウ》ノ五十八符《フ》有《ア》リ、天《テン》眞《シン》坤《コン》元《ゲン》ノ靈《レイ》符十二種《シユ》、亦《マタ》斬《ザン》三《サン》尸《シ》ノ秘《ヒ》法《ハフ》等《トウ》在《アツ》テ、天《テン》變《ヘン》地《チ》殀《ヨウ》ヨリ人《ジン》事《ジ》ノ悪《アク》煞《サツ》邪《シヤ》氣《キ》、病《ヒヤウ》災《サイ》疾《シツ》苦《ク》等《トウ》ヲ厭《タチ》除《ノゾ》ク用《ヨウ》ヲ便《ベン》シ、百《ヒヤク》事《シ》ノ法《ハフ》完《クワン》備《ビ》スルモ、若《モ》シ好《カウ》命《メイ》者《シヤ》建《ケン》築《チク》修《シユ》繕《セン》等《トウ》ヲ濫《ミダリ》ニ作《ナ》シ、自《ミヅカ》ヲ災《サイ》厄《ヤク》ヲ招《マネ》ク者《モノ》有《ア》リ、其《ソノ》災《サイ》禍《クワ》ヲ禳《ハラヒ》符《フ》ノ類《タクヰ》ニ至《イタ》ル、約《オヨソ》二百六十餘《ヨ》篆《シヤウ》ヲ掲《カヽ》ケ以《モツ》テ、人《シン》事《ジ》ノ憂《ユウ》患《ゲン》ヲ解《カイ》除《ジヨ》シ、福《フク》壽《ジユ》共《トモ》ニ全《マツタ》フ享《ウケ》ルコトヲ得《ウ》、猶《ナホ》符《フ》篆《シヤウ》ハ有《アリ》ト雖《イヘト》モ餘《アマ》事《リ》數《オホ》多《ク》ニ載《ノス》ルハ、却《カヘツ》テ撰《セン》定《テイ》ニ迷《マヨ》フ虞《オソレ》在《ア》ル故《ユヘ》、切《セツ》

要《エフ》ノ符《フ》ヲ撰《エラン》テ解説《カイセツ》ヲ附記《フキ》セリ、夫《ツ》レ此《コノ》符《フ》ト號《ナツ》クモノハ、三光《サンクワウ》ノ靈文《レイブン》ト稱《シヤウ》ス、其《ソノ》三光トハ日月星《ジツゲツセイ》ヲ云《イフ》、眞《シン》ニ神聖《シンセイ》ナル者故《モノユヘ》、之《コレ》ヲ謹寫《キンシヤ》ノ時《トキ》ハ齋戒等《サイカイトウ》ノ法則《ハフソク》在《ア》リ、若《モ》シ其《ソノ》法則《ハフソク》ヲ猥《ミダリ》ニ犯《オカ》ス者《モノ》ハ、無靈《ムレイ》ニ了《オハ》ル虞《オソレ》有《ア》ル故《ユヘ》嚴《ケン》守《シユ》スヘシ、

一本書《ホンシヨ》ノ編述《ハンシユツ》ハ朝夕《テウセキ》靈符《レイフ》神《シン》ノ擁護《エウゴ》ヲ祈誓《キセイ》シ、且《カ》ツ沐浴《モクヨク》齋戒《サイカイ》シ五十日《ニチ》ヲ一回《クワイ》ト定《サダ》メ數回《スクワイ》ニ及《オヨン》テ、漸《ヤウヤ》ク校正《カウセイ》ヲ完了《クワンレウ》シ本卷《ホンクワン》成《ナ》ル、今《イマ》顧《オモ》フニ確《タシカ》ニ加護《カゴ》ニ因《ヨツ》テ得《エ》タル記事《キジ》多《オホ》シ、故《ユヘ》ニ流布《ルフ》ノ書《シヨ》ト同一《ドウイツ》視《シ》スヘカラス、予《ヨ》カ文《ブン》拙《ツタナ》ク筆《フデ》ノ足《タ》ラザル處《トコロ》ハ暫《シハラ》ク擱《オ》キ、其《ソノ》事實《ジジツ》ハ眞《シン》ニ天寶《テンホウ》ノ寶典《ホウテン》是《コレ》ナリ、讀者《トクシヤ》ハ仔細《シサイ》ニ玩味《クワンミ》讀了《ヨミオハ》ツテ知《シ》ルヘク、其《ソノ》要目《エフモク》ハ福壽《フクジユ》ハ勿論《モチロン》、諸願《シヨクワン》ノ成就《シヤウシユ》ヨリ水火《スイクワ》ノ災厄《サイヤク》等《トウ》ヲ免《マヌカ》レタル、最近《サイキン》ノ實徴《ジツチヤウ》ヲ擧《アゲ》テ敢《アヘ》テ臆説《オクセツ》ヲ録《シル》サス、一《イチ》く一ニ徴證《チヨウシヤウ》無《ナ》キハ記《シル》サザルナリ、

一本《ホン》書《シヨ》ハ靈《レイ》應《オウ》ヲ享《ウク》ルヲ主《シユ》トシ、專《モツハ》ラ信《シン》仰《カウ》ニ關《カヽ》ル實《ジツ》用《ヨウ》ト平《ヘイ》易《イ》ヲ旨《ムネ》トシ、反《ハン》覆《フク》叮《テイ》嚀《ネイ》ニ諄《クド》ク叙《ジヨ》述《シユツ》ス、此《コノ》故《ユヘ》ニ通《ツウ》俗《ゾク》娯《ゴ》樂《ラク》ノ書《シヨ》ト趣《シユ》意《イ》ヲ異《コトナ》ルヲ以《モツ》テ、識《シキ》者《シヤ》ハ文《ブン》体《タイ》ノ一《イツ》致《チ》或《アルヒ》ハ重《ジウ》複《フク》等《トウ》ヲ以《モツ》テ咎《トカ》ムヘカラス、素《モト》ヨリ古《コ》書《シヨ》ノ引《イン》例《レイ》多《オホ》ク、殊《コト》ニ修《シユ》辭《ジ》ヲ主《シユ》トセザルヲ以《モツ》テ、字《ジ》句《ク》ヲ論《ロン》シテ意《イ》義《ギ》ヲ害《ガイ》スル勿《ナカ》レ、

一本書ニ總《スベ》テ叙《ジヨ》述《シユツ》スル處《トコロ》ハ、是《コレ》即《スナハ》チ國《コク》家《カ》ヲ本《ホン》位《井》トシテ、毫《スコシ》モ私《シ》欲《ヨク》ヲ交《マジ》ヘスト雖《イヘト》モ、予《ヨ》ハ素《モト》ヨリ不《フ》徳《トク》淺《セン》學《ガク》ニ陋《ロウ》識《シキ》故《ユヘ》、其《ソノ》意《イ》ヲ竭《ツク》シ貫《クワン》徹《テツ》スル能《アタ》ハサルヲ恐《オソ》ル、倘《モ》シ其《ソノ》事《ジ》實《ジツ》ニ就《ツキ》テ缺《カク》ル處《トコロ》ト、解《カイ》釋《シヤク》ノ過《クワ》誤《ゴ》ヲ認《ミト》メラル、在《ア》ラハ、大《タイ》方《ハウ》高《カウ》明《メイ》ノ君《クン》子《シ》ハ敎《ヲシヘ》ヲ惜《ヲシ》マス、叱《シツ》正《セイ》アランコトヲ懇《コン》禱《トウ》スト云《イフ》爾《ノミ》、

著者謹識

鎭宅靈符神目次

以上

鎭宅靈符神目次　了

事時感想

國家《コクカ》ハ智《チ》育發展《イクハツテン》ニ伴《トモナ》ヒ時勢《ジセイ》變遷《ヘンセン》シテ、思想界《シサウカイ》ノ變化《ヘンクワ》甚《ハナハ》タシク、些《イサヽ》カ學藝《カクゲイ》ノ修養《シウヤウ》有《ア》ル者《モノ》ハ、神佛《シンブツ》ヲ無視《ムシ》シテ省《カヘリ》ミサル時《トキ》ナリ、顧《オモ》フニ國《クニ》ヲ治《オサム》ルト家《イヘ》ヲ治《オサム》ルモ、本《モト》ト一理《イチリ》ナルユヘ處世《シヨセ》ニ神儒佛《シンジユブツ》ノ信念《シンネン》カ有益《ユウエキ》ナルコトヲ欲《オモ》フ、曩日《サキ》ニ先帝陛下《センテイヘイカ》ノ昇天御《シヤウテンゴ》登遐《トウカ》ニ遭遇《アヒ》、諒闇中《リヤウアンチウ》ニテ夢路《ユメジ》ヲ彷徨《サマヨウ》カ如《ゴト》ク、憂愁《イウシウ》爲《ナ》ス處《トコロ》ヲ知《シ》ラス、嗚呼《アア》御乾德《ゴケントク》ノ高《カウ》大《ダイ》ナル御人格《ゴジンカク》ノ高邁純潔等《カウレイシユンケツトウ》ヨリ鴻業《カウゲフ》ノ偉大《イダイ》ナル世界無比《セカイムヒ》ノ大君主《タイクンシユ》ト新聞《シンブン》ニ雜《ザツ》誌等《シトウ》ニ御事蹟逸事《ゴジセキイツジ》ヲ能文《ノウブン》ヲ競《キソヒ》テ記《シル》シ奉《タテマツ》ルヲ讀《ヨ》ミ、是《コレ》其實現《ソノジツゲン》ノ幾分《イクフン》ヲ錄《シル》スモノニテ、悉《コトゞく》ク盡《ツク》シ難《ガタ》シト思《オモ》フ、故《ユヘ》ニ予輩《ヨハイ》ノ拙文《セツブン》ヲ振《フル》フハ、畏《オソ》レ多《オホ》ク御盛德《ゴセイトク》ヲ却《カヘツ》テ瀆《ケカ》シ奉《マツ》ル虞在《ヲソレア》ルモ謹而惟《ツツシミテ・オモンミルニ》ルニ御偉績《ゴイセキ》ノ多大《タダイ》ナル所以《ユエン》ノ基礎《キソ》有《ア》リ、素《モト》ト其仁《ソノジン》ハ天《テン》ノ如《ゴト》ク其智《ソノチ》ハ神《カミ》ノ如《ゴト》クナル、御稜威《ゴミイツ》ハ御精神《ゴセイシン》ヨリ發揮《ハツキ》遊《アツ》ハサレタルモノニテ、凡愚《ホング》ノ推《スイ》測《ソク》シ奉《タテマツ》ルヘキニアラサルカ、天稟《テンリン》ニ智德《チトク》ヲ兼《カネ》サセラレタル、大御心《オホミコヽロ》ハ大海《タイカイ》ノ如《ゴト》ク御修養《ゴシウヤウ》ニ神儒佛《シンジユフツ》ヲ御信仰厚《ゴシンカウアツキ》ヲ以《モツ》テシ、是《コレ》ニ由《ヨツ》テ日々《ヒヒ》ノ御聖斷《ゴセイタン》ハ天斧《テンフ》ノ如《ゴト》ク自然《シゼン》ノ至理《シリ》ニテ、一語《イチゴ》ヲ御發《オハツ》シ在《ア》レハ、大經典《タイケイテン》ト成《ナ》リ、儒佛《シユフツ》ノ敎經卷《ケフケイクワン》ニ準《ヒト》シク、第一《ダイイチ》ニ國《コ》敎《ケウ》ノ御敬神《ゴケイシン》ヲ首《ハシメ》トシテ、佛敎擁護《フツケフヨウゴ》ノ御聖慮《ゴセイリヨ》ニ出《イツ》ルカ、古今《コヽン》ノ名僧智識《メイソウチシキ》ニ對《タイ》シ國師《コクシ》號《カウ》ヲ追贈《ツイソウ》在《ア》ラセラレ或《アルヒ》ハ其《ソノ》遠忌《オンキ》ニ際《サイ》シテハ御下賜《ゴカシ》品《ヒン》等《トウ》在《ア》リ加之《シカノミナラス》宮中《キウチウ》ニ御佛間《オンブツマ》ヲ設《マウ》ケサセラレ、御《ゴ》拜《ハイ》遊《アツ》ハサルト洩《モレ》聞《キ》ク、又《マタ》皇太后《クワウタイコウ》陛下《ヘイカ》モ亦《マタ》御《コ》坤《コン》德《トク》深《フカ》クシテ、御《ゴ》信《シン》仰《カウ》準《ヒト》シク深《フカ》シト傳《ツタ》フ、陛下《ヘイカ》ニ奉仕《ホウシ》スル典侍《テンジ》以下《イカ》ノ女官《シヨクワン》モ、是《コレ》亦《マタ》佛教《フツケフ》信者《シンシヤ》多《オホ》シト謂《イ》ヘリ、是《コヽ》ニ於《オイ》テ顧《オモ》フニ維新《イシン》以還《イクワン》ハ科學《クワカク》輸入《ユニウ》シ科學《クワカク》ノ其《ソノ》要《エウ》ヲ採《ト》ルハ勅詔《チヨクセウ》ニ智識《チシキ》ヲ海外《カイクワイ》ニ求《モトメ》ルヲ宣《ノ》ラセ玉《タマ》フユヘ、固《モト》ヨリ聖慮《セイリヨ》ニ叶《カナ》フコトト思《オモ》フ、而《シカ》ルニ科學《クワカク》ニ心醉《シンスイ》偏信《ヘンシン》シテ、國情《コクシヤウ》ノ異《コトナ》ル思想界《シソウカイ》迄《マテ》ヲ學者輩《カクシヤハイ》カ皷吹《コスイ》スルニ至《イタ》リ、儒佛《シユフツ》ヲ無視《ムシ》シ國教《コタケフ》ノ敬神《ケイシン》ヲモ、迷心《メイシン》ノ二字《ジ》ニ葬《ホウム》ル形勢《ケイセイ》ニ到《イタ》レリ、然《シカ》ルニ恐《カシコ》クモ先帝《センテイ》陛下《ヘイカ》ハ泰山《タイサン》ノ動《ドウ》セサルカ如《ゴト》ク、神儒佛《シンシユブツ》ノ三教《ケフ》ヲ信《シン》シ玉《タマ》ヒ、例年《レイネン》ノ御講書始《ゴカウシヨハシメ》ニ經書《ケイシヨ》及《オヨ》ヒ周易《シウエキ》ヲ、侍講《ジカウ》カ演《ノブ》ルト聞《キ》ク、是《コヽ》ニ於《オイ》テ想《オモ》フニ科學《クワカク》ニ囚《トラハ》ル輩《ハイ》モ、何時《イツカ》ハ自覺《ジカク》ヲ待《マタ》セ玉《タマ》ヒタルモノ、如《ゴト》シ、予《ヨ》ハ神儒佛《シンシユフツ》ヲ精神《セイシン》ニ蓄《タクハ》フルモ、科學《クワカク》ノ應用《オウヨウ》ニ支障《シシヤウ》無《ナ》シト思《オモ》フ、精神《セイシン》ト技藝《キゲイ》トハ是《コレ》別問題《ベツモンタイ》ナリ、人間《シンケン》ニ信仰心《シンカウシン》無《ナ》キ者《モノ》ハ迷疑心《メイキシン》多《オホ》クシテ、確乎《カクコ》不拔《フハツ》ノ精神《セイシン》鈍《ニブ》ク、故《ユヘ》ニ安心立命《アンシンリツメイ》無《ナ》キ者《モノ》ノ言《ゲン》ハ、常《ツネ》ニ反覆《ハンフク》ノ言行《ゲンカウ》ヲ愧《ハツ》ルコト知《シ》ラサル學者《カクシヤ》多《オホ》シ、此故《コノユヘ》ニ決斷力《ケツタンリヨク》モ從《シタカヒ》テ乏《トボ》シク、之《コレ》ニ由《ヨツ》テ德《トク》ノ何《ナニ》タルヲ解《カイ》セス、其《ソノ》運命《ウンメイ》モ隨《シタカヒ》テ變化《ヘンクワ》多《オホ》クシテ恰《アタカ》モ葉上《ヨウシヤウ》ノ玉露《ギヨクロ》ニ均《ヒト》シキ感《カン》有《ア》リ、噫《アヽ》、恐《カシコ》クモ先帝陛下《センテイヘイカ》ノ世界《セカイ》ヲ驚悼《キヨウトウ》セシメ玉《タマ》ヒシ、基礎《キソ》ハ畏《カシコ》クモ御《ゴ》精神《セイシン》ニ三道《サンタウ》ヲ信念《シンネン》シ、其眞理《ソノシンリ》ヲ看破在《カンハア》ラセラルル故、萬事《ユヘバンジ》ノ御聖斷《ゴセイダン》ハ實《ジツ》ニ神《カミ》ノ如《ゴト》ク御成竹《ゴセイチク》ノ鴻業《カウゲフ》ハ悉《コトゴト》ク成就《シヤウシユ》シ、御聖訓《ゴセイクン》ハ萬世不易《バンセイフエキ》ノ大經典《タイケイテン》ト成《ナ》ル、其一《ソノイツ》ヲ擧《アク》レハ教育勅語《ケフイクチヨクゴ》是《コレ》ナリ．

朕惟《チンオモ》フニ我《ワ》カ皇祖皇宗《クワウソクワウソウ》國《クニ》ヲ肇《ハジ》ムルコト宏遠《コウエン》ニ德《トク》ヲ樹《タ》ツルコト深厚《シンカウ》ナリ我《ワ》カ臣民《シンミン》克《ヨ》ク忠《チウ》ニ克《ヨ》ク孝《カウ》ニ億兆心《オクテフコヽロ》ヲ一ニシテ世々《ヨヨ》厥美《ソノビ》ヲ濟《ナ》セルハ此《コ》レ我《フ》カ國體《コクタイ》ノ精華《セイクワ》ニシテ教育《ケフイク》ノ淵源《エンゲン》亦實《マタジツ》ニ此《コヽ》ニ存《ソン》ス爾臣民《ナンヂシンミン》父母《フボ》ニ孝《カウ》ニ兄弟《ケイテイ》ニ友《イウ》ニ夫婦《フウフ》相和《アヒクワ》シ朋友《ホウイウ》相信《アヒシン》シ恭儉己《キヨウケンオノレ》ヲ持《ジ》シ博愛《ハクアイ》衆《シウ》ニ及《オヨ》ホシ學《ガク》ヲ修《ヲサ》メ業《ゲフ》ヲ習《ナラ》ヒ以《モツ》テ智能《チノウ》ヲ啓發《ケイハツ》シ德器《トクキ》ヲ成就《シヤウシユ》シ進《スヽ》ンテ公益《コウエキ》ヲ廣《ヒロ》メ世務《セム》ヲ開《ヒラ》キ常《ツネ》ニ國憲《コクケン》ヲ重《オモン》シ國法《コクハフ》ニ遵《シタガ》ヒ一旦緩急《タンクワンキフ》アレハ義勇《ギユウ》公《コウ》ニ奉《ホウ》シ以《モツ》テ天壤無窮《テンジヤウムキウ》ノ皇運《クワウウン》ヲ扶翼《フヨク》スヘシ是《カク》ノ如《ゴト》キハ獨《ヒト》リ朕《チン》カ忠良《チウリヤウ》ノ臣民《シンミン》タルノミナラス又以《マタモツ》テ爾祖《ナンヂソ》先《セン》ノ遺風《ヰフウ》ヲ顯彰《ケンシヤウ》スルニ足《タ》ラン

斯《カク》ノ道《ミチ》ハ實《ジツ》ニ我《ワ》カ皇祖皇宗《クワウソクワウソウ》ノ遺訓《ヰクン》ニシテ子孫臣民《シソンシンミン》ノ俱《トモ》ニ遵守《シユンシユ》スヘキ所《トコロ》之《コレ》ヲ古今《ココン》ニ通《ツウ》シテ謬《アヤマ》ラス之《コレ》ヲ中外《チウクワイ》ニ施《ホドコ》シテ悖《モト》ラス朕爾臣民《チンナンヂシンミン》ト俱《トモ》ニ拳々《ケンケン》服膺《フクヨウ》シテ咸其德《ミナソノトク》ヲ一ニセンコトヲ庶幾《コヒネガ》フ

虔肅《ツヽシミ》テ此御聖訓《コノゴセイクン》ヲ按《アン》スルニ、御文《ゴブン》ハ簡潔《カンケツ》ナルヲ以《モツ》テ教育《ケフイク》ノ淵源《エンゲン》ノ文字《モンジ》在《ア》ルユヘ直覺《チヨクカク》的《テキ》ニ學校《ガクカウ》ノ式文《シキブン》ノ如《ゴト》ク誤解者《ゴカイシヤ》モ在《ア》ルカ、是《コレ》敎育《ケフイク》ノミニ關《カヽ》ルモノニアラス、御《ゴ》文《フン》ニ實現《ジツケン》シ居《ヲ》ル處《トコロ》ノ文字《モンジ》ノミヲ解《カイ》シ、御文底《ゴフンテイ》ニ潜《ヒソ》ミ居《ヲ》ル幽玄《ユウケン》ニ、且《カ》ツ深遠《シンエン》ノ意義《イギ》ノ籠《コモ》リ在《ア》ルヲ不知《シラサル》者《モノ》多《オホ》シ、最《モツト》モ敎育《ケフイク》ノ大本《タイホン》ニシテ、實《ジツ》ニ國家《コクカ》ノ命脈《メイミヤク》ナルコト勿論《モチロン》ナリ、此故《コノユヘ》ニ學校《ガクカウ》ニノミ講《カウ》スルモノニアラス、國民《コクミン》ハ凡《スヘ》テカ憶念《オクネン》シ遵奉《シユンホウ》シテ、身《ミ》ニ實行《ジツカウ》シテ世《ヨ》ノ事實《ジジツ》ニ現《アラハ》スヘキ大經典《タイケイテン》ト為《ナ》シ、各人《カクシン》カ毎《ツネ》ニ拜誦《ハイシユ》シ心《コヽロ》ト身《ミ》ニ讀《ヨ》ムモノト思《オモ》フ、是則《コレスナハ》チ世界《セカイ》ニ貴重《キチヤウ》ノ經典《ケイテン》ト信知《シンチ》スヘシ、若《モ》シ流布《ルフ》ノ書籍《シヨセキ》ノ如《ゴト》ク讀《ヨメ》ハ無《ム》味《ミ》淡箔《タンハク》ノ解《カイ》ト成《ナ》ル、是《コレ》只《タヽ》一篇《イツヘン》ノ形式的《ケイシキテキ》ニ敬意《ケイイ》ヲ捧《サヽク》ル、今《イマ》ノ學者輩《ガクシヤハイ》ハ一種《イツシユ》ノ御式文《ゴシキブン》ト考《カンカヘ》ル者《モノ》多《オホ》キ如《ヨウ》ニ思《オモ》フカ、決《ケツ》シテサセル勅語《チヨクゴ》ニアラス、其《ソノ》幽玄深遠《ユウケンシンエン》ノ意義《イキ》ハ、儒佛《シユフツ》ヲ學《マナ》ヒシ者《モノ》ニアラサレハ恐《オソ》ラク解《カイ》シ難《ガタ》キ感《カン》有《ア》リ、先年《センネン》田中智學《タナカチガク》著《チヨ》勅語玄義《チヨクゴケンキ》ト題《ダイ》スル小冊子《セウサツシ》ハ、予《ヨ》ハ其大意《ソノタイイ》ニ同感《トウカン》ナリ、今《イマ》通釋《ツウヤク》又《マタ》ハ意義《イギ》ヤ、文解《フンカイ》ハ暫《シハラ》ク該書《カイシヨ》ニ讓《ユツ》リ其綱要《ソノカウエフ》ノ御精神《ゴセイシン》ハ智德兩全《チトクリヤウゼン》ノ御敎訓《ゴケフクン》ト畧解《リヤクカイ》シ、其勅語《ソノチヨクゴ》ヲ實踐《ジツセン》ニ就《ツキ》テ、一身《シン》ヲ犧牲《キセイ》ニ供《キヨウ》シ靈符《レイフ》ヲ祈《イノ》リ靈應《レイオウ》ヲ得《エ》テ爰《コヽ》ニ靈符《レイフ》ノ祭祀《サイシ》カ必要《ヒツエフ》ト認《ミト》メ微《イサヽ》カ卑見《ヒケン》ヲ本文《ホンブン》ニ叙述《シヨシユツ》シタリ、偕《サテ》文明《フンメイ》ノ智識《チシキ》ハ今《イマ》ノ學者《ガクシヤ》ノ敎《ヲシヘ》テ功《コウ》在《ア》ルカ德《トク》ノ解《カイ》ヲ等閑《ナヲサリ》ニスル故《ユヘ》、世《セ》道《ダウ》廢頽《ハイタイ》シ人心《ジンシン》腐敗《フハイ》ノ傾兆《ケイチフ》ヲ認《ミトム》ルコトヲ公然《コウゼン》論議《ロンギ》ヲ聞《キ》クニ及《オヨン》テ勅語《チヨクゴ》ヲ誤解《ゴカイ》ニ因《ヨ》ルト慨歎《カイタン》シ、常《ツネ》ニ泣血《リウケツ》ヲ絞《シボ》リ杞憂《キユウ》スル久《ヒサ》シ而《シカ》ルニ聖天子《セイテンシ》ノ御不例《ゴフレイ》ヲ發表《ハツピヤウ》在《ア》ルヤ蒼生《サウセイ》ハ只管《ヒタスラ》御平癒《ゴヘイユ》ヲ神佛《シンブツ》ニ祈《イノ》リ、終《ツイ》ニ崩御昇天《ハウギヨシヤウテン》ヲ聞《キ》クヤ悲愁慟哭《ヒシウドウコク》シテ爲《ナ》ス處《トコロ》ヲ知《シ》ラス、同胞《トウハウ》カ赤誠至情《セキセイシジヤウ》ヲ竭《ツク》シツヽ、在《ア》ルヲ、九重《コヽノヘ》ノ宮闕《キウケツ》ハ雲深《クモフカ》ク隔《ヘダ》ツルニ關《カヽハ》ラス遂《ツイ》ニ天聽《テンチフ》ニ達《タツ》シテ今上陛下《コンジヤウヘイカ》、御大喪儀《ゴタイソウギ》ヲ行《オコナ》ハセラルヽ、ニ方《アタツ》テ、御誄詞《ゴルイシ》ニ曰《イハ》ク、

謹《ツヽシ》ミテ皇考《クワウカウ》ノ靈前《レイゼン》ニ白《マヲ》ス

皇考《クワウカウ》ノ登遐《トウカ》シ給《タマ》ヒシヨリ夙夜《シユクヤ》夢寐《ムビ》溫容《オンヨウ》ヲ諼《ワス》ル、能《アタ》ハス、櫬宮《シンキウ》ニ殯殿《ヒンテン》ニ奉饌《ホウセン》拜參《ハイサン》シテ、空《ムナ》シク靈前《レイゼン》ニ感《カン》泣《キウ》スルコト早《ハ》ヤ既《スデ》ニ四十餘日《ヨジツ》・今《イマ》ヤ伏見桃山《フシミモヽヤマ》ニ斂葬《レンサウ》セントシ、轜車《ジヤ》ヲ送《オク》リテ茲《コヽ》ニ來《キタ》レリ、顧《オモ》ノニ曩《サキ》ニ皇考《クワウカウ》ノ病《ヤマヒ》革《アラタ》マルヤ、上下憂悞《ゼウゲユウグ》シテ天地《テンチ》ニ祈《イノ》ル在《ア》リ、茲《コヽ》ニ其葬儀《ソノソウギ》ヲ行《オコナ》フヤ朝野悲傷《テフヤヒセウ》シテ已《ヤ》マス是《コレ》皆國民忠悃《ミナコクミンチウチン》ノ發露《ハツロ》スル所《トコロ》ニシテ、則《スナハ》チ皇考德澤《クワウカウトクタク》ノ感孚《カンプ》スル所《トコロ》ナリ、此《コレ》ヲ思《オモ》ヒ彼《アレ》ヲ念《オモ》ヒ追悼《ツイタウ》ノ情《ゼウ》倍々《マス〳〵》切《セツ》ナリ嗚呼悲哉《アヽカナシイカナ》・

トヽ宣《ノラ》セ給《タマ》ヒタルヲ拜《ハイ》シ、實《ジツ》ニ感極《カンキハマリ》テ歔欷《キヨキ》嗚咽《ヲエツ》ヲ禁《キン》シ難《カタ》シ、恐《カシコ》クモ今上陛下《キンシヤウヘイカ》天性純《テンセイシユン》孝《カウ》仁慈《シンジ》ニシテ、御孝道《ゴカウダウ》ヲ敦厚《トンカウ》ニ躬行《キウカウ》在《ア》ラセラレ、下民《カミン》ヲ愛撫《アイブ》ニ常《ツネ》ニ御軫念《ゴシンネン》渥《アツ》ク細《サイ》事《ジ》ヲモ攣《ミソナ》ハセル、等《トウ》、御美德《オンビトク》算《カゾ》フルニ遑《イトマ》アラサルナリ、殊《コト》ニ蓋世《カイセ》ノ稜威《ミイツ》ヲ輝《カヽヤカ》シ玉《タマ》ヒタル、御遺業《ゴヰゲフ》ヲ繼紹《ケイセウ》ニ大御心《オホミコヽロ》ヲ惱《ナヤ》マシ給《タマ》ヒツル故《ユヘ》蒼生《ソウセイ》ハ俄然《カゼン》御盛德《ゴセイトク》ニ善化《センクワ》シ遂《ツイ》ニ熱誠《ネツセイ》ノ至情《シジヤウ》ヲ捧《サヽ》ルヲ見《ミ》ルヲ得《エ》テ、稍《ヤ》ヤ愁眉《シウビ》ヲ開《ヒラ》クニ至《イタ》レリ、是《コヽ》ニ於《オイ》テ社稷《シヤクリヨウ》ハ

益々《マス〳〵》御《ゴ》隆《リウ》盛《セイ》ニ國《コク》運《ウン》ハ倍《マス〳〵》進《スヽム》コト毫《スコシ》モ疑《ウタカ》フ處《トコロ》無《ナ》ク、大《タイ》正《セイ》ノ聖《セイ》世《セ》ハ天《テン》壤《シヤウ》無《ム》窮《キウ》ニシテ御《ゴ》寶《ホウ》祚《ソ》ノ無《ム》疆《キヨウ》ナルコトヲ在《サイ》天《テン》ノ神《シン》靈《レイ》ニ御《ゴ》守《シユ》護《ゴ》ヲ祈《イノ》リ茲《コヽ》ニ微臣ハ猶《ナホ》鎭《チン》宅《タク》靈《レイ》符《フ》神《ジン》ニ國《コク》家《カ》ニ潜《セン》伏《フク》スル神《シン》儒《シユ》佛《ブツ》ヲ無《ム》視《シ》スル惡《アク》魔《マ》ノ屬《ゾク》奸《カン》佞《ネイ》衒《ゲン》氣《キ》ノ徒《ト》ヲ降《カウ》伏《ソク》シ誅《チウ》滅《メツ》ヲ祈《イノ》リ其《ソノ》徒《ト》ヲ根《コン》絶《セツ》シ斷《タン》截《サイ》セハ天《テン》警《ケイ》ノ風《フウ》水《スイ》火《クワ》震《シン》ノ災《サイ》異《ヰ》モ減《ケン》少《セウ》シ天《テン》下《カ》泰《タイ》平《ヘイ》ニシテ五《ゴ》穀《コク》豊《ホウ》饒《ニヨウ》ナルヲ以《モツ》テ赤《セキ》誠《セイ》ノ衆《シウ》庶《シヨ》同《トウ》志《シ》ト協《キヤウ》力《リヨク》シテ、靈《レイ》符《フ》ヲ祀《マツ》リ且《カ》ツ信《シン》仰《カウ》ヲ皷《コ》吹《スイ》シ、御《ゴ》國《コク》恩《オン》ノ一《イツ》端《タン》トナラン事《コト》ヲ期《キ》圖《ト》ス、

更《サラ》ニ顧《オモ》フニ御《ゴ》盛《セイ》德《トク》ノ廣《クワウ》大《タイ》煌煌《クワウ〳〵》タル典《テン》型《ケイ》ハ、國《コク》民《ミン》カ悉《コト〴〵》ク實《ジツ》踐《セン》スル能《アタ》ハサルモ、三ケ《カ》條《テウ》ハ必《カナラ》ス確《カク》守《シユ》スヘキ要《エフ》ト思《オモ》フ、御《ゴ》精《セイ》勵《レイ》ト、御《ゴ》勤《キン》儉《ケン》ト勅《チヨク》語《ゴ》ノ三《サン》ケ《カ》條《テフ》是《コレ》ナリ、第《タイ》一ニ御《ゴ》精《セイ》勵《レイ》ヲ躬《キウ》行《カウ》遊《アソ》ハサレテ、毎《マイ》歲《ネン》臣《シン》僚《レウ》ニ休《キウ》暇《カ》ヲ賜《タマハ》リ、御《ゴ》聖《セイ》斷《タン》ハ、盛《セイ》復《カ》三《サン》伏《フク》ノ日《ヒ》モ息《ヤス〻》給《タマ》ハサルハ天《テン》道《タウ》ノ如《コト》ク、第《タイ》二ニ質《シツ》素《ソ》ヲ好《コノ》ミ給《タマ》ヒ仁《ジン》慈《ジ》ヲ施《ホトコ》シ、民《タミ》草《クサ》ノ愛《アイ》育《イク》在《ア》ラセラル、ハ地《チ》道《ダウ》ノ如《コト》シ、第《タイ》三ニ皇《クワウ》祖《ソ》皇《クワウ》宗《ソウ》ノ祭《サイ》祀《シ》ヲ渥《アツ》ク遊《アソ》ハサル忠《チウ》孝《カウ》ノ活《クワツ》敎《ケウ》訓《クン》ハ、是《コレ》則《スナハ》チ勅《チヨク》語《ゴ》ノ御《ゴ》精《セイ》神《シン》ニテ、御《オン》德《トク》積《ツモリ》テ巍《キ》巍《ギ》タル岳《カク》山《サン》ヨリ高《タカ》ク、御《ゴ》仁《ジン》慈《ジ》ハ滄《ソウ》溟《メイ》洋《ヨウ》ヨリ深《フカ》シ、眞《シン》ニ天《テン》地《チ》ノ化《クワ》育《イク》ノ廣《クワウ》大《タイ》ノ如《コト》クニシテ禿《トク》筆《ヒツ》ノ盡《ツク》シ難《ガタ》キヲ以《モツ》テ、御《ギヨ》製《セイ》ヲ錄《シル》シ奉《タテマツ》リヌ、

うけつぎし國《クニ》の柱《ハシラ》のうごきなく
さかえゆく世《ヨ》をなほいのるかな

いそのかみふるきためしを尋《タツ》ねつゝ
新《アタ》らしき世《ヨ》のこともさだめむ

まつりこご出《イ》でゝきくまはかくはかり
あつき日《ヒ》なりごおもはさりしを

しら露《ツユ》のおきふしごごに思《オモ》ふかな
民《タミ》のくさばのさかゆかむ世《ヨ》を

よの中《ナカ》の人《ヒト》のつかさこなる人《ヒト》の
身《ミ》のおこなひよたゞしからなむ

ますらをに旗《ハタ》をさづけておもふ哉《カナ》
日《ヒ》の本《モト》の名《ナ》をかゞやかすべく

此《コノ》御《ギヨ》製《セイ》ヲ拜《ハイ》誦《シユ》者《シヤ》ハ、誰《タレ》々感《カン》泣《キウ》セサル者《モノ》アラサルヘシ、大《オホ》御《ミ》心《コヽロ》御《オン》偉《ヰ》績《セキ》等《トウ》ハ總《スベ》テ眼《メ》ニノミ讀《ヨメ》ハ効《コウ》果《クワ》薄《ウス》シ、前《セン》ニ謂《イ》フ如《ゴト》ク心《コヽロ》ニ讀《ヨミ》テ體《ミ》ニ察《サツ》シ實《ジツ》踐《セン》ヲ渴《カツ》望《ハウ》シテ止《ヤマ》ザルナリ、

爰《コヽ》ニ御《ゴ》大《タイ》喪《ソウ》儀《キ》ノ悲《ヒ》愁《シウ》ニ沈《チン》淪《リン》ノ時《トキ》ニ方《アタツ》テ、勃《ホツ》然《ゼン》乃《ノ》木《ギ》大《タイ》將《シヤウ》ハ純《シユン》潔《ケツ》誠《セイ》忠《チウ》寡《クワ》欲《ヨク》ノ天《テン》性《セイ》ヲ以《モツ》テ、先《セン》帝《テイ》陛《ヘイ》下《カ》ニ殉《ジユン》死《シ》シテ以《モツ》テ利《リ》己《コ》主《シユ》義《ギ》ノ風《フウ》滔《トウ》〱トシテ日《ヒヾ》ニ非《ヒ》ナルヲ憤《フン》激《ゲキ》シテ所《イハ》謂《ユル》文《ブン》臣《シン》ノ愛《アイ》錢《セン》スル者《モノ》ト武《ブ》人《ジン》ノ惜《セキ》命《メイ》ノ者《モノ》等《ラ》ヲ愧《カイ》死《キ》セシメン爲《タ》メカ、身《ミ》ヲ殺《コロ》シ仁《ジン》ヲ爲《ナ》シ示《シメ》サレ、各《カク》種《シユ》ノ方《ハウ》面《メン》ニ向《ムカヒ》テ好《カウ》刺《シ》劇《ゲキ》劑《サイ》ト成《ナ》リタルハ疑《ウタガ》ヒ無《ナ》シ、且《カツ》又《マタ》我《ワガ》精《セイ》華《クワ》ヲ維《イ》持《ジ》ニ其《ソノ》有《ユウ》功《コウ》ナル、己《スナ》ニ楠《ナン》公《コウ》ニ比《ヒ》スル論《ロン》者《シヤ》多《オホ》キナリ其《ソノ》誠《セイ》忠《チウ》ハ鬼《キ》神《ジン》ヲ泣《ナカ》シメ天《テン》地《チ》ヲ感《カン》動《ドウ》セシムル不《フ》磨《マ》ノ感《カン》化《クワ》ヲ享《ウ》ケ、將《マサ》ニ人《ジン》心《シン》ノ傾《ケイ》兆《テフ》ヲ猶《ナホ》一《イツ》掃《ソウ》爲《ナ》スコトヲ得《エ》タルカ如《ゴト》シ人《ヒト》ハ逆《ギヤク》境《キヤウ》ニ陷《オチイ》リ煩《ハン》悶《モン》ノ爲《タメ》ニ死《シ》者《シヤ》ハ屢《シバ〱》在《ア》リ、然《シカ》ルニ順《シユン》境《キヤウ》ニ進《スヽ》ミ無《ム》上《シヤウ》ノ榮《エイ》達《タツ》ヲ遂《スイ》行《カウ》シテ、名《メイ》譽《ヨ》ノ聲《セイ》望《ハウ》高《タカ》ク一《イツ》生《シヤウ》安《アン》樂《ラク》ニ終《オハ》ルコトヲ得《ウ》ル者《モノ》カ、殉《シユン》死《シ》ノ壯《ソウ》烈《レツ》ヲ敢《アヘ》テ爲《ナ》シ、世《セ》界《カイ》ノ軍《グン》人《シン》ヲ戰《セン》慄《リツ》セシメタルト共《トモ》ニ、我《ワカ》軍《クン》人《シン》ノ志《シ》氣《キ》ヲ鼓《コ》舞《ブ》セシノミナラス、大《タイ》將《シヤウ》ノ爲人《ヒト・ナリ》ハ常《シヤウ》人《ニン》ノ爲《ナ》シ能《アタ》ハサル、純《シユン》潔《ケツ》ヲ以《モツ》テ軍《クン》職《シヨク》ノ本《ホン》分《ブン》ヲ明《メイ》示《シ》セラル、凡《オヨ》ソ社《シヤ》會《クワイ》ニ名《ナ》聞《モン》汚《ケカ》ス者《モノ》ハ、皆《ミナ》欲《ヨク》ノ爲《タメ》

ニ恥辱《チシヨク》ヲ招《マネ》ク者《モノ》多《オヽ》シ而《シカ》ルニ至難《シナン》ノ清廉《セイレン》ノ範《ハン》ヲ垂《タ》ル其《ソノ》功績《コウセキ》實《ジツ》ニ欽仰《キンカウ》スヘシ、又《マタ》烈婦《レツプ》乃木《ノギ》靜子《シツコ》ハ夫《フ》ニ殉死《ジユンシ》ス、平常質素《ヘイジヤウシツソ》ニ謙遜《ケンソン》ニ貞淑《テイシユク》ニシテ婦人《フジン》ノ美德《ビトク》ハ悉《コト〻〻》ク實踐《ジツセン》セラレタリ想《オモフ》ニ近來《キンライ》女流社會《ジヨリウシヤクワイ》ノ腐敗墮落《フハイダラク》シ、虛榮浮華《キヨエイフクワ》ノ弊甚《ヘイハナハ》タシク子《シ》育《イク》ノ道《ミチ》ヲ知《シ》ラス或《アルヒ》ハ家治《カチ》ノ法《ハフ》ヲ務《ツト》メス夫生《フイクル》ノ時《トキ》ハ順《シユン》ナラス、夫死後《フシゴ》ハ貞《テイ》ナラス風敎《フウケウ》ヲ傷《キツツ》ケ王化《ワウクワ》ヲ害《ソコナ》フ者《モノ》多《オホ》ク誠《マコト》ニ痛嘆《ツウタン》ニ堪《タヘ》サル時《トキ》ニ方《アタツ》テ此活敎《コノクワツケウ》訓《クン》ヲ示《シメ》サル婦女《フジヨ》タル者《モノ》ハ、夫人《フジン》ノ貞烈《テイレツ》ヲ三省《サンセイ》セハ修養上《シウヤウシヤウ》ニ裨益《ヒエキ》甚大《ジンタイ》ナリ眞《シン》ニ大將《タイシヤウ》ハ古武士《コブジン》ノ典型《テンケイ》ト烈婦《レツプ》ノ龜鑑《キカン》ト謂《イ》フヘシ予《ヨ》近時《キンジ》日《ヒ》ニ月《ツキ》ニ人心腐敗《ジンシンフハイ》ニ傾《カタム》クヲ憂慮《ユウリヨ》セシカ神靈《シンレイ》ノ擁護《ヨウゴ》ニ因《ヨツ》テ善化《ゼンクワ》ノ兆《テフ》ヲ發《ハツ》シ同胞《ドウハウ》ノ赤誠者多數《セキセイシヤタスウ》有《ア》ルヲ視《ミ》ル更《サラ》ニ大將夫妻《タイシヤウフサイ》カ感化《カンクワ》ヲ與《アタヘ》タモ多《オホ》カルヘシ偖《サテ》赤誠者《セキセイシヤ》カ處世上《シヨセシヤウ》ニ生活難等《セイクワツナントウ》ニ苦《クルシ》ムカ或《アルヒ》ハ他《タ》ニ心願有《シンクワンア》ル者《モノ》ニ靈符《レイフ》神在《ジンア》ルヲ知《シ》ラシム諸願悉《シヨクワンコト〴〵》ク忽《タチマ》チニ成就《シヤウシユ》スヘシ若《モ》シ人《ヒト》トシテ無《ム》赤誠者《セキセイシヤ》ハ疾《ハヤ》ク悔悟《カイゴ》ヲ要《エウ》ス素《モト》ヨリ至誠無《シセイナ》キ者《モノ》ハ感應《カンオウ》ヲ享《ウク》ル理《リ》無《ナ》キヲ以《モツ》テ諒察《レウサツ》ヲ請《コ》フ、

此時《コノトキ》ニ方《アタツ》テ博士谷本富《ハクシタニモトトミ》ハ、內外人《ナイクワイジン》ノ歎稱《タンシヤウ》スル大將《タイシヤウ》ヲ論《ロン》スルニ意外《イクワイ》ニモ衒氣《ケンキ》ト誅《シユ》ルヲ視《ミ》ル、己《スデ》ニ諸新《シヨシン》聞《フン》ニ不忠國賊《フチウコクゾク》ト爲《ナ》シ散々《サン〻〻》攻擊《カウゲキ》ヲ受ケ、反《カヘツ》テ博士《ハクシ》ノ價値《カチ》ヲ墜落《ツイラク》ス、是即《コレスナハ》チ自求《ジキウ》ノ禍《クワ》ト謂《イ》ノ外《ホカ》ニ辭無《ジナ》シ、

予《ヨ》ハ其驥尾《ソノキビ》ニ附《ツク》テ好《コノ》マサルカ、將軍《シヤウクン》ヲ論《ロン》スルニ觀相《クワンソウ》ノ如《コト》キ卑度《ヒド》ノモノヲ以《モツ》テ論《ロン》ス、是卑見識《コレヒケンシキ》モ甚《ハナハ》タシト思《オモ》フ、亦不忠者《マタフチウシヤ》カ純忠者《シユンチウシヤ》ノ心事《シンジ》ヲ知《シ》ルノ理《リ》無《ナ》シ、所謂鷰鳩咲大鵬《イハユルカウキウハラフタイハウラ》ノ句《ク》ニ能《ヨ》ク的中《テキチウ》シ、易《エキ》ニ曰《イハ》ク眇能視《スカメヨクミ》ルノ類《タクヰ》ハ、是等《コレラ》ノ事《コト》モ含《フクム》カ如《ゴト》シ、此他科學《コノタクワカク》ニ囚《トラハ》ル學者輩《カクシヤハイ》モ、先帝《センテイ》ノ御治績《ゴヂセキオヨ》及ヒ御製《ギヨセイ》ヲ拝《ハイ》セハ自《シ》覺《カク》スル秋《トキ》在《ア》ラント思《オモ》フ噫《アヽ》、

天下無比 福壽必得 鎭宅靈符神

一名 感應秘密修法集

金華山人 山岸乾齋編述

靈符《レイフ》ノ祭祀《サイシ》ヲ勸《スヽム》奬ル趣意《シユイ》

近時《キンジ》當局者《タウキヨクシヤ》ハ、政治《セイヂ》ト宗教《シウケウ》ト切近《セツキン》スル事《コト》ヲ謀《ハカ》リ、各《カク》宗會議《シウクワイギ》ヲ開設《カイセツ》シ、神佛《シンブツ》ノ崇《スウ》敬《ケイ》ヲ奬勵《スヽム》ル所以《ユヱン》ハ、是則《コレスナハ》チ國體《コクタイ》ノ金甌《キンオウ》無《ム》缺《ケツ》ノ尊嚴《ソンゲン》ヲ萬世《バンセイ》無《ム》窮《キウ》ナラシムル計《ハカリゴト》ナル乎《カ》、將《ハタ》亦《マタ》衆人《シウジン》ノ精神《セイシン》カ腐敗《フハイ》ノ傾《カタム》キ有《アリ》テ動《ヤヽ》モスレハ不祥事《フシヤウジ》ヲ企《クハダ》ツル徒《ト》カ潜伏《センプク》ノ嫌《キラヒア》在ルヲ以《モツ》テ、其《ソノ》根絶《コンゼツ》ニ宗教《シウケウ》ハ缺《カ》クヘカラザルモノト爲《ナ》ス乎《カ》予《ヨ》ハ爰《コヽ》ニ靈符神《レイフジン》ノ祭祀《サイシ》ヲ再興《サイコウ》スヘキ理由《リイウ》ヲ叙《ジヨ》ス賢明《ケンメイ》ノ君子《クンシ》一讀《ドク》ノ光榮《クワウエイ》ヲ垂《タ》レ給《タマ》ハヽ、幸甚《カウジン》ナリ、

夫《ソ》レ惟《オモンミ》ルニ宇《ウ》宙《チウ》間《カン》ニ人《ヒト》ハ捿《セイ》息《ソク》シテ、仰《アフギ》テ天《ナン》象《シヤウ》ヲ觀《クワン》望《バウ》スルニ著《チヨ》

明《メイ》ナルモノハ、日《ジツ》月《ゲツ》星《セイ》辰《シン》ノ燦《サン》然《ゼン》トシテ在《ア》リ、其《ソノ》天《テン》象《シヤウ》ニ始《ハジメ》テ出《シユツ》現《ゲン》爲《ナ》シタル一《イツ》点《テン》ノ光《クワウ》輝《キ》燿《カヾヤ》キシヲ、北《ホク》辰《シン》ト稱《シヨウ》シ尊《ソン》星《セイ》ト號《ナヅク》ル主《シユ》神《ジン》ナリ、其《ソノ》尊《ソン》星《セイ》ハ日《ジツ》月《ゲツ》及《オヨ》ヒ五星《セイ》辰《シン》ヲ產《ウ》ミ、下《カ》降《カウ》シテ人《ジン》類《ルヰ》ト化《クワ》生《セイ》シ關《クワン》聯《レン》スル所《ユ》以《エン》ハ次《ジ》項《カウ》ニ讓《ユヅ》リ、此《コノ》諸《シヨ》星《セイ》神《ジン》ヲ總《ソウ》稱《シヨウ》シテ靈《レイ》符《フ》神《ジン》ト號《ナツ》ケ奉《タテマツ》ル處《トコロ》ナリ、凡《オヨ》ソ人《ニン》間《ゲン》ハ男《ナン》女《ニヨ》夫《フウ》婦《フ》父《フ》子《シ》君《クン》臣《シン》等《トウ》ノ稱《シヨウ》在《アリ》テ、上《ジヤウ》下《ゲ》貴《キ》賤《セン》ヲ分《ワカ》ツト雖《イヘド》モ、其《ソノ》星《セイ》神《シン》ノ擁《ヨウ》護《ゴ》ヲ享《ウケ》ザル者《モノ》無《ナ》シ、此《コノ》故《ユヱ》ニ祭《サイ》祀《シ》スル事《コト》ヲ鼓《コ》吹《スヰ》セント欲《ホツ》ス、其《ソノ》靈《レイ》符《フ》神《ジン》ハ人《ジン》生《セイ》ニ何《イカ》ナル靈《レイ》應《オウ》有《ア》ルカ、先《マ》ヅ其《ソノ》用《ヨウ》ヲ知《シ》ル緊《キン》要《エウ》ナラン、其《ソノ》顯《ケン》著《チヨ》ナル要《エウ》目《モク》ヲ擧《アグ》レハ、二十八靈《レイ》驗《ケン》有《ア》リ左《サ》項《カウ》ノ如《コト》シ、

第一　無病《ヤマヒナク》長壽《イノチナガシ》。第二　增位《クラヰヲマシ》增官《チギヤウヲマス》。第三　福德《トミ》長榮《サカエサカフ》。第四　子孫《シソン》連綿《ナガクサカフ》。

第五　出陣《イクサニ》勝利《カチリヲエル》。第六　賣買《アキナヒ》利潤《リヲウル》。第七　疫病不レ犯《アキヒヤウワツラハス》。第八　諸難不レ起《モロ〳〵ノナンオコラス》。

第九　牛馬除病《ウシウマヤマヒノソク》。第十　養蠶倍盛《カイコサカ〳〵サカエル》。第十一　旅行無難《タヒニイチ・ナンナシ》。第十二　船中安穩《フネノウチヤスラカニ》。

第十三 山中無害《ヤマノナカガイナシ》。第十四 毒虫不螫《ドクチウサヽズ》。第十五 悪犬退去《ヤマイヌシリゾク》。第十六 怪異消滅《アヤシキコトキヘウス》。
第十七 食中除毒《シヨクモツドクヲサル》。第十八 災害不到《サイガイイタラス》。第十九 盗賊退散《ヌスビトキタラス》。第二十 五穀成熟《ゴコクミノル》。
第廿一 男女和合《フウフナカヨクナル》。第廿二 居家安鎭《イヘヰヤスクヤスシ》。第廿三 金銀積藏《キンギンクラニツム》。第廿四 悪夢辟除《アシキユメヲノゾク》。
第廿五 男女愛敬《ナンニヨアイケフ》。第廿六 諸藝得妙《シヨゲイメウヲウル》。第廿七 諸運永久《シヨウンエイキウ》。第廿八 所願皆達《シヨグワンミナトグル》

猶《ナヲ》此《コノ》外《ホカ》ニ正理《セイリ》ノ所願《シヨクワン》ハ成就《シヤウジユ》セズト云《イフ》事《コト》無《ナ》シ、是《コレ》即《スナハ》チ其《ソノ》梗《アラ》要《マシ》ナリ、斯《カク》ノ如《ゴト》ク靈《レイ》驗《ケン》奇《キ》妙《メウ》不《フ》測《シキ》ノアル、天《テン》眞《シン》坤《コン》元《ケン》靈《レイ》符《フ》ナルガ、此《コノ》靈《レイ》符《フ》ノ利《リ》生《シヤウ》不《フ》測《シキ》ハ何《ナニ》故《ユヱ》在《ア》ル乎《カ》ト疑《ギ》議《ギ》者《シヤ》モ在《ア》ラン、其《ソ》ハ末《マツ》項《コウ》ニ於《オイ》テ至《シ》理《リ》至《シ》數《スウ》ナル故《ユヱ》、人《ジン》智《チ》ニテ思《シ》議《ギ》スヘカザル、天《テン》眞《シン》ノ靈《レイ》妙《メウ》ノ理《リ》完《クワン》備《ビ》スル故《ユヱ》、暫《シバラ》ク茲《コヽ》ニ畧《リヤク》シテ後《コ》項《コウ》ニ譲《ユツ》ル、其《ソノ》說《セツ》明《メイ》ヲ讀《ヨミ》テ知《チ》了《レウ》スヘシ、

原《モト》ト此《コノ》法《ハフ》ハ仙《セン》敎《ケフ》ニテ我《ワカ》國《クニ》ニ傳《デン》來《ライ》久《ヒサ》シク、昔《ムカ》時《シ》ニ遡《サカノホ》レハ已《ステ》ニ空《クウ》海《カイ》大《タイ》師《シ》カ、京《キヨウ》都《ト》ニ在《アリ》テ、綜《ソウ》藝《ゲイ》種《シユ》智《チ》院《イン》ヲ建《コン》立《リウ》シテ、右《ウ》大《ダイ》臣《ジン》藤《トウ》三《ミツ》守《マリ》ノ

宅《タク》地《チ》ニ於《オイ》テ、儒《ジユ》道《ダウ》佛《ブツ》道《ダウ》仙《セン》道《ダウ》ノ三《サン》教《ケフ》ヲ學《マナ》フ人《ヒト》ノ爲《タメ》ニ學《ガク》室《シツ》ヲ設《モウ》クト性《セウ》靈《レイ》集《シウ》ニ載《ノ》ス、亦《マタ》寶《ホウ》暦《レキ》甲《カフ》戌《シユ》ノ項《コロ》ニ瓔《エウ》珞《ラク》和《クワ》尙《シヤウ》ノ作《サク》ニ關《カヽ》ル、典《テン》籍《セキ》概《カイ》見《ケン》ト云《イフ》書《シヨ》ニ、道《セン》家《シユツ》ハ全《マツタ》ク日《ニ》本《ホン》ノ神《シン》道《ダウ》ト同《オナ》シク、佛《ブツ》ニモ儒《ジユ》ニモアラス、其《ソノ》二《ニ》家《カ》ノ中《アイ》間《タ》ノモノナリト辨《ヘン》明《メイ》有《ア》リ（甲庚秘錄ニ載ス）之《コレ》ニ由《ヨツ》テ仙《セン》教《ケフ》ノ大《タイ》意《イ》ヲ知《シ》ルへシ、

其《ソノ》靈《レイ》符《フ》ノ修《シユ》法《ハフ》ニ庚《カウ》申《シン》待《マチ》ト云《イフ》在《ア》リ、是《コ》レハ文《フン》德《トク》天《テン》皇《ワウ》ノ御《ギヨ》宇《ウ》（五十五代）ニ智《チ》證《シヤウ》大《タイ》師《シ》入《ニツ》唐《トウ》シテ、此《コノ》庚《カウ》申《シン》待《マチ》ノ法《ハフ》ヲ傳《ツタ》フ、宇《ウ》多《タ》天《テン》皇《ワウ》醍《ダイ》醐《ゴ》天《テン》皇《ワウ》ノ御《ギヨ》宇《ウ》（五十九代六十代）ニ庚《カウ》申《シン》待《マチ》ヲ行《オコナ》ヒ玉《タマ》フ、菅《クワン》丞《シヤウ》相《〱》ノ庚《カウ》申《シン》ノ詩《シ》等《トウ》有《ア》リ、考《カウ》證《シヤウ》ト爲《ナ》スニ足《タ》ルベシ、

其《ソノ》他《タ》靈《レイ》符《フ》神《ジン》ヲ祀《マツ》ル事《ジ》蹟《セキ》ハ、本《ホン》文《モン》ニ數《アマ》多《タ》載《ノス》ル處《トコロ》ナルカ、斯《カク》ノ如《ゴト》ク先《セン》達《タチ》タル智《チ》者《シヤ》高《カウ》僧《ソウ》ノ修《シユ》セラレタルト、靈《レイ》應《オウ》ノ炳《ハイ》然《セン》タルヲ以《モツ》テ信《シン》スヘシ、古《ムカ》昔《シ》ヨリ現《ゲン》時《ジ》ニ至《イタ》ル經《ケイ》路《ロ》ヲ按《アン》スルニ、儒《シユ》佛《ブツ》二道《ダウ》各《オノ〱》盛《セイ》

衰《スイ》有《ア》リテ、儒《ジユ》教《ケウ》ハ屢《シバ〳〵》廢《ハイ》棄《キ》セラレタルカ、近《キン》年《ネン》漸《ヤウヤ》ク興《コウ》復《フク》ノ機《キ》運《ウン》ニ向《ムカ》フモ、仙《セン》教《ケフ》ノ靈《レイ》符《フ》神《ジン》ハ世《セ》人《ジン》ニ不《シラ》知《ザル》者《モノ》多《オホ》ク、是《コレ》亦《マタ》儒《ジユ》道《ダウ》ト准《ヒト》シク主《シユ》宰《サイ》スル統《トウ》轄《カツ》者《シヤ》無《ナ》キヲ以《モツ》テ、茲《コヽ》ニ湮《イン》滅《メツ》ニ歸《キ》セントシツヽ、在《ア》リ、往《ワウ》時《シ》ハ勅《チヨク》願《クワン》所《シヨ》ト稱《シヤウ》シテ周《ス》防《ハウノ》國《クニ》氷《ヒ》上《カミ》山《ヤマ》ニ殿《デン》堂《ドウ》莊《サウ》嚴《ゴン》森《シン》然《ゼン》タル物《モノ》在《アリ》シカ、國《コク》司《シ》多《タ》々《タ》良《ラ》家《ケ》ノ滅《メツ》亡《バウ》ト共《トモ》ニ廢《ハイ》頽《タイ》シ、攝《セツ》津《ツノ》國《クニ》難《ナニ》波《ハ》生《イク》魂《タマ》ニ社《シヤ》祠《シ》在《ア》リ（現時天滿宮ノ末社ト成ルト云）亦《マタ》同《ドウ》國《コク》多《タ》田《ダ》滿《マン》仲《チウ》卿《ケフ》モ祀《マツ》ル（現時能勢ノ妙見ト云）其《ソノ》他《タ》諸《シヨ》國《コク》ニ殿《デン》堂《ドウ》ハ概《オホム》ネ廢《ハイ》絶《ゼツ》シ、名《メイ》稱《シヤウ》ヲ變《ヘン》シテ祀《マツ》ル處《トコロ》モアラン、現《ゲン》時《ジ》民《ミン》家《カ》ハ大《オホ》阪《サカ》市《シ》ニ安置《マツ》ル者《モノ》在《ア》リ、神《カウ》戸《ベ》市《シ》ノ如《ゴト》キモ舊《キウ》家《カ》ニ祀《マツ》ルヲ實《ジツ》見《ケン》ス、元《グワン》來《ライ》餘《ヨ》ノ神《シン》佛《ブツ》ト異《コトナ》リ、各人《メイ〳〵》カ祭《サイ》祀《シ》信《シン》仰《カウ》爲《ナ》ス趣《シユ》意《イ》ナルヲ以《モツ》テ、斯《カク》ノ如《ゴト》ク世《セ》變《ヘン》ニ風《フウ》靡《ヒ》シ忘《ワス》レラルヽ者《モノ》ト推《スイ》想《ソウ》ス、左《サ》ニ備《ヒ》考《カウ》ヲ提《テイ》出《シユツ》スヘシ

往《ムカ》時《シ》靈《レイ》符《フ》神《シン》ハ、畿《キ》内《ナイ》及《オヨ》ヒ諸《シヨ》國《コク》ニ祀《マツ》ル事《ジ》蹟《セキ》ハ、本《ホン》文《ブン》ニ徴《チヨウ》ヲ擧《アゲ》ル如《ゴト》ク此《コノ》法《ハフ》ノ根《コン》本《ポン》

ハ百《ク》濟《タラ》國《コク》ヨリ傳來《デンライ》シテ、長門周防《ナガトスハフ》ニ後《ノ》チ攝津《セツツ》ノ生魂《イクタマ》ニ祀《マツ》ルト古書《コシヨ》ニ錄《シル》シ明《アキラ》カナリ、今《イマ》ハ其《ソノ》生魂《イクタマ》ニ靈符《レイフ》社《シヤ》及《オヨ》ヒ近傍《キンハウ》ニ地《チ》名《メイ》無《ナ》ク、北區《キタク》天滿《テンマ》ノ天滿宮《テンマングウ》ニ一末《イチマツ》社《シヤ》ト其《ソノ》地《チ》名《メイ》ノ現存《ケンソン》スル所以《ユエン》ヲ審《ツマヒラカ》ニセント欲《オモ》フハ已《スデ》ニ地《チ》名《メイ》在《ア》ルヲ以《モツ》テ推《オ》セハ社殿等《シヤデントウ》モ有《ア》リシト考《カンカ》フ、

一説《イツセツ》ニ或《ア》ル老人《ラウジン》カ云《イハ》ク貳百餘《ヨ》年前《ネンゼン》ハ生魂《イクタマ》ニ靈符祠《レイフシ》在《アツ》テ榮昌《エイシヤウ》セシカ、其祠《ソノシ》ヲ天滿《テンマ》ヘ遷座《センザ》ヨリ天滿宮《テンマンクウ》ハ繁昌《ハンシヤウ》シ、生魂社《イクタマシヤ》ハ漸々《セン〻》衰傾《スイケイ》セリト傳聞《デンブン》スト謂《イ》フ又《マタ》一説《イツセツ》ニ云《イハ》ク、生魂社《イクタマシヤ》ノ馬場《ババ》先《サキ》ハ松原《マツハラ》ニテ遊廓《ユウカク》等《トウ》モ有《ア》リ其邊《ソノヘン》ニ靈符祠《レイフシ》存在《ソンサイ》シ繁榮《ハンエイ》セシト云《イ》フ、此説《コノセツ》ハ稍《ヤヽ》信《シン》ニ邇《チカ》シト思《オモフ》カ併《シカ》シ是記錄《コレキロク》ニ見出《ミイダ》シタルニアラス只《タヽ》傳説《デンセツ》ナル故《ユエ》ニ事蹟《ジセキ》ノ眞僞《シンギ》ハ斷言《ダンゲン》スル能《アタ》ハス、其《ソレ》ハ兩社共《リヤウシヤトモ》ニ社人《シヤシン》ハ古記《コキ》錄無《ロクナ》シト謂《イ》フ故《ユエ》ニ調査《テウサ》スル材料無《サイリヨウナ》キヲ惜《オシ》ム若《モ》シ確説《カクセツ》ヲ知《シ》ル人《ヒト》アラハ、高説《カウセツ》ノ敎《ヲシヘ》ヲ請《コ》フ、

偖《サテ》靈符《レイフ》ノ靈應《レイオウ》ニ關《クワン》スルコト、生魂社《イクタマシヤ》ノ罹災《リサイ》ト衰傾《スイケイ》ニ對《タイ》シテ天滿社《テンマンシヤ》ノ無事《ブジ》ト四時《シシ》繁昌《ハンシヤウ》ト比較《ヒカク》シ且《カ》ツ予《ヨ》カ社人《シヤジン》ニ聞《キ》ク處《トコロ》ヲ詳述《シヤウジユツ》シテ、後項《ゴコウ》ニ徵《チヤウ》ヲ示《シメ》ス、爰《コヽ》ニハ其事實《ソノジジツ》ヲ考古家《カウコカ》ニ求《モト》メント欲《オモ》フ而已《ノミ》、

今《イマ》ヤ國《コク》家《カ》ノ文《ブン》明《メイ》ハ日《ニツ》新《シン》ニ進《スヽミ》テ盛《セイ》旺《ワイ》ノ運《ウン》ナリ、國《コク》民《ミン》ノ殖《シヨク》産《サン》工《コウ》業《ケフ》等《トウ》ハ之《コレ》ニ件《トモナ》ヒ進《シン》捗《チヨク》シツ、在《ア》リ、然《シカ》ルニ一《イチ》利《リ》一《イチ》害《ガイ》ハ數《スウ》ノ免《マヌカ》レ難《ガタ》キモノ乎《カ》、其《ソノ》文《ブン》明《メイ》ハ已《スデ》ニ弊《ヘイ》毒《ドク》ヲ發《ハツ》シ、一《イツ》般《ハン》國《コク》民《ミン》ノ思《シ》想《ソウ》界《カイ》ヲ一《イツ》變《ヘン》シ固《コ》有《ユウ》ノ美《ビ》德《トク》ヲ破《ハ》壞《クワイ》シ盡《ツク》スノ勢《イキホ》ヒナリ、是《コレ》則《スナハ》チ思《シ》想《ソウ》ノ變《ヘン》化《クワ》ヨリ歐《オウ》米《ベイ》ノ成《セイ》金《キン》主《シユ》義《ギ》ヲ鼓《コ》吹《スイ》スルヲ、日《ツ》常《ネ》ニ聞《ブン》見《ケン》シツ、在《ア》ル故《ユヱ》唯《タヾ》其《ソノ》利《リ》欲《ヨク》一《イツ》方《ハウ》ニ偏《ヘン》傾《ケイ》シ、我《ワレ》先《サキ》ニ進《スヽン》テ得《エ》ントシ罪《サイ》惡《アク》ヲ犯《オカ》ス者《モノ》月《ツキ》ニ歲《トシ》ニ多《オホ》ク、且《カツ》又《マタ》虛《キヨ》榮《エイ》ヲ貪《ムサホ》ルノ惡《アク》風《フウ》ヲ增《ソウ》長《チヤウ》シ、茲《コヽ》ニ時《ジ》弊《ヘイ》百出《ヒヤクシユツ》シ止《トヾマ》ル處《トコロ》ヲ知《シ》ラス、猶《ナヲ》一《イツ》層《ソウ》甚《ハナハ》ダシキハ國《コク》體《タイ》ヲ忘《ホウ》却《キヤク》ノ徒《ト》ヲ生《シヤウ》シ、大《タイ》逆《ギヤク》罪《ザイ》等《トウ》ヲ出《イ》タスハ未《ミ》曾《ソウ》有《イウ》ノコトユヘ實《ジツ》ニ寒《カン》心《シン》ニ堪《タヘ》ス、事《コト》ノ爰《コヽ》ニ至《イタ》ラサル以《イ》前《ゼン》ニ、歲《トシ》庚《カフ》寅《イン》ニ在《ヤド》ル十月《ガツ》、恐《カシコ》クモ叡《エイ》聖《セイ》陛《ヘイ》下《カ》ハ、深《フカ》ク御《ゴ》軫《シン》念《ネン》ノ教《ケフ》育《イク》勅《チヨク》語《ゴ》ヲ賜《タマハ》リ、萬《バン》民《ミン》ノ嚮《ムカ》フ處《トコロ》ヲ垂《スイ》教《ケフ》シ玉《タマ》フ、聖《セイ》訓《クン》ヲ謹《キン》誦《シユ》スル臣《シン》民《ミン》ハ命《メイ》ヲ奉《ホウ》シテ、好《カウ》成《セイ》績《セキ》ヲ奏《ソウ》功《コウ》ヲ表《アラ》彰《ハ》スヘキ理《リ》ナルカ現象《ゲンシヤウ》ハ然《シカ》ラス、其歳《ソノトシ》ヲ經《フ》ル二十三年間《ネンカン》ノ成績《セイセキ》ハ、智育《チイク》ノ殖産《シヨクサン》工業《コウゲフ》商等《シヤウトウ》効果《カウクワ》ヲ收《ヲサメ》タルカ、翻《ヒルガヘツ》テ徳育《トクイク》ヲ一瞥《イチベツ》スレハ益々《マス〱》悪化《アククワ》ノ嫌有《キラヒアツ》テ、其思想界《ソノシソウカイ》ハ歐化《オウクワ》ニ心醉《シンスイ》スル故《ユヘ》、窃《ヒソカ》ニ思《オモフ》ニ勅語《チヨクゴ》ハ智徳完《チトククワン》備《ヒ》ノ教《ヲシヘ》ナレハ、聖旨《セイシ》ニ遠《トホ》キ感《カン》ジ起《オコ》リ、予《ヨ》ハ痛《イタ》ク杞憂《キユウ》スルモ之《コレ》ヲ通《ツウ》スル道《ミチ》無《ナ》シ、只《タヾ》時時《トキ〴〵》拜誦《ハイシユ》シテ時事《ジジ》ノ非《ヒ》ヲ感泣《カンキウ》シ、意志《イシ》ヲ獨《ヒト》リ聖教《セイケウ》ニ慰《ナグサ》ム、又《マタ》思《オモ》フ勅語《チヨクゴ》ノ一字《イチジ》ヲ誤解《ゴカイ》モ恐《オソ》レ多《オホ》シ、況《イハン》ヤ其要綱《ソノエフカウ》ノ主眼《シユカン》ヲ誤《アヤマ》ル者《モノ》ニ於《オイ》テヲヤ、予《ヨ》カ其重要《ソノヂウエフ》ト爲《ナ》ス解釋《カイシヤク》ノ卑見《ヒケン》ハ第一《タイイチ》ニ徳《トク》ヲ樹《タ》ツルコト深厚《シンカウ》ナリト在《ア》リ、〇第《タイ》二ニ臣民《シンミン》カ徳器《トクキ》ヲ成就《ジヤウジユ》ノコト在《ア》リ、〇第《ダイ》三ニ朕爾臣民《チンナンチシンミン》ト倶《トモ》ニ拳拳《ケン〱》服膺《フクヨウ》シテ咸《ミ》ナ其徳《ソノトク》ヲ一ニセンコトヲ庶幾《コイネカ》フト宣《ノリタマ》フ、

此《コノ》第一ノ徳ヲ樹ツルコト深厚ナリト在ルヲ、皇祖皇宗ハ樹テタマヒシ、君徳ハ深ク厚キコトニテアリト解シ〇第二ノ臣民カ徳器ヲ成就シト在ルヲ道

徳ノ器具材料ヲ爲シ遂ルナリト解レ○第三ニ朕爾臣民ト倶ニ云云其徳ヲ一ニセンコトヲ庶幾フト在ルヲ天皇ノ大徳ト臣民ノ徳トヲ同一ニ爲サンコトヲ願望シ玉フ意トシ恐レ多キコトナラスヤト勅語《チヨクゴ》通證《ツウシヤウ》ニ解《カイ》スルヲ見《ミ》ル、（大久保芳治ノ輯）此《コノ》解釋《カイシヤク》ハ予《ヨ》ト同意《ドウイ》ナルヲ以《モツ》テ其《ソノ》一句《イツク》ツ、ヲ摘錄《テキロク》爲《ナ》シタリ、且又《カツマタ》勅語《チヨクゴ》中《チウ》ニ三《ミ》タヒ徳《トク》ノコトラ宣《ノラ》セ玉《タマ》フ實《ジツ》ニ御懇篤《ゴコントク》ナルヲ仰《アオキ》テ恭順《キヤウシユン》ノ意《イ》ヲ表《アラ》彰《ハス》ノ外《ホカ》ニ道《ミチ》無《ナ》シト考《カンカ》フ、

抑《ソモ〳〵》モ勅語《チヨクゴ》ハ智《チ》徳《トク》完備《クワンビ》ノ玉詔《キヨクセウ》ニテ、智《チ》ト徳《トク》トハ兩輪《リヤウリン》ノ如《ゴト》シト思《オモ》フ、若《モ》シ智《チ》ニ徳《トク》ガ伴《トモナ》ハサレハ、必《カナラ》ス一《イツ》ヲ缺《カク》ユヘ轉覆《テンフク》ノ虞《オソレア》有リ然《シカ》ルニ現代《ケンタイ》有識者《ユウシキシヤ》カ、萬民《ハンミン》ヲ誘導《イウダウ》ノ實績《ジツセキ》ヨリ推《オセ》ハ、智育《チイク》ニ偏《ヘン》シテ徳育《トクイク》ハ形式《ケイシキ》ナルヲ以《モツ》テ、實績《シツセキ》ニ現《アラハ》ル處《トコロ》ハ徳《トク》ヲ不知《シラサル》者《モノ》ヲ日日《ヒビ》ニ馴致《シユンチ》スルカ如《ゴト》シ、其《ソノ》證《シヤウ》ハ學生《カクセイ》カ教官《ケフクワン》等《トウ》ニ抗爭《カウソウ》スル如《ゴト》キ、何《ナニ》ニ由《ヨツ》テ然《シカ》ル乎《カ》、素《モト》ヨリ聖訓《セイクン》ニ智能ヲ啓發シ云々、又進テ公益ヲ廣メ等《トウ》ノ語《ゴ》ハ拜誦《ハイシユ》ス、故《ユヱ》ニ廣《ヒロ》ク文明《ブンメイ》ノ技藝術《ギケイシユツ》ヲ採用《サイヨウ》シ我軍隊《ワカクンタイ》ノ如《ゴト》

我軍隊ノ如クセハト云意タルヤ、技術兵學ハ廣ク海外ヲ則リ、精神ハ我武士道ヲ殿守スルニアリ、已ニ天眼之研究ニ詳述セシヲ以テ、茲ニ微意ヲ再記スル事、

クセハ、國《コク》家《カ》ニ益《エキ》スル勿《モチ》論《ロン》也《ナリ》文《フン》教《ケフ》亦《マタ》然《シカ》リト思《オモ》フ、然《シカ》ルニ國《コク》情《シヤウ》ノ異《コトナ》ル思《シ》想《ソウ》界《カイ》ヲ移《イ》殖《シヨク》ス、其《ソノ》弊《ヘイ》毒《ドク》擧《アゲ》テ算《カツ》ヘ難《カタ》シ、我《ワ》カ精《セイ》華《クワ》ト稱《シヤウ》スル武《フ》士《シ》道《ダウ》ヲモ漸《セン》々地《チ》ヲ拂《ハラ》ハシメントスル嫌《キラヒ》在《ア》リ、其《ソノ》徵《チヤウ》ハ各《カク》方《ハウ》面《メン》ニ不《フ》祥《シヤウ》ノ事《ジ》故《コ》ヲ發《ハツ》シ或《アルヒ》ハ嫌《ケン》疑《キ》者《シヤ》等《トウ》是《コレ》ナリ、此《コレ》等《ラ》罪《サイ》惡《アク》ヲ構《カウ》成《セイ》セシムルモノハ、徳《トク》育《イク》ヲ輕《ケイ》視《シ》ニ起《キ》因《イン》スト謂《イ》ハサルヲ得《エ》ス、國《コク》家《カ》ノ元《グン》氣《キ》ノ喪《ソウ》失《シツ》ニ氣《キ》附《ツカ》スシテ、智《チ》育《イク》ニ偏《ヘン》スルハ斷《タン》呼《コ》トシテ非《ヒ》ト欲《オモ》フ、本《モト》ト文《フン》明《メイ》ハ利《リ》欲《ヨク》ヲ主《シユ》トスルユヘ歐《オフ》學《カク》者《シヤ》ハ不《シラ》知《ス》不《シラ》識《ス》ノ間《アヒダ》ニ歐《オウ》化《クワ》シテ遂《ツヒ》ニ、徳《トク》字《ジ》ノ解《カイ》釋《シヤク》ヲ誤《アヤマ》ルニアラサルカ若《モ》シ幸《サイハヒ》ニ正《セイ》解《カイ》シテ智《チ》徳《トク》併《アハセ》テ進《シン》捗《チヨク》ヲ謀《ハカ》ラハ弊《ヘイ》害《カイ》無《ナ》カルヘシ、我《ワ》カ精《セイ》華《クワ》ヲ作《ツク》リ鍛《キタ》煉《ヒ》アケタルハ神《シン》儒《シユ》佛《フツ》三教《ケフ》カ世《セ》道《ダウ》ヲ益《エキ》シ治《チ》世《セイ》ニ與《アツカリ》テ功《コウ》有《ア》ルモノナルヘシ、其《ソノ》神《シン》佛《ブツ》二道《ダウ》ハ專《セン》職《シヨク》ノ者《モノ》在《ア》ルヲ以《モツ》テ暫《シバラ》ク擱《ヲ》キ、儒《シユ》教《ケフ》ハ徳《トク》ヲ以《モツ》テ根《コン》本《ホン》ト爲《ナ》スナリ、夫《フウ》子《シ》易《エキ》ニ教《ヲシヘ》テ曰《イハ》ク、履《リ》《フム》ハ徳《トク》之《ノ》基《モトヰ》

也。謙《ケン》ハ德《トク》之《ノ》柄《モト》也。復《フク》《カヘル》ハ德《トク》之《ノ》本《モト》也。恒《ツネ》ハ德《トク》之固《カタメ》也。損《ソン》《ヘラス》ハ德《トク》之《チ》修《オサムル》也《ナリ》。益《エキ》《マス》ハ德《トク》之《ノ》裕《ミチ》也。困《コン》ハ德《トク》之《ノ》辨《ヘン》也。井《セイ》ハ德《トク》之《ノ》地《チ》也。巽《ソン》《シタカフ》ハ德《トク》之《ノ》制《セイ》也ト在《ア》リ、夫《ソ》レ德《トク》ハ人《ニン》間《ケン》ノ根《コン》本《ホン》ニ缺《カ》クヘカラサルモノニテ、此《コノ》德《トク》有《ア》レハ威《ヰ》ハ之《コレ》ニ伴《トモナ》ヒ、財《サイ》寶《ホウ》亦《マタ》然《シカ》リ、予《ヨ》カ奉《ホウ》信《シン》スル儒《シユ》道《ダウ》ハ斯《カク》ノ如《ゴト》シ、勅《チヨク》語《ゴ》御《ゴ》下《カ》賜《シ》以《イ》還《クワン》ノ識《シキ》者《シヤ》ノ解《カイ》釋《シヤク》ハ何《イカ》ナル乎《カ》、高《カウ》說《セツ》ハ知《シ》ラサルカ顧《オモ》フニ其《ソノ》根《コン》本《ホン》ヲ窮《キハメ》スシテ技《シ》葉《エウ》ヲ制《セイ》セハ、益《マス》々〱複《フク》雜《ザツ》亂《ラン》糸《シ》ノ如《ゴト》キ事《ジ》故《コ》惹《シヤク》起《キ》ヲ處《チツ》ル、之《コレ》ニ由《ヨツ》テ按《アン》スルニ人《ニン》間《ケン》ハ生《ウマ》レ乍《ナカ》ラニ欲《ヨク》有《ア》リ、故《ユヱ》ニ欲《ヨク》ハ教《ヲシヘ》ザルモ進《ススン》テ熄《ヤマ》ス、人《ヒト》ニ正《セイ》理《リ》ノ道《ミチ》ヲ教《ヲシユ》ルモ、道《ミチ》ヲ守《マモ》ル者《モノ》ハ寥《レウ》々〱ナリ、然《シカ》ルニ其《ソノ》道《ミチ》ヲ教《ヲシヘ》ルヲ踈《ソ》ニシ聖《セイ》訓《クン》ノ解《カイ》釋《シヤク》ヲ、若《モ》シ現《ゲン》時《ジ》ノ儘《マヽ》ニ進《シン》行《カウ》スレハ、遂《ツイ》ニ大《タイ》難《ナン》ノ勃《ホツ》興《コウ》シ臍《ホソ》ヲ噬《カム》モ及《オヨ》ハサル時《トキ》ノ來《キタ》ルヲ恐《オソ》ル、歐《オウ》洲《シウ》ノ文《フン》明《メイ》ハ將《シヤウ》來《ライ》モ戰《セン》亂《ラン》交《コモ〲》モ起《オコ》ル所《ユ》以《ヱン》ノモノハ利《リ》爭《ソウ》ニ外《ホカ》ナラス、故《ユヱ》ニ古《イニシヘ》ヨリ人《ヒト》ヲ誡《イマシム》ルニ禮《レイ》義《ギ》ト正《セイ》理《リ》ヲ根《コン》本《ホン》トシ非《ヒ》望《ハウ》ノ欲《ヨク》ヲ制《セイ》スルヲ要《エウ》ス、若《モ》シ人《ヒト》カ利《リ》欲《ヨク》ノミニ傾《カタムケ》ハ骨《コツ》肉《ニク》相《アヒ》食《ハミ》テ恥《ハヂ》ス、無《ム》殘《サン》ナルコト豺《サイ》狼《ラウ》ノ如《ゴト》ク、貪《トン》戻《レイ》ナルコト餓《ガ》虎《コ》ノ食《ショク》ヲ爭《アラソ》フカ如《ゴト》ク、其《ソノ》利《リ》ニ趁《ハシ》ル烈《ハゲ》シキハ、恰《アタカ》モ鷙《シウ》鳥《テウ》カ雀《シヤク》雛《スウ》ヲ捽《ウツ》カ如《ゴト》シ、豈《ア》ニ其《ソノ》形《ケイ》体《タイ》ハ人《ヒト》ナルモ、心《シン》事《ジ》ハ禽《キン》獸《ジウ》ト異《コトナ》ル点《テン》何《イツ》處《ク》ニ在《ア》ルカ、之《コレ》ヲ史《シ》ニ徵《チヤウ》スルモ戰《セン》亂《ラン》ノ永《ナカ》ク續《ツヾ》キタル彼《カ》ノ應《オウ》仁《ニン》ノ亂《ラン》等《トウ》ノ如《ゴト》キハ、是《コレ》則《スナハ》チ群《グン》雄《ユウ》カ割《カツ》據《キヨ》シ利《リ》爭《ソウ》ナラスヤ、德《トク》川《カハ》氏《シ》カ漸《ヤウヤ》ク天《テン》下《カ》ヲ戡《カン》定《テイ》スルニ及《オヨン》テ大《オホイ》ニ文《フン》教《ケフ》ヲ興《コウ》起《キ》シ誡《イマシメ》テ曰《イハ》ク、人《ヒト》ハ道《ミチ》ヲ知《シ》ラスンハアルヘカラス、應《オウ》仁《ニン》以《イ》還《クワン》ハ天《テン》下《カ》唯《タヾ》利《リ》ヲ之《コレ》視《ミ》ルハ皆《ミナ》道《ミチ》ヲ知《シ》ラサルニ坐《ザ》ス、苟《イヤシク》モ道《ミチ》ヲ知《シ》ラント欲《ホツ》セハ書《シヨ》ヲ舍《ステ》テ奚《イツク》ニ適《ユカ》ント有《ア》リ、文《フン》教《ケフ》ノ傳《デン》ニ曰《イハ》ク、天《テン》地《チ》之《ノ》大《タイ》德《トクヲ》曰《イフ》生《セイト》聖《セイ》人《ジン》之《ノ》大《タイ》寶《ホウヲ》曰《イフ》位《クライト》。何以《ナニヲモツテ》守《マモル》位《クライヲ》。曰《イハク》人《ヒト》。何以《ナニヲモツテ》聚《アツム》人《ヒトヲ》曰《イハク》財《サイ》。理《オサムル》財《ニサイヲ》正《タヾシ》辭《コトハヲ》。禁《イマシメ》民《タミニ》爲《ナス》非《ノヒヲ》曰《イフ》義《ギト》。ト有《ア》リ、此《コノ》一節《セツ》ニ性《セイ》命《メイ》ノ貴《キ》重《チヨウ》ト、財《サイ》ヲ理《オサム》ルニ正《セイ》理《リ》ヲ教《ヲシ》ヘ、民《タミ》ニ非《ヒ》ヲ爲《ナ》シ、財《ザイ》ヲ得《ウ》ルヲ禁《イマシ》メ有《ア》ルモ、財《ザイ》ノ緊《キン》要《エフ》ト貴《キ》重《チヨウ》トハ古《コ》今《コン》共《トモ》ニ然《シカ》リ、唯《タヾ》民《タミ》カ欲《ヨク》ニ眩《メ》暈《クラミ》シテ、非《ヒ》ヲ行《オコナ》ヒ貪《トン》婪《ラン》爲《ナ》スヲ制《セイ》スルノミ、正《セイ》理《リ》ニ得《ウ》ルヲ制《セイ》スト誤《ゴ》解《カイ》スル勿《ナカ》レ、亦《マタ》其《ソノ》志《シ》望《ハウ》ヲ達《タツ》スルニ遅《チ》速《ソク》在《ア》リ、其《ソ》ハ運《ウン》命《メイ》ニ屬《ゾク》スル故《ユエ》、運《ウン》命《メイ》ハ別《ベツ》項《コウ》ニ論《ロン》述《シユツ》スヘシ、然《シカ》ルニ近《キン》時《ジ》學《ガク》技《ギ》ヲ學《マナ》ヒ一《ヒト》回《タビ》失《シツ》敗《ハイ》セハ、直《タヾチ》ニ厭《エン》世《セイ》感《カン》ヲ起《オコ》シ、己《オノ》カ意《イ》志《シ》ノ如《ゴト》クナラサルカ、又自《ジ》殺《サツ》スルハ性《セイ》命《メイ》ノ貴《キ》重《チヨウ》ヲ知《シ》ラス、是《コレ》學《ガク》問《モン》ノ効《カウ》何《イツ》レニ有《ア》ルカ疑《ウタカ》フ、所《イハ》謂《ユル》起《キ》因《イン》ハ彼《カ》ノ弊《ヘイ》毒《ドク》ニ歸《キ》スヘシ、彼《カ》ノ孟《モウ》子《シ》教《ヲシヘ》テ曰《イハ》ク。天《テンノ》將《マサニ》降《クタサント》大任《タイニン》於《ヲ》是《コノ》人《ヒトニ》也《ヤ》必先《カナラスマツ》苦《クルシメ》其《ソノ》心《シン》志《シヲ》。勞《ラウシ》其《ソノ》筋《キン》骨《コツヲ》。餓《ウヤシ》其《ソノ》體《タイ》膚《フヲ》。空乏《クウハウニシ》其身《ソノミヲ》。行《オコナヒ》拂亂《ハサカヒミタラシム》其《ソノ》所爲《トコロヲナス》。所《ユヱ》以《ン》動《ウコカシ》心《コヽロヲ》忍《シノヒ》性《セイヲ》。曾《スナハチ》益《エキスル》其所《ソノトコロヲ》不能《サルアタハ》。人《ヒト》恒《ツネニ》過《スギナ》然《シカル》後《ノチニ》能改《ヨクアラタム》。困《クルシミ》於心《コヽロニ》衡《ハカリ》於慮《リヨニ》。而後《ノチ》作《ヲコル》。徵《チヤウシ》於色《イロニ》。發《ハツシ》於聲《コヱニ》。而後《ノチ》喩《サトス》ト在《ア》リ、此《コノ》教《ヲシ》誨《ヘ》ヲ知《シ》ラハ、一《イツ》生《セウ》中《チウ》ニ何《イカ》ナル事《ジ》故《コ》ニ遭《ア》遇《フ》モ、常《ツネ》ニ談《タン》スル親《シン》戚《セキ》知《チ》友《ユウ》カ應《オウ》援《エン》セサルモ、泰《タイ》然《セン》ト時《ジ》期《キ》ヲ待《マ》チ志《コヽロサシ》ヲ達《タツ》セント思《オモ》フ、此《コノ》一二ノ例《レイ》ハ是《コレ》只《タヾ》童《トウ》蒙《モウ》ニ示《シメ》ス而《ノ》已《ミ》、今《イマ》ヤ萬《バン》代《タイ》不《フ》易《エキ》ノ聖《セイ》教《ケフ》ト識《シキ》者《シヤ》ハ自《ジ》覺《カク》シ、已《スデ》ニ博《ハク》識《シキ》ヲ以《モツ》テ研《ケン》究《キウ》ニ從《ジウ》事《ジ》スル故《ユヱ》、正《セイ》理《リ》ノ正《セイ》解《カイ》ヲ渇《カツ》望《ハウ》頗《スコブ》ル切《セツ》ナリ、併《シカ》シ世《ヨ》ニ傳《ツタ》フ某《ハウ》博《ハク》士《シ》カ伯《ハク》夷《イ》淑《シユク》齊《セイ》ノ論《ロン》ノ如《コト》キハ、曲《キヨク》解《カイ》モ甚《ハナハ》タシキモノト思《オモ》フ、將《ハタ》亦《マタ》現《ケン》代《タイ》ノ弊《ヘイ》ハ地《チ》位《井》ヲ貴《タツトン》テ妄《モウ》聽《テフ》シ、學《カク》位《井》ヲ妄《モウ》信《シン》者《シヤ》多《オホ》キ嫌《キラヒ》在《アツ》テ、一《イツ》般《ハン》ノ腦《ノウ》裡《リ》ニ德《トク》ノ正《セイ》解《カイ》ハ至《シ》難《ナン》ノ業《ワサ》ト思《オモ》フ、其《ソ》ハ多《タ》年《ネン》物《フツ》質《シツ》ニ囚《トラ》ハレ化《クワ》シテ、眼《カン》中《チウ》ニ利《リ》欲《ヨク》ノ外《ホカ》ニ德《トク》育《イク》ノ念《ネン》皆《カイ》無《ム》ノ者《モノ》多《オホ》ク、些《イサ》少《カ》ノ不《フ》正《セイ》ハ當《トウ》然《セン》トシ省《カヘリ》ミス、此《コノ》故《ユヱ》ニ個《コ》人《ジン》ノ生《セイ》活《クワツ》狀《シヤウ》態《タイ》ニ就《ツキ》テ看《ミ》ルニ榮《エイ》枯《コ》甚《ハナハ》タ疾《ハヤ》ク凋《テフ》落《ラク》ノ烈《ハケ》シキハ、是《コレ》啻《タヽ》ニ時《ジ》勢《セイ》ノ變《ヘン》遷《セン》ニ因《ヨ》ルノミナランヤ、若《モ》シ世《ヨ》ニ淨《シヤウ》玻《ハ》璃《リ》ノ鏡《カヽミ》在《ア》ラハ、豈《ア》ニ驚《キヨウ》歎《タン》ノ事《コト》多《オホ》カルヘシ、夫《フウ》子《シ》ノ誡《イマシメテ》ニ曰《イハ》ク、小《セウ》人《シンハ》不《ズ》レ耻《ハヂ》二不《フ》仁《ジンヲ》一。不《ズ》レ畏《ヲソレ》二不《フ》義《ギヲ》一。不《サレハ》レ見《ミ》レ利《リヲ》不《ズ》レ勸《スヽマ》。不《サレハ》レ威《オトサ》不《ズ》レ懲《コリ》。ト、亦《マタ》曰《イハ》ク善《センモ》不《サレハ》レ積《ツマ》不《ズ》レ足《タラ》二以《モツテ》成《ナスニ》一レ名《ナヲ》。惡《アクモ》不《サレハ》レ積《ツマ》。不《ズ》レ足《タラ》二以《モツテ》滅《ホロホスニ》一レ身《ミヲ》。小《セウ》人《シンハ》以《モツテ》二小《セウ》善《ゼンヲ》一。爲《ナシ》レ无《ナシト》レ益《エキ》而弗《ザル》レ爲《ナサ》也《ナリ》。以《モツテ》二小《セウ》惡《アクヲ》一。爲《ナシメ》レ无《ナシト》レ傷《ヤブレ》而弗《サル》レ去《サラ》也《ナリ》。故《ユヱニ》惡《アク》積《ツミヲ》而不《ズ》レ可《ヘカラ》レ掩《オフ》。罪《ツミ》大而《タイニシテ》不《ザル》レ可《ヘカラ》レ解《トク》也《ナリ》ト有《ア》ルカ、此誡《コノイマシメ》ニ愧《ハツ》ルコト無《ナ》キ行《カウ》爲《ヰ》者《シヤ》ハ、人《ジン》道《ダウ》ヲ實《ジツ》踐《セン》ノ人《ヒト》ナリ、讀《ドク》者《シヤ》奈《イカ》何《ン》ト爲《ナ》ス、今《コン》日《ニチ》ノ紳《シン》士《シ》カ明《メウ》日《ニチ》囹《レイ》圄《コ》ノ咎《カク》ト成《ナ》ル類《タグヰ》甚《ハナハ》タ多《オホ》シ、之《コレ》ニ由《ヨツ》テ天《テン》警《ケイ》ノ災《サイ》殃《ワウ》ハ歳《トシ》々《〱》ニ甚《ハナハ》タシク、我《ワカ》國《クニ》モ災《サイ》異《イ》ニ遇《アフ》カ、彼《カ》ノ文《フン》明《メイ》ヲ誇《ホコ》ル歐《オウ》米《ヘイ》諸《シヨ》國《コク》モ、風《フウ》水《スイ》火《クワ》震《シン》災《サイ》等《トウ》ノ大《タイ》厄《ヤク》難《ナン》ニ罹《カヽ》ル、其《ソノ》激《ケキ》烈《レツ》ナル警《ケイ》報《ホウ》ニ接《セツ》スル頻《ヒン》頻《〱》タルヲ覺《オホ》ユ、是《コレ》其《ソノ》國《コク》家《カ》モ大《タイ》ナルカ、貴《キ》重《チヨウ》ノ性《セイ》命《メイ》財《サイ》産《サン》ノ滅《メツ》亡《ハウ》モ亦《マタ》些《シ》少《セウ》ナラス、其《ソノ》報《ホウ》ヲ見《ミ》ル毎《ゴト》ニ慨《ガイ》歎《タン》ス、然《シカ》ルニ其《ソノ》妖《ヨウ》氛《フン》ヲ禳《シヤウ》消《セウ》ノ道《ミチ》ヲ講《カウ》究《キウ》者《シヤ》ヲ寡《クワ》聞《ブン》ニテ未《イマ》タ聽《キク》ニ至《イタ》ラス、本《モ》ト東《トウ》洋《ヨウ》ハ世《セ》界《カイ》ノ天《テン》學《カク》ノ祖《ソ》ニシテ、災《サイ》異《イ》ヲ豫《ヨ》知《チ》ノ道《ミチ》完《クワン》備《ヒ》ス是《コノ》特《トク》色《シヨク》在《ア》リシカ、今《イマ》ヤ其《ソノ》天《テン》學《ガク》ハ廢《ハイ》棄《キ》ニ遇《ア》ヒ根《コン》絶《セツ》ノ如《ゴト》シ、僅《ワツカ》ニ周《シウ》易《エキ》ヲ以《モツ》テ測《ハカ》ル道《ミチ》ハ遺《イ》存《ソン》スルモ其《ソノ》人《ヒト》ニ乏《トボ》シ、故《ユヱ》ニ年《ネン》々《〱》天《テン》災《サイ》ヲ甘《カン》受《シユ》スル時《ジ》代《タイ》ナリ、噫《アヽ》、

此《コノ》時《トキ》ニ方《アタツ》テ靈《レイ》符《フ》ヲ祭《サイ》祀《シ》スルハ、時《ジ》機《キ》ニ適《テキ》當《トウ》ト爲《ナ》ス所《ユ》以《エン》ハ、天《テン》災《サイ》

ヲ簡《カン》易《イ》ニ禳《シヤウ》消《セウ》ノ法《ハフ》備《ソナハ》リ、且《カツ》亦《マタ》個《コ》人《シン》ノ志《シ》望《ハウ》ヲ達《タツ》スルノ靈《レイ》法《ハフ》完《クワン》備《ヒ》ス、之《コレ》ニ因《ヨツ》テ實《ジツ》踐《セン》修《シユ》法《ハフ》スルニ、意《イ》外《クワイ》ノ靈《レイ》應《オウ》ヲ享《ウ》受《クル》ユヘ更《サラ》ニ知《チ》人《ジン》ニ勸《ス》奬《メ》テ諸《シヨ》種《シユ》ノ事《ジ》故《コ》ニ試《コヽロミ》ルニ、是《コレ》亦《マタ》好《カウ》果《クワ》ヲ得《ウ》ルヲ實《ジツ》驗《ケン》ス、時《トキ》ニ現《ケン》象《シヤウ》ハ連《レン》年《ネン》物《ブツ》價《カ》暴《バウ》騰《トウ》シ、一《イツ》般《ハン》ニ生《セイ》活《クワツ》難《ナン》ヲ囂《カウ》々ス、此《コノ》起《キ》因《イン》ニ就《ツキ》テハ各《カク》專《セン》門《モン》家《カ》ノ高《カウ》説《セツ》有《ア》リ、或《アルヒ》ハ當《トウ》局《キヨク》者《シヤ》ノ宗《シウ》教《ケフ》ト政《セイ》治《チ》ト切《セツ》近《キン》ヲ謀《ハカ》ル有《ア》リ、是《コヽ》ニ於《オイ》テ刻《コク》下《カ》ニ宗《シウ》教《ケフ》ノ必《ヒツ》要《エフ》ハ同《ドウ》感《カン》ナルカ、宗《シウ》教《ケフ》ハ本《モト》ト自《シ》然《セン》ノ勸《クワン》化《クワ》力《リヨク》ヲ有《ユウ》シ、日《ヒ》ヲ期《キ》シ靈《レイ》應《オウ》ヲ見《ミ》ルモノニアラス、然《シカ》ルニ提《テイ》按《アン》ノ法《ハフ》ハ信《シン》仰《カウ》者《シヤ》カ一《イツ》心《シン》不《フ》亂《ラン》ナレハ、迅《ジン》速《ソク》ニ其《ソノ》兆《テフ》ヲ見《ミ》ルヲ得《ウ》（實驗例ハ書中ニ載ス）彼《カノ》時《ジ》弊《ヘイ》ノ百《ヒヤク》般《ハン》ニノ如《ゴト》キハ、畢《ヒツ》竟《キヤウ》思《シ》想《ソウ》ノ變《ヘン》化《クワ》ヨリ不《フ》義《ギ》不《フ》仁《ジン》ノ徒《ト》多《オホ》キヲ以《モツ》テ、天《テン》譴《ケイ》ノ災《サイ》ヲ恐《オツ》レス之《コレ》カ導《タウ》火《クワ》ト成《ナ》リ、良民《リヤウミン》モ艱《カン》苦《ク》ヲ受《ウ》ク而《シカ》ルニ國《コク》家《カ》ノ爲《タメ》ニ俄《ニハカ》ニ祭《サイ》祀《シ》ヲ強《シユ》ルモ行《オコナハ》レ難《カタ》キカ幸《サイハ》ヒナル哉《カナ》、自《ジ》己《コ》ノ爲《タメ》ニ至《シ》誠《セイ》ヲ以《モツ》テ信《シン》念《ネン》凝《コラ》セハ、自《シ》然《ゼン》ニ天《テン》道《ダウ》ノ照《セウ》鑒《カン》ヲ恐《オツ》レ、日《ツ》常《ネ》ニ行《カウ》爲《ヰ》ヲ反《ハン》省《セイ》有《ア》ラハ、妖《ヨウ》氛《フン》ノ氣《キ》ハ爰《コヽ》ニ消《セウ》散《サン》一掃《ソウ》ヲ見《ミ》ルヘシ、其《ソノ》徵《チヤウ》タル畏《カシコ》クモ往《ワウ》時《ジ》ノ詔《セウ》勅《チヨク》、又《マタ》ハ御《ゴ》告《コク》文《ブン》ニ燎《レウ》然《ゼン》タリ、決《ケツ》シテ急《キウ》作《サク》揑《ネツ》造《ソウ》シテ、提《テイ》供《キヨウ》鼓《コ》吹《スイ》スル者《モノ》ニアラス、凡《オヨ》ソ神《ジン》社《シヤ》佛《フツ》閣《カク》ニ祀《マツ》レハ、殿《デン》堂《ドウ》伽《ガ》藍《ラン》ヲ守《シユ》護《ゴ》シ回《クワイ》祿《ロク》ノ災《サイ》ヲ免《マヌカ》ル靈《レイ》有《ア》リ、將《ハタ》亦《マタ》繁《ハン》昌《シヤウ》スル故《ユヱ》、平《ヘイ》民《ミン》社《シヤ》會《クワイ》ニ限《カギ》ルモノニアラス、其《ソノ》職《シヨク》其《ソノ》業《ゲフ》ノ種《シユ》類《ルヰ》ヲ撰《エラ》ム者《モノ》ニアラス、之《コレ》ニ由《ヨツ》テ之《コレ》ヲ觀《ミ》レハ、大《タイ》ハ國《コク》家《カ》ノ安《アン》寧《ネイ》ヨリ小《セウ》ハ個《コ》人《ジン》ノ志《シ》望《ハウ》ヲ進《シン》達《タツ》ニ缺《カ》クヘカラサルモノト決《ケツ》心《シン》シ、予《ヨ》カ不《フ》德《トク》菲《ヒ》才《サイ》ヲ顧《カヘリミ》ル遑《イトマ》無《ナ》ク、慨《カイ》然《ゼン》再《サイ》興《コウ》ヲ絶《ゼツ》叫《ケフ》シ、江《ヨノ》湖《ナカ》ノ同《ドウ》志《シ》者《シヤ》ニ訴《ウツタ》ヘ輿《ヨ》論《ロン》ヲ喚《クワン》起《キ》シ、一《イチ》日《ジツ》モ忽《ユル》諸《カセ》ニスヘカラザルコトヲ警《ケイ》告《コク》ス、冀《コヒネガハ》クハ賢《ケン》明《メイ》ノ諸《シヨ》君《クン》疑《ギ》議《ギ》無《ナ》ク實《ジツ》行《カウ》シテ、其《ソノ》靈《レイ》應《オウ》ヲ享《ウ》受《ク》ルニ至《イタ》ラハ、恐《オツ》レ多《オホ》クモ御《ゴ》軫《シン》念《ネン》ヲ微《イサヽ》カ慰《ナクサ》メ奉《タテマツ》ル一《イツ》端《タン》トモナラン乎《カ》、猶《ナホ》高《カウ》德《トク》ノ識《シキ》者《シヤ》カ誘《ユウ》導《タウ》アラハ、忽《コツ》然《ゼン》滿《マン》天《テン》下《カ》ニ悉《コトゴト》ク風《フウ》靡《ヒ》シ、國《コク》家《カ》ニ功《コウ》益《エキ》尠《スクナ》カラスシテ、恐《オソ》ラク四時《シジ》ノ天候《テンコウ》ハ序《ジヨ》ヲ逐《オヒ》テ忒《タガ》ハスシテ、連歳《レンサイ》豊饒《ホウニヨウ》ヲ見《ミ》レハ物價《フツカ》ハ漸々《ゼン〳〵》低落《テイラク》シ、殖産《シヨクサン》ハ健全《ケンセン》ノ發達《ハツタツ》ヲ為《ナ》シ、遂《ツイ》ニ萬民《バンミン》ハ昇平《シヤウヘイ》ヲ歡呼《クワンコ》ノ時《トキ》到來《トウライ》セン、予《ヨ》ハ只《タヾ》實踐《ジツセン》シテ先驅《センク》ヲ努《ツトム》ルニ過《スギ》ス、爰《コヽ》ニ肅《ツヽシミ》テ勸獎《クワンシヤウ》ノ趣意《シユイ》ヲ叙《シヨ》ス矣《ナリ》、

嗚呼予ハ茲ニ二十三年間、水火ヲ抱ク如キ艱苦ト戰ヒ克チ、其末期ニ及ンテ此靈法ヲ實修シテ、獨リ樂シム處ナルカ、社會ハ微衷ヲ容レテ、熱誠ニ同情者有ルカ否哉、素ヨリ事ヲ謀ルハ人ナリ、之ヲ成スハ唯天ニ一任スル而已、

星《セイ》神《ジン》化《クワ》現《ゲン》之《ノ》大《タイ》意《イ》

七星《セイ》ノ五行《ギヤウ》ハ人間《ニンゲン》ニ關聯《クワンレン》スル理由《ワケ》

爰《コヽ》ニ謹《ツヽシン》テ靈符《レイフ》ノ來歷《ライレキ》ヲ原《タツヌ》ルニ、我國《ワカクニ》ハ神儒佛《シンジユブツ》ノ三説《セツ》在《ア》ル故《ユエ》、是《コレ》ヲ審詳《シンシヤウ》ニ辨《ベン》スル能《アタ》ハスト雖《イヘト》モ今《イマ》其《ソノ》傳説《テンセツ》ノ精確《セイカク》ト認《ミトム》ルモノヽ梗要《カウエウ》ヲ摘《ツマミ》テ信仰《シンカウ》スル一助《ジヨ》ニ供《キヨウ》セントス、

抑《ソモ〳〵》モ北《ホク》辰《シン》尊《ソン》星《セイ》ト稱《シヤウ》シ奉《タテマツ》ルハ、天《テン》地《チ》己《スデ》ニ開《ヒラ》闢《ケ》テ天《テン》ニ圓《エン》形《ケイ》現《アラ》ハル其《ソノ》中《ナカ》ニ一点《テン》ノ神《カミ》御《オ》坐《ハシ》マス、即《スナハ》チ神道《シンダウ》ハ是《コレ》ヲ國《クニ》常《トコ》立《タチ》尊《ミコト》ト稱《シヤウ》シ奉《タテマツ》ル、此《コノ》一点《テン》ノ御《オン》神《カミ》ハ是《コレ》天《アマ》ノ御《オン》主《アルジ》ノ神《カミ》ニテ、北《ホク》辰《シン》尊《ソン》星《セイ》ト號《ナツ》ク、此《コノ》一点《テン》ノ星《セイ》神《ジン》陰《イン》陽《ヤウ》ノ神《カミ》ヲ產《ウミ》給《タマ》フ日《ジツ》月《グツ》是《コレ》ナリ、此《コノ》星《ホシ》又《マタ》五星《セイ》ヲ生《ウ》ミ玉《タマ》フ、其《ソノ》五星《セイ》ト化《クワ》シテ金《キン》木《ボク》火《クワ》水《スイ》土《ド》ノ五行《ギヤウ》ト成《ナ》ル、之《コレ》ヲ神道《シンダウ》ニテハ地《チ》神《ジン》五代《ダイ》ト稱《シヤウ》ス、五行《ギヤウ》生《ウマ》レテ人間《ニンゲン》生《セウ》ス、此《コノ》星《ホシ》亦《マタ》七《ナヽ》ツ生《ヤウ》シ七星《セイ》ト

成《ナリ》玉《タマ》フ、此《コノ》故《ユヱ》ニ人《ニン》間《ゲン》ノ生《セウ》スル處《トコロ》ハ、五星《セイ》ノ化《クワ》現《ゲン》シ來《キタリ》テ人《ヒト》ト成《ナ》ル其《ソノ》根《コン》元《ゲン》ハ一点《テン》ノ星《ホシ》、太《ダイ》一ノ靈《レイ》光《クワウ》天《アマ》降《クダリ》テ、人《ヒト》ニ命《メイ》スト謂《イ》ヘリ、次《ツキ》ニ儒《ジユ》說《セツ》ハ孔《カウ》子《シ》是《コレ》ヲ說《トキ》テ、命《メイスルチ》レ天《テンノ》謂《イフ》レ性《セイト》ト教《オシ》フ、此《コノ》星《ホシ》人《ヒト》ニ命《メイ》シテ、一身《シン》ヲ守《マモ》リ玉《タマ》フヲ運《ウン》ト云《イフ》、又一《イツ》身《シン》ノ主《アルシ》ヲ心《シン》ト云《イフ》、其《ソノ》太《ダイ》一《イチ》五星《セイ》ヲ列《ツラ》ネテ一身《シン》ニ備《ソナハ》ル故《ユヱ》ニ、一心《シン》ニ五常《シヤウ》ヲ含《フク》ム、之《コレ》ヲ仁《シン》義《ギ》禮《レイ》智《チ》信《シン》ト云《イフ》、儒《シユ》者《シヤ》ハ之《コレ》ヲ爲《ナス》二明《メイ》德《トクト》一ナリ、其《ソノ》次《ツキ》ニ佛《ブツ》家《ケ》ハ北《ホク》辰《シン》尊《ソン》星《セイ》ハ、即《スナハ》チ妙《メウ》見《ケン》菩《ボ》薩《サツ》ト稱《シヤウ》シ、本《ホン》地《ヂ》觀《クワン》世《ゼ》音《オン》ノ化《グ》身《シン》ト稱《シヤウ》ス、儒《ジユ》者《シヤ》明《メイ》德《トク》ヲ以《モツ》テシ、佛《ブツ》者《シヤ》ハ佛《ブツ》性《セウ》ト斷《ダン》ス、其《ソノ》稱《シヤウ》ハ異《コトナ》ルモ其《ソノ》理《リ》ハ一ナルヲ知《シ》ル、故《ユヱ》ニ人《ヒト》ノ七情《シヤウ》ハ一心《シン》ヨリ起《オコ》ルト爲《ナ》ス是《コレ》ナリ、

人《ヒト》之《ノ》七情《シヤウ》之《ノ》起《キ》因《イン》

凡《オヨ》ソ太《ダイ》一《イツ》ノ稱《シヤウ》ハ是《コレ》尊《ソン》稱《シヤウ》ニテ、其《ソノ》太《ダイ》一ハ七化《クワ》シテ七星《セイ》ト成《ナ》ル、七

星《セイ》又《マタ》人ニ降《クダ》リ七情《シヤウ》ト成《ナ》ル、故《ユヱ》ニ人ハ喜《キ》、怒《ド》、憂《ユウ》、思《シ》、哀《アイ》、悪《ヲ》、欲《ヨク》ト時《トキ》ニ變《ヘン》シ、一心《シン》ヨリ起《オコ》ル七種《シユ》ノ添《ナン》心《シン》ナリ、是《コレ》ニ由《ヨツ》テ人ハ瞬《シユン》時《ジ》モ天ヲ離《ハナ》ルコト無《ナ》シ、故《ユヱ》ニ孔《コウ》子《シ》ハ人《ジン》道《ダウ》ヲ立《タ》テ垂《スイ》教《ケフ》ニ曰《イハ》ク、人ハ天ニ順《シタカ》フ者《モノ》ハ榮《エイ》存《ソン》シテ、天《テン》ニ逆《サカラ》フ者《モノ》ハ衰《スイ》滅《メツ》スト說《ト》ク、亦《マタ》佛《ブツ》道《ダウ》ハ北《ホク》辰《シン》尊《ソン》星《セイ》ヲ祭《サイ》祀《シ》シテ、天《テン》恩《オン》ヲ報《ホウ》スルヲ敎《オシ》ユ、而《シカ》シテ人ハ運《ウン》命《メイ》ヲ享《ウク》ル者《モノ》ナレハ其《ソノ》運《ウン》ヲ長《チヤウ》スルヲ以テ人《ニン》間《ゲン》ノ大《ダイ》道《ダウ》ト爲《ナ》ス、然《シカ》ルニ其《ソノ》大道ノ運《ウン》ヲ無《ム》視《シ》シテ、我《ワカ》欲《ヨク》ノミヲ擅《ホシイマヽ》ニ行《オコナ》ヒ、假《タト》令《ヒ》一時《ジ》ノ榮《エイ》華《クワ》ヲ貪《ムサホ》ル者《モノ》有《ア》ルモ、是《コレ》即《スナハ》チ子《シ》孫《ソン》繁《ハン》殖《シヨク》ノ道《ミチ》ニ甚《ハナハ》タ遠《トホ》シ、近《キン》來《ライ》榮《エイ》枯《コ》甚《ハナハ》タ疾《ハヤ》シ實《ジツ》ニ危《アヤウ》キ哉《カナ》、其《ソノ》行《カウ》爲《ヰ》ニ由《ヨツ》テ盛《セイ》衰《スイ》ノ事《ジ》蹟《セキ》ハ、史《シ》ニ徵《チヤウ》スルモ嚴《ケン》然《ゼン》トシテ明《アキ》晰《ラカ》ナレハ、殊《コト》更《サラ》ニ辨《ベン》ヲ要《エウ》セサルヘシ、

鎭《チン》宅《タク》靈《レイ》符《フ》之《ノ》法《ハフ》

抑《ソモ〳〵》モ靈《レイ》符《フ》ノ法《ハフ》ハ原《モ》ト仙《セン》教《ケフ》ニテ、漢《カン》ノ孝《カウ》文《ブン》皇《クワウ》帝《テイ》ノ世《ヨ》ニ、弘《コウ》農《ノウ》縣《ケン》ニ劉《リウ》進《シン》平《ヘイ》ト云《イフ》者《モノ》在《アツ》テ、靈《レイ》符《フ》ヲ四隣《リン》ノ衆《シウ》民《ミン》ニ施《ホドコ》シテ、疾《シツ》苦《ク》ヲ救《スク》ヒ貧《ヒン》窮《キウ》ヲ賑《ニギハ》シ、其《ソノ》徳《トク》日《ヒ》日《ビ》ニ高《タカ》ク、是《コヽ》ニ於《オイ》テ皇《クワウ》帝《テイ》躬《ミツカ》ラ劉《リウ》進《シン》平《ヘイ》ヨリ其《ソノ》法《ハフ》ヲ相《サウ》傳《デン》ヲ受《ウケ》玉《タマヒ》テ、即《スナハ》チ勅《チヨク》シテ世《ヨ》ニ廣《ヒロ》ク行《オコナ》ハセラル、爾《ジ》來《ライ》四海《カイ》靜《セイ》寧《ネイ》ニ治《オサマ》リ萬《バン》民《ミン》ニ至《イタ》ル迄《マデ》モ、富《トミ》榮《サカエ》タル事《ジ》蹟《セキ》在《ア》リ、實《ジツ》ニ思《シ》議《ギ》スヘカラサル靈《レイ》妙《メウ》秘《ヒ》密《ミツ》ノ靈《レイ》法《ハフ》ナリ、其《ソノ》他《タ》ノ來《ライ》歴《レキ》ハ序《ジヨ》ヲ逐《オヒ》テ錄《シル》スヘシ

我《ワガ》朝《テフ》ニ傳《デン》來《ライ》ノ事《ジ》蹟《セキ》

我《ワカ》朝《テフ》推《スイ》古《コ》天《テン》皇《ワウ》ノ御《ギヨ》宇《ウ》（三十三代）ニ當《アタ》リ百《ク》濟《タラ》國《コク》定《テイ》居《キヨ》元《ゲン》辛《シン》未《ビ》年《トシ》ニ聖《シヤウ》明《メイ》王《ワウ》第《ダイ》三ノ王《ワウ》子《ジ》琳《リン》聖《シヤウ》太《タイ》子《シ》カ、吾《ワカ》朝《テフ》ニ渡《ト》來《ライ》シ玉《タマ》ヒテ、此《コノ》法《ハフ》ヲ專《モツハ》ラ弘《ク》通《ヅウ》シ玉《タマ》フ、其《ソノ》後《ゴ》ハ神《シン》儒《ジユ》佛《ブツ》ノ三家《ケ》共《トモ》ニ執《シユ》行《キヤウ》爲《ナ》スト、舊《キウ》記《キ》ニ見《ミ》ヘタリ、彼《カ》ノ琳聖太子ノ渡《ト》來《ライ》ノ地《チ》ハ、肥《ヒ》後《ゴ》國《クニ》八《ヤツ》代《シロ》郡《クン》白《シラ》木《キ》山《サン》神《ジン》宮《グウ》寺《ジ》是《コレ》

ナリ、

靈符《レイフ》神《ジン》ヲ日本《ニツポン》ニ始《ハジメ》テ祭《マツ》ル

孝文帝《カウブンテイ》靈符《レイフ》ノ靈驗《レイケン》ヲ尊信《ソンシン》ノ理由《ワケ》

肥《ヒ》後《ゴ》國《クニ》八代《ヤツシロ》郡《グン》白木《シラキ》山《サン》神宮寺《ジングウジ》ニ鎮《チン》坐《ザ》シマス、靈符ノ尊《ソン》像《ゾウ》ハ妙《メウ》見《ケン》菩《ボ》薩《サツ》ヲ安《アン》置《チ》スト云《イフ》、之《コレ》ヲ以《モツ》テ我《ワガ》國《クニ》ノ始《シ》祭《サイ》ト稱《シヤウ》ス、昔《ムカ》日《シ》漢《カン》ノ孝《カウ》文《ブン》皇《クワウ》帝《テイ》、弘《コウ》農《ノウ》縣《ケン》ノ堺《サカイ》ニ御《ミ》幸《ユキ》シ玉《タマ》ヒ、不《フ》圖《ト》三愚《グ》ノ民《ミン》宅《タク》ヲ認《ミト》メ遊《アソハ》サルニ、却《カヘツ》テ富《フ》豪《カウ》ノ情況《シヤウキヤウ》在《ア》ルヲ以《モツ》テ大《オホイ》ニ怪《アヤ》シミ、其《ソノ》宅《タク》主《シユ》ヲ呼《ヨビ》召《メ》サレ問《ト》ヒ玉《タマ》フ、彼《カノ》者《モノ》答《コタヘ》テ申《モウ》スニ姓《セイ》ハ劉《リウ》、名《ナ》ハ進《シン》平《ヘイ》ト云《イフ》者《モノ》ナリ、往《ソノ》昔《カミ》我《ワガ》家《ヤ》ハ災《サイ》禍《クワ》打《ウチ》續《ツヽ》ク甚《ハナハ》タシカリシカ、何《イツ》方《カタ》ヨリ𪜈知《シ》ラス書《シヨ》生《セイ》二人《フタリ》來《キタリ》テ、七十二符《フ》ヲ傳《デン》授《ジユ》ス、即《スナハ》チ畏《イ》敬《ケイ》シ受《ウケ》テ以《コノ》來《カタ》、此《コノ》法《ハツ》ヲ修《シユ》スル十年《ネン》ニシテ大《タイ》富《フウ》貴《キ》ト成《ナ》リ二十年《ネン》ニシテ子《シ》孫《ソン》繁《ハン》昌《シヤウ》ス、三十年《ネン》ニシテ必《カナラ》ス白《ハク》衣《イ》ノ天《テン》子《シ》宅《タク》舍《シヤ》ニ入《イ》ル事《コト》アラント云《イヒ》テ、門《モン》ヲ出《イ》去《サ》ル事《コト》約《オヨツ》五十歩《ボ》ニテ消《キエ》失《ウセ》ヌ、只《タヽ》白《ハク》氣《キ》ノ一道《ダウ》天ニ昇《ノボ》ル而《ノ》已《ミ》ナリ、其《ソノ》驗《シルシ》ハ一一是《コレ》ヲ見《ミ》ルヲ得《エ》タルモ、未《イマ》タ白《ハク》衣《イ》ノ天《テン》子《シ》ヲ見《マミヘ》スト云《イフ》是《コヽ》ニ於《オイ》テ孝文皇帝ハ叡《エイ》感《カン》斜《ナヽメ》ナラス、深《フカ》ク靈《レイ》符《フ》ノ法《ハフ》ヲ信《シン》敬《ケイ》在《ア》ラセラレテ、其《ソノ》法《ハフ》ヲ天《テン》下《カ》ニ傳《ツタ》ヘ施《ホドコ》シ玉《タマ》フト云《イフ》、現《ケン》代《タイ》ハ科《クワ》學《カク》ノ盛《セイ》時《ジ》ニ方《アタツ》テハ靈《レイ》驗《ケン》ヲ試《タメサ》スシテ、濫《ミタリ》ニ批《ヒ》評《ヒヤウ》シ譏《ソシ》ル者《モノ》ヲ誡《イマ》シム、實《ジツ》ニ無《ム》比《ヒ》ノ靈《レイ》法《ハフ》ナルコトヲ實《ジツ》驗《ケン》シテ知《シ》ルヘシ、

三愚《グ》ノ地《チ》ヲ辨《ベン》ス

孝《カウ》文《ブン》皇《クワウ》帝《テイ》ハ豫《カネ》テ宅《タク》地《チ》相《ソウ》ノ理《リ》ニ精《セイ》通《ツウ》アラセラル、故《ユヱ》カ、劉《リウ》カ家《イヘ》ヲ一《イツ》見《ケン》シテ凶《ケフ》相《ソウ》ノ地《チ》ト斷《タン》定《テイ》シテ、住《シウ》者《シヤ》ノ艱《カン》苦《ク》ヲ愍《アハレ》ミ玉《タマ》フ意《イ》ニテ御《ゴ》下《カ》問《モン》在《ア》リシト云《イフ》、家《カ》相《ソウ》ニ就《ツキ》テ三《サン》愚《ク》ノ地《チ》ヲ凶《ケフ》相《ソウ》ト爲《ナ》シ忌《イム》モ

ノナルカ、其《ソノ》三《サン》愚《グ》トハ、凡《オヨ》ソ宅《タク》前《ゼン》高《タカ》クシテ、後《ゴ》方《ハウ》ノ低《ヒクキ》ヲ一愚《グ》ト云《イフ》〇北《ホク》方《ハウ》ニ流《リウ》水《スイ》在《ア》ル宅《タク》ハ、是《コレ》ヲ二愚《グ》ト云、〇東《トウ》南《ナン》方《ハウ》高《タカ》クシテ、西《セイ》北《ホク》方《ハウ》ノ平《ヘイ》地《チ》ナルヲ、三愚《グ》ノ宅《タク》ト謂《イフ》ハ是《コレ》ナリ、若《モ》シ斯《カク》ノ如《ゴト》キ地《チ》ハ能《ヨ》ク注《チウ》意《イ》スヘシ、

因《チナミ》ニ云《イフ》現《ケン》時《ジ》ノ拙《セツ》宅《タク》ハ家《カ》相上《サウシヤウ》ニ於《オイ》テハ凶《ケフ》相《サウ》ト斷《タン》スヘキモノナルカ、予《ヨ》ハ前述《センシユツ》ノ如《ゴト》ク術《シユツ》ヲ實《ジツ》地《チ》研《ケン》磨《マ》ヲ以《モツ》テ、一身《シン》ノ利《リ》害《ガイ》ヲ省《カヘリミ》ル暇《イトマ》無《ナ》ク實《ジツ》驗《ケン》セシカ約《オヨ》ソ十年《ネン》間《カン》災《サイ》厄《ヤク》累《ルイ》起《キ》ニ遇《ア》ヒ、屢々《シハ〳〵》他《タ》ニ轉《テン》居《キヨ》ヲ欲《ホツ》セシモ、事《ジ》故《コ》ノ爲《タメ》ニ實《シツ》行《カウ》スル能《アタ》ハス是《コヽ》ニ於《オイ》テ家《カ》相《サウ》ノ撰《セン》擇《タク》ノ故《コ》人《ジン》ノ說《セツ》モ確《タシカ》メ得《エ》シカ、玆《コヽ》ニ亦《マタ》靈《レイ》符《フ》ヲ祭祀《マツル》ルニ及《オヨヒ》テ災《サイ》禍《クワ》ノ忽《コツ》然《ゼン》消《セウ》滅《メツ》シ吉祥《キチシヤウ》ニ轉《テン》化《クワ》セシ威《井》靈《レイ》モ實《ジツ》ニ驚歎《キヤウタン》スル處《トコロ》ナリ、然《シカ》ルニ神《シン》佛《ブツ》ヲ無《ム》視《シ》シテ家《カ》相《サウ》ヲ撰《エラ》マサル者《モノ》カ災厄《サイヤク》ヲ招《マネ》クハ是當然《コレトウゼン》ト思《オモ》フ而已《ノミ》、

八《ヤツ》代《シロ》神《シン》宮《グウ》寺《ジ》靈《レイ》符《フ》板《バン》ノ始《ハジメ》

板《ハン》ノ彫《チウ》刻《コク》ヲ正平《シヤウヘイ》年《ネン》中《チウ》ニ御《ゴ》免《メン》

我《ワカ》朝《テウ》ニ於《オイ》テ靈《レイ》符《フ》ヲ板《ハン》木《キ》ニ彫《テフ》刻《コク》ノ事《コト》ハ、聖《シヤウ》武《ム》天《テン》皇《ワウ》（四十五代）ノ御《ギヨ》宇《ウ》ニ天《テン》平《ヘイ》十二庚辰年ニ、肥《ヒ》後《ゴノ》國《クニ》八《ヤツ》代《シロ》郡《クン》白《ハク》木《ホク》山《サン》神《シン》宮《グウ》寺《ジ》ニ於《オイ》テ、是《コレ》ヲ梓《シン》ニ鏤《チリバ》ム、其《ソノ》時《トキ》ノ板《ハン》ハ今《イマ》ハ滅《メツ》セリ、現《ゲン》時《ジ》ニ傳《ツタハ》ル板《ハン》ハ南《ナン》朝《テフ》正《シヤウ》平《ヘイ》年《ネン》中《チウ》ニ後《ゴ》醍《ダイ》醐《ゴ》天《テン》皇《ワウ》第《ダイ》六《ロク》ノ皇《ミ》子《コ》、征《セイ》西《セイ》將《シヤウ》軍《グン》良《ヨシ》懷《フサ》親《シン》王《ワウ》、八代郡高《タカ》田《ダノ》鄕《ガウ》ニ御《ゴ》住《チウ》居《キヨ》ノ時《トキ》梓《シン》ヲ御《ゴ》建《コン》立《リウ》遊《アツ》バサレテ、神宮寺ニ納《ヲサメ》入《イ》レ玉《タマ》フ、今《イマ》出《イツ》ル靈符ノ曼《マン》陀《ダ》羅《ラ》是《コレ》ナリ、（今トハ寶永ノ頃ヲ云）八代細《サイ》工《ク》町《マチ》ノ染《ソメ》革《カハ》屋《ヤ》ニ古《コ》來《ライ》ヨリ傳《ツタハ》ル板《ハン》二枚《マイ》在《ア》リ、一枚ハ中《ナカ》ニ天平十二年八月ト有《アリ》テ、妙《メウ》見《ケン》ノ像《シヤウ》及《オヨ》ヒ八《ハチ》幡《マン》ノ二字、並ニ梵《ボン》字《ジ》等《トウ》在《ア》リ、右《ミギ》神《シン》佛《ブツ》ノ形《ケイ》体《タイ》在《ア》ル故《ユヱ》ニ、賣《ウリ》商《アキナフ》ヲ忌《イミ》憚《ハヾカ》ルヲ、征《セイ》西《セイ》將《シヤウ》軍《グン》八《ヤツ》代《シロ》ニ御《ゴ》駐《チウ》在《ザイ》ノ時《トキ》、南朝正平年中ニ、別《ベツ》板《ハン》ヲ彫《テフ》刻《コク》セラル、是《コレ》ヨリ賣《ウリ》商《アキナ》フ免《メン》許《キヨ》ヲ得《エ》タル故《ユヱ》ニ、正平御《ゴ》免《メン》革《カハ》ト稱《シヤウ》シタリ、此《コノ》板《ハン》ニハ正平六年六月ト有《アリ》テ、神《シン》佛《ブツ》ノ形《ケイ》体《タイ》梵《ボン》字《ジ》ヲ除《ノゾ》キ、只《タヾ》唐《カラ》草《クサ》花《ハナ》ヲ畫《ヱカ》ク、是《コレ》諸《シヨ》國《コク》ニ

正《シヤウ》平《ヘイ》染《ゾメ》ノ權《ハジ》輿《メ》ト謂《イ》ヘリ、

八《ヤツ》代《シロ》上《カミ》宮《ノミヤ》ノ本《ホン》地《ヂ》佛《ブツ》

七　佛《フツ》所《シヨ》說《セツ》經《キヤウ》ニ妙《メウ》見《ケン》ノ說《セツ》

神《シン》宮《グウ》寺《ジ》ノ妙《メウ》見《ケン》ハ、上宮《カミノミヤ》、中宮《ナカノミヤ》、下宮《シモノミヤ》ノ三宮《グウ》在《ア》リ、上宮ノ妙《メウ》見《ケン》ハ本《ホン》地《ヂ》大《ダイ》日《ニチ》如《ニヨ》來《ライ》ト爲《ナ》ス、妙《メウ》見《ケン》ノ宣《セン》託《タク》ニ曰《イハ》ク、釋《シヤ》迦《カ》、阿《ア》彌《ミ》陀《タ》、觀《クワン》音《オン》、地《ヂ》藏《ザウ》、金《コン》剛《ガウ》藏《ザ》王《ワウ》、虛《コ》空《ク》藏《ザウ》、大《タイ》威《井》德《トク》、我《ワカ》身《ミ》ナリ、種《イロ》種《〲》ニ出《シユツ》現《ゲン》スル故《ユヱ》ニ、七體《タイ》妙《メウ》見《ケン》ト號《ナツ》ク、按《アン》スルニ七佛《ブツ》所《シヨ》說《セツ》ノ神《シン》呪《ジユ》經《キヤウ》ニ云《イハク》、我《ワレ》ハ北《ホク》辰《シン》菩《ボ》薩《サツ》ナリ、名《ナツケ》テ妙《メウ》見《ケン》ト曰《イ》フ、今《イマ》神《シン》呪《ジユ》ヲ說《トキ》テ諸《モロ〱》ノ國《コク》土《ド》ヲ擁《ヨウ》護《ゴ》セント欲《ホツ》ス、所《シヨ》作《サ》甚《ハナハ》タ奇《キ》特《トク》ナリ、故《ユヱ》ニ名《ナツケ》テ妙《メウ》見《ケン》ト曰《イ》フ、閻《エン》浮《ブ》提《ダイ》ノ衆《シウ》星《セイ》ノ中《チウ》ニ處《シヨ》シ最《サイ》勝《シヤウ》ナリ、神《シン》仙《セン》中《チウ》ノ仙《セン》菩《ボ》薩《サツ》ノ大《タイ》將《シヤウ》ナリ、光《ヒカリ》ヲ諸《シヨ》菩《ボ》薩《サツ》ト目《ナツ》ケ、諸《モロ〱》ノ群《グン》生《セイ》ヲ曠《クワウ》濟《セイ》ス大《ダイ》神《シン》呪《ジユ》有《ア》リ胡《コ》捺《ダ》彼《ヒ》ト名《ナツ》ク(上已)胡《コ》捺《タ》彼《ヒ》ヲ中《シ》華《ナ》ノ晉《シン》ノ世《ヨ》ニハ、擁《チウ》護《ゴ》國《コク》土《ド》ト言《イ》フ、災《サイ》ヲ消《セウ》シ敵《テキ》ヲ郤《シリソ》クコト、之《コレ》ニ由《ヨ》ラスト云《イフ》コト莫《ナ》シ、又廣《クワウ》濟《セイ》衆《シウ》生《シヤウ》神《シン》呪《シユ》經《キヤウ》ト曰《イ》フ、或《アルヒ》ハ摩《マ》醯《ケイ》首《シユ》羅《ラ》倶《グ》生《セウ》神《ジン》カ三寶《ホウ》荒《クワウ》神《シン》ト變《ヘン》シテ、上《シヤウ》元《ゲン》太《タイ》乙《オツ》神《ジン》ト成《ナ》ル、漢《カン》書《シヨ》ニ云《イハク》、大乙ヲ祀《マツ》ルハ昏《タソ》時《カレ》ヲ以テ祠《マツ》リ明《アケ》ニ至《イタ》ルト、事《ジ》物《ブツ》紀《キ》原《ゲン》ニ云《イハク》、宋《ソウ》ノ天《テン》傳《キ》二年閏《ウルフ》四月詔《ミコトノリ》シテ眞《シン》武《ブ》ノ號《ガウ》ヲ加《クワ》フ、東《トウ》太《タイ》一《イツ》、西《セイ》太《タイ》一《イツ》、中《チウ》太《タイ》一《イツ》ト在《ア》リ、白《ハク》氏《シ》文《ブン》集《シフ》ニ求《モトムル》仙《センチ》ノ事《コト》ヲ戒《イマシム》ル詩《シ》ニ、徐《ジヨ》福《フク》文《ブン》成《ナリテ》多《オホク》ニ誑《ワウ》誕《タン》。上元太一虛《キヨ》祈《キ》禱《トウ》ト在《ア》ル故《ユヱ》、中《チウ》華《クワ》ノ道《ダウ》士《シ》ノ宗《ソウ》トスルコトヲ知《シ》ル、天ニ在《アリ》テハ北《ホク》斗《ト》尊《ソン》星《セイ》ト稱《シヤウ》スナリ、

三台《ダイ》北《ホク》斗《ト》神《シン》君《クン》

附　玄《ゲン》武《ブ》ハ龜《カメ》蛇《ヘビ》

太《ダ》上《シヤウ》感《カン》應《オウ》編《ヘン》ニ云《イハク》、三臺《タイ》北《ホク》斗《ト》ノ神《シン》君《クン》有《アリ》テ、人ノ頭《トウ》上《シヤウ》ニ在《アリ》テ人ノ罪《サイ》

悪《アク》ヲ錄《ロク》シテ、其《ソノ》紀《キ》年《ネン》ヲ奪《ウバ》フト、抱《ハウ》朴《ハク》子《シ》ニ云《イハク》、熒《ケイ》惑《ワク》ハ火《ヒ》ノ精《セイ》ニテ朱《シユ》鳥《テフ》ヲ生《セウ》ス、辰《シン》星《セイ》ハ水《ミツ》ノ精《セイ》ニテ玄《ゲン》武《ブ》ヲ生《セウ》ス、歳《セイ》星《セイ》ハ木《キ》ノ精《セイ》ニテ青《セイ》龍《リウ》ヲ生《セウ》ス、太《タイ》白《ハク》ハ金《キン》ノ精《セイ》ニテ白《ヒヤク》虎《コ》ヲ生《セウ》ス、鎭《チン》星《セイ》ハ土《ド》ノ精《セイ》ニテ乘《シヤウ》黄《クワウ》ヲ生《セウ》スト在《ア》リ、按《アン》スルニ辰《シン》星《セイ》ハ即《スナハ》チ北《ホク》斗《ト》尊《ソン》星《セイ》ナリ、漢《カン》土《ド》ニテハ眞《シン》武《ブ》上《シヤウ》帝《テイ》ト顯《アラハ》ル、此《コノ》帝《テイ》ハ化《クワ》身《シン》ト謂《イ》フヘシ、

五雜《サツ》俎《ソ》ニ眞《シン》武《ブ》ハ玄《ケン》武《ブ》ナリト、朱《シユ》雀《シヤク》、青《セイ》龍《リウ》、白《ヒヤク》虎《コ》、是《コレ》四方《ハウ》ノ神《シン》ナリ、後《コウ》世《セ》地《チ》ヲ堀《ホリ》テ龜《キ》蛇《ダ》ヲ得《ウ》ル、廟《ヒヤウ》ヲ建《タ》テ北方《ハウ》ヲ鎭《シヅ》ム、朱《シユ》鳥《テフ》、白虎蒼《サウ》龍《リウ》ノ神《シン》ハ滅《メツ》亡《バウ》シテ祠《マツル》無《ナ》シ、只《タヾ》僅《ワヅカ》ニ玄武ノミ殘《ノコ》ルト在《ア》リ、按《アン》スルニ玄武ハ今《イマ》ノ妙《メウ》見《ケン》ナリ、或《アルヒ》ハ靈《レイ》符《フ》ノ像《シヤウ》前《ゼン》ニ龜《キ》蛇《ダ》ヲ置《オキ》テ以《モツ》テ、玄武神ナル事《コト》ヲ知《シ》ラスルヲ見《ミ》ルナリ、

四神《ジン》相《サウ》應《オウノ》形《カタチ》

附 千《セン》歳《サイ》ノ龜《カメ》無《ム》窮《キウ》ノ蛇《ヘビ》

史《シ》記《キ》ノ天《テン》官《クワン》志《シ》ニ云《イハク》、北方ニ玄《ケン》武《ブ》ト在《ア》リ、後《ゴ》漢《カン》書《シヨ》ニ曰《イハ》ク、玄武ハ北方ニ神《シン》龜《キ》蛇《ダ》ノ合《カウ》體《タイ》ナリ、又《マタ》云《イハク》水《スイ》神《ジン》ノ名《ナ》ト在《ア》リ、文《モン》選《セン》ノ註《チウ》ニ云《イハク》、龜《キ》蛇《ダ》ト交《マジハ》ルヲ玄《ケン》武《ブ》ト曰《イ》フ、北方ノ神《シン》獸《ジウ》ナリ、又云太《タイ》乙《オツ》ハ常《ツネ》ニ玄《ケン》武《ブ》ノ居《キヨ》後《ゴ》ト在《ア》リ、朱《シユ》子《シ》語《ゴ》類《ル井》ニ云《イハク》、玄《ケン》ハ龜《キ》(位ハ北方ニ有リ故ニ玄ト曰フ)武《ブ》ハ蛇《ダ》(身ニ鱗甲有リ故ニ武ト曰フ、)ナリ(已上)是《コレ》本《モト》ト則《スナハ》チ虚《キヨ》宿《シユク》、危《キ》宿《シユク》星《セイ》ノ形《カタ》チ是《コレ》ニ似《ニ》タリ、故《ユヱ》ニ北方ヲ名《ナヅケ》テ玄《ゲン》武《ブ》七星《セイ》ト爲《ナ》ス、東方ニ角《カク》、房《バウ》尾《ビ》宿《シユク》曜《エウ》ノ象《シヤウ》形《ケイ》ハ龍《リウ》ニ似《ニ》タリ、故《ユヱ》ニ蒼《サウ》龍《リウ》ト云《イフ》(蒼ハ青ト同シナリ)西《セイ》方《ハウ》ニ奎《ケイ》、婁《ル》宿《シユク》曜《エウ》ノ象《シヤウ》形《ケイ》ハ虎《トラ》ニ似《ニ》タリ、故《ユヱ》ニ白《ヒヤク》虎《コ》ト云、南《ナン》方《ハウ》ハ張《チヤウ》翼《ヨク》宿《シユク》曜《エウ》ノ象《シヤウ》形《ケイ》ハ鳥《トリ》ニ似《ニ》タリ。故《ユヱ》ニ朱《シユ》鳥《テウ》ト云《イフ》。今《イマ》玄《ゲン》武《ブ》ヲ以テ眞《シン》武《ブ》ト爲《ナ》シ。龜《キ》蛇《ダ》ヲ下《シモ》ニ作《ツク》ルモ上《カミ》ニ准《ジユン》シ知《シ》ルベシ、宋《ソウ》ノ名《メイ》官《クワン》言《ケン》行《カウ》錄《ロク》ニ云《イハク》。孔《コウ》道《ダウ》輔《ホ》原《ゲン》魯《ロ》寧《ネイ》州《シウ》ニ在《ア》リシ時《トキ》ニ。道《ダウ》士《シ》カ眞《シン》武《ブ》ノ中《ウチ》ヨリ蛇《ヘビ》ヲ出《イ》タシ。神《シン》異《井》ナリト恐《ヲ》怖《ソル》ルヲ。原《ゲン》魯《ロ》カ笏《シヤク》ヲ以《モツ》テ蛇《ダ》ヲ打《ウチ》殺《コロ》シテ惑《マトヒ》ヲ解《トク》ト云《イフ》、目《メ》深《フカ》。手《テ》長《ナガ》。早《ハヤ》足《アシ》ノ三人ノ形《カタチ》ヲ現《アラハ》シ。明《ミン》州《シウ》ノ津《シン》ヨリ龜《キ》蛇《ダ》ニ乘《ノリ》テ。肥《ヒ》後《ゴノ》國《クニ》八《ヤツ》代《シロ》郡《クン》。土《ツチ》北《キウ》鄉《ガウ》白《シラ》木《キ》山《サン》八《ヤ》千《チ》把《バ》村《ムラ》竹《タケ》原《ハラ》ノ津《シン》ニ著《ツ》ク。白《ハク》鳳《ホウ》九庚辰年(四十代天武天皇ノ御宇ナリ)ヨリ三年ヲ經《ヘ》テ益《マス》城《キ》郡《グン》小《ヲ》隈《クマ》野《ノ》村《ムラ》千《チ》代《ヨ》松《マツ》カ峰《ミネ》ニ移《ウツ》ル。今《イマ》ノ所《トコロ》ヲ白《シラ》木《キ》平《タヒラ》ト云《イフ》、九十年ヲ經《ヘ》テ寶《ホウ》龜《キ》二辛亥年(四十八代稱德天皇ノ御宇ナリ、)八代郡橫《ヨコ》嶽《ダケ》ニ移《ウツ》ル上《カミノ》宮《キウ》是《コレ》ナリ(目深手長早足ヲ葬ル地ヲ三寶嶽ト云ヘリ、)

此《コノ》項《コウ》ノ白《ハク》鳳《ホウ》九年及《オヨ》ヒ寶《ホウ》龜《キ》二年ノ事《ジ》蹟《セキ》ハ、靈《レイ》符《フ》神《ジン》ノ我《ワガ》國《コク》家《カ》ヲ守《シユ》護《ゴ》ノ爲《タ》メニ、靈《レイ》魂《コン》ノ止《トヽマ》ルヲ知《シ》ル、其《ソノ》社《シヤ》祠《シ》ハ此《コノ》時《トキ》ヨリ今《コン》日《ニチ》ニ至《イタ》ル、時《シ》變《ヘン》ニ屢《シバ》々《〳〵》遇《ア》ヒ盛《セイ》衰《スイ》在《アリ》シモ幸《サイハイ》ニ根《コン》絕《ゼツ》ニ至《イタ》ラスシテ維《イ》持《ジ》シ來《キタ》リタルハ、是《コレ》即《スナハ》チ我《ワガ》國《コク》家《カ》ノ勃《ボツ》興《コウ》スル遠《エン》因《イン》ノ一徵《チヤウ》ナルヘキ乎《カ》、又《マタ》飜《ヒルカヘツ》テ支《シ》那《ナ》ハ此《コノ》時《トキ》己《ステ》ニ衰《スイ》兆《テウ》ヲ發《ハツ》セシカ、大《タイ》淸《シン》ノ二世《セ》康《カウ》熙《キ》帝《テイ》ハ靈符《レイフ》ヲ深《フカ》ク信《シン》シ徳《トク》ヲ貴《タツト》ヒ、一世《セ》ノ功業《コウケフ》多《オホ》ク其《ソノ》徳《トク》數世《スウセ》ニ及《オヨ》ホセシカ、其後《ソノゴ》漸衰《センスイ》ニ臨《ノソミ》テ屢《シバ/\》國難《コクナン》累起《ルイキ》シテ、國敎《コクケフ》ノ徳育《トクイク》ヲ缺《カキ》テ、風潮《フウテフ》ニ乘《シヤウ》シ專《モツハ》ラ利《リ》權回復《ケンクワイフク》ニ汲《キウ》く々シテ遂《ツイ》ニ革命戰《カクメイセン》ノ爲《タメ》ニ禪讓《ゼンジヤウ》ヲ見《ミ》ルニ到《イタ》レリ、噫《アヽ》、此原《コノモト》ヲ推《チ》スニ原呂《ケンロ》カ神異《シンイ》ノ靈物《レイフツ》ニ暴狀《バウジヤウ》セシニ始《ハシマ》リ徳《トク》ヲ貴《タツト》ハスシテ利《リ》ニ趍《ハシ》ル結果《ケツクワ》ト爲《ナ》スヘキカ將《ハタ》亦《マタ》神慮《シンリヨ》ニ逆《サカラ》フカ災厄《サイヤク》ノ起因《キイン》トナル乎《カ》、豈《ア》ニ反省《ハンセイ》ヲ要《エフ》スト思《オモ》フ、

抱朴子《ハウハクシ》ニ云《イハク》、玉策記《キヨクサクキ》ニ、千歳《センサイ》ノ龜《カメ》五色《シキ》ヲ具《ソナハ》ル、其《ソノ》額上《ヒタヒノウヘ》ノ兩骨《リヤウコツ》起《タツ》テ角《ツノ》ニ似《ニ》タリ、蓮華《レンケ》ノ上《ウヘ》ニ游《アソ》ヒ、或《アルヒ》ハ叢蓍《サウギ》ノ下《シタ》ニ在《ア》リ、其上《ウヘ》ニ時ニ白雲《ハクウン》ニ蟠蛇《ハタカマルシヤ》有《ア》リ、又《マタ》云《イハク》蛇《ヘビ》ハ無窮《ムキウ》ノ壽《ジユ》有《ア》リ（上巳）是《コレ》尊星《ソンセイ》ヲ單心《タンシン》無二《ムニ》ニ貴敬《キキヤウ》スル時《トキ》ハ、心中《シンチウ》ノ諸願《シヨクワン》成就《シヤウシユ》シテ、龜蛇《キダ》ト年《トシ》ヲ同《オナシウ》スル驗《シルシ》有《ア》リト云《イフ》、

神宮寺《シンキウジ》造營始《ソウエイハジメ》及ヒ修覆《シユフク》

殿堂《デンダウ》造營《ソウエイ》ノ始《ハジメ》ハ、桓武《クワンム》天皇《テンワウ》（五十代）ノ御宇《ギヨウ》延曆《エンリヤク》十四乙亥年ニテ再《サイ》

興《コウ》ノ修《シユ》覆《フク》ハ延《エン》暦《リヤク》十四年ヨリ四百三十一年ヲ經《ヘ》テ、土《ツチ》御《ミ》門《カド》院《イン》（八十三代）ノ御《ギヨ》宇《ウ》、建《ケン》仁《ニン》元《グワン》辛酉年是《コレ》ヨリ二十五年ヲ經《ヘ》テ修《シユ》覆《フク》ヲ加《クワ》ヘ、又後《ゴ》深《フカ》草《クサ》院《イン》（八十九代）ノ御《ギヨ》宇《ウ》建《ケン》長《チヤウ》四壬子年龜《キ》山《サン》院《イン》（九十代）ノ御《ギヨ》宇《ウ》文《ブン》永《エイ》十癸亥年後《ゴ》二條《ナウ》院《イン》（九十四代）ノ御《ギヨ》宇《ウ》、德《トク》治《ジ》二丁未年、次《シ》第《ダイ》ニ修《シユ》覆《フク》ヲ加《クワ》ヘ王《タマ》フ、其《ソノ》祭《サイ》祀《シ》スル所《トコロ》ハ大《タイ》日《ニチ》、釋《シヤ》迦《カ》、彌《ミ》陀《ダ》如《ニヨ》來《ライ》ノ三尊《ソン》ナリ、此《コノ》宮《キウ》寺《ジ》ヲ白《ハク》木《ボク》山《サン》神《シン》宮《グウ》寺《ジ》ト號《カウ》シ、妙《メウ》見《ケン》宮《キウ》地《チ》ニ靈《レイ》符《フ》堂《ダウ》ヲ建《タ》テ、靈《レイ》符《フ》ノ版《ハン》木《ギ》ノ納《ヲサメ》所《シヨ》ト爲《ナ》スト云《イフ》、

中《ナカノ》宮《ミヤ》下《シモノ》宮《ミヤ》之事《ジ》蹟《セキ》

附　近《コン》衛《エ》信《ノブ》尹《タヾ》公《コウ》ノ歌《ウタ》

中《ナカノ》宮《ミヤ》ハ後《ゴ》白《シラ》河《カハ》天《テン》皇《ワウ》（七十八代）ノ宣《セン》旨《ジ》ニ依《ヨツ》テ、永《エイ》暦《リヤク》元辛辰年ニ、平《タヒラノ》清《キヨ》盛《モリ》ノ家《カ》臣《シン》、肥《ヒ》後《ゴ》ノ領《レウ》主《シユ》肥《ヒ》後《ゴノ》守《カミ》平《ノ》能《ノウ》三《ザウ》カ、三《ミ》寶《ボウ》ケ《カ》嶽《ダケ》ノ麓《フモト》ニ中宮《ノミヤ》ヲ建《コン》

立《リウ》シテ、田園《デンエン》四十町ヲ寄附《キフ》ス、本尊《ホンソン》ハ千手観音《センシユクワンオン》、愛染明王《アイゼンミヤウワウ》、毘沙門《ビシヤモン》天《テン》ナリ其宮前《ソノキウゼン》ニ流《ナガ》ル、川ヲ中宮川《チウキウカハ》ト云《イフ》、岩畔《カンハン》ニ機樹《カイチ》多《オホ》ク風光《フウクワウ》ニ富《ト》ム、天正年中ニ近衛信尹公《コンヱノブタヾコウ》カ、薩摩《サツマ》ニ左遷《サセン》ノ時《トキ》ニ此所《コノトコロ》ヲ過《ス》ク、折節秋季《ヲリフシシウキ》ノ末《スヱ》ナルヲ以テ、紅葉《モミヂ》蔭《カゲ》ウカミテ、谷水《タニミツ》錦《ニシキ》ヲ染《ソム》ルニ似《ニ》タリ、信尹公一首《シユ》ヲ詠《エイ》シ玉《タマ》フ、

蔭《カケ》見《し》えて散《チラ》ても沈《シツ》む山川に流《ナガ》れもやらぬ村《ムラ》紅葉《モミヂ》哉《カナ》、

下宮《シモノミヤ》ノ本尊《ホンソン》ハ、十一面観音《メンクワンオン》ト辨《ベン》財天《サイテン》ナリ、後鳥羽天皇《ゴトバテンワウ》（八十二代）ノ御《ギヨ》宇《ウ》、文治《ブンジ》二丙午年十一月十五日、大江《オホエノ》高房《タカフサ》勅《チヨク》ヲ奉《ホウ》シテ造立《サウリツ》シタリ、

三宮《キウ》ノ本尊《ホンソン》ハ、上宮、中宮、下宮ノ本尊ヲ勧請《クワンシヤウ》シテ、安置《アンチ》スル者《モノ》ナリ、二條天皇《ニフテンワウ》（七十八代）ノ御宇《ギヨウ》應保《オウホ》元《クワン》辛己年八月廿三日、従《ジユ》五位《ヰ》下《グ》越《エツ》中前司《チウノセンジ》平盛俊《タヒラノモリトシ》カ、妙見《メウケン》三所ヲ宮《ミヤ》ノ原《ハラ》ニ移《ウツ》シ、田園《デンエン》ヲ寄附《キフ》スト在《ア》

リ（舊記ニ載ス）

周防國《スハウノクニ》氷上山《ヒカミヤマ》ニ降臨《カウリン》

附　長門國《ナガトノクニ》桂木山《カツラキサン》ニ影向《ヤウカウ》

凡《オヨ》ソ當山《トウサン》ノ星堂《セイドウ》開基《カイキ》ハ、琳聖太子《リンシヤウタイシ》五代ノ孫《ソン》、茂村《シゲムラ》朝臣《アソン》カ氷上山《ヒガミヤマ》ニ移《ウツ》サル、太子《タイシ》ハ百濟國《クダラコク》ノ聖明王《シヤウメイワウ》ノ皇子《ワウジ》ニテ、我國《ワカクニ》ヘ來朝《ライテフ》ノ事《ジ》蹟《セキ》ハ推古天皇《スイコテンワウ》ノ五年三月二日ニ、鄕相雲客《キヤウシヤウウンカク》ノ殿上人《デンシヤウヒト》ト、百官《クワン》百司《シ》百餘《ヨ》人ヲ相具《アヒグ》シテ、周防國《スハウノクニ》多多良濱《タダラハマ》ニ著《ツキ》玉《タマ》フ、時《トキ》ニ不思議《フシギ》ノ靈驗《レイケン》在《ア》リ、其《ソノ》由來《ユライ》ヲ仔細《シサイ》ニ尋《タツヌ》レハ、推古ノ朝三年乙卯九月十八日ニ、當國《トウコク》都濃郡《ツノグン》鷲頭《ワシヅ》ノ庄靑柳《シヤウアヲヤギ》ノ浦《ウラ》ニ大星《タイセイ》落《オチ》テ松樹《マツノキ》ノ上《ウヘ》ニ留《トヾマリ》テ、七日七夜《ヨ》赫赫《カク〱》ト光耀《ヒカリ》ヲ發《ハツ》シ玉《タマ》フ、國民《コクミン》一同《イチドウ》ニ驚愕《ヲトロ》キ騷《サハイ》テ奇《キ》異《ヰ》ノ疑慮《キリヨ》ヲ爲《ナ》ス、是時《コノトキ》ニ方《アタツ》テ巫人《カンナギ》ニ託《タク》シテ宣《ノタマ》ハク、吾《ワレ》ハ是《コレ》則《スナハ》チ北《ホク》辰《シン》妙《メウ》見《ケン》ナリ、是《コレ》ヨリ三年ヲ經《ヘ》テ三月二日ニ、百《ク》濟《タラ》國《コク》ノ聖《セイ》王《ワウ》カ我《ワガ》朝《ワウ》ニ來《キタ》ラル、ヲ以テ、太《タイ》子《シ》ヲ日本ニ留《トヽメ》テ王《ワウ》法《ハフ》ヲ修《シユ》行《キヤウ》シ、國《コク》家《カ》ヲ治《オサ》ムヘシ、是《コノ》意《イ》ヲ聖《シヤウ》德《トク》太《タイ》子《シ》ニ告《ツグ》ベシト、託《タク》シ玉《タマヒ》テ天ニ歸《カヘ》ラセ玉《タマ》フ、國《コク》民《ミン》等《ラ》ハ是《コノ》趣《シユ》旨《シ》ヲ注《チウ》奏《ソウ》シタリ、是《コヽ》ニ於《オイ》テ勅《チヨク》使《シ》兼《ケン》日《シツ》此《コノ》處《トコロ》ニ下《グ》向《カウ》シテ相《アヒ》待《マツ》處《トコロ》へ、龍《リウ》頭《トウ》鷁《ケキ》首《シユ》ノ舟《フネ》推《オシ》寄《ヨセ》來《キタ》ル、王《ワウ》使《シ》御《オン》迎《ムカヒ》ノ由《ヨシ》ヲ聞《ブン》ス、是《コノ》後《ゴ》長《ナガ》門《トノ》國《クニ》大《オホ》內《ウチ》ノ縣《アカタ》ニ、御《ゴ》所《シヨ》ヲ經《ケイ》營《エイ》シテ待《マチ》奉《タテマツ》ルト奏《ソウ》ス、琳《リン》聖《シヤウ》太《タイ》子《シ》御《キヨ》感《カン》斜《ナヽメ》ナラス、長《ナカ》門《ト》ノ縣《アカタ》ニ暫《シバラ》ク穩《チン》座《ザ》シ玉《タマ》フ、其《ソノ》後《ゴ》鷲《ワシ》頭《ヅ》山《ザン》ニ星《セイ》宮《キウ》ヲ建《コン》立《リウ》シテ、九月十八日ヲ祭《サイ》祀《シ》日《ヒ》ト定《サダ》メ玉《タマ》フ、其《ソノ》後《ゴ》ニ至《イタ》リ北《ホク》辰《シン》尊《ソン》星《セイ》天《アマ》降《クダ》リ玉《タマ》ハス、長門國桂《カツラ》木《キ》山《サン》ニ影《エイ》向《カウ》マシマス、此《コノ》時《トキ》ニ亦《マタ》桂《カツラ》木《キ》渊《スミ》ノ嶺《ミネ》ニ移《ウツ》シ奉《タテマ》ツルト謂《イ》ヘリ、

再《フタ》ヒ氷《ヒ》上《カミ》山《サン》ニ降《カウ》臨《リン》

附　星《セイ》堂《ドウ》ノ建《コン》立《リウ》

琳《リン》聖《シヤウ》太《タイ》子《シ》ノ五代《タイ》ノ後《ノチ》ニ亦《マタ》氷《ヒ》上《カミ》山《サン》ニ再《フタ》ヒ宮《キウ》殿《デン》ヲ移《ウツ》シテ、星《セイ》堂《ドウ》ハ輪《リン》煥《クワン》ノ構《カウ》造《サウ》ニ金《キン》銀《ギン》ヲ鏤《チリハメ》テ莊《ソウ》嚴《ゴン》ヲ窮《キハ》メ、本《ホン》堂《ダウ》ニ釋《シヤ》迦《カ》ノ三尊《ソン》在《ア》リ、脇《ワキ》立《タチ》ニ四天王ノ像《ザウ》ニ四面《メン》ノ回《クワイ》廊《ラウ》ト、二階《カイ》作《ツクリ》ノ樓《ロウ》門《モン》及《オヨ》ヒ東《トウ》西《サイ》ノ二塔《トウ》、鐘《シヤウ》樓《ロウ》輪《リン》藏《ザウ》經《キヤウ》藏《ザウ》等《トウ》在《ア》リ、長《チヤウ》日《シツ》ノ護《ゴ》摩《マ》ハ不《フ》斷《ダン》モ法《ハフ》ノ如《ゴト》シ、經《キヤウ》堂《ドウ》ニ八幡《マン》ノ社《ヤシロ》、三十番《バン》神《ジン》、山《サン》王《ワウ》社《シヤ》等《トウ》、法《ハフ》界《カイ》門《モン》ハ十餘《ヨ》町《チヤウ》ニ軒《ノキ》ヲ並列《ナラヘ》テ、五百ノ衆《シユ》徒《ト》ハ百餘《ヨ》坊《ハウ》ニ住《ジユ》シ、其《ソノ》外《ホカ》伶《レイ》倫《リン》巫《カン》人《ナギ》等《トウ》ハ、山《ヤマノ》麓《フモト》ニ在《アツ》テ毎《マイ》日《ジツ》ノ神《シン》供《キヨウ》四季《キ》ノ祭《サイ》禮《レイ》ニ、仲《チウ》春《シユン》ノ大《タイ》會《エ》經《キヤウ》行《ギヤウ》シ、管《クワン》絃《ゲン》音《オン》樂《ガク》聲《セイ》明《メイ》舞《ブ》童《ドウ》等《トウ》、斷《ダン》絕《ゼツ》爲《ナ》スコト無《ナ》シ、後《ゴ》土《ツチ》御《ミ》門《カト》天《テン》皇《ワウ》（百二代）文《ブン》明《メイ》十八丙午年ニ中《チウ》納《ナ》言《ゴン》實《サネ》隆《タカ》卿《キヤウ》（三條西逍遥院ト號ス、法名堯空）ヲ以《モツ》テ、當《トウ》山《サン》ノ額《ガク》、宸《シン》翰《カン》ヲ染《ソメ》玉《タマ》テ、勅《チヨク》願《クワン》寺《ジ》タルヘキ宣《セン》旨《ジ》有《ア》リ、以《コノ》來《カタ》天下安《アン》全《セン》ニ豊《ホウ》饒《ニヤウ》懇《コン》祈《キ》ヲ怠《オコタ》ラス、我《ワガ》國《クニ》ニ初《ハシメ》テ尊《ソン》星《セイ》王《ワウ》ノ祭《サイ》祀《シ》ノ起《オコ》ルハ、推《スイ》古《コ》ノ朝《テフ》十九辛未年、琳《リン》聖《シヤウ》太《タイ》子《シ》カ、百《ク》濟《タラ》ノ王《ワウ》法《ハフ》ヲ說《トキ》テ我《ワカ》制《セイ》度《ド》及《オヨ》ヒ官《クワン》職《シヨク》ヲ改《アラタ》メ、十二階《カイ》ノ冠《カムリ》、衣《エ》服《フク》ヲ定《サダ》メ玉《タマ》フ、是《コレ》ニ由《ヨツ》テ此《コノ》年《トシ》ニ太《タイ》子《シ》ニ玉《キヨク》冠《クワン》ヲ賜《タマフ》テ、難《ナニ》波《ハ》ノ生《イク》玉《タマ》宮《ミヤ》ニ於《オイ》テ北《ホク》辰《シン》尊《ソン》星《セイ》供《ク》ヲ行《オコナ》ヒ玉《タマ》フ、其《ソレ》ヨリ以《コノ》來《カタ》一千餘《ヨ》年《ネン》多《タ》多《ダ》良《ラ》氏《シ》ニ綸《リン》旨《シ》ヲ賜《タマフ》テ、家《カ》傳《デン》ニ是《コレ》ヲ修《シユ》行《ギヤウ》シ奉《タテマ》ツル、昔《ムカ》日《シ》尊《ソン》星《セイ》太《タイ》一《イツ》天《アマ》降《クダ》リ玉《タマフ》テ、數《ス》ケ《カ》條《デフ》ノ神《シン》制《セイ》ヲ示《シメ》シ玉《タマ》フ、若《モ》シ神《シン》制《セイ》ニ背《ソム》ク時《トキ》ハ、其《ソノ》家《イヘ》其《ソノ》人《ヒト》必《カナラ》ス滅《メツ》スヘシト神《シン》言《ゲン》甚《ハナハ》タ新《アラタ》ナリ、

神《シン》言《ゲン》ニ背《ソムキ》テ身《シン》家《カ》滅《メツ》亡《バウ》

多《タ》多《タ》良《ラ》義《ヨシ》隆《タカ》ノ事《ジ》蹟《セキ》

周《ス》防《ハウ》ノ國《コク》司《シ》多《タ》多《ダ》良《ラ》二位《ヰ》義《ヨシ》隆《タカ》ハ、此《コノ》神《シン》言《ゲン》ニ一一ニ背《ソム》ク、此《コノ》時《トキ》星《セイ》供《キヤウ》

司《シ》多多良正《マサ》忠《タヽ》カ諫《カン》言《ゲン》ヲ加《クワ》フルモ、義隆諫《イサメ》ヲ用《モチ》ヒス、一千餘《ヨ》歳《サイ》天《テン》降《カウ》ノ太《タイ》一《イチ》尊《ソン》星《セイ》モ、降《カウ》臨《リン》シ倅《タマ》ハサル故《ユエ》、五百ノ衆《シウ》徒《ト》七日七夜《ヤ》迄《マデ》、招《セウ》請《ジヤウ》ノ壇《タン》法《ハフ》ヲ修《シユ》スルト雖《イヘト》モ、靈《レイ》驗《ケン》無《ナ》ク、別《ベツ》當《トウ》尊《ソン》光《クワウ》法《ハフ》師《シ》モ當《トウ》山《サン》ヲ辭《ジ》去《キヨ》シ、星供司正忠ハ、當《トウ》家《ケ》ノ師《シ》範《ハン》諫《カン》臣《シン》ニ定《サタ》メ置《チカ》ル、剰《アマツサ》ヘ星《セイ》供《ク》ノ檢《ケン》使《シ》代《タイ》官《クワン》ナレハ憤《フン》激《ゲキ》安《ヤス》カラス、是《コレ》又《マタ》遁《トン》世《セ》シテ高《カウ》野《ヤ》山《サン》ニ入《イリ》ケレハ其《ソノ》身《ミ》義《ヨシ》隆《タカ》ハ數《スウ》代《タイ》ノ國《クニ》ヲ失《ウシナ》ヒ、遂《ツヒ》ニ家《カ》臣《シン》等《ラ》ニ弑《シヒ》殺《サツ》セラレテ、家《イヘ》滅《メツ》亡《バウ》ニ歸《キ》シヌ（已上舊記）

因《チナミ》ニ云《イフ》讀《トク》者《シヤ》ハ此《コノ》記《キ》事《ジ》ヲ讀《ヨミ》テ何《イカ》ニ感《カン》スルヤ、是《コレ》多《タ》多《ダ》良《ラ》家《ケ》ノミニ非《ア》ラス、此《コレ》ニ類《ルヰ》似《ジ》ノ事《ジ》蹟《セキ》往《ワウ》々《〱》在《ア》リ、適《タマ》々《〱》得《エ》難《ガタ》キ名《メイ》家《カ》ニ生《セイ》育《イク》シテ、其《ソノ》繼《ケイ》襲《シフ》者《シヤ》カ自《ジ》儘《マヽ》ニ身《ミ》ヲ持《ヂ》シ、遂《ツヒ》ニ奢侈《チコリ》日《ヒ》日《ビ》ニ增《ゾウ》長《チヤウ》シテ、祖《ソ》先《セン》ノ餘《ヨ》德《トク》ニ因《ヨツ》テ安《アン》泰《タ》ニ生《セイ》活《フワツ》爲《ナ》スヲ省《カヘリ》ミス、專肆《ホシイマヽ》ニ祖《ソ》先《セン》ノ訓《クン》戒《カイ》ヲ破《ヤブ》ル者《モノ》ハ、是即《コレスナハ》チ自《ミツカ》ラ災《サイ》殃《ワウ》ヲ招《マネ》ク者《モノ》ニテ、家《カ》身《シン》共《トモ》ニ滅《メツ》亡《バフ》ニ立《タチ》到《イタ》リ、一家《カ》離《リ》散《サン》ノ悲《ヒ》境《キヤウ》ニ陷《カン》落《ラク》スル等《トウ》ハ敢《アヘ》テ珍《メツラ》シカラス、豈《ア》ニ啻《タヽ》ニ神《シン》怒《ド》ヲ蒙《カフム》ル者耳《モノノミ》ナラス、前《セン》車《シヤ》ノ覆《クツカヘ》ルハ後《コウ》車《シヤ》ノ戒《イマシ》メナリ、殊《コト》ニ主《シユ》カ家《カ》臣《シン》ノ爲《タメ》ニ弑《シヒ》殺《サツ》ニ遇《アフ》フ如《ゴト》キハ、其起因《ソノキイン》一朝夕《テフセキ》ニアラス、故《ユエ》ニ傳《デン》ニ曰《イハ》ク臣弑其君子弑其父《シンシイシソノキミヲコシヒスソノチチヲ》非《アラス》一朝《テフ》一夕《セキ》之故其所由來者漸矣《ノユエニソノトコロヨツテキタルモノゼンナリ》。ト在《ア》ルヲ以《モツ》テ、深《フカ》ク味《アチハ》ヒ猛省《モウセイ》ヲ要《エフ》ス、

賢王賢臣《ケンワウケンシン》ノ尊星《ソンセイ》ヲ信仰《シンカウ》ス

尊星《ソンセイ》ヲ信仰《シンカウ》セント欲《ホツ》スル者《モノ》、師《シ》ヲ尋《タツネ》テ神制《シンセイ》ヲ用《モチ》ヒ行《オコナ》フ時《トキ》ハ、普《フ》天《テン》ノ災禍厄難《サイクワヤクナン》ヲ退《シリソ》ケ、率土《ソツド》ノ凶横《ケフワウ》ヲ拂《ハラ》フ、偏《ヒトヘ》ニ是《コレ》即《スナハ》チ妙見尊星《メウケンソンセイ》ノ威徳《井トク》ナリ、故《ユエ》ニ天下《テンカ》ヲ治《ヲサム》ル賢王賢臣《ケンワウケンシン》ハ、鎭宅靈符尊星《チンタクレイフソンセイ》ヲ信仰《シンカウ》シ熱誠《ネツセイ》ナラハ、願《クワン》トシテ成就《シヤウジユ》セストヽ謂《イ》フ事《コト》無《ナ》シ、我《ワ》カ地神《チジン》二代《ダイ》ノ主《アルジ》正哉吾勝尊《マサヤアカツノミコト》ハ星神《セイジン》ト稱《シヤウ》ス、慈覺大師《ジカクダイシ》ノ神祇鑑輿《シンキカンヨ》ニ云《イハク》、日神《ヒノカミ》ハ天照太神《アマテラスオホカミ》、月神《ケツジン》ハ鹿島《カシマ》嚴島神《イツクシマノカミ》ハ星神《セイシン》ナリ（上已）嚴島《イツクシマ》ハ日本第《ダイ》二主《シユ》、正哉吾勝勝速日天忍穗耳尊《マサヤアカツカツハヤヒアマノオシホニノミコト》ナリ、我朝《ワカテフ》ノ我朝《ワカテフ》タルコトハ、三《サン》台精《タイセイ》ノ威徳《井トク》ナリ、北辰妙見菩薩《ホクシンメウケンボサツ》ハ宇賀神將《ウカシンシヤウ》ト變《ヘン》ス、宇賀神將《ウカシンシヤウ》ハ

一《イツ》切《サイ》衆《シウ》生《セウ》ノ壽《ジユ》福《フク》神《ジン》ト稱《シヤウ》ス、今《イマ》ノ靈《レイ》符《フ》眞《シン》君《クン》是《コレ》ナリ、然《シカ》レハ則《スナハ》チ胎《タイ》内《ナイ》五轉《ナン》元《ケン》初《シヨ》ヨリ倶《グ》生《セウ》神《ジン》ト爲《ナリ》テ、最《サイ》後《ゴ》臨《リン》終《ジウ》ノ一念《ネン》ニ至《イタ》ルマテ、我《ワカ》身《ミ》ヲ離《ハナ》レス薩《サツ》埵《タ》ノ加《カ》護《コ》ニアラスト云《イフ》事《コト》ナシ、遺《ユ》告《ゴク》ニ曰《イハ》ク、靈《レイ》符《フ》尊《ソン》星《セイ》之《コレ》ヲ崇《アカム》レハ宇《ウ》賀《ガ》神《ジン》ト成《ナ》リ、之《コレ》ニ乖《ソム》ケハ大《ダイ》荒《クワウ》神《ジン》ナリ（已上）此《カク》ノ如《ゴト》クナルヲ以テ、己《オノ》カ壽《ジユ》福《フク》神《ジン》トシラスシテ、靈《レイ》符《フ》尊《ソン》ヲ崇《アカ》メス尊《タツト》マサレハ、大荒神ト成《ナツ》テ災《サイ》禍《クワ》ヲ下《クダ》シ玉《タマ》ヘリ、故《ユヘ》ニ貴《タツト》ム則《トキ》ハ子《ソ》孫《ソン》ニ至《イタ》ル迄《マデ》、繁《ハン》盛《セイ》毫《スコシ》モ疑《ウタガ》フ處《トコロ》無《ナ》シト錄《シル》ス、

子《シ》孫《ソン》繁《ハン》昌《シヤウ》ヲ祈《イノリ》タル徵證《チヤウシヤウ》

豐《トヨ》臣《トミ》系《ケイ》圖《ヅ》ニ云《イハク》、秀《ヒデ》吉《ヨシ》公《コウ》ノ祖《ソ》先《セン》國《クニ》吉《ヨシ》ハ、江《コウ》州《シウ》淺《アサ》井《井》郡《グン》山《サン》門《モン》ノ住《シユ》侶《リヨ》ニテ、昌《シヤウ》盛《セイ》法《ハフ》師《シ》ト號《ナツ》ク、後《ノチ》ニ還《ゲン》俗《ゾク》シテ生《セウ》國《コク》ヲ去《サ》リ、尾《ヲ》張《ハリノ》國《クニ》愛《アイ》智《チ》郡《グン》中《ナカ》村《ムラ》ニ居《キヨ》住《ヂウ》ス、當《トウ》時《ジ》江《ゴウ》州《シウ》ニ住《ジフ》スルトキ、竹《チク》生《ブ》島《シマ》ノ辨《ベン》財《ザイ》天《テン》ニ、一千日

籠《ロウ》居《キヨ》シテ祈《イノ》ル、其《ソノ》後《ゴ》近《アフ》江《ミノ》國《クニ》荒《アラ》神《カミ》山《サン》ニ登《ノボ》リ斷《ダン》食《シキ》シテ二七日、鎭《チン》宅《タク》靈《レイ》符《フ》ノ秘《ヒ》法《ハフ》ヲ修《シユ》行《キヤウ》ス、其《ソノ》願《クワン》文《ブン》ニ曰《イハ》ク、衆《シウ》生《セイ》濟《サイ》度《ド》ノ爲《タ》メニ、再《フタヽ》ヒ還《ゲン》俗《ゾク》シテ天《テン》ヲ祈《イノ》ルト、傳《デン》ニ云《イハク》、靈《レイ》符《フ》秘《ヒ》法《ハフ》ハ必《カナラ》ス白《ハク》衣《エ》ノ天《テン》子《シ》其《ソノ》宅《タク》中《チウ》ニ入《イ》ル、吾《ワ》カ子《シ》孫《ソン》ノ中《ナカ》ニ給《イタツ》テ必《カナラ》ス將《シヤウ》軍《クン》ニナルヘシ、然《シカ》ラハ忽《タチマ》チ衆《シウ》生《セウ》ヲ導《ミチヒカ》ン云《シカ》云《く》ト在《ア》リ、果《ハタ》シテ秀《ヒデ》吉《ヨシ》公《コウ》ノ武《ブ》威《ヰ》ハ異《イ》國《コク》迄《マデ》モ震《シン》憾《カン》ス、是《コレ》ヒトヘニ先《セン》祖《ゾ》ノ願《ネカヒ》ニ隨《シタカ》フ者《モノ》ナリ、又罪《ツミ》ヲ謝《シヤ》セント思《オモ》ハヽ此《コノ》尊《ソン》星《セイ》ヲ祠《マツ》ルヘシ、

滅《メツ》罪《ザイ》ノ爲《タメ》ニ尊《ソン》星《セイ》ヲ祈《イノ》ル徴《チヤウ》證《シヤウ》

後《ゴ》三條《テフ》天《テン》皇《ワウ》（七十一代）神《シン》皇《クワウ》正《シヤウ》統《トウ》記《キ》ヲ按《アン》スルニ、帝《テイ》ハ後《ゴ》朱《シユ》雀《シヤク》天《ナン》皇《ワウ》ノ第《ダイ》二ノ皇《クワウ》子《ジ》ニテ後《ゴ》冷《レイ》泉《セイ》院《イン》ノ太《タイ》弟《テイ》ナリ、後《ゴ》朱《シユ》雀《シヤク》天《ナン》皇《ワウ》遺《ユイ》詔《セウ》シテ、後冷泉院ノ宮《ミヤ》ニ在《チ》ハシマス、御《ゴ》即《ソク》位《ヰ》ノ後《ノチ》ニ至《イタ》ルニ迄《マ》テ、世《ヨ》ニ有《イウ》德《トク》ノ

君《キミ》ト稱《シヤウ》シ奉《タテマツ》ル、此《コノ》君《キミ》カ儲《チヨ》皇《クワウ》ト爲《ナ》リ玉《タマ》フ時《トキ》ニ、僧《ソウ》都《ヅ》成《ジヤウ》尊《ソン》ハ其《ソノ》宮《ミヤ》ニ侯《コウ》禳《シヤウ》ス、一《アル》日《ヒ》成尊帝《テイ》ニ問《トヒ》テ曰《イハ》ク、陛《ヘイ》下《カ》ハ北《ホク》斗《ト》ヲ拜《ハイ》スルヤト、帝《テイ》ノ曰《イハ》ク毎《マイ》月《ゲツ》之《コレ》ヲ拜《ハイ》スルハ、是《コレ》福《フク》ヲ徼《モトム》ルニアラス、他《タ》日《ジツ》登《トウ》祚《サ》（即位）ノ事《コト》ヲ、念《オモ》フコト叶《カナ》フマク欲《ホツ》スルニ、而《シカ》モ猶《ナホ》未《イマ》タ此《コレ》ヲ意《オモ》フ有《ア》ルコトヲ免《マヌカ》レサル、是《コレ》豈《ア》ニ臣《シン》子《シ》ノ心《ココロ》ナランヤ、吾《ワレ》深《フカ》ク其《ソノ》罪《ツミ》ヲ懼《チソ》ル故《ユヘ》ニ、斗《ト》星《セイ》ヲ拜《ハイ》スル所《ユ》以《エン》ナリ、成《シヤウ》尊《ソン》ハ流《リウ》涕《テイ》スト（已上故事談）

凡《オヨ》ソ人《ヒト》ノ北《ホク》斗《ト》ヲ拜《ハイ》スル者《モノ》ハ、多《オホ》ク福《フク》壽《シユ》ヲ求《モトメ》ン爲《タ》メナリ、而《シカ》ルニ穆《ボク》タル靑《セイ》宮《キウ》（帝ノ儲君タル時ノ事ヲ想フヘシ）其《ソノ》祈《イノ》ル攸《トコロ》ハ何《ナン》ノ祐《サイハヒ》ソ、躬《ミヽツカ》ラ其《ソノ》非《ヒ》ヲ非《ヒ》トシテ罪《ツミ》ヲ天ニ謝《シヤ》ス、忠《チウ》孝《カウ》ノ言《コト》タル聽《キク》者《モノ》ヲシテ泫《ゲン》然《セン》タリ、或《アル》人《ヒト》問《ト》フ儲《チヨ》君《クン》カ罪《ツミ》ヲ恐《アツ》レテ、斗《ト》宮《キウ》ヲ拜《ハイ》スルハ何《ナニ》ノ謂《イヒ》ゾヤ、答《コタヘ》テ云《イハク》、北《ホク》斗《ト》經《キヤウ》ノ註《チウ》ヲ按《アン》スルニ、人《ヒト》ノ住《ジウ》ニ北《ホク》斗《ト》ハ氣《キ》ヲ心《シン》ニ降《クダ》サスト云《イフ》コト莫《ナ》シ、心《シン》ノ象《シヤウ》ハ內《ナイ》虛《キヨ》ニシテ中《ウチ》ニ水《ミツ》ヲ藏《カク》ス、水ハ天一ノ水ニテ即《スナハ》チ北斗ノ精《セイ》ナリ、故《ユヘ》ニ人ハ誠心《マコトノコヽロ》ヲ内《ウチ》ニ運《ハコベ》ハ、北斗《ホクト》コトく〳〵ク知《シ》リ玉《タマ》フ故《ユヘ》ニ拝《ハイ》シ玉《タマ》フナリト、帝王《テイワウ》編年《ヘンネン》集《シフ》ニハ、九月斗《ト》升《シヤウ》ノ法《ハフ》ヲ被《セラ》ルト計《バカ》リ見《ミ》エタリ、

攝津國《セツツノクニ》能勢《ノセ》ノ妙見宮《メウケンキウ》ハ本鎭宅靈符神《モトチンタクレイフシン》ノ徵《チヤウ》

妙見山《メウケンサン》ノ縁起《エンキ》ニ云《イハク》、當山《トウサン》ハ清和源氏《セイワゲンジ》ノ鼻祖《ビソ》、鎭守《シンシユ》將軍《シヤウグン》多田滿仲《タダマンチウ》卿《ケイ》三代《サンダイ》ノ嫡孫《チヤクソン》、左馬權頭《サマゴンノカミ》能勢《ノセ》源《ミナモト》頼國《ヨリクニ》朝臣《アソミ》、長元《チヤウゲン》年間《ネンカン》ノ開創《カイサウ》ニシテ今《イマ》ヲ距《サ》ル實《ジツ》ニ八百七拾餘《ヨ》年《ネン》、而《シカ》モ其《ソノ》間《アヒタ》鎭宅靈符《チンタクレイフ》トシテ道家《センケ》ノ所祭《マツルトコロ》トシ、或《アルヒ》ハ密家《シンゴンシウ》ノ修法《シユハフ》ヲ以《モツ》テ祭《マツ》レル、能勢《ノセ》氏《シ》一家《イツカ》ノ鎭守《チンシユ》トシ、山野《サンヤ》ノ一《イツ》小祠《セウシ》ニ過《スギ》ス、降《クタリ》テ慶長《ケイチヤウ》ノ頃《コロ》該家《カイカ》二十三代《タイ》攝津守《セツツノカミ》頼次《コリツク》侯《カウ》、深《フカ》ク日蓮宗《ニチレンシウ》ヲ信仰《シンカウ》シ、宗門《シウモン》中興《チウコウ》ノ三師《サンシ》タル日乾上人《ニツケンシヤウニン》ニ歸依《キエ》シ、師檀《シタン》冥《メイ》ニ契《ケイ》シ終《ツイ》ニ中興《チウコウ》ノ業《ケフ》成《ナ》ル、此《コヽ》ニ於《オイ》テカ領土《リヨウド》ヲ擧《アゲ》

テ悉《コト〴〵》ク本《ホン》宗《シウ》ニ改《カイ》轉《テン》セシム、是《コノ》時《トキ》ニ際《サイ》シ當《トウ》山《サン》所《シヨ》祭《サイ》ノ鎭《チン》宅《タク》靈《レイ》符《フ》ヲ開《カイ》運《ウン》妙《メウ》見《ケン》大《タイ》士《シ》ト改《アラタ》メ勸請《クワンシヤウ》ス云《シカ》云《〳〵》（餘ハ長文ユヘ省畧ス）

同《トウ》縁《エン》起《キ》ノ畧《リヤク》ニ云《イハク》、一《イツ》千《セン》餘《ヨ》年《ネン》綸《リン》旨《シ》ヲ子《シ》孫《ソン》多《タ》多《タ》良《ラ》氏《シ》ニ賜《タマヒ》テ、修《シユ》法《ハフ》怠《オコタ》ラザリシ由《ヨシ》、初《ハジ》メ肥《ヒ》後《ゴ》八《ヤツ》代《シロ》神《シン》宮《グウ》寺《ジ》、周《ス》防《ハフ》氷《ヒ》見《カミ》山《ヤマ》（見ハ上ノ誤リカ）長《ナガ》門《ト》桂《カツ》木《ラキ》山《ヤマ》等《トウ》ニ星《ホシ》ノ宮《ミヤ》ヲ創《サウ》立《リツ》シテ守《シユ》護《ゴ》ヲ祈《イノリ》シカ、終《ツイ》ニ六十餘《ヨ》州《シウ》國《コク》府《フ》ニ於《オイ》テ、妙《メウ》見《ケン》堂《ドウ》ヲ創《サウ》立《リツ》シテ鎭《チン》宅《タク》靈《レイ》符《フ》ノ奠《テン》ヲ修《シユ》スルニ至《イタ》ル、此《コノ》時《トキ》能《ノ》勢《セ》家《ケ》ノ祖《ソ》先《セン》多《タ》田《ダ》滿《マン》仲《チウ》朝《ア》臣《ソミ》（能《ノ》勢《セ》妙《メウ》見《ケン》大《タイ》士《シ》ハ滿《マン》仲《チウ》朝《ア》臣《ソミ》ノ家《カ》鎭《チン》ニ係《カヽル》）云《シカ》々《〳〵》ト在《ア》リ（以下茲ニ畧ス）（以上能勢妙見山縁起中ヨリ拔萃ス）

因《チナミ》ニ云《イフ》近《キン》來《ライ》妙《メウ》見《ケン》宮《クウ》ハ繁昌《ハンシヤウ》スル故《ユヘ》、參《サン》詣《ケイ》者《シヤ》ハ縁《エン》起《キ》ヲ能《ヨ》ク知《シ》ル者《モノ》多《オホ》シ、故《ユヘ》ニ爰《コヽ》ニ其《ソノ》序《ジヨ》文《フン》ノ一《イツ》節《セツ》ト、本《ホン》文《フン》ノ一《イツ》節《セツ》ヲ摘《ツマミ》テ、往《ワウ》時《シ》ハ多《タ》田《タ》氏《シ》カ靈《レイ》符《フ》神《シン》ヲ勸請《クワンシヤウ》シ在《ア》リシカ、後《ノチ》ニ至《イタリ》テ縁《エン》起《キ》ノ如《ゴト》ク、日《ニチ》蓮《レン》宗《シウ》ニ歸《キ》シ妙《メウ》見《ケン》ト改《アラタ》メ祀《マツ》ルモノナレハ、予《ヨ》ハ只《タヽ》攝《セツ》津《ツノ》國《クニ》ニ靈《レイ》符《フ》神《シン》ヲ奉《ホウ》祀《シ》セシト且《カツ》又《マタ》全《ゼン》國《コク》ニ洽《アマネ》ク祀《マツ》レルコト、將《ハタ》亦《マタ》妙《メウ》見《ケン》宮《キウ》ト改稱《カイシヤウ》ノ三徴《ミツノチヤウ》ニ參《サン》考《カフ》ニ供《キヨウ》スル而《ノ》已《ミ》、又《マタ》言《イ》フ未《イマ》タ全《セン》國《コク》ヲ洽《アマネ》ク調《テフ》査《サ》セザルユヘ、審《ツマヒラカ》ニ知《シ》

ル能《アタ》ハスト雖《イヘト》モ、或《アルヒ》ハ諸國《ショコク》ニ此例《コノレイ》モ多《オホ》ク有《ア》ルヘキ歟《カ》、

熊野權現《クマノゴンケン》ハ北辰妙見《ホクシンメウケン》

役《エン》ノ行者《ギヤウシヤ》ノ筆記《ヒツキ》ニ云《イハク》、閻浮提《エンブダイ》守護《シユゴ》ノ四神王《ジンワウ》在《ヲハ》シマス、一ニハ妙《メウ》德圓滿《トクエンマン》摩訶陀國《マカダコク》ノ正中《セイチウ》ニ在《ヲハ》シテ、本地《ホンヂ》阿彌陀如來《アミダニヨライ》、我國《ワガクニ》ニテハ證誠大菩薩《シヤウジヤウダイボサツ》ト名《ナツ》ク、二ニハ北辰《ホクシン》閻浮提《エンブダイ》ノ北ニ在《ヲハシ》マス、本地《ホンヂ》藥師《ヤクシ》我國《ワカクニ》ニテハ熊野權現《クマノゴンゲン》ト名《ナツ》ク、三ニハ太夫《タユフ》、四ニハ白太《ハクタ》、此《コノ》二神《ジン》ハ兄弟《ケイテイ》ナリ、補陀落山《フダラクセン》ニ座《オハシ》マス本地《ホンヂ》觀音《クワンオン》ナリ、日本《ニホン》ニテハ那智權《ナチゴン》現《ゲン》ト名《ナツ》ク（上巳）

三井寺《ヰデラ》ノ閼伽井《アカヰ》ヲ尊星水《ソンセンスイ》ト號《ナツ》ク

天下《テンガ》ニ四ケ寺《ジ》ノ大法《タイハフ》ト云《イフ》事《コト》在《ア》リ、其中《ソノナカ》ニ江州《ゴウシウ》三井寺《ヰデラ》ノ尊星《ソンセイ》供《ク》

トテ、他《タ》門《モン》ニ曾《カツ》テ知《シ》ラサル事《コト》有《ア》リ、是《コレ》北辰妙見ノ秘《ヒ》法《ハツ》ハ天《テン》下《カ》安《アン》全《セン》ニ國《コク》土《ド》豊《ホウ》饒《ニヤウ》ノ爲《タ》メニ修《シユ》スル法《ハツ》ナリ、彼《カノ》寺《テラ》ノ閼《ア》伽《カ》井《ヰ》ニ影《ヤウ》向《カウ》ヲ垂《タ》レ玉《タマ》フ、故《ユヘ》ニ尊《ソン》星《セイ》水《スイ》ト云《イフ》、天《テン》上《シヤウ》ノ星《ホシ》降《クダ》リテ井《ヰ》ヲ穿《ウガ》チ玉《タマ》ヒ、其《ソノ》星《ホシ》此《コノ》井《ヰ》ヲ護《マモ》リ玉《タマ》フ時《トキ》ニ、九《ク》頭《ヅ》龍《リウ》王《ワウ》ト現《アラハ》レテ、池《チ》中《ナウ》ニ栖《ス》ミ能《ヨ》ク雨《アメ》ヲ降《クダ》ス、所《イハ》謂《ユル》降《カウ》龍《リウ》ノ會《エ》日《ジツ》在《ア》リ、人以テ避《サク》ヘシ、正月七日、三月三日、四月八日、五月五日、夏《ゲ》至《シ》、六月晦《ツゴ》日《モリ》、七月七日、八月朔《ツイ》日《タチ》、九月九日、冬《トウ》至《シ》ノ毎《マイ》丑時ニ池《チ》邊《ヘン》ニ臨《ノゾム》コトヲ忌《イム》ト云《イフ》（淡海記ノ九卷ニ出ス）三井記《キ》ニ云《イハク》、傳《デン》ニ曰《イハ》ク、昔《ムカ》シ三辰《シン》儲《チヨ》ヲ照《テラ》スヨリ、常《ツネ》ニ九《ク》頭《ヅ》之《ノ》龍《リウ》カ大《ダイ》淵《エン》ヲ加《カ》護《ゴ》セシムト在《ア》リ（已上）亦《マタ》八《ヤツ》代《シロ》ノ板《ハン》圖《ヅ》ノ下《シタ》ノ聖《シヤウ》降《カウ》ノ日《ヒ》ト同《オナ》ジケレバ、疑《ウタガ》フ處《トコロ》モ無《ナ》ク、靈《レイ》符《フ》尊《ソン》星《セイ》ノ影《カゲ》ヲ移《ウツ》シ玉《タマ》フ池《チ》水《スイ》ナリト錄《シル》ス、

尊《ソン》星《セイ》ヲ神《シン》武《ム》神《シン》仙《セン》ト號《ナツ》ク

附　尊《ソン》星《セイ》ノ形《ケイ》像《シヤウ》圖《ヅ》

抑《ソモ〱》モ尊《ソン》星《セイ》ヲ神《シン》武《ブ》眞《シン》仙《セン》ト曰《イフ》ハ、事《ジ》物《ブツ》紀《キ》原二《ケンノ》ニ云《イハク》、眞《シン》武《ブ》ノ號《コウ》ハ宋《ソウ》朝《テウ》會《クワイ》要《エウ》ニ、天《テン》禧《キ》二年閏《ウルフ》四月詔《ミコトノリ》シテ、醴《レイ》泉《セン》ノ所《トコロ》ニ觀《クワン》ヲ立《タ》テ祥《シヤウ》原《ゲン》ト曰《イ》フ、六月詔《ミコトノリ》シテ眞《シン》武《フ》ノ號《ガフ》ヲ加《クワヘ》テ、眞《シン》武《ブ》靈《レイ》應《オウ》眞《シン》君《クン》ト曰《イ》フ則《スナハ》チ茲《コヽ》ニ其《ソノ》稱《シヤウ》ノ興《オコ》ル所《ユ》以《エン》ナリ、瑯《ラウ》邪《ヤ》代《ダイ》醉《スイ》編《ヘン》二十九ニ云《イハク》、大《タイ》和《クワ》山《サン》ニ眞《シン》武《ブ》ノ像《シヤウ》ハ、髮《カミ》ヲ被《カム》リ足《アシ》ヲ跣《スアシ》ニスト相《アヒ》傳《ツト》フ、永《エイ》樂《ラク》時《ジ》代《ダイ》ノ塑《サク》像《ソウ》ハ其《ソノ》貌《カタチ》ヲ識《シ》ラス之《コレ》ヲ請《コフ》ト在《ア》リ、文《ブン》皇《クワウ》帝《ナイ》ノ時《トキ》ニ成《ジヤウ》祖《ソ》ハ正《マサ》ニ髮《カミ》ヲ被《カム》ル膸《シヨク》ヲ去《サリ》テ云《イハク》、當《マサ》ニ我《ワ》カ如《ゴト》ク然《シカ》ルヘシト、眞《シン》仙《セン》通《ツウ》鑒《カン》ニ載《ノセ》テ云《イハク》、宋《ソウ》ノ道《ダウ》君《クン》林《リン》靈《レイ》素《ソ》ニ問《ト》フ、願《ネガハ》クハ眞《シン》武《ブ》ノ聖《セイ》像《ソウ》ヲ見《マミヘ》ン、靈《レイ》素《ソ》ニ曰《イハ》ク、容《ヨウ》臣《シン》ハ張《チヤウ》淨《シヤウ》虛《キヨ》天《テン》師《シ》ト同《オナジ》ク、奉《ホウ》請《シヤウ》シテ乃《スナハ》チ殿《テン》ニ宿《シユク》シテ齊《サイ》ヲ致《チ》シ、正午時《ジ》ニ於《オイ》テ黑《コク》雲《ウン》日《ヒ》ヲ蔽《オフ》テ、大《タイ》雷《ライ》霹《ヘキ》靂《レキ》シ火《クワ》光《クワウ》ノ中《ナカ》ニ、蒼《サウ》亀《キ》巨《キヨ》蛇《ダ》ノ殿《テン》下《カ》ニ塞《フサカ》ルヲ見《ミ》ル、帝《テイ》祝《シユク》香《カウ》再《サイ》拜《ハイ》シテ告《ツゲ》テ曰《イハ》ク、願《ネガハ》クハ眞《シン》君《クン》ノ幸《サイハイ》ニ降《カウ》鑒《カン》ヲ垂《タレ》ンコトヲ見《ミ》ン、霹《ヘキ》靂《レキ》一聲《セイ》シテ亀《キ》蛇《ダ》見《ミ》ヘス、但《タヾ》一ノ巨《キヨ》足《ソク》ノ殿《デン》下《カ》ニ塞《フサカ》ルヲ見《ミ》ル、帝《テイ》又《マタ》上《シヤウ》香《カウ》再《サイ》拜《ハイ》シテ云《イハク》、伏《フ》シテ願《ネカハ》クハ玄《ゲン》元《ゲン》聖《シヤウ》祖《ソ》ノ應《オウ》化《クワ》慈《ジ》悲《ヒ》在《ア》リ、既《スデ》ニ降《カウ》臨《リン》ニ沐《ヨク》シテ一小《セウ》身《シン》ヲ見《ミ》ルコトヲ得《エ》タリ、是《コレ》慶《ケイ》幸《カウ》ニ勝《タヘ》ズト、須《シハ》臾《ラク》ニシテ遂《ツイ》ニ身《ミ》ノ長《タ》ケ丈《シヤウ》餘《ヨ》ヲ見《アラ》ハス、端《タン》嚴《コン》ノ妙《メウ》相《ソウ》ニテ髮《カミ》ヲ被《カム》リ、皀《サウ》袍《ハウ》ハ地《チ》ニ垂《タレ》ル、金《キン》甲《カウ》ノ大《タイ》袖《シウ》ニ玉《キヨク》帶《タイ》シ、腕《ウナ》ニ劍《ケン》ヲ持《モ》チ跣《セン》足《ソク》ニテ、項《イタヽキ》ハ圓《エン》光《クワウ》有《ア》リ帶《オヒ》ヲ結《ムス》ビ、飛《ヒ》繞《ニヤウ》シテ立《タ》ツコト一《シハ》時《ラク》久《ヒサシ》ウシテ、帝《ナイ》自《ミツカ》ラ能《ヨ》ク眞《シン》ヲ寫《ウツ》ス、寫《シヤ》成《ナリ》テ忽《タチマチ》ニ見《ミ》ヘス、次《ツキノ》日《ヒ》ニ安《アン》泰《ホウ》シテ醮《セウ》《マツリ》謝《シヤ》ス、癸《サイ》京《ケイ》奏《ソウ》シテ云《イハク》、竊《ヒソカ》ニ恐《テツ》ル眞《シン》君《クン》未《イマ》タ人《ニン》間《ゲン》ニ降《クダ》ル易《ヤス》カラス、昔《ソノ》日《カミ》太《タイ》宗《ソウ》皇《クワウ》帝《ナイ》、曾《カツ》テ張《チヤウ》守《シユ》眞《シン》ニ命《メイ》シテ降《カウ》ヲ請《シヤウ》ス、亦《マタ》畫《クワ》有《ア》リ本《モ》ト閣《カク》下《カ》ニ藏《カク》ス、乞《コ》フ取《トリ》テ之《コレ》ニ對《タイ》シテ眞《シン》僞《ギ》ヲ見《ミ》ツヘシ、乃《スナハ》チ宣《セン》シ取《トリ》テ展《テン》看《カン》シ與《トモ》ニ見《ミ》ルニ、本《モ》ト更《サラ》ニ差《タカ》ヒ無《ナ》シ、殊《コト》ニ帝《テイ》愈《イヨく》悦《ヨロコ》ヒ則《スナハ》チ眞《シン》武《ブ》ノ本《ホン》像《シヤウ》ハ、是《カク》ノ如《コト》ク像《ソウ》ヲ成《ジヤウ》祖《ツ》皇《クワウ》帝《テイ》ニ取《ト》ルニアラサルナリ、因《ヨツ》テ此《コヽ》ニ記《シル》ス、(已上)

事《ジ》物《ブツ》紀《キ》原《ゲン》ノ一ニ云《イハク》、漢《カン》ノ天《テン》下《カ》ヲ有《タモチ》テ高《カウ》祖《ソ》制《セイ》シテ、御《ギヨ》史《シ》ニ詔《ミコトノリ》スラク、天下ヲシテ靈《レイ》星《セイ》ノ祠《シ》ヲ立《タ》テ蓋《ケダ》シ穀《コク》ヲ祈《イノ》ル、時《トキ》ニ漢《カン》興《オコリ》テ八年ナリ、周《シウ》ノ制《セイ》ニ仲《チウ》秋《シウ》ニ靈《レイ》星《セイ》ヲ國《クニ》ノ東《トウ》南《ナン》ニ祭《マツ》ルト云《イフ》、則《スナハ》チ漢《カン》ノ始《ハジメ》テ之《コレ》ヲ祠《マツ》ルニアラスト在《ア》リ(已上)

靈《レイ》符《フ》秘《ヒ》法《ハフ》ノ修《シユ》行《キヤウ》法《ハフ》式《シキ》

凡《オヨ》ソ靈《レイ》星《セイ》ヲ祭祀《マツル》ニ秘《ヒ》法《ハフ》有《ア》リ、法《ハフ》式《シキ》ニ種々《イロ〳〵》様々《サマ〴〵》ノ習事《ナラヒコト》在《ア》リ、或《アルヒ》ハ尊《ソン》形《ケウ》ヲ秘《ヒ》スル在《ア》リ、最《モツト》モ修《シユ》法《ハウ》場《ジヤウ》ニ入《イ》ルヲ許《ユル》サス、其《ソノ》式《シキ》モ一様《ヤウ》ナラス、又用《モチ》ユル根《コン》本《ホン》ノ印《イン》明《メウ》并ニ種《シユ》子《ジ》ヲ秘《ヒ》スル在《ア》リ、或《アルヒ》ハ祭《サイ》壇《ダン》場《ジヤウ》ヲ秘《ヒ》スル在リ、或ハ本《ホン》尊《ソン》ヲ秘《ヒ》スル在リ、是《コレ》等《ラ》ヲ皆《ミナ》秘《ヒ》法《ハフ》ト稱《シヤウ》ス、此《コノ》靈《レイ》符《フ》ノ修《シユ》法《ハフ》モ秘《ヒ》法《ハフ》在ル故《ユヘ》、容《ヨウ》易《イ》ニ授《サツ》クヘカラス、此《コノ》法《ハフ》ヲ修《シユ》スルニ大《タイ》法《ハフ》ト畧《リヤク》法《ハフ》ト在《ア》リ、八《ヤツ》代《シロ》流《リウ》、駒《コマ》形《カタ》流《リウ》、多《タ》多《ダ》良《ラ》ノ家《カ》傳《デン》等《トウ》、大《タイ》同《ドウ》小《セウ》異《ヰ》ヲ以テ世《ヨ》ニ傳《ツタハ》ルト雖《イヘト》モ多《オホ》ク傳《ツタ》ハラス、今《イマ》僅《ワツカ》ニ神《シン》式《シキ》ノ法《ハフ》ト佛《ブツ》式《シキ》等《トウ》二三ノ法《ハフ》ヲ修《シユ》スル者《モノ》ヲ見《ミ》ル而《ノ》已《ミ》、然《シカ》ルニ予《ヨ》ハ古《コ》法《ハフ》ノ完《クワン》全《セン》無《ム》虧《ケツ》ノ大《タイ》法《ハフ》ト、畧《リヤク》法《ハフ》ノ傳《デン》在《ア》ルヲ以テ、其《ソノ》畧《リヤク》法《ハフ》ヲ掲《ケイ》載《サイ》シ眞《シン》秘《ヒ》ヲ公《コウ》開《カイ》セント欲《ホツ》シテ、本《ホン》巻ヲ編《ヘン》著《チヨ》スル所《ユ》以《エン》ナリ、

家《カ》宅《タク》ニ靈《レイ》符《フ》ヲ安《アン》置《チ》シ祭《マツ》祀《ル》者《モノ》ハ、毎《マイ》月《グツ》聖《シヤウ》降《カウ》日《ヒ》在《ア》リ、此《コノ》法《ハフ》ヲ修《シユ》行《ギヤウ》スルニハ、一《ヒト》間《マ》ヲ道《ダウ》場《ジヤウ》トシテ前《セン》日《ジツ》ヨリ塵《チリ》ヲ掃《ソウ》除《ジヨ》シ、齊《サイ》戒《カイ》沐《モク》浴《ヨク》シテ魚《キヨ》味《ミ》不《フ》淨《ジヤウ》物《ブツ》ヲ除《ノゾ》キ、心《シン》身《シン》共《トモ》ニ清《シヤウ》淨ニシテ修《シユ》法《ハフ》シ奉《タテマツ》ルモノナリ世《セ》間《ケン》出《シユツ》世《セ》等《トウ》ノ人《シン》事《ジ》ノ正《セイ》理《リ》ノ心《シン》願《クワン》ハ、求《モトム》ル處《トコロ》ニ隨《シタカヒ》テ感《カン》應《オウ》顯《ケン》著《チヨ》ナリ、先《マ》ヅ爰《コヽ》ニ往《ムカ》時《シ》ヨリ傳《ツタハ》ル處《トコロ》ヲ錄《シル》シテ、其《ソノ》後《ゴ》項《コウ》ニ於《オイ》テ予《ヨ》カ傳《デン》法《ハフ》ヲ錄《シル》シ、對《タイ》照《セウ》シ參《サン》看《クワン》ノ便《ベン》ナラシメントス、

傳《デン》來《ライ》ノ祭《マツ》祀《リ》式《シキ》次《シ》第《ダイ》

抱卦童子

鎮宅靈符尊星頂輪王

示卦童子

神靈ハ北方ニ祀リ南方ヨリ拜ス

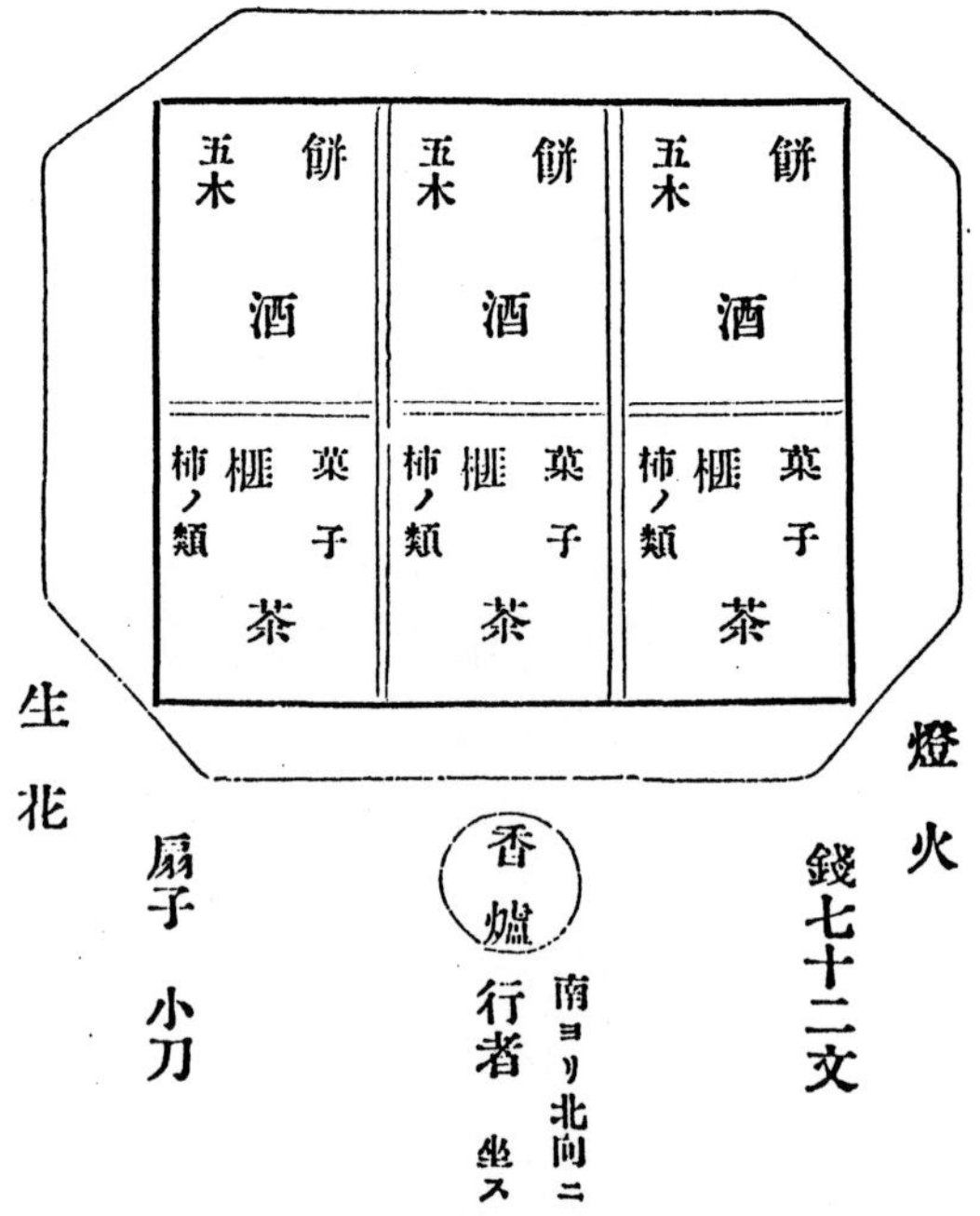

供物《ソナヘモノ》

梔子《クチナシ》、木犀《モクセイ》、松《マツ》、梅花、（花ノ無キ時ハ干梅ヲ代用ス）榧《カヤ》煎《セン》茶《チヤ》（上製ヲ用ス）右ノ六種《シユ》ハ四季《キ》共《トモ》ニ供《キヨウ》ス、其《ソノ》外《ホカ》ニ御《ミ》酒《キ》、醴《アマ》酒《ザケ》、洗《セン》米《マイ》、栗《クリ》、柿《カキ》ノ類《タグヰ》、餅《モチ》、飴《アメ》、菓《クワ》子《シ》、此《コノ》外《ホカ》ハ何《ナニ》品《シナ》ニテモ有《アリ》合《アハ》セ物《モノ》ヲ、平《フダ》常《ン》ハ取《トリ》添《ソヘ》テ供《ク》養《ヤウ》シ奉《タテマ》ツル、是《コレ》人《ヒト》々《ヽ》ノ誠《セイ》意《イ》ノ志《コヽロサシ》ヲ表《アラハ》スル者《モノ》ナリ、文《ブン》ニ曰《イハ》ク沼《セウ》沚《シ》ノ芼《クサ》蘋《ヒン》蘩《ハン》ノ菜《サイ》ハ、禮《レイ》奠《テン》薄《ウス》シト雖《イヘト》モ志《コヽロサシ》ノ敦《トン》厚《カウ》ナルヲ以テ、照《アキラ》カニ之《コレ》ヲ尙《ウケ》享《ウク》ト云《イ》ヘリ、

香《カウ》ハ沈《ヂン》香《カウ》ヲ用《モチ》フ、平《フ》常《ダン》ハ線《セン》香《カウ》ヲ用《モチ》フルモ、成《ナ》ルヘク良《リヤウ》品《ヒン》ヲ用《モチ》フベシ、本《ホン》尊《ソン》ニ畫《クワ》像《ゾウ》ヲ懸《カケ》ル在《ア》リ、尤《モツト》モ符《フ》ヲ書認《カキシタヽメ》ルニ日《ヒ》取《ト》リ時《トキ》ヲ定《サダメ》ルニ習《ナラ》ヒ在《ア》リ、容《タヤ》易《ス》ク知《シ》ル事《コト》ニアラス、後《コ》項《カウ》順《シユン》次《ジ》ニ其《ソノ》要《エウ》ヲ記《シル》ス

生《セイ》花《クワ》ハ梔《クチ》子《ナシ》、木《モク》犀《セイ》、梅《バイ》花《クワ》、榧《カヤ》ノ木《キ》、松コレヲ五木《ボク》ト云《イフ》、但《タヾ》シ生《セイ》花《クワ》ニ用《モチ》ヒルノ稱《シヤウ》ナリ（此五木ノ生花ハ何レノ修法ヲ爲ス者モ之ヲ奉供シテ差支無シ）

木《モク》犀《セイ》樹《ジユ》ノ來《ライ》歷《レキ》

禪《ゼン》林《リン》風《フウ》月《ゲツ》集《シウ》註《チウ》ニ曰《イハ》ク、木《モク》犀《セイ》ノ始《ハジメ》ハ天ヨリ靈《レイ》隱《イン》寺《ジ》ノ前《ゼン》山《ザン》ニ降《クダ》ル、木《モク》犀《セイ》樹《ジユ》在《ア》リ、秋《アキ》ニ到《イタ》ル則《トキ》ニハ其《ソノ》香《カウ》氣《キ》遠《トホ》ク薫《クン》徹《テツ》ス、而《シカ》ルニ人《ヒト》曾《カツ》テ其《ソノ》故《ユヱ》ヲ知《シ》ラス、時《トキ》ニ李《リ》木《ボク》木《キ》犀《サイ》ト云《イフ》者《モノ》二人有《ア》リ此《コヽ》ニ至《イタ》ル、或《アル》人《ヒト》之《コレ》ニ依《ヨツ》テ其《ソノ》故《ユヘ》ヲ問《ト》フ、二人答《コタヘ》テ云《イフ》ニ是《コレ》ハ天《テン》上《シヤウ》ノ桂《カ》花《クワ》ナリ、未《ヒツ》申《シサル》ノ枝《サダ》此《コノ》地《チ》ニ零《レイ》落《ラク》ス、而《シカ》シテ種《タネ》ト爲《ナ》リ便《スナハ》チ生《セウ》ズ、秋《シウ》風《フウ》ヲ迎《ムカヘ》テ其《ソノ》花《ハナ》開《ヒラ》ク、今《イマ》木《モク》犀《セイ》ト言《イ》フ者《モノ》ハ、則《スナハ》チ李《リ》木《ボク》李《リ》犀《サイ》ノ名《ナ》ヲ借《カリ》テ以テ名《ナ》ト爲《ナ》ス、所《イハ》謂《ユル》李《リ》木《ボク》李《リ》犀《サイ》ハ即《スナハ》チ天《テン》人《ジン》ノ化《クワ》身《シン》ト謂《イ》ヘリ、靈《レイ》隱《イン》寺《ジ》ノ山《ヤマ》トハ靈《レウ》鷲《ジユ》山《セン》ノ未《ヒツ》申《シサル》ノ角《スミ》ノ山《ヤマ》カ此《コヽ》ニ落《オツ》ルト云《イフ》、故《ユヘ》ニ飛《ヒ》來《ライ》峯《ホウ》ト曰《イ》フ、亦《マタ》竺《ジク》峯《ホウ》トモ云《イフ》ナリ、

信《シン》仰《カウ》者《シヤ》ニ庭《テイ》園《エン》在《ア》ル者《モノ》ハ殖《チヨク》樹《シユ》シテ供《キヨウ》獻《ケン》爲《ナ》スカ宜《ヨロ》シ、但《タヾ》シ黄《ワウ》金《ゴン》色《シヨク》ノ花《ハナ》咲《サ》ク者《モノ》ハ新《シン》樹《ジユ》ニ多《オホ》ク、古《コ》木《ボク》ハ白《ハク》花《クワ》ノ咲《サク》カ多《オホ》シト聞《キ》ク、其《ソノ》黄《ワウ》色《シヨク》ヲ良《ヨシ》トス、

一生《セウ》禁《キン》忌《キノ》食《シヨク》物《ブツ》

鴈《ガン》、亀《カメ》、黿《チ、カメ》、牛《ウシ》、犬《イヌ》肉《ニク》、（若シ誤テ食スル者ハ七十五日間齋戒スヘシ）
鰻《ウナギ》、鼈《スツホン》、黒鯉《イセゴイ》、鰌《ドチヤウ》、鱓《ヤツメウナギ》、五辛《ゴシン》、生《ナマ》大《ダイ》根《コン》、（若シ誤テ食スル者ハ一七日間ヲ齋戒アルノシ）（此禁忌ノ食物ハ何レノ條法ヲ行フ者モ此禁ヲ堅ク守愼スヘシ）
自《ジ》家《カ》ノ産《サン》穢《エ》死《シ》穢《エ》ハ、服《フク》忌《キ》令《レイ》ニ在《ア》ル日《ニツ》數《スウ》ノ如《ゴト》ク愼《ツヽシ》ミ、蹈《フミ》合《アヒ》同《アヒ》火《ビ》ハ
行《キヤウ》水《ズイ》スレハ差《サシ》支《ツカヘ》無《ナ》シ、（五辛トハ葱《ネキ》、ニラ、ニンニクノ類ヲ云、）

七十二道《ダウ》靈《レイ》符《フ》神《ジン》

凡《オヨ》ソ符《フ》篆《シヤウ》ニ七十二ノ圖《ヅ》畫《クワ》在《ア》リ、是《コレ》則《スナハ》チ先《セン》天《テン》ノ八卦《クワ》ニ、後《コウ》天《テン》ノ六十四卦《クワ》ヲ加《クワヘ》テ、建《コン》立《リウ》スト云《イフ》、（儒者ノ傳説ナリ）或《アルヒ》ハ七十二候《コウ》ニ象《カタド》ルトモ云《イ》へリ、夫《ソ》レ天《テン》ハ九天在《アリ》テ地《チ》ニ九州《シウ》在リ、人ニ九竅《ケウ》在《ア》リ、三九ノ積《セキ》ハ二十七ト成《ナ》ル、是《コレ》天ノ二十七宿《シユク》ヲ又二倍《バイ》シテ、八十一ト成《ナ》ル、天ノ九宮《キウ》ヲ除《ノゾキ》テ七十二ト成《ナ》ル、是《コレ》則《スナハ》チ天ノ七十二候《コウ》逆《ノケ》行《リ》テ一歳《ホン》ト成《ナ》ル、人ハ如影随形《カゲノカタチニシタガフゴトキ》ノ七十二神《ジン》ナリ、皆《ミナ》天地人共《トモ》ニ靈《レイ》符《フ》ニ

アラズト云《イフ》事《コト》無《ナ》シ、サレハ天ニ神《シン》道《ダウ》ナケレハ、三光《クワウ》在《ア》ル事《コト》無《ナ》シ、又四時《ジ》モ無《ナ》シ、地《チ》ニ神《シン》道《ダウ》無《ナ》ケレハ五行《キヤウ》在《ア》ル事《コト》無《ナ》シ、又萬《バン》物《ブツ》モ無《ナ》シ、若《モ》シ人ニ神《シン》道《ダウ》ナケレハ一命《メイ》アル事《コト》無《ナ》シ、亦《マタ》萬《バン》法《ハフ》モ無《ナ》シ、故《ユヘ》ニ頌《シ》ニ曰《イハ》ク、太《タイ》元《ケン》神《シン》勅《チヨク》天有《ニアリ》神《シン》道《ダウ》。故《ユヘニ》有《アリ》三光《クワウ》。亦《マタ》有《アリテ》四時《ジノ》地《チニ》。有《アリ》神《シン》道《ダウ》故《ユヘニ》有《アリ》五行《キヤウ》。亦《マタ》有《アリ》萬《バン》物《ブツ》人有《ニアリ》神《シン》道《タウ》。故《ユヘニ》有《アリ》五大。亦《マタ》有《アリ》六根《コン》(上已)問《ト》フ縱《タト》令《ヘ》尊《ソン》星《セイ》ノ名《ナ》ヲ聞《キ》ク、小《セウ》緣《エン》ノ神《シン》拜《ハイ》ニモ其《ソノ》加《カ》護《コ》在《ア》リヤ、答云《コタヘテイフ》七十二道《ダウ》ハ如影《ゴトキカゲノ》隨形《シタガフカタチニ》ノ星《ホシ》ナレハ、一揖《イ》一禮《レイ》モ猶《ナホ》必《カナラ》ス加《カ》護《ゴ》在《ア》リ、何《ナン》ソ況《イハン》ヤ秘《ヒ》符《フ》相《ソウ》傳《デン》ノ人《ヒト》ヲヤ、第《ダイ》一ニハ壽《ジユ》命《メウ》ナリ、第《ダイ》二ニ無《ム》病《ビヤウ》ナリ、第《ダイ》三ニハ福《フク》祿《ロク》ナリ、是《コレ》ヲ隨《ズイ》身《シン》ノ三寶《ボウ》ト云《イフ》者《モノ》ナリ、第《ダイ》一第《ダイ》二ハ身《シン》內《ナイ》ノ寶《タカラ》ナリ、第《ダイ》三ハ身《シン》外《クワイ》ノ寶《タカラ》ナリ、壽《シユ》命《メウ》ヲ第《タイ》一トハ、命《イノチ》ヲ存《ソン》スルカ故《ユヘ》ニ病《ヤマヒ》ヲ治《オサ》ム、命《メイ》ヲ保《タモツ》カ故《ユヘ》ニ財《ザイ》ヲ求《モト》ム、故《ユヘ》ニ壽《ジユ》命《メウ》ヲ第《ダイ》一ト云《イフ》、無《ム》病《ビヤウ》ヲ第《タイ》二トハ病《ヤマヒ》ヲ得《ウ》ル者《モノ》ハ、壽《ジユ》命《メウ》ノ危《アヤウ》キヲ恐《ヲソ》レ、病《ヤマヒ》ニ沈《シツ》ム者《モノ》ハ、財《ザイ》寶《ホウ》ノ重《オモキ》ヲ忘《ワス》ル故《ユヘ》ニ云《イフ》、無《ム》病《ヒヤウ》ヲ第《ダイ》二ト爲《ナ》ス、福《フク》祿《ロク》ヲ第《ダイ》三トハ、壽《ジユ》命《メウ》ハ身《ミ》ノ根《コン》本《ホン》ナリ、諸《シヨ》病《ヒヤウ》ハ身《ミ》ノ枝《シ》葉《ヨウ》ナリ、福《フク》祿《ロク》ハ身《ミ》ノ花《クワ》實《ジツ》ナリ故《ユヘ》ニ福《フク》祿《ロク》ヲ第《ダイ》三ト云《イフ》、故《ユヘ》ニ大《タイ》論《ロン》ニ云《イハク》、一切《サイ》ノ寶《ホウ》中《チウ》ニハ、人《ジン》命《メイ》カ第《ダイ》一ナリ、人ハ命《イノチ》ヲ有《タモ》ツ爲《タ》メニ財《ザイ》ヲ求《モト》ム、財《ザイ》ノ爲《タ》メニ命《イノチ》ヲ求《モト》メスト在《ア》リ㊤已花《クワ》實《ジツ》ハ枝《シ》葉《ヨウ》ノ所《シヨ》生《セイ》ニテ、枝《シ》葉《ヨウ》ハ能《ヨ》ク生《セウ》ス根《コン》本《ホン》ハ一靈《レイ》ノ生《セイ》養《ヤウ》ナリ、一靈《レイ》ハ始《ハシメ》ニ云《イフ》、天《テン》已《スデ》ニ開《ヒラ》闢《ケ》テ圓《エン》形《ケイ》ノ物《モノ》ノ現《アラハ》ル、其《ソノ》中《ナカ》ニ一神《ジン》ノ坐《ヲハシ》マスト云《イフ》者《モノ》ナリ、

北《ホク》斗《ト》元《ケン》靈《レイ》經《キヤウ》ニ曰《イハ》ク、眞《シン》トハ神《カミ》ナリ、正《セイ》ナリ、直《チヨク》ナリ、化《クワ》ナリ、聖《セイ》ナリ、靈《レイ》通《ツウ》シテ妙《メウ》明《メイ》ナルヲ眞《シン》ト謂《イ》フ、天ニ眞《シン》無《ナケ》レハ萬《バン》物《ブツ》ハ春《ハル》ナラス、地《チ》ニ眞《シン》無《ナ》ケレハ草《ソウ》木《モク》根《コン》ナラス、人ニ眞《シン》無《ナ》ケレハ神《カミ》ヲ御《ギヨ》スコト能《アタ》ハス㊤已自《ジ》他《タ》ハ互《タカヒ》ニ意《イ》ヲ以テ理《リ》ヲ成《ナ》ス、意《イ》ヲ以テ言《コト》ヲ成《ナ》ス、意《イ》ヲ以テ手《シユ》足《ソク》ヲ成《ナ》ス、皆《ミナ》是《コレ》心《シン》神《ジン》ノ所《シヨ》爲《ヰ》ナリ、一切《サイ》ノ含《カン》靈《レイ》鎭《チン》宅《タク》靈《レイ》符《フ》

尊《ソン》星《セイ》ノ進《シン》退《タイ》ナリ、皆《ミナ》是《コレ》三業《ゴウ》清《シヤウ》淨《〲》ノ密《ミツ》法《ハフ》ナレハ、靈《レイ》符《フ》秘《ヒ》法《ハフ》ト云《イフ》ナリ（此鎭宅ノ二字ハ往時別シテ面授ノ口訣ト云、能ク識者ヲ師ト爲シ、高說ヲ聽クヘシ、）

靈《レイ》符《フ》秘《ヒ》密《ミツ》修《シユ》法《ハフ》

夫《ソ》レ尊《ソン》星《セイ》ノ修《シユ》法《ハフ》ハ原《モト》ト師《シ》傳《デン》無《ナ》クテ、弘《グ》通《ツウ》スヘキ事《コト》ニアラス、是《コレ》神《シン》儒《ジユ》佛《ブツ》ノ三家《ケ》共《トモ》ニ皆《ミナ》然《シカ》リ、適《タマ》ニ有《イウ》志《シ》ノ者《モノ》在《ア》リト雖《イヘト》モ、師《シ》無《ナ》クシテ口《ク》授《シユ》ヲ受《ウク》ル能《アタ》ハサル者《モノ》多《オホ》シ、故《ユヘ》ニ古《コ》法《ハフ》ノ傳《デン》來《ライ》スル處《トコロ》ヲ輯《シフ》錄《ロク》シテ、神《シン》儒《シユ》佛《ブツ》ノ三家《ケ》ノ修《シユ》法《ハフ》次《シ》第《ダイ》ヲ掲《ケイ》載《サイ》シ、有《イウ》志《シ》者《シヤ》ニ爰《コヽ》ニ儒《ジユ》家《カノ》式《シキ》ヲ相《ソウ》傳《デン》スルコト左《サ》ノ如《ゴト》シ

儒《シユ》家《カ》ニ傳《ツタハ》ル修《シユ》法《ハフ》次《シ》第《ダイ》

先《マ》ツ沐《モク》浴《ヨク》シテ淨《シヤウ》衣《エ》ヲ着《チヤク》ス、靈《レイ》符《フ》ノ畫《クワ》像《ゾウ》ハ南《ナン》面《メン》ニ向《ムカ》ヒ掛《カ》ク、行《キヤウ》者《ジヤ》

ハ北ニ向《ムカヒ》テ香《カウ》ヲ焼《タ》ク（香ヲ焼クニ習事在リ）謹《ツヽシミ》テ修《シユ》法《ハフ》ヲ爲《ナ》シ奉《タテマツ》ルヘシ

敬《ケイ》拜《ハイ》文《ブン》

謹《ツヽシミ》テ鎮《チン》宅《タク》七十二道《ダウ》ノ靈《レイ》符《フ》神《ジン》ヲ勸《クワン》請《シヤウ》シ奉《タテマ》ル、

次《ツギ》ニ笏《シヤク》ヲ取《ト》ル（或ハ扇子ヲ用フ、口傳ニ云左右左ト祓フ幣帛ヲ用ル者傳有リ傳ハ前扇ニ準シ）

北《ホク》面《メン》稽《ケイ》首《シユ》シ再《サイ》拜《ハイ》スル大《ダイ》皐《カウ》伏《フツ》羲《キ》太《タイ》皇《クワウ》、　兩段

北面稽首シ再拜スル周《シウノ》文《ブン》王《ワウ》昌《シヤウ》大《タイ》聖《セイ》、　兩段

北面稽首シ再拜スル周《シウ》公《コウ》旦《タン》大《タイ》聖《セイ》、　兩段

北面稽首シ再拜スル大《ダイ》聖《セイ》至《シ》聖《セイ》文《ブン》宣《セン》王《ワウ》、　兩段

北面稽首シ再拜スル漢《カンノ》孝《カウ》文《ブン》皇《クワウ》帝《テイ》、　兩段

北面稽首シ再拜スル漢《カンノ》劉《リウ》進《シン》平《ヘイ》先《セン》生《セイ》、　兩段

北面稽首シ再拜スル易《エキ》中《チウ》一切《サイ》ノ諸《シヨ》神《ジン》等《トウ》、　兩段

次《ツギ》ニ又《マタ》焼《セウ》香《カウ》（又手シテ胸ニ當テ供物ヲ加持ス）

黍《シン》稷《シヨク》ハ香《カンバ》シキニアラス、明《メイ》徳《トク》惟《コ》レ馨《カンバ》シ、沼《セウ》渚《シ》ノ草《クサ》、蘋《ヒン》蘩《ハン》ノ菜《サイ》ハ禮《レイ》奠《テン》薄《ウス》シト雖《イヘト》モ、志《コヽロサシ》ノ敦《トン》厚《カウ》ナルヲ以《モツ》テ昭《アキラ》カニ之《コレ》ヲ尚《ウ》饗《ケ》玉《タマ》ヘ（三反微聲ニテ心念ス）

次《ツキ》ニ正《シヤウ》念《ネン》誦《シユ》　四徳文

乾《ケン》元《ゲン》亨《カウ》利《リ》貞《テイ》　八十一反

次《ツキ》ニ八卦《クワ》文《ブン》

乾《ケン》兌《ダ》、離《リ》、震《シン》、巽《ソン》、坎《カン》、艮《ゴン》、坤《コン》　十一反唱フ

次《ツキ》ニ奉《ホウ》請《シヤウ》文《ブン》

招《セウ》請《シヤウ》シ奉《タテマ》ル救《キウ》苦《ク》天《テン》尊《ソン》太《タイ》乙《オツ》神《ジン》、抱《ハウ》卦《クワ》童《ドウ》子《ジ》、示《ジ》卦《クワ》童《ドウ》郎《ラウ》、六爻《カウ》神《シン》將《シヤウ》飛《ヒ》伏《フク》ノ二神《ジン》、世《セ》應《オウ》ノ兩《リヤウ》將《シヤウ》ハ皆《ミナ》北《ホク》斗《ト》北《ホク》辰《シン》ノ前《ゼン》ニ在《ア》リ、　七反唱フ

次《ツキ》ニ祭《サイ》文《ブン》

于《コヽ》茲《コ》ニ七十二道《ダウ》ノ靈《レイ》符《フ》神《ジン》ハ、身《シン》上《シヤウ》ニ具《グ》足《ソク》シ（某氏名）守《シユ》護《ゴ》シ賜《タマ》ヘ、夫《ソ》

レ神《カミ》ハ萬《バン》物《ブツ》ニ妙《タヘ》ニシテ變《ヘン》化《クワ》ニ通《ツウ》スル者《モノ》ナリ、天《テン》道《ダウ》ヲ立《タ》テ是《コレ》ヲ陰《イン》陽《ヤウ》ト謂《イ》フ、地《チ》道《ダウ》ヲ立《タテ》テ是《コレ》ヲ柔《ジウ》剛《ガウ》ト謂《イ》ヒ、人《ジン》道《ダウ》ヲ立《タ》テ是《コレ》ヲ仁《ジン》義《ギ》ト謂《イ》フ、三才《サイ》ヲ兼《カネ》テ之《コレ》ヲ兩《フタツ》ニス、故《ユヘ》ニ六畫《クワ》卦《クワ》ヲ成《ナ》シ、天《テン》地《チ》位《クラ井》ヲ定《サダ》メ山《サン》澤《タク》氣《キ》ヲ通《ツウ》ジ、雷《ライ》風《フウ》相《アヒ》薄《セマ》リ水《スイ》火《クワ》ハ相《アヒ》射《ウ》ツ、八卦《クワ》相《アヒ》錯《マジハリ》テ往《ユク》ヲ推《ヲ》シ來《キタ》ルヲ知《シ》ル者《モノ》ハ神《シン》ナリ、乾《ケン》ヲ奎《ケイ》ト曰《イ》ヒ、坎《カン》ヲ虛《キヨ》ト曰《イ》ヒ、艮《ゴン》ヲ斗《ト》ト曰ヒ、震《シン》ヲ房《バウ》ト曰フ、巽《ソン》ヲ角《カク》ト曰《イ》ヒ、離《リ》ヲ星《セイ》ト曰《イ》ヒ、坤《コン》ヲ井《セ井》ト曰《イ》ヒ、兌《ダ》ヲ昴《バウ》ト曰《イ》フ、天《テン》地《チ》吉《キチ》凶《ケフ》ハ神《シン》ニアラスンハ知《シ》ルコト無《ナ》シ、故《ユヘ》ニ八珍《チン》八財《ザイ》八菓《クワ》、珍《チン》華《クワ》異《イ》香《カウ》美《ビ》酒《シユ》甘《カン》肴《カウ》ヲ備《ソナヘ》テ禴《ヤク》祭《サイ》ヲ陳《ノ》フ、仰冀《アフギネカハ》クハ今《コン》日《ニチ》ノ祈《キ》主《シユ》（某甲名姓）ノ福《フク》壽《シユ》增《ゾウ》長《チヤウ》シ除《ジヨ》災《サイ》與《ヨ》樂《ラク》シ、心《シン》中《チウ》ノ善《ゼン》願《クワン》ヲ決《ケツ》定《ヂヤウ》成《シヤウ》就《ジユ》シ、決《ケツ》定《チヤウ》圓《エン》滿《マン》セシメ玉《タマ》へ、　三反唱フ

次《ツキ》ニ六十四卦《クワ》ノ名《ナ》　七反

乾《ケン》、姤《コウ》、遯《トン》、否《ヒ》、觀《クワン》、剝《ハク》、晉《シン》、大《タイ》有《イウ》、水《スイ》、節《セツ》、屯《チユン》、既《キ》濟《セイ》、革《カク》、豐《ホウ》、明《ミン》夷《イ》、師《シ》、山《サン》、賁《ヒ》、大《タイ》畜《チク》、損《ソン》、睽《ケイ》、履《リ》

中《チウ》孚《フ》、漸《ゼン》、雷《ライ》豫《ヨ》、解《カイ》、恆《ゴウ》、升《シヤウ》、井《セヰ》、大《タイ》過《クワ》、隨《ズイ》、風《フウ》、小《セウ》畜《チク》、家《カ》人《ジン》、益《エキ》、無《ム》妄《バウ》、噬《ゼイ》嗑《ガウ》、頤《イ》、蠱《コ》、火《クワ》旅《リヨ》、鼎《テイ》、未《ビ》濟《セイ》、蒙《モウ》、渙《クワン》、訟《セウ》、同《ドウ》人《ジン》、地《チ》、復《フク》、臨《リン》、泰《タイ》、大《タイ》壯《ソウ》、夬《クワイ》、需《ジユ》、比《ヒ》、澤《タク》、困《コン》、萃《スイ》、咸《カン》、蹇《ケン》、謙《ケン》、小《セウ》過《クワ》、歸《キ》妹《マイ》（已上）

次《ツキ》ニ二十八宿《シユク》名《メイ》　七反

角《カク》、亢《カウ》、氐《テイ》、房《バウ》、心《シン》、尾《ビ》、箕《キ》（東方）斗《ト》、牛《ギウ》、女《ジヨ》、虛《キヨ》、危《キ》、室《シツ》、壁《ヘキ》（北方）奎《ケイ》、婁《ル》、胃《イ》、昴《バウ》、畢《ヒツ》、觜《シ》、參《シン》、（西方）井《セイ》、鬼《キ》、柳《リウ》、星《セイ》、張《チヤウ》、翼《ヨク》、軫《シン》（南方）

次《ツキ》ニ

善《ゼン》星《セイ》皆《カイ》來《ライ》、惡《アク》星《セイ》退《タイ》散《サン》、　百反唱フ

次《ツキ》ニ

上《シヤウ》眞《シン》垂《スイ》祐《ユウ》（某姓名申）災《サイ》害《ガイ》不《ゼス》レ生《シヤウ》、福《フク》壽《ジユ》增《ゾウ》延《エン》、子《シ》孫《ソン》榮《エイ》顯《ケン》田《デン》蠶《サン》倍《バイ》盛《セイ》、六畜《チク》興《コウ》生《シヤウ》掃《ソウ》ニ除《ジヨシ》精《セイ》怪《クワイヲ》。蕩《トウ》ニ滅《メツシ》妖《ヨウ》氣《キヲ》ニ、靈《レイ》符《フ》秘《ヒ》妙《メウ》、永《ナガク》鎭《シヅマリ》ニ門《モン》庭《テイニ》ニ、此《コノ》符《フ》靈《レイ》驗《ケン》、來《ライ》歷《レキ》甚《ハナハタ》多《オホク》、述《ノベテ》レ之《コレヲ》難《ガタク》レ盡《ツクシ》、（八十一反カ或ハ三反唱フ、）

次《ツギ》ニ

乾《ケン》元《ケン》亨《カウ》利《リ》貞《テイ》（八反口傳ニ云ク）黙《モク》然《ネン》トシテ坐《ザ》シ齒《ハ》ヲ鳴《ナラ》スコト三度《ド》スヘシ、

次《ツギ》ニ

大《オホイナル》哉《カナ》乾《ケンナル》乎《カナ》、剛《ガウ》健《ケン》中《チウ》正《セイニシテ》純《シユン》粋《スイノ》精《セイ》也《ナリ》、六爻《カウ》發《ハツ》揮《キシテ》旁《ハウ》通《ツウノ》情《シヤウ》也《ナリ》、于《トキ》時《ニ》六龍《リクリウニ》乗《シヨウシテ》目《モツテ》御《キヨス》レ天《テンヲ》雲《クモ》行《ユキ》雨《アメ》施《ホトコシテ》天《テン》下《カ》平《タイラカナリ》　八反

次《ツギ》ニ送《ソウ》神《シン》文《ブン》

一心《シンニ》奉《ホウ》送《ゾウシ》上《タテマツル》、所《シヨ》請《シヤウノ》一切《サイノ》尊《ソン》神《ジン》、一切《サイノ》靈《レイ》等《トウ》各《オノ/\》還《カヘリタマヘ》二本《ホン》宮《ギウニ》一、向《キヤウ》後《コウ》奉《ホウ》レ請《シヤウス》即《スナハチ》不《ズ》レ捨《スナ》二慈《ジ》悲《ヒヲ》一、急《スミヤカニ》須《スヘカラク》垂《タレタマヘ》二光《クワウ》降《カウヲ》一、（三反唱へ）

次《ツギ》ニ床《シヤウ》下《カ》ニテ一揖《イ》シテ退《タイ》出《シユツ》シ再《サイ》拜《ハイ》シテ去《サ》ル（以上儒法ニ用ヒル修法ノ次第ナリ）

供《ク》物《ブツ》次《シ》第《ダイ》

正月　鏡《カヾミ》、　二月　粟《アハ》飯《メシ》、　三月　草《ヨモギ》餅《モチ》、　四月　大《ダイ》麥《ハク》飯《ハン》

五月　粽《チマ》子《キ》、　六月　小《コ》麥《ムギ》飯《メシ》、　七月　圓《マロキ》物《モノ》、　八月　粟《アハ》飯《メシ》

九月芋《イモ》飯《メシ》、　十月豆《トウ》腐《フ》、　十一月小豆《アヅキ》飯《メシ》、　十二月黑《クロ》豆《マメ》飯《メシ》
若《モ》シ幣《ヘイ》帛《ハク》ヲ神《シン》体《タイ》ト爲《ナ》スハ、五段《ダン》切《キリ》ニテ串《クシ》寸《スン》法《ハフ》有《ア》リ、口《ク》傳《デン》ニ云ク、此幣帛ノ串《クシ》臺《タイ》ノ寸法ハ、後《コ》項《カウ》ニ戴《ノ》スル處ヲ用フヘシ

我《ワガ》國《クニ》神《シン》道《ダウ》ノ修《シユ》法《ハフ》私《シ》記《キ》

先《マ》ツ沐《モク》浴《ヨク》淨《シヤウ》衣《エ》ヲ着《チヤク》ス、　入《ニウ》壇《ダン》シ　　立《タチ》乍《ナガ》ラ再《サイ》拜《ハイ》文《ブン》ニ曰《イハ》ク
一鏡《キヤウ》一見《ケン》　六《ロク》根《コン》淸《シヤウ》淨《〴〵》
次ニ著《チヤク》座《ザシ》揖《イ》問《モン》　志ノ願文ヲ認メ之ヲ壇上ニ置ク
次ニ手《テ》ヲ胸《ムネ》ニ當《アテ》テ、勸《クワン》請《シヤウ》文《ブン》ニ曰《イハ》ク、
一心《シン》奉請《ホウシヤウス》北《ホク》辰《シン》妙《メウ》見《ケン》、眞《シン》武《ブ》神《シン》仙《セン》、韓《カン》檀《タン》關《クワン》公《コウ》、
劉《リウ》進《シン》平《ヘイ》先《セン》生《セイ》、漢《カンノ》孝《カウ》文《ブン》皇《クワウ》帝《テイ》、靈《レイ》符《フ》七十二神《ジン》、急《キウ》急《〳〵》如《ニヨ》律《リツ》令《レイ》、　三反

次ニ供物《クブツ》加持《カジ》　普印（印圖ハ後ニ掲ク）

黍稷《シヨシヨク》ハ香《カン》バシキニアラズ、明徳《メイトク》ハ惟馨《コレカウバ》シ、沼沚《セウシ》ノ草《クサ》蘋《ヒン》蘩《ハン》ノ菜《サイ》ハ禮奠《レイテン》薄《ウス》シト雖《イヘド》モ、志《コヽロザシ》ノ敦厚《トンカウ》ナルヲ以《モツ》テ昭《アキラ》カニ之《コレ》ヲ尙享《ウケ》玉《タマ》ヘ、

次ニ御酒《ミキ》加持《カジ》（御酒器ヲ八葉印中ニ捧ク印圖ハ同上）

此《シ》酒《シユ》妙《メウ》味《ミ》、遍《ヘン》滿《マン》虛《コ》空《クウ》、祭《サイ》諸《シヨ》神《シン》等《トウ》、祭《サイ》諸《シヨ》靈《レイ》等《トウ》、天《テン》福《フク》皆《カイ》來《ライ》、地《チ》福《フク》圓《エン》滿《マン》。（三反、或ハ此文ハ諸神ニ通ス、總テ微聲ニテ唱フ、以上以下モ之ニ傚ヘ）

次ニ拍掌《テウツ》　二回

大哉乾乎《オホヒナルカナケンナルカナ》乾《ケン》元《ゲン》亨《カウ》利《リ》貞《テイ》（齒打八反、前註ニ同シ齒ヲカチ〳〵ト鳴ス、）

次ニ正念誦《シヤウネンジユ》　四德ノ文

乾《ケン》。元《ゲン》。亨《カウ》。利《リ》。貞《テイ》　百二十反

次ニ取《トル》幣《ヘイヲ》（或ハ笏、或ハ扇子ヲ用フ、口傳ハ前ニ解説セシ如ク扱フヘシ）

心《シン》上《シヤウ》護《ゴ》神《シン》、三《サン》元《ゲン》加《カ》持《ジ》、胸《ケフ》霧《ム》自《ジ》消《セウ》、心《シン》月《ケツ》澄《チヤウ》明《メイ》、大《ダイ》願《クワン》成《ジヤウ》就《ジユ》、上《シヤウ》天《テン》妙《メウ》果《クワ》（三反）

次ニ取《ル》ニ念珠一《ヲ》（念珠ヲ造ラハ木槵ノ木ヲ以テ之ヲ作ル　其數ハ一百二十ナリ、）

上《シヤウ》眞《シン》垂《スイ》祐《ユウ》、災《サイ》害《ガイ》不《ズ》レ生《セウセ》、福《フク》壽《ジユ》增《ゾウ》延《エン》、子《シ》孫《ソン》榮《エイ》顯《ケン》、田《デン》蠶《サン》倍《バイ》盛《セイ》、六畜《チク》興《コウ》生《セウ》、掃《ソウ》ニ除《ジヨシ》精《セイ》怪《クワイナ》一、蕩《トウ》ニ滅《メツシ》妖《ヨウ》氣《キチ》一、靈《レイ》符《フ》秘《ヒ》妙《メウ》、永《ナガク》鎭《チンス》ニ門《モン》庭《ナイニ》一、此《コノ》符《フ》靈《レイ》驗《ケン》、來《ライ》歷《レキ》甚《ハナハタ》多《オホシ》、述《ノベテ》レ之《コレヲ》難《ガタシ》レ盡《ツクシ》（祭日ハ八十一反 常日ハ八反）

次ニ普通印【印圖後ニ出ス】

行《カウ》年《ネン》護《ゴ》神《シン》、三元《ゲン》加《カ》持《ジ》、一切《サイ》星《セイ》宿《シユク》、養《ヤシナヒ》レ我《ワレヲ》護《マモル》レ我《ワレヲ》、年《ネン》月《ゲツ》日《ニチ》時《ジ》、災《サイ》禍《クワ》消《セウ》除《ジヨ》、

次ニ拍《テヲ》掌《ウチ》畢《オハリ》テ乞《コツ》喈《カイ》印《イン》ニテ口傳、此印ハ彈指ヲ云、解ハ後ニ揭ク、

上《シヤウ》來《ライ》諷《フウ》誦《ジユ》、所《トコロノ》レ集《アツムル》功《ク》德《ドクハ》、上《ジヤウ》界《カイノ》天《テン》人《ジン》、下《ゲ》界《カイ》諸《シヨ》神《ジン》、扶《フ》桑《ソウ》國《コク》內《ナイ》、王《ワウ》城《ジヤウ》鎭《チン》守《ジユ》、八大《タイ》金《コン》剛《ガウ》、（各々某甲）守《シユ》護《コシタマヘ》　一反心念スヘシ

次ニ乾《ケン》元《ゲン》亨《カウ》利《リ》貞《テイ》八反默《モク》念《ネンヂシテ》坐《ザ》ス

次ニ下《ゲ》座《ザ》シ再《サイ》拜《ハイ》シテ去《サ》ル（以上ハ我國神道者多ク多良家ノ傳ナリト云）

唐《トウ》式《シキ》鎮《チン》宅《タク》祭《サイ》祀《シ》次《シ》第《ダイ》

先《マツ》劉《リウ》進《シン》平《ヘイガ》傳《ナンヂ》謹《キン》疏《ソシ》百拜《ハイシ》上《シヤウ》獻《ケンス》

昊《カウ》天《テン》金《キン》闕《ケツ》玉《キヨク》皇《クワウ》太《ダイ》帝《テイ》　一拜

星《セイ》主《シユ》北《ホク》極《キヨク》紫《シ》微《ビ》太《ダイ》帝《テイ》　一拜

周《シウ》天《テン》三百六十纏《テン》度《ド》星《セイ》君《クン》　一拜

太《ダイ》歳《サイ》至《シ》德《トク》尊《ソン》神《ジン》　一拜

今七十二星《セイ》神《ジン》恭《キヤウ》望《バウ》星《セイ》茲《コヽニ》附《フ》垂《スイ》、長《チヤウ》跪《キ》坐《ザシテ》讀《ヨム》、

太《タイ》陰《イン》化《クワ》生《セイ》、水《スイ》位《ヰ》之《ノ》精《セイ》、虛《キヨ》危《ギ》上《ジヤウ》應《オウ》、龜《キ》蛇《ジヤ》合《カフ》形《ゲフ》、周《シウ》行《カウス》六《リク》合《カウヲ》、威《イ》接《セツス》萬《ハン》靈《レイニ》、無《ナシ》幽《ユウヲ》不《サル》祭《サツセ》無《ナシ》願《ネカヒハル》不成《ナラザ》劫《ゴウ》終《シウ》劫《ゴウ》始《シ》、剪《セン》伐《バツシ》魔《マ》精《セイヲ》、救《キウ》護《ゴシ》群《グン》品《ヒンヲ》、家《カ》國《コク》咸《ミナ》寧《ヤスシ》、數《スウ》終《シウ》未《ビ》申《シン》、妖《ヨウ》氣《キ》流《リウ》行《カウ》、上《シヤウ》帝《テイ》有《アリ》勅《チヨク》、吾《ゴ》固《コ》降《カウ》靈《レイ》、戰《セン》揚《ヤウス》正《シヤウ》法《ハフヲ》蕩《トウ》邪《ジヤ》譬《ヒ》兵《ヘイ》、化《クワ》育《イクシ》黎《レイ》兆《テウヲ》、協《ケフ》贊《サンス》中《チウ》興《コウヲ》、敢《アヘテ》有《アリ》小《セウ》鬼《キ》、欲《ヨク》來《ライ》見《ミル》形《ケイヲ》、五《ゴ》日《シツ》一《イツ》視《シ》、五《ゴ》嶽《ガク》摧《サイ》傾《ケイ》、喼《キウ》急《く》如《ニヨ》律《リツ》令《レイ》、奉《ブ》導《ダウ》誓《セイ》

願《クワン》、何《ナンソ》不《ザル》成《シヤウ》就《ジユ》乎《セカ》、　合掌ス

次ニ乾《ケン》元《ゲン》亨《カウ》利《リ》貞《テイ》　八唱　默《モク》然《ネンス》

此《コノ》外《ホカ》ハ前《セン》法《ハフ》ノ如《ゴト》クニテ異《コトナ》ルコト無《ナ》シ、（前儒家ノ法ヲ参看シ修スヘシ）此《コノ》道《ミチ》ニ通《ツウ》シタル人《ヒト》ヲ師《シ》ト爲《ナ》シ其《ソノ》相《ソウ》傳《テン》ヲ受《ウク》ルモ可《カ》ナリ、

我《ワカ》國《クニ》佛《ブツ》家《ケ》習《シフ》合《カフ》ノ修《シユ》法《ハフ》次《シ》第《ダイ》

先《マ》ツ入《ニフ》壇《ダン》シテ南《ナン》方《ハウ》ヨリ向《ムカヒ》テ再《サイ》拜《ハイ》文《ブン》ニ曰《イハ》ク

唵《オン》サルハタタギヤタ、ハンナマンナノーキヤロミ　三反三禮ス

次《ツキ》ニ著《チヤク》座《ザ》シテ志《シ》願《クワン》書《シヨ》ヲ壇《ダン》上《シヤウ》ニ置《オ》キ、兩《リヤウ》手《テ》ヲ胸《ムネ》ニ當《ア》テ勸《クワン》請《シヤウ》ス、

一心《シン》ニ請《セウ》シ奉《タテマツ》ル北《ホク》辰《シン》妙《メウ》見《ケン》等《トウ》ノ文《ブン》　前ニ掲ルト同シ

次ニ供《ク》物《ブツ》加《カ》持《ジ》

黍《シヨ》稷《シヨク》ハ香《カンバ》シキニアラス、明《メイ》徳《トク》ハ惟《コレ》馨《カンバ》シ等《トウ》ノ文《ブン》、前ニ掲ル文ノ如シ、

次ニ御《ミ》酒《キ》加《カ》持《ジ》

此《コノ》酒《シユ》妙《メウ》味《ミ》、遍《ヘン》満《マン》虚《コ》空《クウ》等《トウ》ノ文《ブン》、是亦前ニ掲ルト准シ、

次《ツキ》ニ拍《ハク》掌《シヤウ》

四徳《トク》文《ブン》ハ口傳、文《ブン》ハ、前ニ掲ルガ如シ、

次ニ正《シヤウ》念《ネン》誦《ジユ》 百二十反

次ニ取《トル》レ𥿻《シヤクヂ》 心《シン》上《ジヤウ》護《ゴ》神《シン》等《トウ》ノ文《ブン》ハ、是亦前ノ如シ、

次ニ取《トル》ニ念《ネン》珠《シユヂ》一

上《シヤウ》眞《シン》垂《スイ》祐《ユウ》（某甲姓名）災《サイ》害《ガイ》不《ズ》レ生《セウセ》等《トウ》ノ文《ブン》（前ニ掲ル處ト同文ナリ、八十一反）

次ニ妙《メウ》見《ケン》菩《ボ》薩《サツ》ノ呪《ジユ》、（呪ハ師ニ就テ習フヘシ、口傳、二十一反後ニ此呪文ヲ載ス）

白《ハク》衣《エ》觀《クワン》音《オン》ノ呪《ジユ》（前同断二十一反）【呪ハ前ニ同シ】

十一面《メン》觀《クワン》音《オン》ノ呪《ジユ》（前同断二十一反）（同上古書ハ呪文ヲ皆口傳トシテ、總テ呪文ヲ載セス、故ニ後ニ示ス）

消《セウ》災《サイ》陀《ダ》羅《ラ》尼《ニ》　百反或ハ七卷（經書肆ニアリ就テ見ルヘシ）

次ニ　普印ニテ

行《カウ》年《ネン》護《ゴ》神《シン》等《トウ》ノ文《ブン》ハ、前ニ己ニ掲ル處ト准シ、

拍《ハク》掌《シヤウ》シテ、上《ジヤウ》來《ライ》諷《フウ》誦《ジユ》所集《トコロノアツムル》功德《クトク》等《トウ》ノ文《ブン》、前己ニ載ス、

次ニ乾《ケン》元《ゲン》亨《カウ》利《リ》貞《テイ》八反默《モク》念《ネン》シテ座《ザ》ス何《イツ》レモ前法ノ如シ、

次ニ退《タイ》出《シユツ》再《サイ》拜《ハイ》ス

毎《マイ》日《ジツ》ノ勤《ゴン》行《キヤウ》極《ゴク》畧《リヤク》法《ハフ》

神《シン》前《ゼン》ニ至《イタ》リ先《マ》ヅ再《サイ》拜《ハイ》シ、靈《レイ》符《フ》七十二神《ジン》喼《キウ》急く如《ニヨ》律《リツ》令《レイ》、三度

次《ツギ》ニ兩《リヤウ》手《テ》ヲ胸《ムネ》ニ當《アテ》テ（某甲姓名）觀《クワン》ズベシ（六反、口傳有リトハ、瞑目シテ觀スルチ云・）

次ニ法《ハフ》末《マツ》燒香ス（其具ハ習ヒ有リ故ニ口傳ト云・別法在ルモ常ニ用ヒサレハ畧ス）

次ニ黍稷《シヨシヨク》ハ香《カン》ハシキニアラス等《トウ》ノ文《ブン》、　三反ヲ唱フ、

次ニ兩手《リヤウチ》叉手《サシユ》シテ、

夫《ソ》レ神《カミ》ハ萬物《バンブツ》ニ妙《メウ》ニシテ、變化《ヘンクワ》ニ通《ツウ》スル等《トウ》ノ文《ブン》、　前ニ掲ルカ如シ、

次ニ乾元亨利貞《ケンゲンカウリテイ》ノ文《ブン》（千反チヽフ或ハ百反）

次ニ上眞垂祐《シヤウシンスイユウ》等《トウ》ノ文《ブン》（二十一反、或ハ八十一反）

次ニ大哉乾乎《オホイナルカナヤケンカ》、剛健中正《カウケンチウシヤウ》、純粹精也《ハジユンスイノセイナリ》、六爻發揮旁通情也《カウハツキシテアマネクツウスルシヤウニナリ》、時乘《トキニジヤウジ》ニ

六龍《リクリウ》ニ以《モツテ》御天也《キヨステンチナリ》、雲行《クモユキ》雨施《アメホドコシテン》、天下平也《カタヒラカナリ》。

心上護神《シンジヤウゴシン》等《トウ》ノ文《ブン》ヲ唱《トナヘ》テ、默然座《モクネンザ》シテ退出《タイシユツ》スルニ再拜《サイハイ》シテ去《サ》ル、

以上平常《イジヤウフダン》ノ畧修法了《リヤクシフハフオハ》ル、

十二種《シユ》ノ大法《タイハフ》

鎭法所用《チンハフシヨヨウ》ノ大法《タイハフ》ニ種々《シユ〴〵》有《ア》リ、梗要左《アラマシサ》ノ如《ゴト》シ、

第一除《ニノゾク》疫《エキ》病《ヒヤウヲ》法《ハフ》、第二長《ニチヤウ》壽《ジユ》無《ム》病《ヒヤウノ》法《ハフ》、第三護《ニゴ》持《ジノ》國《コク》王《ワウヲ》法《ハフ》

第四除《ニノゾク》宿《シユク》曜《エウヲ》法、第五除《ニノゾク》人《ジン》疫《エキヲ》法、第六除《ニノゾク》畜《チク》疫《エキヲ》法、

第七除《ニノゾク》頭《トウ》病《ヒヤウヲ》法、第八除《ニノゾク》鬼《キ》魅《マイヲ》法、第九除《ニノゾク》虎《コ》病《ヒヤウヲ》法、

第十除《ニ》嬰《エイ》魅《マイヲ》法、第十一除《ニノゾク》劫《コウ》賊《ゾクヲ》法、第十二除《ニノゾク》苗《ベウ》稼《カ》法《ハフ》、

註《チウ》ニ云《イハク》、第《ダイ》一二三ノ法《ハフ》ハ文《モン》字《ジ》ノ如《ゴト》ク、○第《ダイ》四宿《シユク》曜《エウ》ヲ除《ノゾ》クトハ各《カク》人《ジン》ノ運《ウン》命《メイ》カ歳《トシ》々《く》ニ惡《アク》宿《シユク》曜《エウ》星《セイ》ノ尅《コク》煞《サツ》ニ遇《アヘ》ハ、災《サイ》病《ヒヤウ》、損《ソン》耗《カウ》等《トウ》在《ア》ル故《ユエ》、其《ソノ》凶《ケフ》ヲ除《ノゾ》ク法《ハフ》、○亦《マタ》第《ダイ》一第《ダイ》五第九ノ疫《エキ》病《ヒヤウ》ニ種《イロ》々《く》感《カン》染《セン》病《ヒヤウ》ヲ除《ノゾ》ク法《ハフ》、ペスト、虎《コ》烈《レ》刺《ラ》、チフス等《トウ》ノ惡《アク》疫《エキ》ヲ云《イフ》、○第十ノ嬰《エイ》魅《マイ》ハ小《セウ》兒《ニ》ニツキモノ、類《タクヰ》ヲ除《ノゾク》ヲ云《イフ》、○第十二ニ苗《ヘウ》稼《カ》トハ田《デン》畑《ハク》ノ蟲《チウ》害《ガイ》等《トウ》ニテ、減《ゲン》收《シフ》ノ虞《ヲソレ》ヲ防《フセキ》除《ノゾ》ク類《タクヰ》ヲ云《イフ》、○其《ソノ》他《タ》ハ題《ダイ》名《メイ》ニテ解《カイ》シ易《ヤス》キヲ以《モツ》テ贅《ゼイ》辨《ヘン》セス、

守札《マモリフダ》ニ十三種《シユ》ノ特功《トクコウ》

凡《オヨ》ソ毎朝《マイテフ》靈符《レイフ》ヲ祀《マツ》リ、北方ニ向《ムカ》テ之《コレ》ヲ修《シユ》スル時《トキ》ハ、心中《シンチウ》ノ善願《ゼンクワン》ハ一モ成就《ジヤウジユ》セスト云《イフ》コト無《ナ》シ、其《ソノ》特《トク》功《コウ》徳《トク》ヲ擧《アゲ》レハ左《サ》ノ如《ゴト》シ、

第一被《ニカムル》貴《キ》人《ジンノ》恩《オン》徳《トクヲ》、第二衆《ニシウ》人《ジン》愛《アイ》敬《キヤウノトク》徳、第三壽《ニジユ》福《フク》增《ゾウ》長《チヤウノトク》徳、
第四怨《ニオン》敵《テキ》退《タイ》散《サンノトク》徳、第五子《ニシ》孫《ソン》榮《エイ》顯《ケンノトク》徳、第六田《デン》蠶《サン》倍《バイ》盛《セイノトク》徳、
第七六《ニリク》畜《チク》興《コウ》生《セイノトク》徳、第八掃《ニソウ》除《ジヨノ》精《セイ》恠《クワイノトク》徳。第九蕩《ニトウ》滅《メツノ》妖《ヨウ》氣《キノ》徳。
第十得《ニウル》物《モノヽ》通《ツウ》用《ヨウノ》徳、第十一火《クワ》災《サイニ》不《ザル》合《アハノトク》徳、第十二賣《ニハイ》買《ハイ》有《アル》利《リノ》徳、
第十三所《シヨ》望《バウ》成《シヤウ》就《シユノトク》徳。

爰《コヽ》ニ七十二符《フ》中《チウ》ノ十三種《シユ》ヲ掲《ケイ》載《サイ》スト雖《イヘト》モ、此《コノ》他《タ》符《フ》ノ靈《レイ》驗《ケン》擧《アゲ》テ計《カゾ》フヘカラス、行《ギヤウ》者《シヤ》ノ信《シン》力《リヨク》ニ依《ヨツ》テ、實《ジツ》ニ其《ソノ》驗《ケン》之《コレ》ヲ叙《ジヨ》述《シユツ》盡《ツク》シ難《カタ》シ、若《モ》シ傳《デン》受《ジユ》ノ已《イ》後《ゴ》ニ懈《ケ》怠《ダイ》ニ不《フ》信《シン》仰《カウ》者《ジヤ》ハ、壽《ジユ》福《フク》ノ減《ゲン》少《セウ》スル

コト恰《アタカ》モ旭日《キヨクジツ》ニ霜雪《ソウセツ》ノ消滅《セウメツ》ノ如《ゴト》シト警戒《ケイカイ》シアリ、

守札《シユサツ》ヲ調《トヽナ》フ時《トキ》ニ用《モチ》フル日取《ヒトリ》、

附　毎月降臨日

凡ソ七十二靈符《レイフ》ヲ造《ツク》ルニ加持《カジ》スル吉日《キチジツ》ハ左《サ》ノ如《ゴト》シ、

甲子、乙亥、戊寅、己未、壬子、

甲寅、丙午、戊辰、己酉、壬寅、

甲辰、丙辰、戊午、己亥、壬午、

甲午、丁酉、戊申、庚寅、

甲戌、戊子、己巳、

前記《ゼンキ》ノ日《ヒ》ニ符《フ》守《マモリ》等《トウ》ヲ造《ツク》ルニ吉日《キチジツ》トシ、又亥卯酉日ハ大吉《タイキチ》トス、此等《コレラ》ノ日《ヒ》取《トリ》モ是亦《コレマタ》傳受《デンジユ》ノ一法《ハフ》ナリ、又符守《フシユ》ヲ認《シタヽメ》ル水ニ九水ヲ用《モチヒ》ルニ品々《シナ〲》在《ア》リ、知《シ》ル人ニ就《ツキ》テ習《ナラ》フヘシ、九種《シユ》ノ水《ミズ》中《チウ》ニ瀧水《タキミツ》ト云《イフ》在《ア》リ、五瓶《ヘイ》ノ水ヲ云《イフ》、一切《サイ》愛《アイ》敬《ケフ》等《トウ》ノ符《フ》守《シユ》ヲ調《トヽナフ》ル時《トキ》ニ用《モチフ》ル水ナリ、之《コレ》ニ依《ヨツ》テ毎《マイ》朝《テフ》ノ元《ハツ》水《ミツ》ヲ取《トリ》テ、北《ホク》辰《シン》ニ供《キヨウ》シテ其《ソノ》日《ヒ》ノ所《シヨ》用《ヨウ》ヲ爲《ナ》スヘシ、（九種水ノコトハ習ヒ有ルモ、普通ノ事ハ初水ヲ用フヘシ）

毎《マイ》月《ゲツ》降《カウ》臨《リン》日《ヒ》ハ左《サ》ノ如《ゴト》シ

正月初七日、　二月初八日、　三月初三日、　四月初四日、
五月初五日、　六月初七日、　七月初七日、　八月十五日、
九月初九日、　十月廿一日、　十一月初七日、　十二月廿七日、

凡《オヨ》ソ神《シン》佛《フツ》ヲ信《シン》念《ネン》スレハ、時《トキ》ヲ撰《エラ》マス來《ライ》降《カウ》成《ナ》シ玉《タマ》フモノナリ、殊《コト》ニ毎《マイ》月《ケツ》前《セン》記《キ》ノ日《ヒ》ニ御《ゴ》降《カウ》臨《リン》ノ定《テイ》日《ジツ》ト爲《ナ》シ、古《コ》來《ライ》祭《サイ》祀《シ》日《ヒ》ト爲《ナ》ス故《ユヘ》、玆《コヽ》ニ附《フ》記《キ》シ參《サン》看《カン》ニ供《キヨウ》ス。

但《タヾ》シ此《コノ》降《カウ》臨《リン》日《ヒ》ハ、何《ナニ》ノ心《シン》願《クワン》ノ修《シウ》法《ハフ》ニ用《モチ》フルモ差《サシ》支《ツカヘ》無《ナ》シ、前《ゼン》記《キ》ノ日《ヒ》ハ別《ベツ》シテ沐《モク》浴《ヨク》淨《シヤウ》衣《エ》シ、特《トク》ニ壇《タン》上《シヤウ》ヲ淸《キヨ》メテ、逮《タイ》夜《ヤ》ヨリ明《メイ》

日《シツ》ニ至《イタ》ル、慇懃《インギン》ニ相勤《アヒツト》ムヘシ、供物《クブツ》、香花《カウクワ》、燈明《トウメウ》等《トウ》ハ前《ゼン》ノ如《ゴト》シ。

神《シン》道《ダウ》式《シキ》ノ次《シ》第《ダイ》

某家秘法ヲ載ス

既《スデ》ニ神道《シンダウ》ノ法式《ハフシキ》ハ前《セン》ニ掲《カヽケ》タルモ、此《コノ》修法《シユハフ》ハ某氏《ナニカシシ》カ特《トク》ニ秘法《ヒハフ》ト為《ナ》シ藏《カク》ス而《シカ》ルニ幸《サイハイ》ニ之《コレ》ヲ得《エ》タルヲ以《モツ》テ茲《コヽ》ニ參照《サンセウ》ノ為《タメ》ニ提供《テイキヨウ》ス、其《ソノ》符神《フジン》ヲ祭祀《サイシ》スル壇上《ダンジヤウ》ハ概《オホム》ネ准《ヒト》シト雖《イヘト》モ祝詞《ノリト》ニ至《イタリ》テハ大《オホイ》ニ異《コトナ》ルヲ以《モツ》テ茲《コヽ》ニ載《ノス》ル所以《ユエン》ナリ、

天《アツ》津《ツ》祝詞《ノリト》

高《タカ》天《マガ》原《ハラ》爾《ニ》神《カミ》留坐《トヾマリマス》須。神《カム》魯《ロ》岐《ギ》神《カム》魯《ロ》美《ミ》乃《ノ》命《ミコト》以《モチ》氐《テ》。皇《スメ》御《ミ》祖《オヤ》神《カム》、伊《イ》邪《ザ》那《ナ》岐《ギノ》命《ミコト》。筑紫《ツクシ》乃《ノ》日《ヒ》向《ムガ》能《ノ》橘《タチハナ》乃《ノ》小《ヲ》戸《ド》の《ノ》阿《ア》波《ハ》岐《キ》原《ハラ》爾《ニ》。御《ミ》禊《ソギ》祓《ハラ》比《ヒ》給《タマ》布《フ》時《トキ》爾《ニ》。生《アレ》坐《マセ》留《ル》祓《ハラ》戸《ヒド》乃《ノ》大《オホ》神《カミ》等《タチ》。諸《モロ〳〵》乃《ノ》枉《マガ》事《コト》罪《ツミ》穢《ケガレ》乎《ヲ》。拂《ハラ》比《ヒ》賜《タマ》幣《ヘ》清《キヨ》米《メ》賜《タマ》閉《ヘ》登《ト》。申《マヲ》須《ス》事《コト》能《ノ》由《ヨシ》乎《ヲ》。天《ア》津《マツ》神《カミ》國《クニ》津《ツ》神《カミ》。八《ヤ》百《ホ》萬《ヨロヅ》乃《ノ》神《カミ》等《タチ》共《トモ》爾《ニ》。天《アメ》之《ノ》斑《フチ》馬《コマ》能《ノ》耳《ミヽ》振《フリ》立《タテ》氐《テ》聞《キコシ》食《メ》世《セ》登《ト》。恐《カシコ》美《ミ》恐《カシコ》美《ミ》毛　白《マヲ》須《ス》神《カミ》言《コト》。

高《タカ》天《マノ》原《ハラ》爾《ニ》神留坐《カミトヾマリマシマス》。皇《スメラ》親《カムツ》神漏岐《カムロギ》神漏美《カムロミ》乃《ノ》命《ミコト》以《モチ》氐《テ》。八《ヤ》百《ホ》萬神《ヨロヅノカミ》等《タチ》乎《ヲ》。神《カム》集《ツドヘ》集《ツドヘ》賜《タマ》比《ヒ》。神《カム》議《ハカリ》々《ハカリ》賜《タマヒ》氐《テ》。我《ワガ》皇《スメ》神《ミ》孫《マ》之《ノ》命《ミコト》波《ハ》。豐《トヨ》葦《アシ》原《ハラ》乃《ノ》水《ミヅ》穗《ホ》之《ノ》國《クニ》乎《ヲ》安《ヤス》國《クニ》止《ト》平《タヒラ》久《ク》所《シ》知《ロシ》食《メセ》止《ト》。事《コト》依《ヨサシ》奉《マツリ》岐《キ》。如《カク》此《ヨ》依《サ》志《シ》奉《マツリ》志《シ》國《ク》中《ヌチ》爾《ニ》。荒《アラ》振《フル》神《カミ》等《タチ》乎《ヲ》波《バ》。神《カム》問《トハ》志《シ》爾《ニ》問《トハ》志《シ》賜《タマヒ》。神《カム》掃《ハラヒ》爾《ニ》掃《ハラヒ》賜《タマ》比《ヒ》氐《テ》。語《コト》問《トヒ》志《シ》磐《イハ》根《ネ》樹《キネ》立《タチ》。草《クサ》之《ノ》垣《カキ》葉《ハ》乎《ヲ》毛《モ》語《コト》止《ヤメ》氐《テ》。天《アマ》之《ノ》磐《イハ》坐《クラ》放《ハナチ》。天《アメ》之《ノ》八《ヤ》重《ヘ》雲《グモ》乎《ヲ》伊《イ》頭《ヅ》乃《ノ》千《チ》別《ワキ》爾《ニ》千《チ》別《ワキ》氐《テ》。天《アマ》降《クダシ》依《ヨ》左《サ》志《シ》奉《マツリ》支《キ》。如《カ》此《ク》久依《ヨ》左《サ》志《シ》奉《マツリ》志《シ》。四《ヨ》方《モ》之《ノ》國《クニ》中《ナカ》登《ト》大《オホ》倭《ヤマト》日《ヒ》高《タカ》見《ミ》之《ノ》國《クニ》乎《ヲ》。安《ヤス》國《クニ》止《ト》定《サダメ》奉《マツリ》氐《テ》。下《シ》津《タツ》磐《イハ》根《ネ》爾《ニ》宮《ミヤ》柱《ハシラ》太《フト》敷《シキ》立《タテ》。高《タカ》天《マノ》原《ハラ》爾《ニ》千《チ》木《ギ》高《タカ》知《シリ》氐《テ》。皇《スメ》御《ミ》孫《マ》之《ノ》命《ミコト》乃《ノ》。美《ミ》頭《ヅ》乃《ノ》御《ミ》舍《アラカ》仕《ツカヘ》奉《マツリ》氐《テ》。天《アマ》之《ノ》御《ミ》蔭《カケ》日《ヒ》之《ノ》御《ミ》蔭《カケ》止《ト》隱坐《カクリマシ》氐《テ》。安《ヤス》國《クニ》止《ト》平《タヒラ》氣《ケ》久《ク》所《シ》知《ロシ》食《メサ》武《ム》國《ク》中《ヌチ》爾《ニ》。成《ナリ》出《イデ》武《ム》天《アマ》之《ノ》益《マス》人《ヒト》等《ラ》我《ガ》過犯家《アヤマチオカシカ》牟《ム》雜々《クサ〴〵ノ》罪《ツミ》事《コト》波《ハ》天《アマ》津《ツ》罪《ツミ》止《ト》。畔《ア》放《ハナチ》。溝《ミゾ》埋《ウメ》。樋《ヒ》放《ハナチ》。頻《シキ》蒔《スキ》。串《クサ》刺《サシ》。生《イキ》剝《ハギ》逆《サカ》剝《ハギ》屎《クソ》戶《ヘ》。許《コ》々《ヽ》太《タク》久乃《ノ》罪《ツミ》乎《ヲ》。天《アマ》津《ツ》罪《ツミ》止《ト》法《ノリ》別《ワ》氣《ケ》氐《テ》。國《クニ》津《ツ》罪《ツミ》止《ト》八《ハ》。生《イキ》膚《ハダ》斷《タチ》死《シニ》膚《ハダ》斷《タチ》。白《シロ》人《ヒト》胡《コ》久《ク》美《ミ》。己《オノガ》母《ハヽ》犯罪《オカセルツミ》。己《オノガ》子《コ》犯罪《オカセルツミ》。母《ハヽ》與《ト》子《コ》犯罪《オカセルツミ》。子《コ》與《ト》母《ハヽ》犯罪《オカセルツミ》。畜《ケモノ》犯罪《オカセルツミ》。

昆《ハフ》虫《ムシ》乃《ノ》災《ワザ》。高《タカ》津《ツ》神《カミ》乃《ノ》災《ワザワヒ》。高《タカ》津《ツ》鳥《トリ》乃《ノ》災《ワザワヒ》。畜《ケモノ》仆《タフ》志《シ》蠱《マシ》物《モノ》爲《セル》罪《ツミ》。許《コ》々、太《タ》久《ク》乃《ノ》罪《ツミ》出《イデ》武《ム》。如《カク》此出《イデ》波《バ》天《アマ》津《ツ》宮《ミヤ》事《コト》以《モチ》弖《テ》。天津金《カナ》木《ギ》乎《ヲ》。本《モト》打《ウチ》切《キリ》。末《スヱ》打《ウチ》斷《タチ》氐《テ》。千《チ》座《クラノ》置《オキ》座《クラ》爾《ニ》置《オキ》足《タラ》波《ハ》志《シ》氐《テ》。天津菅《スガ》曾《ソ》乎《ヲ》本《モト》苅《カリ》斷《タチ》。末《スヱ》苅《カリ》切《キリ》氐《テ》八《ヤ》針《ハリ》爾《ニ》取《トリ》辟《サキ》氐《テ》。天《アマ》津《ツ》祝《ノリ》詞《ト》乃《ノ》太《フト》祝《ノリ》詞《ト》事《コト》乎《ヲ》宣《ノ》禮《レ》。如《カ》此《ク》久乃《ノ》良《ラ》波《ハ》。天《アマ》津《ツ》神《カミ》波《ハ》。天《アメノ》磐《イハ》門《ト》乎《ヲ》推《ヲシ》披《ヒラキ》氐《テ》。天《アマ》之《ノ》八《ヤ》重《ヘ》雲《クモ》乎《ヲ》。伊《イ》頭《ツ》乃《ノ》千《チ》別《ワキ》爾《ニ》千《チ》別《ワキ》氐《テ》。所《キコ》聞《シメ》食《サン》武《ム》。國《クニ》津《ツ》神《カミ》波《ハ》高《タカ》山《ヤマ》之《ノ》末《スヘ》。短《ヒキ》山《ヤマ》之《ノ》末《スヘ》爾《ニ》。上《ノボリ》坐《マシ》氐《テ》。高《タカ》山《ヤマ》之《ノ》伊《イ》穗《ホ》理《リ》。短《ヒキ》山《ヤマ》之《ノ》伊《イ》穗《ホ》理《リ》乎《ヲ》。掻《カキ》別《ワケ》氐《テ》所《キコ》聞《シメ》食《サン》武《ム》。如《カ》此《ク》所《キコ》聞《シメ》食《シ》氏《テ》波《バ》。罪《ツミ》止《ト》云《イフ》布罪《ツミ》波《ハ》不《アラ》在《ジ》止《ト》。科《シナ》戸《ド》之《ノ》風《カゼ》乃《ノ》天《アマ》之《ノ》八《ヤ》重《ヘ》雲《クモ》乎《ヲ》吹《フキ》放《ハナツ》事《コト》之《ノ》如《ゴト》久《ク》。朝《アシ》之《タノ》御《ミ》霧《キリ》夕《ユフ》之《ヘノ》御《ミ》霧《キリ》乎《ヲ》。朝《アサ》風《カゼ》夕《ユフ》風《カゼ》乃《ノ》掃《ハラフ》事《コト》之《ノ》如《ゴト》久《ク》。大《オホ》津《ツ》邊《ベ》爾《ニ》居《ヲル》。大《オホ》船《フネ》乎《ヲ》舳《ヘ》解《トキ》放《ハナチ》。艫《トモ》解《トキ》放《ハナチ》氐《テ》。大《オホ》海《ワダノ》原《ハラ》爾《ニ》。押《ヲシ》放《ハナツ》事《コト》之《ノ》如《ゴト》久《ク》。彼《ヲチ》方《カタ》之《ノ》繁《シゲキ》木《カ》本《モト》乎《ヲ》。燒《ヤキ》鎌《カマ》乃《ノ》敏《ト》鎌《カマ》以《モ》氐《テ》打《ウチ》掃《ハラフ》事《コト》之《ノ》如《ゴト》久《ク》。遺《ノコル》罪《ツミ》波《ハ》不《アラ》在《シ》止《ト》。祓《ハラヒ》給《タマ》比《イ》清《キヨメタマフ》給事《コト》乎《ヲ》。高《タカ》山《ヤマノ》末《スヘ》短《ヒキ》山《ヤマ》之《ノ》末《スヘ》與《ヨ》利《リ》。佐《サ》久《ク》那《ナ》太《ダ》理《リ》爾《ニ》落《オチ》多《タ》支《ギ》都《ツ》。速《ハヤ》川《カハ》能《ノ》瀬《セニ》坐《マ》須《ス》。瀬《セ》織《ヲリ》津《ツ》比《ヒ》咩《メ》止《ト》云《イフ》神《カミ》。大《オホ》海《ワタノ》原《ハラ》爾《ニ》持《モチ》出《イデ》奈《ナ》武《ム》。如《カ》此《ク》持《モチ》出《イデ》往《イナ》波《ハ》。荒《アラ》塩《シホ》之《ノ》塩《シホ》乃《ノ》八《ヤ》百《ホ》道《ヂ》乃《ノ》。八《ヤ》塩《シホ》道《ヂ》之《ノ》塩《シホ》乃《ノ》八《ヤ》百《ホ》會《アヒ》爾《ニ》座《マ》須《ス》。速《ハヤ》開《アキ》都《ツ》比《ヒ》咩《メ》止《ト》云《イフ》神《カミ》持《モチ》。可《カ》可《カ》呑《ノミ》氐《テ》武《ム》如《カクノ》此《コト》久《ク》可《カ》可《カ》呑《ノミ》氐《テ》波《ハ》。氣《イ》吹《ブキ》戸《トニ》坐《マ》須《ス》。氣《イ》吹《フキ》戸《ド》主《ヌシ》止《ト》云《イフ》神《カミ》。根《ネノ》國《クニ》底《ソコ》之《ノ》國《クニ》爾《ニ》。氣《イ》吹《ブキ》放《ハナチ》氐《テ》牟《ム》。如《カクノ》此《コト》久《ク》氣《イ》吹《ブキ》放《ハナチ》氐《テ》波《ハ》。根《ネノ》國《クニ》底《ソコ》之《ノ》國《クニ》爾《ニ》坐《マス》。速《ハヤ》佐《サ》須《ス》良《ラ》比《ヒ》咩《メ》登《ト》云《イフ》神《カミ》。持《モチ》佐《サ》須《ス》良《ラ》比《ヒ》失《ウシナヒ》氐《テ》牟《ハ》。如《カクノ》此《コト》久《ク》失《ウシ》氐《ナヒ》波《テハ》。現《ウツ》身《ソミ》乃《ノ》身《ミ》爾《ニ》毛《モ》心《コヽロ》爾《ニ》毛《モ》。罪《ツミ》止《ト》云《イフ》布罪《ツミ》波《ハ》不《アラ》在《シ》止《ト》祓《ハラヒ》給《タマ》閉《ヘ》清《キヨメ》給《タマ》閉《ヘ》止《ト》白《マヲ》須《ス》。

三種《シユノ》祓《ハラヒ》

德《ト》寳《ホ》嘉《カ》美《ミ》恵《エ》民《ミ》稻《タ》米《メ》祓《ハラ》閇《ヘ》賜《タマ》閇《ヘ》清《キヨ》米《メ》賜《タマ》閇《ヘ》。

謝《シヤ》恩《オン》詞《シ》

掛《カケ》卷《マク》毛《モ》畏《カシコ》支《キ》天照皇大御神乃大《オホ》御《ミ》前《マヘ》爾《ニ》恐《カシコミ》々《く》毛《モ》白《モウ》左《サ》久《ク》人《ヒト》波《ハ》則《スナハチ》天《アメ》下《ノシタ》乃《ノ》神《ミタモ》物《モノ》奈《ナ》里《リ》静《シス》謐《メシ》乎《スマル》掌留倍志《コトチツカサドルヘシ》心《コヽロ》波《ハ》則神明乃《スナハチウミトウミトノ》本《アル》主《シ》奈《ナ》禮《レ》波《ハ》心《コヽ》神《ロ》乎《ヲ》奈《ナ》傷《イタメ》曾《ソ》水《ミツ》止《ト》火《ヒ》止《ト》爾《ニ》比《タク》志《ヘシ》正《タマ》志《シ》久《ク》直《ナチ》支《キ》本心波《モトノコヽロハ》大《オホ》御《ミ》神《カミ》乃《ノ》御《ミ》心《コヽロ》止《ト》

一《ヒト》箇《ツ》奈《ナ》里《リ》一《ヒト》箇《ツ》爾《ニ》成《ナ》良《ラ》牟《ム》爾《ニ》波《ハ》我《ワレ》乎《ヲ》離《ハナレ》氐《テ》天《アメ》爾《ニ》任《マカ》世《セ》生《イキ》生《く》呈《テ》養《ナキテ》無《ヤシ》乎《ナフ》誠《マコト》乃《ノ》人《ヒト》止《ト》申《マウス》奈《ナ》里《リ》誠《マコト》波《ハ》大《オホ》御《ミ》神《カミ》乃《ノ》御《ミ》心《コヽロ》止《ト》隔《ヘダテ》無《ナ》支《キ》生《イキ》通《ドウシ》奈《ナ》里《リ》止《ト》教《ヲシヘ》祖《ノミヤ》乃《ノ》諭《サト》志《シ》給《タマ》比《ヒ》志《シ》嬉《ウレシ》左《サ》乎《ヲ》尊《トウト》比《ヒ》重《イツク》美《シミ》喜《ヨロコ》比《ヒ》謝《イヤマ》比《ヒ》奉《タテマツラ》良久《ク》乎《ヲ》平《タヒラケク》久安《ヤスラケク》久聞《キコシ》看《メシ》幸《サキハ》支《ヘ》給《タマ》支《ヘ》止《ト》、恐《カシコミ》々《く》モ稱《タヽヘ》辭《コトヲ》竟《ヘ》奉《マツ》良《ラ》久《ク》止《ト》申《モウ》須《ス》。

日《ヒ》々《ビ》家《カ》内《ナイ》心《コヽロ》得《エ》之《ノ》事《コト》

一　神《シン》國《コク》の人《ヒト》に生《ウマ》れ常《ツネ》に信《シン》心《ジン》なき事《コト》

一　腹《ハラ》を立《タ》て物《モノ》を苦《ク》にする事《コト》

一　己《オノ》がまんしんにて人《ヒト》を見《ミ》くだす事《コト》

一　人の悪《アク》を看《ミ》て己《オノレ》に悪《アク》心《シン》を増《マ》す事《コト》

一　無《ム》病《ヒヤウ》の時《トキ》に家《カ》業《グフ》を怠《オコタ》る事《コト》

一　誠《マコト》の道《ミチ》に入《イリ》ながら心《コヽロ》に誠《マコト》無《ナ》き事《コト》

一　日《ヒ》々《ビ》に難《アリ》有《ガタキ》事《コト》を取《トリ》逊《ニガ》す事《コト》

右之條々《デフ〳〵》常《ツネ》に忘《ワス》る可からす恐《ヲソ》るへし〳〵

立《タチ》向《ムカ》ふ人の心《コヽロ》は鏡《カヾミ》なりおのか姿《スガタ》を移《ウツ》してや見《ミ》む

抱卦童子

太《ダ》上《ジヤウ》鎮《チン》宅《タク》靈《レイ》符《フ》神《ジン》

示卦童子

大哉《オホイナルカナ》、乾哉《ケンナルカナ》、　三反

奉招請《タテマツルセウシヤウ》救苦《シキウク》天《テン》尊《ソン》太《ダイ》乙《オツ》神《ジン》、抱《ハウ》卦《クワ》童《ドウ》子《シ》示《ジ》卦《クワ》童《ドウ》郎《ロウ》、六爻《カウ》神《シン》將《シヤウ》、飛《ヒ》伏《フク》二神《ジン》、

世《セ》應《オノ》兩《リヤウ》將《シヤウ》皆《ミナ》在《アリ》前《ゼンニ》北《ホク》斗《ト》北《ホク》辰《シン》、

乾《ケン》元《グン》亨《カウ》利《リ》貞《テイ》、喼《キウ》急《〳〵》如《ニヨ》律《リツ》令《レイ》、　八十一反

禮《ライ》拜《ハイ》文《ブン》

一敬《ケイ》一見《ケン》、六根《コン》清淨《シヤウ〳〵》、本《ホン》來《ライ》本《ホン》宮《グウ》、眞《シン》月《グツ》妙《メウ》見《ケン》、善《セン》星《セイ》皆《カイ》來《アイ》、悪《アク》星《セイ》退《タイ》散《サン》、　三反

靈《レイ》符《フ》文《ブン》

北《ホク》辰《シン》鎭《チン》宅《タク》、靈《レイ》應《オウ》如《ニヨ》意《イ》、天《テン》尊《ソン》北《ホク》斗《ト》、天《テン》光《クワウ》常《ツネニ》在《アリ》、熒《ケイ》惑《ワク》星《セイ》尊《ソン》、乾《ケン》元《ゲン》亨《カウ》利《リ》貞《テイ》、天《テン》福《フク》皆《ミナ》來《キタリ》、壽《ジユ》福《フク》圓《エン》滿《マン》、諸《シヨ》天《テン》善《ゼン》神《ジン》、皆《ミナ》來《キタツテ》守《シユ》護《ゴス》、　三反

十種《シユ》神《シン》寶《ホウ》

瀛《オキ》都《ツ》鏡《カゞミ》。邊《ヘ》都《ツ》鏡《カゞミ》。八《ヤ》握《ツカノ》劒《ツルギ》。生《イクノ》玉《タマ》。死《マカル》反《カヘシノ》玉《タマ》。足《タル》玉《タマ》。道《ミチ》反《カヘルノ》玉《タマ》。蛇《オロ》比《チノ》禮《ヒレ》。蜂《ハチノ》比《ヒ》禮《レ》。品《クサ》物《〱モノヽ》比《ヒ》禮《レ》。十《とつ》握《かの》神《かみ》。布《フ》晋《ル》部《ベ》由《ユ》良《ラ》〱〱

壹《イチ》貳《ニ》參《サン》肆《シ》伍《ゴ》陸《ロク》漆《シツ》捌《ハチ》玖《ク》拾《ジウ》。

金《キン》銀《ギン》入《ニウ》宅《タク》符《フ》

太《タイ》神《シン》聖《セイ》至《シ》乾《ケン》元《ゲン》乾《ケン》道《ダウ》、至《シ》神《シン》大《タイ》聖《サイ》乾《ケン》勅《チヨク》ニ献《ケン》ス、天《テン》急《キウ》々《〱》ニ（姓名何某）ニ金《キン》銀《キン》入《ニウ》宅《タク》富《フウ》貴《キ》榮《エイ》昌《シヤウ》、福《フク》來《ライ》而《ニ》災《サイ》禍《クワ》ニ逢《アハ》ス、玉《キヨク》律《リツ》金《ヽン》來《ライ》謹《キン》禮《レイ》、天《ナン》寶《ホウ》靈《レイ》符《フ》、日《ニチ》命《メイ》實《ジツ》禮《レイ》、唵《キウ》急《〱》如《ニヨ》律《リツ》令《レイ》。

謹《ツヽシンテ》而奉《タテマツル》觀《クワン》請《シヤウシ》御《ゴ》社《シヤ》奈《ナ》岐《キ》、此《コノ》所《トコロ》江降《カウ》臨《リン》仕《シ》給《タマヒ》テ、稜《ミツギ》数《カズ》々《〱》平《タヒラケク》久安《ヤスラケ》久聞《キコン》食《メシ》

テ願《ネガ》フ所《トコロ》、感《カン》應《オウ》納《ノウ》受《ジユ》奈《ナ》佐《サ》シメ給《タマ》ヘ、誠恐惶《マコトニキヤウクワウ》降《カウ》烈《レツ》來《ライ》座《ザ》敬《ケイ》白《ハク》。

以《イ》上《ジヤウ》ノ祭祀《サイシ》法《ハフ》ハ前記《ゼンキ》ノ毎月《マイゲツ》降臨日《カウリンビ》ヲ以《モツ》テ、此《コノ》祭式《サイシキ》ヲ爲《ナ》シ祭《マツ》ルト云《イフ》、平日《ヘイジツ》ハ畧《リヤク》法《ハフ》ヲ以《モツ》テ信念《シンネン》スト謂《イ》ヘリ、

移《イ》宅《タク》法《ハフ》式《シキ》 （新築シ移轉ノ際ハ必ス修スヘシ）

壹番ニ水。二番ニ火。參番ニ神棚《カミタナ》。四番ニ腰物《コシノモノ》。五番ニ（妻ハ鏡ヲ持參ス、子供ハ洗米御酒、御花 作燈 清香 其他種々）六番ニ雜物《ザツブツ》。七番ニ主人。

唱《トナフ》文《ノン》

家《イヘ》和《クワシ》事《コト》昌《サカンニ》、吉《キツ》慶《ケイ》禎《テイ》祥《シヤウ》、田《デン》財《サイ》萬《マン》倍《バイ》、福《フク》壽《ジユ》綿《メン》長《チヤウ》、子《シ》孫《ソン》興《コウ》旺《ワウ》、

右唱《トナフ》文《ブン》

掛《カケ》卷《マク》モ《モ》畏岐《カシコキ》天神《アマツカミ》地祇《クニツカミ》、殊《コト》ニ降《カウ》臨《リン》一《イツ》切《サイ》乃《ノ》諸《シヨ》神《ジン》、一《イツ》切《サイ》乃《ノ》靈《レイ》符《フ》等《トウ》乃《ノ》本宮《ホンキウ》江《エ》送奉而《ヲクリタテマツリテ》恐《オソレ》奈《ナ》加《カ》羅《ラ》。承《ウケ》引《ヒキ》給《タマヘ》。送《ソウ》納《ノワ》住《シユ》社《シヤ》敬《ケイ》白《ハク》。

神《シン》道《ダウ》神《シン》力《リヨク》、一切《サイ》諸《シヨ》願《クワン》成《ジヤウ》就《ジユ》、乾《ケン》亨《カウ》利《リ》貞《テイ》、急《キウ》〱如《ニヨ》律《リツ》令《レイ》。

感應必得秘密修法祭祀心得《カンオウヒツトクヒミツシユハフサイシコヽロエ》

抑《ソモ〳〵》モ神佛《シンブツ》ノ祭祀《マツル》ハ、至誠《シセイ》ヲ以《モツ》テ冥祐《メイユウ》ヲ祈《イノ》ルモノ故《エヘ》、至誠《シセイ》ノ敦厚《トンカウ》ノ者《モノ》ガ、秘法《ヒハフ》ヲ修《シユ》スレハ靈應《レイオウ》ヲ感《カン》スルコト恰《アタカ》モ鐘《カネ》ヲ撞《ツキ》テ音響《オンキヤウ》ヲ發《ハツ》スル如《ゴト》シ是則《コレスナハ》チ至誠《シセイ》ノ信念《シンネン》カ感通《カンツウ》ニ因《ヨ》ル、己《ステ》ニ各種《カクシユ》ノ祭式《サイシキ》ヲ集錄《シウロク》セシガ、是《コレ》ヨリ掲載《ケイサイ》ノ修法《シユハフ》ハ、予《ヨ》カ實驗《ジツケン》スル靈應《レイオウ》迅速《シンソク》ニ必得《ヒツトク》ノ法《ハフ》ト雖《イヘト》モ若《モ》シ信念《シンネン》ノ薄《ウス》キ者《モノ》ハ、靈應《レイオウ》薄《ウス》キハ必然《ヒツセン》ナリ、曾《カツ》テ靈符《レイフ》ヲ祀《マツ》ル家《イヘ》ヲ調査《テフサ》セシニ、畫像《クワゾウ》ヲ祭《マツ》ル在《ア》リ、其《ソノ》祭壇《サイダン》ニ諸《モロ〳〵》ノ物器《ブツキ》ヲ飾《カザ》ル者《モノ》在《ア》リ、其他《ソンタ》種々《シユ〳〵》雜多《サツタ》ノ祭法《サイハフ》有《ア》リ、然《シカ》ルニ今《イマ》提出《テイシユツ》スル此《コノ》秘法《ヒハフ》ハ唯《タヾ》清淨《シヤウ〴〵》ノ幣帛《ヘイハク》ヲ以《モツ》テ神體《シンタイ》ト爲《ナ》シ、凡《スヘ》テ簡易《カンイ》ニ尊嚴《ソンゲン》ヲ主《シユ》トシテ虛飾《キヨシヨク》ヲ避《サ》ク原《モ》ト畫像《クワゾウ》ヤ裝飾《ソウシヨク》ニ靈《レイ》在《ア》ル理《リ》無《ナ》シ唯《タヾ》一《イツ》ノ熱誠《ネツセイ》ノ貫徹《クワンテツ》スレハ是即《コレスナハ》チ神靈《シンレイ》カ天降《アマクタリ》テ行者《キヤウシヤ》ヲ守護《シユゴ》シ玉《タマ》フ所謂《イハユル》至誠《シセイ》カ通《ツウ》スルニ外《ホカ》ナラス、此故《コノユヘ》ニ信者《シンシヤ》カ祭祀《サイシ》スル時《トキ》ハ、正眞《セイシン》ノ神靈《シンレイ》ヲ拜《ハイ》スルノ意《イ》ヲ用《モチ》ヒルヲ要《エウ》ス、若《モ》シ敬虔《ケイケン》ノ念《ネン》薄《ウス》ケレハ、秘密《ヒミツ》ノ修法《シユハフ》モ靈應《レイオウ》ヲ享《ウク》ルコト難《カタ》シ、幸《サイハヒ》ニ信念《シンネン》徹底《テツテイ》セハ眞《シン》ノ神像《シンゾウ》又《マタ》ハ金焰《キンエン》ヲ心眼《シンガン》ニ觀念《クワンネン》シ得《エ》ルモ、若《モ》シ粗畧《ソリヤク》ニ形式《ケイシキ》ニ流《ナカ》ル者《モノ》ニ至《イタリ》テハ之《コレ》ニ反《ハン》ス、此故《コノユヘ》ニ能《ヨ》ク留意《リウイ》信念《シンネン》ヲ凝《コラ》シテ、一心不亂《シンフラン》ニ禱《イノレ》ハ遂《ツイ》ニ天寶《テンホウ》ヲ享受《ウケ》テ富貴《フウキ》榮昌《エーシヤウ》ノ域《イキ》ニ達《タツ》スルヲ得《ウ》ヘシ、

鎮宅靈符神之尊像

靈符神體幣
北位南面

神《シン》體《タイ》幣《ヘイ》製《セイ》造《ソウ》寸《スン》法《ハフ》式《シキ》

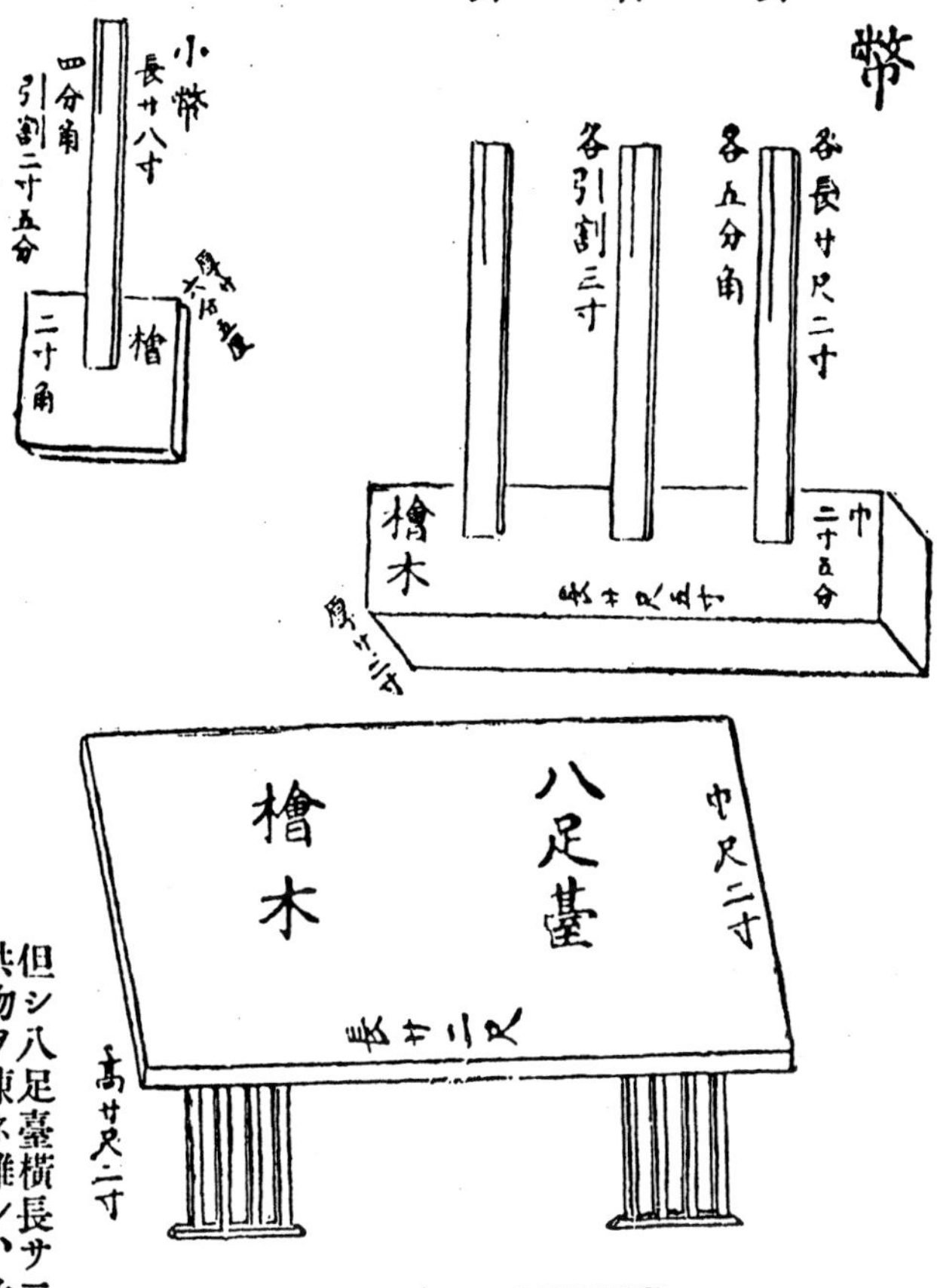

五本共ニ高サ同シ

此内へ幣帛五本ヲ納ル
中央ニ黄、南ハ赤
北ハ黒、東ハ青
西ハ白、計五本

但シ八足臺横長サ二尺ニテハ狹クシテ供物ヲ陳ネ難シ、故ニ両側ニ小八足臺ト前ニ香爐臺ヲ、前圖ノ如ク置クヘシ

祭《サイ》祀《シ》秘《ヒ》密《ミツ》修《シユ》法《ハフ》略式《リヤクシキ》

己《スナ》ニ世《ヨ》ニ傳來《テンライ》ノ三道《ダウ》ノ祭式《サイシキ》修法《シユハフ》ヲ併錄《アハセシル》セシカ拙家《セツケ》ノ秘《ヒ》密《ミツ》奥《オウ》蘊《オン》法《ハフ》トハ差在《サア》ルヲ以《モツ》テ讀者《トクシヤ》カ比較《ヒカク》シテ撰擇《エラム》ノ便《ヘン》ニ資《シ》ス、猶茲《ナホコヽ》ニ一言《ゲン》スヘキハ一讀《ドク》シ法式《ハフシキ》ノ簡易《カンイ》ナルヲ以《モツ》テ、實驗《ジツケン》セスシテ思議《シギ》スル者《モノ》ヲ誡《イマシ》メント欲《オモ》フ、緊要《キンエウ》ハ專《モツハ》ラ信念《シンネン》ヲ凝《コラ》シ實驗《ジツケン》シテ自覺《ジカク》スヘシ、

一本尊神體《ホンソンシンタイ》ハ正式《セイシキ》圖《ツ》ノ如《ゴト》ク行《オコナ》フ者《モノ》ハ、前述《センシユツ》ニ從《シタカ》ヒ祀《マツ》ルヘシ、若《モ》シ更《サラ》ニ畧式《リヤクシキ》（家ノ狹隘ニテ正式ニ從ヒ難キ者）ヲ用《モチ》ヒント欲《ホツ》スル者《モノ》ハ、己カ本命星神《ホンメイセイシン》ノ守札《シユサツ》ヲ自《ミツカ》ラ製《セイ》シ神體《シンタイ》ト爲《ナ》シ、臺上《タイシヤウ》（臺ハ高サ一尺二寸位ノ上ニ安置スヘシ）ニ小祠《セウシ》ニ入《イ》レ祀《マツ》ルモノナリ、

供物《クモツ》ハ御《ミ》酒《キ》、洗《セン》米《マイ》、塩《シホ》、初《ハツ》水《ミツ》（朝汲ム初水ヲ云）榧《カヤ》ノ類《タクヰ》、平日ノ祭祀ニ用フ、餅《モチ》、果物《クワブツ》（柹、栗、棗、梨ノ類、又ハ四時ニ在ル果物、或ハ干柹、乾栗、干棗等ハ何時ニテモ在リ）菓子《クワシ》（蒸菓子干菓子）ノ類《タクヰ》、此《コノ》餅《モチ》、果物《クダモノ》、菓子《クワシ》ハ毎月《マイケツ》ノ降《カウ》臨日《リンヒ》ニ、各種《カクシユ》取揃《トリソロヘ》テ皆《ミナ》奉供《ホウキヨウ》ス、或《アルヒ》ハ毎月《マイケツ》前記《ゼンキ》中《チウ》ノ干支《カンシ》ノ吉《キチ》

花《ハナ》

日《ジツ》ヲ撰《セン》定《テイ》シテ、何《ナン》回《クワイ》祭《サイ》祀《シ》スルモ可《カ》ナリ、畧《リヤク》式《シキ》ハ(シキビ又ハサカキ、)或《アルヒ》ハ五木《ボク》ノ梔《クチ》子《ナシ》、木《モク》犀《セイ》、梅《バイ》花《クワ》、榧《カヤノ》木《キ》、松《マツ》木《キ》ヲ用《モチ》フルモ最《モツト》モ宜《ヨロ》シ、若《モ》シ地《チ》方《ハウ》ニ因《ヨツ》テ無《ナ》キ地《チ》ハ有《ア》ルモノヲ用《モチ》フヘシ、或ハ秋《シウ》李《キ》ニ菊《キク》花《クワ》ハ黄《キ》カ赤《アカ》色《イロ》ヲ用《モチ》フ、又果《クワ》實《ジツ》ヲ結《ムス》フ花《ハナ》ハ何《ナニ》ニテモ差《サシ》支《ツカヘ》無《ナ》シトス、

燈《トウ》明《メウ》

ハ両《リヤウ》側《ソク》ニ一對《ツイ》ヲ獻《ケン》ス、

香《カウ》爐《ロ》

ハ神《シン》前《ゼン》ニ置《オイ》テ線《セン》香《カウ》ハ成《ナ》ルヘク上《シヤウ》品《ヒン》ヲ用《モチ》フ、又心《シン》願《クワン》ノ大《タイ》事《ジ》ナル時《トキ》ハ、沈《チン》香《カウ》ヲ焼《タ》ク(先《マ》ツ拝《ハイ》禮《レイ》ノ際《サイ》ハ第《ダイ》一ニ香《カウ》ヲ焼《タ》クヘシ)

先《マ》ツ沐《モク》浴《ヨク》齋《サイ》戒《カイ》シ浄《シヤウ》衣《エ》ヲ着《チヤク》シ參《サイ》拜《ハイ》ス、但シ平《ヘイ》日《ジツ》ハ常《ツネ》衣《エ》ノ儘《マヽ》ニテモ可《ヨ》シ、

第一

ニ祓《ハラヒ》麻《マ》、幣《ヘイ》帛《ハク》カ笏《シヤク》ヲ用フルカ、又ハ扇《セン》子《ス》(八本骨ノモノ)ニテ左《サ》右《ユウ》

左《サ》ト祓《ハラ》フ、幣《ヘイ》帛《ハク》、笏《シヤク》、扇《セン》子《ス》、何《イツ》レヲ以《モツ》テ祓《ハラフ》モ同《オナ》シ、

次ニ拍《カシハ》掌《チ》二回、天《アマ》津《ツ》神《カミ》、地《クニ》津《ツ》神《カミ》ト唱《トナ》フ、

次《ツキ》ニ勧《クワン》請《シヤウ》文《ブン》(但シ合掌印シテ胸ニ當ル、印ノ説明ハ後ニ掲ク、)

北《ホク》面《メン》稽《ケイ》首《シユ》再《サイ》拜《ハイ》ス、鎭《チン》宅《タク》靈《レイ》符《フ》神《ジン》七十二符《フ》、易《エキ》中《チウ》一切《サイ》ノ諸《シヨ》神《シン》、此《コノ》座《ザ》ニ降《カウ》臨《リン》影《ヤウ》向《カウ》シ賜《タマ》ヘ、

玄武　太上神仙　朱雀

ト微《ビ》音《オン》ニ唱《トナ》フ、次《ツキ》ニ上《カミ》ニ掲《カヽク》ル符《フ》字《ジ》カ天《テン》ヨリ降《クダ》リ、猶《ナホ》太《ダ》上《シヤウ》神《シン》仙《セン》ノ神《シン》靈《レイ》カ玄《ケン》武《ブ》ト朱《シユ》雀《シヤク》ト云《イフ》二眷《ケン》屬《ゾク》ヲ引《ヒキ》率《ツレ》テ降《クダ》ルヲ見《ミ》ルト思《オモ》ヒ、或《アルヒ》ハ金《キン》光《クワウ》焔《エン》ノ降《クダ》ルト感《カン》シテ其《ソノ》氣《キ》ヲ吸《スヒ》テ下《シタ》腹《ハラ》ニ力《チカラ》ヲ充《ジウ》分《ブン》ニ入《イ》レ、其《ソノ》息《イ》キヲ呑《ノ》ム、感《カン》スルトハ瞑《メイ》目《モク》シテ默《モク》念《ネン》スルコト、凡《オヨ》ソ十分《ブン》以《イ》上《シヤウ》二十分《フン》間《カン》位《クラ井》ヲ云《イフ》、但《タヽ》シ感《カン》スル義《ギ》ハ肉《ニク》眼《カン》ニテ見《ミ》ルニアラス、心《コヽロ》ニ感《カン》シ心《コヽロ》ニ視《ミ》ルヲ感《カン》スルト云《イフ》、信《シン》仰《カウ》ノ其《ソノ》始《ハシメ》ヨリ符《フ》字《ジ》並《ナラヒ》ニ星《セイ》神《ジン》ノ像《ソウ》ヲ見《ミ》ルヲ得《エ》サルモ、心《シン》氣《キ》沈《チン》靜《セイ》ナル時《トキ》ハ斯《カク》ノ如《コト》ク感《カン》スルコトヲ得《ウ》、即《スナハ》チ是《コレ》秘《ヒ》中《チウ》ノ秘《ヒ》訣《ケツ》ナリ、

次ニ供《ク》物《ブツ》加《カ》持《ジ》　普印ヲ用フ

黍《シヨ》稷《シヨク》ハ香《カンバ》シキニアラス、明《メイ》徳《トク》ハ惟《コレ》馨《カンバ》シキナリ、沼《セウ》沚《シ》ノ草《クサ》蘋《ヒン》蘩《ハン》ノ菜《サイ》ハ、禮《レイ》奠《テン》薄《ウス》シト雖《イヘト》モ志《コヽロザシ》ノ敦《トン》厚《カウ》ナルヲ以《モツ》テ、昭《アキラ》カニ之《コレ》ヲ尙《ウ》享《ケ》玉《タマ》ヘ、

次ニ神《ミ》酒《キ》加《カ》持《ジ》　八葉印ヲ用フ

此《コノ》酒《シユ》妙《メウ》味《ミ》、遍《ヘン》滿《マン》虛《コ》空《クウ》、祭《サイ》諸《シヨ》神《ジン》等《トウ》、祭《サイ》諸《シヨ》靈《レイ》等《トウ》、天《ナン》福《ノク》皆《ミナ》來《キタル》地《チ》福《フク》圓《エン》滿《マン》、

次ニ祭《サイ》文《ブン》ノ畧《リヤク》

謹《ツヽシミ》テ爰《コヽ》ニ異《イ》香《カウ》美《ビ》酒《シユ》甘《カン》肴《カウ》等《トウ》ヲ備《ソナ》フ、禴《ヤク》祭《サイ》ヲ陳《ノ》フ、仰《アフキ》キ冀《コヒネ》カハクハ今《コン》日《ニチ》ノ祈《キ》主《シユ》（姓氏名ヲ云）某《ナニカシ》、福《フク》壽《ジユ》ヲ增《ゾウ》長《チヤウ》シ、除《ジヨ》災《サイ》快《クワイ》樂《ラク》ニ（此祕文ヲ唱ル時ニ、各人ノ心願ヲ是ニテ述ヘシ、尤モ微音ヲ要ス）心《シン》中《チウ》ノ所《シヨ》願《グワン》ヲ悉《コトゴト》ク成《シヤウ》就《ジユ》セシメ給《タマ》ヘ、喼《キウ》々如《ニヨ》律《リツ》令《レイ》、

上《シヤウ》眞《シン》垂《スイ》祐《ユウ》（何某姓名）災《サイ》害《ガイ》不《ズ》生《ヤウセ》、福《フク》壽《ジユ》增《ゾウ》延《エン》、子《シ》孫《ソン》榮《エイ》顯《ケン》、田《デン》蠶《サン》倍《ハイ》盛《セイ》、六畜《チク》興《コウ》生《セウ》、掃《フウ》除《ショシ》精《セイ》怪《クワイ》蕩《チトウ》滅《メツシ》妖《ヨウ》氣《キ》、靈《レイ》符《フ》秘《ヒ》妙《メウ》、永《ナガク》鎭《シヅメ》門《モン》庭《テイチ》、此《コノ》符《フ》靈《レイ》驗《ケン》、來《ライ》歷《レキ》甚《ハナハ》多《ナオホシ》、述《ノベテ》之《コレチ》

難《カタシ》レ盡《ツクシ》、
太《ダ》上《シヤウ》神《シン》仙《セン》鎭《チン》宅《タク》靈《レイ》符《フ》神《ジン》、抱《ハウ》卦《クワ》童《ドウ》子《ジ》、示《ジ》卦《クワ》童《ドウ》郎《ラウ》、七十二符《フ》、易《エキ》中《チウ》一切《サイ》ノ
諸《シヨ》神《ジン》娑《ソ》婆《ワ》訶《カ》、

本《ホン》命《メイ》星《セイ》呪《シユ》文《ブン》

凡《オヨ》ソ本《ホン》命《メイ》星《セイ》トハ一白《ハク》ハ坎《カン》ノ虛《キヨ》星《セイ》、二黑《コク》ハ坤《コン》ノ井《セイ》宿《シユク》、三碧《ヘキ》ハ震《シン》ノ房《バウ》宿《シユク》、四綠《ロク》ハ巽《ソン》ノ角《カク》宿《シユク》、五黃《ワウ》ハ中《チウ》央《ワウ》鎭《チン》星《セイ》、六白《ハク》ハ乾《ケン》ノ奎《ケイ》宿《シユク》、七赤《セキ》ハ兌《ダ》ノ昴《バウ》宿《シユク》、八白《ハク》ハ艮《ゴン》ノ斗《ト》宿《シユク》、九紫《シ》ハ離《リ》ノ星《セイ》宿《シユク》、是《コレ》則《スナハ》チ本《ホン》命《メイ》星《セイ》ト稱《シヤウ》ス、各《ヲノ〳〵》本《ホン》命《メイ》ノ呪《シユ》ヲ唱《トナ》フ、例《レイ》ハ坎《カン》虛《キヨ》星《セー》一白《ハク》神《シン》ト唱《トナ》フ、餘《ヨ》ハ之《コレ》ニ倣《ナラ》フヘシ、此本命星呪ハ假《カリ》ニ坎《カン》ノ一白《ハク》星《セー》神《シン》、虛《キヨ》宿《シユク》、ヲンダニシユダ、ナウキシヤラ、ソワカト三反《ヘン》唱《トナ》フ、二黑《コク》ノ者《モノ》ハ坤《コン》井《セイ》宿《シユク》、三碧《ヘキ》ノ者《モノ》ハ震《シン》房《バウ》宿《シユク》等《トウ》ノ二十八宿《シユク》ノ呪《シユ》文《ブン》ハ、後《ゴ》項《コウ》ノ二十八宿ノ符《フノ》下《シタ》ニアリ、皆《ミナ》此《コノ》例《レイ》ニ倣《ナラ》ヒ用《モチ》フヘシ、

次ニ讀《トク》經《キヤウ》文《モン》

一安《アン》宅《タク》神《シユ》呪《ジユ》經《キヤウ》訓讀、一普《フ》門《モン》品《ホン》訓讀、一般《ハン》若《ニヤ》心《シン》經《キヤウ》訓讀、

此《コノ》經《ギヤウ》ハ訓《クン》讀《トク》ニ譯《ヤク》シ巻《クワン》末《マツ》ニ掲《カヽ》ク、祈《キ》念《ネン》ノ際《サイ》ニ用《モチ》フヘシ、

次ニ諸《シヨ》呪《シユ》文《フン》

靈《レイ》符《フ》呪《ジユ》。ヲンマカシリエイ、チリベイソワカ、　廿一反

白《ヒヤク》衣《エ》觀《クワン》音《オン》呪《ジユ》、ヲンシベイデイ、シベイデイ。ハンダラハシニソワカ、　廿一反

十一面《メン》觀《クワン》音《オン》呪《シユ》。ヲンロケイ、ジンバラキリク、　廿一反

七難《ナン》即《ソク》滅《メツ》　ヲンアビラウンケン、バサラダドバン、　廿一反
七福《フク》即《ソク》生《セイ》

北《ホク》辰《シン》呪《ジユ》。ヲンソジリ、ジユーダソワカ、　廿一反

次ニ念《ネン》佛《ブツ》　南無阿彌陀佛々々々　百反

又ハ題目《タイモク》　南無妙法蓮華經々々々　百反

但シ題目ハ其家ノ宗旨ニ由テ唱フヘシ、信者ノ任意ナリ、

次ニ回向《エカウ》文《ブン》

上來《シヤウライ》諷誦《フウジユスル》所《トコロノ》集《アツムル》功德《クドクハ》上界《シヤウカイノ》天人《テンシン》下界《ケカイノ》諸神《シヨジン》扶桑國內《フソウコクナイ》王城鎭守《ワウジヤウノチンジユ》八大《ハチタイ》金剛《コンカウ》（何某姓名）各《ヲノ〳〵》守護《シユゴシ》玉《タマ》ヘ、

次ニ送《ソウ》神《ジン》文《ブン》

一心《イツシン》奉送《ホウソウシタテマツル》上所《トコロノ》請《コフ》一切《サイノ》尊神《ソンジン》。一切《サイノ》靈等《レイトウ》各《ヲノ〳〵》還《カヘリ》本宮《ホンキウニ》。向後《キヤウゴ》奉請《ホウシヤウ》ス、卽《スナハチ》不《ズ》捨《ステ》慈悲《ジヒナス》、急《ヤカニ》須《スヘカラク》垂《タレタマヘ》光降《クワウカウ》。ト唱《トナヘ》テ心《コヽロ》ニ默念《モクネン》シ拍掌《ハクシヤウ》シ了《ヲハ》リ、再拜《サイハイ》シテ壇《タン》ヲ退《シリツ》ク、

平常《ツネノ》勤行《ゴンキヤウ》ノ略法《リヤクハフ》

祭壇《サイダン》　先《マ》ツ神前《シンゼン》ノ香爐《カウロ》ニ香《カウ》ヲ焼《タ》ク、

次ニ祓麻《ハラヒマ》

前ニ記ス法ノ如ク左右左ト祓フ

拍掌《ハクシヤウ》二回天津神《アマツカミ》、　地津神《クニツカミ》、

次ニ勸請文《クワンシヤウブン》

北面《ホクメン》稽首《ケイシユ》再拜《サイハイ》ス、鎭宅《チンタク》靈符神《レイフシン》七十二符《フ》、易中《エキチウ》一切《サイ》ノ諸神《シヨシン》、此座《コノザ》ニ降臨《カウリン》影向《ヤウカウ》シ賜《タマ》へ、

前記《ゼンキ》ノ如《ゴト》ク左記《サキ》ノ符《フ》及ヒ太上神仙《タシヤウシンセン》等《トウ》ヲ感《カン》シ其氣《ソノキ》ヲ呑《ノム》ニ下腹《シタハラ》へ充分力《ジウブンチカラ》ヲ入《イ》レテ呑ム、

玄武

太上神仙

朱雀

祭文《サイブン》ノ畧《リヤク》

謹《ツヽシミ》テ爰《コヽ》ニ異《イ》香《カウ》美《ビ》酒《シユ》甘《カン》肴《カウ》等《トウ》ヲ備《ソナ》フ、禴《ヤク》祭《サイ》ヲ陳《ノ》フ、仰《アフ》キ冀《ネカハ》クハ今日《コンニチ》

ノ祈《キ》主《シユ》（某 姓氏）福《フク》壽《シユ》ヲ増《ゾウ》長《チヤウ》シ、除《ジヨ》災《サイ》快《クワイ》樂《ラク》ニ心《シン》中《チウ》ノ所《シヨ》願《クワン》ヲ、悉《コト〳〵》ク成《シヤウ》就《シユ》セシメ給《タマ》ヘ、喼《キウ》急《〳〵》如《ニヨ》律《リツ》令《レイ》、太《ダ》上《シヤウ》神《シン》仙《セン》鎭《チン》宅《タク》靈《レイ》符《フ》神《ジン》、抱《ハウ》卦《クワ》童《ドウ》子《シ》、示《ジ》卦《クワ》童《ドウ》郎《ラウ》、七十二符《フ》易《エキ》中《チウ》一切《サイ》ノ諸《シヨ》神《シン》娑《ソ》婆《ワ》訶《カ》、

次ニ本《ホン》命《メイ》ノ呪《シユ》　前記ニ倣《ナラ》ヘ、

次ニ般《ハン》若《ニヤ》心《シン》經《キヤウ》　一巻

次ニ靈《レイ》符《フ》ノ呪《シユ》十一面《メン》觀《クワン》音《オン》呪《シユ》　七難《ナン》即《ソク》滅《メツ》　七福《フク》即《ソク》生《セウ》呪《シユ》　各七反

次ニ念《ネン》佛《ブツ》、又ハ題《ダイ》目《モク》ハ前記ノ如ク　各五十反

次ニ送《ソウ》神《シン》文《ブン》

一《イツ》心《シンニ》奉《ホウ》送上《ゾウシタテマツル》所《トコロ》レ請《コフ》一切《サイノ》尊《ソン》神《シン》、一切《サイ》靈《レイ》等各《トウテノ〳〵》還《カヘリ》ニ本《ホン》宮《グウニ》。向《カウ》後《ゴ》奉請《ホウシヤウス》、即《スナハチ》不《ズ》レ捨《ステ》ニ慈《ジ》悲《ヒ》。急《キウ》須垂ニ光降《シユタレタマヘクワウカウチ》一拍《ハク》掌《シヤウ》シテ默《モク》念《ネン》再《サイ》拜《ハイ》シテ退《タイ》去《キヨ》ス、

以《イ》上《シヤウ》ノ修《シユ》法《ハフ》ハ心《シン》願《クワン》ヲ祈《イノ》ル時《トキ》ト、常《シヤウ》用《ヨウ》ニ簡《カン》易《イ》ノ勤《ツトメ》法《ハフ》ノ二種《シユ》

ヲ掲載《クイサイ》シ繁務《ハンム》ノ者《モノ》ニ便《ベン》ナラシム、

祭壇《サイダン》及《オヨ》ヒ供物《クブツ》奉仕《ホウシ》心得《コヽロエ》

凡《オヨ》ソ祭壇《サイタン》ノ器具《キグ》及《オヨ》ヒ幣木《ヘイギ》臺《ダイ》等《トウ》ニ就《ツキ》テ辨《ベン》スレハ各《チノ〳〵》寸法《スンハフ》在《ア》リ、是《コレ》皆《ミナ》秘密《ヒミツ》ノ傳《テン》ナリ、必《カナラ》ス規定《キテイ》ニ従《シタカヒ》テ製作《セイサク》ヲ要《エウ》ス、且《カツ》又《マタ》祭壇《サイダン》ハ他人《タニン》ニ參拜《サンハイ》セシムヘキモノニアラス、行者《キヤウシヤ》ノ外《ホカ》ハ出入《シユツニウ》ヲ禁《キン》スルカ吉《ヨシ》、是《コ》レ大《オホイ》ニ理由《ワケ》有《ア》ルモ、濫《ミタリ》ニ筆記《ヒツキ》スヘキコトニアラサレハ畧《リヤク》ス、本《モ》ト一子《シ》相傳《ソウデン》ノ法《ハフ》ナリ、其《ソノ》正式《セイシキ》ハ清淨《シヤウ〴〵》ノ一室《シツ》ニ鎭宅《チンタク》ノ爲《タ》メニ祭祀《マツル》モノナリ、若《モ》シ家宅《カタク》狹隘《ケフアイ》ニテ別室《ヘツシツ》ノ備《ソナハ》ラサル住宅《シウタク》ハ躬《ミツカ》ラ己《チノ》カ不德《フトク》ヲ懺悔《サンケ》シテ、假設《カセツ》ニ高《タカ》サ壹尺二寸ノ臺上《ダイシヤウ》ニ安置《アンチ》シ、止《ヤム》ヲ得《エ》ス畧式《リヤクシキ》ニ祭《マツ》ル者《モノ》ナレハ、他《タ》日志《シフコヽロザシ》ヲ遂《ト》ケ相應《ソウオウ》ノ住宅《シウタク》ヲ得《ウ》ルニ至《イタ》ラハ、益々《マス〳〵》振《フルツ》テ至誠《シセイ》ヲ盡《ツク》シ、謝恩《シヤオン》ノ意《イ》ヲ忘却《ワスル》ル事《コト》無《ナ》ク、其《ソノ》祭《サイ》壇《タン》ノ清《ソウ》掃《ジ》并ニ供《ク》物《ブツ》奉《ホウ》獻《ケン》スルニ、家《カ》族《ゾク》或《アルヒ》ハ下《カ》婢《ヒ》等《トウ》ニ放《ハウ》任《ニン》スヘカラス、家《カ》主《シユ》カ躬《ミツカ》ラ奉《ホウ》仕《シ》ヲ行《オコナ》フモノナリ、若《モ》シ旅《リヨ》行《カウ》等《トウ》ノ不《フ》在《サイ》中《チウ》ハ長《チヤウ》男《ナン》、又ハ妻《サイ》カ代《カハ》リ奉《ホウ》仕《シ》ヲ爲《ナ》スハ可《カ》ナラン、細《サイ》事《ジ》モ忽《ユル》諸《カセ》ニスル勿《ナカ》レ、

喩《タトヘ》ハ近《キン》時《ジ》都《ト》鄙《ヒ》ニ流《ハヤ》行《リ》ノ茶《サ》事《ジ》會《クワイ》席《セキ》ノ式《シキ》ハ、富《フ》家《カ》ノ主《シユ》人《ジン》カ客《カク》ヲ待《タイ》遇《グウ》スルニ自《ミツカ》ラ茶《サ》菓《クワ》ヲ羞《スヽ》メ猶《ナホ》酒《シユ》食《シヨク》ノ饗《キヤウ》應《オウ》ニ給《キウ》仕《ジ》ヲ爲《ナ》シ、殊《コト》ニ寒《カン》暑《シヨ》ニ從《シタカヒ》テ嘉《ガ》肴《カウ》ノ撰《セン》定《テイ》ヨリ料《リヤウ》理《リ》ノ温《オン》度《ド》等《トウ》ハ勿《モチ》論《ロン》其《ソノ》他《タ》飾《カザリ》附《ツケ》萬《バン》端《タン》ニ頗《スコブ》ル用《ヨウ》意《イ》周《シフ》到《タウ》ニシテ、客《カク》ヲ厚《アツ》ク待《タイ》遇《グウ》スル動《ドウ》作《サ》ニ感《カン》シ滿《マン》足《ゾク》スル故《ユヱ》茶《サ》事《ジ》ヲ馳《チ》走《ソウ》ト爲《ナ》スニアラスヤ、人《シン》事《ジ》ノ禮《レイ》式《シキ》ノ一モ斯《カク》ノ如《ゴト》シ、

予《ヨ》多《タ》年《ネン》運《ウン》命《メイ》ヲ調《テウ》査《サ》研《ケン》究《キウ》スルニ、天《テン》稟《リン》ノ好《カウ》命《メイ》者《シヤ》ハ甚《ハナハ》ダ尠《スクナ》ク、非《ヒ》運《ウン》薄《ハク》德《トク》者《シヤ》カ多《オホ》クシテ、不《フ》如《ニヨ》意《イ》ヲ歎《タン》シ生《セイ》活《クワツ》難《ナン》ヲ呶《ド》々《ド》スル者《モノ》カ、一朝《テウ》自《ジ》身《シン》ノ天《テン》命《メイ》ノ非《ヒ》ヲ自《ジ》覺《カク》シ、靈《レイ》符《フ》ノ秘《ヒ》妙《メウ》秘《ヒ》靈《レイ》ヲ感《カン》シテ、毫《スコシ》モ疑《ギ》念《ネン》無《ナ》ク信《シン》仰《カウ》者《シヤ》ハ僅《ワツカ》ノ日《ニツ》數《スウ》ニテ、忽《コツ》然《セン》富《フ》豪《ガウ》ニ成《ナ》ルトハ謂《イ》ハサルモ、

日《ニチ》常《シヤウ》ノ不《フ》自《ジ》由《ユウ》ノ域《イキ》ヲ脱《ダツ》シ、貧《ヒン》苦《ク》ヲ忘《ワス》ルニ至《イタ》ルコトハ確《カク》實《ジツ》ナリ、是《コレ》即《スナハ》チ人《ジン》力《リヨク》ヲ以テ何《イカ》ントモ爲《ナ》スヘカラサル、凶《ケフ》運《ウン》ノ命《メイ》ヲ轉《テン》變《ヘン》シテ福《フク》壽《ジユ》ヲ得《ウ》ル、無《ム》上《ジヤウ》ノ天《テン》寶《ホウ》ヲ享《ウク》ル尊《ソン》星《セイ》ニ對《タイ》シ奉《タテマツ》リ、清《ソウ》掃《ジ》及ヒ給《キウ》仕《シ》等《トウ》ヲ粗《ソ》畧《リヤク》ニ爲《ナ》シ、不《フ》敬《ケイ》ニ渉《ワタ》ル事《コト》往《ワウ》々《く》致《イタ》シテ、遂《ツイ》ニ神《シン》怒《ド》ヲ惹《ジヤク》起《キ》スルニ到《イタ》ラハ悔《クユ》ルモ及《オヨ》バズ、再《フタヽ》ビ憂《ユウ》苦《ク》ヲ嘗《ナメ》ルハ當《トウ》然《ゼン》ナリ、昔《ムカ》者《シ》多《タ》多《ダ》良《ラ》家《ケ》カ國《コク》司《シ》ノ職《シヨク》ヲ失《ウシナ》ヒ、身《シン》家《カ》共《トモ》ニ滅《メツ》亡《バフ》セシヲ深《フカ》ク肝《カン》ニ刻《キサミ》テ可《カ》ナラン、況《マ》シテ農《ノウ》商《シヤウ》工《コウ》等《トウ》ノ者《モノ》ニ於《オイ》テヲヤ、抑《ソモ〳〵》モ家《イヘ》ノ興《コウ》旺《ワウ》衰《スイ》傾《ケイ》ハ、家《カ》主《シユ》ノ德《トク》ニ起《キ》因《イン》シテ勃《ホツ》興《コウ》爲《ナ》ス有《ア》リ、或《アルヒ》ハ衰《スイ》滅《メツ》ニ至《イタ》ルモノナルカ、現《ケン》代《ダイ》ハ智《チ》育《イク》ノミニ偏《ヘン》シ、德《トク》ノ何《ナニ》タルヲ知《シ》ラス、彼《カノ》個《コ》人《ジン》主《シユ》義《ギ》ヲ偏《ヘン》信《シン》シテ、若《モ》シ一朝《チフ》志《シ》望《ハウ》ヲ達《タツ》セハ、神《シン》佛《ブツ》ノ事《コト》ハ暫《シバラ》ク擱《オキ》テ舊《キウ》恩《オン》人《ジン》ガ零《ヲチ》落《ブレ》テ陋《ラウ》巷《コウ》ニ艱《カン》苦《ナン》ヲ嘗《ナム》ルヲ見《ケン》聞《ブン》スルモ、忠《チウ》誠《セイ》ヲ竭《ツク》シ慰《イ》問《モン》シ、謝《シヤ》恩《オン》ノ意《イ》ヲ以《モツ》テ報《ムクユ》ル者《モノ》ハ甚《ハナハ》タ稀《キ》少《セウ》ノ時《トキ》ナリ、況《イハン》ヤ無《ム》臭《シフ》無《ム》言《ゲン》ノ天《テン》ニ對《タイ》シ、將《ハタ》亦《マタ》神《シン》佛《ブツ》ニ對《タイ》スル感《カン》念《ネン》ハ現《ゲン》時《ジ》頗《スコブ》ル零《レイ》淡《タン》者《シヤ》多《オホ》シ、原《モ》ト至《シ》誠《セイ》無《ナ》ク信《シン》念《ネン》無《ナ》キ者《モノ》カ、天《テン》佑《ユウ》ヲ享《ウ》ケ冥《メイ》祐《ユウ》ノ天《テン》寶《ホウ》ヲ受《ウク》ル理《リ》無《ナ》キモ、誠《セイ》意《イ》者《シヤ》カ修《シユ》法《ハフ》セシ實《ジツ》驗《ケン》説《セツ》ノ證《シヤウ》ハ左《サ》ノ如《コト》シ、

靈《レイ》應《オウ》實《ジツ》驗《ケン》ノ例《レイ》徵《チヤウ》

茲《コヽ》ニ信《シン》念《ネン》ノ起《オコ》ル動《ドウ》機《キ》ヲ畧述《リヤクシユツ》セハ、各《カク》人《ジン》カ處《シヨ》世《セ》ニ智《チ》力《リヨク》ヲ振《フルヒ》テ計《ケイ》畫《クワ》スルニ、悉《コト〲》ク心《シン》算《サン》ノ如《コト》ク遂《スイ》行《カウ》シ得《エ》ハ、必《カナラ》ス自《シ》負《フ》慢《マン》心《シン》カ增《ゾウ》長《チヤウ》シテ、聖《セイ》敎《ケフ》ノ切《セツ》言《ゲン》モ神《シン》佛《ブツ》ノ誓《セイ》願《グワン》モ無《ム》視《シ》シ、遂《ツヒ》ニ一《イチ》言《ゲン》ノ下《シタ》ニ迷《メイ》心《シン》ト爲《ナ》シ、或《アルヒ》ハ頑《クワン》陋《ロウ》又《マタ》ハ舊《キウ》思《シ》想《ソウ》ト評《ヒヤウ》シテ、我《ワカ》固《コ》有《ユウ》ノ美《ヒ》德《トク》ヲ破《ハ》壞《クワイ》シ、是《コヽ》ニ時《ジ》弊《ヘイ》ノ起《キ》因《イン》ヲ爲《ナ》ス、然《シカ》ルニ之《コレ》ニ反《ハン》シテ百《ヒヤク》事《ジ》ニ熱《ネツ》心《シン》工《ク》風《フウ》ヲ凝《コラ》シ、心《シン》膽《タン》ヲ碎《クダキ》テ事《コト》ヲ謀《ハカ》ルニ悉《コト〲》ク齟《ソ》齬《ゴ》シ、皆《ミナ》無《ム》功《コウ》ニ歸《キ》センカ、氣《キ》弱《ヨハキ》徒《モノ》ハ思《シ》慮《リヨ》ニ及《オヨ》ハス疾《シツ》病《ヒヤウ》ニ罹《カヽ》ル在《ア》リ、或《アルヒ》ハ厭《エン》世《セイ》感《カン》ヲ起《オコ》スニ至《イタ》ル、氣《キ》強《ツヨキ》ハ惡《アク》謀《バウ》ヲ爲《ナ》シ假《カリ》ニ一《イチ》時《シ》ノ榮《エイ》華《クワ》ヲ見《ミ》ルモ天《テン》道《ダウ》ノ照《セウ》鑑《カン》スル古《コ》今《コン》ニ差《サ》無《ナ》ク、遂《ツイ》ニ結《ケツ》果《クワ》ハ囹《レイ》圄《ゴ》ノ客《カク》ト成《ナ》ルカ、若《モ》シ僥《キヨウ》倖《カウ》ニ法《ハフ》網《モウ》ヲ逃《ノカ》ル者《モノ》モ惡《アク》因《イン》ノ果《クワ》ハ免《マヌカ》レサル數《スウ》ニテ、輕《カロ》キモ艱《カン》苦《ク》

ヲ嘗《ナム》ル類《タクヰ》ナリ此故《コノユヱ》ニ人《ヒト》ノ窮境《キウキヤウ》ニ陷《オチイ》リ處《シヨ》スルニ道《ミチ》ヲ誤《アヤマ》リ惡謀《アクバウ》ヲ恣《ホシイマヽ》ニ行《オコナ》ヒ、身《シン》家《カ》共《トモ》ニ滅亡《メツバフ》シ祖先《ソセン》ヲ地下《チカ》ニ泣《ナカ》シムル者等《モノトウ》ハ、疾《ハヤ》ク警醒《ケイセイ》セシメント婆言《バゲン》ヲ附《フ》記《キ》ス、

凡《オヨ》ソ人《ヒト》ノ一般《ハン》ニ渴望《カツハウ》スルハ富貴《フウキ》ニシテ、且《カ》ツ長壽《チヤウシユ》ヲ保有《タモ》チ災《サイ》厄《ヤク》ニ遇《アハ》サル者《モノ》、雨夜《ウヤ》ニ星象《セイシヤウ》ヲ觀《ミ》ル如《ゴト》ク、稀少《キセウ》ノ好運兒《カウウンジ》ニテ多《オホ》ク望《ノソミ》難《カタ》シ、必《カナラ》ス厄難《ヤクナン》ニ罹《カヽ》リ窮苦《キウク》ニ遭逢者《ソウアツシヤ》多《オホ》シ、故《ユヘ》ニ儒佛《シユソツ》ノ敎《ケフ》ヲ幼《エウ》稺時代《サイジダイ》ニ耳底《ニテイ》ニ止《トヽム》ル者《モノ》ハ、窮苦《キウク》ニ際會《サイクワイ》スルモ善道《ゼンダウ》ニ踐入《フミイリ》易《ヤス》ク後《ノチ》好果《カウクワ》ヲ得《エ》テ人《ヒト》ノ羨《ウラヤ》ム地位《チヰ》ニ立《タ》ツ者《モノ》、其例徵《ソノレイチヤウ》ハ一々《イチ〳〵》提出《ナイシユツ》セザルモ、衆人《シウシン》ノ知《シ》ル處《トコロ》ノ如《ゴト》シ、猶《ナヲ》後世《コウセ》ニ特種《トクシユ》ノ英名《エイメイ》ニ遺《ノコ》ス者《モノ》ハ、是《コレ》則《スナハ》チ祖先《ソセン》ノ餘德《ヨトク》ニシテ、豐公《ホウコウ》ノ祖父《ソフ》カ靈符《レイフ》ヲ禱《イノ》リタルカ如《ゴト》シ、善因《ゼンイン》ノ果《クワ》カ大《タイ》ナル證《シヤウ》ハ己《スデ》ニ燦然《サンゼン》タリ、爰《コヽ》ニ天稟《テンリン》ノ英豪《エイカウ》ノ談《ダン》ハ暫《シバラ》ク擱《サシチ》キ、降《クタツ》テ平凡《ヘイボン》ノ吾人《ゴシン》カ、人世《ジンセ》ノ運《ウン》

命《メイ》ヲ測《ハカ》ル、的《テキ》確《カク》ノ道《ミチ》ヲ求《モトメ》ント欲《ホツ》シテ、予《ヨ》ハ天《テン》學《カク》ノ一《イツ》小《セウ》部《ブ》分《ブン》研《ケン》精《セイ》スルニ、百《ヒヤク》難《ナン》ニ遇《ア》ヒ耐《タイ》忍《ニン》シ、已《スデ》ニ六旬《シユン》ニ及《オヨン》テ爰《コヽ》ニ進《シン》退《タイ》維《キハ》谷《マル》ニ遇《ア》ヒ、曾《カツ》テ靈《レイ》符《フ》神《シン》ノ祭《サイ》祀《シ》ヲ實《ジツ》驗《ケン》ヲ期《キ》圖《ト》セシモ、眼《カン》前《ゼン》ノ瑣《サウ》事《シ》ニ逐《チハ》レ機《キ》ヲ逸《イツ》セシカ、俄《カ》然《セン》神《シン》秘《ヒ》ノ法《ハフ》ヲ實《ジツ》行《カウ》スルニ、先《マ》ツ三七日《ニチ》間《カン》沐《モク》浴《ヨク》齋《サイ》戒《カイ》シ謹《キン》身《シン》ノ上《ウヘ》ニ四七日正《セイ》式《シキ》ノ秘《ヒ》法《ハフ》ニ信《シン》念《ネン》ヲ凝《コラ》シタルニ、望《ハウ》外《クワイ》ノ靈《レイ》應《オウ》ニ遇《アヒ》タリ、其《ソノ》始《ハジ》メ謹《キン》身《シン》ヲ決《ケツ》心《シン》スル三四日目《メ》ヨリ、感《カン》應《オウ》ノ兆《テフ》ヲ發《ハツ》シ日《ヒ》ヲ經《ケイ》過《クワ》スルニ從《シタカ》ヒ益《マス》々《〳〵》驗《ケン》有《ア》リ、故《ユヘ》ニ畧《リヤク》式《シキ》ノ修《シユ》法《ハフ》ヲ制《セイ》定《テイ》シ、更《サラ》ニ知《チ》人《ジン》ニ勸《スヽ》メ試《コヽロミ》ルニ、是《コレ》亦《マタ》靈《レイ》應《オウ》ヲ蒙《カフム》ルコト準《ヒト》シ、其《ソノ》實《ジツ》驗《クン》確《カク》認《ニン》スルヲ得《エ》タリ、原《モ》ト神《シン》佛《ブツ》ノ驗《ケン》在《ア》ルヲ知《シ》ルモ、冥《メイ》祐《ユウ》ヲ享《ウク》ル事《コト》ハ容《ヨウ》易《イ》ノ業《ワザ》ニアラス、豈《ア》ニ圖《ハカ》ランヤ此《コノ》法《ハフ》ハ推《スイ》想《ソウ》ト異《コト》ニス、素《モト》ヨリ流《ル》布《フ》ノ法《ハフ》理《リ》ニ比《ヒ》較《カク》セハ超《テフ》越《エツ》スル勿《モチ》論《ロン》ニテ、其《ソノ》法《ハフ》理《リ》ヲ沈《チン》重《チヨウ》ニ考《カウ》察《サツ》スルニ、能《ヨ》ク完《クワン》備《ヒ》シ有《ア》ルヲ信《シン》シ、若《モ》シ靈《レイ》應《オウ》ヲ享《ウク》ル能《アタ》ハサルニ至《イタ》レハ、世《ヨ》ニ秘《ヒ》法《ハフ》ト稱《シヤウ》スルモノ無《ナ》シ、必《ヒツ》然《セン》冥《メイ》祐《ユウ》ヲ享《ウ》クト決《ケツ》意《イ》セシカ、將《ハタ》シテ然《シカ》リ、是《コレ》則《スナハ》チ儒《シユ》敎《ケフ》ノ奥《オウ》蘊《ウン》五《ゴ》行《キヤウ》ノ眞《シン》理《リ》ニ適《テキ》合《カフ》スルノミナラス、秘《ヒ》妙《メウ》秘《ヒ》靈《レイ》ナルニ殊《コト》ニ鍛《タン》錬《レン》ノ秘《ヒ》法《ハフ》ニ因《ヨ》ル、世《ヨ》ニ神《シン》佛《ブツ》ハ數《アマ》多《タ》在《ア》ルモ、殊《コト》ニ靈《レイ》符《フ》神《シン》カ人《シン》生《セイ》ニ直《チヨク》接《セツ》關《クワン》聯《レン》スルコトハ叙《シヨ》述《シユツ》ノ理《ワ》由《ケ》ト、猶《ナホ》吾《ゴ》人《ジン》ノ生《ウマ》ル年《ネン》月《ゲツ》日《ニチ》時《ジ》ヲ星《セイ》神《シン》カ司《ツカサト》ルニ因《ヨ》ル、而《シカ》ルニ各《カク》人《シン》カ種々《イロ〳〵》ノ災《サイ》厄《ヤク》ニ罹《カヽ》リ、病《ヒヤウ》災《サイ》損《ソン》耗《カウ》等《トウ》ノ百《ヒヤク》難《ナン》ニ遇《アフ》ハ人《シン》體《タイ》ニ備《ソナハ》ル五《ゴ》行《キヤウ》カ歳々《トシ〳〵》ニ運《メグ》ル、五《ゴ》行《キヤウ》ノ尅《コク》煞《サツ》ニ値《ア》フ毎《ゴト》ニ艱《カン》苦《ク》ヲ嘗《ナ》メ、其《ソノ》尅《コク》煞《サツ》ニ小《セウ》大《タイ》輕《ケイ》重《ヂウ》有《ア》ルヲ以《モツ》テ、災《サイ》禍《クワ》モ亦《マタ》然《シカ》リ、此《コノ》法《ハフ》ハ其《ソノ》諸《シヨ》凶《ケフ》煞《サツ》神《シン》ヲ制《セイ》伏《フク》シ、亦《マタ》制《セイ》和《クワ》ノ理《リ》有《ア》ル故《ユヘ》、天《テン》命《メイ》ノ凶《ケフ》ヲ轉《テン》化《クワ》シテ吉《キチ》ト爲《ナ》シ、是《コレ》則《スナハ》チ好《カウ》命《メイ》ノ人《ニン》間《ケン》ト成《ナ》リ擁《ヨウ》護《ゴ》ヲ享《ウク》ルニ因《ヨ》ル、偖《サテ》其《ソノ》實《ジツ》驗《ケン》ニ誠《セイ》實《ジツ》ト認《ミトメ》タル人《ヒト》ハ、皆《ミナ》所《シヨ》願《クワン》成《シヤウ》就《ジユ》セザル者《モノ》無《ナ》シ、其《ソノ》例《レイ》ヲ擧《アク》レハ非《ヒ》常《シヤウ》ノ難《ナン》題《タイ》大《ダイ》事《ジ》件《ケン》（拾有餘萬何千圓）暴《ハウ》奸《カウ》人《シン》ノ談《タン》判《ハン》ヲ受《ウク》ル者《モノ》カ、其《ソノ》難《ナン》ヲ免《マヌカ》レント祈《キ》念《ネン》スルニ、三日目《メ》ニ彼《カレ》ヨリ取《トリ》消《ケ》シヲ請《コ》ヒ、示《ジ》談《ダン》ヲ頼《タノミ》入《イ》ル等《トウ》ハ奇《キ》異《イ》ト謂《イ》ハサルヲ得《エ》ス、或《アルヒ》ハ金《キン》調《テフ》ヲ依《イ》頼《ライ》スルニ忽《タチマ》チ需《シュ》用《ヨウ》ヲ充《ミタ》シ、或《アルヒ》ハ奇《キ》難《ナン》ヲ免《マヌカ》ル有《テ》リ、或ハ混《コン》雜《サツ》中《チウ》ニ財《サイ》嚢《ノウ》ヲ遺《ユ》失《シツ》セシニ、其《ソノ》中《ナカ》ニ靈《レイ》符《フ》有《アリ》テ途《ト》中《チウ》ヨリ戻《モト》リ尋《タツヌ》レハ、無《ブ》事《ジ》ニ原《グン》主《シュ》ニ還《カヘ》ル在《ア》リ、其《ソノ》他《タ》百《ヒヤク》事《ジ》ノ志《シ》望《バフ》カ意《イ》ノ如《ゴト》ク整《トヽノ》ヒ、萬《バン》事《ジ》カ順《シュン》調《テフ》ニ運《ハコ》フ等《トウ》此《コレ》等《ラ》ヲ一々ニ列《レツ》擧《キヨ》スレハ際《サイ》限《ケン》無《ナ》キヲ以テ、只《タヾ》其《ソノ》二三ノ梗《アラ》要《マシ》ヲ示《シメ》ス而《ノ》已《ミ》、信《シン》仰《カウ》ニ熱《ネツ》誠《セイ》ト認《ミトメ》ル者《モノ》ハ、疾《ハヤ》キハ僅《ワツカ》ニ三日目《メ》ニ驗《ケン》在リ、其《ソノ》他《タ》ハ五日目《メ》ニ一週《シウ》ニ二週《シウ》ニ三週《シウ》等《トウ》ノ差《サ》有《ア》リ、其《ソ》ハ祈《キ》願《クワン》ノ事《ジ》情《シヤウ》ト大《タイ》小《セウ》輕《ケイ》重《ヂウ》ノ差《サ》有《ア》ルモ、斯《カク》ノ如《ゴト》ク即《ソク》時《ジ》ニ靈《レイ》應《オウ》ヲ觀《ミ》ル神《シン》佛《ブツ》有《ア》リヤ、豈《ア》ニ天《テン》下《カ》ニ靈《レイ》符《フ》ノ外《ホカ》ニ有《ア》ル事《コト》無《ナ》シト思《シ》慮《リヨ》シ、爰《コヽ》ニ特《トク》筆《ヒツ》錄《シル》スル所《ユ》以《エン》ナリ、病患《ヒヤウクワン》者《シヤ》ノ如《ゴト》キハ、醫《イ》士《シ》ノ急《キウ》速《ソク》ニ全《セン》快《クワイ》望《ノツミ》無《ナ》シト謂《イ》フ者《モノ》カ、精《セウ》進《シン》潔《ケツ》齋《サイ》ノ德《トク》ノ大《タイ》ナル哉《カナ》、祈《キ》念《ネン》ノ三日《カ》目《メ》ハ差《サ》無《ナ》クシテ、忽《コツ》然《セン》四日目《メ》ニ

至《イタ》リ常《ツネ》ノ如《ゴト》ク快《クワイ》癒《ユ》シ、醫《イ》士《シ》カ驚《ケフ》歎《タン》セシト聞《キ》クカ、此《コレ》等《ラ》ハ小《セウ》事《ジ》ニテ童《ドウ》蒙《モウ》ノ一《イチ》助《ショ》ニ過《スギ》ス、更《サラ》ニ其《ソノ》大《タイ》ナルモノヲ參《サン》考《カウ》ノ資《シ》料《リヤウ》ニ供《キヨウ》スヘシ、

四十五年大阪市《オホサカシ》南區《ミナミク》ノ大火《タイクワ》ニ類燒《ルヰシヤウ》ノ災《サイ》ニ遇《アヒ》タル、生《イク》魂《タマ》神社《シンシヤ》ノ來歴《ライレキ》ヲ聞《キク》ニ皇《クワウ》祖《ソ》東征《トウセイ》ノ時《トキ》ニ難波《ナニハ》ニ祀《マツ》リ、玉《タマ》フニ始《ハシマ》リ延喜式《エンキシキ》ニ難波《ナニハ》大社《タイシヤ》ト有《アツ》テ神領《シンリヨウ》モ多《タ》大《タイ》ニ有《ユウ》シ（大社トハ出雲ノ大社ト難波大社ノ二社トス）降《クダリ》テ豐公《ホウコウ》築城《チクシヤウ》ニ由《ヨ》リ現地《ケンチ》ニ遷坐《センザ》ノ際《サイ》ハ面積《メンセキ》（東西十二町南北八町）附近《フキン》ニ寺坊《シハウ》（九坊）社人《シヤジン》ノ宅地《タクチ》等《トウ》在《アリ》テ神佛《シンブツ》二道《ダウ》ヲ以《モツ》テ奉仕《ホウシ》シ來《キタ》リ、慶長年中《ケイチヤウネンチウ》ノ建造物《ケンゾウブツ》ニテ、古色燦然《コショクサンセン》タル莊嚴《シヤウゴン》ノ殿堂《デンドウ》モ、本年回祿《ホンネンクワイロク》ノ災《サイ》ニ滅燼《メツシン》シ其蹟《ソノアト》ノ凄然《セイセン》タル、思《オモ》ハス落涙《ラクルイ》セサルヲ得《エ》ス僅《ワツカ》ニ繪馬《エマ》堂《ドウ》（本殿裏ト）末社《マツシヤ》ハ無事《ブジ》ナリ、素《モ》ト御由緒《ゴユイショ》嚴然《ゲンセン》タル故《ユヱ》、政府《セイフ》ノ御下賜《ゴカシ》金《キン》厚《アツ》ク殊《コト》ニ陛下《ヘイカ》ヨリ御下賜《ゴカシ》金《キン》有《アツ》テ再建《サイコン》ハ不日落《フジツラク》成《セイ》スヘシ、然《シカ》ルニ無比《ムヒ》ノ名社《メイシヤ》ニ關《カヽハ》ラス、平素《ヘイソ》參拜者《サンハイシヤ》甚《ハナハ》タ尠《スクナ》ク日日《ヒヾ》ニ衰《オトロヘ》テ現形《ケンケフ》ハ甚《ハナハ》タ縮少《シユクセウ》シテ昔《ムカシ》日ノ比《タクイ》ニアラス、現況《ケンケフ》ニ至《イタ》レルハ維新《イシン》ノ改革《カイカク》ニ殿前《デンセン》ノ二王門《ワウモン》ヲ取毀《トリコホ》チ寺坊《ジハウ》ハ廢滅《ハイメツ》ニ歸《キ》シ神領《シンリヨウ》モ無《ナ》ク只《タヾ》官幣大社《クワンヘイタイシヤ》ノ名《ナ》カ存《ソン》シ居《ヲ》ルモ

ノ、如《コト》シ、之《コレ》ニ由《ヨツ》テ御《ゴ》由《ユイ》緒《シヨ》ハ尊《タツトキ》モ森《シン》然《セン》タル感《カン》薄《ウス》シ、此《コノ》起《キ》因《イン》ハ恐《オツ》ラク靈《レイ》符《フ》ノ守《シユ》護《ゴ》祠《シ》ヲ喪《ソウ》失《シツ》等《トウ》種々《イロく》衰《スイ》頽《タ井》ノ事《ジ》故《コ》湊《ソウ》合《カウ》シテ、茲《コヽ》ニ神《シン》怒《ド》ノ災《サイ》厄《ヤク》ヲ招《マネ》クニ至《イタ》リシカ、其《ソノ》靈《レイ》符《フ》祠《シ》ハ前《セン》ニ記《シル》ス如《コト》ク畿《キ》内《ナイ》ニ始《ハシメ》テ祀《マツレ》ル名《メイ》蹟《セキ》ニカ、ハラス、其《ソノ》祠《シ》カ無《ナ》キハ大《タイ》缺《ケツ》点《テン》ト謂《イハ》サルヲ得《エ》ス、噫《アヽ》、予《ヨ》ハ生《イク》魂《タマ》社《シヤ》ノ衰《スイ》頽《タ井》ニ就《ツキ》テ、天《テン》滿《マン》社《シヤ》ノ繁《ハン》昌《シヤウ》ニ一《イツ》驚《キヤウ》ス去《サンヌ》ル四十二年北《キタ》區《ク》ノ大《タイ》火《クワ》ニ、將《マサ》ニ罹《リ》災《サイ》セントシテ免《マヌカ》レタル天《テン》滿《マ》ノ天《テン》滿《マン》社《シヤ》ハ現《ケン》地《チ》ニ祀《マツ》ル來《ライ》歷《レキ》ノ古《コ》記《キ》錄《ロク》及《オヨ》ヒ重《シウ》器《キ》類《ル井》ハ天《テン》保《ホウ》八年《ネン》大《オホ》鹽《シホ》ノ亂《ラン》ニ兵《ヘイ》燹《セン》ニ燒《シヤウ》燼《ジン》シ、漸《ヤウヤ》ク御《ゴ》神《シン》靈《タイ》ヲ奉《ホウ》シテ立《タチ》退《ノ》キ、其《ソノ》後《ゴ》ニ御《ゴ》造《ソウ》營《エイ》ハ一《イツ》般《ハン》ノ信《シン》者《シヤ》ノ寄《キ》附《フ》ニ由《ヨツ》テ成《ナ》ル、現《ケン》況《ケウ》ノ建《タチ》物《モノ》ト聞《キ》ク、其《ソノ》本《ホン》殿《デン》ハ質《シツ》素《ソ》ナルカ、殊《コト》ニ神《カ》樂《クラ》殿《デン》連《レン》歌《カ》所《シヨ》等《トウ》ノ結《ケツ》構《カウ》壯《ソウ》麗《レイ》ヲ極《キハ》ム、且《カツ》又《マタ》四時《シ》ノ繁《ハン》昌《シヤウ》ハ大《オホ》阪《サカ》第《タイ》一《イチ》ノ神《シン》社《シヤ》ニ推《オ》ス、社《シヤ》格《カク》ハ生《イク》玉《タマ》ハ官《クワン》幣《ヘイ》大《タイ》社《シヤ》ナルニ天《テン》滿《マ》ハ府《フ》社《シヤ》トノ差《サ》ナリ、年《ネン》代《タイ》ヲ比《ヒ》較《カク》スレハ約《オヨソ》千二三百年遲《チツ》ク鎭《チン》座《ザ》シ玉《タマ》フ是《コヽ》ニ於《オイ》テ災厄ニ罹ルト無事ト四時共ニ衰頽ト繁昌トハ菅公ノ神威ノミト衆《シウ》人《シン》ハ思《オモ》フカ予《ヨ》ハ敢《アヘ》テ然《シカ》ラスト考《カンカ》フ、凡《ホン》夫《フ》カ彼《カレ》是《コレ》ト論《ロン》スヘキコトニアラサルカ、是則《コレスナハ》チ天《テン》滿《マン》社《シヤ》ハ、靈符祠ノ守護カ嚴然ト完備ス（首卷ノ傳説チ參照スヘシ）其《ソノ》何《ナン》年《ホン》頃《コロ》ヨリ靈《レイ》祠《フシ》ヲ祀《マツ》ルカ明《メイ》瞭《リヨウ》ナラサルモ、現《ケン》時《ジ》艮《コン》方《ハウ》ヨリ坤《コン》位《井》ニ向《ムカヒ》テ鎭《シツマ》リ玉《タマ》フ、是則《コレスナハ》チ大《ダイ》繁昌《ハンシヤウ》ノ實徴《ジツチヤウ》ト斷定《ダンテイ》ス、素《モ》ト菅公《クワンコウ》ノ誠忠《セイチウ》神威《シンヰ》赫々《カクく》タルハ勿論《モチロシ》ナルカ、安井《ヤスヰ》ノ天神《テンジン》ハ天滿《テンマ》ト同一《トウイツ》ニ繁昌《ハンシヤウ》セス、人氣《ニンキ》ノ稀少《キセウ》ハ衆人《シウニン》ノ知《シ》ルカ如《ゴト》シ、故《ユヘ》ニ神社ニ靈符ヲ祀レハ常ニ繁榮シ火災ヲ免ルコト歴然タリ、又寺院ニ祀ルモ亦然リ、特ニ靈驗ノ標目ニ公然錄シ在リ故《ユヘ》ニ予《ヨ》カ孟浪《モウラウ》ノ説《セツ》ヲ敢《アヘ》テ附會《フクワイ》スルニアラス、是即《コレスナハ》チ**最新一大事實ニ靈應ノ徴證**ニ示《シメ》ス而《ノ》已（其他ノ卒見神社佛閣ノ盛衰ノコト、又ハ火災ノ天譴ナルコトハ、已ニ拙著天學叢談ニ詳述セシヲ以テ今茲ニ再贅セス）生《イク》魂《タマ》社《シヤ》ノ衰傾《スイケイ》ハ恐《オソ》ラク靈符祠《レイフシ》ノ廢絶《ハイセツ》ニ起因《キイン》スト考《カンカ》フ、

更《サラ》ニ靈應《レイオウ》ノ個人《コジン》ニ顯著《ケンチヨ》ナルハ、予《ヨ》カ靈符《レイフ》ヲ謹寫《キンシヤ》シタルヲ念《ネン》シ、頗《スコフ》ル奇談《キダン》有《ア》リ、本書《ホンシヨ》發行人《ハツカウシン》ノ上村由太郎《ウヘムラヨシタラウ》カ、住宅《ジウタク》ノ井水《ヰスイ》ハ赤色《セキシヨク》ヲ帶《オ》フ悪水《アクスヰ》ニテ、已《スナ》ニ使用《シヨウ》ニ耐《タヘ》サル六年間《ネンカン》ナリ、本年《ホンネン》七月一日朔《アサ》始《ハシメ》テ坤元《コンケン》靈符《レイフ》ヲ祀《マツ》ルニ、俄然《ニハカニ》清淨《シヤウく》ノ白水《ハクスイ》ト善化《センクワ》ス、是《コレ》豈《アニ》奇《キ》靈《レイ》ト謂《イ》フモ不可無《フカナ》シト考《カンカ》フ、同人《ドウニン》ハ天性《ウマレツキ》正直《セイチヨク》ノ稟性《リンセイ》ニ、靈符《レイフ》ヲ

厚《アツ》ク信《シン》念《ネン》シ家《カ》穡《シヨク》ヲ勵《レイ》行《カウ》スル故《ユヘ》、百《ヒヤク》事《ジ》意《イ》ノ如《ゴト》ク運《ハコ》ヒ家《カ》政《セイ》有《ユウ》福《フク》ナルカ、天《テン》道《タウ》ノ至《シ》誠《セイ》ヲ賞《シヤウ》スル斯《カク》ノ如《ゴト》ク、將《シヤウ》來《ライ》ノ榮《エイ》達《タツ》スル期《キ》シテ待《マ》ツ耳《ノミ》、所《イハ》謂《ユル》吉《キチ》事《ジ》祥《シヤウ》有《ア》リノ敎《ヲシヘ》ハ、此《コレ》等《ラ》ノ瑞《スイ》兆《テフ》ヲ謂《イ》フ乎《カ》、

爰《コヽ》ニ錄《ロク》載《サイ》スル處《トコロ》ハ、此《コノ》法《ハフ》ヲ實《ジツ》修《シフ》者《シヤ》ノ證《シヤウ》例《レイ》ナリ、殊《コト》ニ特《トク》色《シヨク》ハ流《ル》布《フ》ノ法《ハフ》ト異《コトナ》リ、各《カク》人《シン》カ心《シン》願《クワン》成《シヤウ》就《シユ》ヲ自《ミツカ》ラ祈《イノ》ル法《ハフ》ナレハ毫《スコシ》モ弊《ヘイ》害《カイ》ヲ認《ミト》メス、將《ハタ》亦《マタ》此《コノ》畧《リヤク》式《シキ》法《ハフ》ニ對《タイ》スル、最《モツト》モ正《セイ》式《シキ》ノ大《タイ》法《ハフ》有《ア》リ、其《ソノ》秘《ヒ》法《ハフ》タル世《ヨ》ニ無《ム》比《ヒ》ノ絪《イン》蘊《アン》ニ屬《ゾク》シテ、口《ク》授《シユ》ノ外《ホカ》ニ筆《ヒツ》紙《シ》ニ盡《ツク》シ難《カタ》ク、縱《タト》ヒ能《ノウ》文《フン》者《シヤ》カ狀《シヤウ》況《ケフ》ヲ寫《ウツ》スモ實《ジツ》用《ヨウ》爲《ナ》サス此《コノ》故《ユヘ》ニ本《ホン》書《シヨ》ノ畧《リヤク》式《シキ》ヲ有《イウ》志《シ》ニ相《ソウ》傳《デン》ス、若《モ》シ幸《サイハヒ》ニ至《シ》誠《セイ》ヲ以《モツ》テ信《シン》念《ネン》シ、靈《レイ》驗《ケン》ヲ得《エ》タル者《モノ》ハ、里《リ》程《テイ》ノ遠《エン》近《キン》ヲ論《ロン》セス、來《ライ》訪《ハウ》スヘシ、予《ヨ》カ健《ケン》全《セン》ノ間《アヒダ》ハ正《セイ》式《シキ》ヲ相《ソウ》傳《デン》ヲ諾《ダク》スヘシ、其《ソノ》法《ハフ》ハ五《ゴ》行《キヤウ》ノ眞《シン》理《リ》ニシテ、完《クワン》全《セン》無《ム》缺《ケツ》ニ至《シ》理《リ》ノ備《ソナハ》ルヲ以《モツ》テ、即《ソク》時《シ》ニ靈《レイ》應《オウ》ヲ受《ウ》クヘキカ、自《シ》然《ゼン》ト謂《イ》フ外《ホカ》ニ辭《コトバ》無《ナ》シ、曾《カツ》テ眞《シン》言《ゴン》

秘《ヒ》密《ミツ》ノ修《シユ》法《ハフ》ハ多《タ》年《ネン》實《ジツ》驗《ケン》セシカ、同《ドウ》一ニ論《ロン》スヘキモノニアラス、故《ユヘ》ニ唯《タヾ》無《ム》比《ヒ》ノ靈《レイ》妙《メウ》秘《ヒ》密《ミツ》ト稱《シヤウ》シテ、敢《アヘ》テ憚《ハヾカ》ラサル所《ユ》以《エン》ナリ、唯《タヾ》予《ヨ》ヲ信《シン》スル人《ヒト》ハ之《コレ》ヲ實《ジツ》修《シウ》シテ、其《ソノ》驗《ケン》ヲ知《シ》ル時《ジ》機《キ》アラン、顧《オモ》フニ故《コ》人《シン》ノ説《セツ》ハ靈《レイ》符《フ》ノ符《フ》ヲ授《サツカ》リ、破《ハ》船《セン》ノ危《キ》難《ナン》ヲ免《マヌカ》レタル等《トウ》ノ事《コト》ヲ載《ノス》ルモ、予《ヨ》カ提《テイ》出《シユツ》ノ如《コト》キ靈《レイ》應《オウ》有《ア》ルヲ錄《シル》サス、故《ユヘ》ニ實《シツ》驗《ケン》ヲ遲《チ》延《エン》セシカ、氣《キ》永《ナガ》ク多《タ》年《ネン》ニ信《シン》仰《カウ》スレハ、自《シ》然《ゼン》ニ德《トク》化《クワ》ヲ受《ウク》ルハ、毫《スコシ》モ疑《ウタカ》フ餘《ヨ》地《チ》無《ナ》シ、現《ケン》時《シ》ノ人《ニン》情《シヤウ》ハ兎《ト》角《カク》速《キウ》急《ソク》ヲ好《コノ》ム故《ユヘ》ニ、其《ソノ》實《ジツ》徵《チヤウ》ヲ參《サン》考《カウ》ニ示《シメ》ス而《ノ》已《ミ》、

備《ヒ》考《カフ》ニ云《イフ》古《イニシヘ》ヨリ高《カウ》德《トク》ノ名《メイ》僧《ソウ》カ、神《シン》佛《ブツ》ニ祈《キ》願《クワン》スルニ、一百日間《カン》ノ參《サン》籠《ロウ》シテ以テ靈《レイ》驗《ケン》ヲ得《エ》タルヲ傳《ツタ》フ然《シカ》ルニ此法ハ僅ニ一週内ニ靈應ノ兆カ實現ハ予《ヨ》モ始《ハジメ》ニ夢《ム》想《ソウ》セサル處《トコロ》ナリ然《シカ》ルニ衆《シウ》人《シン》ハ天《テン》命《メイ》ニ差《サ》有《ア》ルヲ以《モツ》テ、其《ソノ》感《カン》應《オウ》ニ遲《チ》速《ソク》在《ア》ルハ勿《モチ》論《ロン》ナルカ實《ジツ》驗《ケン》上《ウヘ》ヲ以《モツ》テ謂《イ》ヘハ即《ソク》時《ジ》ニ得《ウ》ル者《モノ》ト遲《チツキ》者《モノ》ト在《ア》ルモ、一《イチ》度《ド》信《シン》スル以《イ》上《シヤウ》ハ人《ヒト》ニ有《アツ》テ我《ワレ》ニ無《ナ》キ理《リ》アラスト決《ケツ》心《シン》シ幸《サイハ》ヒ疾《ハヤ》キ者《モノ》ハ可《カ》ナリ、若《モ》シ遲《チツキ》

者《モノ》ハ一週《シウ》ヨリ漸《セン》々五十日ヲ一回《イックワイ》ト定《サダ》メ、之《コレ》ヲ終《オハ》レハ暫《シバラ》ク精神《セイシン》ヲ養《ヤシナ》ヒタル後《ノチ》ニ再《フタ》ヒ五十日ヲ期《キ》シテ怠《オコタ》ラサレハ、一願《イチクワン》ハ必《カナラ》ス成就《シヤウシユ》セン、百事《ヒヤクシ》ノ意《イ》ノ如《コト》クナルハ本書《ホンシヨ》ヲ讀了《ヨミオハリ》テ知《シ》ルヲ得《エ》ヘシ、蓋《ケタ》シ形式《ケイシキ》ニ泥拘《ナツム》者《モノ》ハ論外《ロンクワイ》ナリ、予《ヨ》ハ只《タヾ》至《シ》誠《セイ》ヲ以《モツ》テ一心不亂《イツシンフラン》ノ者《モノ》ヲ標本《ヒヤウホン》トシ云《イフ》

靈符《レイフ》ニ三大秘法《サンダイヒハフ》備《ソナハ》ル、皆《ミナ》實行《ジツカウ》ヲ要《エウ》ス、

夫《ソ》レ第一《ダイイチ》ノ秘法《ヒハフ》ハ前《ゼン》ニ掲載《ケイサイ》セシ、修法《シユハフ》ヲ以《モツ》テ前項《センコウ》ニ擧《アケ》タル感《カン》應《オウ》有《アリ》ト雖《イヘト》モ、而《シカ》ルニ第《タイ》二秘法《ヒハフ》ト謂《イ》フハ、坤元靈符《コンケンレイフ》ノ十二支象《シシヤウ》ノ符篆《フシヤウ》ヲ謹寫《キンシン》シ、日日《ヒヾ》ノ朝夕《テフセキ》ニ拜《ハイ》シ見《ミ》ルヲ云《イフ》、第《タイ》三ノ秘法《ヒハフ》ハ斬《ザン》三《サン》尸《シ》九《ク》蟲《チウ》法《ハフ》ヲ云《イフ》、是《コレ》亦《マタ》謹寫《キンシヤ》シテ常《ツネ》ニ護身《ゴシン》ノ爲《タ》メ、身躰《シンタイ》ヲ離《ハナ》サス佩《オヒ》持《モツ》ヲ以《モツ》テ、三大秘法《ヒハフ》完備《クワンビ》ト爲《ナ》ス、前項《センコウ》ニ掲《カヽケ》タル靈應《レイドウ》ハ奇《キ》ナルモ、皆《ミナ》第一《タイイチ》秘法《ヒハフ》ヲ修《シユ》シタル靈妙《レイメウ》ニテ斯《カク》ノ如《ゴト》シ、況《イハン》ヤ三《サン》秘法《ヒハフ》ヲ實行《シツカウ》者《シヤ》ニ於《オイ》テヲヤ、實《ジツ》ニ秘靈《ヒレイ》ヲ享《ウク》ルヿ人智《シンチ》ノ測《ハカ》ル處《トコロ》ニアラス、故《ユヘ》ニ茲《コヽ》ニ特筆《トクヒツ》シテ注告《チウコク》スル者《モノ》ナリ、其《ソノ》靈應《レイオウ》ハ例《タトヘ》ハ鐘《カネ》ヲ撞《ツイ》テ音《オト》有《ア》ル

カ如《コト》シ、故《ユヘ》ニ婆《バ》言《ゲン》ヲ附《シ》記《ル》ス、

靈《レイ》應《オウ》ハ鐘《カネ》ヲ撞《ツキ》テ音《オン》響《キヨウ》在《ア》ルカ如《コト》シ

本卷《ホンクワン》ハ讀者《トクシヤ》カ信念上《シンネンシヤウ》ニ關《クワン》シテ、自身《ジシン》ニ缺点《ケツテン》在《ア》ルヲ反省《ハンセイ》爲《ナ》サス、只《タヾ》靈應《レイオウ》ノ遲速《チソク》ヲ謂《イ》フ者《モノ》在《ア》ル故《ユヘ》、茲《コヽ》ニ諄《クド》ク注意《チウイ》シテ靈應《レイオウ》ヲ享《ウケ》サシメント欲《オモ》フ、且《カツ》又《マタ》靈應《レイオウ》ニ遇《アヒ》タル者《モノ》カ禁忌《キンキ》ノ食物《シヨクブツ》ヲ犯《オカ》シ再《フタヽ》ヒ憂苦《ユウク》ノ境《キヤウ》ニ沈淪者《チンリンシヤ》ヲ惜《オシ》ミ、或《アルヒ》ハ禁忌《キンキ》ノ食《シヨク》ヲ難義《ナンギ》トナス者《モノ》ノ爲《タメ》ニ一言《イチゲン》セハ是《コレ》啻《タヾ》ニ食欲《シヨクヨク》ヲ愼《ツヽシム》ト不愼《ツヽシマサル》トハ、生涯《シヤウガイ》ノ浮沈《フチン》ノ分《ワカ》ル處《トコロ》ナリ.

凡《オヨ》ソ人ノ天命《テンメイ》ヲ享《ウク》ルニ差《サ》在《ア》ルハ、面貌《メンバウ》ノ異《コトナ》ルカ如《コト》シ、其《ソノ》天命《テンメイ》ノ凶者《ケフシヤ》ハ敢《アヘ》テ悲《カナシ》ムニ足《タ》ラス、唯《タヾ》緊要《キンエウ》ハ精神《セイシン》ノ強堅者《キヤウケンシヤ》ニ有《アリ》テ、貴賤《キセン》貧富《ヒンフ》ヲ論《ロン》セス、已《オノ》カ志望《シバウ》ヲ達《タツ》シ、所願成就《シヨクワンジヤウシユ》ノ感應《カンオウ》ヲ受《ウク》ルコト、實《ジツ》ニ鐘《カネ》ヲ撞《ツク》カ如《ゴト》ク、其《ソノ》信念《シンネン》厚《アツ》ケレハ強力者《キヤウリヨクシヤ》カ撞《ツク》ニ大《タイ》響《キヤウ》ヲ發《ハツ》スル如《ゴト》ク多祥《タシヤウ》ヲ享《ウ》ク、若《モ》シ信念《シンネン》薄《ウス》ケレハ柔弱者《ニウシヤクシヤ》カ撞《ツク》ニ小響《セウキヤウ》ノ如《ゴト》ク天福《テンフク》ヲ享《ウク》ル尠《スク》ナキ而已《ノミ》、其理《ソノリ》異《コトナ》ルヲ看《ミ》ス、若《モ》シ精神《セイシン》堅《カタ》カラスシ

テ疑《キ》慮《リヨ》ノ深《シン》淵《エン》ニ沈《シノ》ム者《モノ》ニ至《イタツ》テハ、恐《チツ》ラク其《ソノ》徒《モノ》ヲ救《キフ》濟《サイ》ノ道《ミチ》在《ア》ルヲ知《シ》ラサルナリ、

夫《ソ》レ神《シン》佛《フツ》ノ感《カン》應《オウ》ハ、決《ケツ》シテ形《ケイ》式《シキ》ヤ情《シヤウ》實《ジツ》ヲ許《ユル》サス、縱《タト》ヒ多《タ》年《ネン》何《イカ》ナル神《シン》佛《ブツ》ヲ信《シン》仰《カウ》スルモ、靈《レイ》驗《ケン》無《ナ》キヲ謂《イ》フ徒《モノ》ハ皆《ミナ》半《ハン》信《シン》半《ハン》疑《ギ》ニテ、人ノ靈《レイ》應《オウ》ヲ受《ウク》ル者《モノ》ヲ羨《ウラヤ》ミテ、形《ケイ》式《シキ》ヲ眞《マ》似《ネル》ニ過《スギ》ス、原《モ》ト確《カク》乎《コ》不《フ》拔《バツ》ノ精《セイ》神《シン》ヲ備《ソナ》ヘサル故《ユヘ》、信《シン》念《ネン》堅《ケン》固《コ》ナラスシテ、啻《タヾ》ニ人《ヒト》眞《マ》似《ネ》ニ行《オコナ》フ者《モノ》カ無《ム》驗《ケン》ニ終《オハ》ル、豈《ア》ニ不《フ》思《シ》議《ギ》無《ナ》シト思《オモ》フ、其《ソノ》理《リ》ヲ深《フカ》ク省《セイ》察《サツ》スヘシ、偖《サチ》感《カン》應《オウ》ヲ享《ウク》ル證《シヤウ》徵《チヤウ》嚴《ゲン》然《セン》タルヲ知《シ》ラハ、科《クワ》學《ガク》ニ囚《トラヘ》ラル、人モ欲《ヨク》望《ハウ》ノ爲《タメ》ニ、競《キソヒ》テ贊《サン》同《ドウ》スル如《ヨウ》ナルカ然《シカ》ラスト思《オモ》フ、其《ソノ》靈《レイ》應《オウ》ヲ享《ウク》ル斯《カク》ノ如《ゴト》シ雖モ、爰《コヽ》ニ一生《セウ》禁《キン》忌《キ》ノ肉《ニク》食《シヨク》等《トウ》ヲ守《マモ》ル制《セイ》有《ア》リ、縱《タト》ヒ一時《ジ》ハ幸《サイハヒ》ニ感《カン》應《オウ》ヲ享《ウク》ルモ、若《モ》シ日《ツ》常《ネ》不《フ》愼《ツヽシミ》不《フ》敬《ケイ》ヲ累《カサヌ》レハ、遂《ツイ》ニ再《フタヽ》ヒ災《サイ》禍《クワ》頻々《ヒン〱》疊《カサナ》リ起《オコ》ル處《アツ》レ有《ア》リ、故《ユヘ》ニ凶《ケフ》命《メイ》者《シヤ》モ感《カン》應《オウ》ノ顯《ケン》著《チヨ》ニ感《カン》激《クキ》シ

テ、益々《マスく》信《シン》念《ネン》ヲ増《マ》シ熱《ネツ》誠《セイ》ヲ以テ祭《サイ》祀《シ》者《シヤ》ハ、其《ソノ》家《イヘ》一代《タイ》ノ繁《ハン》榮《エイ》ノミナラス、子《シ》孫《ソン》ニ至《イタ》リ天《テン》下《カ》ニ轟《ロク》名《メイ》者《シヤ》カ生《ウマ》レ來《キタ》リタル徵《チヤウ》ハ已《スナ》ニ明《アキラ》カナリ、若《モ》シ一時《ジ》ノ富《トミ》ニ心《コヽロ》緩《ユルミ》テ禁《キン》忌《キ》ノ食《シヨク》物《ブツ》ヲ犯《チカ》ス不《フ》愼《ツヽミ》者《シヤ》ノ如《コト》キハ、自《ミツカ》ラ災《サイ》厄《ヤク》ヲ好《コノム》テ招《マネ》ク徒《モノ》ト爲《ナ》ス耳《ノミ》、故《ユヘ》ニ予《ヨ》ハ人《ジン》世《セ》ノ浮《フ》沈《チン》ハ愼《シン》重《チヤウ》者《シヤ》ト、不《フ》愼《シン》者《シヤ》ニ由《ヨツ》テ分《ワカ》ル處《トコロ》ト爲《ナ》ス、浮《フ》沈《チン》ハ是《コヽ》ニ基《モトツキ》テ各人《メイく》ノ行《カウ》爲《ヰ》ヲ鑑《カンカ》ミハ、自《ジ》覺《カク》スル秋《トキ》在《ア》ルヘシ、此《コノ》故《ユヘ》ニ禁《キン》忌《キ》ノ食《シヨク》物《ブツ》ヲ忘《ワス》ル勿《ナカ》レト注《チウ》意《イ》スル耳《ノミ》、倘《モ》シ現《ケン》代《タイ》ノ理《リ》屈《クツ》ニ偏《ヘン》信《シン》シテ、精《セイ》神《シン》界《カイ》ニ靈《レイ》妙《メウ》ノ法《ハフ》在《ア》ルヲ無《ム》視《シ》シ、濫《ミタリ》ニ誹《ヒ》譏《キ》スル偏《ヘン》守《シユ》者《シヤ》カ好《カウ》命《メイ》者《シヤ》ノ代《タイ》ハ其《ソノ》位《ヰ》置《チ》ヲ暫《シハラ》ク有《タモ》ツモ、凶《ケフ》命《メイ》者《シヤ》ニ至《イタリ》テハ一生《セウ》窮《キウ》苦《ク》ニ呻《シン》吟《キン》シテ、遂《ツイ》ニ怨《ウラミ》ヲ呑《ノミ》テ終《シウ》焉《エン》ニ歸《キ》セン、風《フウ》潮《ナツ》ハ激《ケキ》浪《ラウ》ノ勢《イキホヒ》ヲ以《モツ》テ精《セイ》神《シン》界《カイ》ノ教《ケフ》ヲ永《ナカ》ク排《ハイ》斥《セキ》ノ餘《ヨ》波《ハ》ヲ受《ウ》ケ、一《イツ》般《ハン》ニ信《シン》念《ネン》力《リヨク》ハ甚《ハナハ》タ尠《スクナ》キユヘ、今《イマ》ヤ靈《レイ》符《フ》ヲ不《シラ》知《サル》者《モノ》多《オホ》キカ往《ムカ》時《シ》ハ敢《アヘ》テ然《シカ》ラス、上《カミ》ハ皇《クフウ》室《シツ》ヨリ以《イ》下《カ》國《コク》司《シ》等《トウ》ニ至《イタ》ル、上流《シヤウリウ》ノ士人《シシン》ニ多《オホ》シ、故《ユヘ》ニ下《シモ》衆民《シウミン》モ上《カミ》ニ倣《ナラヒ》テ盛《サカン》ニ祭祀《マツリ》タルコト必《ヒツ》セリ、其《ソノ》皇室《クワウシツ》ノ御《ゴ》信仰《シンカウ》アラセラレタル徴《チヤウ》ニ、恐《オツ》レ多《オホ》キモ御《ゴ》告文《コクブン》ヲ提供《テイキヨウ》スル左《サ》ノ如《ゴト》シ、

尊星王供《ソンセイワウキヨウ》ノ御告文《ゴコクブン》

附　御告文《ゴコクブン》ノ貴重《キチヤウ》ナル例證《レイシヤウ》

謹《ツヽシミ》テ掲《カヽク》ル處《トコロ》ノ尊星王《ソンセイワウ》ノ御《ゴ》告文《コクブン》ハ、朝野《テフヤ》群載《クンサイ》ニ二在《ア》リ、左《サ》文《ブン》ヲ拜《ハイ》スヘシ、

告文　尊星王供ノ告文　　式部大輔正家作

維康和二年歳次庚辰十月朔甲午十一日甲辰南瞻部州
大日本國皇帝諱
謹敬白擁護衆生慈悲奇特尊星王大士繼黃軒以君臨撫

蒼生以子育萬、機惟繁一日匪懈抒除厄消災偏仰玄應延
年益筭　在丹祈　尊星王大士者衆星中王諸仙中主住
閻浮提四天下拔濟衆生如船橋苞萬物如父母是以擇良
辰定吉日專凝精進之誠令修深密之法空谷無心待邑以
相應圓鏡有明瀉影以照況如來實語尤可歸依者乎
仰請
尊星王大士還念本誓成就所祈早答一心之懇祈永保萬
歳之寶祚敬祗至深必以尚饗

私《シ》ニ云《イハク》此《コノ》御《ゴ》告《コク》文《ブン》ヲ拜《ハイ》誦《シユ》シテ、現《ケン》代《タイ》ハ漢《カン》文《ブン》ヲ讀《ヨミ》得《エ》サル者《モノ》多《オホ》キヲ以テ、假《カ》名《ナ》ヲ附《フ》シテ知《シ》悉《シツ》セシメント欲《ホツ》セシモ、畏《カシコ》クモ天《テン》皇《クワウ》陛《ヘイ》下《カ》ヨリ尊《ソン》星《セイ》へ、御《ゴ》命《メイ》示《ジ》ノ御《ゴ》文《フン》ナル故《ユヘ》、恐怖《キヨウフ》シテ態《ワサ》ト訓《クン》点《テン》ヲ

附《フ》セザルナリ、曾《カツ》テ聞《キ》ク往《ワウ》時《ジ》後《ゴ》醍《ダイ》醐《ゴ》天《テン》皇《クワウ》ノ叡《エイ》慮《リヨ》ハ、告《コク》文《フン》一紙《シ》ヲ以《モツ》テ相《サ》摸《カミ》入《ニウ》道《ダウ》カ、忿《フン》心《シン》ヲ静《シツ》メント思《オホシ》召《メ》シ、萬《マ》里《テノ》小《コウ》路《ジ》大《タイ》納《ナ》言《ゴン》宣《ノリ》房《フサ》卿《キヤウ》ヲ勅《チヨク》使《シ》トシテ關《クワン》東《トウ》ヘ下《クダ》サル、相摸入道ハ秋《アキ》田《タ》城《シヤウノ》介《スケ》ヲ以テ、御《ゴ》告《コク》文《ブン》ヲ請《ウケ》取《トリ》テ、則《スナハ》チ披《ヒ》見《ケン》セント爲《ナ》シケルヲ、二《ニ》階《カイ》堂《ダウ》出《デ》羽《ハ》入《ニウ》道《ダウ》道《タウ》蘊《ウン》カ、堅《カタ》ク諫《イサ》メテ申《モウシ》ケルハ、天《テン》子《シ》ヨリ武《ブ》臣《シン》ニ對《タイ》シテ直《タヾチ》ニ告文ヲ下《クダ》サレタルコト、異《イ》國《コク》ニモ我《ワカ》朝《テフ》ニモ、未《イマ》タ其《ソノ》例《レイ》ヲ聞《キカ》ス、然《シカ》ルヲ等《ナホ》閑《サリ》ニ披《ヒ》見《ケン》セラレンコト、冥《メウ》見《ケン》ニ附《ツキ》テ其《ソノ》恐《ヲソ》レアリ、只《タヾ》文《フ》箱《バコ》ヲ啓《ヒラカ》ズシテ、勅《チヨク》使《シ》ニ返《ヘン》進《シン》セラルヘキカト、再《サイ》往《ワウ》申《モウ》シケルヲ、相《サ》模《カミ》入《ニウ》道《ダウ》何《ナニ》カ苦《クル》シカルヘキトテ、齋《サイ》藤《トウ》太《タ》郎《ロウ》左《ザ》衛《ヱ》門《モン》利《トシ》行《ユキ》ニ、讀《ヨミ》進《マイ》ラセラレケルニ、利《トシ》行《ユキ》俄《カ》然《セン》眩《メクラ》ミ衄《ハナヂ》タリケレハ、讀《ヨミ》終《ヲハラ》スシテ退《タイ》出《シユツ》スト在《ア》リ、然《シカ》ラハ天《テン》子《シ》ノ御告文等《トウ》ハ平《ヘイ》民《ミン》ノ容《ヨウ》易《イ》ク讀《ヨム》ヘキニアラス、此《コヽ》ニ告文ヲ出《イダ》スコト恐《ヲソ》レ多《オホ》シ、往《ムカ》古《シ》ヨリ天《テン》子《シ》ハ富《フウ》貴《キ》四海《カイ》ヲ有《タモ》チ玉《タマ》フモ、御《ゴ》親《シン》祭《サイ》遊《アツ》ハサルト云《イフ》、啻《タヾ》ニ立《リツ》證《シヤウ》ニ擧《アク》ル而《ノ》已《ミ》、竊《ヒソカ》ニ憂《ウレ》フ現《ケン》代《タイ》ノ漢《カン》學《カク》者《シヤ》カ、動《ヤヽ》モスレハ蠻《ハン》化《クワ》シ、或《アルヒ》ハ偏《ヘン》見《ケン》ニ陷《チイ》リ、濫《ミタリ》ニ事《ジ》實《ジツ》ヲ抹《マツ》殺《サツ》ノ弊《ヘイ》在《フ》リ、又《マタ》歐《アフ》化《クワ》學《カク》者《シヤ》ハ國《コク》體《タイ》ノ尊《ソン》嚴《ケン》ヲ忘《ワス》レテ、甚《ハナハ》タシキニ至《イタリ》テハ不《フ》敬《ケイ》ノ言《ゲン》ヲ弄《ロウ》シ、往《ワウ》々《ワウ》物《フツ》議《ギ》ヲ惹《シヤク》起《キ》者《シヤ》在《ア》リ、或《アルヒ》ハ偏《ヘン》信《シン》論《ロン》者《シヤ》カ神《シン》佛《ブツ》ヲ無《ム》視《シ》スル者《モノ》在《ア》ルカ、古《イニシヘ》ノ事《ジ》蹟《セキ》ヲ鑑《カンカ》ミテ、遂《ツイ》ニ自《ジ》覺《カク》者《シヤ》在《ア》ラハ幸《サイハ》ヒナリ、猶《ナホ》又《マタ》朝《テフ》野《ヤ》群《グン》載《サイ》(書名)ニ云《イハク》、

尊星王法

式部大輔正家作

維康和五年歲次癸未五月朔己卯四日壬午南贍部州大
日本國皇帝諱
敬白擁護衆生慈悲奇特尊星大士握乾之後年過十年撫
民之間日愼一日引頸者天變頻示年厄可愼就中去月雷

降今月地動司天之奏恐畏無極夫轉禍爲福偏在於佛法消夭得祥永任於星宿是以擇吉日占良辰專凝精進之誠今修深密之法、　抑尊星王者衆星中王諸仙中主住閻浮提領四天下救濟衆生既如船橋苞倉萬物又如父母然則早消變異永除災厄延年益算宜在眇身丹祈至深玄應盍答圓鏡者瀉影空谷者傳響如來實語同於影響也　仰請尊星王大士還念本誓成就所祈必除今年之重厄久保萬歲之寶祚兼又消天地之變異拂內外之不祥祀敬尤早以尙饗已上

此外《コノホカ》ニ北斗《ホクト》御修法《ゴシユハフノ》祭文《サイブン》、北辰《ホクシンノ》祭文《サイブン》等《トウ》在《アリ》ト雖《イヘド》モ、繁《ハン》ヲ恐《ヲソレ》テ出《イダ》サス、此等《コレラ》ノ諸文《シヨブン》ヲ拜《ハイ》スル學者《ガクシヤ》ハ、何《イカ》ナル論評《ロンヒヤウ》ヲ試《コヽロ》ミント欲《ホツ》スル

カ徒《イタヅラ》ニ歐《アウ》化《クワ》ノ偏《ヘン》見《ケン》ヲ陋《ロウ》守《シユ》シテ、往《ワウ》時《ジ》ノ實《ジツ》蹟《セキ》モ啻《タヾ》ニ陳《チン》腐《フ》ト爲《ナ》ス乎《カ》、前《ゼン》項《コウ》ノ趣《シユ》意《イ》書《シヨ》ニ天《テン》災《サイ》ノ件《コト》ヲ叙《ジヨ》述《ジユツ》セシ、御《ゴ》告《コク》文《ブン》ノ徴《チヤウ》證《シヤウ》ハ斯《カク》ノ如《ゴト》ク嚴《ゲン》然《ゼン》タル拜《ハイ》誦《シユ》スヘシ、

惟《オモ》フニ天《テン》變《ペン》地《チ》殃《アフ》ハ是《コレ》則《スナハ》チ天《テン》警《ケイ》ト稱《シヤウ》シ、萬《バン》民《ミン》カ天《テン》理《リ》ニ背《ソム》ク所《シヨ》爲《ヰ》ヲ往《ワウ》々《〳〵》行《オコナ》ヒテ横《ワウ》暴《バウ》ヲ累《カサヌ》レハ、各《カク》地《チ》ニ循《ジユン》環《クワン》シテ戰《セン》慄《リツ》セシムル警《イマシメ》ヲ爲《ナ》スモノト教《ヲシ》ユルナリ、其《ソノ》天《テン》學《ガク》ハ災《サイ》異《イ》ヲ前《ゼン》知《チ》ノ法《ハフ》ナルモ、時《ジ》勢《セイ》ノ變《ヘン》遷《セン》ニ遇《ア》ヒ廢《ハイ》滅《メツ》シ、僅《ワヅカ》ニ一日《ジツ》ノ晴《セイ》風《フウ》雨《ウ》ヲ知《シ》ル、天《テン》學《ガク》ノミカ行《ヲコナ》ハル現《ゲン》代《タイ》ナル故《ユヘ》、已《スデ》ニ水《スイ》火《クワ》ノ災《サイ》厄《ヤク》ハ近《キン》時《ジ》頻《ヒン》々《〳〵》疊《テフ》起《キ》スルニ、防《バウ》禦《ギヨ》ノ道《ミチ》ヲ講《カウ》スル者《モノ》ヲ聞《キカ》ス、尙《ナホ》亦《マタ》時《ジ》弊《ヘイ》ノ犯《ハン》罪《ザイ》者《シヤ》多《タ》々《タ》在《ア》ル、是《コレ》法《ハフ》律《リツ》ノミヲ以《モツ》テ懲《コラス》ハ効《カウ》薄《ウス》シト思《オモ》フ、故《ユヘ》ニ予《ヨ》ハ靈《レイ》符《フ》神《ジン》ノ祭《サイ》祀《シ》ヲ勸《スヽ》奬《メ》テ、各《カク》人《ジン》カ至《シ》誠《セイ》ヲ以《モツ》テ信《シン》仰《カウ》スレハ、其《ソノ》家《イヘ》ノ繁《ハン》盛《セイ》ノミナラス、其《ソノ》徳《トク》化《クワ》ニ風《フウ》靡《ヒ》シテ、美《ビ》俗《ゾク》ヲ誘《ユウ》致《チ》スルニ至《イタ》ラハ、

國《コク》家《カ》ニ影《エイ》響《キヨウ》シテ、遂《ツイ》ニ變《ヘン》災《サイ》ノ漸《セン》減《ケン》ノ事《コト》ヲ論《ロン》セシガ、是《コレ》ニ因《ヨツ》テ美《ヒ》俗《ゾク》ノ者《モノ》多《タ》數《スウ》ニ到《イタ》レハ、自《シ》然《セン》ニ犯《ハン》罪《サイ》者《シヤ》カ減《ケン》スル時《トキ》アランカ、若《モ》シ現《ケン》象《シヨウ》ニ推《スイ》移《イ》ニ放《ハウ》任《ニン》セハ、何《イカ》ナル變《ヘン》災《サイ》ニ遭《ソウ》遇《グウ》シ、國《コク》家《カ》ニ煩《ハン》累《ルイ》ノ起《オコ》ルコトヲ恐《ヲソ》ル、殊《コト》ニ七難《ナン》ノ時《トキ》ニハ特《トク》ニ修《シユ》法《ハフ》スヘキ敎《オシヘ》ナリ、以《イ》上《シヤウ》ハ是《コレ》衆《シウ》民《ミン》ニ關《カヽ》ル期《キ》望《ハウ》ノ卑《ヒ》見《ケン》ナリ爰《コヽ》ニ猶《ナヲ》國《コク》家《カ》ニ對《タイ》スル期《キ》望《ハウ》ハ、已《ステ》ニ拙《セツ》著《チヨ》ニ屢《シバ〳〵》縷《ル》述《シユツ》セシガ如《ゴト》ク、聖《セイ》人《シン》ノ天《テン》學《カク》ハ國《コク》家《カ》ノ經《ケン》濟《サイ》ニ有《ユウ》益《エキ》ト思《オモ》フハ、百《ヒヤク》般《ハン》ノ政《セイ》畧《リヤク》及《オヨ》ヒ大《タイ》工《コウ》事《ジ》ニ天《テン》災《サイ》ヲ豫《ヨ》知《チ》セハ、冗《ジヨウ》費《ヒ》ヲ減《ケン》スル是《コレ》ナリ、而《シカ》ルニ現《ケン》代《タイ》ハ只《タヾ》理《リ》論《ロン》ノミヲ以《モツ》テ設《セツ》計《ケイ》スルユヘ、風《フウ》水《スイ》震《シン》ノ災《サイ》ニ遇《アフ》テ、國《コク》費《ヒ》ヲ消《セウ》耗《カウ》ノ巨《キヨ》額《カク》ナルヲ憂《ユウ》慮《リヨ》スル久《ヒサ》シ、斯《カク》ノ如《ゴト》ク比《ヒ》較《カク》セハ何《イツ》レカ益《エキ》在《ア》ルカ多《タ》辨《ベン》ヲ竢《マタ》ス、是《コヽ》ニハ枝《シ》葉《エフ》ニ渉《ワタ》ルモ一言《ケン》ヲ附《フ》記《キ》シテ、識《シキ》者《シヤ》ノ一《イツ》考《カウ》ヲ煩《ワツラ》ハサント欲《オモ》フ而《ノ》已《ミ》、猶《ナホ》古《コ》書《シヨ》ニ靈《レイ》符《フ》ニ關《カヽ》ル事《ジ》蹟《セキ》多《オホ》キヲ以《モツ》テ

次《ジ》項《コウ》ニ掲《ケイ》載《サイ》シ實《ジ》蹟《セキ》ヲ知《シ》ラシメントス、

靈《レイ》符《フ》古《コ》書《シヨ》之《ノ》徵《チヤウ》證《シヤウ》

夫《ソ》レ我《ワカ》朝《チフ》ニ於《オイ》テハ、毎《マイ》歳《ホン》正月元《クワン》旦《タン》寅《トラ》ノ一點《テン》ニ、忝《カタシケ》ナクモ天《テン》子《シ》先《マ》ツ北《ホク》辰《シン》尊《ソン》星《セイ》ヲ拜《ハイ》シ玉《タマ》ヒ、次《ツキ》ニ天《テン》地《チ》四方《ハウ》ヲ拜《ハイ》シ玉《タマ》フト、江《コウ》家《カ》次《シ》第《タイ》卷《クワン》ノ六（三丁）ニ御《ゴ》燈《トウ》ヲ北《ホク》辰《シン》ヘ奉《タテマツ》ラル事《コト》見《ミ》ヘタリ、年《ネン》中《チウ》行《キヤウ》事《ジ》ニ三月三日、御《ゴ》燈《トウ》ヲ北《ホク》辰《シン》ヘ奉《タテマツ》ラル、昔《ムカシ》ハ靈《レイ》巖《ガン》寺《ジ》等《トウ》ヘ奉《タテマツ》ラル、ト、一條《テフ》院《イン》御《ギヨ》記《キ》ニ見《ミ》ヘタリ、又江《コウ》家《カ》次《シ》第《ダイ》ニ云《イハク》齊《サイ》王《リウ》群《グン》行《カウ》ノ年《トシ》九月御《ゴ》燈《トウ》ノ事《コト》無《ナ》シ（京畿外ニ近江伊勢ノ國・此日北辰ニ燈ヲ供奉スト式文ニ在リ）上《シヤウ》古《コ》ハ御《ゴ》燈《トウ》ヲ奉《タテマツ》ラル、時《トキ》ハ、北《キタ》山《ヤマ》靈《レイ》巖《ガン》寺《ジ》ノ邊《ホトリ》ニテ供《キヨウ》ス（寬平ノ初ハ月林寺後ハ圓成寺）延《エン》喜《キ》式《シキ》神《シン》祇《ギ》ノ五齋《サイ》宮《キウ》ノ五（廿八丁）ニ云、凡《オヨ》ソ齋《サイ》王《ワウ》太《タイ》神《シン》宮《キウ》ニ入《イラ》ントスル時《トキ》、九月朔《ツイ》日《タチ》ヨリ三十日迄《マデ》、京《ケイ》畿《キ》、伊《イ》勢《セ》、近《アフ》江《ミ》等《トウ》ノ國《クニ》ハ、北《ホク》辰《シン》星《セイ》ヘ燈《トウ》ヲ奉《タテマツ》ルコトヲ得《エ》スト、此《コレ》等《ラ》ノ文《ブン》ヲ考《カンカフ》ルニ、昔《ムカシ》ハ我《ワカ》全《セン》國《コク》ニ北《ホク》辰《シン》尊《ソン》星《セイ》ヘ、皆《ミナ》御《ゴ》燈《トウ》ヲ献《ケン》シ神《シン》供《キヨウ》ヲ奉《タテマツ》リテ、尊《ソン》信《シン》恭《ク》敬《キヤウ》シ奉《タテマツ》リ、其《ソノ》國《クニ》所《トコロ》ニ於《オイ》テ天《テン》下《カ》泰《タイ》平《ヘイ》五穀《コク》豐《ホウ》熟《シユク》ト、人《ヒト》々《〱》諸《シヨ》願《クワン》成《シヤウ》就《シユ》富《フウ》貴《キ》萬《バン》福《ブク》、如《ニヨ》意《イ》吉《キチ》祥《シヤウ》ヲ祈《キ》念《ネン》セシト見《ミ》ヘタリ、

比《ヒ》叡《エ》山《サン》日《ヒ》吉《ヨシ》七社《シヤ》權《コン》現《ゲン》ヲ、北《ホク》辰《シン》ニ比《ヒ》シタル證《シヤウ》歌《カ》、新《シン》續《ソク》古《コ》今《キン》集《シウ》ニ云《イハク》、

空《ソラ》にすむ星《ホシ》ゝ奈りても君《キミ》か代《ヨ》をゝともにそ守《マモ》る七《ナヽ》の神《カミ》垣《カキ》

伊《イ》勢《セノ》國《クニ》岡《チカ》本《モト》橋《バシ》ト申《モウ》ス所《トコロ》ニ、妙《メウ》見《ケン》菩《ホ》薩《サツ》ヲ勸《クワン》請《シヤウ》ス、是《コレ》國《コク》家《カ》ヲ守《シユ》護《ゴ》ノ爲《タ》メナリ、又王《ワウ》城《シヤウ》ノ四方《ハウ》ニ北《ホク》辰《シン》妙見ヲ勸《クワン》請《シヤウ》シ、大《タイ》將《シヤウ》軍《クン》ノ社《ヤシロ》在《ア》リ、皆《ミナ》是《コレ》帝《テイ》都《ト》ノ鎭《チン》護《ゴ》ト爲《ナ》ス、是《コレ》即《スナハ》チ星《ホシ》祭《マツリ》ナリ、亦《マタ》帥《サウ》山《サン》集《シウ》ニ云《イハク》、足《アシ》ニ白《ハク》蛇《シヤ》ト龜《カメ》トヲ蹈《フ》ミ、左《ヒダリ》手《ノテ》ニ蓮《ハス》ヲ擎《サヽケ》テ、右《ウ》手《シユ》ニ劍《ケン》ヲ提《ヒツサ》ケ七曜《エウ》ヲ以《モツ》テ圓《エン》光《クワウ》ト爲《ナ》ス、

白《ハク》蛇《シヤ》綠《リク》毛《モウ》、　福《フク》壽《シユ》兼施《カネホトコス》、　金《ゴン》蓮《レン》寶《ホウ》劍《ケン》、　攝《セツ》折稱宜《セツカナフヨロシキニ》、　北《ホク》辰《シン》所《トコロ》在《ア》、

衆《シウ》星《セイ》拱《キヨウス》之《コレヲ》、赫《カク》赫《〳〵タル》光《クワウ》木《ボク》、不《ズ》容《イレ》人《ヒト》知《シルコトヲ》、豁《カツ》然《ゼン》今《コン》日《ニチ》開《ヒラク》慈《ジ》眼《ガンヲ》、我《ガ》主《シユ》我《ガ》親《シン》、又我《ワガ》師《シ》矣《ナリ》。

白《ハク》蛇《タ》靈《レイ》龜《キ》ハ脚《キヤク》下《カ》ニ在《ア》リ、七曜《エウ》ヲ圓《エン》光《クワウ》ト爲《ナ》シ、左《サ》手《シユ》ニ珠《タマ》ヲ持《モ》チ右《ユウ》手《シユ》ニ劍《ケン》ヲ執《ト》ル、二靈《レイハ》洋《ヨウ》洋《〳〵》、七星《セイハ》閃《セン》閃《〳〵》、福《フクト》云《イヒ》慧《ケイト》云《イフ》、無《ナシ》所《トコロ》不《サル》噌《イタラ》、一《ニ》見《ミテ》威《ヰ》神《シンヲ》、惟《タヾ》狂《ケフ》克《ヨク》念《オモフ》、筆《フデ》ヲ以テ左《サ》邊《ヘン》ニ點《テン》シテ云《イフ》、左《サ》眼《カン》ハ寶《ホウ》珠《シユ》ニ映《エイ》シ、右《ユウ》邊《ヘン》ニ點《テン》シテ云《イフ》、右《ウ》眼《カン》ハ寶《ホウ》劍《ケン》ヲ照《テラ》ス、又南《ナウ》無《ホウ》三光《クワウ》天《テン》子《シ》七星《セイ》靈《レイ》符《フトモ》云《シカ》云《〳〵》ト在《ア》ルヲ以《モツ》テ、往《ワウ》時《シ》ノ星《セイ》辰《シン》ヲ祭《マツ》祀《リ》シタル徵《チヤウ》ニ擧《アク》ル所《ユ》以《エン》ナリ、

八《ハチ》幡《マン》宮《ソウ》妙《メウ》見《ケン》ト一《イツ》所《シヨ》ニ御《ミ》座《マ》ス證《シヤウ》

北《ホク》辰《シン》殿《デン》宇《ウ》佐《サ》記《キ》ニ云《イハク》、當《トウ》山《サン》先《セン》住《ジウ》ノ神《シン》大《タイ》菩《ボ》薩《サツ》、御《ゴ》修《シユ》行《キヤウ》之《ノ》時《トキ》ニ一所《シヨ》ニ在《アリ》テ、吾《ワガ》君《キミ》ヲ守《マモ》ルヘキ由《ヨシ》、之《コレ》ヲ相《アヒ》語《カタ》ラシメ給《タマ》ヒ畢《オハン》ヌ、北《ホク》斗《ト》ハ七星《セイ》ノ變《ヘン》作《サ》シ、南《ナン》州《シウ》常《シヤウ》住《シウ》ノ利《リ》生《セウ》ナリ、機《キ》緣《エン》已《スデ》ニ厚《アツ》シ此《コノ》界《カイ》ノ行《カウ》度《ド》

他《タ》方《ハウ》ニ移《ウツ》ラス、天《テン》宮《ギウ》ヨリ來《キタリ》テ已《スデ》ニ地《ヂ》主《シユ》ト爲《ナ》ルナリ、

御《ゴ》正《シヤウ》體《タイ》　同《トウ》記《キ》ニ云《イハク》元《ケン》暦《リヤク》逆《キヤク》亂《ラン》之《ノ》時《トキ》、勅《チヨク》使《シ》權《ゴンノ》右《ウ》中《チウ》辨《ベン》平《タヒラノ》基《モト》親《チカ》朝《アツ》臣《ミ》之《コレ》ヲ推《スイ》問《モン》ス、權《ゴンノ》神《カン》主《ヌシ》大《オホ》神《カミ》宮《ミヤ》忠《タヾ》申《モウシ》テ云《イハク》、北辰ハ俗《ゾク》體《タイ》ニ木《キ》ヲ以《モツ》テ坐《ザ》像《ゾウ》ニ之《コレ》ヲ造《ツク》リ奉《タテマツ》ル、綿《ワタ》ヲ調《テフ》布《フ》ニ入《イレ》テ之《コレ》ヲ被《キ》セ奉《タテマツ》ル云云《シカく》、辨《ヘン》官《クワン》田《タ》部《ナベ》妙《メウ》盛《セイ》申《マウシ》テ云《イハク》、北辰ハ妙《メウ》見《ケン》ナリ、本《ホン》地《チ》ハ觀《クワン》音《オン》カ開《カイ》戸《コ》シ奉《タテマツ》ラサルニ依《ヨツ》テ、御《ミ》體《スガタ》ヲ拜《ハイ》見《ケン》セシメス、又舊《キウ》記《キ》ニ云《イハク》武《ブ》士《シ》失《シツ》ヲ取《ト》リ畢《ヲハ》ンヌ、今《コノ》度《タビ》ハ更《サラ》ニ注《チウ》シ申《モウス》ニ及《オヨ》ハス云云《シカく》、

同《ドウ》記《キ》ニ云《イハク》、若《ワカ》宮《ミヤ》ノ内《ウチ》ニ御《ゴ》正《シヤウ》躰《タイ》五躰《タイ》之《コレ》ヲ安《ヲ》ク、内《ウチ》第《ダイ》三ノ御《ゴ》正《シヤウ》躰《タイ》ハ毘《ビ》沙《シヤ》門《モン》天《テン》ノ形《ケイ》像《ソウ》ノ如《ゴト》ク、御《オン》甲《ヨロイ》ハ黄《キ》色《イロ》ナリ、打《ウチ》掛《カケ》ヲ著《キ》テ左《サ》右《ユウ》ノ御《ヲン》手《テ》胸《ムネ》ニ留《トヽマ》リ、左《ヒタリ》ノ御《オン》足《アシ》ヲ下《サ》ゲ右《ミギ》ノ御《ミ》足《アシ》ヲ擧《アゲ》テ、磐《ハン》石《ジヤク》ニ坐《ザ》シ深《フカ》沓《クフ》ハ黑《コク》色《シヨク》也云云《シカく》、同《ドウ》記《キ》ニ云、今《イマ》五躰《タイ》ノ條《テフ》ハ先《セン》規《キ》ヲ尋《タツ》ヌベキ者《モノ》ナリ、但《タヾ》シ二季《キ》ノ大《タイ》祭《サイ》ノ間《アイタ》午日、後《シリ》祭《マツリ》ノ時《トキ》ニ北《ホク》辰《シン》舞《マイ》ト名《ナツ》ケテ、神《シン》官《クワン》等《ラ》

ニ之《コレ》ヲ舞《マハ》シム、五躰《タイ》ノ内《ウチ》一所《シヨ》ハ北辰ナリ、
私《シ》ニ云《イハク》鳩《ハト》嶺《ミネ》足《ソク》立《リツ》寺《シ》ノ繪《エ》圖《ヅ》ニ、亦《マタ》北辰殿《デン》有《ア》リ、善《セン》法《ハウ》寺《ジ》ノ境《ケイ》内《タイ》ニ妙見宮、幷ニ七佛《ブツ》藥《ヤク》師《シ》堂《ダウ》、今《イマ》現《ゲン》ニ河《カハ》内《チノ》國《クニ》ニ在《アツ》テ妙見山ト云《イフ》在《ア》リ、其《ソノ》處《トコロ》ヲ星《ホシ》田《タ》ト曰《イ》フ（寶永ノ頃）便《スナハ》チ善法寺ノ領《リヤウ》地《チ》ナリ、現《ケン》代《タイ》モ星《ホシ》田《タ》ノ地《チ》名《メイ》ヲ存《ソン》ス、

北《ホク》斗《ト》堂《ダウ》　昔《ソノ》日《カミ》平《ヘイ》安《アン》城《シヤウ》ニ北《ホク》斗《ト》堂《ダウ》ト號《ナツケ》テ、京《キヤウ》都《ト》ノ四方《ハウ》ニ妙《メウ》見《ケン》菩《ボ》薩《サツ》ヲ安《アン》置《チ》シ、其《ソノ》寺《テラ》ヲ靈《レイ》巖《ガン》寺《ジ》ト名《ナツ》ケテ、王《ワウ》城《シヤウ》ヲ鎭《チン》守《シユ》トスト云《イフ》、東《ヒカシ》山《ヤマ》階《シナ》大《オホ》屋《ヤ》家《ケ》村《ムラ》ニ妙《メウ》見《ケン》菩《ボ》薩《サツ》在《ア》リ（一ケ所）又西《ニシノ》郊《ヲカ》奥《チク》海《カイ》印《イン》寺《シ》村《ムラ》寂《ジヤク》照《セウ》院《イン》ノ西北ノ山ヲ妙見山ト號《ナツケ》テ、尊《ソン》星《セイ》王《ワウ》ヲ鎭《シヅ》メ奉《タテマ》ツル（二ケ所）又西《ニシ》九《ク》條《デフ》長《チヤウ》見《ケン》寺《ジ》ニ妙《メウ》見《ケン》石《イシ》ト云《イフ》在《ア》リ（三ケ所）北《キタ》岩《イハ》倉《クラ》ノ東《ヒカシ》巽《タツミ》ニ妙見山在リ（四ケ所）皆《ミナ》是《コレ》昔《ソノ》日《カミ》北《ホク》辰《シン》尊《ソン》星《セイ》ヲ祭《マツ》ル所《トコロ》ナリ、公《ク》事《ジ》根《コン》元《ケン》幷ニ年《ネン》中《チウ》行《キヤウ》事《ジ》等《トウ》ニモ、三月三日九月三日兩《リヤウ》度《ド》、北《ホク》斗《ト》ノ御《ゴ》修《シユ》法《ハフ》遊《アソ》バシ

ケルト見《ミ》ヘタリ、

伊勢國山宮祭《イセノクニサンクウマツリ》ハ妙見菩薩《メウケンボサツ》ヲ祭《マツ》ル

神國決疑編《シンコクケツギヘン》(十九葉)ニ山宮祭ハ、妙見菩薩《メウケンボサツ》ヲ祭《マツ》ルナリ、妙見菩薩ハ度會《ワタラヱ》ノ姓《セイ》遠《トノ》祖《ツネヤ》大神主《オホカンヌシ》、飛鳥《アスカイ》ノ苗胤《ヘウイン》大内人《オホチト》高主《タカヌシ》ノ女《ムスメ》ニテ、大物《オホモノ》忌《イミ》ノ子《コ》ナリ、貞觀元年《シヤウクワンクワンネン》十一月十五日、御贄河《ミヘガハ》ニ沈《シヅミ》テ卒《ソツ》ス(時年十五)即時《ソクシ》ニ御贄河ノ淵底《エンテイ》ヨリ、妙見星ノ童形像《ドウケフソウ》ヲ得《ウ》ル、尾部ノ陵《ミサヽキ》ノ以西《イシ》小田《フタ》岡崎宮《チカサキノミヤ》ノ靈地《レイチ》ニ居奉《スヘタテマツ》リ、以《モツ》テ氏人《ウジヒト》ノ繁榮《ハンエイ》ヲ祈《イノ》ル(尊像寛永頃ニ存ス、現時ハ知ラス、)爰《コヽ》ニ貞觀《シヤウクワン》二年十一月十五日、高主子《タカヌシノコ》ヲ生《ウ》ム、一胞《ハウ》ニ二男《ダン》宗雄《ムネオ》、冬雄《フユオ》是《コレ》ナリ、同三年十一月十八日、亦《マタ》同胞《トウホウ》ニ二男子《ダンシ》生《ウ》ム、春海《シユンカイ》、秋並《アキナミ》是《コレ》ナリ、同四年十一月十五日、亦《マタ》同胞《トウハウ》ニ二男子ヲ生ム、冬綿《フユワタ》、春彦《ハルヒコ》(世ニ傳フ菅公ト友トシ善シ、白大夫神ト崇メ祀ル、是ナリ)仁和《ニンナ》四年《ネン》十一月十八日、神《カン》主《ヌシ》春《ハル》彦《ヒコ》(時ニ年廿七歳)妙見尊《ソン》星《セイ》王《ワウ》ノ靈《レイ》託《タク》ニ任《マカセ》テ、氏《ウジ》人《ヒト》等《ラ》ヲ率《ヒキイ》テ清《シヤウ》淨《ジヤウ》山《サン》谷《コク》ニ向《ムカヒ》テ、妙《メウ》見《ケン》大《ダイ》菩《ボ》薩《サツ》日《ニツ》光《クワウ》月《クツ》光《クワウ》等《トウ》ヲ祭《マツ》リ奉《タテマツ》ル、今《イマ》山《サン》宮《グウ》祭《サイ》ト號《ガウ》ク是《コレ》ナリ、子《シ》細《サイ》ニ載《ノセ》テ山《サン》宮《グウ》祭《サイ》ノ祀《シ》詞《シ》ニ在《アリ》リ(岡崎宮ノ本緣起ニ據テ之ヲ記ス)

陸《リク》奥《オク》、但《タ》馬《ジマ》、伊《イ》勢《セ》ニ靈《レイ》符《フ》尊《ソン》ヲ祀《マツ》ル

奥《オウ》州《シウ》ノ相《ソウ》馬《マ》家《ケ》ニ世《ヨ》々《ヨ》靈《レイ》符《フ》尊《ソン》ヲ以《モツ》テ、本《ホン》尊《ソン》ト爲《ナ》シ之《コレ》ヲ祭《サイ》祀《シ》ス、社《ヤシロ》ヲ城《シヤウ》中《チウ》ニ建《タ》テ觀《クワン》音《オン》大《タイ》士《シ》ノ像《ザウ》ヲ安《アン》シテ御《ゴ》正《シヤウ》體《タイ》ト爲《ナ》ス、奥州記ニ載ス

但《タ》馬《ジマ》國《ノクニ》石《セキ》原《ゲン》山《サン》帝《タイ》釋《シヤク》寺《ジ》日《ニツ》光《クワウ》院《イン》ノ妙《メウ》見《ケン》菩《ボ》薩《サツ》ハ、北《ホク》斗《ト》七星《セイ》垂《スイ》迹《セキ》本《ホン》地《チ》藥《ヤク》師《シ》如《ニヨ》來《ライ》ナリ、　但馬舊記ニ在リ

伊《イ》勢《セノ》岡《ヲカ》ノ妙《メウ》見《ケン》ハ、毎《マイ》月《ケツ》廿二日緣《エン》日《ニチ》ナリ、寺《テラ》ヲ常《シヤウ》明《メウ》寺《ジ》ト曰《イ》フ、此《コノ》寺《テラ》ハ兩《リヤウ》太《ダイ》神《シン》ノ内《ナイ》院《イン》ナリ、後《ゴ》陽《ヤウ》成《セイ》院《イン》ノ勅《チヨク》額《カク》在《ア》リ、故《ユヘ》ニ禰《ネ》宜《ギ》衆《シウ》中《チウ》毎《マイ》

正月八日、堂《ダウ》中《チウ》ニ集《アツマ》リ祭《サイ》祀《シ》在《ア》リ、此《コノ》堂《タウ》ノ中《チウ》央《ワウ》ハ藥《ヤク》師《シ》如《ニヨ》來《ライ》、左《サ》右《ユウ》ハ兩《リヤウ》太《タイ》神《ジン》ナリ、此《コノ》境《ケイ》内《ナイ》ニ大《ヤマ》倭《ト》姫《ヒメ》穴《アナ》隱《カクシ》ノ所《トコロ》在《ア》リ、之《コレ》ニ依《ヨツ》テ妙《メウ》見《ケン》山《サン》ヨリ高《カウ》源《ゲン》寺《ジ》山《サン》ヲ打《ウチ》越《コユ》テ、常《シヤウ》明《メウ》寺《ジ》山《サン》迄《マ》ヲ隱岡《カクレノチカ》ト云《イフ》、

元《ケン》亨《カウ》釋《シヤク》書《シヨ》(第十)釋《シヤク》公《ノコウ》伊《イ》ハ園《ヲン》城《シヤウ》寺《ジ》ノ賴《ライ》豪《カウ》ニ投《トウ》ジテ、顯《ケン》密《ミツ》ノ敎《ケフ》ヲ學《マナ》フ、一日北《ホク》斗《ト》法《ハフ》ヲ宮《キウ》中《チウ》ニ修《シユ》ス、此《コノ》時《トキ》伊《イ》カ酒《サケ》ヲ被《カムリ》テ醉《ヱイ》甚《ハナハ》タシ、入《ニウ》宮《ギウ》ニ及《オヨヒ》テ酩《メイ》酊《テイ》シ醒《サメ》ス殿《デン》上《シヤウ》ニ嘔《アフ》吐《ド》ス、王《ワウ》臣《シン》皆《ミナ》其《ソノ》不《フ》軌《キ》ヲ嫌《キラ》フ、然《シカ》ルニ業《スデ》ニ已《スデ》ニ請《シヤウ》ニ應《オウ》ス、卒《ツイ》ニ改《アラタ》メサルナリ、其《ソノ》夜《ヨ》帝《テイ》ノ夢《ユメ》ニ衣《イ》冠《クワン》ノ人《ヒト》數《スウ》輩《ハイ》カ北《ホク》斗《ト》壇《タン》宮《ギウ》ノ瓦《カハラ》ヲ剝《ハ》ク、帝《テイ》驚《オトロキ》テ人ヲシテ問《ト》ハシム、冠《クワン》人《シン》曰《イハ》ク今《コン》夜《ヤ》伊《イ》公《コウ》カ北《ホク》斗《ト》ヲ供《キヨウ》ス、北斗當《マサ》ニ壇《ダン》ニ降《クダ》ルヘシト、先《マ》ツ我《ワレ》等《ラ》ヲシテ路《ミチ》ヲ闢《ヒラ》カシムル耳《ノミ》、帝《テイ》覺《サメ》テ後《ノチ》ニ伊《イ》ヲ敬《ケイ》ス云《シカ》云《シカ》ト載《ノ》ス、

斯《カク》ノ如《ゴト》ク北《ホク》辰《シン》尊《ソン》星《セイ》靈《レイ》符《フ》ヲ祭《サイ》祀《シ》ノコト古《コ》書《シヨ》ニ徵《チヤウ》證《シヤウ》炳《ヘイ》然《セン》ト載《ノセ》

在《ア》ルヲ以テ、往時《ワウジ》ハ盛《サカ》ンニ信仰《シンカウ》セラレシヲ知《シ》ルニ足《タ》ルカ、何《ナン》ソ予《ヨ》カ喋々《テフ/\》ノ辨《ベン》ヲ竢《マツ》テ始《ハジメ》テ知《シ》ルニアラサルヘシ、現代ノ學《ガク》者《シヤ》カ冥祐《メイユウ》ノ道《ミチ》ヲ講《カウ》スルニ至《イタ》レハ、實《ジツ》ニ國家《コクカ》安泰《アンタイ》ト思《オモ》フ耳《ノミ》、

印《イン》象《シヤウ》圖《ヅ》解《カイ》

普《フ》印《イン》菩《ボ》薩《サツ》普《フ》印《イン》トモ普《フ》通《ツウ》印《イン》ト云

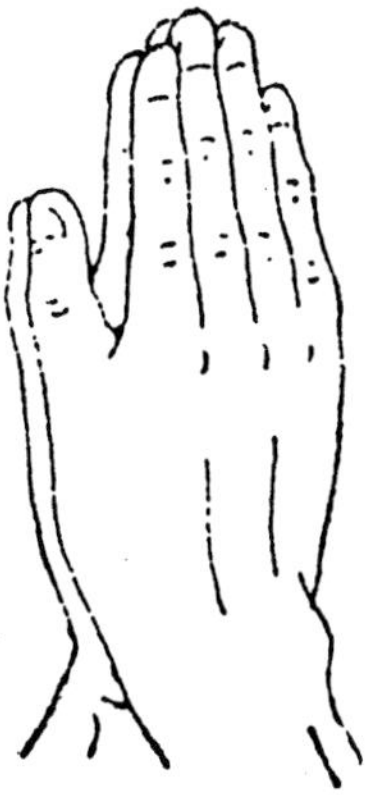

兩掌ヲ合スルヲ云

八《ハチ》葉《エフ》ノ印《イン》（大指小指ヲ合セ、頭、中、無ノ三指ヲ離スヲ云、）

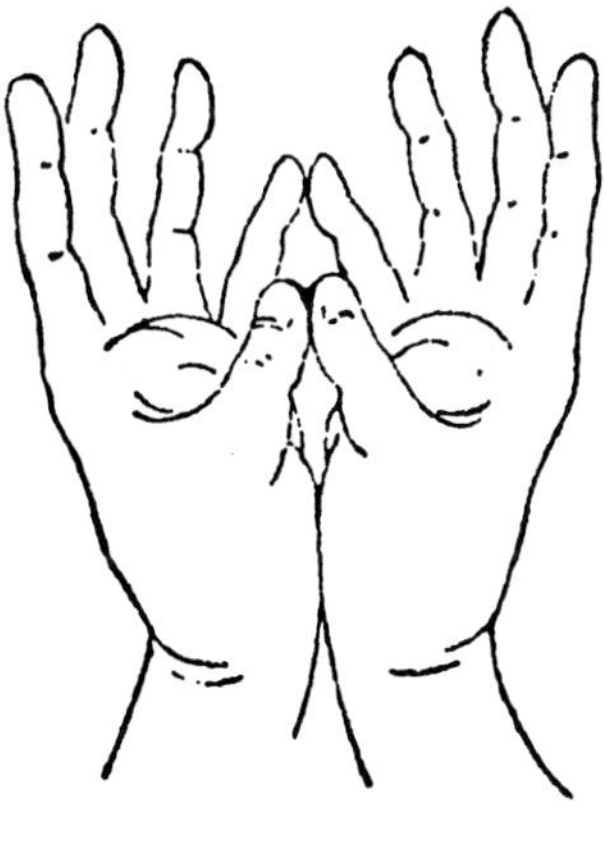

一乞《コツ》瞎《カツ》印《イン》トハ彈《タン》指《シ》ト稱《シヤウ》ス、右《ウ》手《シユ》ノ頭《トウ》指《シ》ヲ大《タイ》指《シ》ヲ以テ押《ヲサ》ヘ、頭《トウ》指《シ》

ヲ彈《ハチ》クヲ云《イフ》、之《コレ》ヲ彈指ト謂《イ》ヘリ、

靈符《レイフ》書寫《シヨシヤ》法《ハフ》之《ノ》口傳《クテン》

抑《ソモ〳〵》モ靈符《レイフ》ヲ本尊《ホンソン》ト爲《ナ》シ、壇上《タンシヤウ》ニ安置《アンチ》スルノミナラス、書寫《シヨシヤ》シテ守札《マモリ》ニ作《ツク》リ護身《ゴシン》ト爲《ナ》シ、或《アルヒ》ハ家宅《カタク》ノ災妖《サイヨウ》ヲ禳《ハラ》ヒ消滅《セウメツ》爲《ナ》スニ、之《コレ》ヲ書寫シ貼附《ハリツク》ル等《トウ》ノ要《エウ》在《ア》リ、其所用《ソノシヨヨウ》ニ由《ヨツ》テ書寫法《シヨシヤハフ》在《ア》リ、

口傳《クテン》ニ云《イハク》、行者《キヤウシヤ》ハ早朝《ソウテウ》ニ沐浴《モクヨク》齋戒《サイカイ》シテ祭室《サイシツ》ニ入《イ》リ、祭祀《サイシ》ヲ法式《ハフシキ》ノ如《ゴト》ク執行《シユキヤウ》シテ、勸請文《クワンシヤウブン》ヲ唱《トナ》ヘ、符字《フジ》及《オヨ》ヒ太上神仙《タイシヤウシンセン》等《トウ》ヲ觀念《クワンネン》シ、瞑目《イモク》觀《クワン》スル事《コト》ハ前記《センキ》修法《シユハフ》スル如《ゴト》クシテ、其氣《ソノキ》ヲ呑込《ノミコ》ミ、而《シカ》ル後《ノチ》ニ其氣《ソノキ》ヲ筆《フデ》ニ吹入《フキイ》レテ、靈符《レイフ》ヲ書寫《シヨシヤ》スヘシ、但《タヾ》シ筆硯《ヒツケン》ハ素《モト》ヨリ常用《シヤウヨウ》ノモノヲ仕《ツカ》フヘカラス、更《サラ》ニ書寫用《シヨシヤヨウ》ノ爲《タ》メニ朱墨《シユボク》ヲ新調《シンテフ》シテ、其水《ソノミツ》ハ初水《ハツミツ》ヲ用《モチ》ヒ書寫《シヨシヤ》シ、最《モツト》モ此際《コノサイ》ニ特《トク》ニ唱《トナ》フル貴重《キチヤウ》ノ

呪《シユ》文《フン》有《ア》リ、其《ソ》ハ正《セイ》式《シキ》ノ相《ソウ》傳《デン》ヲ受《ウケ》タル人《ヒト》ニ就《ツキ》テ、更《サラ》ニ相《ソウ》傳《デン》ヲ受《ウ》クヘシ、此《コノ》書《シヨ》寫《シヤ》ニ用《モチ》ヒル筆《ヒツ》硯《ケン》朱《シユ》墨《ボク》共《トモ》ニ、他《タ》ニ使《シ》用《ヨウ》スルヲ許《ユル》サズ、若《モ》シ誤《アヤマリ》テ使《シ》用《ヨウ》セハ、更ニ新《シン》調《テフ》シテ備《ソナ》ヘ置《チ》クヘシ、偖《サテ》靈《レイ》符《フ》ヲ書《シヨ》寫《シヤ》セント欲《オモフ》ニ當《アタツ》テ、人《シン》事《ジ》ニハ其《ソノ》用《ヨウ》ノ大《タイ》小《セウ》輕《ケイ》重《ジウ》在リ、小《セウ》事《ジ》ヲ書《カク》ニハ三日以《イ》上《シヤウ》七日、其《ソノ》大《タイ》事《ジ》ヲ書《カク》ニハ、必《カナラ》ス三週《シウ》以《イ》上《シヤウ》ヲ精《シヤウ》進《シン》潔《ケツ》齋《サイ》シ、以《モツ》テ書《シヨ》寫《サイ》ヲ要《エウ》ス、例《タトヘ》ハ其《ソノ》大《タイ》事《ジ》トハ凶《ケフ》命《メイ》ノ者《モノ》發《ハツ》達《タツ》セント欲《ホツ》スル如《コト》キ、實《ジツ》ニ智《チ》力《リヨク》ノ及《オヨ》ハサル事《コト》ニ靈《レイ》有《ア》リ、此《コノ》外《ホカ》ニ運《ウン》命《メイ》ヲ轉《ナン》スル良《リヤウ》法《ハフ》在《ア》ルコト莫《ナ》シ、百《ヒヤク》事《ジ》正《セイ》理《リ》ノ大《タイ》願《クワン》ヲ期《キ》圖《ト》者《シヤ》ハ、皆《ミナ》之《コレ》ニ倣《ナラ》ヘ、

是《コレ》予《ヨ》カ實《ジツ》驗《ケン》感《カン》應《オウ》在《ア》ル法《ハフ》ヲ世《セ》人《ジン》ニ授《サツ》ケ、艱《カン》苦《ク》ヲ嘗《ナム》ル者《モノ》ヲ救《キウ》濟《サイ》ノ口《ク》傳《デン》ヲ錄《シル》ス、若《モ》シ熱《ネツ》誠《セイ》ヲ以テ實《ジツ》効《カウ》ヲ奏《ソウ》セシメントス、若《モ》シ規《キ》定《テイ》ニ背《ソム》キ、或ハ無《ム》視《シ》者ハ靈《レイ》應《オウ》ノ無《ナ》キ當《トウ》然《セン》ナルヘシ、

近《キン》來《ライ》靈《レイ》符《フ》ノ信《シン》仰《カウ》者《シヤ》ヲ調《チフ》査《サ》シ看《ミ》ルニ、概《オホム》ネ正《セイ》式《シキ》ノモノハ寥《レウ》々《〱》ニ

テ甚《ハナハ》タ稀《キ》少《セウ》ナリ、多《オホ》クハ往《ワウ》時《ジ》寺《ジ》院《イン》ヨリ發《ハツ》行《カウ》セシ、板《ハン》行《カウ》ノモノヲ祭《サイ》祀《シ》ヲ見《ミ》ル、故《ユヘ》ニ正《セイ》式《シキ》ヲ實《ジツ》行《カウ》者《シヤ》ノ眼《メ》ヨリ看《ミ》レハ、准《ヒト》シク信《シン》仰《カウ》ヲ爲《ナ》スニ、感《カン》應《オウ》ノ薄《ウスキ》ヲ知《シ》ラザルカ如《ゴト》シ、何《ナン》トナレハ、往《ワウ》時《ジ》ヨリ書《シヨ》籍《セキ》ニ符《フ》篆《シヤウ》ヲ載《ノ》ス、例《タトヘ》ハ其《ソノ》書《シヨ》籍《セキ》ヲ家《カ》藏《サウ》シテ災《サイ》厄《ヤク》ヲ免《マヌカ》ルヲ聞《フン》知《チ》セス、現《ゲン》ニ予《ヨ》カ書《シヨ》籍《セキ》ヲ藏《サウ》スルモ、些《イサ》少《カ》ノ靈《レイ》有《ア》ルヲ見《ミ》ス、正《セイ》式《シキ》ヲ實《ジツ》驗《ケン》修《シユ》法《ハフ》シテ、始《ハシメ》テ前《セン》例《レイ》證《シヤウ》ノ如《ゴト》ク奇《キ》瑞《スイ》靈《レイ》妙《メウ》不《フ》測《シキ》ノ驗《ケン》有《ア》リ、此《コノ》故《ユヘ》ニ書《シヨ》寫《シヤ》法《ハフ》ヲ嚴《ケン》重《ジウ》ニシ、行《ギヤウ》者《シヤ》身《ミ》ヲ愼《ツヽシ》ミ規《キ》定《テイ》ノ法《ハフ》ノ如《ゴト》ク、行《ギヤウ》德《トク》ヲ積《ツミ》累《カサネ》ネテ專《セン》念《ネン》懇《コン》祈《キ》ノ上《ウヘ》ニ、書《シヨ》寫《シヤ》スルヲ以《モツ》テ靈《レイ》應《オウ》著《イチシル》シク實《ジツ》ニ神《シン》聖《セイ》ト爲《ナ》ス所《ユ》以《エン》ナリ、將《ハタ》亦《マタ》日《ヒ》々《ヒ》ニ修《シユ》法《ハフ》シ清《シヤウ》淨《〲》ノ靈《レイ》氣《キ》ヲ吸《スヒ》込《コミ》テ、其《ソノ》氣《キ》ヲ筆《ヒツ》ニ吹《フキ》込《コミ》謹《キン》寫《シヤ》爲《ナ》ス故《ユヘ》、是《コレ》則《スナハ》チ自《シ》然《セン》ノ理《リ》ニ於《オイ》テモ、尊《ソン》嚴《ケン》自《オノツカ》ラ備《ソナハ》リ敬《ケイ》虔《ケン》ノ念《ネン》ヲ發《ハツ》ス、是《コレ》當《トウ》然《ゼン》ト思《シ》慮《リヨ》スル而《ノ》已《ミ》、猶《ナホ》一《イツ》種《シユ》少《スコ》シ異《コトナ》ル書《シヨ》寫《シヤ》法《ハフ》式《シキ》有リ、後《コ》項《カウ》ニ於《オイ》テ掲《ケイ》載《サイ》シ參《サン》考《カウ》ニ供《キヨウ》スヘシ、

靈《レイ》符《フ》七十二種《シユ》之《ノ》解《カイ》釋《シヤク》

靈《レイ》符《フ》七十二道《ダウ》ノ由《ユ》來《ライ》ハ已《スデ》ニ詳《シヤウ》辨《ヘン》爲《ナ》シタリ此《コノ》符《フ》篆《シヤウ》ハ許《キヨ》眞《シン》君《クン》仙《セン》人《ニン》カ國《コク》家《カ》及《オヨ》ヒ萬《バン》民《ミン》ノ災《サイ》厄《ヤク》ヲ救《キウ》濟《サイ》ノ爲《タメ》ニ作《ツク》レル處《トコロ》ノ遺《ユ》敎《ケウ》ニシテ靈《レイ》應《オウ》ノ顯《ケン》著《チヨ》ナルコトハ往《ワウ》く縷《ル》述《シユツ》ノ如《コト》シ茲《コヽ》ニ其《ソノ》七十二種《シユ》ヲ用《モチ》フル處《トコロ》ニ就《ツキ》テ一々解《カイ》釋《シヤク》ヲ施《ホトコ》シテ運《ウン》用《ヨウ》ニ便《ベン》ナラシメント欲《ホツ》ス其《ソノ》解《カイ》釋《シヤク》ヲ熟《シユク》讀《ドク》シテ各《カク》人《ジン》ノ必《ヒツ》要《エウ》ノコトヲ選《セン》擇《タク》シ用《モチ》ヘシ、

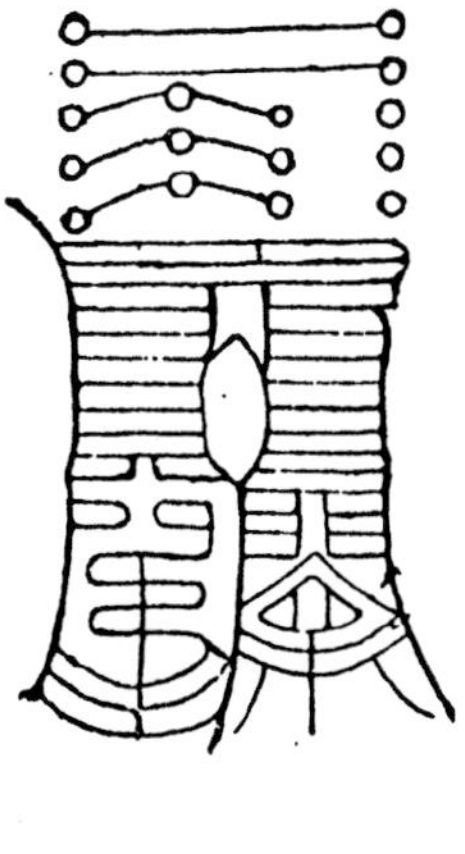

厭《タツ》釜《カマ》鳴《ナリ》狗《イヌ》上《ノボリ》床《ユカニ》斬《キル》火《クリ》光《クワウヲ》一切《サイノ》鬼《キヲ》。家《イヘ》ニ釜《カマ》鳴《ナリ》テ病《ヒヤウ》人《ニン》起《オコ》リ、狗《イヌ》床《ユカ》ノ上《ウヘ》ニ升《ノホリ》テ口《ク》舌《セツ》火《クワ》難《ナン》起《オコ》リ、又火《クリ》光《クワウ》ト云《イヒ》テ光《ヒカ》リモノ飛《トブ》等《ナド》アル、一切ノ靈《レイ》鬼《キ》ヲ厭《タチ》除《ノソ》ク靈《レイ》符《フ》ナリ（1）

厭《タツ》猪《ヰ》猫《ネコ》、犬《イヌ》等《ナド》自《ミヅカラ》食《クラフ》子《コヲ》怪《クワイヲ》。猪《ヰ》、猫《ネコ》、犬《イヌ》等《ナド》カ我《ワカ》子《コ》ヲ喰《クラフ》ナド在テ、家《カ》内《ナイ》ニ恠《クワイ》事《ジ》起《オコ》ルヲ厭《タチ》除《ノソ》ク靈《レイ》符《フ》ナリ（2）

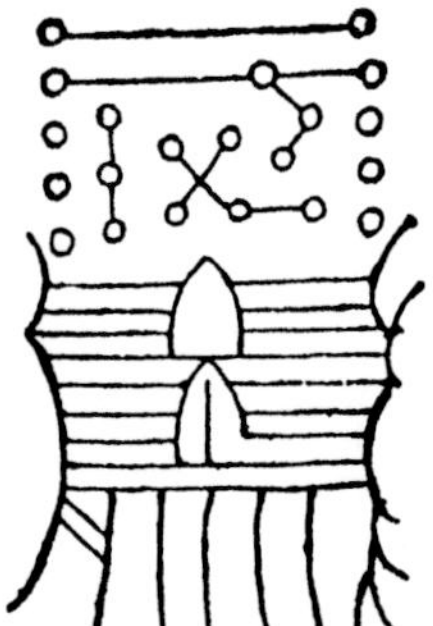

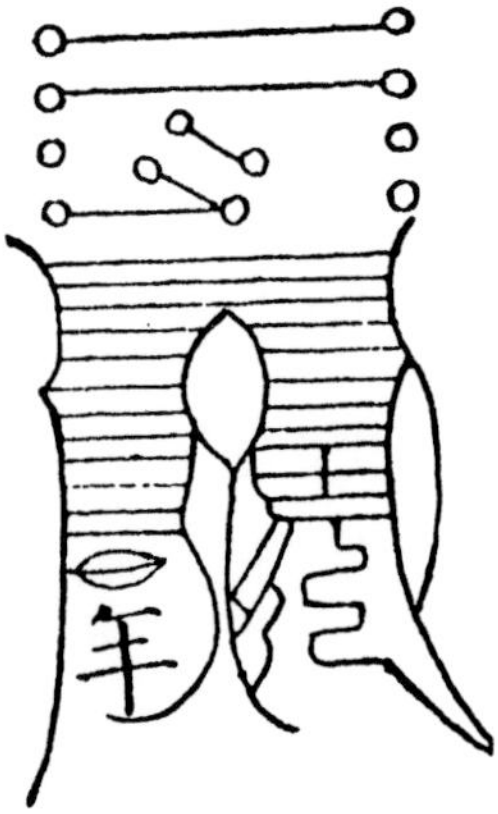

厭除《タチノゾク》禍害《クワガイ》之《ノ》鬼《キ》。 家《イヘ》ニ禍害《クワガイ》口舌《クゼツ》在《ア》リ、又人ヲ害《ガイ》シ自《ミツカ》ラ殺害《セツガイ》スル凶事《ケウジ》起《オコ》ル靈鬼《レイキ》ノ災殃《サイワウ》ニ遇《ア》ヒ、又人《ヒト》ニ害《ガイ》セラレ自害《ジガイ》等《トウ》ヲシテ、死《シ》セル靈鬼《レイキ》ノ祟《タヽリ》ヲ除《ノゾ》ク靈符《レイフ》ナリ(3)

厭《タツ》刀兵《トウヘイ》衰耗《スイカウノ》鬼《キ》。 刀兵《トウヘイ》トハ戰場《センジヤウ》軍陣《グンジン》ニ於《オイ》テ打死《ウチジニ》ニシ、又衰民《スイミン》ト云《イヒ》テ困窮《コンキウ》ニ逼《セマ》リ、餓死《ガシ》等《トウ》シタル靈鬼《レイキ》在《アリ》テ、祟《タヽリ》ヲ爲《ナ》スヲ厭除《タチノゾ》ク靈符《レイフ》ナリ(4)

厭《タツ》牛《キウ》馬《バ》六畜《チク》死《シ》傷《シヤウ》鬼《キ》。 牛馬《キウバ》六畜《チク》死《シ》シテ、其《ソノ》靈鬼《レイキ》祟《タヽ》リヲ爲《ナ》シ、災害《サイガイ》ヲ起《ナコ》スヲ厭除《タチノゾ》ク靈符《レイフ》ナリ(5)

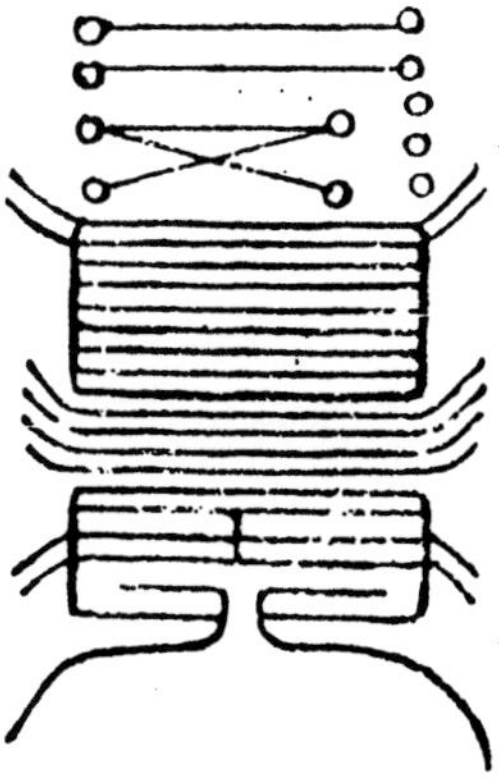

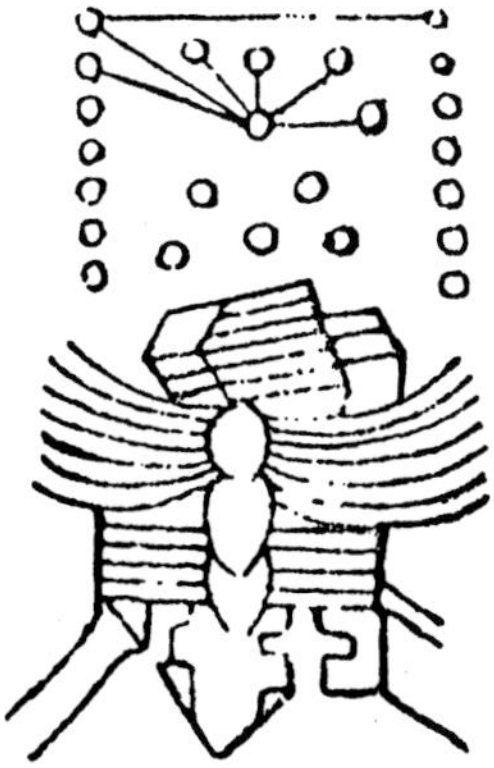

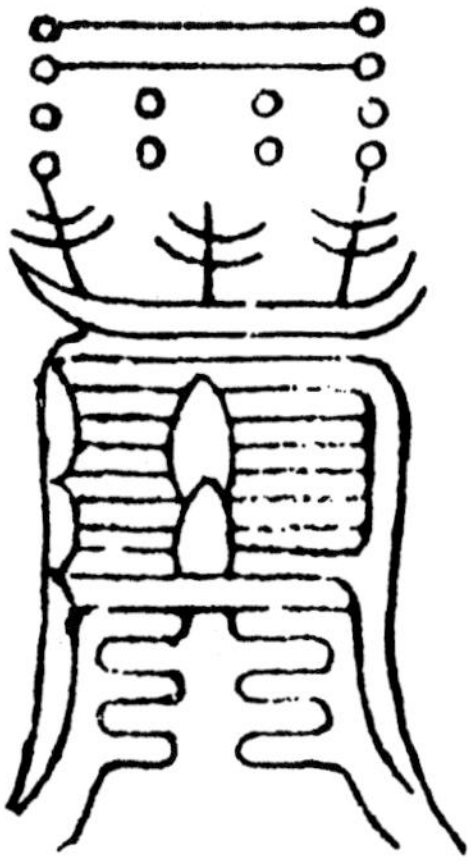

厭《タチ》除《ノゾク》風《フウ》火《クワ》之《ノ》怪《クワイヲ》。　奇《キ》怪《グワイ》ノ風《カゼ》吹《フキ》テ土《ド》砂《シヤ》ヲ上《ア》ケ鳴《ナリ》音《オト》怪《アヤ》シク、又燈《トウ》火《クワ》ニ種《イロ》々《〳〵》ノ花《ハナ》在《アリ》テ恠《アヤ》シク、又火《ヒ》ノ光《ヒカ》リ無《ナ》クシテ、怪《クワイ》事《ジ》起《オコ》ルヲ厭《タチ》除《ノゾ》ク靈《レイ》符《フ》ナリ（6）

厭《タツ》水《スイ》潦《レウ》火《クワ》光《クワウ》怪《クワイヲ》。　水《ミツ》潦《タマリ》又ハ井《ヰ》戸《ト》水《ミツ》等《トウ》ノ俄《ニワカ》ニ濁《ニゴ》リ穢《ケカレ》入《イ》リ香《ニホヒ》アシク、又火《クワ》光《クワウ》トテ光《ヒカ》リモノ飛《ト》ヒ、亦《マタ》ハ灯《トウ》火《クワ》ニ奇《アヤシ》キ花《ハナ》出《イツ》ル事《コト》有《アリ》テ、家《カ》内《ナイ》ニ災《サイ》殃《ワウ》起《ヲコ》ルヲ厭《タチ》除《ノゾ》ク靈《レイ》符《フ》ナリ（7）

厭《タツ》不《サルヲ》宜《ヨロシカラ》男《ナン》女《ニヨノ》長《チヤウ》命《メイニ》。　男《ナン》子《シ》女《ジヨ》子《シ》夭《ヨウ》死《シ》シテ、長《チヤウ》命《メイ》ナラサルヲ厭《タチ》除《ヨケ》テ、人《シン》命《メイ》長《チヤウ》壽《シユ》ナラシムル靈《レイ》符《フ》ナリ（8）

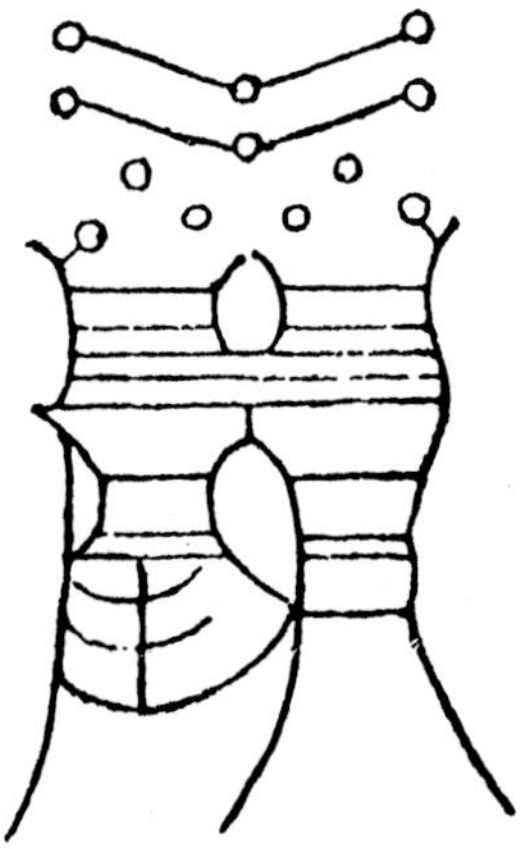

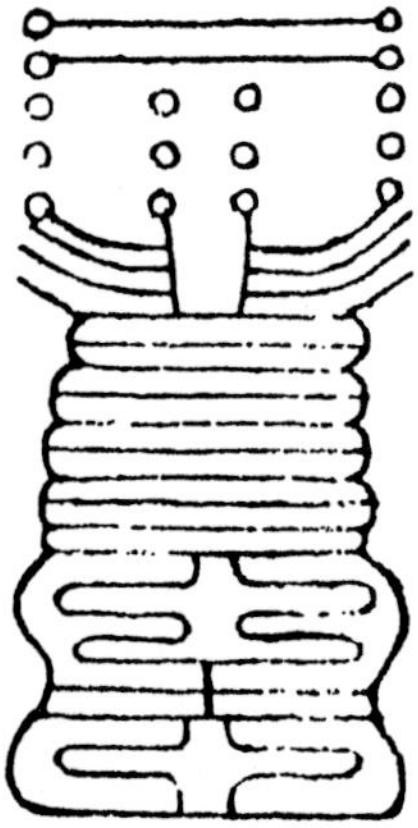

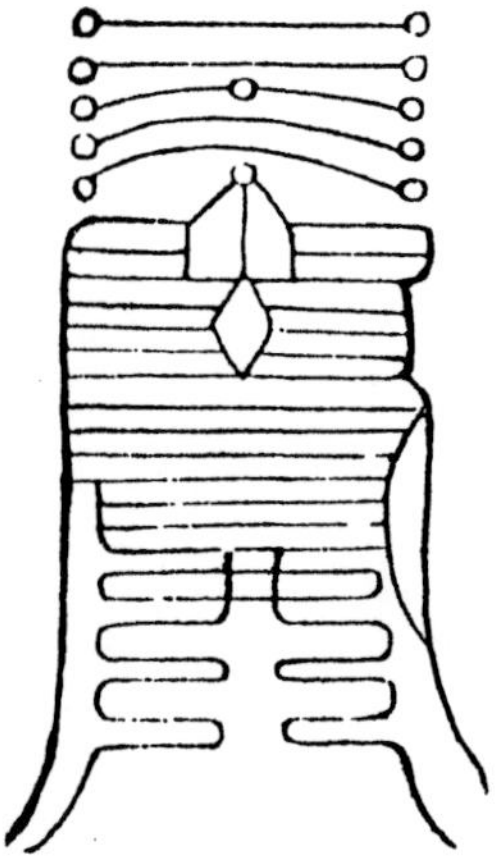

厭《タツ》橫《ヨコサマニ》損《ソンシ》財《ザイヲ》謀《ハウ》害《ガイ》之《ノ》鬼《キヲ》。 凶《ケフ》奸《カン》ノ爲《タ》メ不《フ》慮《リヨ》ニ衒《カタリ》事《コト》等《トウ》ニ遇《ア》ヒ、橫《ヨコ》サマニ財《ザイ》寶《ホウ》ヲ損《ソン》失《シツ》シ、謀《ハカリ》コトニ因《ヨツ》テ口《ク》舌《セツ》災《サイ》難《ナン》ノ起《ヲコ》ルコト在《ア》ル、靈《レイ》鬼《キ》ヲ厭《タチ》除《ノソ》ク靈《レイ》符《フ》ナリ(9)

厭《タツ》惡《アク》鬼《キヲ》 惡《アク》靈《レイ》鬼《キ》ノ祟《タヽリ》ヲ爲《ナ》シテ、種《イロ》々《〱》樣《サマ》々《〱》ノ惡《アク》事《ジ》災《サイ》難《ナン》ノ絕《タヘ》サルヲ、厭《タチ》絕《セツ》シ除《ノソ》ク靈《レイ》符《フ》ナリ(10)

厭《タチ》除《ノソク》氣《キ》運《ウン》陰《イン》陽《ヤウ》不和《ザルコトクワセ》。 天《テン》地《チ》陰《イン》陽《ヤウ》ノ氣《キ》運《ウン》和《クワ》セズシテ大《タイ》雨《ウ》降《フ》リ、又旱《カン》魃《ハツ》等《トウ》シテ、四季《キ》寒《カン》熱《ネツ》ノ運《ウン》氣《キ》正《タヽ》シカラサル事《コト》ヲ、厭《タチ》除《ノソ》ク靈《レイ》符《フ》ナリ(11)

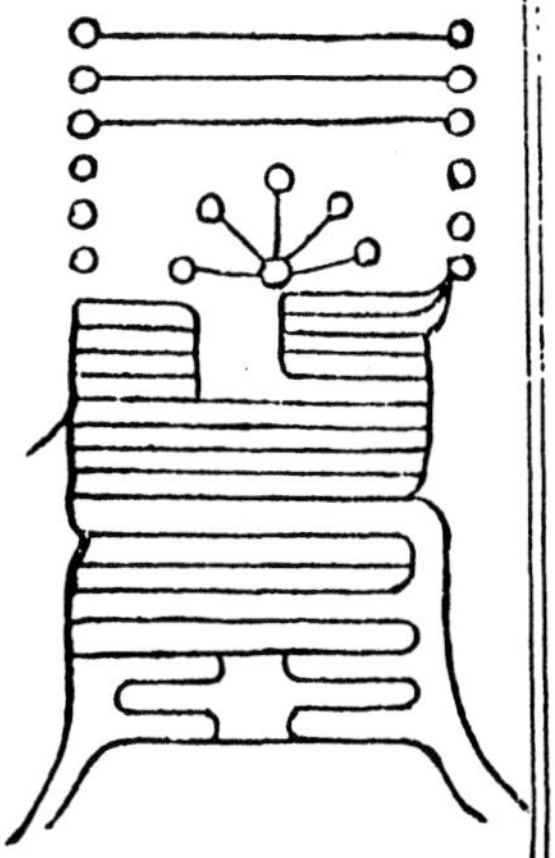

厭《タチ》除《ノゾク》口《ク》舌《ゼツ》惡《アク》事《ジノ》侵《シン》害《ガイヲ》。常《ツネ》ニ口《ク》舌《セツ》起《オコ》リ、又《マタ》惡《アク》事《ジ》ノ侵《オカ》シ害《ガイ》セラル、災《ワザ》禍《ハイ》ヲ、厭《タチ》除《ノゾ》ク靈《レイ》符《フ》ナリ（12）

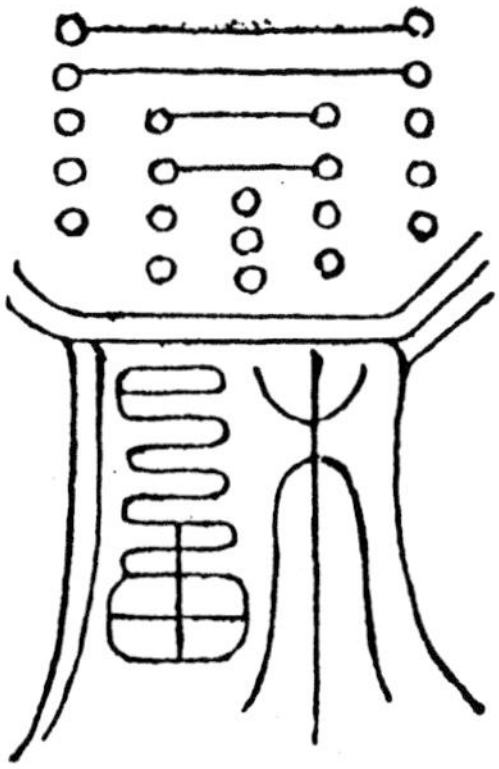

厭《タチ》除《ノゾク》凶《ケフ》殃《ワウ》侵《シン》害《ガイ》之《ノ》鬼《キヲ》。凶《アシ》キ災《サイ》殃《ワウ》ニ侵《チカ》サレ、殺《セツ》害《ガイ》等《トウ》ヲシタル靈《レイ》鬼《キ》ヲ、厭《タチ》除《ノゾ》ク靈《レイ》符《フ》ナリ（13）

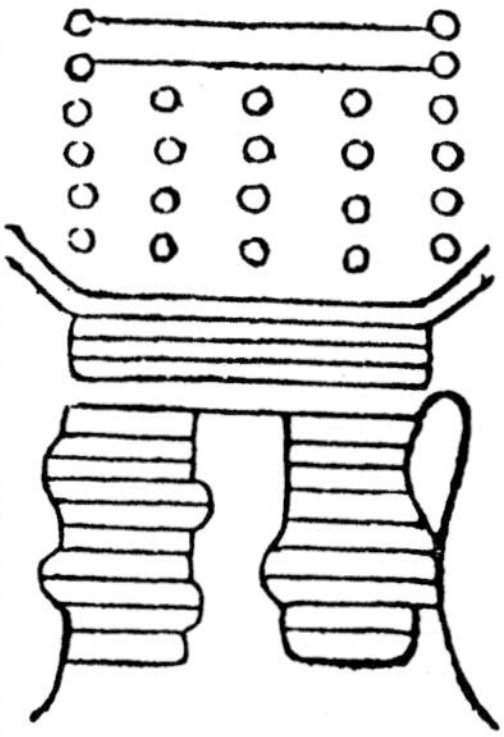

厭《タチ》鎭《シヅム》凶《ケフ》惡《アク》之《ノ》鬼《キヲ》。凶《アシ》キ靈《レイ》鬼《キ》、又ハ惡《アシ》キ邪《シヤ》氣《キ》ノ靈《レイ》鬼《キ》カ種々《イロ〳〵》ノ凶《ケツ》事《ジ》ヲ爲《ナ》スヲ、悉《コト〴〵》ク厭《タチ》除《ノゾ》ク靈《レイ》符《フ》ナリ（14）

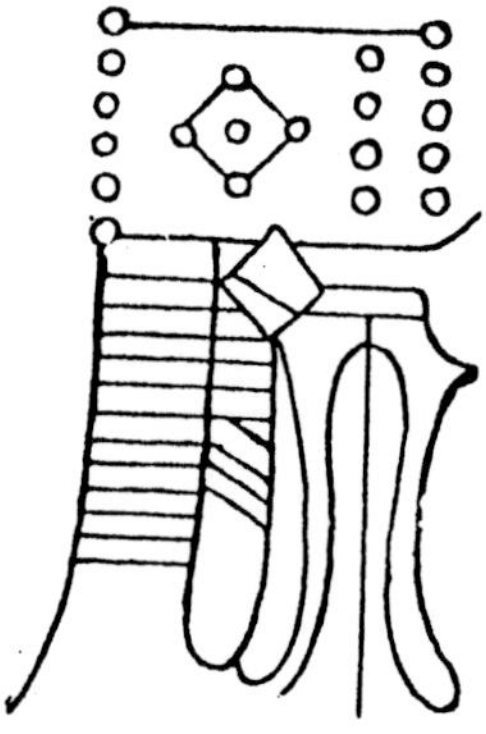

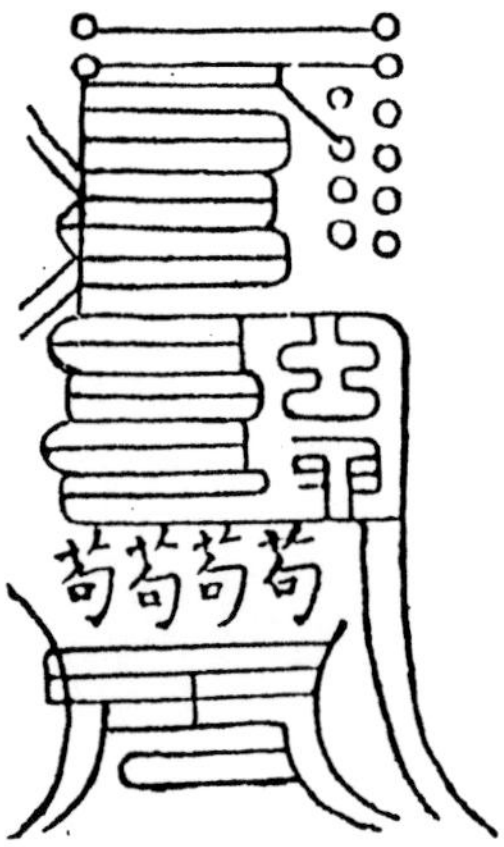

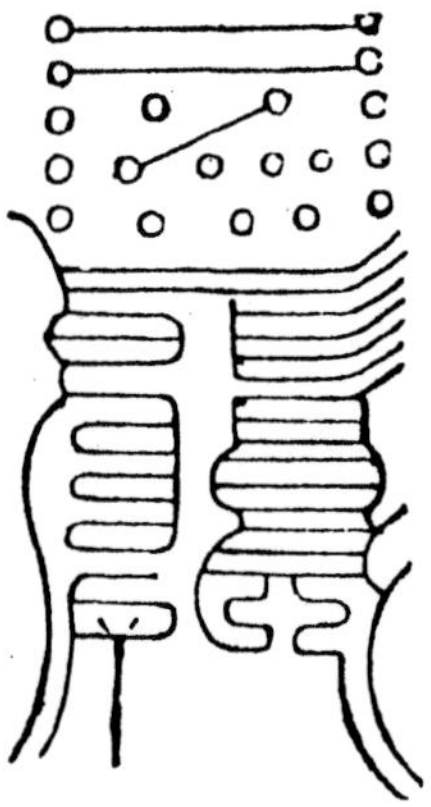

招《マネキ》金《キン》銀《キン》入《ニウ》宅《タクヲ》富《フウ》貴《キニシテ》不《ス》逢《アハ》殃《ワウ》禍《クワニ》。 金《キン》銀《ギン》ヲ招《マネ》キ入《イ》レ家《イヘ》富《フウ》貴《キ》ニ成《ナ》リ、而《シカ》モ殃《ワウ》禍《クワ》ヲ起《オコ》サヽル、人《ジン》生《セイ》ニ缺《カ》クヘカラザル靈《レイ》妙《メウ》ノ符《フ》ナリ（15）

厭《タツ》盜《トウ》賊《ソク》口《ク》舌《ゼツ》無《タヘ》端《ザル》之《ノ》鬼《キヲ》。 屢《シハ》々《〳〵》盜《トウ》賊《ソク》ニ遇《ア》ヒ、亦《マタ》口《ク》舌《ゼツ》起《オコ》ルコト無《タヘ》端《ザル》ノ靈《レイ》鬼《キ》ヲ、悉《コトゴト》ク厭《タチ》除《ノゾ》ク靈《レイ》符《フ》ナリ（16）

厭《タツ》鷄《トリ》夜《ヤ》鳴《ナキテ》百《ヒヤク》怪《クワイ》之《ノ》鬼《キヲ》。 鷄《トリ》夜《ヨ》ル鳴《ナキ》テ病《ヒヤウ》事《ジ》損《ソン》失《シツ》有《アリ》テ憂《ユウ》事《ジ》起《オコ》リ、又《マタ》樣《サマ》々《〳〵》ノ怪《クワイ》事《ジ》アル等《ナド》ヲ皆《ミナ》厭《タチ》除《ノゾ》ク靈《レイ》符《フ》ナリ（17）

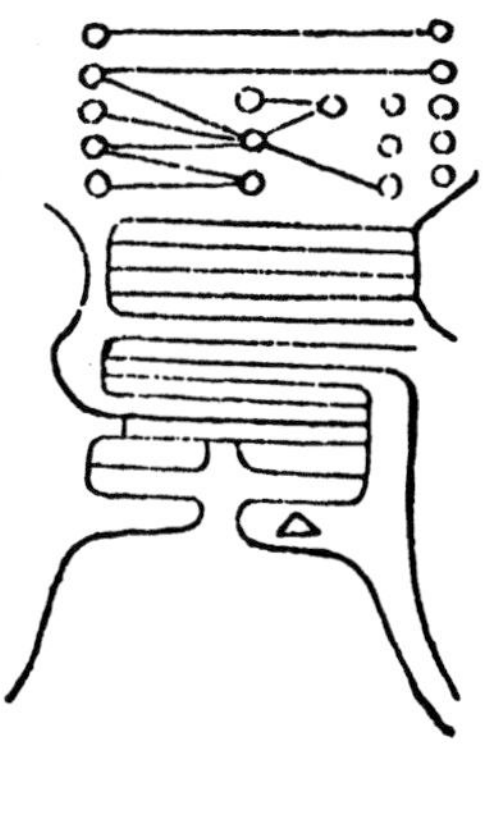

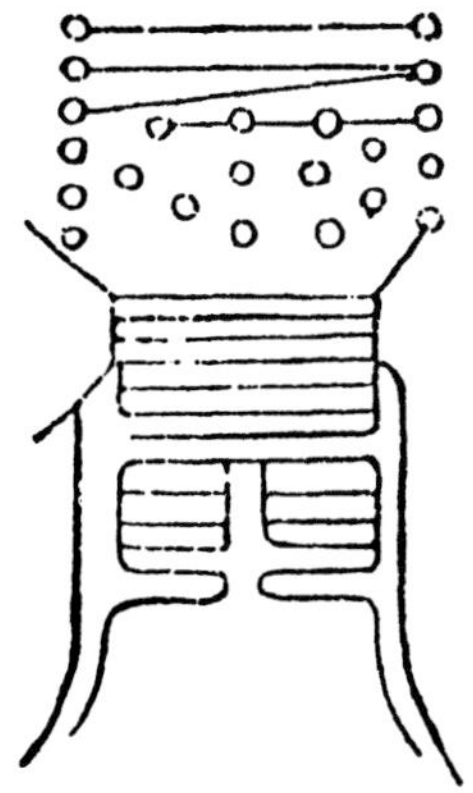

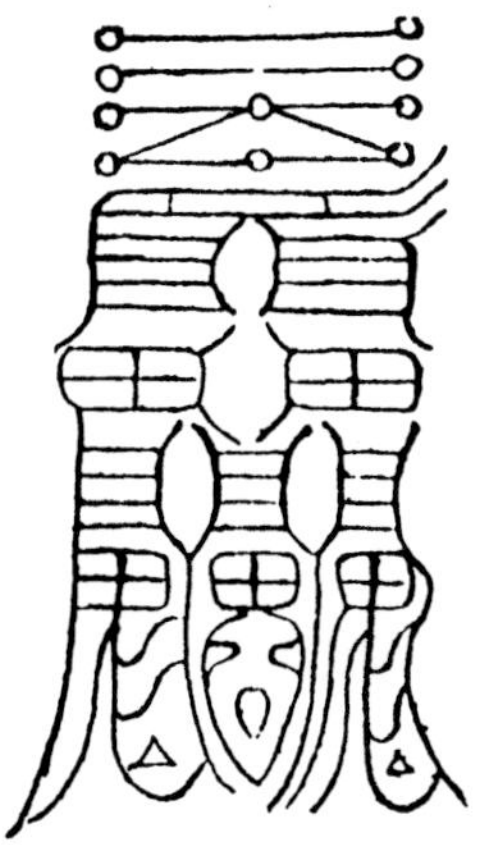

厭《タチ》時《ジ》氣《キ》不《ザル》和《クワセ》惡《アク》事《ジヲ》滅《ホロボシ》。四季《キ》ノ時《ジ》氣《キ》和《クワ》セズシテ、時《トキ》ナラス熱《ネツ》シ、又ハ寒《カン》シテ人《ニン》氣《キ》病《ヒヤウ》事《ジ》流《リウ》行《カウ》等《トウ》スルヲ厭《タチ》除《ノゾキ》テ、惡《アク》事《ジ》災《サイ》難《ナン》ヲ除《ノゾキ》滅《ホロボ》ス靈《レイ》符《フ》ナリ(18)

厭《タツ》吒《カリ》兵《ヘイ》尅《コクノ》害《ガイ》人《ジン》口《コウ》之《ノ》鬼《キヲ》・軍《グン》兵《ヘイ》ヲ吒《カリ》集《アツ》メ人《ヒト》ヲ尅《コク》害《ガイ》シ、國《コク》家《カ》亂《ミダ》レテ人《ヒト》ノ口《クチ》ニ謂《イ》フ詞《コトバ》等《トウ》モ恠《アヤシ》キ事《コト》起《オコ》ル、靈《レイ》鬼《キ》ヲ厭《タチ》除《ノゾ》ク靈《レイ》符《フ》ナリ(19)

厭《タチ》除《ノゾク》養《ヤウ》蠶《サン》不《ザル》成《ナラ》之《ノ》鬼《キヲ》。養《ヤウ》蠶《サン》ヲ爲《ナ》スニ成《シヤウ》就《ジユ》セス、物《モノ》ニアヤカリ損《ソン》失《シツ》スルヲ、厭《タチ》除《ノゾ》ク靈《レイ》符《フ》ナリ(20)

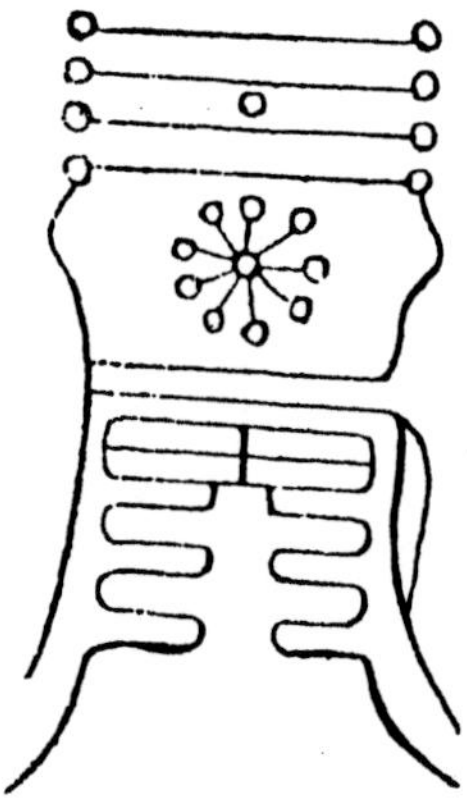

厭《タツ》狂《ケフ》畜《チク》物《モノト》損《ソン》傷《シヤウスル》人《ヒトチ》之鬼《キヲ》 畜《チク》類《ルヰ》ノ狂《クル》ヒ勢《イキホ》ヒテ、人ヲ損《ソン》ジ傷《ヤブ》ルヲ鎮《シヅ》メテ其《ソノ》害《ガイ》ヲ厭《タチ》除《ノゾ》ク靈《レイ》符《フ》ナリ(21)

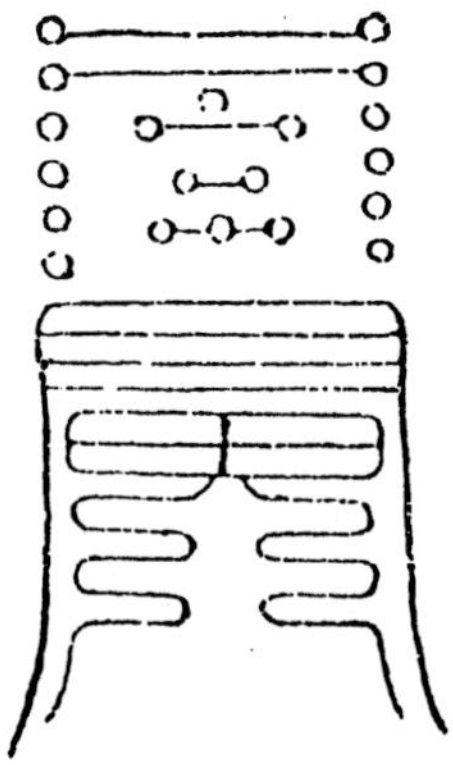

厭《タツ》惡《アク》夢《ムヲミナ》經《ケイ》求《キウスル》無《ニナキ》利《タリ》息《ソク》。 惡《アシ》キ夢《ユメ》ヲ見《ミ》テ恠《アヤ》シク、又經《ケイ》營《エイ》シ求《モトム》ル事《コト》ニ利《リ》分《ブン》得《エ》難《ガタ》ク百《ヒヤク》事《ジ》成《ジヤウ》就《ジユ》セヌヲ厭《タチ》除《ノゾ》ク靈《レイ》符《フ》ナリ(22)

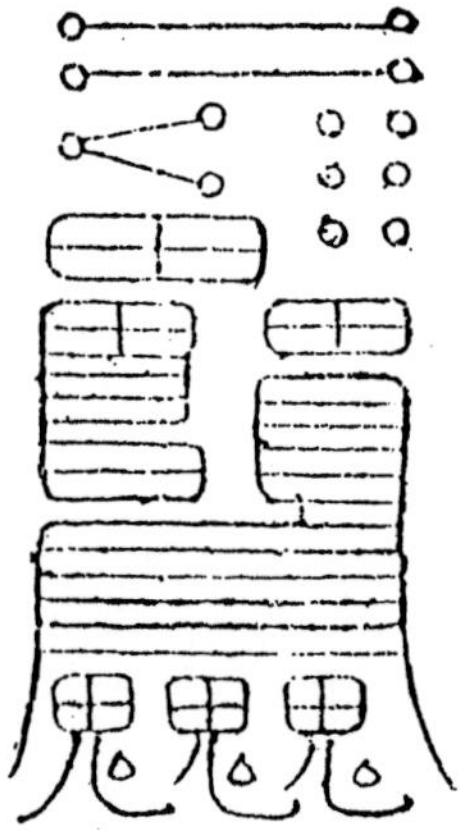

厭《クツ》北《ホク》方《ハウノ》土《ド》氣《キ》耗《ガウ》損《ソン》之《ノ》鬼《キヲ》。 北方ノ土《ド》神《ジン》ノ氣《キ》祟《タヽリ》テ、財《サイ》寶《ホウ》ヲ耗《ヘラ》シ損《ソン》失《シツ》スル事《ジ》故《コ》多《オホ》ク在《ア》ルヲ厭《タチ》除《ノゾ》ク靈《レイ》符《フ》ナリ(23)

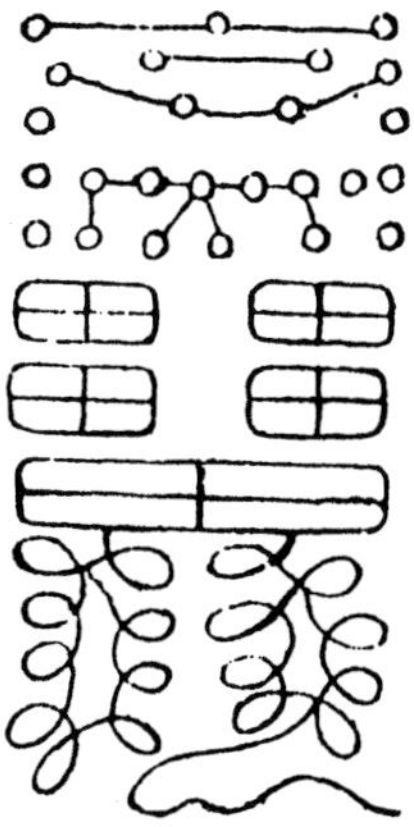

厭《タツ》㆔南《ナン》方《ハウ》土《ド》氣《キ》害《ガイスルコトヲ》㆓人口《ジンコウヲ》㆒。南方ノ土《ド》神《ジン》ノ氣《キ》祟《タヽ》リ、下《ゲ》人《ジン》家《ケ》來《ライ》ヲ害《ガイ》シ、又人《ヒト》ノ口《クチ》ニ害《ガイ》ヲ言《イハ》ル、事《コト》在《ア》ルヲ、厭《タチ》除《ノゾ》ク靈《レイ》符《フ》ナリ(24)

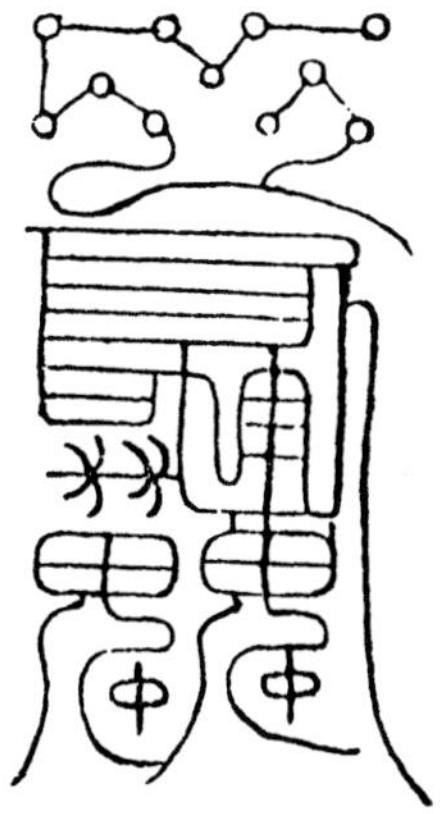

厭《タチ》㆔除《ノゾク》家《カ》鬼《キ》尅害《コクガイスルヲ》㆓人口《ジンコウヲ》。家《カ》内《ナイ》ニ鬼《キ》神《ジン》祟《タヽ》リ、人《ジン》口《コウ》ニ尅《コク》害《ガイ》スルコトヲ云《イハ》レ、又家《カ》人《ジン》害《ガイ》ニ遇《ア》ヒ死《シ》失《シツ》スルコト在《ア》ルヲ、厭《タチ》除《ノゾ》ク靈《レイ》符《フ》ナリ(25)

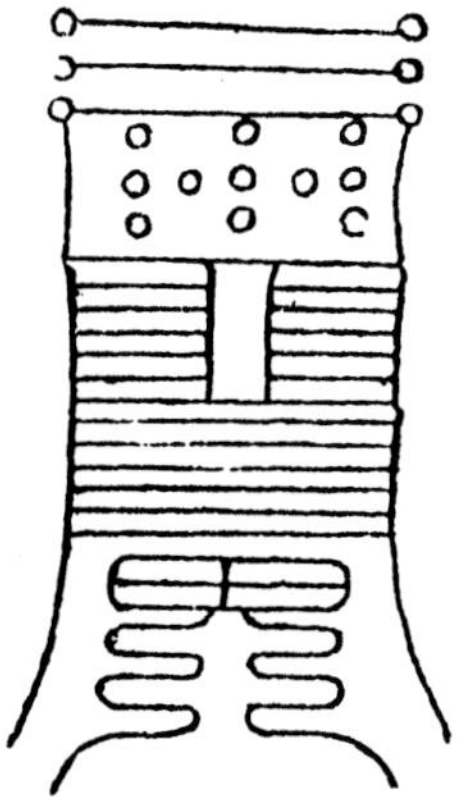

厭《タツ》㆔西《セイ》方《ハウノ》土《ド》氣《キ》損《ソンスルヲ》㆓人口《ジンコウヲ》㆒。西《セイ》方《ハウ》ノ土《ト》神《ジン》ノ氣《キ》祟《タヽ》リ人《ヒト》ノ口《クチ》ニ悪《アシ》ク云《イハ》レ、又家《ケ》來《ライ》成《シヤウ》就《シユ》爲《ナ》シ難《カタ》キ、靈《レイ》氣《フ》ヲ厭《タチ》除《ノゾ》ク靈《レイ》符《フ》ナリ(26)

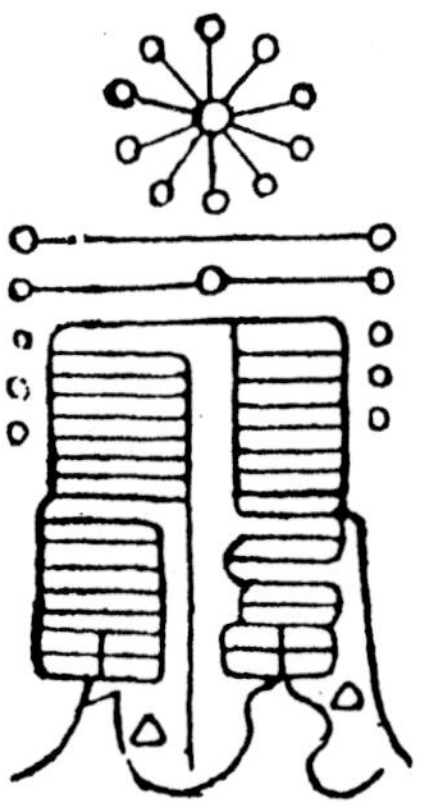

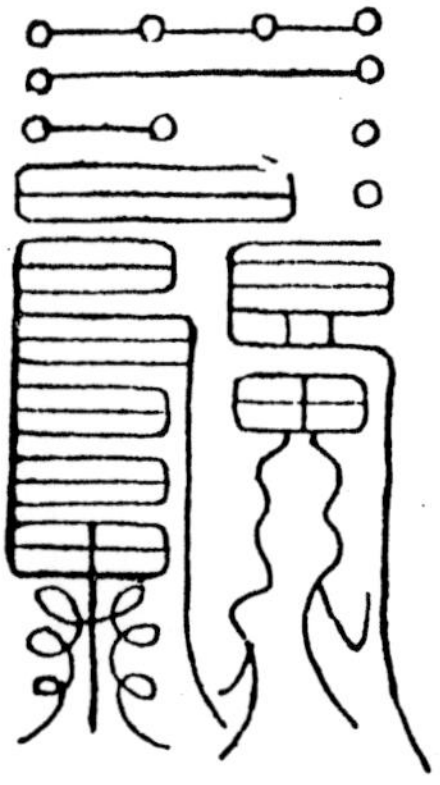

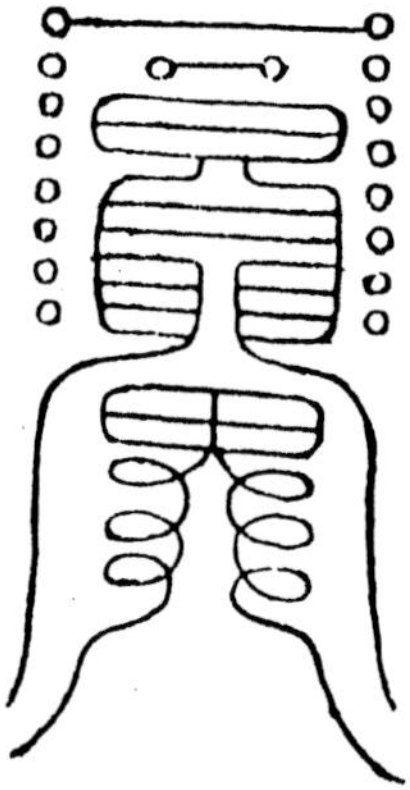

厭《タツ》㆓中《チウ》央《ワウ》土《ド》氣《キ》移《イ》動《ドウスル》鬼《ノキチ》㆒。　中《チウ》央《ワウ》ノ土《ド》神《ジン》ノ氣《キ》祟《タヽ》リ、度々《タヒ〱》家《カ》人《ジン》移《ウツ》リ替《カハ》ル等《トウ》ノ事《ジ》故《コ》多《オホ》ク失《シツ》費《ヒ》在《ア》ルヲ、厭《タチ》除《ノゾ》ク靈《レイ》符《フ》ナリ（27）

此《コノ》符《フ》大招《オホイニマネク》㆓經《ケイ》營《エイ》遂意《トクルコトテイチ》㆒。　此《コノ》靈《レイ》符《フ》ハ世《セ》間《ケン》人《ニン》間《ケン》ノ經《ケイ》營《エイ》シテ、大《オホイ》ニ願《ネカ》ヒ望《ノツ》ムコト、心《コヽロ》ニ思《オモ》フコトヲ遂《トケ》成《シヤウ》就《シユ》スル符《フ》ナリ（28）

厭《ダツ》㆓飛《ヒ》屍《シノ》鬼《キ》侵害《シンカイスルナ》人《ジン》口《コウチ》㆒。　悪《アク》死《シ》シタル屍《カハネ》有《アリ》テ祟《タヽリ》ヲ爲《ナ》シ、人《ジン》口《コウ》ヲ侵《シン》害《ガイ》セラレ、家《カ》人《ジン》雇《ヤトヒ》人《ニン》𪜈ニ侵《シン》害《ガイ》セラルヽヲ厭《タチ》除《ノゾ》ク符《フ》ナリ

（29）

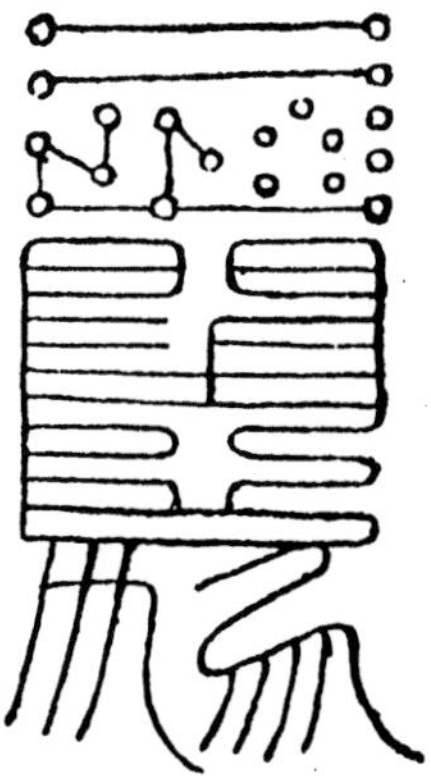

此《コノ》符《フ》大《オホイニ》招《マネク》官職《クワンシヨクヲ》。此《コノ》靈符《レイフ》ハ官位《クワンヰ》職祿《シヨクロク》ヲ招《マネ》キ望《ノゾ》ムニ、必《カナラ》ス心願《シングワン》ヲ成就《シヤウシユ》スヘキ符《フ》ナリ（30）

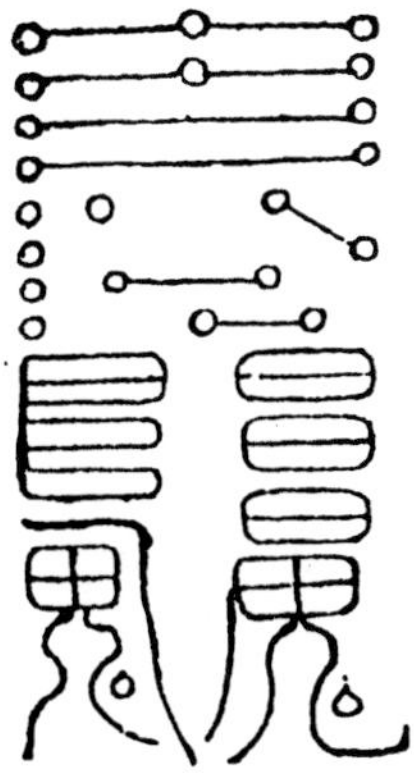

宜《ヨロシク》官職《クワンシヨクニ》折伏《クジクフ》屍《シノ》爲《ナス》禍《クワヲ》。悪《アシ》キ屍《カバネ》ノ靈鬼《レイキ》祟《タヽリ》ヲ爲《ナ》シテ、官職《クワンシヨク》ヲ贈《チク》ルニ此《コノ》靈符《レイフ》ヲ修《シユ》スレハ、死靈《シレウ》ヲ厭鎭《タチシヅム》ル神符《シンフ》ナリ（31）

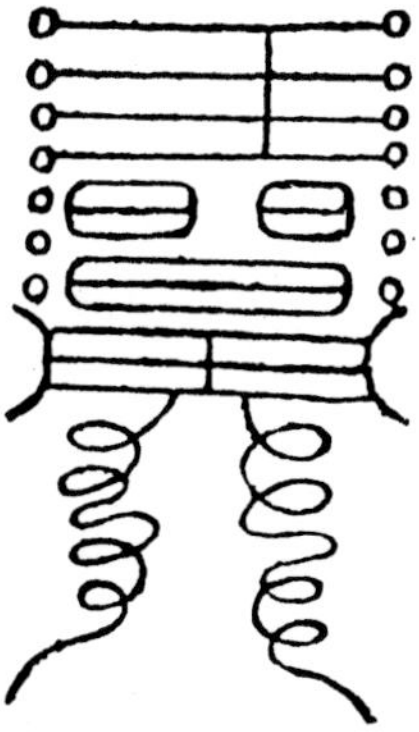

厭伏《タツフ》屍鬼《シキノ》損害《ソンガイスル》人口《ヲジンコウノ》。寺地《テラチ》或《アルヒ》ハ墓跡《ハカアト》等《トウ》ノ、地中《チチウ》ニ伏《フ》シタル屍《カハネ》有《ア》リテ、下人《ゲジン》家來《ケライ》等《トウ》ニ災祟《サイタヽリ》ヲ爲《ナ》スヲ、厭除《タチノゾ》ク靈符《レイフ》ナリ（32）

盗賊《トウゾク》不《ス》侵《チカサ》萬事《バンジ》稱《カナフ》意《イニ》。盗賊《トウゾク》ノ難害《ナンガイ》ニ侵《チカ》サレス、万事《バンジ》心《コヽロ》ニ稱《カナ》ヒ、成就《シヤウジユ》シテ、幸福《サイハイ》在《ア》ル神符《シンフ》ナリ（33）

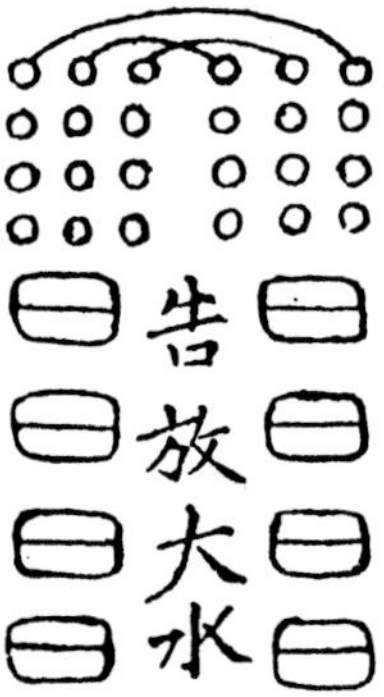

厭《タチ》除《ノゾク》日《ヒニ》重《オモキ》疾病《シツヒヤウ》之《ノ》災《サイチ》。疾病《シツヒヤウ》日日《ヒビ》ニ重《カサナ》ルヲ厭除《タチノツキ》テ、平癒《ヘイユ》ナサシムル靈符《レイフ》ナリ（34）

龍神《リウシン》非《ヒ》吊《テフ》。龍神《リウジン》吊《トヒ》來《キタ》ルコト無《ナ》ク、旱天《カンテン》シテ雨《アメ》降《フラ》ス、田地《デンチ》潤《ウルホ》ヒ無《ナ》ク、又家内《カナイ》ニモ龍神《リウジン》影《エイ》吊《テフ》無《ナ》キ家《イヘ》ニハ災禍《サイクワ》起《チコ》ル、是《コレ》ヲ迎《ケイ》吊《チフ》ノ靈符《レイフ》ナリ（35）

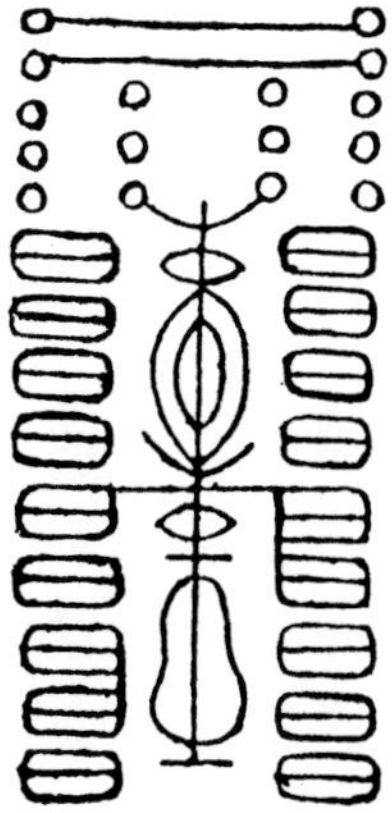

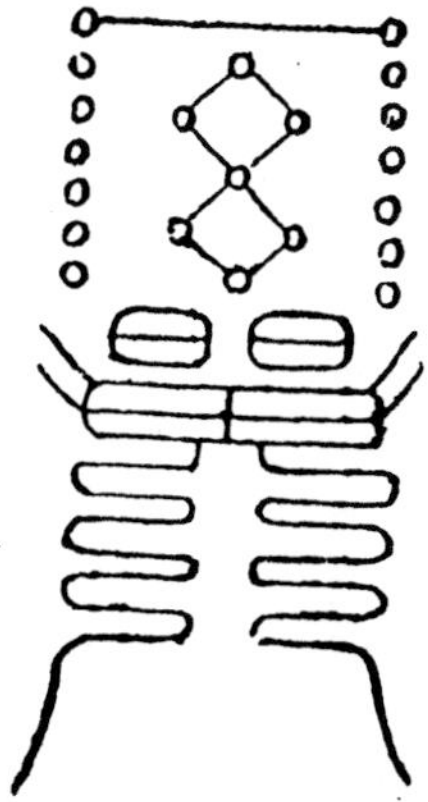

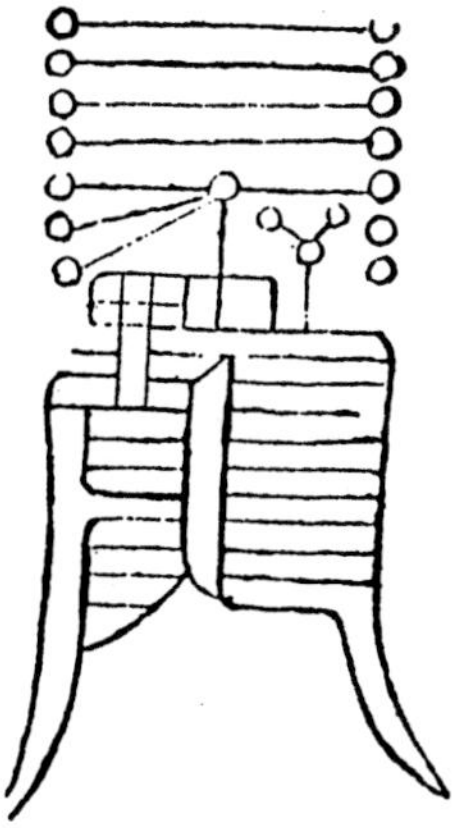

厭《タツ》犬《イヌ》雞《トリ》狐《コ》狸《リ》鳴上屋《ナキテノボルヲオクニ》。　雞《トリ》、犬《イヌ》、狐《キツネ》、狸《タヌキ》等《トウ》ノ獸《ジフ》ガ、屋《イヘ》ノ上《ウヘ》ニ升《ノボ》リ居《ヰ》テ、怪事《クワイジ》起《オコ》ルヲ厭除《タチノゾ》ク、是《コレ》第《タイ》一ノ符《フ》ニ似《ニ》タリ（36）

招《マネク》金《キン》銀《ギン》自入《オノツカライリ》大《ダイ》富《フウ》貴《キナ》。　家《イヘ》ニ金《キン》銀《ギン》ヲ招《マネ》キ入《イ》レ、自《シ》然《ゼン》ニ富《フウ》貴《キ》スル靈《レイ》符《フ》ナリ、第《タイ》十五ノ符《フ》ニ似《ニ》タリ（37）

厭《タツ》蛇《ヘビ》虫《ムシ》作《ナスナ》諸《モロ〱ノ》怪《クワイ》祟《タヽリ》。　蛇《ヘビ》人《ジン》家《カ》ニ入《イ》リ、又諸《モロ〱》ノ怪《クワイ》事《ジ》祟《タヽ》リ起《オコ》ルヲ、厭《タチ》除《ノゾ》ク神《シン》符《フ》ナリ

（38）

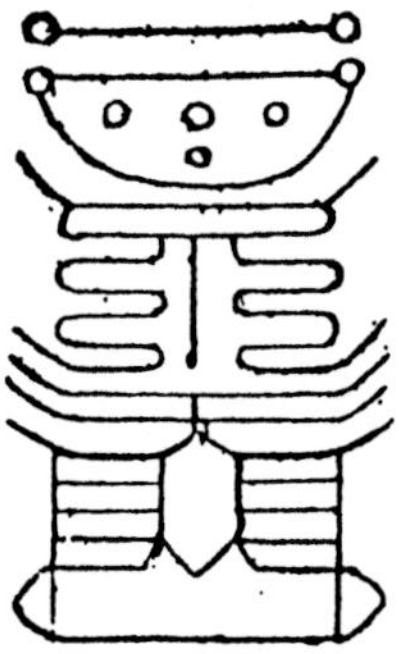

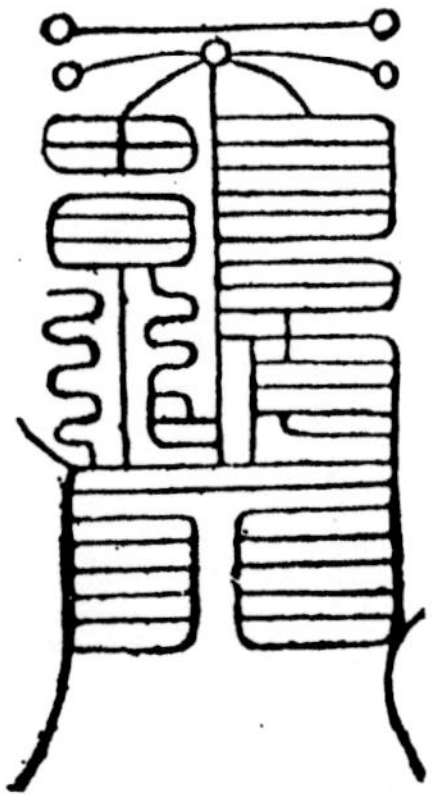

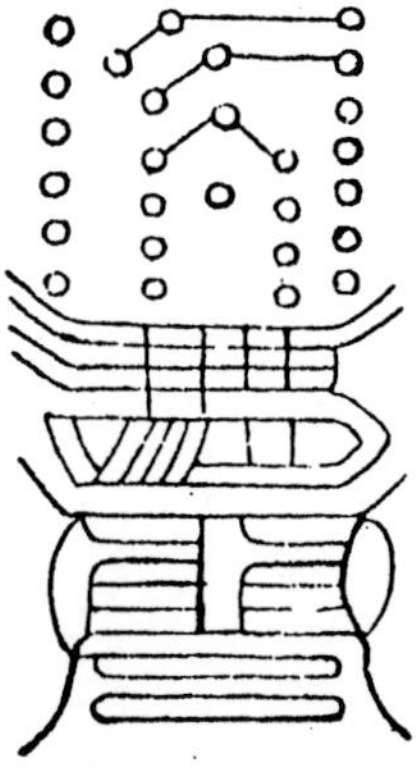

保《タモチ》宅《タク》舍《シヤ》門《モン》戸《コ》人《ジン》口《コウ》清吉《セイキツナリ》。舍《シヤ》宅《タク》ノ門《モン》戸《コ》ヲ能《ヨ》ク堅《ケン》守《シユ》シテ災《サイ》入《イリ》來《キタ》ラス、又人《ヒト》ノ口《クチ》ニ云《イフ》詞《コトハ》モ清《キヨ》ク、宜《ヨロ》シク在《ア》ルヘキ靈《レイ》符《フ》ナリ（39）

厭《タツ》神《シン》祠《シ》精《セイ》魅鬼《マイノキチ》。神《カミ》ノ祠《ヤシコ》ノ祟《タヽ》リ、又ハ野《ノ》ノ精《セイ》土《ド》石《セキ》ノ精《セイ》山《サン》魅《マイ》等《トウ》ノ祟《タヽリ》ヲ厭《タチ》除《ノソ》ク妙《メウ》符《フ》ナリ（40）

厭《タツ》殺《サツ》星《セイチ》。人ノ生《ウマレ》年《ネン》月《ケツ》日《ニチ》時《ジ》ニ依《ヨツ》テ悪《アシ》キ尅《コク》殺《サツ》ノ星《セイ》氣《キ》ニ遇《ア》ヒ、一生《セウ》災《サイ》眚《セイ》絕《タヘ》ヌヲ厭《タチ》除《ノゾク》ノ靈《レイ》符《フ》ナリ（41）

 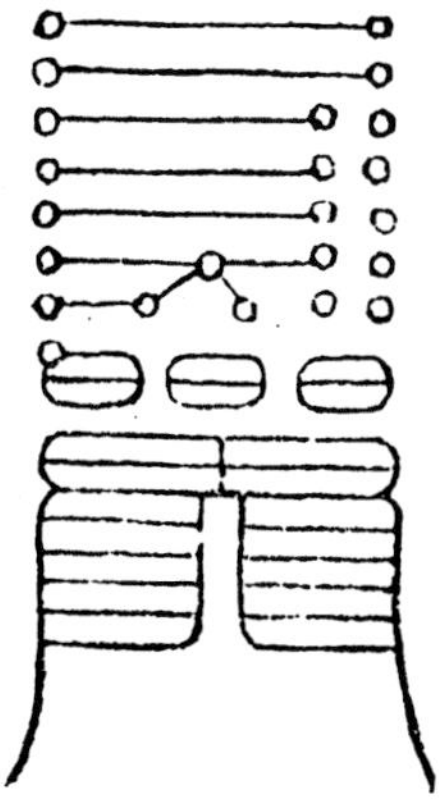 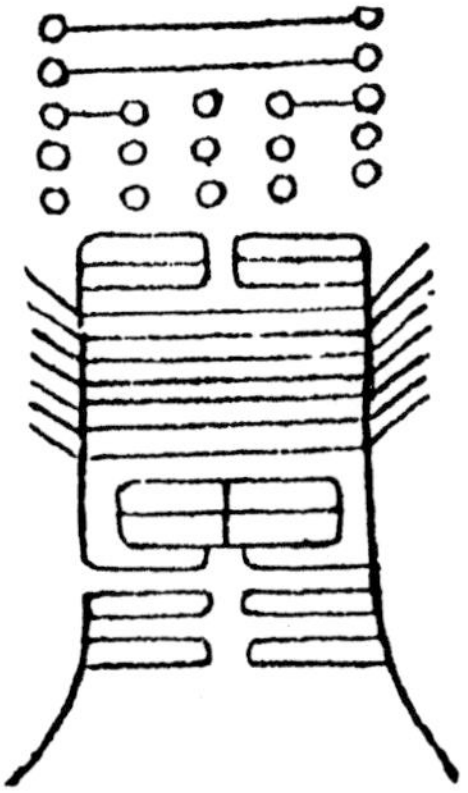

厭《タチ》二除《ノソク》發《ハツ》狂《ケフスルチ》萬《バン》物《ブツ》之《ノ》精《セイチ》一　萬《バン》物《ブツ》ノ精《セイ》カ狂《クル》ヒ起《ヲコリ》テ、譬《タトヘ》ハ秋《アキ》ニ櫻《サクラ》、桃《モヽノ》花《ハナ》ノ花《ハナ》咲《サ》キ、又衣《イ》類《ルヰ》ニ苔《コケ》生《ハ》ヘ、又家《イヘ》鳴《ナ》リシテ恠《アヤシ》キ光《ヒカリ》物《モノ》飛《トブ》等《トウ》爲《ナ》スヲ厭《タチ》除《ノソ》ク符《フ》ナリ(42)

厭《タツ》二東《トウ》方《ハウ》土《ド》氣《ホ》精《セイ》耗《ガウノ》鬼《キヲ》一。東《トウ》方《ハウ》ノ土《ド》神《ジン》祟《タヽリ》テ人ノ精《セイ》氣《キ》耗《カウ》散《サン》百《ナニ》事《コトモ》意《イ》ノ如《コト》クナラサルヲ厭《タチ》除《ノソ》ク靈《レイ》事《フ》ナリ(43)

厭《タチ》二除《ノソク》官《クワン》刑《ケイ》獄《ゴクノ》鬼《キヲ》一。官《クワン》事《ジ》ニ刑《ケイ》罰《ハツ》セラレ、牢《ラウ》獄《ゴク》ニ押《ヲシ》込《コメ》ラレテ、死《シ》シタル靈《レイ》鬼《キ》等《トウ》ノ祟《タヽリ》アルヲ厭《タチ》除《ノソ》ク符《フ》ナリ(44)

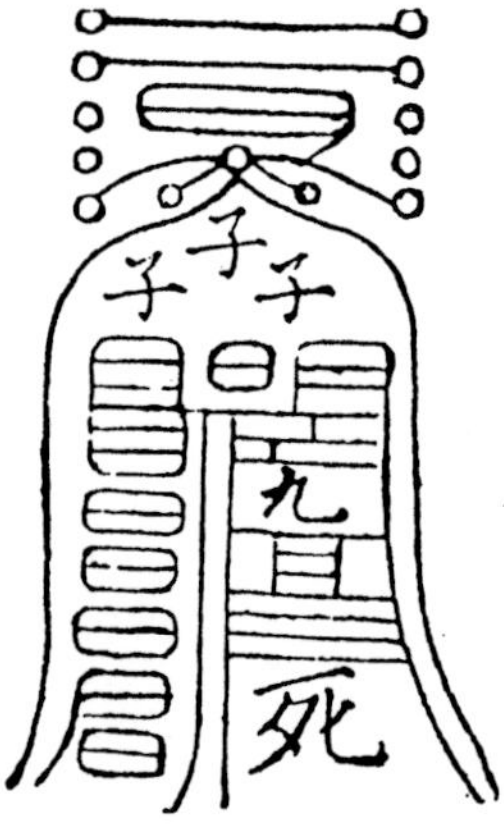

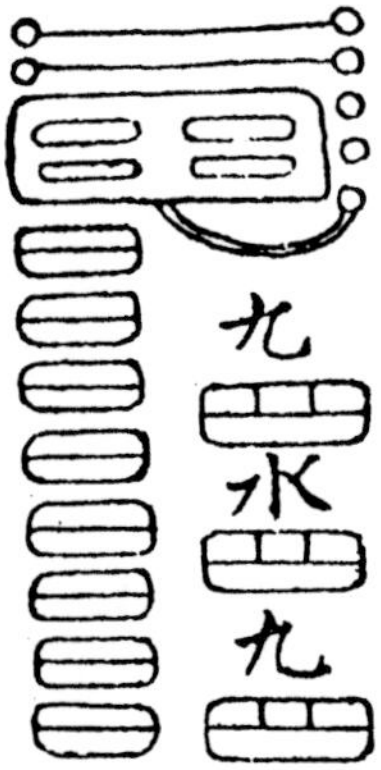

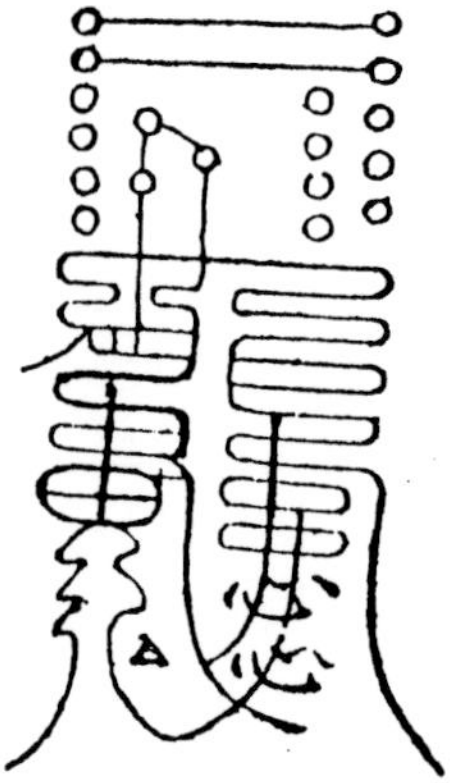

厭《タツ》老《ラウ》樹《シユ》木《ボクガ》作《ナスチ》精《セイ》魅《マイノ》鬼《キチ》。 古《フル》ク老《オイ》タル樹《シユ》木《モク》ノ精《セイ》鬼《キ》ト云《イ》ヒ、木《モク》精《ゼイ》カ祟《タヽリ》ヲ爲《ナ》スヲ厭《タチ》除《ノゾ》ク靈《レイ》符《フ》ナリ（45）

厭《タチ》除《ノゾク》淫《イン》祠《シ》好《カウ》悪《チ》之《ノ》鬼《キチ》。 淫《イン》祠《シ》ノ祟《タヽ》リ、又ハ悪《アク》邪《ジヤ》ノ氣《キ》ヲ好《カウ》起《キ》スル、邪《アヤシキ》神《ヤシロ》ノ靈《レイ》鬼《キ》ヲ厭《タチ》厭《ノゾ》ク靈《レイ》符《フ》ナリ（46）

三《サン》光《クワウ》百《ヒヤク》靈《レイ》雷《ライ》電《デン》不《ズ》侵《チカス》。 日《ジツ》月《ゲツ》星《セイ》ノ三光《クワウ》ニ怪《クワイ》異《イ》ノ形《カタ》ヲ見《アラハ》シ、國《コク》家《カ》ノ災《サイ》害《ガイ》ヲ享《ウク》ルヲ厭《タチ》除《ノゾ》キ雷《ライ》電《デン》ノ恐《ヲソ》レ侵《チカ》ザヽル靈《レイ》符《フ》ナリ

（47）

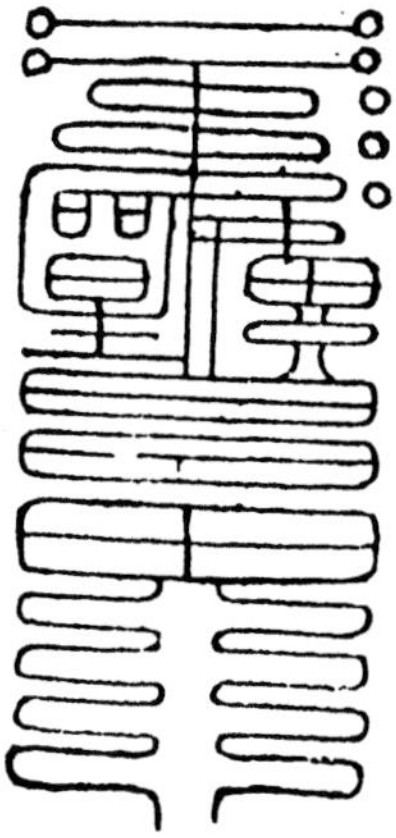

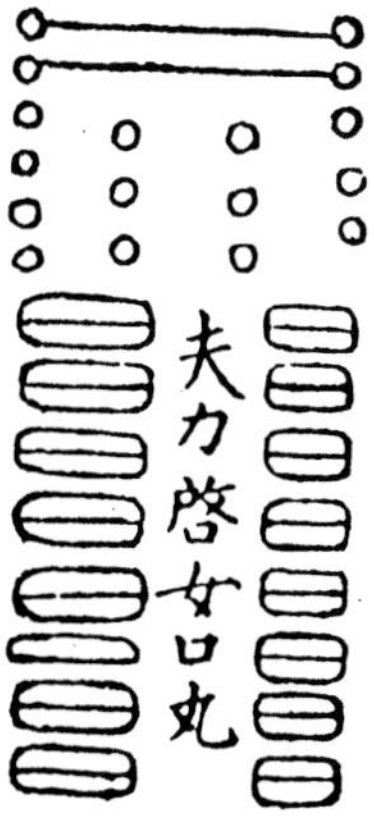

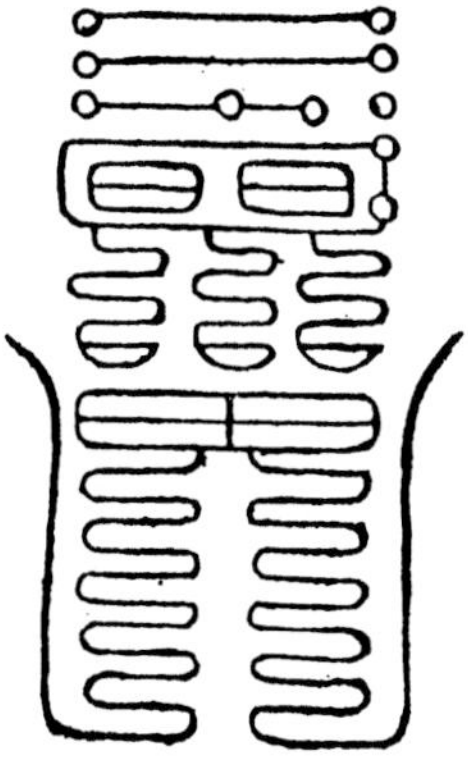

厭《タチ》除《ノゾク》太《タイ》歳《サイ》疾《シツ》疫《エキ》之《ノ》侵《チカステ》。 太《タイ》歳《サイ》ノ年《ネン》神《シン》ニ由《ヨツ》テ疫《エキ》病《ビヤウ》流《リウ》行《カウ》スルニ、此《コノ》靈《レイ》符《フ》ヲ修《シユ》セバ疫《エキ》神《ジン》侵《チカ》ス事《コト》無《ナ》シ、傳《ウツ》染《リ》病《ヤマヒ》流《リウ》行《カウ》ノ際《サイ》ハ缺《カ》クヘカラサル符《フ》ナリ(48)

厭《タツ》天《ナン》反《ハンシ》地《チ》復《フクシ》馬《ウマ》不《ザル》生《セウセ》兒《コテ》之《ノ》鬼《キナ》。 天《ナン》ノ氣《キ》變《ヘン》シ地《チ》氣《キ》復《フク》シテ災《サイ》起《チコ》リ、又馬《バ》兒《ジ》ヲ生《セウ》ゼスシテ、國《コク》家《カ》ニ災《サイ》起《チコ》ルヲ厭《タチ》除《ノゾ》ク靈《レイ》符《フ》ナリ(49)

厭《タツ》官《クワン》司《シニ》呼《シカ》喚《ラル》火《クワ》速《ソクノ》事《コトヲ》。 公《ク》事《ジ》訴《ソ》訟《セウ》ニ出《イ》テ官《クワン》司《シ》ニ呼《シ》喚《カラ》レ、火《クワ》急《キウ》ニ催《サイ》促《ソク》ヲ受《ウク》ル等《トウ》ノ官《クワン》災《サイ》ヲ厭《タチ》除《ノゾ》ク靈《レイ》符《フ》ナリ(50)

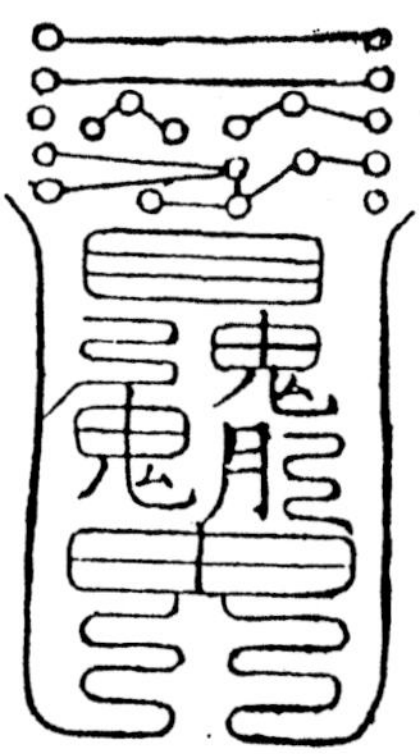

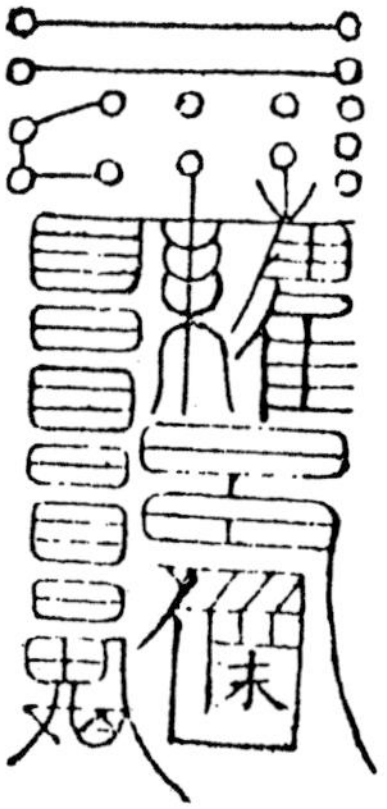

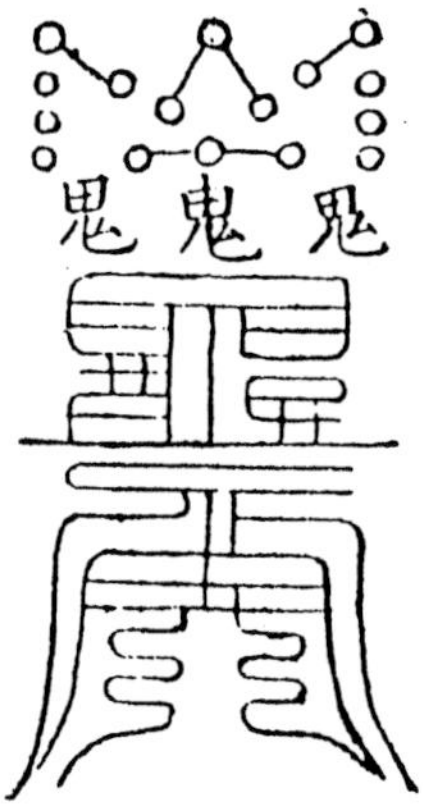

辟《サケ》レ邪《ジヤヲ》驅《カリ》レ鬼《キヲ》復《フクシ》レ正《セイニ》保《ヤスンス》レ家《イヘヲ》。　邪《シヤ》氣《キ》ヲ辟《サケ》去《サリ》惡《アク》鬼《キ》ヲ駈《カリ》除《ノ》ケ、正《セイ》氣《キ》ヲ復《フク》シ家《イヘ》ヲ保《ヤス》ク平《タヒラ》カニ爲《ナ》ス、神《シン》妙《メウ》不《フ》測《シギ》ノ靈《レイ》符《フ》ナリ(51)

厭《タツ》二疫《エキ》氣《キ》百《ヒヤク》雜《サツノ》鬼《キヲ》一。　疫《エキ》病《ヒヤウ》ヲ除《ノゾ》キ百《ヒヤク》雜《ザツ》サマ〱ノ靈《レイ》鬼《キ》ヲ、皆《ミナ》厭《タチ》除《ノゾキ》テ家《カ》穡《シヨク》ヲ安《アン》泰《タイ》ニ爲《ナ》ス靈《レイ》符《フ》ナリ(52)

厭《タツ》二夢《ム》寐《ヒニ》驚《オドロカス》レ人《ヒトヲ》鬼《キヲ》一・　寐《ネ》テ夢《ユメ》ニ驚《テトロ》キ物《モノ》ニ襲《チソ》ハレ身《シン》體《タイ》ヲ疲《ヒ》勞《ラウ》セシムルヲ、厭《タチ》除《ノゾ》ク靈《レイ》符《フ》ナリ(53)

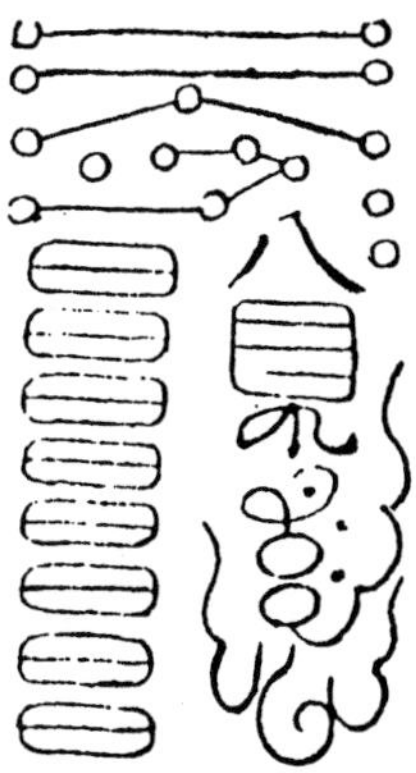

厭《タツ》自《オノヅカラ》焙《カハク》男《ナン》女《ニヨノ》胎《タイ》衣《エ》血腥《チナマクサキ》不《フ》浄《シヤウノ》鬼《キチ》　男《ナン》子《シ》女《ジヨ》子《シ》ノ胞《エ》衣《ナ》收《ヲサ》メ所《トコロ》アシク、日《ヒ》ニ曝《サラ》シ乾《カハキ》テ腥《ナマク》サク、不《フ》淨《ジヤウ》カ靈《レイ》鬼《キ》ト成《ナ》リ祟《タヽ》リ有《ア》ルヲ厭《タチ》除《ノゾ》ク靈《レイ》符《フ》ナリ（54）

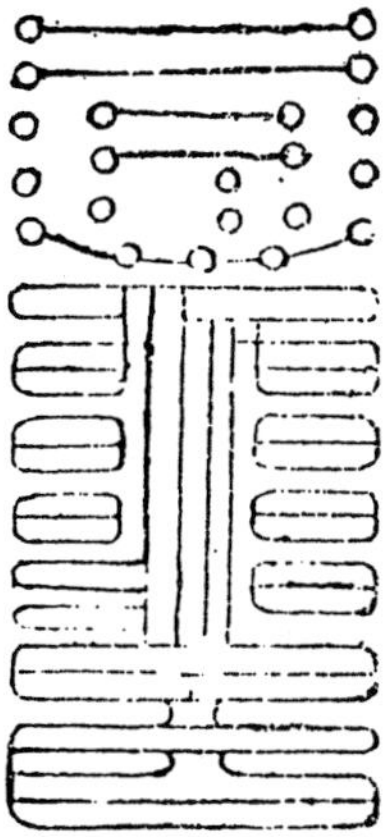

厭《タツ》牛《キウ》馬《バ》六畜《チク》死《シシ》、奴《ヌ》婢《ヒ》逃《トウ》亡《バウ》之《ノ》鬼《キチ》。　牛《キウ》馬《バ》六畜《チク》ノ死《シ》穢《エ》有《アリ》テ祟《タヽ》リ、又ハ男《タン》奴《ス》女《ジヨ》婢《ヒ》逃《テウ》亡《セ》ルコト有《ア》ルヲ、厭《タチ》除《ノゾ》ク靈《レイ》符《フ》ナリ（55）

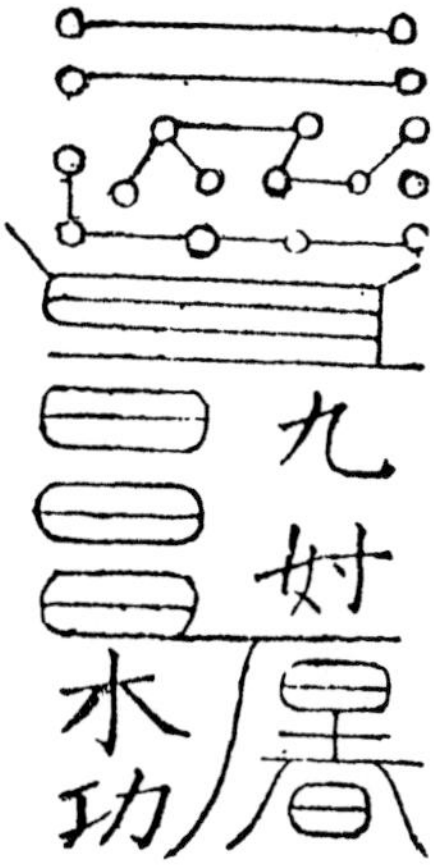

厭《タツ》不《フ》時《ジニ》驚《キヤウ》恐《ク》惱《ナヤマス》人《ヒト》之《チ》鬼《キナ》。　不《フ》時《ジ》ニ人《ヒト》ヲ驚《オドロ》カシ、人ノ恐《オソ》ルコト在《ア》ル怪《クワイ》事《ジ》等《トウ》ヲ、消《ケシ》鎮《シヅ》メ厭《タチ》除《ノゾ》ク靈《レー》符《フ》ナリ（56）

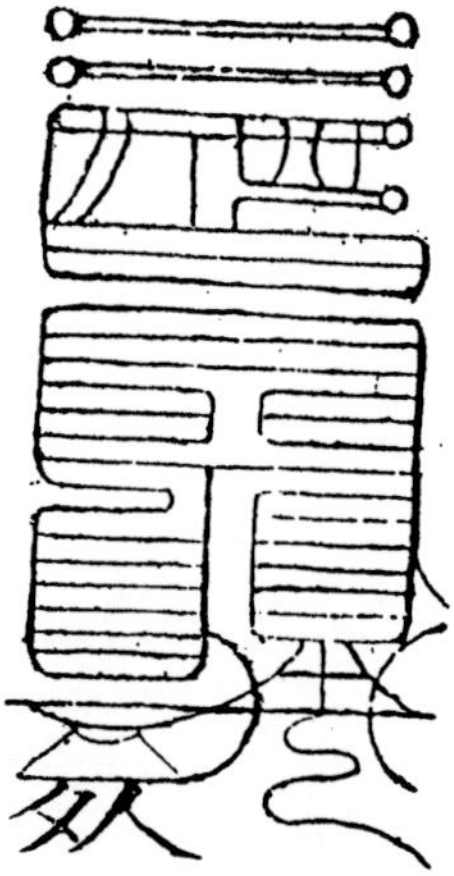

除《ノゾク》腹《ハラ》脹《ハリ》飲食《インシヨクノ》不《ザル》下《クダラ》鬼《キノ》。食傷《シヨクシヤウ》シテ腹《ハラ》脹《ハリ》或《アルヒ》ハ水腫《スイシユ》脹滿《チヤウマン》等《トウ》ノ煩《ハズラ》ヒヲ起《オコ》ス、靈鬼《レイキ》ヲ厭《タチ》除《ノゾキ》テ、本復《ホンプク》セシムル奇妙《キメウ》ノ符《フ》ナリ(57)

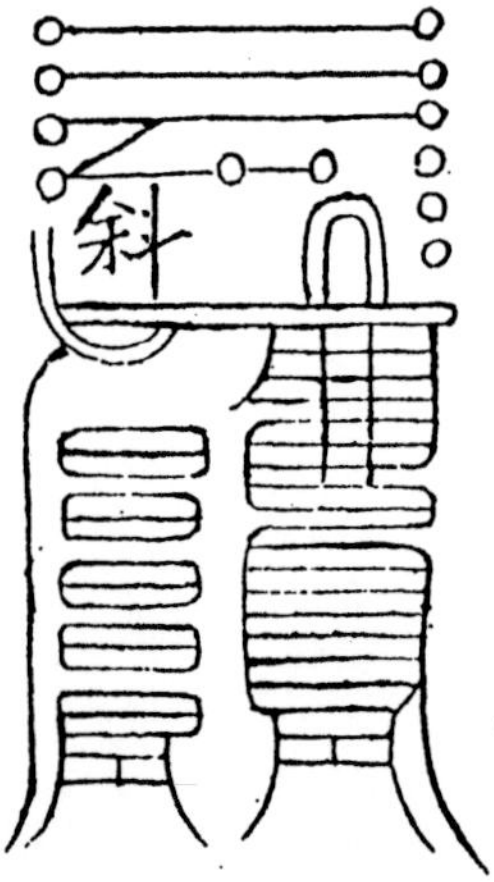

厭《タツ》丘塚《チカツカ》伏屍《フシ》疾病鬼《シツヒヤウノキヲ》。古塚《フルツカ》ノ跡《アト》カ寺地《テラチ》等《トウ》ノ屍《フ》伏《シ》シ在《ア》ル所《トコロ》ニ、家宅《カタク》ヲ立《タ》テ住居《ジウキヨ》シテ、常《ツネ》ニ疾病《シツヒヤウ》絶《タヘ》ス祟《タヽリ》ヲ爲《ナ》ス靈鬼《レイキ》ヲ、厭《タチ》除《ノゾ》ク神妙《シンメウ》ノ符《フ》ナリ(58)

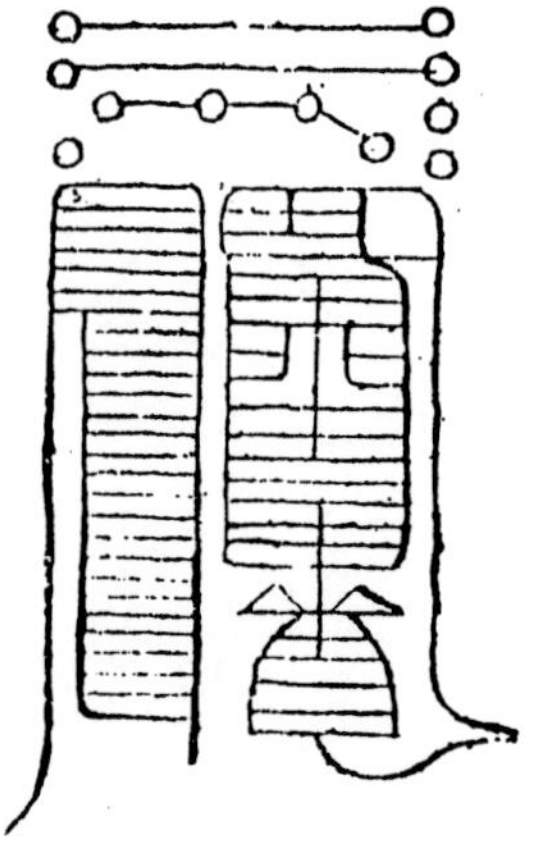

厭《タツ》鬼怪《キクワイ》不《フ》時《ジニ》呼《ヨフコトヲ》人《ヒトノ》姓名《セイメイヲ》。靈鬼《レイキ》在《アリ》テ人《ヒト》ノ姓名《セイメイ》ヲ呼《ヨ》ヒ、人《ヒト》ヲ驚《オトロカ》ス等《ナド》ノ怪事《クワイジ》起《オコ》リ住居《ジウキヨ》ニ惱《ナヤム》コトヲ、厭《タチ》除《ノゾ》ク靈符《レイフ》ナリ(59)

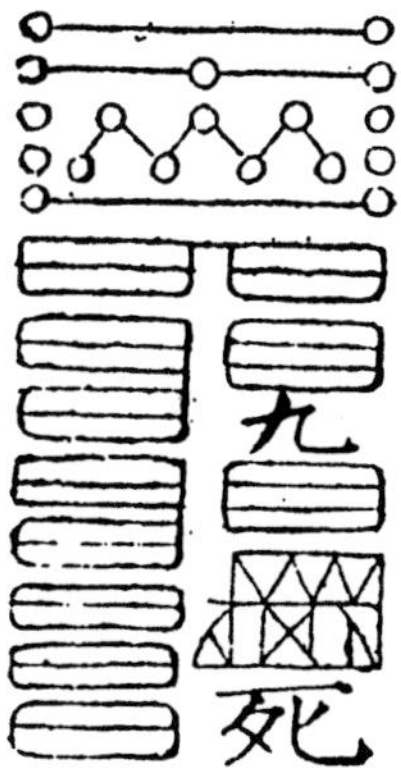

厭《タツ》盗《トウ》賊《ゾク》驚《キヨ》恐《キヨウスルコトヲ》人《ヒトヲ》。盗《トウ》賊《ゾク》人《ヒト》ヲ驚《オトロカ》シ劫《ヲビ》ヤカシテ、惶《ヲソレ》シムルヲ厭《タチ》除《ノゾ》ク靈《レイ》符《フ》ナリ（60）

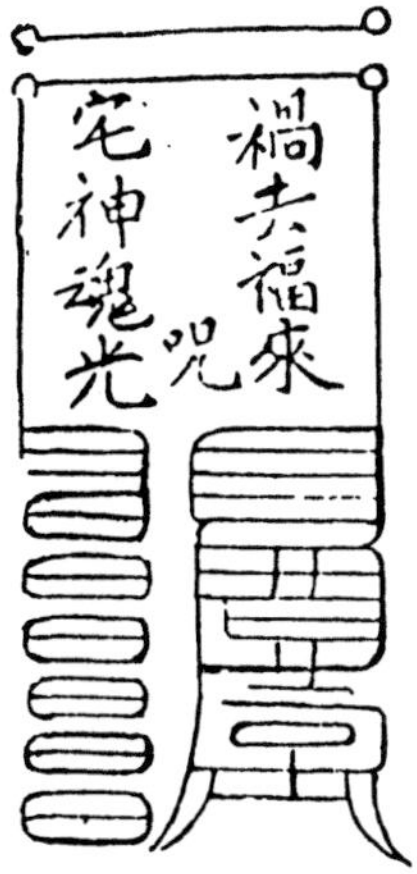

厭《タツ》伏《フ》屍《シ》生《セイ》殺《サツノ》鬼《キヲ》。地《チ》中《チウ》ニ埋《ウモ》レタル屍《カバネ》ノ靈《レイ》鬼《キ》、又ハ生《イキ》靈《レウ》死《シ》靈《レウ》ノ障《シヤウ》害《ガイ》在《ア》ルヲ、厭《タチ》除《ノゾ》ク靈《レイ》符《フ》ナリ（61）

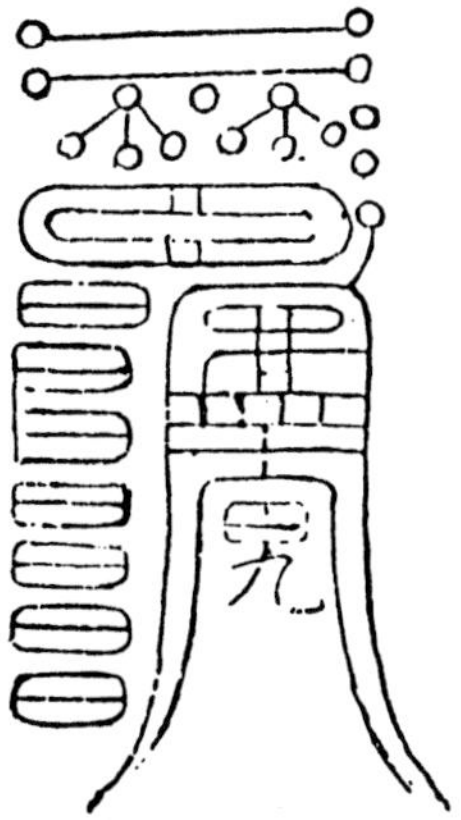

厭《タツ》不《ズ》宜《ヨロシカラ》田《テン》蠶《サン》疾《シツ》病《ヒヤウノ》鬼《キヲ》。田《デン》地《チ》ノ不《フ》作《サク》又ハ蠶《カイコ》ノ不《フ》熟《シユク》ナルカ、或《アルヒ》ハ病《ヒヤウ》人《ニン》ノ絶《タヘ》ザル病《ヒヤウ》災《サイ》等《トウ》ノ難《ナン》ヲ厭《タチ》除《ノゾ》ク靈《レイ》符《フ》ナリ（62）

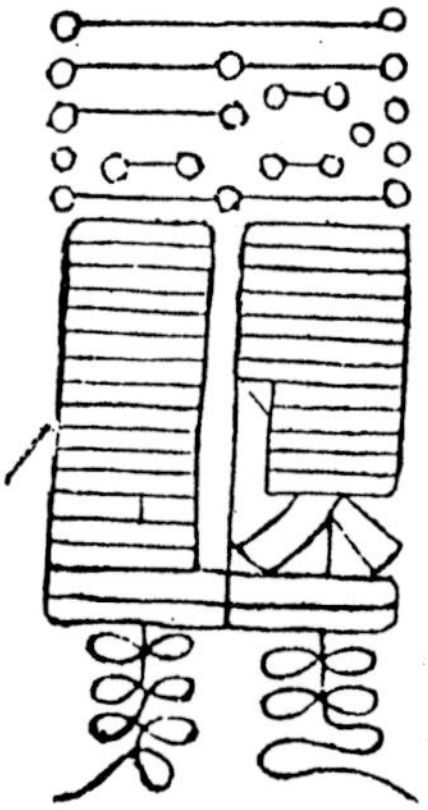

厭《タツ》百《ヒヤク》怪《クワイ》口《ク》舌《ヤツ》之《ノ》鬼《キチ》。種々《イロ〱》様々《サマ〱》ノ怪事《クワイジ》在《アリ》テ、百《ヒヤク》怪《クワイ》百《ヒヤク》靈《レイ》祟《タヽ》リ、又常《ツネ》ニ口《ク》舌《ゼツ》ノ起《チコ》ル事《コト》多《オホ》キヲ厭《タチ》除《ノワ》ク靈《レイ》符《フ》ナリ(63)

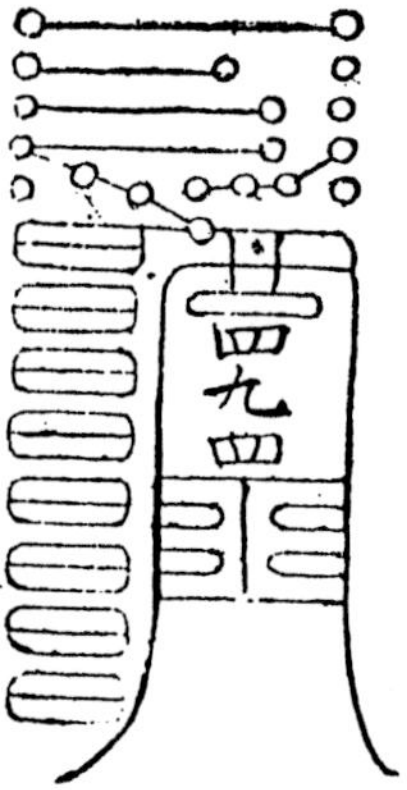

厭《タツ》蛇《ヘビ》鼠《ネツミ》食《クラヒ》蠶《カイコ》夫《フウ》婦《フ》反《ハン》目《モクシ》不《ザル》利《クワセ》事《コトノ》。蛇《ヘビ》鼠《ネツミ》カ蠶《カイコ》ニ就テ食《クツ》ヒ、又ハ夫《フウ》婦《フ》ノ心《コヽロ》ニ異《イ》變《ヘン》起《オコ》リテ、不《フ》和《ワ》ナルヲ厭《タチ》除《ノツ》ク靈《レイ》符《フ》ナリ(64)

田《デン》蠶《サン》六畜《チク》蕃《ハン》息《ソクス》。田《デン》畠《ハタ》能《ヨ》ク熟《シユク》シ、養《ヤウ》蠶《サン》ノ成《シヤウ》就《シユ》スルヲ願《ネカ》フニ、能《ヨ》ク蕃息《サカヘト・ナフ》ヲ爲《ナ》ス靈《レイ》符《フ》ナリ(65)

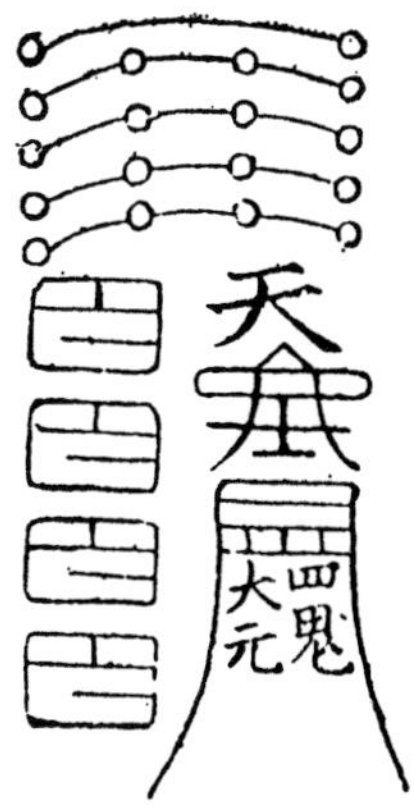

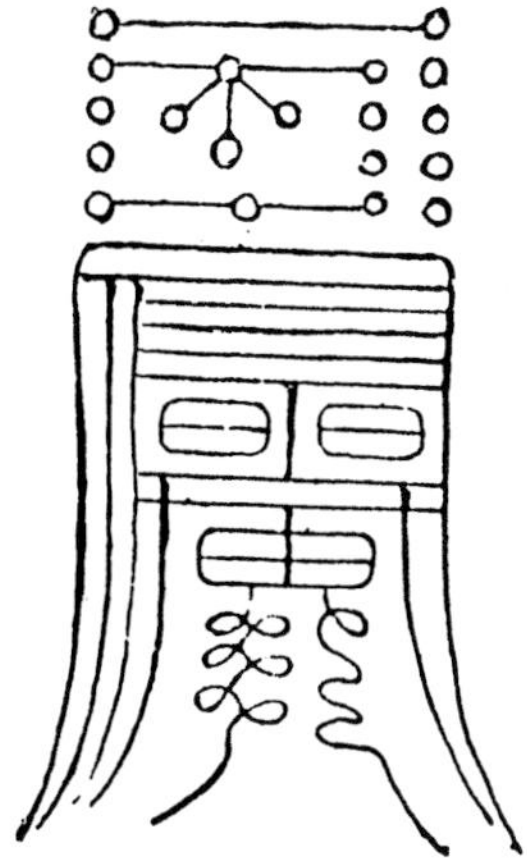

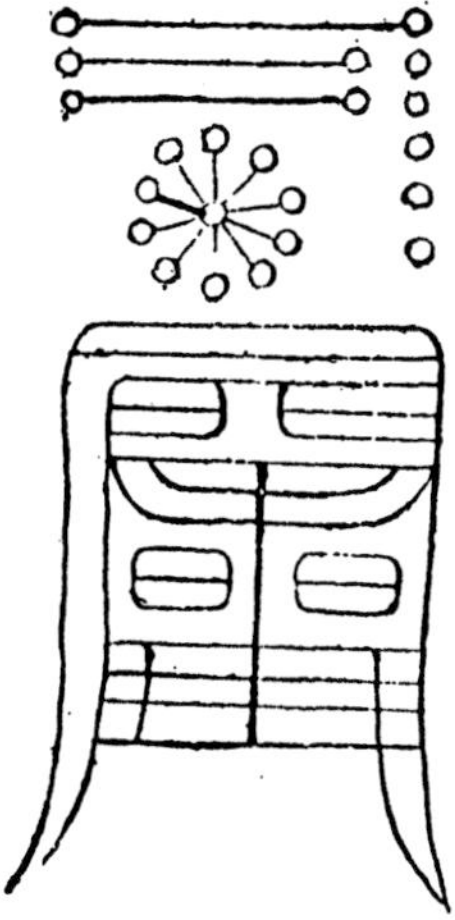

厭《タチ》二除《ノゾキ》百《ヒヤク》鬼《キヲ》一不《ザラシム》レ得《エ》レ害《ガイスル》レ人《ヒトヲ》。 百《ヒヤク》鬼《キ》百《ヒヤク》靈《レイ》様《サマ》々ノ祟《タヽリ》ヲ爲《ナ》シ、人《ヒト》ヲ損《ソン》害《ガイ》ノ事《ジ》故《コ》多《オホ》キヲ厭《タチ》除《ノゾキ》テ安《アン》穩《オン》ナラシムル靈《レイ》符《フ》ナリ（66）

宜《ヨロシキシ》二子孫《ソン》大《オホイニ》貴《タツトク》和睦《ムツマジク》長命《チヤウメイスルニ》一。 子《シ》孫《ソン》富《フウ》貴《キ》シテ間《ナカ》能《ヨ》ク和《ムツ》睦《マジ》ク、長《チヤウ》命《メイ》ナラシムル神《シン》徳《トク》ノ靈《レイ》符《フ》ナリ（67）

厭《タチ》二除《ノゾク》疾《シツ》病《ヒヤウ》連《レン》綿《メン》之《ノ》鬼《キヲ》一。 疾《シツ》病《ヒヤウ》連《レン》綿《メン》トシテ續《ツヽ》キ起《ヲコ》リ、永《ナガ》ヒクヲ厭《タチ》除《ノゾキ》テ快《クワイ》氣《キ》ニ至《イタ》ラシムル靈《レイ》符《フ》ナリ（68）

厭《タチ》二除《ノゾク》疾《シツ》病《ヒヤウ》盗《トウ》戒《カイ》虚《キヨ》耗《カウ》之《ノ》鬼《キヲ》一。疾《シツ》病《ヒヤウ》常《ツネ》ニ絶《タヘ》ス、又ハ盗《トウ》賊《ゾク》ノ難《ナン》ニ遇《ア》ヒ、又ハ不《フ》慮《リヨ》ニ財《サイ》寶《ホウ》ヲ損《ソン》耗《カウ》スルヲ、厭《タチ》除《ノソ》ク靈《レイ》符《フ》ナリ（69）

厭《タツ》二病《ヒヤウ》患《ゲン》沈《チン》重《チヤウシ》減《ゲンジ》レ福《フクチ》短《ミヂカクスル》レ壽《ジユ》之《ノ》鬼《キヲ》一。病《ヒヤウ》氣《キ》重《オモ》ク患《ウレイ》ニ沈《シツ》ミ、又福《フク》力《リヨク》ヲ漸《ゼン》次《ジ》減《ゲン》少《セウ》シ、壽《ジユ》命《メウ》ヲ短《ミチカ》クスル悪《アク》靈《レウ》ノ精《セイ》鬼《キ》ヲ厭《タチ》除《ノソキ》テ、安《アン》全《ゼン》ナラシムル靈《レイ》符《フ》ナリ（70）

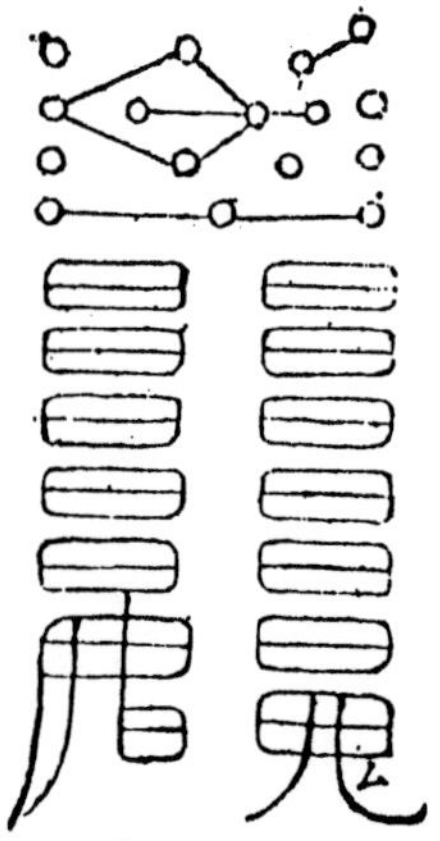

厭《タツ》二産《サン》耗《カウ》鬼《キノ》不平《フヘイニシテ》尅害《コクガイスルヲ》一。家《カ》業《ゲフ》産《サン》業《ゲフ》ヲ耗《ヘラ》シ損《ソン》シテ平《ヘイ》ナラス、且《カツ》又《マタ》人《ヒト》ヲ尅《コク》害《ガイ》スル靈《レイ》鬼《キ》ヲ厭《タチ》除《ノソ》ク靈《レイ》符《フ》ナリ（71）

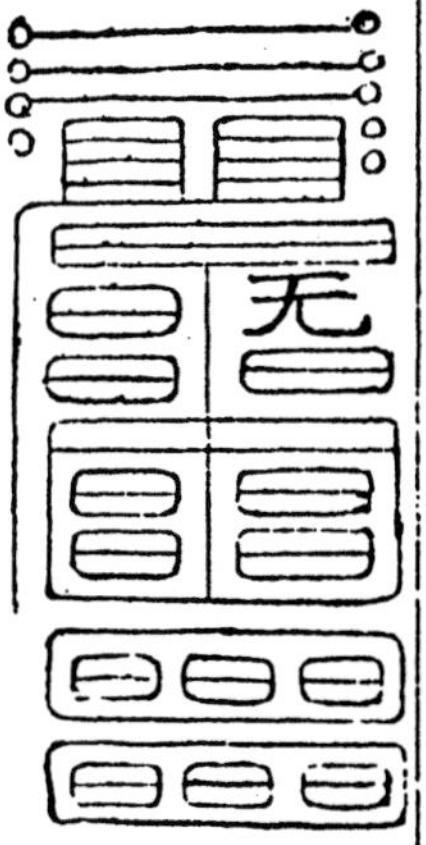

厭《タツ》ニ不《フ》祥《シヤウ》牛《キウ》畜《チク》生《セイ》産《サンノ》鬼《キチ》。百《ヒヤク》事《ジ》祥《シヤウ》ナラスシテ牛《キウ》馬《バ》六畜《チク》ヲ損《ソン》傷《シヤウ》シ、産《サン》育《イク》ヲ妨《サマタ》ケ、猶《ナホ》孽《ハザハイ》ヲ興《チ》起《コ》ス、悪《アク》鬼《キ》ヲ厭《タチ》除《ノゾ》ク靈《レイ》符《フ》ナリ(72)

以上ヲ七十二符《フ》ト云《イフ》、是《コノ》符《フ》ハ概《オホム》ネ白《ハク》紙《シ》(奉《ホウ》書《シヨ》)ニ朱《シユ》書《シヨ》シ佩《オ》フモノトス、國《コク》家《カ》ニ關《カヽ》ル符《フ》ハ最《モツト》モ別《ベツ》ナリ、

武《ブ》帝《テイ》應《オフ》用《ヨウ》靈《レイ》符《フ》五十八象《シヤウ》

武《ブ》帝《テイ》ト稱《シヤウ》スルハ、中《チウ》華《クワ》ニ三國《ゴク》ノ戰《セン》亂《ラン》在《アリ》テ、群《グン》雄《ユウ》カ雌《シ》雄《ユウ》ヲ爭《アラソ》フ時《トキ》ニ方《アタリ》テ西《セイ》晉《シン》ヨリ起《オコツ》テ三《サン》國《ゴク》ヲ滅《ホボ》シ、平《ヘイ》定《テイ》爲《ナ》シタル英《エイ》帝《テイ》ヲ云《イフ》御《オ》名《ナ》ハ炎《エン》ト稱《シヤウ》シ姓《セイ》ハ司《シ》馬《バ》ト稱《シヤウ》ス、(文帝昭ノ御子)此《コノ》時《トキ》ニ許《キヨ》遜《ソン》字《アザナ》ハ敬《ケイ》之《シ》眞《シン》君《クン》ト云《イフ》仙《セン》人《ニン》在《アリ》テ、靈《レイ》符《フ》ヲ書《カキ》テ普《アマネ》ク萬《バン》民《ミン》ニ施《ホトコ》シ、戰《セン》時《ジ》ノ民《タミ》カ疾《シツ》苦《ク》ヲ免《マヌカ》レ得《エ》タル時《トキ》ナリ、武《ブ》帝《テイ》ノ常《ツネ》ニ應《オウ》用《ヨウ》セラレタルハ、此《コノ》五十八種《シユ》ノ靈《レイ》符《フ》ナリト云《イフ》、

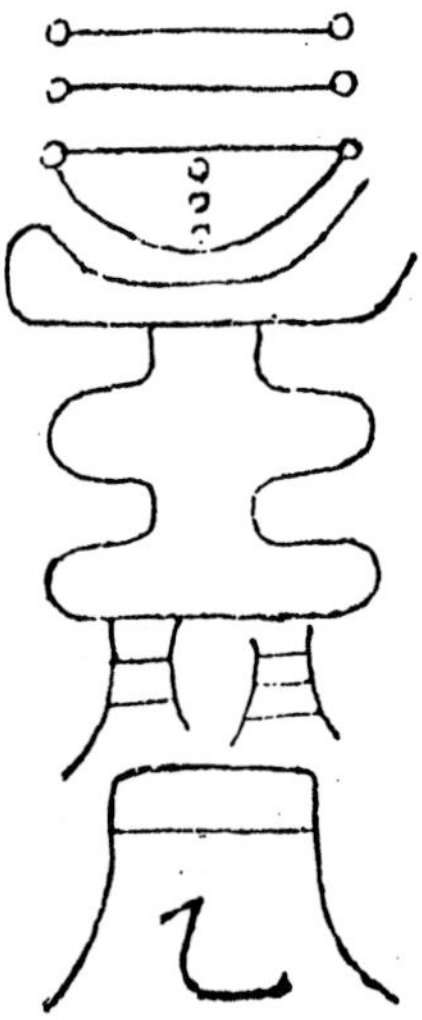

保《ホウ》安《アン》靈《レイ》符《フ》。人ノ一生《セウ》安寧《アンネイ》ヲ保《タモ》タント欲《ホツ》セハ、此《コノ》符《フ》ヲ式《シキ》ノ如《ゴト》ク書《カキ》テ所持《シヨシ》セハ、能《ヨ》ク安寧《アンネイ》ナルコトヲ得《ウ》ル靈《レイ》符《フ》ナリ(第一

保《ホウ》命《メイ》靈《レイ》符《フ》。凡《オヨ》ソ長命《チヤウメイ》ヲ欲《ホツ》スル者《モノ》ハ、此《コノ》符《フ》ヲ書《カキ》寫《ウツ》シ帶《チヘ》ハ、能《ヨ》ク保命《ホウメイ》ヲ爲《ナ》ス妙《メウ》符《フ》ナリ(第二)

保《タモツ》人《シン》口《コウヲ》符《フ》。家《イヘ》ニ夭死《ヨウシ》ノ者《モノ》多《オホ》ク在《ア》ルニ、人口《シンコウ》ヲ保《タモ》タント欲《ホツ》セハ、謹寫《キンシヤ》シ帶《チヘ》ハ災《サイ》無《ナ》ク、無《ム》異《ヰ》ニ眷屬《ケンゾク》ヲ保《タモ》ツ靈《レイ》符《フ》ナリ(第三)

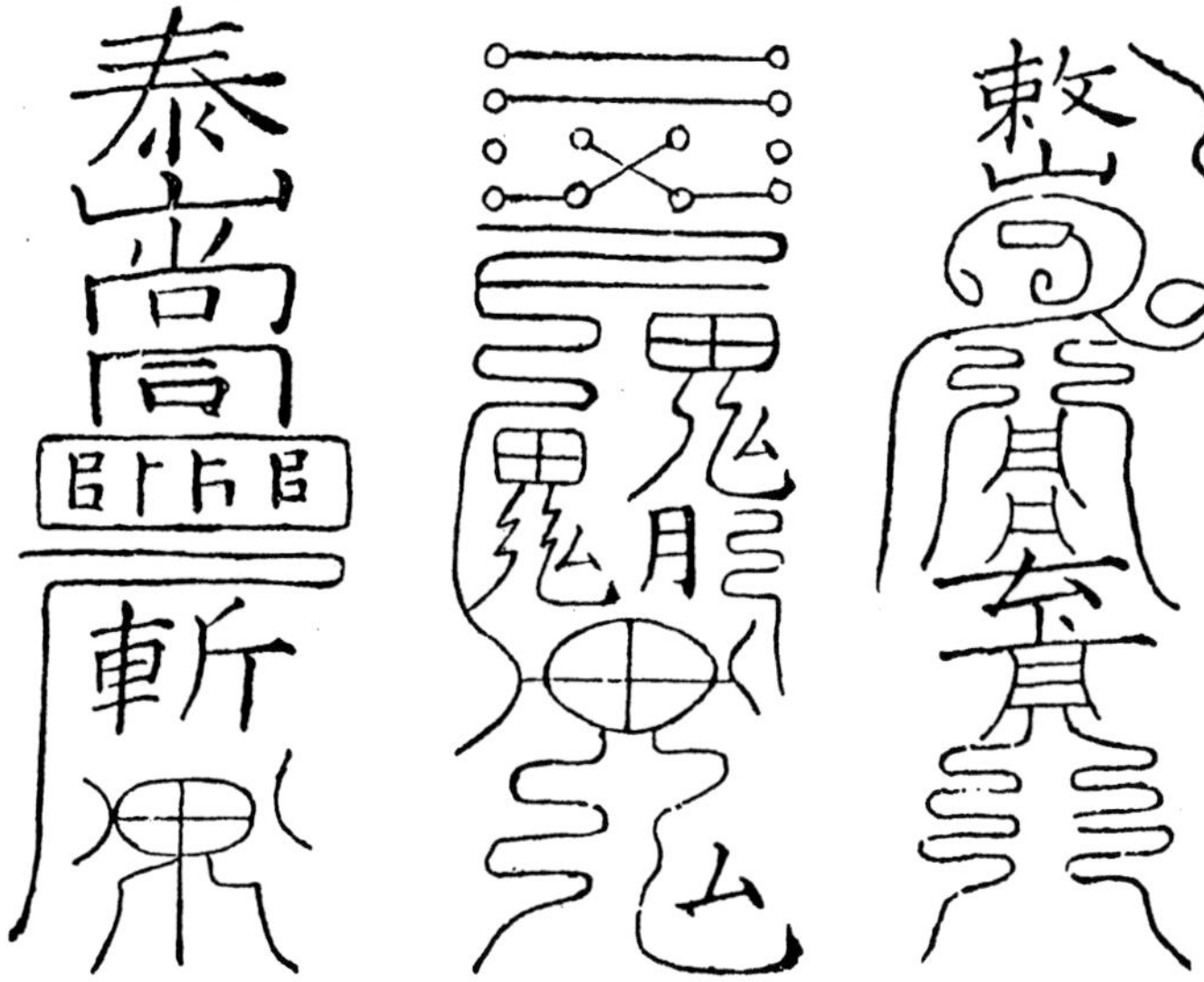

七眞符《シンフ》。此題《コノタイ》ノ七眞《シン》トハ何《ナニ》々ノ七種《シユ》ナルカ、未《イマ》タ之《コレ》ヲ審《ツマビラカ》ニ考《カンカフ》ル能《アタ》ハス、暫《シバラ》ク記《シル》シテ識者《シキシヤ》ノ高説《カウセツ》ヲ待《マ》ツ（第四）

鎭《シツムル》霹《ヘキ》靂《レキ》靈《レイ》符《フ》。此符《コノフ》ヲ書帶《カキチヘ》ハ雷鳴《ライメイ》ノ激烈《ハケシキ》ニ際會《サイクワイ》スルモ、落雷《ラクライ》ノ災《サイ》ヲ避《サケ》免《マヌカ》ルコトヲ得《ウ》ル、靈妙《レイメウ》ノ符《フ》ナリ（第五）

泰山符《タイサンフ》。泰山《タイサン》ハ山名《ヤマノナ》ニテ齊魯《セイロ》ノ堺《サカイ》ニ在《ア》リ、是國家《コレコクカ》ノ安泰《アンタイ》ヲ守《マモ》ル神《シン》鎭坐《シツマリマ》ス故《ユヘ》ニ、家《イヘ》ヲ其如《ソノコト》クニ守《マモ》ル靈《レイ》符《フ》ナリ（第六）

鎭《シヅムル》金《コン》神《ジンチ》符《フ》式《シキ》。此《コノ》符《フ》ヲ謹《キン》寫《シヤ》シ貼附《ハリツク》レハ、修《シユ》造《ソウ》等《トウ》ニ因《ヨツ》テ金《コン》神《ジン》ノ祟《タヽリ》ヲ消《セウ》除《シヨ》スル靈《レイ》符《フ》ナリ（第七）

鎭《シヅムル》動《ドウ》土《ドチ》符《フ》。凡《オヨ》ソ建《ケン》築《チク》修《シユ》造《ソウ》爲《ナ》ス者《モノ》月日ノ永《ナカ》キ間《アイタ》ニ土《ド》神《シン》ヲ犯《オカ》ス虞《オソ》レ在《ア》リ、此《コノ》符《フ》ヲ書《カキ》寫《ウツ》シ貼《ハレ》ハ、災《サイ》害《ガイ》ヲ鎭《シヅム》ル靈《レイ》符《フ》ナリ（第八）

謝《シヤ》土《ドノ》符《フ》・凡《オヨ》ソ建《ケン》築《チク》修《シユ》造《ソウ》セシニ、何《ナニ》ノ災《サイ》害《ガイ》無《ナ》キ者《モノ》ハ、無《ブ》事《ジ》ヲ謝《シヤ》スルニ謹《キン》寫《シヤ》シテ、謝《シヤ》恩《オン》ノ意《イ》ヲ表《アラハ》ス靈《レイ》符《フ》ナリ（第九）

起《キ》攅《サン》符《フ》。此《コノ》攅字《サンノジ》ハ、アツムル、ウガツ、トクト訓《ヨ》ム、凡《オヨ》ソ修《シュ》造《ソウ》等《トウ》ニ諸《ショ》物《ブツ》ヲ聚《アツ》メ地《チ》ヲ穿《ウカツ》ニ由《ヨツ》テ、其《ソノ》災《サイ》ヲ解《ト》ク意《イ》ノ靈《レイ》符《フ》ナリ(第十)

鎮《シツムル》子《シ》孫《ソン》不《フ》和《ワチ》符《フ》。家《イヘ》ノ盛《セイ》旺《ワウ》ハ子《シ》孫《ソン》ノ和《ワ》合《カフ》ニ在《ア》リ、若《モ》シ家《イヘ》ニ不《フ》和《ワ》有《ア》ル者《モノ》、此《コノ》符《フ》ヲ帶《チヘ》ハ自《シ》然《ゼン》ニ和《ワ》合《カフ》シテ、遂《ツヒ》ニ榮《エイ》昌《シヤウ》スル靈《レイ》符《フ》ナリ(第十一)

鎮《シツム》夫《フウ》婦《フノ》不《フ》和《ワテ》符《フ》。夫《フウ》婦《フ》ノ不《フ》和《ワ》ハ家《イヘ》ノ衰《スイ》亡《バウ》ノ基《モトヒ》ナリ、此《コノ》符《フ》ヲ書《カキ》寫《ウツ》シ婦《フ》人《ジン》ガ帶《チヘ》ハ、自《オノツカ》ラ和《ワ》合《ガウ》ニ轉《ナン》化《クウ》ノ妙《メウ》符《フ》ナリ(第十二)

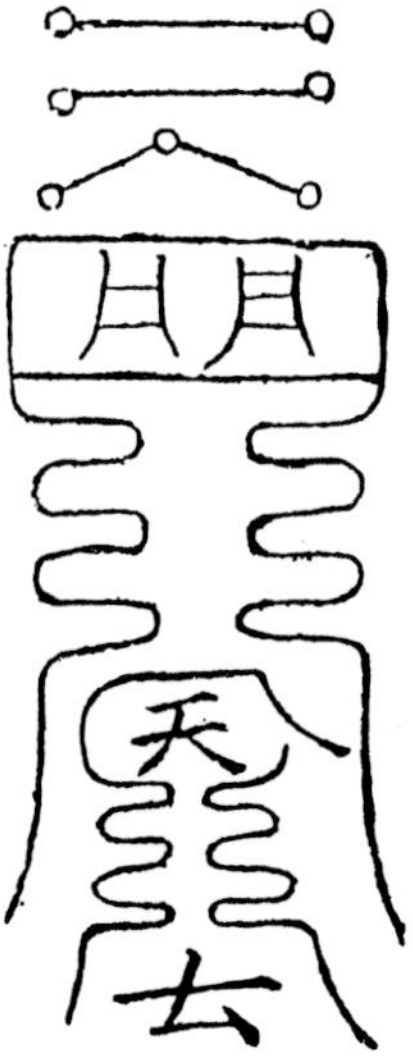

鎭《シツムル》父《フ》子《シノ》不《フ》和《ワ》符《フ》。凡《オヨ》ソ父《フ》子《シ》ノ不《フ》和《ワ》ハ家《イヘ》ノ衰《スイ》滅《メツ》ノ基《モトヒ》ナリ、故《ユヘ》ニ此《コノ》符《フ》ヲ帶ハ轉《テン》シテ、父《チ》ハ慈《ジ》ニ、子《コ》ハ孝《カウ》ヲ盡《ツク》シテ、一家《カ》和《ワ》合《カウ》ニ至《イタ》ルヘシ（第十三）

鎭《シツメ》官《クワン》司《シテ》不《サル》侵《ヲカサ》符《フ》。此《コノ》符《フ》ヲ謹《キン》寫《シヤ》シ帶カ、貼《ハリ》附《ツケ》在《ア》ラハ、公《ク》事《ジ》訴《ソ》訟《セウ》等《トウ》ノ事《ジ》故《コ》ヲ消《セウ》除《シヨ》シ、侵《オカ》サヽル靈《レイ》妙《メウ》ノ符《フ》ナリ（第50ニ準シ）（第十四）

鎭《シツメ》口《ク》舌《ゼツヲ》不《ザル》侵《ヲカサ》符《フ》。此《コノ》符《フ》ヲ書《カキ》寫《ウツ》シ家《イ》ノ中《チウ》央《ワウ》ニ貼《ハリ》附《ツク》レハ、家《イヘ》ニ口《ク》舌《セツ》事《ジ》故《コ》ヲ鎭《シツ》メ侵《ヲカ》サヽル靈《レイ》符《フ》ナリ（第十五）

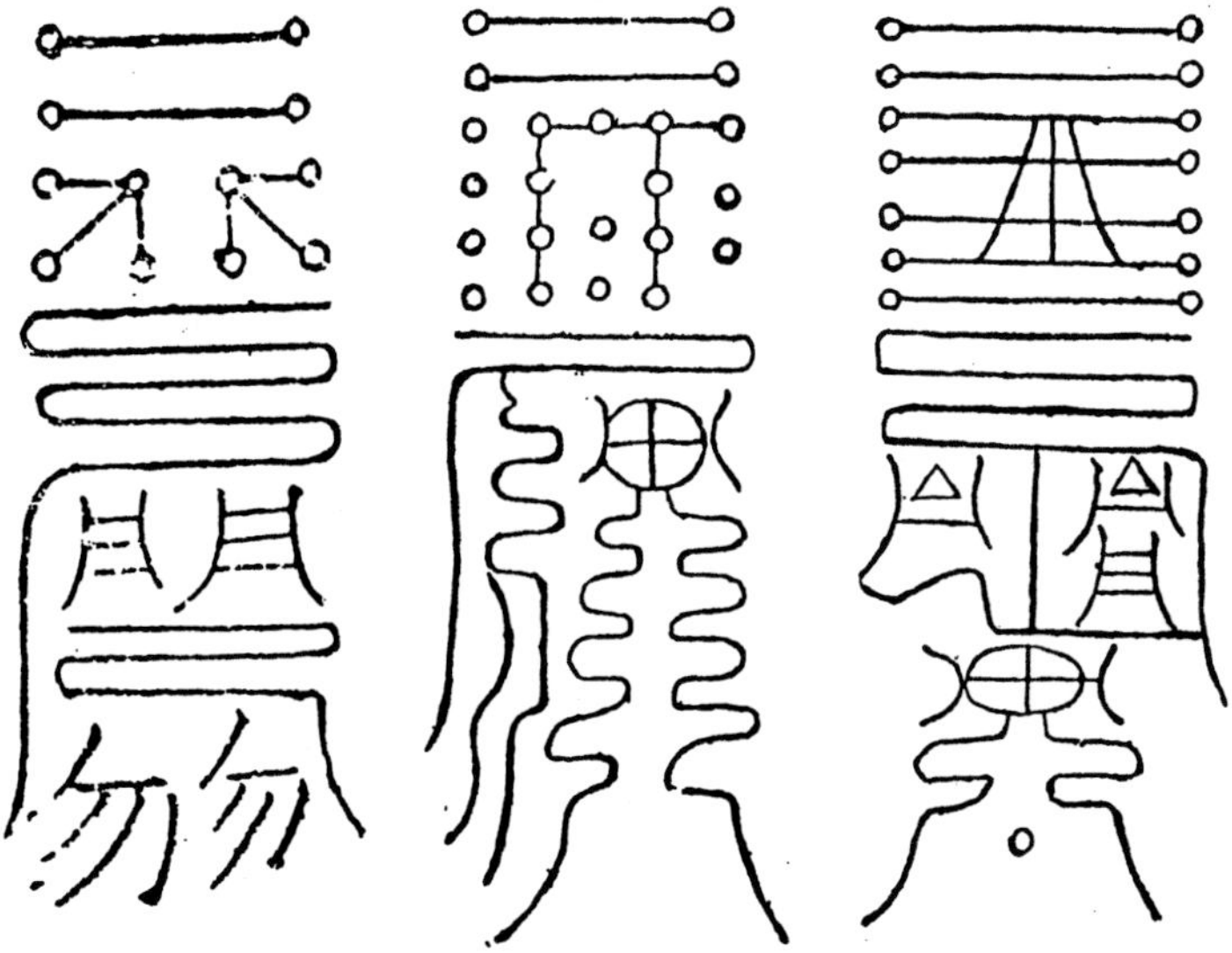

鎭《シツメ》鬼《キ》怪《クワイヲ》不《サル》侵《ヲカサ》符《フ》。 家《イヘ》ニ諸《モロ〳〵》ノ鬼《キ》怪《クワイ》現《アラ》ハレ、不《フ》吉《キツ》ノ事《コト》多《オホ》キヲ消《セウ》除《ショ》シ厭《タ》ツ靈《レイ》妙《メウ》ノ符《フ》ナリ（第十六）

鎭《シツムル》失《シツ》害《ガイヲ》符《フ》。 家《イヘ》ニ種《イロ》々《〳〵》ノ失《シツ》財《サイ》ノ災《サイ》害《ガイ》多《オホ》キハ、此《コノ》符《フ》ヲ謹《キン》寫《シヤ》シ所《ショ》持《ジ》スレハ、其《ソノ》失《シツ》害《ガイ》ノ災《サイ》ヲ鎭《シツム》ル靈《レイ》妙《メウ》ノ符《フ》ナリ（第十七）

利《リ》官《クワン》太《タイ》古《コノ》符《フ》。 此《コノ》符《フ》ハ官《クワン》位《井》ヲ昇《シヤウ》進《シン》シ、俸《ホウ》祿《ロク》ノ增《ソウ》給《キウ》ヲ受《ウ》クルコトヲ得《ウ》ル、靈《レイ》符《フ》ナリ第30ト同《トウ》意《イ》義《ギ》ノ靈《レイ》驗《ケン》有《ア》リ）（第十八）

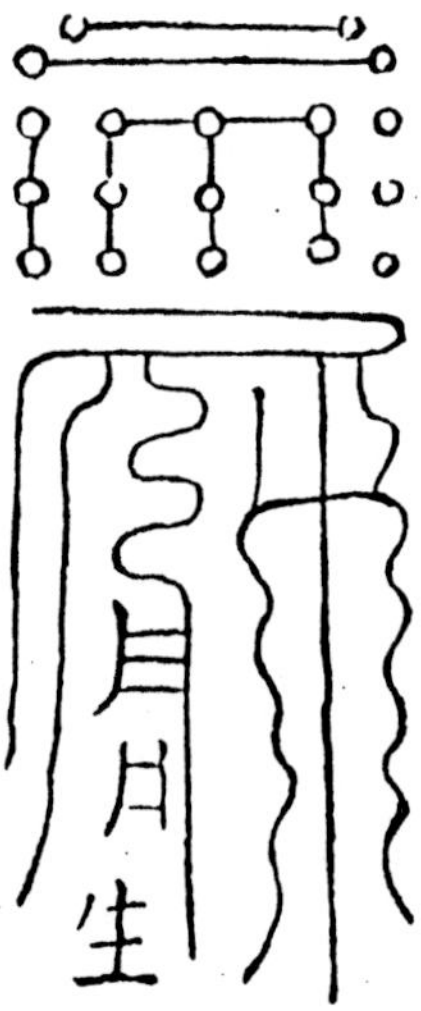

利《リ》經《ケイ》营《クワン》神《ジンノ》符《フ》。凡《オヨ》ソ各人《メイく》ノ經《ケイ》營《エイ》スル家《カ》穡《シヨク》ニ、潤《シユン》利《リ》ヲ多《オホ》ク得《ウ》ル、管《クワン》神《ジン》ノ靈《レイ》符《フ》ナリ（第28ニ準《ヒト》シキ妙《メウ》符《フ》ナリ）（第十九）

鎭《シツム》㆓田《デン》蠶《サンノ》不《フ》旺《ワウチ》㆒。農《ノウ》家《カ》カ衰《スイ》運《ウン》ニ陷《オチイ》リ、田《デン》畑《ハタ》作《サク》及《オヨ》ヒ養《ヤウ》蠶《サン》、共《トモ》ニ旺《ワウ》セサル者《モノ》カ轉《テン》シテ、田《デン》畑《ハタ》作《サク》蠶《サン》業《ゲフ》ノ增《ゾウ》收《シウ》有《ア》ル靈《レイ》符《フ》ナリ（第二十）

鎭《シツムル》㆓鼠《ソ》食蠶符《クラフチサンチフ》。家《イヘ》ニ養《ヤウ》蠶《サン》ヲ爲《ナ》スニ、鼠《ネツミ》カ蠶《カイコ》ヲ食《クラ》フコト在《ア》リ、此《コノ》符《フ》ハ其《ソノ》害《ガイ》ヲ免《マヌカ》ル靈《レイ》符《フ》ナリ（第二十一）

鎮《シツムル》娘《ラウ》神《ジンチ》符《フ》。　娘《ラウ》ハ少《セウ》女《シヨ》ノ稱《シヤウ》、又是《コレ》母《ハヽ》ノ稱《シヤウ》トス、偏《ヘ》母《ハヽ》ノ育《イク》兒《シ》上《シヤウ》ニ害《ガイ》在《ア》ルヲ以《モツ》テ、之《コレ》ヲ娘《ラウ》神《シン》ト云《イフ》、此《コノ》符《フ》ハ偏《ヘ》母《ハヽ》ヲ兇《マヌカ》ル靈《レイ》符《フ》ナリ(第廿二)

鎮《シツムル》耗《カウ》神《ジンチ》符《フ》。　凡《オヨ》ソ家《イヘ》ニ貨《クワ》財《サイ》ノ損《ソン》耗《カウ》在《ア》ルニ、此《コノ》符《フ》ヲ所《シヨ》持《ジ》シ帶《チヘ》ハ耗《カウ》神《ジン》ヲ鎮《シツ》メ、却《カヘツ》テ金《キン》銀《ギン》入《ニウ》宅《タク》ノ吉《キチ》事《ジ》ニ轉《テン》スル妙《メウ》符《フ》ナリ(第廿三)

端《タン》午《ゴ》帶《チブ》吉《キチチ》符《フ》。　端《タン》午《ゴ》ハ五月ノ節《セツ》句《ク》ヲ云《イフ》、家《イヘ》ニ諸《モロ〳〵》ノ不《フ》祥《シヤウ》事《ジ》ヲ消《セウ》除《シヨ》シ、男《ダン》兒《ジ》ヲ儲《モウク》ル靈《レイ》妙《メウ》ノ符《フ》ナリ(第廿四)

鎮《シヅムル》燈《トウ》白《ハク》明《メイ》威《ヰ》符《フ》・燈《トウ》火《クワ》ニ花《ハナ》ヲ咲《サカ》シ怪《アヤ》シキ火《クワ》色《シヨク》在《アリ》テ、家《イヘ》ニ災《サイ》害《ガイ》屢《シバ〳〵》起《オコ》ル等《トウ》ノ事《コト》在《ア》ルヲ鎮《シヅム》ル、靈《レイ》符《フ》ナリ、灶《カマト》ノ門《モン》ニ貼《ハ》ルヘシ(第二十五)

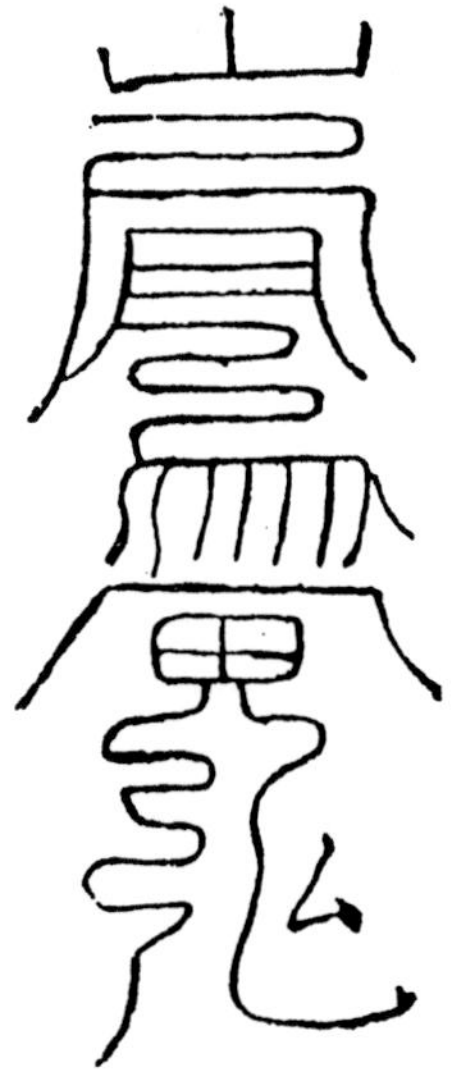

鎮《シヅムル》雞《トリ》母《ボ》鳴《ナク》符《フ》。母《ハヽ》鶏《トリ》鳴《ナキ》テ家《イヘ》ニ病《ビヤウ》災《サイ》、損《ソン》耗《カウ》等《トウ》ノ苦《ク》悶《モン》在《ア》ルヲ、消《セウ》除《ジヨ》スル靈《レイ》符《フ》ナリ第17符《フ》ニ似《ニ》タル妙《メウ》符《フ》ナリ)(第廿六)

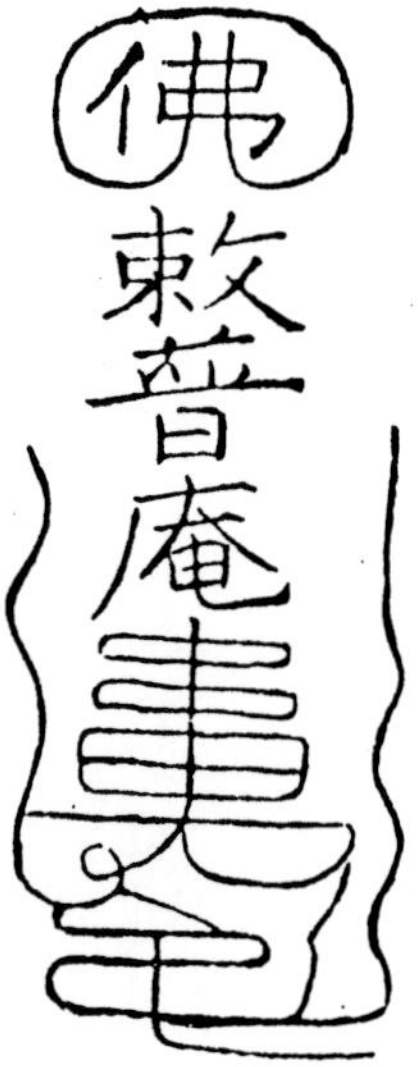

謝《シヤス》起《キ》攅《サンテ》符《フ》。前《セン》ノ起《キ》攅《サン》ト同《トウ》意《イ》義《ギ》ニテ、建《ケン》築《チク》修《シユ》繕《ゼン》等《トウ》ニ無《ブ》難《ナン》ヲ感《カン》謝《シヤ》スル靈《レイ》符《フ》ナリ(第廿七)

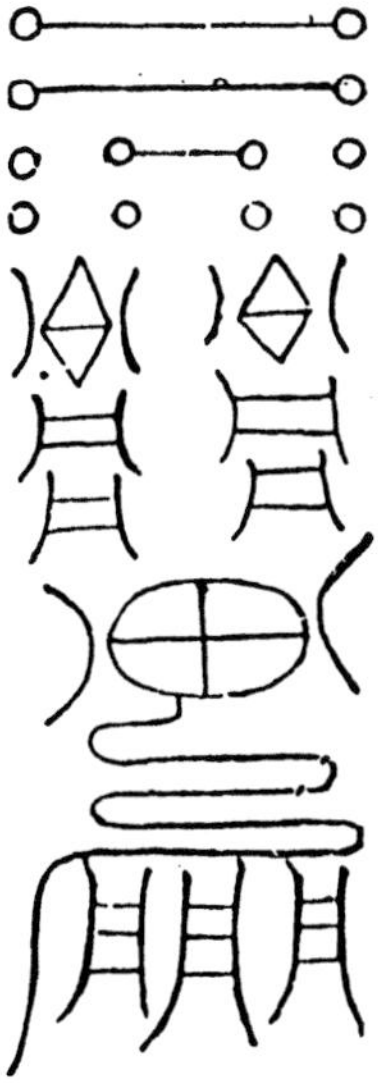

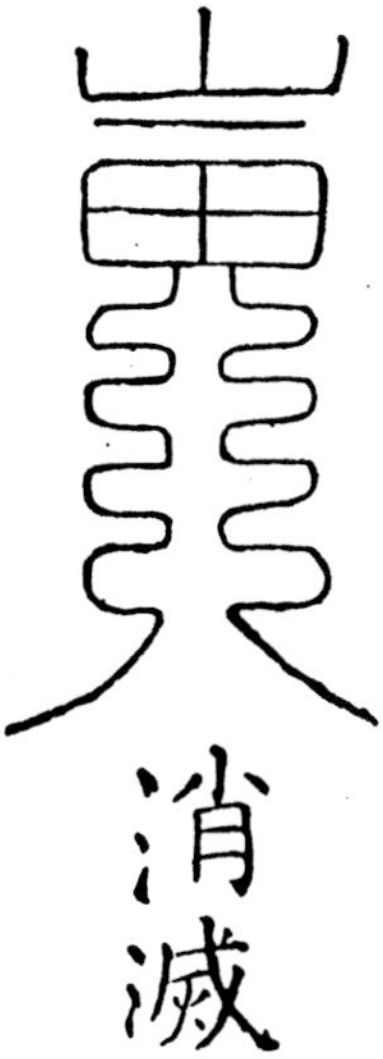

鎭《シツメ》ニ除《ノソク》凶《ケフ》禍《クワ》符《フ》。 家《イヘ》ニ禍《クワ》害《ガイ》ノ凶《ケフ》事《ジ》多《オホ》クシテ、口《ク》舌《ゼツ》事《シ》故《コ》ヲ生《セウ》シ、且《カツ》又《マタ》災《サイ》厄《ヤク》多《オホ》キヲ鎭《シヅ》メ除《ショ》去《キヨ》スル、靈《レイ》妙《メウ》ノ符《フ》ナリ（第廿八）

鎭《シツムル》ニ土《ト》煞《キチ》符《フ》。 土《ド》煞《キ》トハ是《コレ》土《ド》煞《サツ》ヲ云《イフ》、祟《シウ》害《ガイ》甚《ハナハ》タ激《ハゲ》烈《シキ》ナルヲ以テ、其《ソノ》煞《サツ》ヲ鎭《シヅ》メ百《ヒヤク》事《ジ》ヲ安《アン》全《セン》ナラシムル妙《メウ》符《フ》ナリ（第廿九）

鎭《シツムル》ニ陰《イン》府《フチ》符《フ》。 陰《イン》府《フ》ハ是《コレ》亦《マタ》土《ド》神《ジン》ノ祟《タヽ》氣《リ》ヲ云《イフ》、書《カキ》寫《ウツ》シテ墓《ボ》中《チウ》ニ之《コレ》ヲ燒《ヤケ》ハ其《ソノ》祟《タヽ》害《リ》ヲ鎭《シム》ル靈《レイ》符《フ》ナリ（第三十）

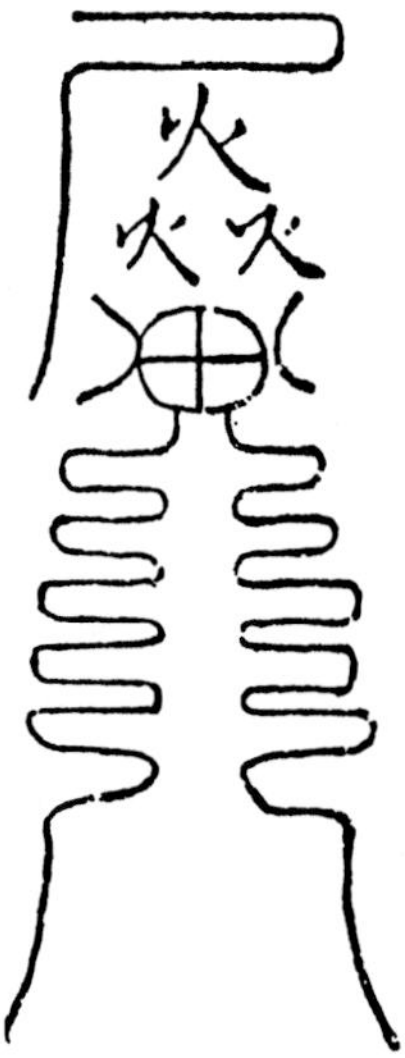

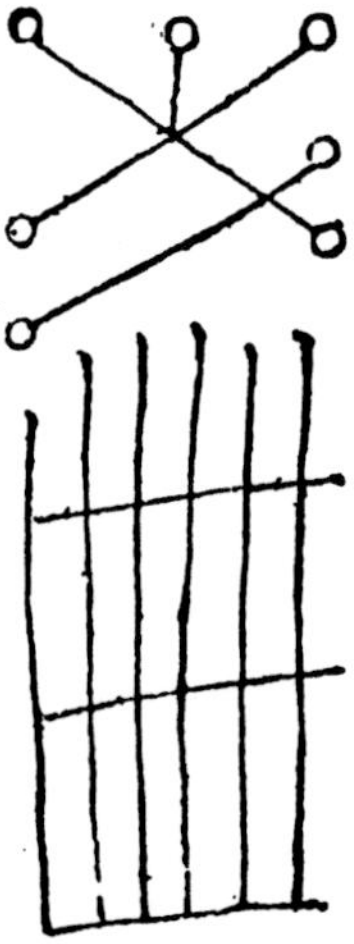

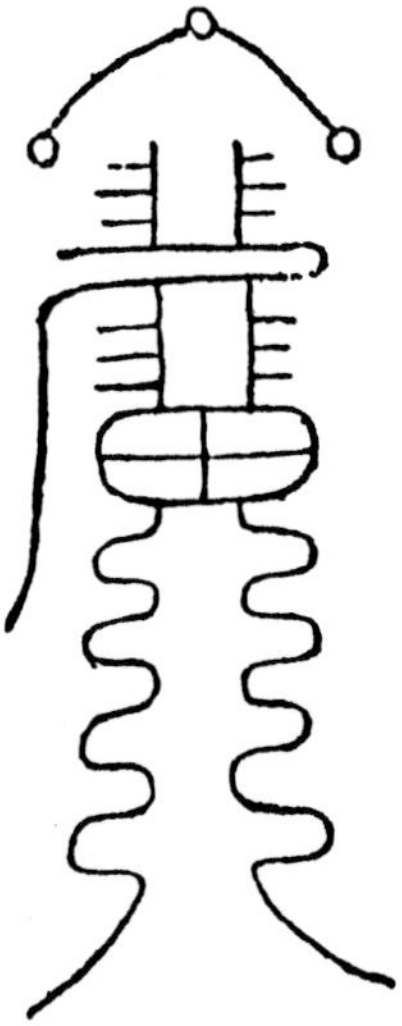

凶《ケフ》葬《サウ》避《サケ》忌《イムノ》符《フ》。世《ヨ》ニ悪《アク》死《シ》ノ凶《ケフ》葬《サウ》ヲ爲《ナ》ス者《モノ》在《ア》リ、以《イ》後《ゴ》ヲ厭《タチ》除《タツ》ノ靈《レイ》符《フ》ナリ、男《ナン》女《ニヨ》共《トモ》ニ書《カキ》テ帶《チベ》ハ其《ソノ》難《ナン》ヲ受《ウ》ケス（第卅一）

葬《サウニ》値《アフ》孝《カウ》子《シニ》符《フ》。人ハ死《シ》ヲ免《マヌカ》ル者《モノ》無《ナ》シ、故《ユヘ》ニ孝《カウ》子《シ》ノ葬《サウ》ヲ受《ウ》クル是《コレ》榮《エイ》ト爲《ナ》ス、其《ソノ》光《クワウ》榮《エイ》ヲ得《エ》ル靈《レイ》符《フ》ナリ（第三十二）

孕《タ》婦《フチ》送《サウ》葬《サウノ》符《フ》。家《イヘ》ニ孕《ハラミ》婦《ヲンナ》ヲ葬《サウ》送《サウ》スルハ甚《ハナハ》タ不《フ》吉《キツ》ナリ、故《ユヘ》ニ之《コレ》ヲ避《サク》ルニ此《コノ》符《フ》靈《レイ》妙《メウ》ノ驗《ケン》有《ア》リ、其《ソノ》憂《ユウ》苦《ク》ヲ斷《タ》ツヘシ（第卅三）

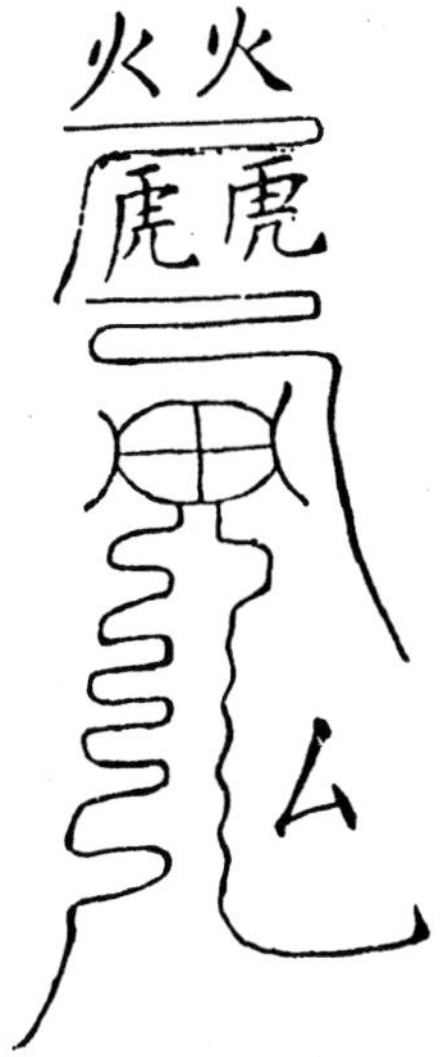

鎭地中白虎符《シヅムルチチウノヒヤクコテフ》。　白虎《ヒヤクコ》煞《サツ》ハ西方《セイハウ》ニアリ、地中《チチウ》ニ此《コノ》煞《サツ》在《ア》ルヲ、葬日《サウシツ》ニ犯《ヲカ》ス者《モノ》ハ、此《コノ》符《フ》ヲ以《モツ》テ鎭《シヅ》ム、妙《メウ》符《フ》ナリ

（第卅四）

鎭白虎符《シヅムルヒヤクコテフ》、　西《セイ》方《ハウ》ノ白虎《ヒヤクコ》煞《サツ》ヲ鎭《シヅム》ルニ、是《コレ》即《スナハ》チ靈《レイ》妙《メウ》ノ符《フ》ナリ、煞《サツ》方《ハウ》ハ西《ニシノ》方《ハウ》ヲ犯《ヲカ》スヲ云《イフ》（第卅五）

鎭劒鋒殺符《シヅムルケンホウサツテフ》。　此《コノ》煞《サツ》ハ毎年《マイネン》毎月《マイゲツ》ニ循《メク》ル、之《コレ》ヲ犯《ヲカ》ス者《モノ》ハ此《コノ》煞《サツ》重喪《ジウソウ》ト同《オナ》シ、故《ユヘ》ニ木《キ》ヲ刻《コク》シ人形《ヒトカタ》ヲ作《ツク》リ外函《ソトハコ》ニ盛《モ》リ、此《コノ》符《フ》ヲ墓《ハカ》ニ埋入《ウツメイル》ヘシ（第卅六）

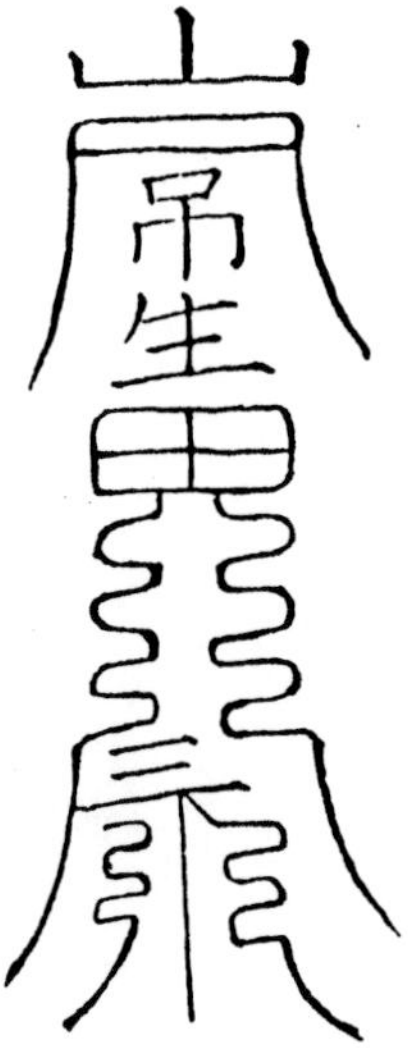

鎭《シツムル》白《ハク》衣《ヱ》殺《サツチ》符《フ》。　此《コノ》煞《サツ》ノ起《キ》例《レイ》ハ拙《セツ》著《チヨ》ニ載《ノ》ス、長《チヤウ》男《タン》長《チヤウ》女《ジヨ》ニ祟《タヽ》リ夭《ヨウ》死《シ》病《ヒヤウ》在《ア》リ、針《ハリ》七ケ《カ》ヲ用《モチ》ヒ關《クワン》符《フ》ヲ書《シヨ》シ、壁《ヘキ》上《シヤウ》ニ貼《ハ》レハ其《ソノ》災《サイ》ヲ消《セウ》除《シヨ》ス（第卅七）

鎭《シツムル》鐵《テツ》掃《ソウ》箒《シウチ》符《フ》。　此《コノ》起《キ》例《レイ》ハ前《ゼン》ニ同《ヲナ》ジ、男《ナン》女《ニヨ》共《トモ》ニ《ハヽキ》此《コノ》煞《サツ》有《ア》ル者、其《ソノ》悪《アク》煞《サツ》ヲ鎭《チン》厭《アツ》ス、但《タヽ》シ米《コメ》倉《クラ》上《シヤウ》ニ貼《ハ》ルベシ第卅八）

鎭《シツムル》骨《コツ》髓《スイ》破《ハテ》符《フ》。　此《コレ》亦《マタ》同《トウ》上《シヤウ》男《ナン》女《ニヨ》共《トモ》ニ有《アリ》テ、男《ヲトコ》ハ女《ヲンナ》ノ家《イヘ》ヲ破《ヤブ》リ、女《ヲンナ》ハ男《ヲトコ》ノ家《イヘ》ヲ破《ヤブ》ル、其《ソノ》悪《アク》煞《サツ》ヲ鎭《チン》厭《アツ》ス、若《モ》シ此《コノ》煞《サツ》在《ア》ル者《モノ》ハ帶《チ》フヘシ第卅九）

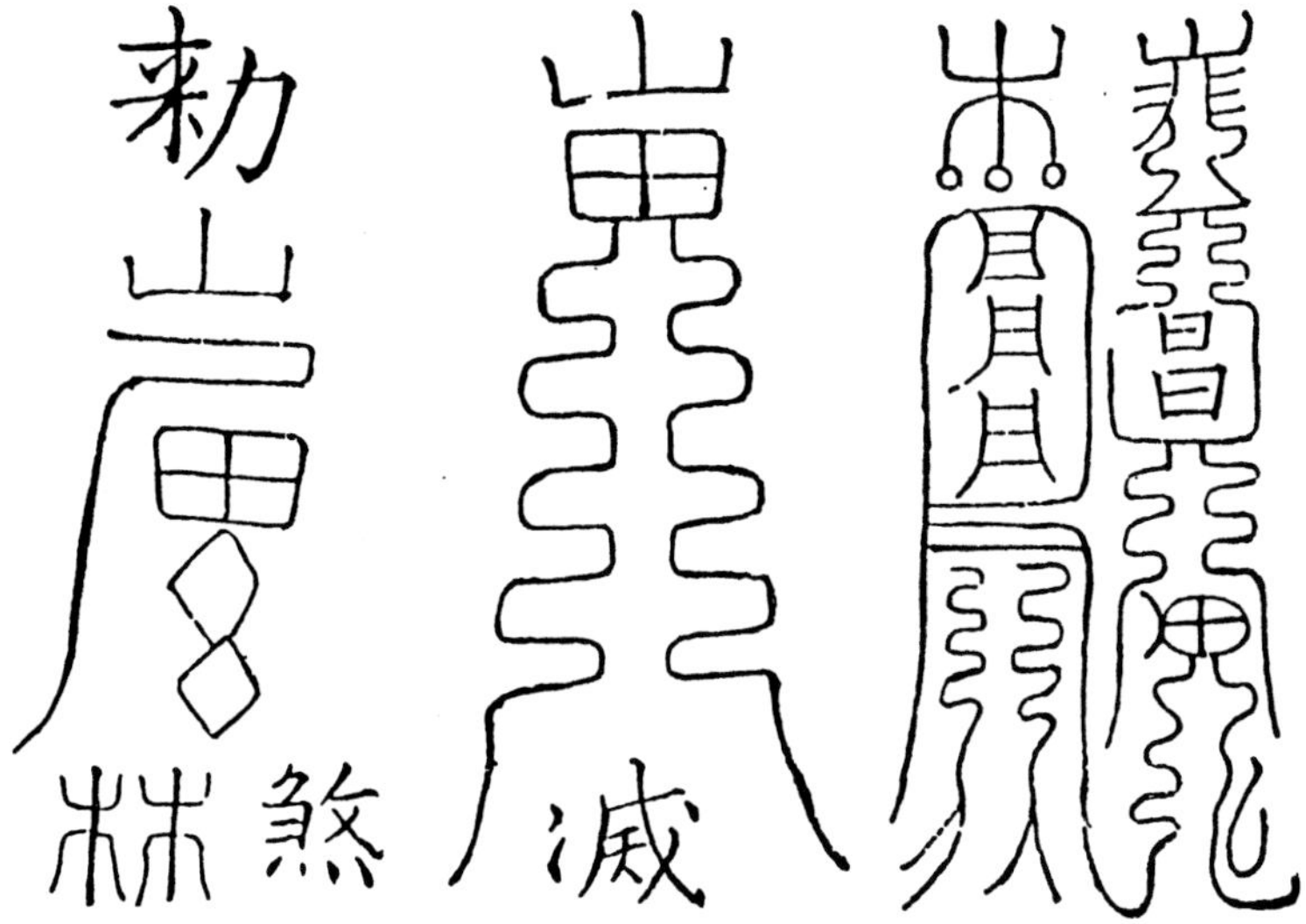

鎭《シツムル》女《テンナノ》犯《チカステ》破家《ハカ》殺《サツテ》符《フ》・　此《コノ》符《フ》ハ女《テンナ》ノ惡《アク》煞《サツ》在《アリ》テ家《カ》破《ハ》煞《サツ》在《ア》ル　者《モノ》、此《コノ》符《フ》ヲ謹《キン》寫《シヤ》シ持《モ》テハ、夫《フ》家《カ》ヲ破《ヤブ》ラサル靈《レイ》符《フ》ナリ（第四十）

鎭《シツムル》三姦《カン》六伏《フク》人《ジンテ》符《フ》。　姦《カン》ハ僞《イツハリ》ナリ、邪《シヤ》ナリ淫《イン》ナリ、此《コノ》惡《アク》婦《フ》カ六伏《フク》ト稱《シヤウ》シ、内《ナイ》心《シン》ニ姦《カン》在《ア》ル者《モノ》ヲ轉《テン》シ、鎭《シツメ》厭《アツ》スル靈《レイ》妙《メウ》ノ符《フ》ナリ（第四十一）

鎭《シツムル》外《クワイセイノソウ》姓喪在《アルテ》家《イヘニ》符《フ》。　家《イヘ》ニ外《クワイ》姓《セイ》ノ食《シヨク》客《カク》在《アリ》テ、喪《ソウ》ヲ出《イタ》ス事《コト》在《ア》リ、此《コノ》符《フ》ヲ書《シヨ》寫《シヤ》シ貼《ハリ》附《ツク》レハ、其《ソノ》厄《ヤク》介《カイ》ヲ免《マヌカ》ル靈《レイ》符《フ》ナリ（第四十二）

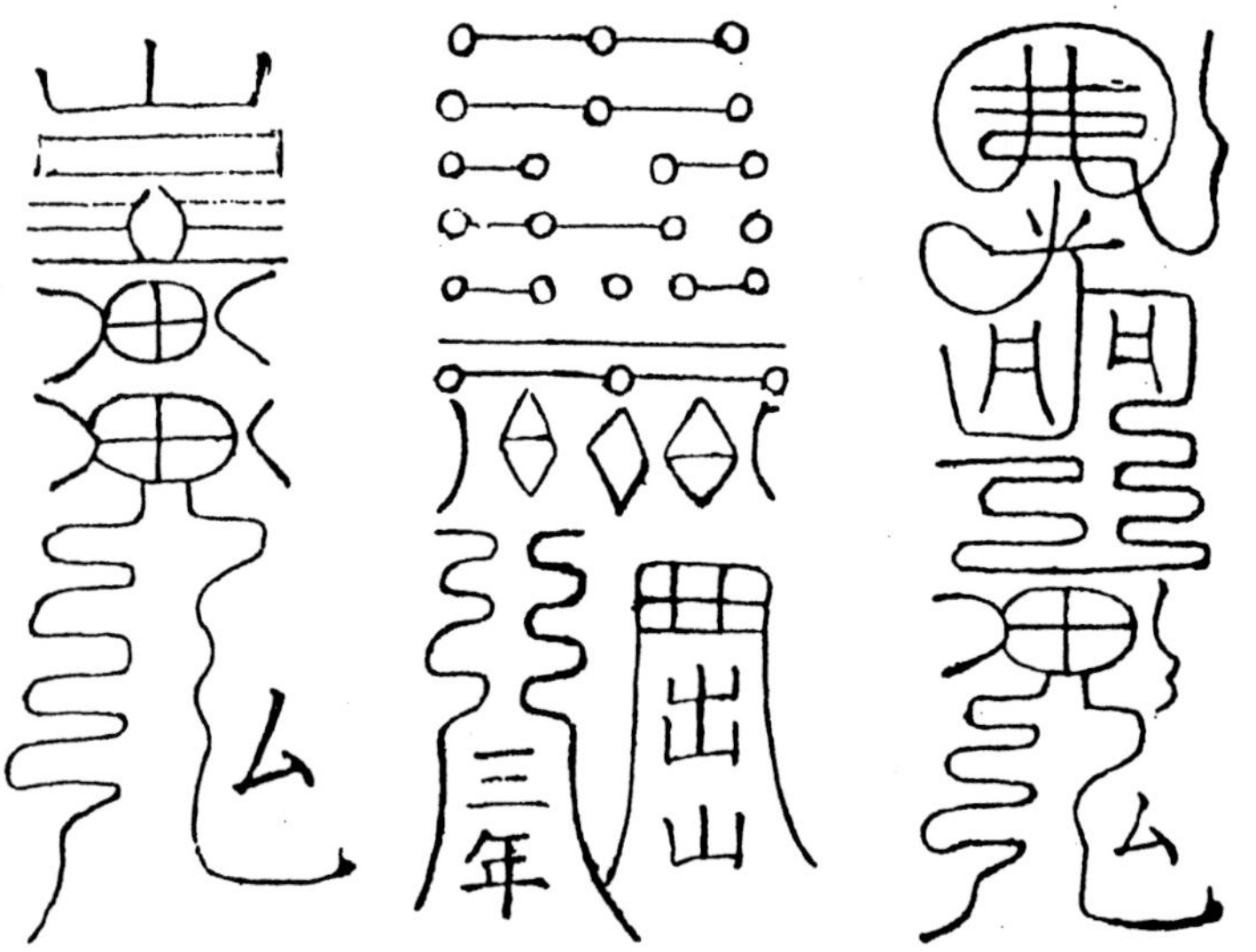

眞《シン》門《モン》自《ジ》响符《キヤウノフ》。　响《キヤウ》ハ炊《スイ》事《ジ》場《バ》ヲ云《イフ》、眞《シン》門《モン》自《ジ》响《キヤウ》ト云《イフ》題《タイ》ハ考《カンカフ》ル能《アタ》ハス、响《キヤウ》處《シヨ》ニ之《コレ》ヲ貼《ハ》ル吉《キチ》ト在《ア》リ、故《ユヘ》ニ記《シル》シテ識《シキ》者《シヤ》ノ明《メイ》說《セツ》ヲ待《マ》ツ第四十三）

鎭釜自鳴《シヅムカマオノツカラナルチ》。　凡《オヨ》ソ釜《カマ》ノ自《オノツカ》ラ鳴《ナ》ルハ家《イヘ》ニ不《フ》吉《キツ》ノ事《コト》多《オホ》シ、故《ユヘ》ニ之《コレ》ヲ甚《ハナハ》タ忌《イ》ム、此《コノ》符《フ》ヲ書《シヨ》寫《シヤ》シテ、灶《カマト》邊《ヘン》ニ貼《ハ》レハ止《ヤ》ム、第1ニ同シ）（第四十四）

鎭牕自《シヅムルソウノジ》鳴《メイチ》符《フ》。　凡《オヨ》ソ家《イヘ》ノ牕《マト》カ風《カゼ》無《ナ》ク自鳴《オノツカラナ》ル如《コト》キハ、不《フ》祥《シヤウ》ノ怪《クワイ》事《ジ》ニ屬《ゾク》ス、故《ユヘ》ニ此《コノ》符《フ》ヲ書《カキ》寫《ウツ》シ貼《ハ》レハ、其《ソノ》怪《グワイ》ヲ消《セウ》除《ジヨ》スヘシ（第四十五）

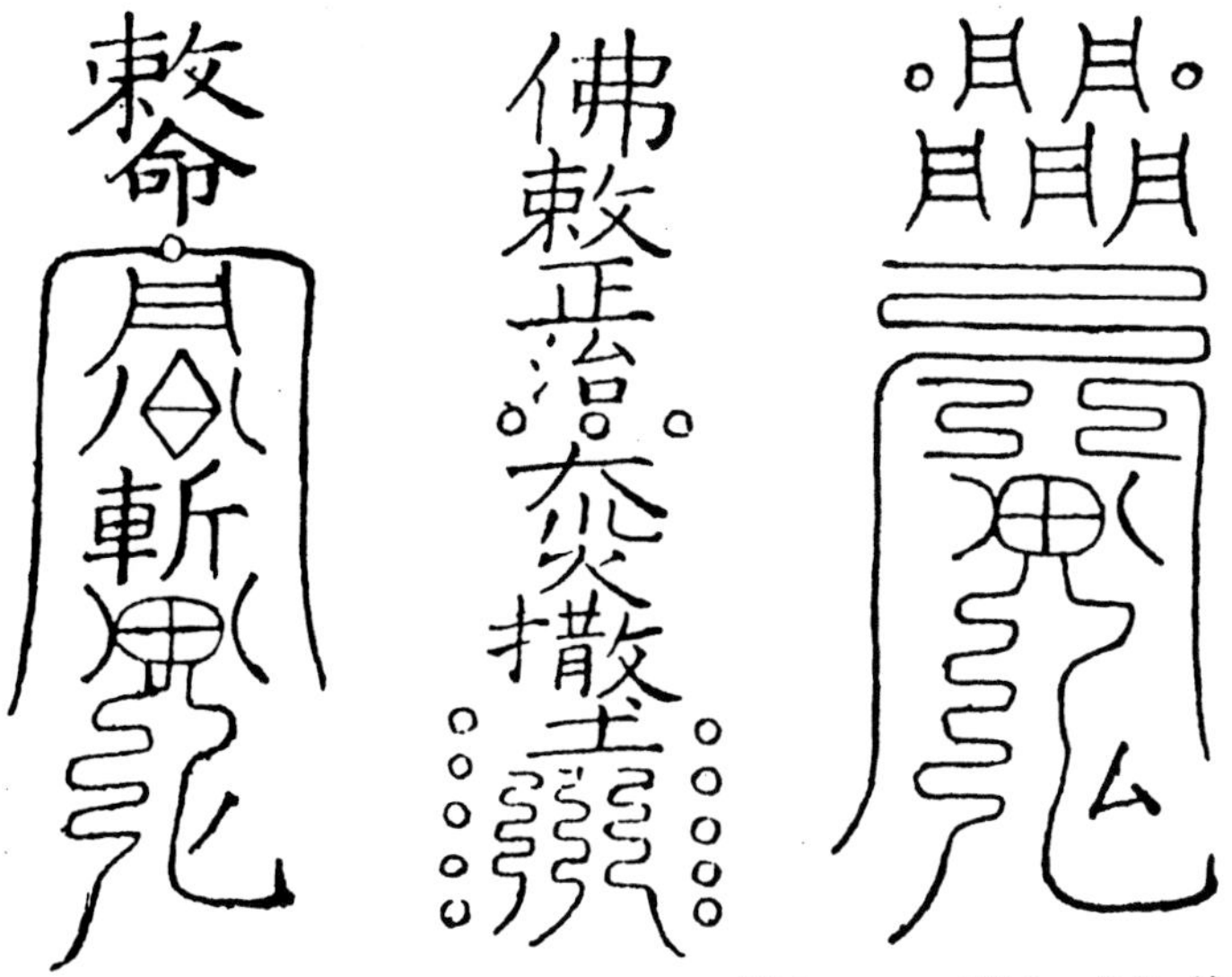

鎮《シツムル》二犬《イヌ》無《ナキニ》レ人《ヒト》自《オノツト》吠《ホヘル》一符《チフ》。　飼《カイ》犬《イヌ》ノ人《ヒト》無《ナキ》ニ吠《ホヘ》ルハ怪《クワイ》事《ジ》ナリ、書《カキ》寫《ウツ》シテ臺所《タイトコロ》ニ貼《ハリ》附《ツク》レハ自《オノツカ》ラ吠《ホヘ》ルコト無《ナ》ク、凶事《ケウジ》ヲ除《ジヨ》去《キヨ》ス（第四十六）

鎮《シツムル》ニ犬《イヌ》上《アカル》房《バウニ》符《フ》。　凡《オヨ》ソ狗《イヌ》ノ床《ユカ》上《シヤウ》ニ升《ノホ》リテ、家《イヘ》ニ病《ヒヤウ》災《サイ》種々《イロイロ》ノ不《フ》吉《キツ》在《ア》ルニ此《コノ》符《フ》ヲ門《モン》上《シヤウ》ニ貼《ハ》レハ、遂《ツイ》ニ之《コレ》ヲ鎮《チン》厭《アツ》ノ靈《レイ》符《フ》ナリ（第四十七）

大《タイ》門《モン》内《ナイニ》微《ビ》屎《ニヨウ》符《フ》。　凡《オヨ》ソ清淨《シヤウジヤウ》ノ靈《レイ》場《シヤウ》ノ大《ダイ》門《モン》内《ナイ》ニ、微《ヒ》屎《ニヨウ》ノ汚《ケガレ》有《ア》ルヲ清《キヨ》メ、消《セウ》除《シヨ》スルノ靈《レイ》符《フ》ナリ、但《タヽ》シ牕《マト》上《シヤウ》ニ貼《ハ》ルヘシ（第四十八）

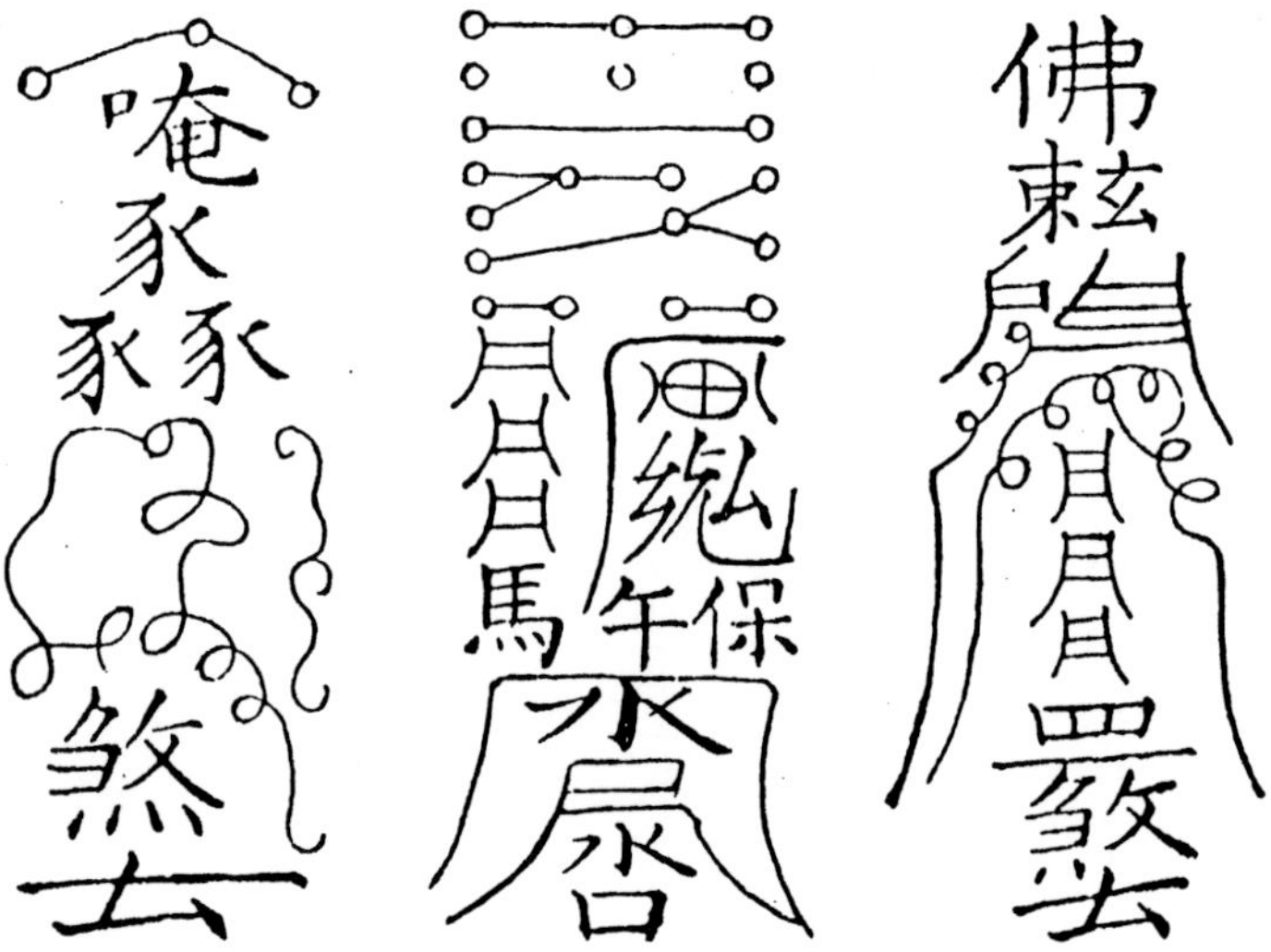

鎭《シツムル》ニ瘟《チン》疫《エキ》符《フ》。 住《シウ》居《キヨ》地《チ》ニ傳《デン》染《セン》病《ヒヤウ》流《ハ》行《ヤ》ル時《トキ》ハ、謹《キン》寫《シヤ》シテ家《イヘ》ノ中《チウ》央《ワウ》ニ貼《ハリ》附《ツク》レハ、感《ウツ》染《ル》コトヲ防《フセ》グベシ、(第四十九)

鎭《シツメタモツ》ニ保猪《井ノ》不《フ》災《サイチ》符《フ》。 凡《オヨ》ソ山《サン》邊《ヘン》ニ住《ジウ》居《キヨ》者《シヤ》カ、猪《井》ノ災《サイ》害《ガイ》ヲ爲《ナ》スヲ防《フセ》ク靈《レイ》符《フ》ナリ(第五十)

鎭《チン》ニ救《キウノ》猶《ナホ》瘟《テンチ》符《フ》。 凡《オヨ》ソ種《イロ》々ノ惡《アク》病《ヒヤウ》流《リウ》行《カウ》シテ、人《ヒト》ノ命《メイ》壽《ジユ》ヲ傷《シヤウ》害《ガイ》スル時《トキ》ニ、此《コノ》符《フ》ヲ所《シヨ》持《ジ》シ家《イヘ》ニ貼《ハリ》附《ツクレ》ハ、其《ソノ》災《サイ》病《ヒヤウ》ヲ免《マヌカ》ルヘシ第五十一)

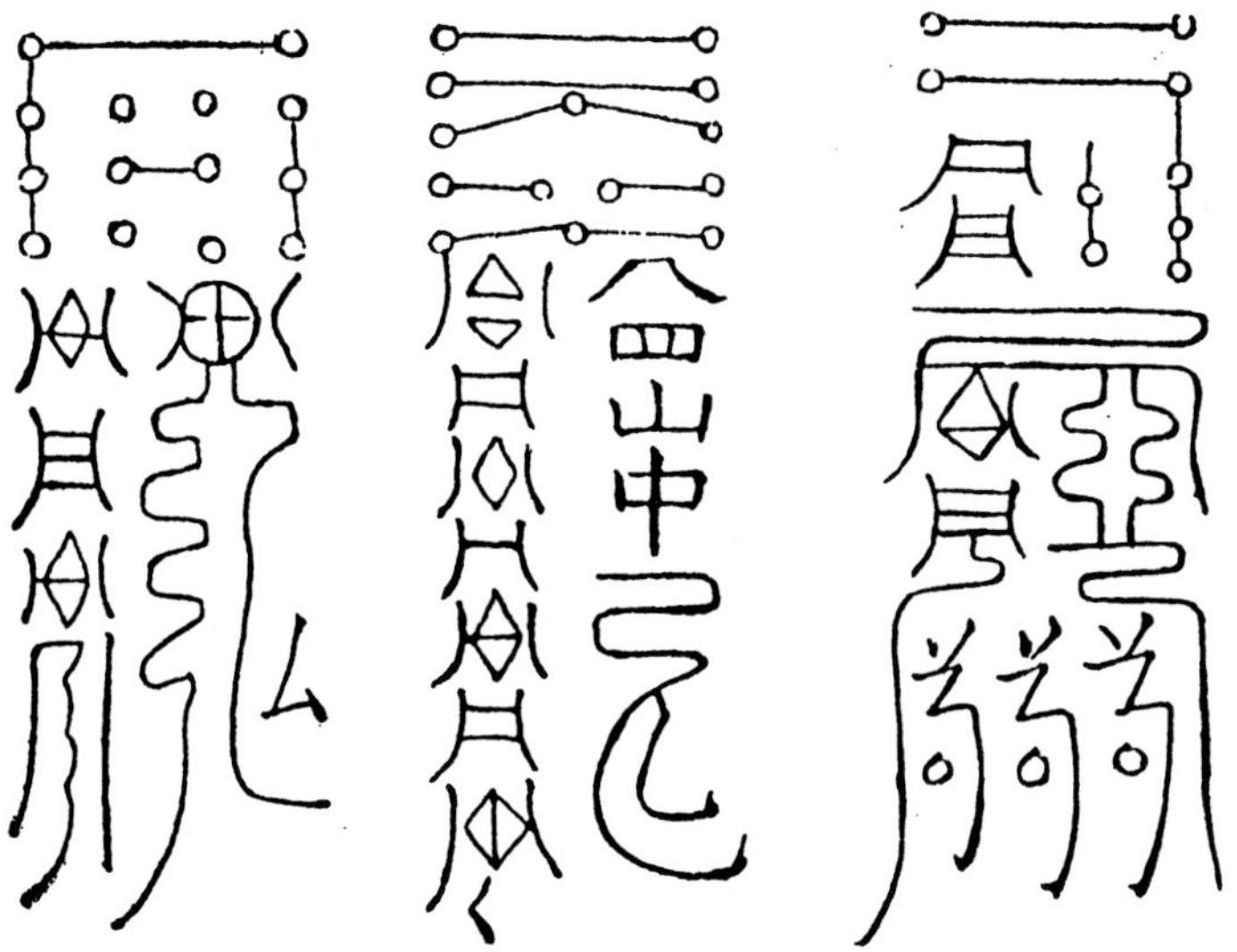

鎮《シヅムル》盗賊《トウゾクヲ》符《フ》。　凡《オヨ》ソ盗難《トウナン》ニ罹《カヽ》ルハ不《フ》吉《キツ》ノ事《コト》ナリ、此《コノ》符《フ》ヲ貼《ハリ》附《ツケ》在《ア》レハ、其《ソノ》難《ナン》ヲ免《マヌカ》ル靈《レイ》符《フ》ナリ（第61ニ似タリ）

（第五十二）

鎮《シヅムル》産《サン》婦《フノ》不《サル》下《クダラ》符《フ》。　婦《フ》人《シン》ノ出《シユツ》産《サン》ニ臨《ノゾミ》テ生《ウマ》レサル者《モノ》ハ、此《コノ》符《フ》ヲ焼《ヤキ》灰《ハイ》ニシテ呑《ノメ》ハ安《アン》産《サン》ス、産《サン》婦《フ》ノ在《ア》ル家《イヘ》ハ、寫《シヤ》シテ備《ソナ》ヘ置《チ》クベシ（第五十三）

金《キン》銀《キン》入《ニウ》宅《タクノ》符《フ》。　凡《オヨ》ソ人《シン》生《セイ》ニ財《サイ》寶《ホウ》ヲ望《ノソマ》ザル者《モノ》無《ナ》シ、此《コノ》符《フ》貨《クワ》財《サイ》ノ入《ニウ》宅《タク》スルコト、志《シ》望《ハウ》ノ如《コト》ク靈《レイ》驗《ケン》在《ア》ル、奇《キ》妙《メウ》ノ靈《レイ》符《フ》ナリ（第五十四）

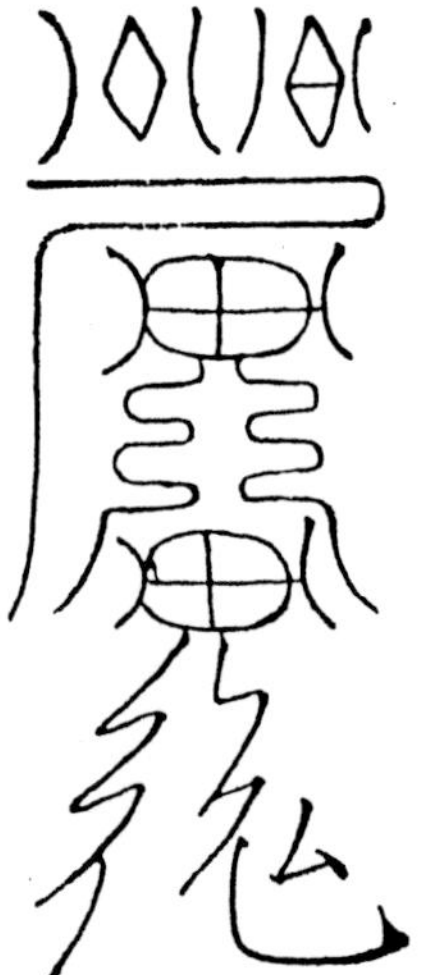

鎮《シヅムル》夢《ユメ》不《フ》祥《シヤウ》符《チフ》● 常《ツネ》ニ悪《アク》夢《ム》ヲ見《ミ》テ家《イヘ》ニ不《フ》祥《シヤウ》ノ事《コト》在《ア》ル者《モノ》ハ、此《コノ》符《フ》ハ凶《ケフ》事《ジ》自《シ》然《ゼン》ニ消《セウ》滅《メツ》スル靈《レイ》符《フ》ナリ（第五十五）

鎮《シヅムル》鼠《ネツミ》咬《カム》人《チジン》衣《エチ》符《フ》● 家《カ》鼠《ソ》ノ人《シン》衣《エ》ヲ咬《カ》ムハ、是《コレ》不《フ》祥《シヤウ》事《シ》ナレハ、此《コノ》符《フ》ヲ家《イヘ》ニ貼《ハリ》附《ツク》レハ、其《ソノ》害《カイ》ヲ除《ショ》去《キョ》スル妙《メウ》符《フ》ナリ（第五十六）

鎮《シヅムル》六畜《チク》走《ソウ》失《シツチ》符《フ》● 凡《オヨ》ソ六畜《チク》ヲ飼《シ》養《ヤウ》スルニ、時《トキ》々く失《シツ》走《ソウ》ニ遇《アフ》者《モノ》ハ、飼《シ》養《ヤウ》所《ジョ》ニ貼《ハ》レハ、失《シツ》走《ソウ》スル憂《ウレイ》無《ナ》キ靈《レイ》符《フ》ナリ（第五十七）

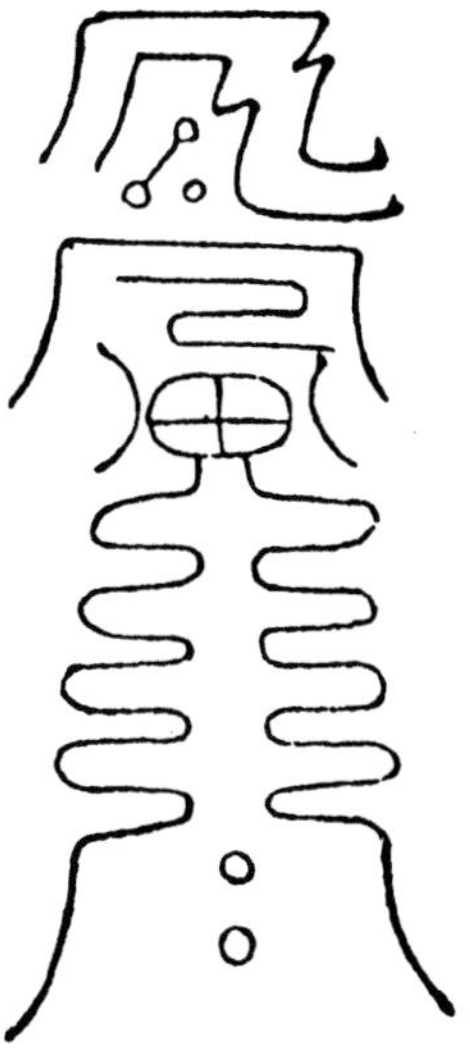

鎮《シツムル》二六畜《チク》亡《ハウ》死《シテ》符《フ》・　凡《オヨ》ソ家《カ》畜《チク》ヲ飼《シ》養《ウヤ》者《シヤ》カ屢《シハ》々《く》死《シ》亡《バウ》ニ遇《アフ》者《モノ》ハ、此《コノ》符《フ》ヲ謹《キン》寫《シヤ》セハ、以《イ》後《コ》ヲ防《フセ》グ靈《レイ》妙《メウ》ノ符《フ》ナリ

(第五十八)

以上五十八種《シユ》ノ靈《レイ》符《フ》トハ是《コレ》ナリ、此《コノ》符《フ》中《チウ》ニ陰《ノン》符《フ》、白《ヒヤク》虎《コ》、劍《ケン》鋒《ホウ》煞《サツ》等《トウ》ノ類《タクヰ》ハ、建《ケン》築《チク》方《ホウ》位《ヰ》上《シヤウ》ニ關《カヽ》ル災《サイ》厄《ヤク》ヲ除《ノゾ》ク符《フ》ナリ、又白《ヒヤク》衣《エ》煞《サツ》、鐵《テツ》掃《ソウ》箒《シウ》、骨《コツ》髓《スイ》破《ハ》等《トウ》ノ煞《サツ》ハ、推《スイ》命《メイ》上《シヤウ》ニ係《カヽ》ル凶《ケフ》命《メイ》ノ凶《ケフ》煞《サツ》ヲ鎮《シヅメ》厭《タツ》ノ符《フ》ト爲《ナ》ス、此《コノ》種《シユ》類《ルヰ》往《ワウ》々《く》有《ア》ルヲ以テ、運《ウン》用《ヨウ》ノ際《サイ》ニ能《ヨ》ク留《リウ》意《イ》シテ、其《ソノ》事《コト》ニ就《ツキ》テ活《クワツ》用《ヨウ》爲《ナ》スヘシ、是《コノ》符《フ》篆《シヤウ》ハ概《オホム》ネ白《ハク》紙《シ》(奉書)ニ朱《シユ》書《シヨ》シ用《モチ》フヘシ、

北《ホク》斗《ト》七星《セイ》之《ノ》靈《レイ》符《フ》

夫《ソ》レ天象《テンシヤウ》ニ現出《アラハ》ル星辰《セイシン》ハ無《ム》數《スウ》ニシテ、之《コレ》ヲ一々ニ算《カツフ》ル能《アタ》ハスト雖《イヘト》モ、其《ソノ》中《ナカ》ニ於《オイ》テ北辰《ホクシン》ハ尊王《ソンワウ》ト稱《シヤウ》シ奉《タテマツ》ル、其《ソノ》尊王《ソンワウ》ヲ主《シユ》ト爲《ナ》シテ、特《トク》ニ拱《キヨウ》シ補《ホ》佐《サ》スル七星《セイ》有《ア》リ、此《コノ》星《ホシ》ハ人生《シンセイ》ニ最《モツト》モ關聯深《クワンレンフカ》シ、其《ソノ》名《ナ》ヲ貪狼《トンラウ》、巨《コ》門《モン》、祿《ロク》存《ソン》、文曲《フンキヨク》、廉貞《レンシヤウ》、武《ブ》曲《キヨク》、破《ハ》軍《グン》ノ七星《セイ》ト云《イフ》、是即《コレスナハ》チ人事《シンジ》ヲ司《ツカサト》ルヲ以テ、此《コノ》星辰《セイシン》ヲ祭祀《サイシ》シ符《フ》篆《シヤウ》ヲ書寫《シヨシヤ》スル者《モノ》、或《アルヒ》ハ之《コレ》ヲ念《ネン》スル者《モノ》ノ爲《タメ》ニ、一星《セイ》毎《コト》ニ呪文《シユブン》ヲ擧《アゲ》テ、其《ソノ》用《ヨウ》ニ供《キヨウ》セント欲《ホツ》ス、蓋《ケタ》シ北斗《ホクト》トハ北《ホク》方《ハウ》ニ現《アラハ》ル、著《シヤ》名《メイ》星《セイ》ノ總稱《ソウシヤウ》ナリ、各人《メイ〳〵》ニ關聯《クワンレン》シ守《シユ》護《ゴ》在《ア》ル處《トコロ》ハ、各《カク》星《セイ》毎《コト》ニ詳《ツマヒラ》カニ記《シル》ス、將《ハタ》亦《マタ》此《コノ》七星《セイ》ハ方《ハウ》道《ダウ》ノ八《ハノ》門《モン》遁《トン》甲《カウ》ヲ用《モチ》ヒルニ緊《キン》要《エフ》ナルヲ以テ、茲《コヽ》ニ載《ノス》ル所《ユ》以《エン》ナリ、

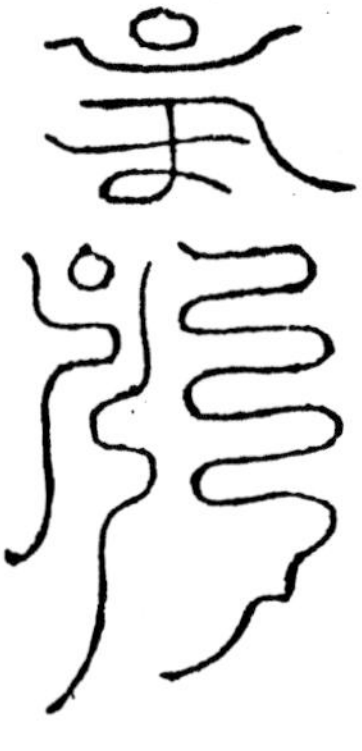

貪《トン》狼《ラウ》星《セイ》一ニ陽《ヤウ》明《メイ》星《セイ》符《フ》。

子《ネ》歳《トシ》生《ウマレ》ノ者《モノ》ハ此《コノ》星《セイ》神《シン》ヲ信《シン》仰《カウ》シテ、白《ハク》紙《シ》ニ此《コノ》符《フ》ヲ朱《シユ》書《シヨ》シ、常《ツネ》ニ所《シヨ》持《ジ》セハ、諸《シヨ》事《ジ》ニ一生《シヤウ》無《ブ》難《ナン》ノ靈《レイ》符《フ》ナリ、

○呪《ジユ》文《ブン》ヲンダラヂタラヂム、ト唱《トナ》フヘシ、

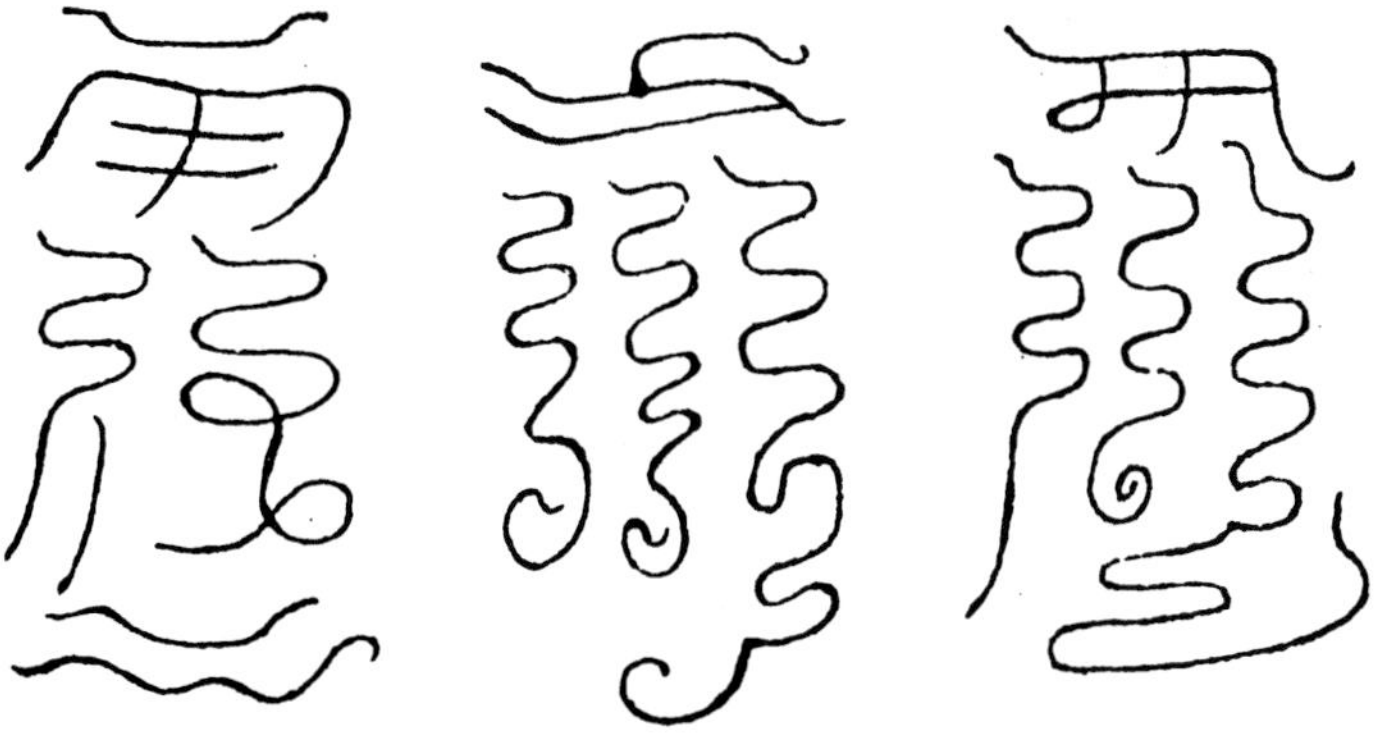

巨《コ》門《モン》星《セイ》一ニ陰《イン》精《セイ》星《セイ》符《フ》。 丑《ウシ》亥《ヰ》歳《トシ》生《ウマレ》ノ者《モノ》ハ此《コノ》星《セイ》神《ジン》ヲ信《シン》念《ネン》シテ、白《ハク》紙《シ》ニ此《コノ》符《フ》ヲ朱《シユ》書《シヨ》シ、常《ツネ》ニ所《シヨ》持《ジ》セハ百《ヒヤク》事《ジ》ニ生《シヤウ》涯《ガイ》無《ブ》難《ナン》ノ靈《レイ》符《フ》ナリ、○呪《シユ》文《ブン》ヲンクロダラタム。ト唱《トナ》フヘシ、

祿《ロク》存《ソン》星《セイ》一ニ眞《シン》人《シン》星《セイ》符《フ》。 寅《トラ》戌《イヌ》歳《トシ》生《ウマレ》ノ者《モノ》ハ此《コノ》星《セイ》神《ジン》ヲ信《シン》仰《カウ》シテ、白《ハク》紙《シ》ニ此《コノ》符《フ》ヲ朱《シユ》書《シヨ》シ、常《ツネ》ニ所《シヨ》持《ジ》セハ諸《シヨ》事《ジ》一生《シヤウ》無《ブ》難《ナン》ノ靈《レイ》符《フ》ナリ、○呪《ジユ》文《ブン》ヲンハラダギヤムト唱《トナ》フヘシ、

文《ブン》曲《キヨク》星《セイ》一ニ玄《ケン》冥《メイ》星《セイ》符《フ》。 卯《ウ》酉《トリ》歳《ドシ》生《ウマレ》ノ者《モノ》ハ此《コノ》星《セイ》神《ジン》ヲ信《シン》念《ネン》シテ、白《ハク》紙《シ》ニ此《コノ》符《フ》ヲ朱《シユ》書《シヨ》シ常《ツネ》ニ所《シヨ》持《ジ》セハ百《ヒヤク》事《ジ》一生《シヤウ》涯《ガイ》無《ブ》事《ジ》ノ靈《レイ》符《フ》ナリ、○呪《ジユ》文《ブン》ヲンイリダラタムン、ト唱《トナフ》ヘシ、

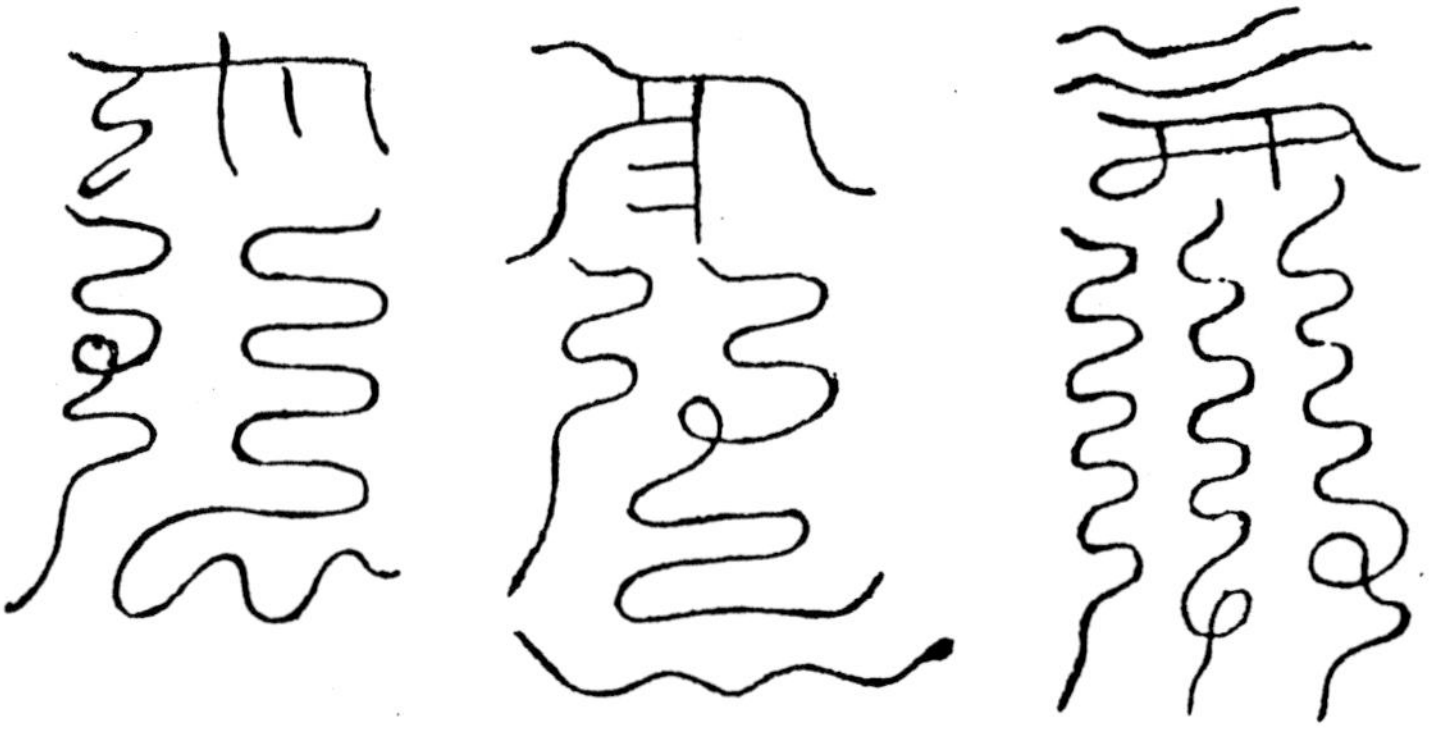

廉《レン》貞《シヤウ》星《セイ》符《フ》。　辰《タツ》申《サル》歳《ドシ》生《ウマレ》ノ者《モノ》ハ、此《コノ》星《セイ》神《ジン》ヲ信念シテ、白紙ニ此《コノ》符《フ》ヲ朱書シ、常《ツネ》ニ所《シヨ》持《ジ》セハ諸《シヨ》事《ジ》生《シヤウ》涯《カイ》障《サハ》リ無《ナ》キ靈《レイ》符《フ》ナリ、○呪《ジユ》文《ブン》ヲンドタラニヲン。ト唱《トナ》フヘシ、

武《ブ》曲《キヨク》星《セイ》一ニ北《ホク》極《キヨク》星《セイ》符《フ》。　己《ミ》未《ヒツジ》歳《トシ》生《ウマレ》ノ者《モノ》ハ、此星神ヲ信《シン》仰《カウ》シテ、白紙ニ此符ヲ朱書シ常《ツネ》ニ所《シヨ》持《ジ》セハ、百事一生ノ間《アイダ》無《ブ》難《ナン》ノ靈《レイ》符《フ》ナリ、○呪《ジユ》文《ブン》ヲンギヤドロム。ト唱フヘシ、

破《ハ》軍《グン》星《セイ》一ニ天《ナン》關《クワン》星《セイ》符《フ》。　午《ウマ》歳《トシ》生《ウマレ》ノ者《モノ》ハ、此《コノ》星《セイ》神《ジン》ヲ信《シン》念《ネン》シテ、白紙ニ此《コノ》符《フ》ヲ朱《シユ》書《シヨ》シ、常《ツネ》ニ所《シヨ》持《ジ》セハ、諸《シヨ》事《ジ》生《シヤウ》涯《ガイ》ヲ無《ブ》異《ヰ》ニ過《スグ》ル靈《レイ》符《フ》ナリ、○呪《シユ》文《ブン》ヲンバサダカンダム。ト唱フヘシ、

北斗《ホクト》星《セイ》總呪《ソウジユ》

ヲンサツタジナウヤ、バムジヤビジヤヤ、ゼンホダマ、ソバビナウ（名位某）ラキサン、バムハト、ソワカ。ト唱《トナ》ヘ信念《シンネン》セハ災《サイ》厄《ヤク》ヲ免《マヌカ》ルベシ、

二十八宿曜之靈符《シユクエウノレイフ》

凡《オヨ》ソ星辰《セイシン》ノ人生《シンセイ》ニ關聯深《クワンレンフカ》キヲ北斗《ホクト》七星《ヒチセイ》ト稱《シヤウ》シ、之《コレ》ニ次《ツ》ク二十八宿曜《シユクエウ》ト稱《シヤウ》ス、此宿曜《コノシユクエウ》ハ天象《ナンシヤウ》ヲ太周《タイシウ》シ八方《ハウ》ニ宮殿《キウナン》有《ア》リ、其宿曜《ソノシユクエウ》タル日日《ヒビ》ヲ司《ツカサド》リ吾人《ゴジン》ヲ擁護《ヨウゴ》有《ア》ルヲ以テ各人《カクシン》ニ關聯《クワンレン》スルコト深《フカ》シ、殊《コト》ニ虛《キヨ》、井《セイ》、房《ハウ》、角《カク》、奎《ケイ》、昴《バウ》、斗《ト》、星《セイ》ノ宿曜《シユクマウ》ハ、九星《キウセイ》神《ジン》ト合宮《カフキウ》ニ當《アタ》ルヲ以《モツ》テ、各人《カクシン》ノ本命星《ホンメイセイ》ト爲《ナ》シ、其宿曜《ソノシユクエウ》ヲ祭《マツ》ル處《トコロ》ナリ、此故《コノユヘ》ニ毎《マイ》月《ケツ》此日《コノヒ》ニ當《アタツ》テ諸事《シヨジ》ノ吉凶《キツケフ》ヲ主《ツカサド》ル、其《ソノ》星象《セイシヤウ》及《オヨ》ヒ符篆《フシヤウ》ト呪文《ジユブン》ヲ一々ニ錄《シル》シテ、祭《サイ》祀《シ》ニ用《モチ》フルニ便《ヘン》ナラシム、蓋《ケタ》シ五黃星《ワウセイ》ハ鎭星《チンセイ》ニ配《ハイ》スルヲ以《モツ》テ、此宿曜《コノシユクエウ》ヲ用《モチ》ヒザルナリ、

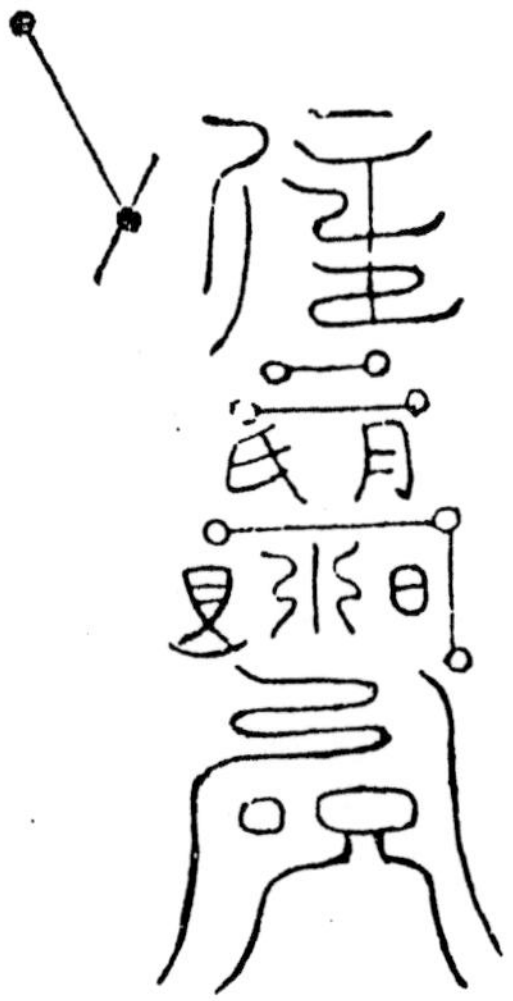

室《シツ》宿《シユク》符《フ》(正月朔日)此《コノ》宿《シユク》曜《エウ》日《ヒ》ハ婚《コン》姻《イン》造《ソウ》作《サク》、柱《ハシラ》立《タテ》、轉《テン》宅《タク》ニ此《コノ》日《ヒ》ニ當《アタ》ルハ凶《ケウ》、衣《イ》類《ルヰ》裁《タチ》、着《キ》初《ソメ》ハ必《カナラ》ズ水《スイ》厄《ヤク》ニ遭《ア》フ、葬《ソウ》式《シキ》等《トウ》ニ用《モチ》フルハ大《タイ》凶《ケウ》、此《コノ》宿《シユク》曜《エウ》ヲ念《ネン》スル者《モノ》ハ、呪《ジユ》文《モン》ヲンロノラハバツダラヤチ、ナウキシヤラソワカ。ト唱《トナ》フ、

壁《ヘキ》宿《シユク》符《フ》。 此宿曜日ハ衣《イ》類《ルヰ》、裁《タチ》、着《キ》始《ソメ》ハ財《サイ》物《モツ》ヲ得《エ》ル、造《ソウ》作《サク》建《ケン》築《チク》等《トウ》總《スベ》テ大《ダイ》吉《キチ》、葬《ソウ》式《シキ》婚《コン》姻《イン》等《トウ》ニ最《モツト》モ良《ヨ》シ、貴《キ》子《シ》ヲ生《ウ》ミ寶《タカラ》ヲ招《マネ》ク、此宿曜ヲ念《ネン》スル呪《ジユ》文《ブン》ヲンウタナウバツタラバ、ナウキシヤラソワカ、

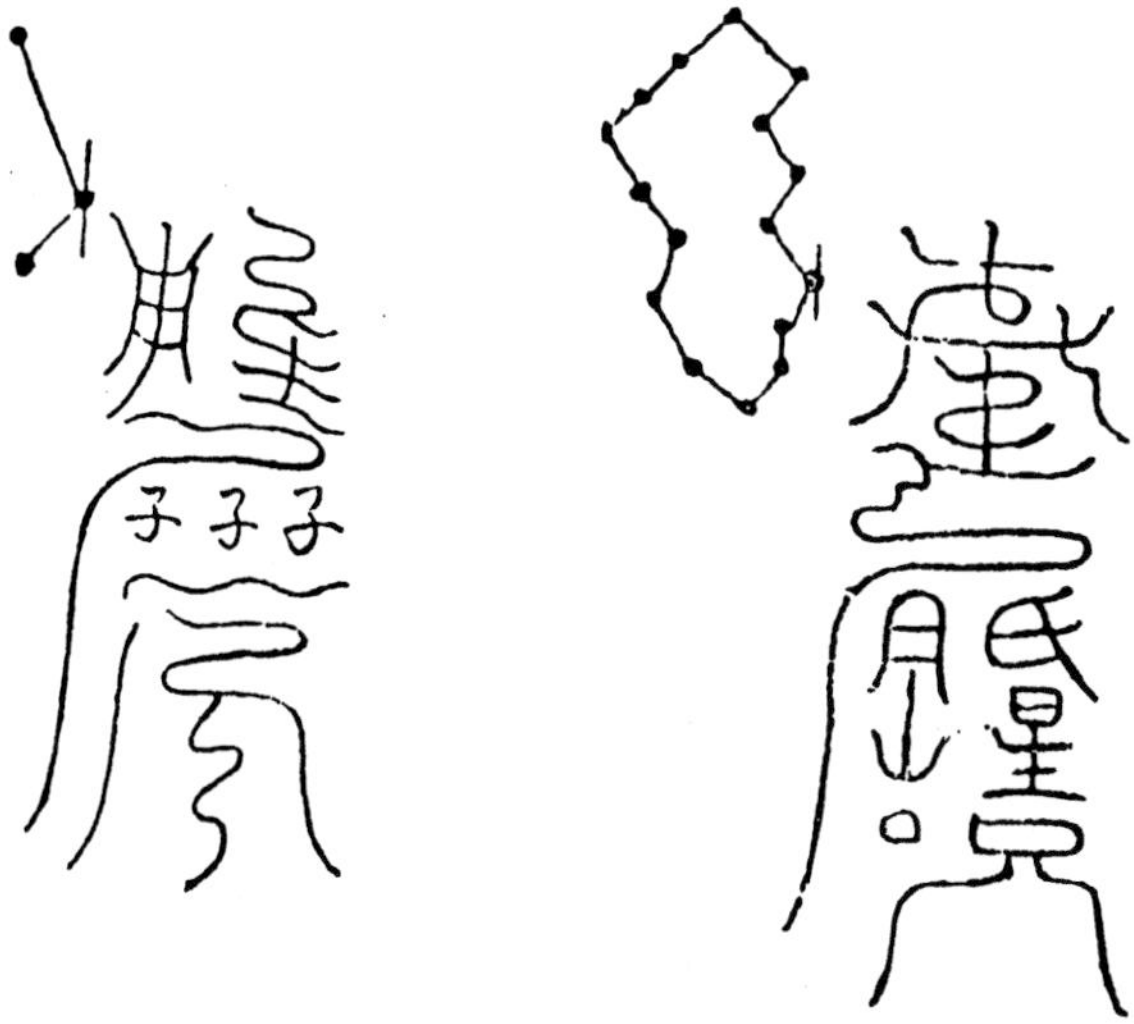

奎《ケイ》宿《シユク》(符《フ》二月朔日)此《コノ》宿《シユク》曜《エウ》日《ヒ》ハ衣《イ》類《ルヰ》裁《タチ》、着《キ》始《ソメ》ハ寶《ホウ》器《キ》ヲ得《ウ》ル、非《ヰ》堀《ホリ》、酒《サケ》造《ツクリ》、柱《ハシラ》立、棟《ムネ》上《アケ》、出《シユツ》發《ハツ》、又ハ厩《ウマヤ》、牧《ボク》場《シヤウ》ヲ作《ツク》リ竈《カマト》ヲ作《ツク》リ塗《ヌ》リ、藏《クラ》建《タチ》ニ吉《ヨシ》、開《カイ》店《テン》門《モン》開《ヒラキ》等《トウ》ニ大《タイ》凶《ケフ》トス、此宿曜ノ呪《シユ》文《ブン》ヲンリハチ、ナウキシヤラ、ソワカ、

婁《ル》宿《シユク》符《フ》。　此宿曜日ハ衣《イ》類《ルイ》裁《タチ》、着《キ》初《ソメ》ハ衣《イ》服《フク》ヲ增《マ》ス、婚《コン》姻《イン》、造《ソウ》作《サク》、轉《テン》宅《タク》、厩《ウマヤ》、牧《ホク》場《シヤウ》ノ新《シン》築《チク》、或《アルヒ》ハ結《ユイ》納《ノウ》取《トリ》替《カハ》セ、服《フク》藥《ヤク》、又ハ門《モン》開《ヒラキ》等《トウ》、總《スベ》テ急《キウ》非《コト》ニ大《ダイ》吉《キチ》、此《コノ》曜《エウ》ヲ信《シン》仰《カウ》者《シヤ》ハ呪《シユ》文《ブン》ヲンハラニ、ナウキシヤラソワカ。ト唱《トナ》フ、

胃《イ》宿《シユク》符《フ》(三月朔日)此宿曜日ハ婚《コン》儀《ギ》、造《ソウ》作《サク》等《トウ》ニ吉《キチ》、衣《イ》類《ル井》裁《タチ》着《キ》初《ソメ》ハ財《サイ》ヲ損《ソン》滅《ケン》ス、建《ケン》築《チク》、公《ク》事《ジ》、訴訟《セウ》、懸《カケ》合《アヒ》等《トウ》ニ吉《キチ》、葬《ソウ》式《シキ》等《トウ》ニ大《タイ》凶《キフ》、此《コノ》曜《エウ》ヲ信念者ハ呪文ヲンアシンビ、ナウキシャラソワカ、

昴《バウ》宿《シユク》符《フ》。　此《コノ》宿《シユク》曜《エウ》日《ヒ》ハ井《井》戸《ド》堀《ホリ》、柱《ハシラ》立《タテ》、棟《ムネ》上《アゲ》、移《イ》轉《テン》、厩《ウマヤ》、牧《ボク》場《シヤウ》等《トウ》ヲ建《タ》テ、又ハ建《ケン》築《チク》シ、竈《カマト》ヲ作《ツク》リ塗《ヌ》ル等《トウ》ニ吉《キチ》、衣《井》類《ルイ》裁《タチ》着《キ》初《ソメ》ハ火《ヒ》ニ焼《ヤ》ク、此《コノ》曜《エウ》ヲ信《シン》仰《カウ》者《シヤ》ハ呪《ジユ》文《ブン》ヲンキリチキャ、ナウキシャラソワカ、ト唱《トナ》フ、

畢《ヒツ》宿《シユク》符《フ》、四月朔日)此《コノ》宿《シユク》曜《エウ》日《ヒ》ハ衣《イ》類《ルヰ》、裁《タチ》着《キ》初《ソメ》ハ事《コト》多《オホ》シ、祭《サイ》祀《シ》、婚《コン》姻《イン》、田《テン》畑《ハタ》ヲ求《モト》メ道《ミチ》橋《ハシ》ヲ造《ツク》リ、葬《ソウ》儀《ギ》等《トウ》ニ殊《コト》ニ大《タイ》吉《キチ》、貸《カシ》金《キン》、米《ベイ》穀《コク》買《カイ》入《イレ》等《トウ》ニ凶《ケフ》、此《コノ》宿《シユタ》曜《エウ》ヲ信《シン》仰《カウ》者《シヤ》ノ呪《シユ》文《ブン》ヲンロキニ、ナウキシヤラソワカ、

觜《シ》宿《シユク》符《フ》。　此宿曜日ハ祭《サイ》祀《シ》、結《ケツ》婚《コン》、轉《テン》宅《タク》、入《ニウ》學《ガク》田《デン》畑《ハタ》ヲ求《モトム》ルニ吉《キチ》、造《ソウ》作《サク》、衣《イ》類《ルヰ》裁《タチ》着《キ》初《ソメ》ハ鼠《ネヅミ》ニ咬《カマ》ル凶《ケフ》、此《コノ》宿《シユク》曜《エウ》ヲ信《シン》念《ホン》者《シヤ》ノ呪《ジユ》文《ブン》ヲンヒリギヤシラ、ナウキシヤラソワカ、ト唱《トナ》フヘシ、

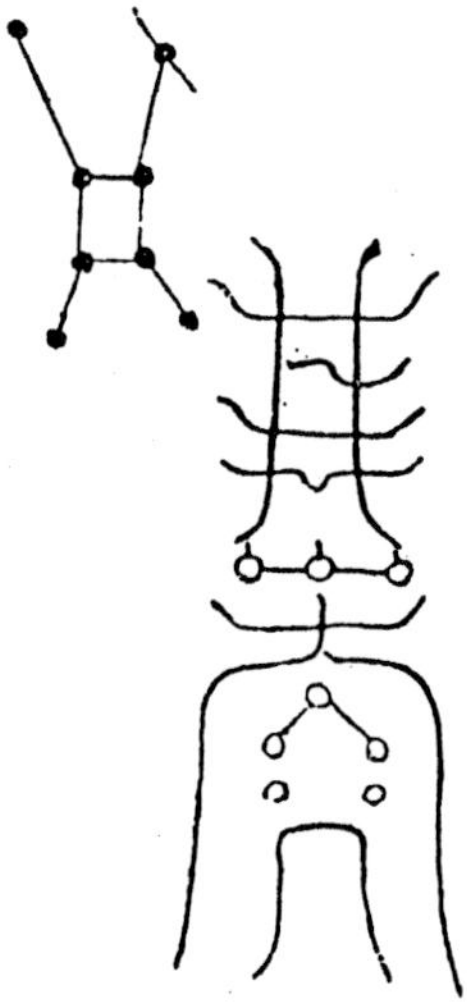

參《シン》宿《シユク》符《フ》（五月朔日）此《コノ》宿《シユク》曜《エウ》日《ヒ》ハ造《ソウ》作《サク》藏《クラ》建《タテ》、養《ヤウ》子《シ》、出《シユツ》發《ハツ》地《チ》ヲ穿《ウガ》チ、又ハ財《ザイ》寶《ホウ》ヲ求《モトム》ル等《トウ》ニ吉《キチ》、衣《イ》類《ルヰ》裁《タチ》着《キ》初《ソメ》ハ鼠《ネヅミ》ノ厄《ヤク》有《ア》リ、葬《ソウ》式《シキ》等《トウ》大《タイ》凶《ケウ》、此《コノ》宿《シユク》曜《エウ》ヲ信《シン》仰《カウ》スル呪《シユ》文《ブン》ヲンアンダラ、ナウキシヤラソワカ、

井《セイ》宿《シユク》符《フ》● 此《コノ》宿《シユク》曜《エウ》日《ヒ》ハ祭《サイ》祀《シ》、婚《コン》儀《ギ》造《ソウ》作《サク》、井《ヰ》戸《ト》堀《ホリ》、種《タネ》蒔《マキ》、施《セ》與《ヨ》等《トウ》ニ大《タイ》吉《キチ》、衣《イ》類《ルヰ》裁《タチ》着《キ》初《ソメ》ハ必《カナラ》ス相《アヒ》分《フン》離《リ》ス葬《ソウ》式《シキ》等《トウ》ニ大《タイ》凶《ケウ》、此宿曜ヲ信《シン》念《ネン》ノ呪《シユ》文《ブン》、ヲンローナウバソ、ナウキシヤラソワカ、ト唱《トナ》フヘシ、

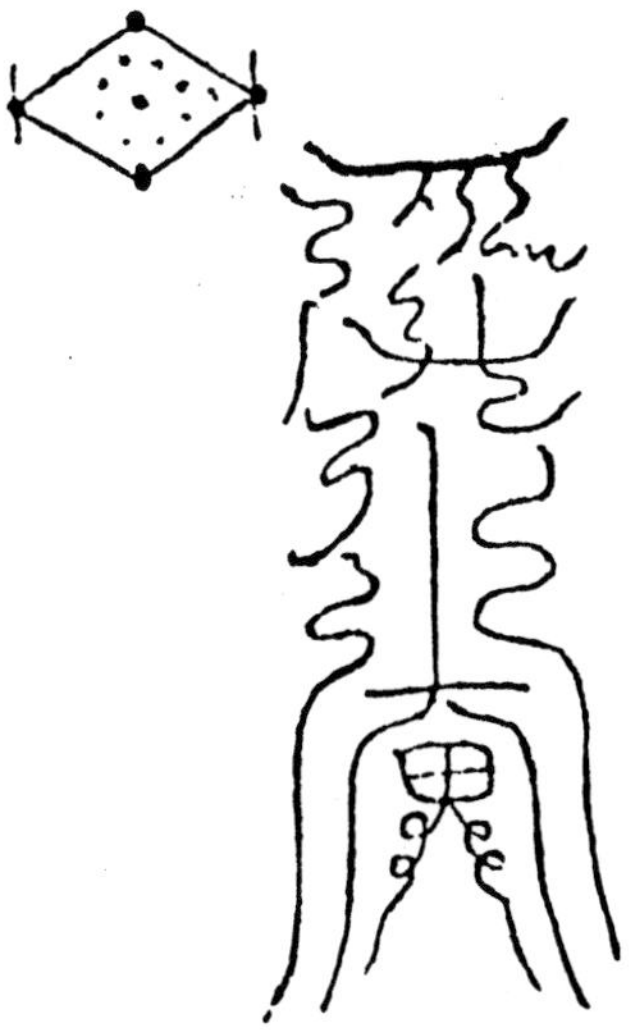

鬼《キ》宿《シユク》符《フ》（六月朔日）此宿曜日ハ衣《イ》類《ルヰ》裁《タチ》着《キ》初《ソメ》、仕《シ》官《クワン》、奉《ホウ》公《コウ》、入《ニウ》學《カク》等《トウ》、凡《スベ》テ事《コト》ヲ始《ハジメ》ルニ大《タイ》吉《キチ》祥《シヤウ》ナリ、此《コノ》宿《シユク》曜《エウ》ヲ信仰者ノ呪文ヲンビシヤヤ、ナウキシヤラソワカ、ト唱フヘシ、

柳《リウ》宿《シユク》符《フ》。　此宿曜ハ出《シユツ》行《カウ》又ハ逆《キヤク》ヲ斬《キ》リ、荒《クワウ》ヲ除《ノゾ》キ、攻《カウ》城《ジヤウ》敵《テキ》ヲ破《ヤブ》ルニ吉《キチ》、衣《イ》類《ルヰ》裁《タチ》着《キ》初《ソメ》ハ必《カナラ》ス失《シツ》ニ遭《ア》フ、造《ゾウ》作《サク》葬《ソウ》式《シキ》等《トウ》ニ大《タイ》凶《ケウ》ナリ、此宿曜ヲ念《ネン》スル呪《ジユ》文《ブン》ヲンアシヤレイシヤ、ナウキシヤラソワカ、

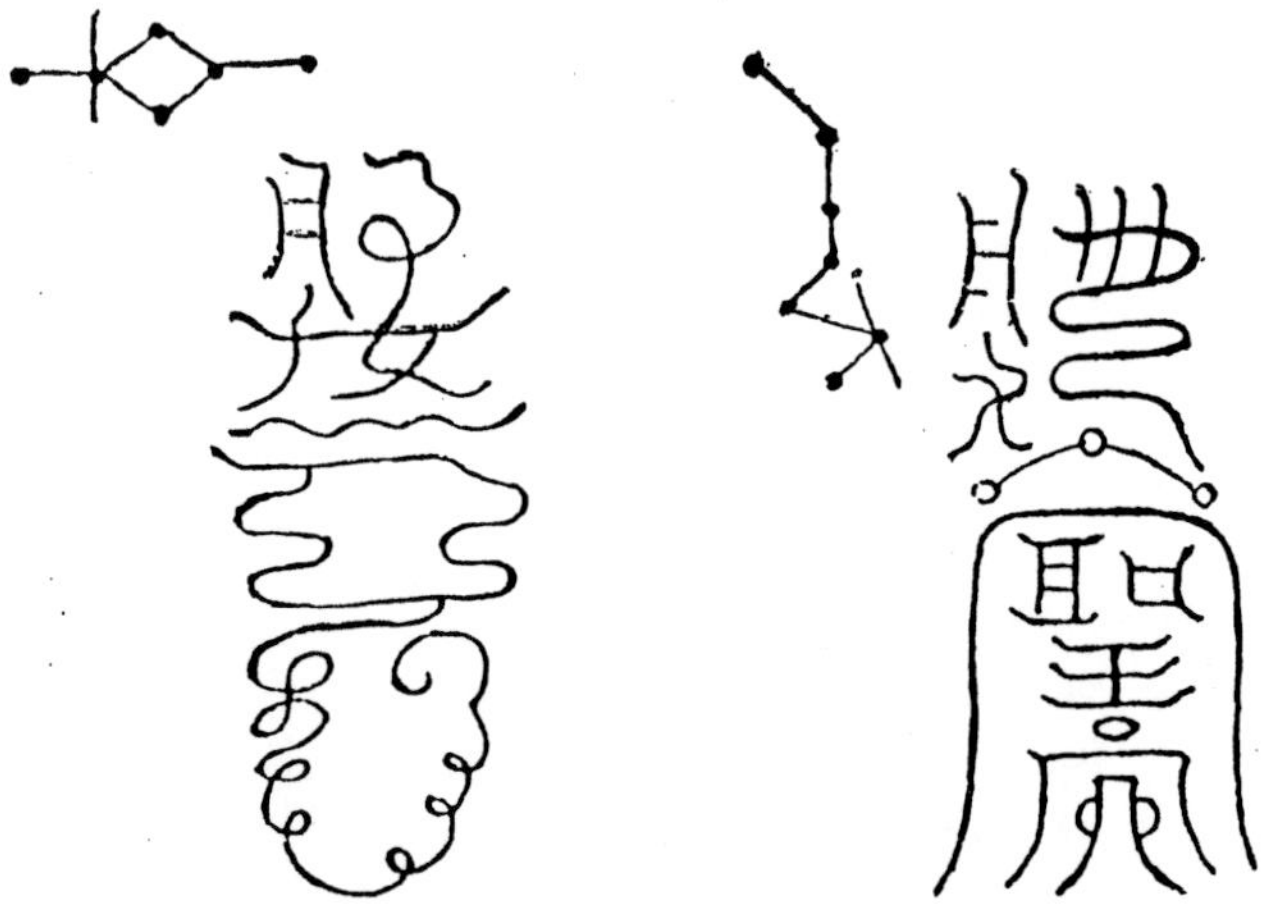

星宿符《セイシユクフ》。　此宿曜日《コノシユクエウヒ》ハ普請《フシン》、佛事《ブツジ》、乘馬《シヤウバ》、治療等《チリヤウトウ》ニ吉《キチ》、藥呑初《クスリノミハジ》メ、衣類裁着《イルヰタチキ》初《ソメ》ハ、必《カナラ》ス損失在《ソンシツア》リ、又ハ婚儀葬式《コンギソウシキ》等《トウ》ニ大凶《タイケフ》ナリ、此宿曜ヲ念《ネン》スル呪文《シユブン》ヲンママ、ナウキシヤラソワカ、ト唱フヘシ、

張宿符《チヤウシユクフ》(七月朔日)此宿曜日ハ修繕《シユセン》結婚《ケツコン》、出行《シユノカウ》、仕官《シクワン》、入學《ニウカク》、種蒔等《タネマキトウ》ニ大吉《タイキチ》、衣類裁着初《イルヰタチキソメ》ハ必《カナラ》ス官災在《クワンサイア》リ凶《ケフ》、此宿曜ヲ信仰《シンカウ》スル呪文《シユブン》ヲンローラバハラダ、ナウキシヤラソワカ、

翼《ヨク》宿《シユク》符《フ》。此《コノ》宿《シユク》曜《エウ》日《ヒ》ハ普《フ》請《シン》、種《タネ》蒔《マキ》、田《デン》地《ヂ》ヲ求《モト》メ、出《シユツ》行《カウ》、又ハ溝《ミゾ》ヲ穿《ウカ》ツ等《トウ》ニ良《ヨ》シ、衣《イ》類《ルイ》裁《タチ》着《キ》初《ソメ》ハ必《カナラ》ス更《サラ》ニ得《ウ》ル吉《キチ》、此《コノ》宿《シユク》曜《エウ》ヲ念《ネン》スル呪《シユ》文《ブン》ヲンウタラハラグハログ、ナウキシヤラソワカ、ト唱《トナ》フヘシ、

軫《シン》宿《シユク》符《フ》。此宿曜日ハ結《ケツ》婚《コン》、井《ヰ》戸《ド》堀《ホリ》、棟《ムネ》上《アケ》、田《デン》畑《ハタ》ヲ求《モト》メ技《ギ》藝《ケイ》ヲ學《マナ》ヒ、葬《ソウ》儀《ギ》等《トウ》ニ子《シ》孫《ソン》榮《エイ》昌《シヤウ》ス、衣《イ》裳《シヤウ》ノ修《シユ》理《リ》ニ吉《キチ》此宿曜ヲ信《シン》仰《カウ》スル呪《シユ》文《ゾン》ヲンカサダ、ナウキシヤラソワカ、

角《カク》宿《シユク》曜《フ》(八月朔日)此《コノ》宿《シユク》曜《エウ》日《ヒ》ハ祭《サイ》祀《シ》婚《コン》姻《イン》、井《井》戸《ト》堀《ホリ》、柱《ハシラ》立《タテ》、移《イ》轉《テン》、酒《シユ》造《ソウ》、衣《イ》類《ル井》裁《タチ》、着《キ》初《ソメ》等《トウ》ニ大《タイ》吉《キチ》、葬《ソウ》式《シキ》ハ大《タイ》凶《ケウ》ナリ、此《コノ》宿《シユク》曜《エウ》ヲ念《オン》スル呪《シユ》文《ブン》ヲンシツタラ、ナウキシヤラソワカ、ト唱《トナ》フヘシ、

亢《カウ》宿《シユク》符《フ》。　此宿曜日ハ婚《コン》儀《ギ》、結《ユイ》納《ノウ》ニ良《ヨ》シ、衣《イ》類《ル井》裁《タチ》、着《キ》初《ソメ》ハ必《カナラ》ス財《サイ》ヲ得《ウ》ル、種《タネ》蒔《マキ》、牛《キウ》馬《バ》飼《カイ》馬《バ》乗《ノリ》始《ハシメ》等《トウ》ニ大《タイ》吉《キチ》、造《ソウ》作《サク》ハ大《タイ》凶《ケウ》、此《コノ》宿《シユク》曜《エウ》ヲ信《シン》仰《カウ》スル呪《シユ》文《ブン》ヲンソバチ、ナウキシヤラソワカ、

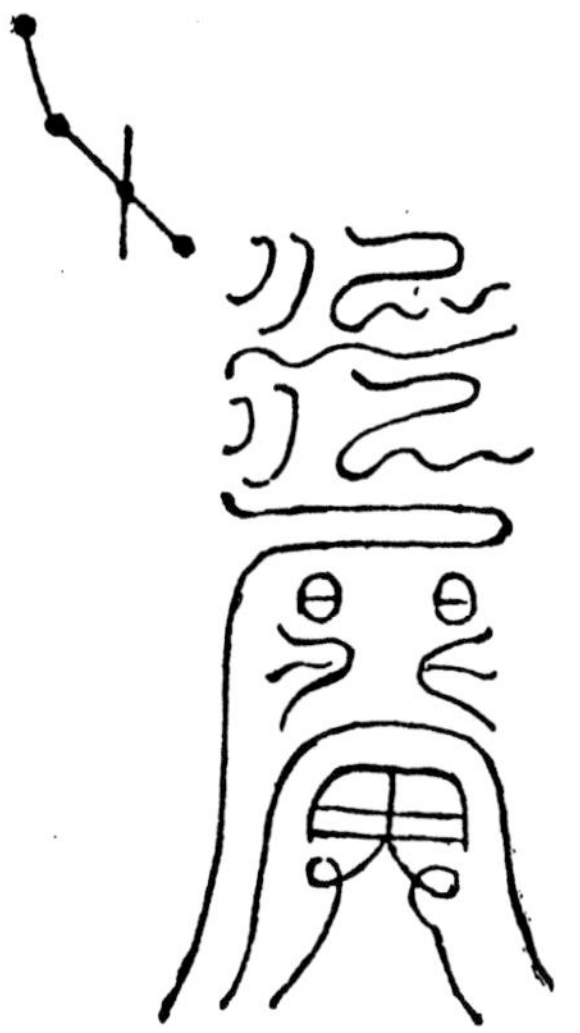

氐《テイ》宿《シユク》符《フ》(九月朔日)此《コノ》宿《シユク》曜《エウ》日《ヒ》ハ開店《カイテン》、酒造《シユゾウ》、草木《ソウモク》ヲ植《ウ》ヘ、又ハ嫁取《カシユ》、旅行《リヨカウ》等《トウ》ニ總《スベ》テ大吉《タイキチ》、衣類《イルヰ》裁着初《タチキソメ》ハ親識《シンシキ》ニ逢《ア》フ、造作《ゾウサク》ハ大凶《タイケフ》此宿曜ヲ信仰《シンカウ》スル呪文《シユブン》ヲンソシヤキヤ、ナウキシヤラソワカ、

房宿符《ハウシユクフ》。　此宿曜日ハ祭祀《サイシ》、結婚《ケツコン》、造作《ゾウサク》、棟上《ムネアケ》、開店《カイテン》、交際《カウサイ》等《トウ》、總《スベ》テ慶事《ケイジ》ニ大吉《タイキチ》、衣類《イルヰ》裁着初《タチキソメ》ハ必《カナラ》ス更《サラ》ニ作《ツク》ル最吉《サイキチ》、此《コノ》宿《シユク》曜《エウ》ヲ念《ネン》スル呪文《シユブン》ヲンアドラダ、ナウキシヤラソワカ、

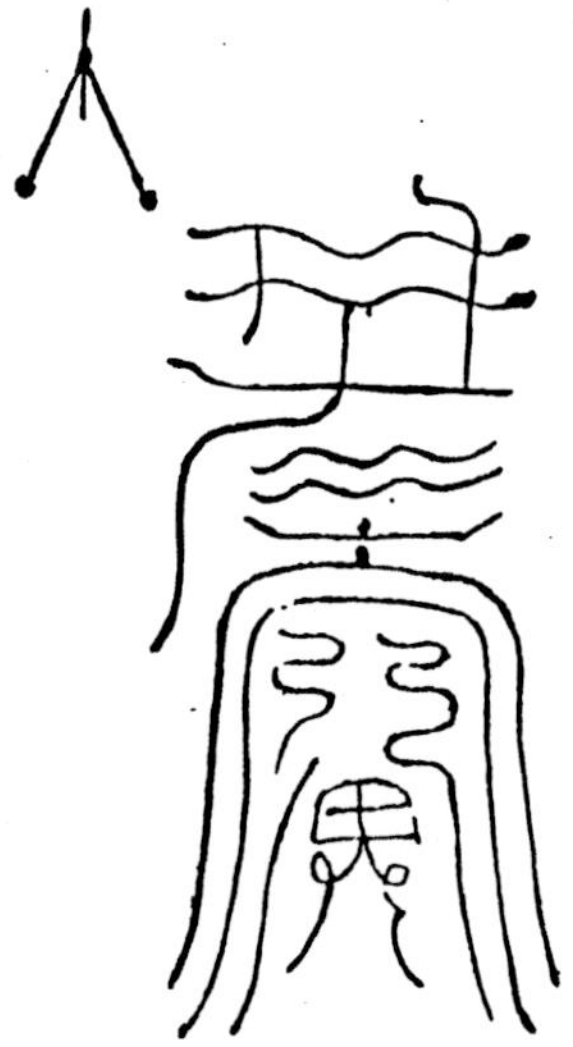

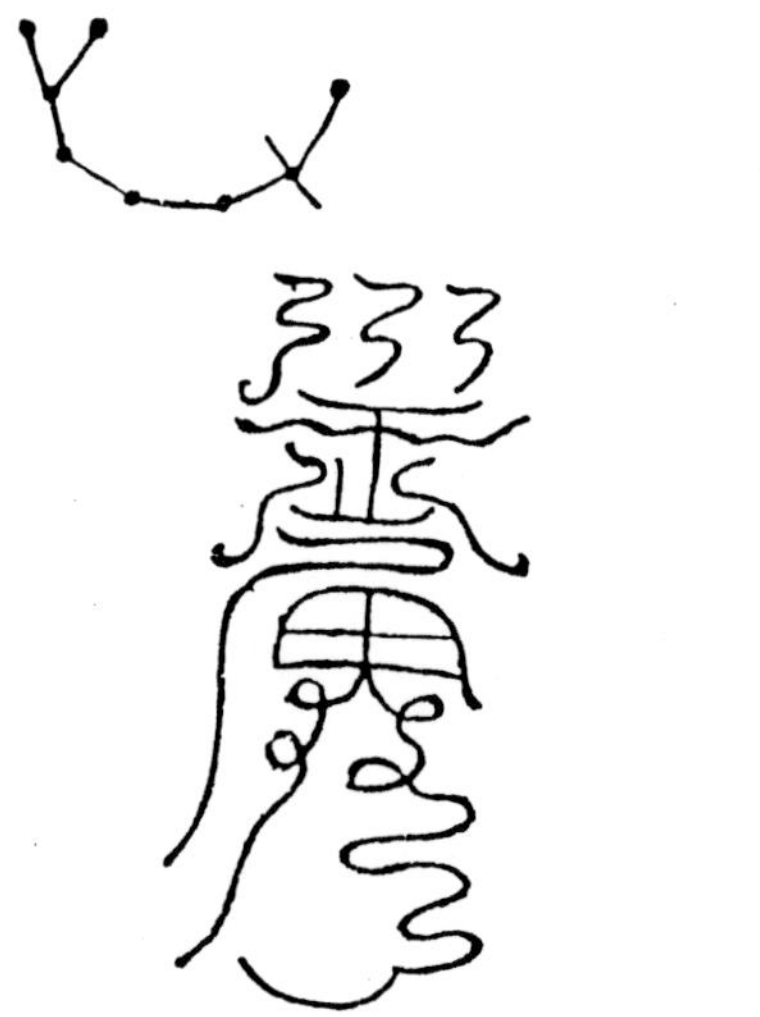

心《シン》宿《シユク》符《フ》（十月朔日）此《コノ》宿《シユク》曜《エウ》日《ヒ》ハ祭《サイ》祀《シ》、移《イ》轉《テン》、療《リヤウ》治《ジ》、慈《ジ》善《セン》ノ事《ジ》業《ケフ》等《トウ》ニ大《タイ》吉《キチ》、衣《イ》類《ルヰ》裁《タチ》着《キ》初《ソメ》ハ必《カナラ》ス死《シ》亡《ハウ》盗《トウ》難《ナン》ニ遭《ア》フ、造《ソウ》作《サク》婚《コン》姻《イン》結《ユイ》納《ノウ》、葬《ソウ》式《シキ》等《トウ》大《タイ》凶《ケフ》ナリ、此宿ヲ念スル呪文ヲンセイシユダ、ナウキシヤラソワカ、

尾《ビ》宿《シユク》符《フ》。　此《コノ》宿《シユク》曜《エウ》日《ヒ》ハ藥《クスリ》ヲ呑《ノム》ニ大《タイ》吉《キチ》、造《ソウ》作《サク》ハ天《テン》佑《ユウ》ヲ得《ウ》、結《ケツ》婚《コン》ハ貴《キ》子《シ》ヲ生《ウ》ム、開《カイ》店《テン》ハ榮《エイ》昌《シヤウ》ス、衣《イ》類《ルヰ》裁《タチ》着《キ》初《ソメ》ハ必《カナラ》ス爛《ラン》壞《クワイ》ニ遭《ア》フ、此宿曜ヲ信《シン》仰《カウ》スル呪《ジユ》文《ブン》ヲンホラ、ナウキシヤラソワカ、ト唱《トナ》フヘシ、

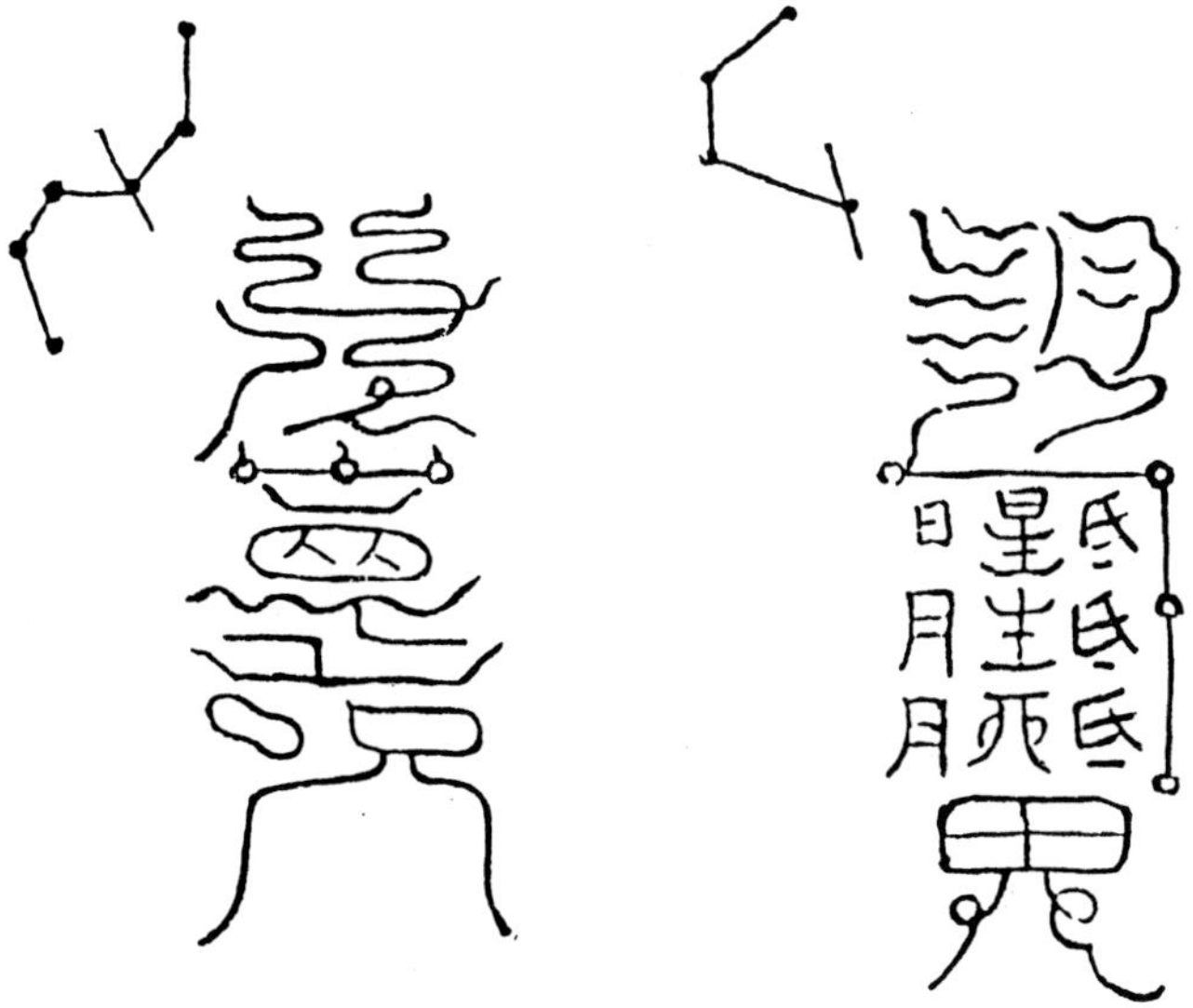

箕《キ》宿《シユク》符《フ》・　此宿曜日ハ井《ヰ》戸《ト》堀《ホリ》、造《ソウ》作《サク》、酒《サケ》、醤《シヤウ》油《ユ》、釀《シヤウ》造《ソウ》等《トウ》ニ吉《キチ》、衣《イ》類《ルヰ》裁《タチ》着《キ》初《ソメ》ハ必《カナラ》ス病《ヤマヒ》ヲ得《エ》ル、又葬《ソウ》儀《ギ》ハ凶《ケフ》ナリ、此《コノ》宿《シユク》曜《エウ》ヲ信念スル呪文ヲンホロバアシヤド、ナウキシヤラソワカ、

斗《ト》宿《シユク》符《フ》(十一月朔日)此宿曜日ハ衣《イ》類《ルヰ》裁《タチ》着《キ》初《ソメ》ハ、美《ヒ》味《ミ》ヲ得《ウ》ル、造《ソウ》作《サク》、藏《クラ》建《タチ》、等《トウ》ニ財《サイ》寶《ホウ》ヲ招《マネ》ク大《タイ》吉《キチ》日《シツ》、井《ヰ》戸《ド》堀《ホリ》、道《タウ》具《ク》作《ツク》リ、宮《ミヤ》寺《テラ》ノ建《ケン》築《チク》等《トウ》ニ大《タイ》此《キチ》、吉宿曜ヲ念スル呪《シユ》文《ブン》ヲンウタラアシヤド、ナウキシヤラソワカ、ト唱フヘシ、

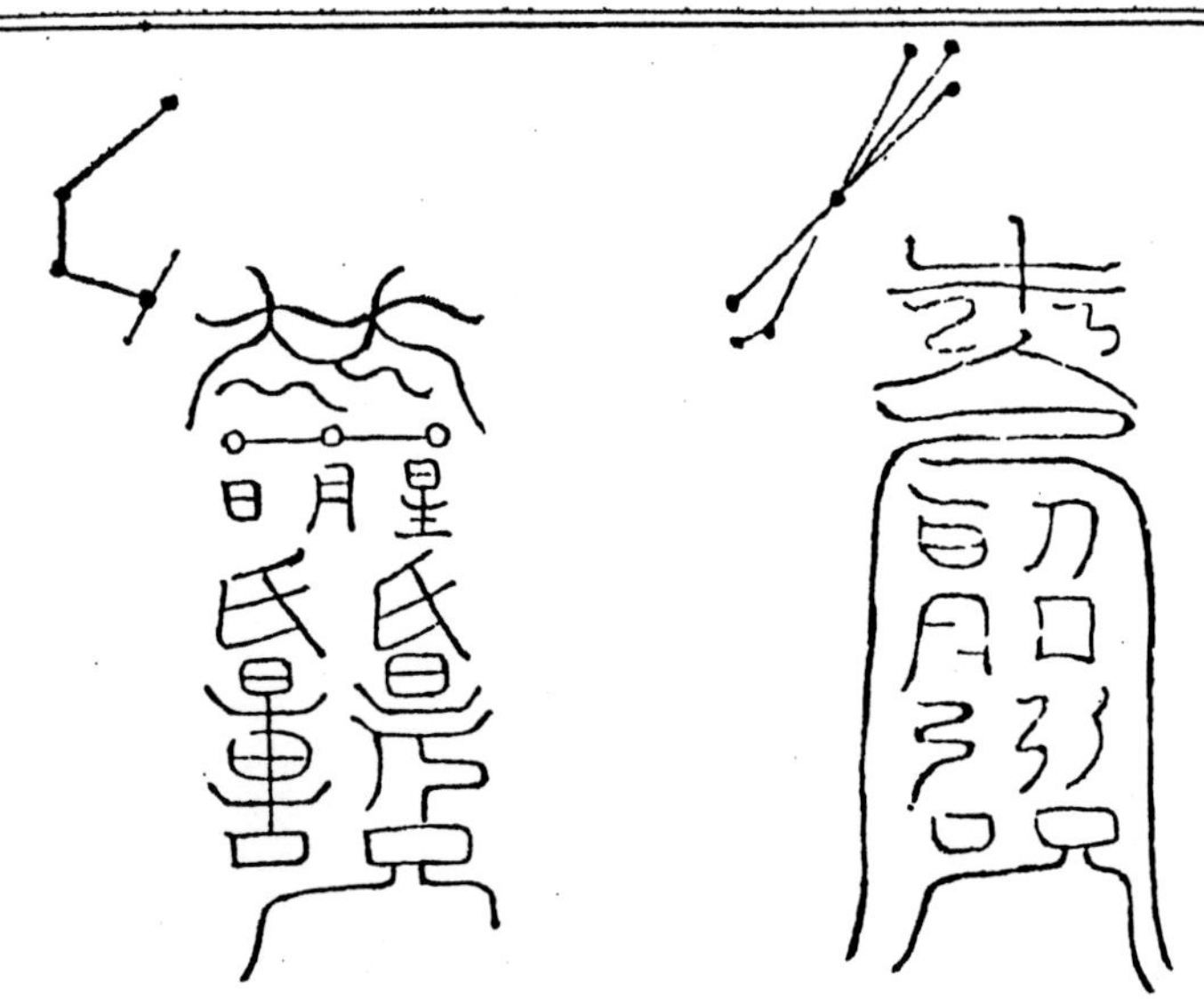

牛《キウ》宿《シユク》符《フ》。　此《コノ》宿《シユク》曜《エウ》ハ毎《マイ》日《ニチ》ノ午《ゴ》時《ジ》ニ配《ハイ》シテ日《ヒ》ニ配《ハイ》セス、他《タ》ノ二十七宿《シユク》ハ一日ニ一宿《シユク》宛《ツヽ》ヲ配《ハイ》スト、宿《シユク》曜《エウ》經《キヤウ》ノ説《セツ》ニ從《シタカ》フ、此《コノ》宿《シユク》曜《エウ》ヲ念《ネン》スル呪《シユ》文《ブン》ヲンアビシヤ、ナウキシヤラソワカ、ト唱《トナ》フヘシ、

女《ジヨ》宿《シユク》符《フ》。　此《コノ》宿《シユク》曜《エウ》日《ヒ》ハ入《ニウ》學《カク》、治《チ》療《リヤウ》、武《ブ》器《キ》ヲ作《ツク》リ、他《タ》方《ハウ》ヘ人ヲ派《ハ》遣《ケン》等《トウ》ニ吉《キチ》、衣《イ》類《ルヰ》裁《タチ》着《キ》初《ソメ》ハ死《シ》ヲ致《イタ》ス、造《ソウ》作《サク》轉《テン》宅《タク》、開《カイ》店《テン》、葬《ソウ》儀《ギ》等《トウ》ハ大《タイ》凶《ケフ》、此《コノ》宿《シユク》曜《エウ》ヲ信《シン》仰《カウ》スル呪《ジユ》文《ブン》ヲンシラバダ、ナウキシヤラソワカ、

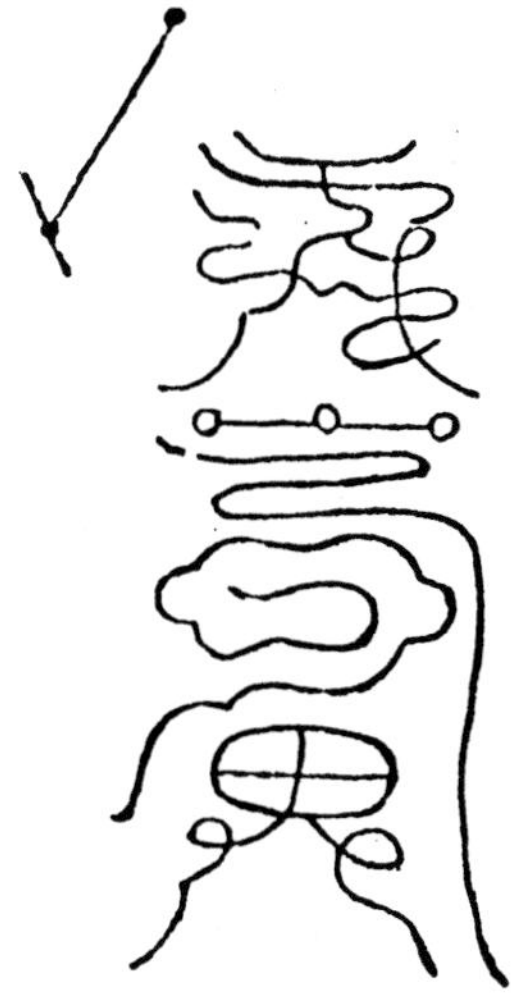

虚《キヨ》宿《シユク》符《フ》十二月朔日此宿曜日ハ入《ニウ》學《ガク》、佛《ブツ》事《ジ》、供《ク》養《ヤウ》ニ吉《キチ》、衣《イ》類《ルヰ》裁《タチ》着《キ》初《ソメ》ハ多《オホ》ク田《デン》畑《ハタ》ヲ得《エ》ル、其《ソノ》他《タ》急《キウ》事《コト》ヲ爲《ナ》スニ吉《キチ》、造《ソウ》作《サク》葬《ソウ》式《シキ》等《トウ》ハ大《タイ》凶《ケフ》、此《コノ》宿《シユク》曜《エウ》ヲ念《ネン》スル呪《ジユ》文《ブン》ヲンダニシユタ、ナウキシヤラソワカ、ト唱《トナ》フ、

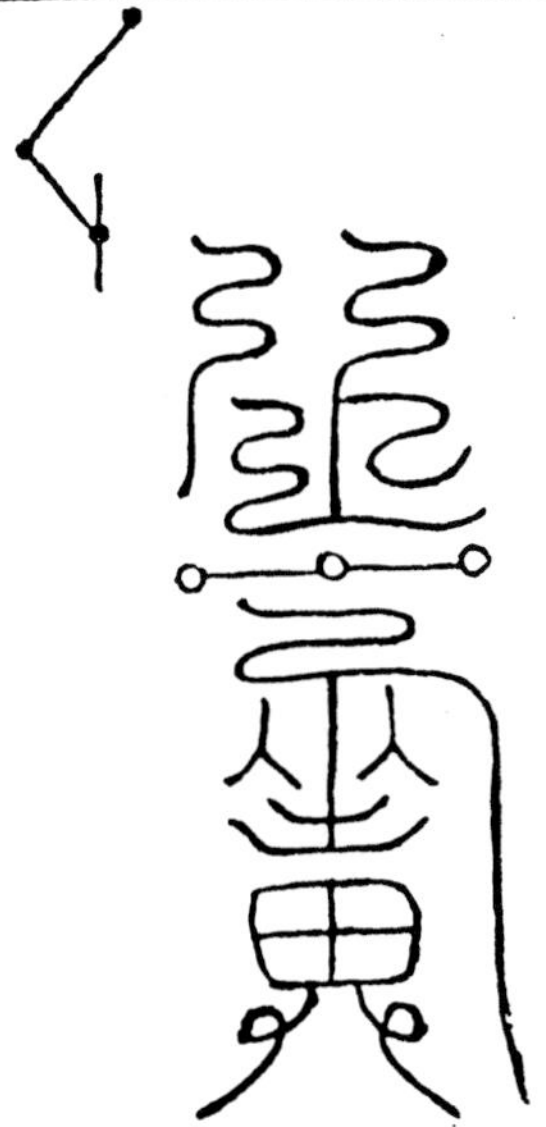

危《キ》宿《シユク》符《フ》。

此《コノ》宿《シユク》曜《エウ》日《ヒ》ハ酒《シユ》造《ソウ》、造《ソウ》船《セン》、池《イケ》堀《ホリ》、治《チ》療《リヤウ》、旅《リヨ》行《カウ》等《トウ》ニ吉《キツ》、壁《カベ》塗《ヌリ》、竈《カマト》作《ツクリ》等《トウ》ハ最《モツト》モ吉《キツ》、修《シウ》繕《ゼン》、轉《テン》宅《タク》、衣《イ》類《ルヰ》裁《タチ》、着《キ》初《ソメ》ハ必《カナラ》ス毒《ドク》厄《ヤク》ニ遭《ア》フ大《タイ》凶《ケフ》、此《コノ》宿《シユク》曜《エウ》ヲ信《シン》仰《カウ》スル呪《ジユ》文《ブン》ヲンギタビシヤ、ナウキシヤラソワカ、

宿《シユク》曜《エウ》日《ヒ》配《ハイ》當《トウ》法《ハフ》

日《ヒ》ニ宿《シユク》曜《エウ》ヲ配《ハイ》當《トウ》スルハ、符《フ》篆《シヤウ》ノ下《シタ》ニ正月ヨリ十二月ニ至《イタ》ル、毎《マイ》月《ケツ》朔《ツイ》日《タチ》ニ當《アタ》ル宿曜ヲ配《ハイ》シ在《ア》ル故《ユヘ》、殊《コト》ニ説《セツ》明《メイ》ノ要《エウ》無《ナ》シト思《オモ》フモ、此《コノ》例《レイ》ハ正月朔《ツイ》日《タチ》ニ室《シツ》宿《シユク》ヲ起《オコ》シ、二日壁《ヘキ》宿《シユク》、三日奎《ケイ》宿《シユク》、四日婁《ル》宿《シユク》ニ當《アタ》ル、二月朔日奎《ケイ》宿《シユク》、二日婁《ル》宿《シユク》、三日胃《イ》宿《シユク》ヲ起《オコス》例《レイ》ナリ、故《ユヘ》ニ餘《ヨ》月《ケツ》ハ此《コレ》ニ傚《ナラ》ヒ用《モチ》フベシ、

宿《シユク》曜《エウ》毎《マイ》時《ジ》配《ハイ》當《トウ》法《ハフ》

日《ニチ》曜《エウ》日《ヒ》子未時ニ　星《セイ》房《バウ》虚《キヨ》昴《バウ》宿《シユク》。

月《ケツ》曜《エウ》日《ヒ》丑申時ニ　張《チヤウ》心《シン》、危《キ》畢《ヒツ》宿《シユク》。

火《クワ》曜《エウ》日寅酉時ニ　翼《ヨク》、尾《ビ》、室《シツ》、觜《シ》宿《シユク》。

水《スイ》曜《エウ》日《ヒ》卯戌時ニ　軫《シン》、箕《キ》、壁《ヘキ》、參《シン》、宿《シユク》。
木《モク》曜《エウ》日辰亥時ニ　角《カク》、斗《ト》、奎《ケイ》、井《セイ》、宿《シユク》。
金《キン》曜《エウ》日巳時ニ　亢《カウ》、牛《キウ》、婁《ル》、鬼《キ》、宿《シユク》。
土《ド》曜《エウ》日午時ニ　氐《テイ》、女《ジヨ》、胃《イ》、柳《リウ》、宿《シユク》。ト配《ハイ》シテ循環《シユンクワン》スルモノナリ

黄石《クワウセキ》公《コウ》安《アン》宅《タク》護《ゴ》救《キウ》符《フ》鎭《チン》法《ハフ》

凡《オヨ》ソ天時《テンジ》ト人事《ジンジ》等《トウ》ニ關《カヽ》ル諸符《シヨフ》ハ、己《スデ》ニ揭《カヽゲ》タルヲ以テ萬事《バンジ》ニ用《モチ》フルコトヲ得《ウ》、然《シカ》ルニ人生《ジンセイ》幸《サイハヒ》ニ好運《カウウン》ノ命《メイ》ヲ享《ウク》ル者《モノ》モ濫《ミダリ》ニ建築《ケンチク》シ修造《シユゾウ》等《トウ》ヲ致《チ》シ、諸《モロ／＼》ノ禁忌《キンキ》ヲ犯《オカ》シ災禍《サイクワ》ヲ求《モト》メ、其方《ソノハウ》犯《ハン》ヲ重《カサヌ》ルニ及《オヨン》テ俄然《ガゼン》家主《カシユ》カ災病《サイビヤウ》又ハ死亡《シバフ》等《トウ》ヲ惹起《ジヤクキ》シ、是《コレ》ヨリ家運《カウン》ヲ衰傾《スイケイ》セシメテ遂《ツイ》ニ一家《カ》ノ滅亡《メツバフ》ニ到《イタ》ル等《トウ》ノ不孝《フカウ》有《ア》リ、之《コレ》ヲ救濟《キウサイ》ノ靈符《レイフ》ヲ陽宅十書《ヤウタクジウシヨ》ニ載《ノ》ス、故《ユヘ》ニ之《コレ》ヲ本卷《ホンクワン》ニ擧《アゲ》テ、諸災禍《シヨサイクワ》ノ消滅《セウメツ》ノ法《ハフ》ヲ講《カウ》セントト欲《ホツ》ス、

夫《ソ》レ黄石《クワウセキ》公《コウ》ノ術《ジユツ》ノ世《ヨ》ニ傳《ツタハ》ル、是《コレ》普《アマネ》ク生民《セイミン》ヲ救濟《キウサイ》ニ有《ア》リ、或《アルヒ》ハ修《シユ》

造《ソウ》ノ際《サイ》ニ誤《アヤマリ》テ悪《アク》煞《サツ》凶《ケウ》神《シン》ヲ犯《オカ》セハ、財《サイ》寶《ホウ》ヲ損《ソン》傷《シヤウ》シ且《カ》ツ疾《シツ》病《ヒヤウ》連《レン》綿《メン》タリ、其《ソノ》有力《ユウ・リヨク》多《オホ》クシテ復《マタ》改《アラタ》ル能《アタ》ハサル者《モノ》ハ、乃《スナハ》チ黄《クワウ》公《コウ》ノ神《シン》符《フ》有《ア》リ、之《コレ》ヲ以《モツ》テ鎮《シヅ》メ禍《クワ》災《サイ》ヲ免《マヌカ》ル事《コト》ヲ得《ウ》、其《ソノ》符《フ》篆《シヤウ》ハ具《トモ》ニ已《イ》後《ゴ》ニ載《ノス》ル處《トコロ》ヲ用《モチ》ヒテ其《ソノ》驗《ケン》ヲ知《シ》ルヘシ、

五《ゴ》岳《カク》鎮《チン》宅《タク》符《フ》

五岳《ゴカク》トハ東西南北中央《チウワウ》ノ五方《ゴハウ》ヲ云《イフ》是《コレ》ヨリ總《スベ》テ方道《ハウダウ》ヲ誤《アヤマリ》テ犯《オカ》シ建築《ケンチク》等《トウ》セシヲ鎮《シツム》ル靈符《レイフ》ナリ、

凡《オヨ》ソ人《ヒト》ノ家《カ》宅《タク》不《フ》安《アン》ナルカ、或《アルヒ》ハ凶《ケウ》神《シン》邪《シヤ》氣《キ》怪《クワイ》ヲ作《ナ》スニ、此《コノ》符《フ》ヲ以《モツ》テ之《コレ》ヲ鎮《シヅ》メハ大《タイ》吉《キチ》ニ轉《テン》スヘシ、將《ハタ》亦《マタ》人ノ夜《ヤ》行《カウ》スル者《モノ》ハ、身《ミ》ニ此《コノ》符《フ》ヲ帶《オブ》ハ諸《シヨ》邪《シヤ》敢《アヘ》テ近《チカ》ツク事《コト》無《ナ》シ、實《ジツ》ニ靈《レイ》驗《ケン》顯《ケン》著《チヨ》ナリ、

中岳神符

東岳符

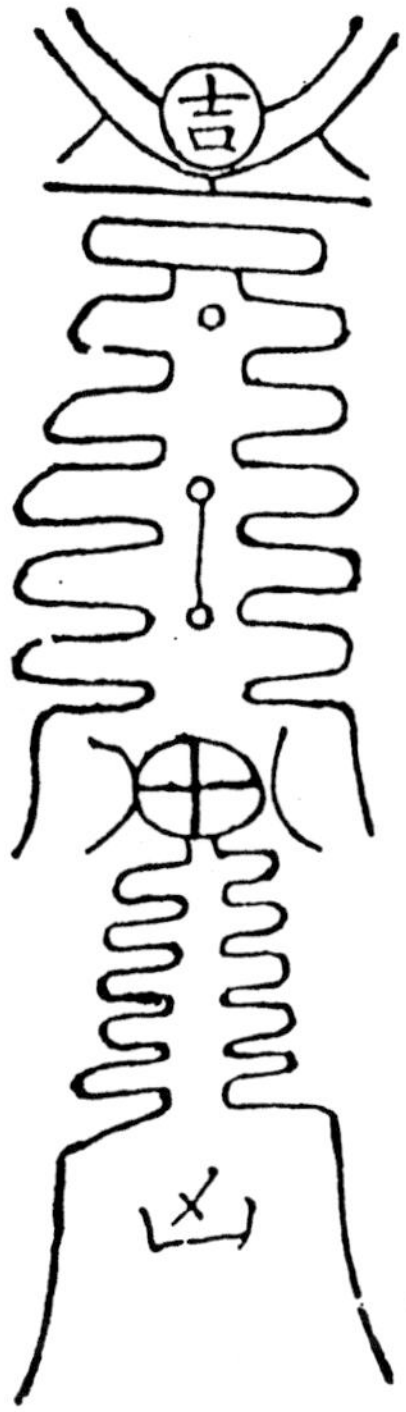

西岳符

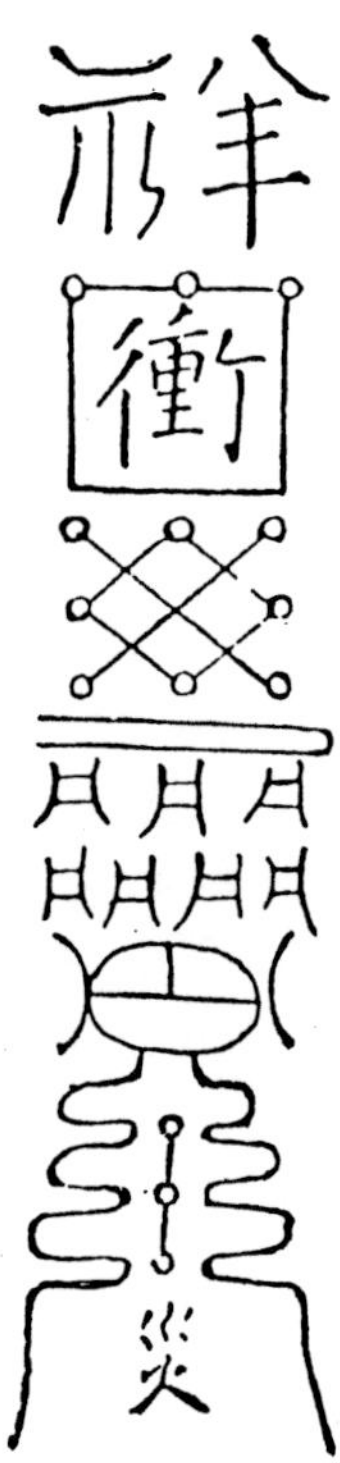

南岳符

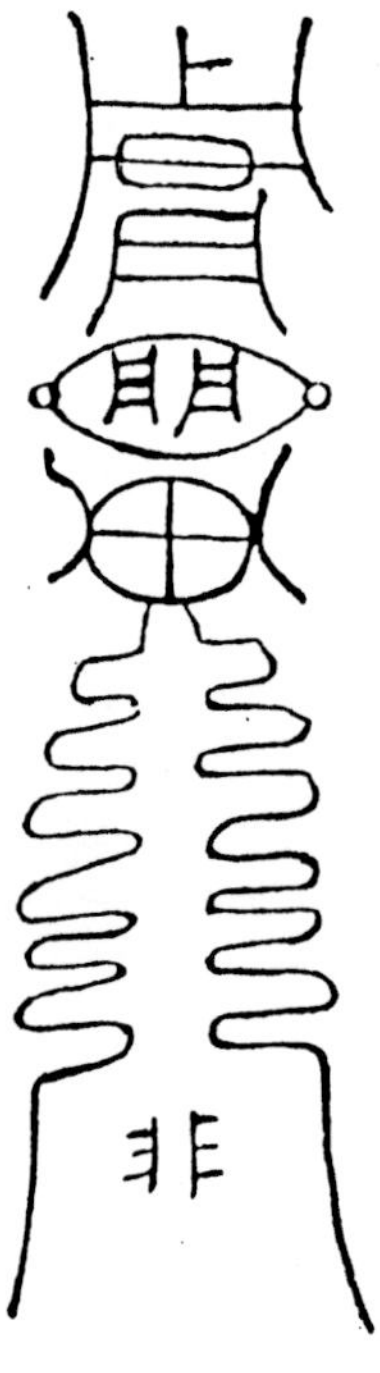

北岳符

鎭宅《チンタク》二年《ネン》土符《ドフ》神殺《シンサツ》

土符《ドフ》トハ陰土《インド》ノ煞星《サツセイ》ニテ造作動土《ソウサクドウト》等《トウ》ヲ忌《イム》ナリ若《モ》シ之《コレ》ヲ犯《オカ》ス者《モノ》ハ災病《サイヒヤウ》ニ罹《カヽ》ル其災病《ソノサイヒヤウ》ヲ解除《カイジヨ》ノ靈符《レイフ》ナリ、

凡《オヨ》ソ人家《シンカ》ノ修造《シウソウ》ニ方《アタツ》テ誤《アヤマリ》テ土府《ドフ》凶神煞《ケフシンサツ》ヲ犯《オカ》ス者《モノ》ハ人傷《シンシヤウ》ヲ主《ツカサト》ル、其際《ソノサイ》ニ桃木《モヽノキ》ノ板《イタ》ヲ用《モチ》ヒテ、左《サ》ノ符《フ》ヲ書《カ》キ犯處《ハンシヨ》ニ貼《ハ》ル（但シ桃木板ハ一尺二寸

ニ朱書スヘシ）僧《ソウ》侶《リヨ》ヲ頼《タノミ》テ犯《ハン》處《シヨ》ニ祭《マツ》ルヘシ、

子年符

丑年符

寅年符

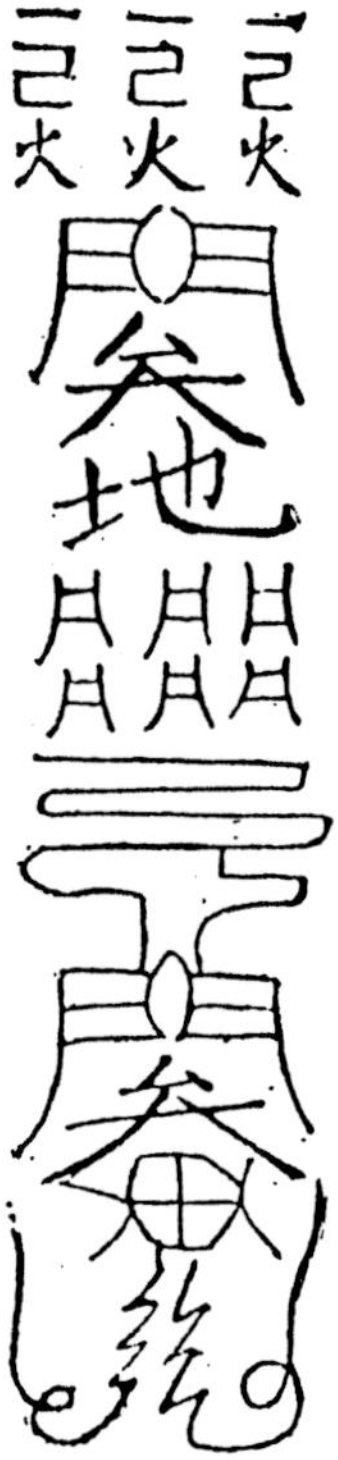

卯年符

辰年符

巳年符

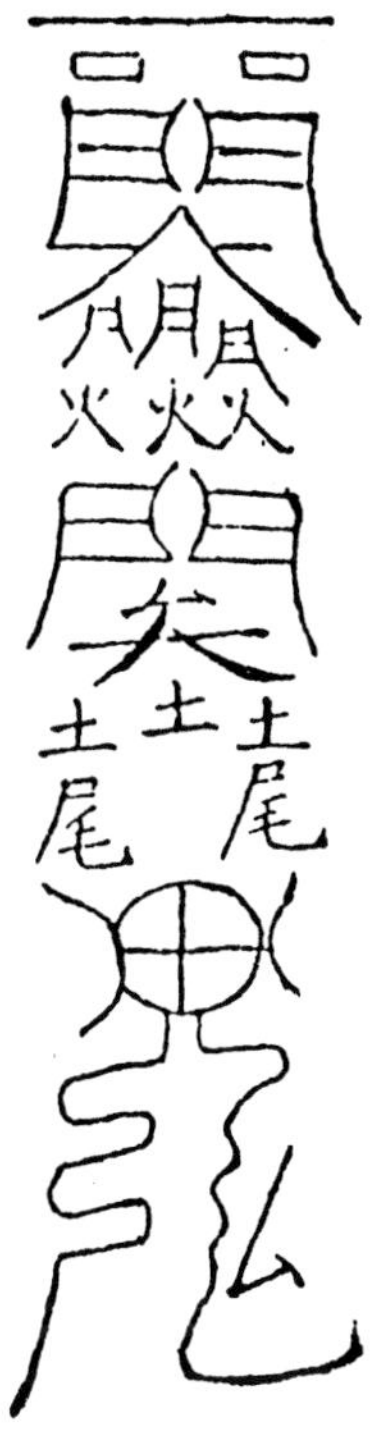

午年符

未年符

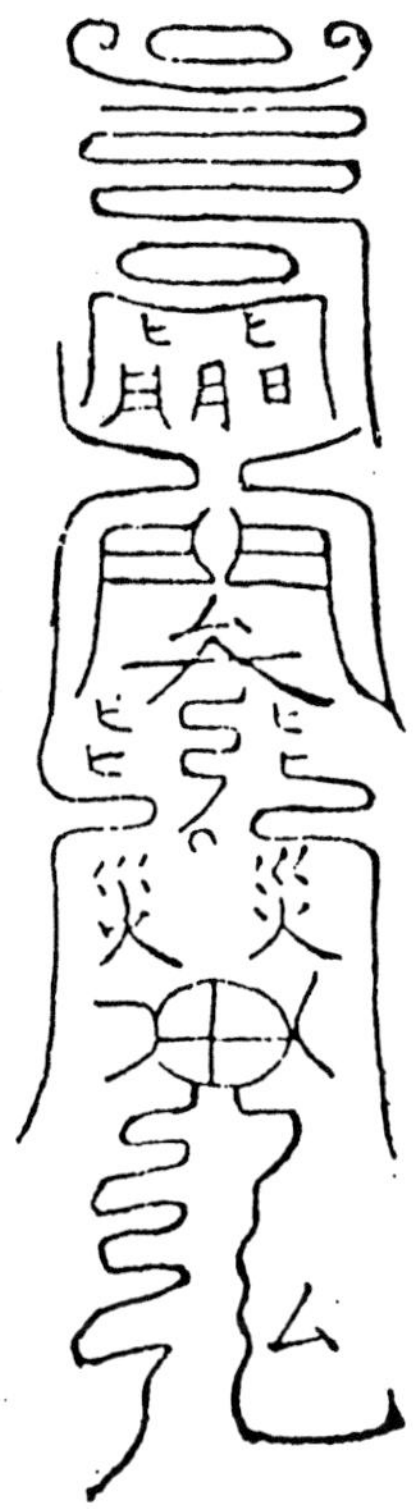

申年符

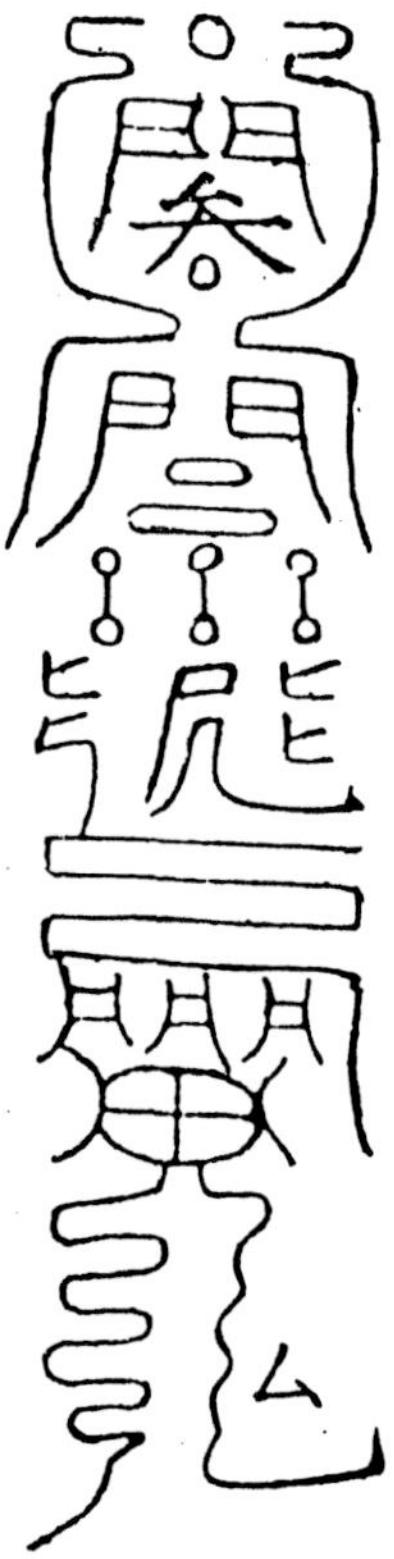

酉年符

戌年符

亥年符

四《シ》方《ハウ》年《ネン》土《ド》禁《キン》ヲ鎮《シツ》メ并《ナラヒ》ニ退《タイ》方《ハウ》神《シン》符《フ》

土《ド》禁《キン》トハ土《ド》煞《サツ》ヲ犯《オカ》シ修《シユ》繕《セン》動《ドウ》土《ド》等《トウ》ヲ為《ナ》シタル者《モノ》、例《タトヘハ》土《ド》用《ヨウ》ニ土《ツチ》ヲ動《ウゴカ》ス類《タクヰ》ヲ云《イフ》ナリ、

凡《オヨ》ソ四方《ハウ》年《ネン》トハ、子《ネ》丑《ウシ》寅《トラ》卯《ウ》辰《タツ》巳《ミ》午《ウマ》未《ヒツジ》、申《サル》酉《トリ》戌《イヌ》年《トシ》ニ跨《マタガ》リ、人誤《アヤマリ》テ三殺《サツ》凶《ケフ》神《ジン》ヲ犯《オカ》シ、傷《シヤウ》災《サイ》ニ遇《アフ》者《モノ》ハ、朱《シユ》書《シヨ》ノ符《フ》ヲ犯《チカ》ス処《トコロ》ニ貼《ハ》ル、但《タヽ》シ桃《モヽ》木《キ》ノ板《イタ》ヲ用《モチ》ヒル事《コト》、前《セン》例《レイ》ニ倣《ナラ》フヘシ、

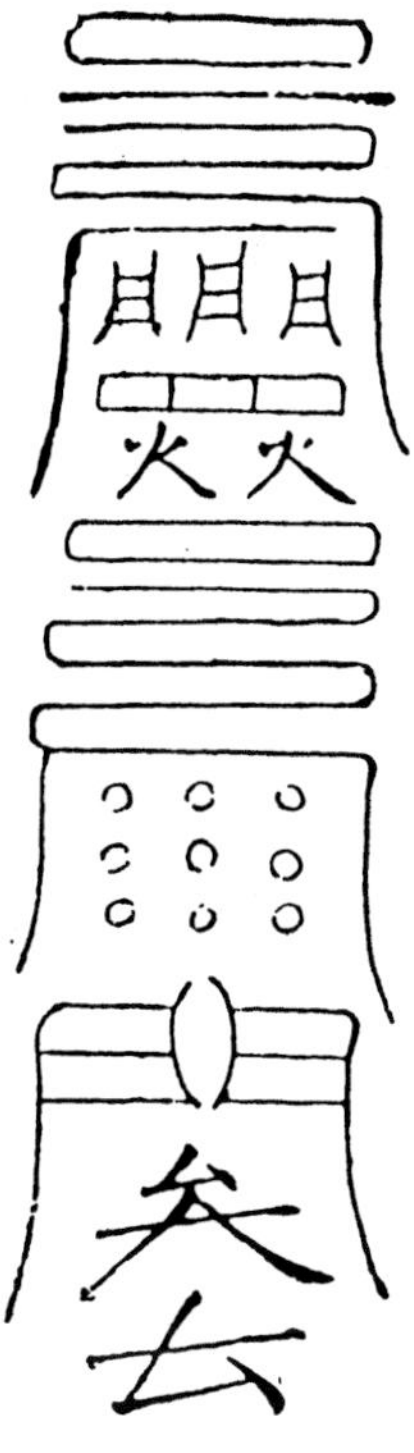

子丑年符

寅卯辰年符

巳未午年符

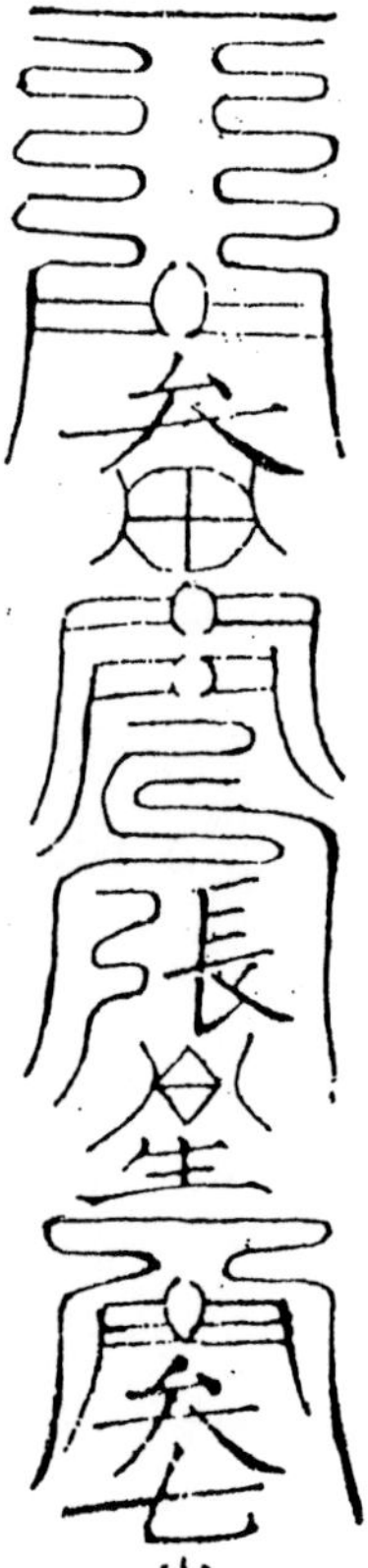

申酉戌年符

命《メイ》元《ゲン》鎭《シツム》建《ケン》宅《タク》法《ハフ》

命元《メイゲン》トハ生年《ウマレトシ》ヲ命《メイ》ト云其《イツソノ》命元《メイゲン》ヲ居宅建築《キヨタクケンチク》ノ者《モノ》ハ能《ヨ》ク調《シラブ》ルヲ要《エフ》ス、

凡《オヨ》ソ命元《メイゲン》ハ即《スナハ》チ五神《ジシ》有《ア》リ、其《ソレ》ヲ撰擇《エテム》ハ先《マ》ツ命前《メイゼン》ノ五神《シン》ヲ起《チコ》ス、五神《シン》トハ甲乙《カウチツ》ハ靑龍《セイリウ》ト爲《ナ》シ、丙丁《ヘイナイ》ハ明善《メイゼン》ト爲《ナ》シ、戊己《ボキ》ハ倉庫《ソウコ》ト爲《ナ》シ、壬癸《シンキ》ハ盜賊《トウゾク》ト爲《ナ》シ（盜シ盜賊ノ難ニ罹リ、或ハ六畜ヲ損スルヲ云）庚辛《カノヘカノト》ハ白服《ハクフク》ト爲《ナ》シ（但シ哭泣ノ喪事等ノ不幸ニ遇フ）命前《メイセン》ノ五神定局《ジンテイキヨク》ハ左《サ》ノ如《ゴト》シ、

子生年ハ五神巳《ミ》ニ在リ、　丑生年ハ五神午《ウマ》ニ在リ、
寅生年ハ五神未《ヒツジ》ニ在リ、　卯年生ハ五神申《サル》ニ在リ、
辰生年ハ五神酉《トリ》ニ在リ、　巳生年ハ五神戌《イヌ》ニ在リ、
午生年ハ五神亥《ヰ》ニ在リ、　未生年ハ五神子《ネ》ニ在リ、
申生年ハ五神丑《ウシ》ニ在リ、　酉生年ハ五神寅《トラ》ニ在リ、

戌生年ハ五神卯《ウ》ニ在リ、

亥生年ハ五神辰《タツ》ニ在リ、

例《タトヘ》ハ太《タイ》歳《サイ》　甲己年《キノヘツチノトドシ》ハ正月ニ丙《ヘイ》寅《イン》カ遁《メクリ》起《チコ》ル故《ユヘ》、子生《ウマレ》年《トシ》ノ人ハ五神《ジン》己《ミ》ニ在《ア》リ、甲己年ニ遁《メクリ》リ己《キ》ヲ得《エ》ル、己《キ》ハ即チ戊《ホ》己《キ》ヲ倉《ソウ》庫《コノ》神《シン》ト爲《ナ》シ、修《シウ》造《ゾウ》ニ宜《ヨロ》シク、五穀《コク》粟《アハ》麥《ムキ》カ、倉《ソウ》庫《コ》ニ盈《ミツ》ルヲ主《ツカサド》リ、丑生年ノ人ハ五神午ニ在リ、其《ソノ》年《トシ》循《メクリ》テ庚午ノ角《カド》ヲ得《エ》ル、白《ハク》服《フク》ト爲《ナ》シ哭《コク》泣《キウ》ノ喪《ソウ》服《フク》ヲ主《ツカサト》リ、家《イヘ》ニ不《フ》幸《カウ》ガ在《ア》ルヲ云《イフ》、故《ユヘ》ニ若《モ》シ庚《カウ》辛《シン》ヲ犯《チカ》ス者《モノ》ハ、孝《カウ》服《フク》（不幸ノ事）ニ遇《アフ》年《トシ》ト爲《ナ》シ、人ノ口《ク》舌《セツ》災《サイ》病《ヒヤウ》有《ア》リ、且《カ》ツ六畜《チク》ヲ損《ソン》傷《シヤウ》スヘシ、之《コレ》ヲ鎭《シツ》ムルニ白《ハク》楊《ヤウ》木《ホク》ヲ用《モチ》ヒテ、人《ニン》形《ケフ》兩《リヤウ》個《コ》ヲ刻《キサミ》作《ツク》リ、本《ホン》宅《タク》生《セイ》氣《キ》方《ハウ》ニ於《オイ》テ、頭《ガシラ》ヲ南《ミナミ》ニ脚《アシ》ヲ北《キタ》ニシ、三尺ノ深《フカ》サニ埋《ウツ》ム、本《ホン》人《ニン》ハ沐《モク》浴《ヨク》シ以テ水ヲ埋處《ウモルトコロ》ニ潑《マ》クヘシ、更《サラ》ニ此《コノ》符《フ》ヲ書《カキ》テ帶《チフ》ハ其《ソノ》災《サイ》悉《コトゞく》ク消《セウ》滅《メツ》スヘシ、

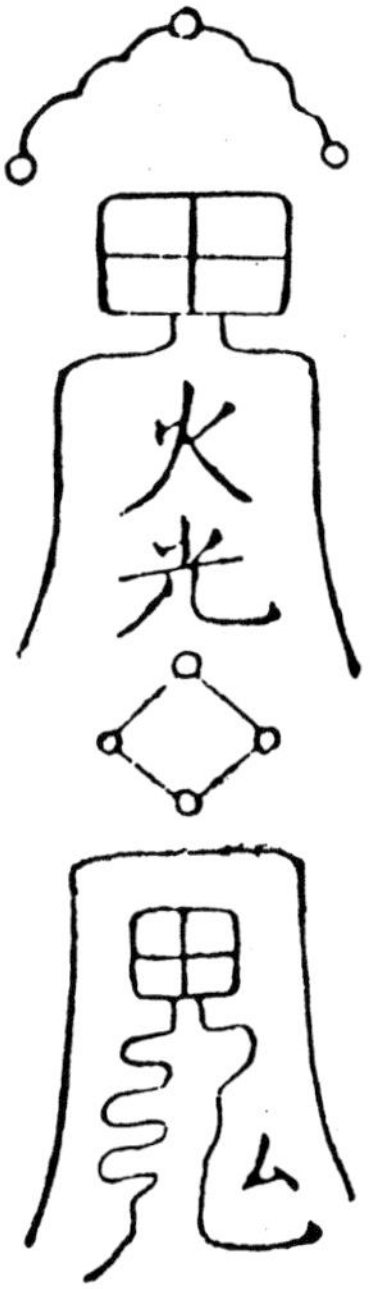

生《セイ》氣《キ》方《ハウ》ハ遊《ユウ》年《ネン》ヲ以テ主《シユ》ト爲《ナ》シ、乾《ケン》宅《タク》ノ如《ゴト》キハ兌《ダ》ヲ以《モツ》テ生《セイ》氣《キ》ト爲《ナ》ス、

若《モ》シ誤《アヤマリ》テ壬《ジン》癸《キ》ヲ犯《ヲカ》ス者《モノ》ハ、盜《トウ》賊《ゾク》ノ難《ナン》驚《キヤウ》恐《キヨウ》ノ事《コト》有《ア》リ、或《アルヒ》ハ訴《ソ》訟《セウ》等《トウ》ノ官《クワン》事《ジ》ニテ敗《ハイ》財《ザイ》ノ事《コト》有《ア》リ、之《コレ》ヲ鎭《シヅム》ル法《ハフ》ハ牢《ラウ》中《チウ》ノ土《ツチ》一斗《トウ》ト自《ジ》死《シ》ノ鼠《ソ》一個《コ》ヲ、本《ホン》宅《タク》ノ五鬼《キ》方《ハウ》ト、門《モン》下《カ》ニ深《フカ》サ一尺二寸ノ處《トコロ》ヘ埋《ウツ》ム、蓋《ケダ》シ乾《ケン》宅《タク》ノ如《ゴト》キハ震《シン》方《ハウ》ヲ以《モツ》テ、是《コレ》即《スナハ》チ五鬼《キ》方《ハウ》ト爲《ナ》ス餘《ヨ》ハ之《コレ》ニ倣《ナラ》ヘ、亦《マタ》左《サ》ノ符《フ》ヲ門《モン》上《シヤウ》ニ貼《ハ》レハ、災《サイ》厄《ヤク》ヲ免《マヌカ》ルヘシ、但《タヾ》シ乾《ケン》宅《タク》ト云《イフ》ハ八門《モン》遁《トン》甲《カウ》ニテ唱《トナフ》ル稱《シヤウ》ユヘ、就《ツキ》テ知《シ》ルヘシ、

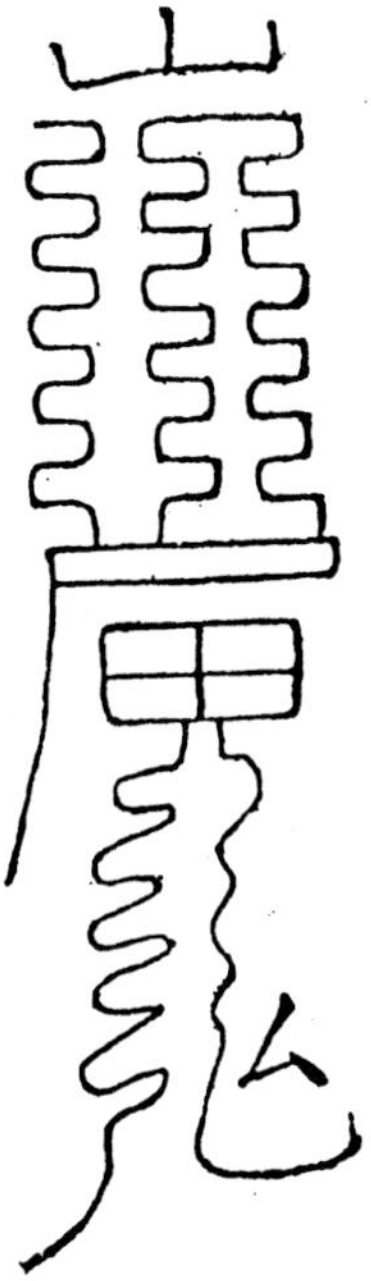

行年《カウネン》建宅凶《ケンタクノケフ》ヲ鎮《シツム》ル神符《シンフ》

行年《カウネン》トハ年々《トシヾヽ》循《メク》リ來《キタ》ル年《トシ》ノ尅煞《コクサツ》星神《セイシン》ヲ鎮《シツム》ル符《フ》ナリ、

凡《オヨ》ソ行年《カウネン》建宅《ケンタク》スルニ卯酉巳《ミ》年ヲ犯《チカ》ス、是《コレ》小凶《セウケフ》年《トシ》ト爲《ナ》シ、小口舌《セウクゼツ》有《ア》リ、災《サイ》ハ破《ハ》財《ザイ》ノ事《コト》在《ア》リ、其《ソノ》鎮《チン》法《ハフ》ハ桃《ト》皮《ヒ》一片《ヘン》ヲ用《モチ》ヒテ、勑《ライ》字《ジ》ヲ朱《シユ》書《シヨ》シ猶《ナホ》燒《ヤキ》灰《ハイ》ト爲《ナ》シ、同《ドウ》乳《ニウ》香《カウ》一兩《リヤウ》目《メ》、及ヒ艾《モクサ》ノ煎水《センジミツ》ニテ、身《ミ》ヲ浴《ヨク》スレハ吉《キチ》ニ轉《テン》ス、猶《ナホ》左《サノ》符《フ》ヲ書《カキ》テ帶《ヲヘ》ハ、災禍《サイクワ》ヲ兇《マヌカ》レ吉事《キチジ》ヲ生《セウ》スヘシ、蓋《ケタ》シ勑字ハ勅字《チヨクジ》ト同《チナ》シ、

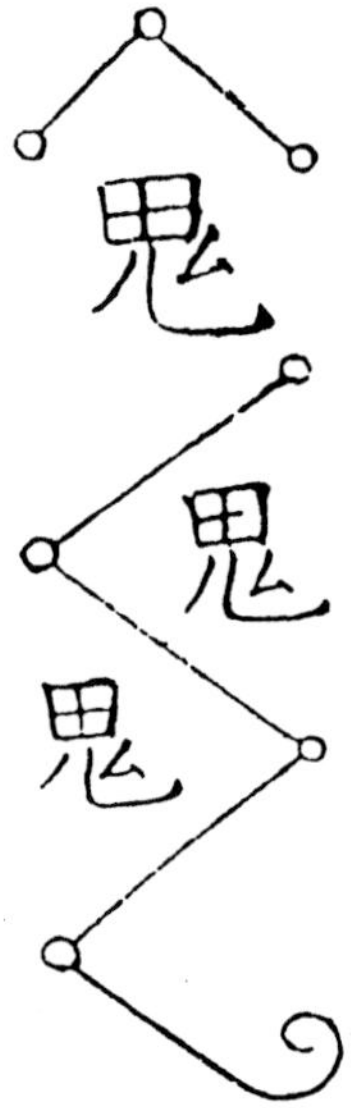

凡《オヨ》ソ辰《タツ》戌《イヌ》年《トシ》ヲ犯《チカ》ス大《タイ》凶《ケフ》年《トシ》ト爲《ナ》ス、死《シ》亡《バフ》ノ事《コト》有《ア》ルヲ主《ツカサト》ル鎮《チン》法《ハフ》ハ

古《フル》墓《ハカ》ノ磚《カハラ》四塊《イシ》ヲ用《モチ》ヒテ、臥《クワ》床《シヤウ》ノ脚《キヤク》下《カ》ニ塡《ウツメ》ハ吉《ヨシ》、猶《ナホ》又左《サノ》符《フ》ヲ朱《シユ》書《カキ》シテ之《コレ》ヲ帶《ヲブ》フヘシ、

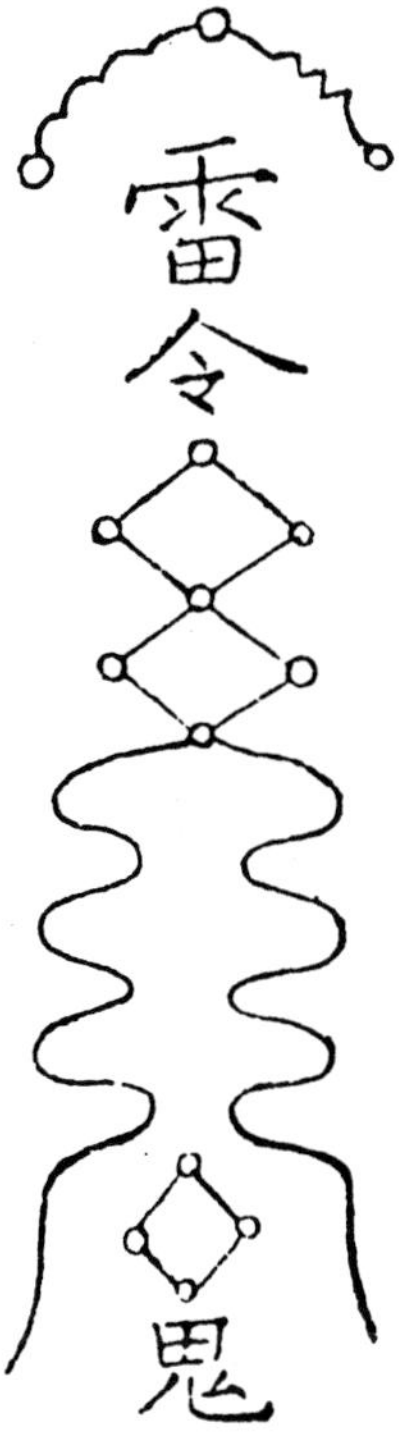

若《モ》シ五鬼《キ》ノ年《トシ》ヲ犯《ヲカ》ス者《モノ》ハ、破《ハ》財《ザイ》口《ク》舌《ゼツ》絶《タヘ》サルヲ主《ツカサト》ル、鎭《チン》法《ハフ》ハ市《シ》舗《ホ》ノ土《ツチ》ト、十《シウ》字《ジ》街《ガイ》中《チウ》ノ土《ツチ》ト、又破《ハ》墓《ボ》ノ土《ツチ》トヲ用《モチ》ヒ、各《オノ〳〵》三升《シヤウ》ヲ泥《ドロ》ニ和《クワ》シ、泥《ドロ》ハ門《モン》上《ウヘ》ノ壁《カヘ》ノ處《トコロ》ニ、左《サノ》符《フ》ヲ書《カキ》テ貼《ハ》レハ、諸《シヨ》災《サイ》ヲ除《ジヨ》去《キヨ》スルヲ得《ウ》ヘシ、

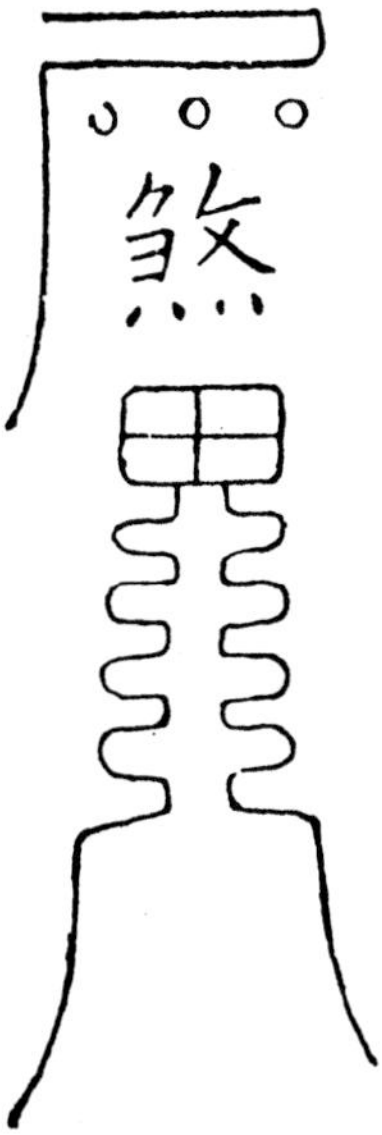

若《モ》シ禍《クワ》害《ガイ》ノ年《トシ》ヲ犯《オカ》ス、六畜《チク》ノ損《ソン》傷《シヤウ》官《クワン》災《サイ》（訴訟公事等ノ官廳ニ係ル事ヲ云）口《ク》舌《セツ》ヲ主《ツカサト》リ、其《ソノ》鎭《チン》法《ハフ》ハ古《コ》城《シヤウ》ノ墻《カキ》土《ツチ》一斗《トウ》、古《フル》井《井》ノ水《ミツ》七升《シヤウ》ヲ泥《トロ》ニ和《クワ》シ、泥《トロ》人《ニン》形《ケフ》七個《コ》ヲ作《ツク》リ大《タイ》門《モン》ニ埋《ウメ》入《イ》レ、左《サ》右《ユウ》深《フカ》サ一尺《シヤク》若《モ》シ絶《セツ》命《メイ》年《トシ》ニ犯《チカ》ス、小《セウ》口《ク》舌《セツ》多《タ》災《サイ》ヲ主《ツカサト》リ、本《ホン》人《ニン》ノ遊《ユウ》年《ネン》四吉《キチ》位《井》ニ、上《シヤウ》將《シヤウ》古《コ》城《シヤウ》ノ墻《シヤウ》土《ド》古《フル》井《井》ノ水《ミツ》ヲ上《ウヘ》ニ灑《ソヽ》ク、又車輻《クルマノヤ》ヲ埋《ウスム》レハ災《サイ》害《ガイ》ヲ禳《ハラフ》ナリ（但シ絶命年ト云ハ八門遁甲ノ語ナリ）

三《サン》教《ケフ》救《キウ》宅《タク》神《シン》符《フ》

三《サン》敎《ケフ》トハ房《ハウ》仙《セン》老長張《ラウチヤウ〳〵》天《テン》師《シ》、董《トウ》仲《チウ》舒《ジヨ》ノ三人《ニン》ノ敎《ケフ》ヲ云《イフ》、

若《モ》シ人《ヒト》在《アリ》テ黄《クワウ》石《セキ》公《コウ》ニ問《トヒ》テ曰《イハ》ク、吾《ワカ》家《ヤ》人《シン》口《コウ》ニ多《タ》災《サイ》有《アリ》テ、禍《クワ》害《カイ》止《ヤマ》サル何《ナン》ソヤ、黄《クワウ》公《コウ》答《コタヘ》テ曰《イハ》ク、此《コレ》是《コノ》其《ソノ》家《イヘ》ノ建《ケン》宅《タク》ハ凶《ケフ》星《セイ》高《カウ》大《タイ》ナル故《ユヘ》、宜《ヨロ》シク考《カンカヘ》テ之《コレ》ヲ吱《ヤハラ》クヘシト、其《ソノ》人《ヒト》ノ曰《イハ》ク、連《レン》年《ネン》禍《クワ》害《ガイ》ノ力《チカラ》ヲ改《アラタム》ル能《アタ》ハス、黄公曰ク、先《セン》師《シ》ノ傳《デン》授《シユ》ハ救《キウ》貧《ヒン》ヲ以《モツ》テ主《シユ》ト爲《ナ》シ、急《キウ》ニ房《ハウ》仙《セン》老《ラウ》、

長《チヤウ》張《く》天《テン》師《シ》、董《トウ》仲《チウ》舒《ジヨ》ニ取《ト》ル、三教《ケウ》神《シン》符《フ》八道《ダウ》ハ桃木《モノキ》八枚《マイ》ヲ用《モチ》ヒテ朱《シユ》書《シヨ》シ、八方《ハウ》ニ之《コレ》ヲ釘《クギ》打《ウチ》ニ貼《ハ》レハ數《スウ》月《ケツ》ナラスシテ、其《ソノ》家《イヘ》ノ禍《クワ》災《サイ》此《コレ》ニ即《ツキ》テ、遂《ツヒ》ニ消《セウ》除《シヨ》シ得《ウ》ヘシ、

乾方符

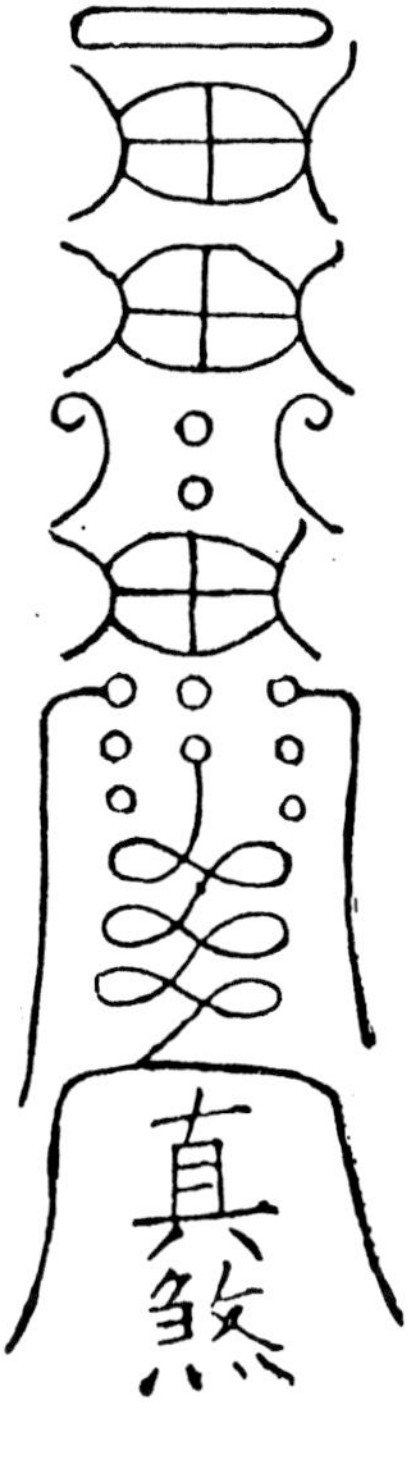

坎方符

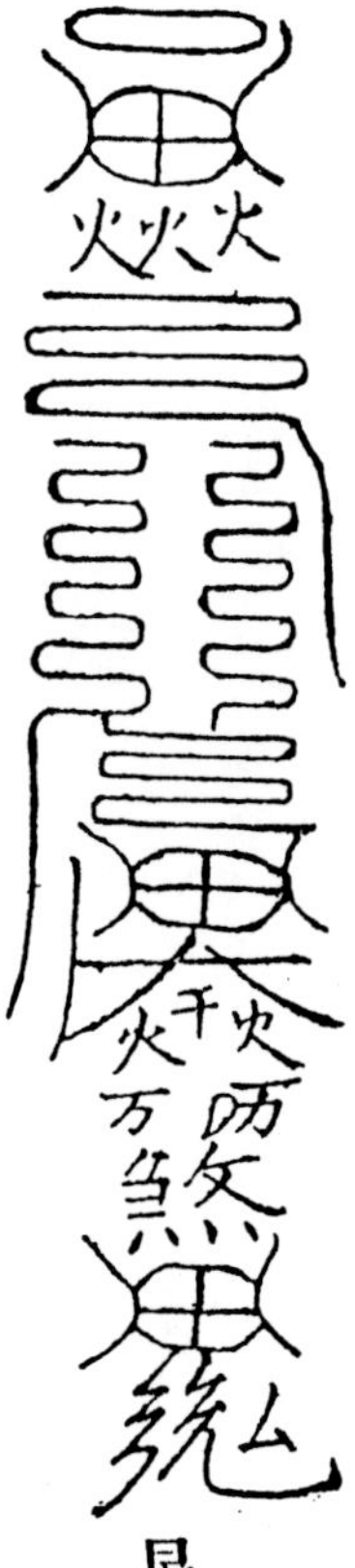

艮方符

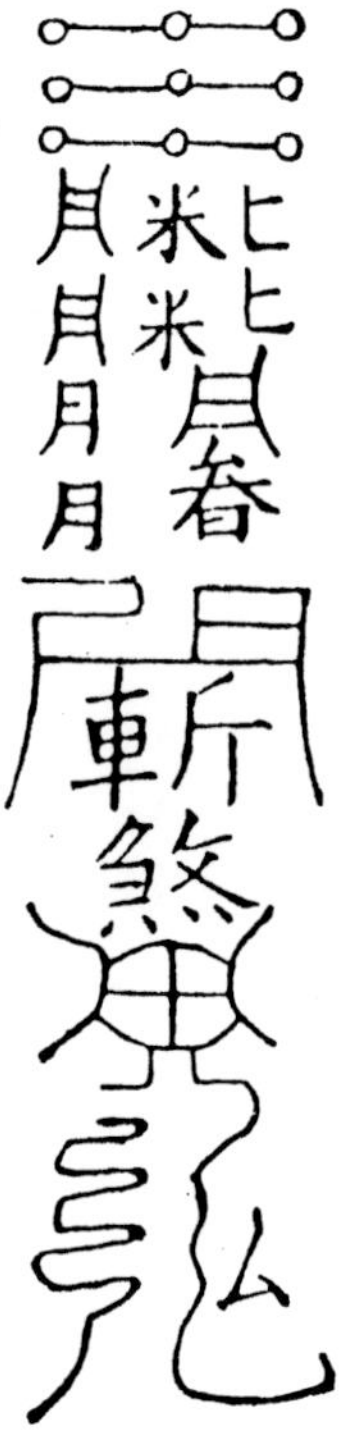

震方符

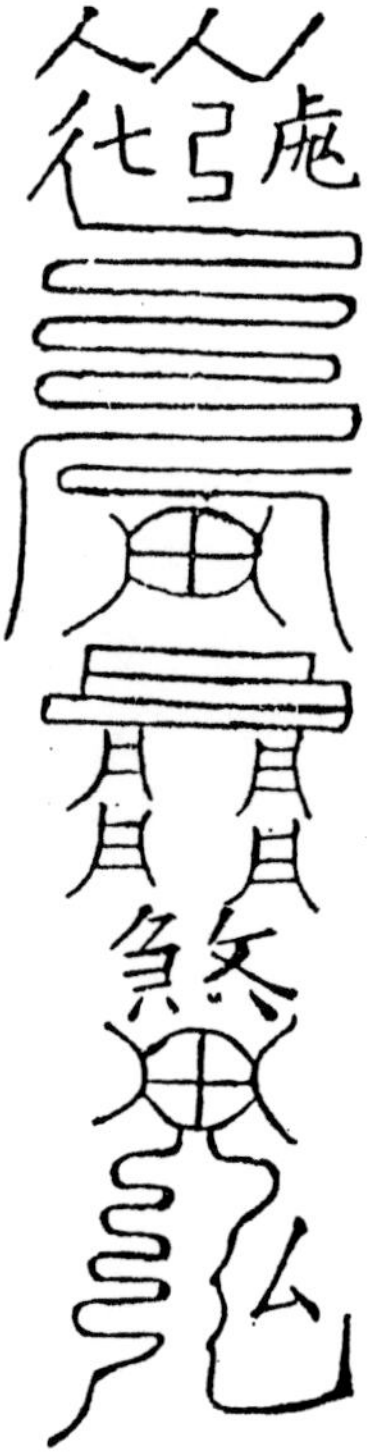

巽方符

離方符

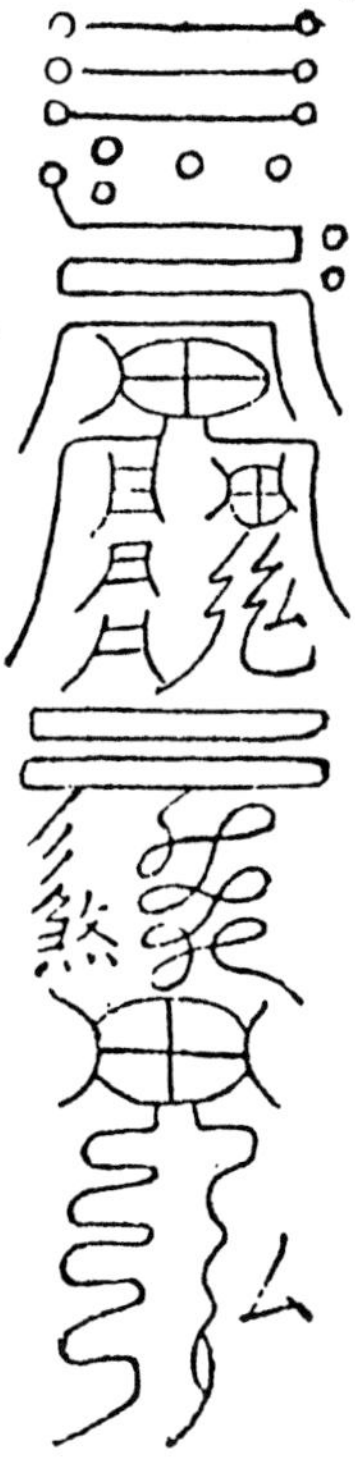

坤方符

兌方符

多《タ》年《ネン》老《ラウ》宅《タク》禍《クワ》害《ガイ》止《ヤマ》サルヲ鎭《シヅ》ム

凡《オヨ》ソ多《タ》年《ネン》ノ老《ラウ》宅《タク》ニテ旺《ワウ》氣《キ》已《ステ》ニ盡《ツ》ク、是《コ》ニ於《オイ》テ財《ザイ》寶《ホウ》ノ損《ソン》傷《シヤウ》ヲ主《ツカサト》リ、之《コレ》ヲ鎭《シン》用《ヨウ》ハ福《フク》德《トク》方《ハウ》ノ土《ツチ》ヲ五升《シヤウ》ト、天《テン》月《ケツ》二德《トク》貴《キ》方《ハウ》土《ド》ヲ五升《シヤウ》ツヽト、東《トウ》流《リウ》ノ水ニ泥《ドロ》ヲ和《クワ》シ、泥《ドロ》ヲ本《ホン》宅《タク》ノ太《タイ》歳《サイ》金《コン》神《ジン》ノ處《トコロ》ニ撒《マ》クニ、猶《ナホ》左《サ》ノ神《シン》符《フ》ヲ朱《シユ》書《シヨ》シ貼《ハ》レハ、能《ヨ》ク鎭《シツム》ルコトヲ得《ウ》、倘《サテ》乾《ケン》宅《タク》ノ如《ゴト》キハ四十年、坤《コン》宅《タク》ハ五十年ニテ氣《キ》盡《ツキ》ルモノナレハ、宜《ヨロシ》ク之《コレ》ヲ改《アラタ》ムヘシ、別《ベツ》宅《タク》方《ハウ》ニテ改《アラタム》ル能《アタ》ハサル者《モノ》モ、此《コノ》法《ハフ》ヲ用《モチ》ヒテ鎭《シツ》メハ旺《ワウ》氣《キ》回《クワイ》復《フク》爲《ナ》スヲ得《ウ》ヘシ（但シ福德方等モ、皆方位上ノ語ナリ）

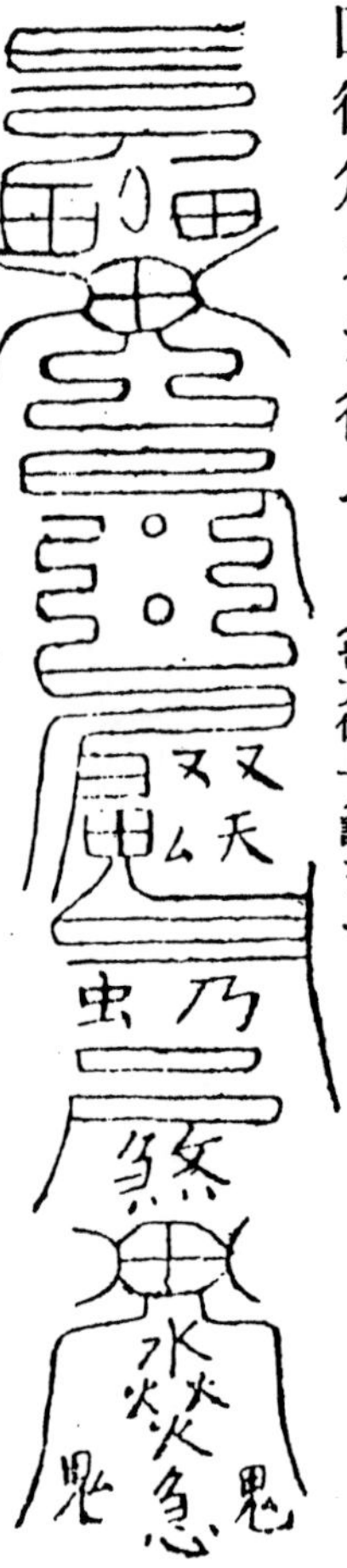

八位《ハチ井》卦《クワ》爻《カウ》反《ハン》逆《ギヤク》ヲ鎮《シヅ》ム

此《コノ》八位《ハチ井》トハ八卦《ハツクワ》ヲ云《イフ》、爻《カウ》トハ卦《クワ》ノ六爻《カウ》ヲ云《イフ》、其《ソノ》八位《ハチ井》ト爻象《カウシヤウ》ト反對《ハンタイ》シテ逆《ギヤク》ノ家《イヘ》ハ凶《ケウ》ト云意《イフイ》ナリ、

凡《オヨ》ソ宅《タク》爻《カウ》神《シン》錯《サク》亂《ラン》ノ者《モノ》ハ凶《ケウ》、柏《カシ》板《イタ》八片《ヘン》長《ナカ》サ一尺二寸ヲ用《モチ》ヒテ、金《コン》剛《ガウ》符《フ》ヲ朱《シユ》書《シヨ》シ、八方《ハウ》ニ之《コレ》ヲ釘《クキ》ニテ打《ウ》ツ、且《カツ》又《マタ》本《ホン》命《メイ》ト福《フク》徳《トク》方《ハウ》ノ土《ド》ヲ取《ト》リ、幷ニ桃《モヽ》杏《キヤウ》仁《ニン》各《ヲノ〱》四十九ト、桃《モヽ》杏《アンズ》ノ根《ネ》各《ヲノ〱》七根《コン》ヲ取《ト》リ、三家《カ》ノ水《ミツ》ト宅《タク》長《チヤウ》、命《メイ》元《グン》ハ、五鬼《キ》ノ位《クラ井》上《カミ》ニ在《ア》リ、祝《ハフ》人《リ》ヲシテ之《コレ》ヲ噴《ヲサ》ムヘシ、蓋《ケダ》シ本《ホン》命《メイ》トハ家《カ》主《シユ》ノ本《ホン》命《メイ》ヲ謂《イ》フ、是《コレ》家《カ》相《ソウ》ノ凶《ケウ》ニ用《モチ》フルモノナリ、

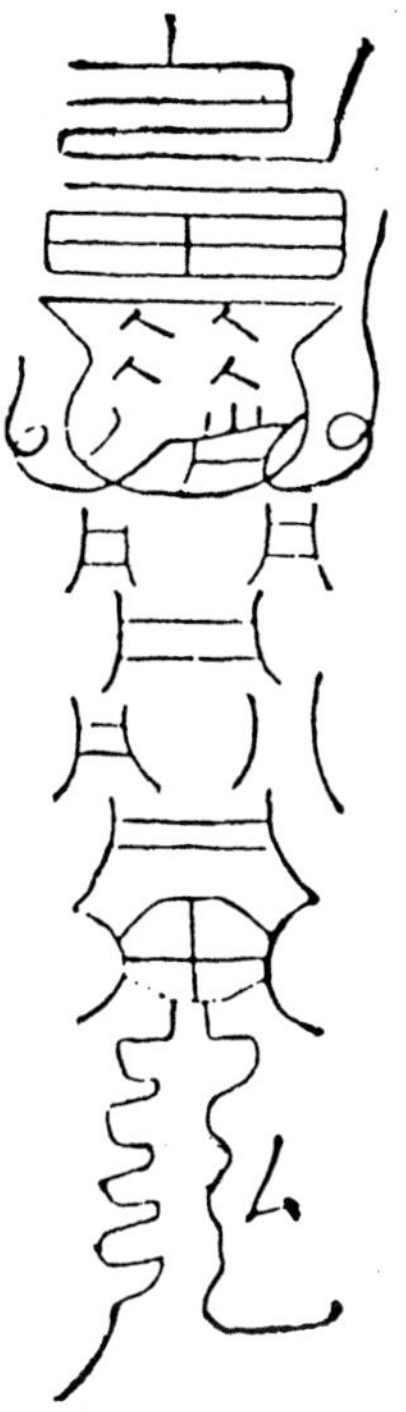

青金剛

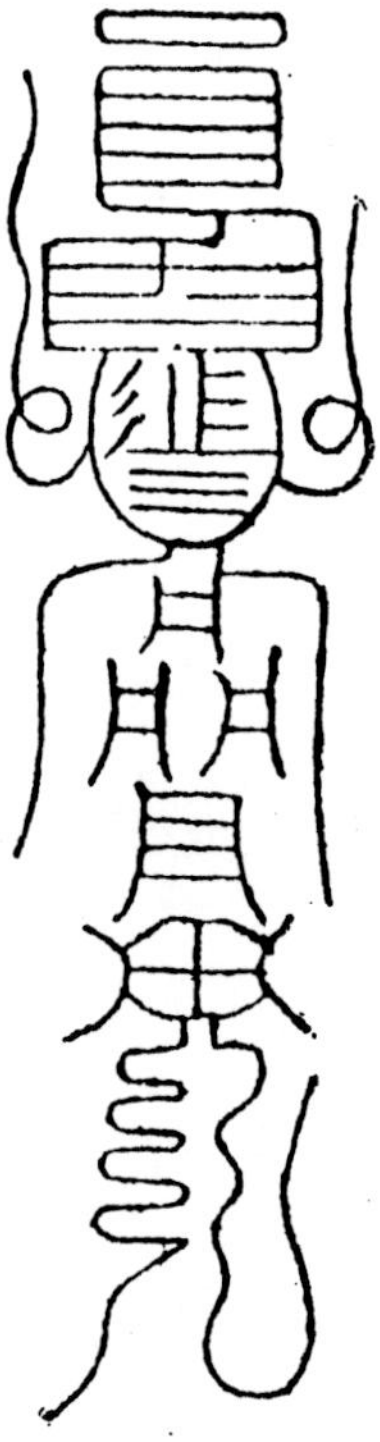

黄金剛

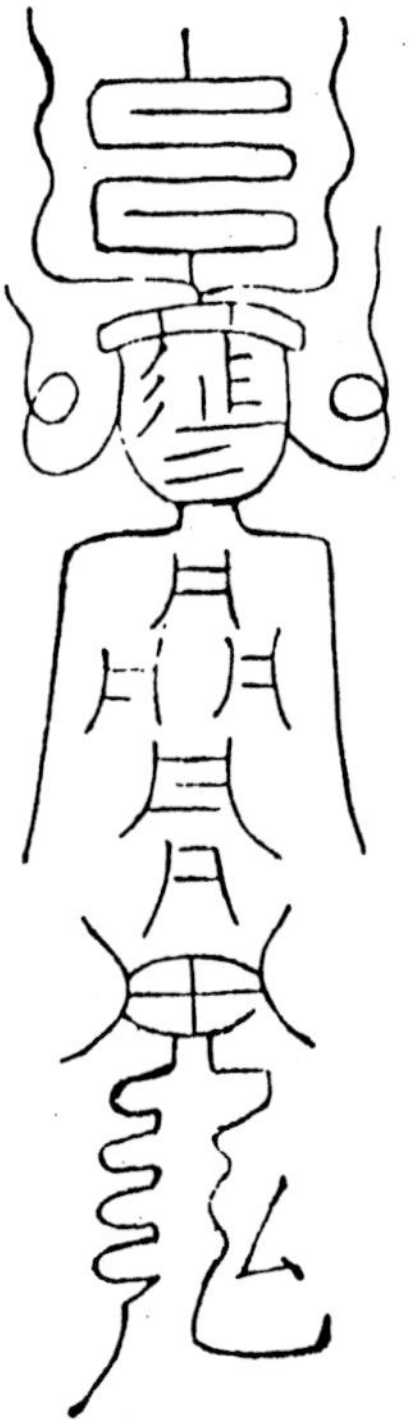

赤金剛

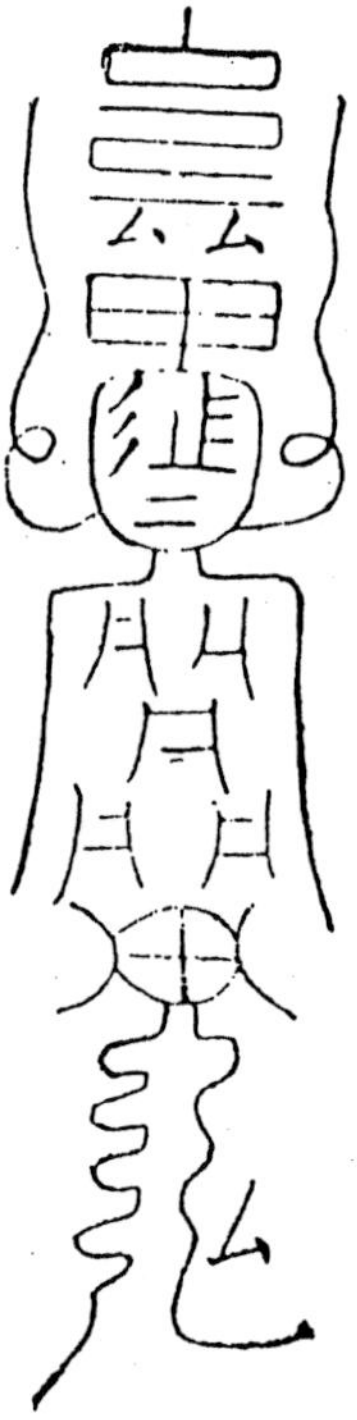

定賢金剛

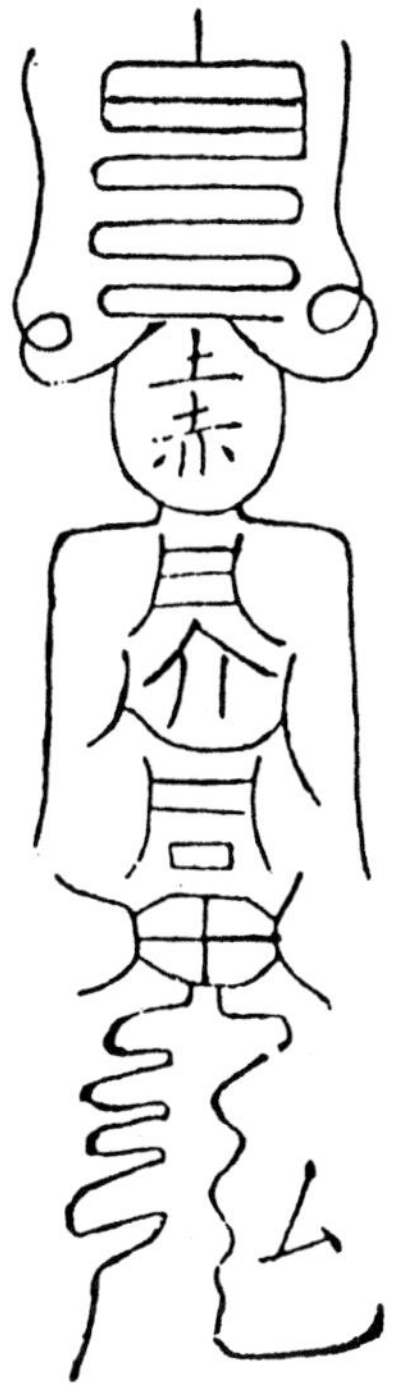

辟青金剛

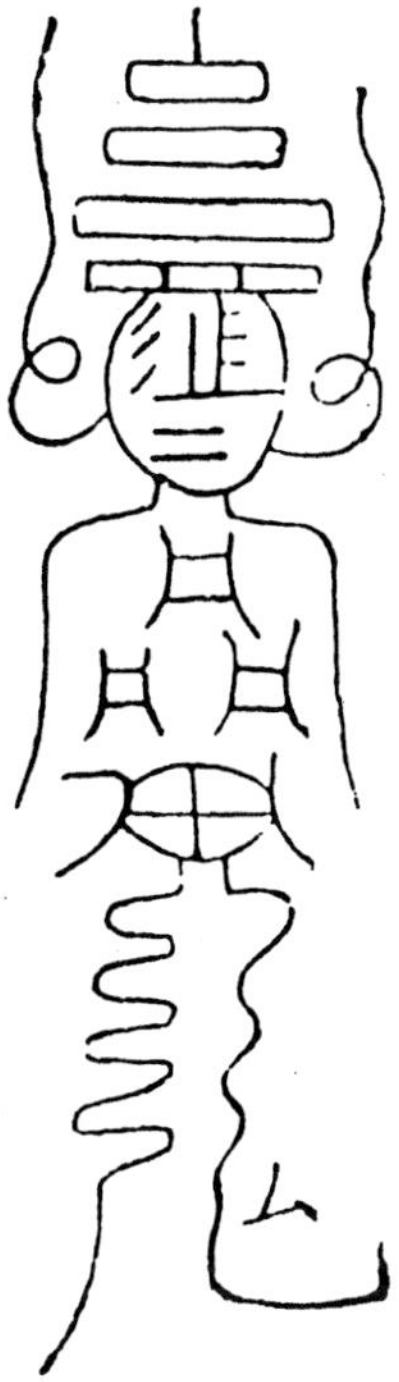

白爲水金剛

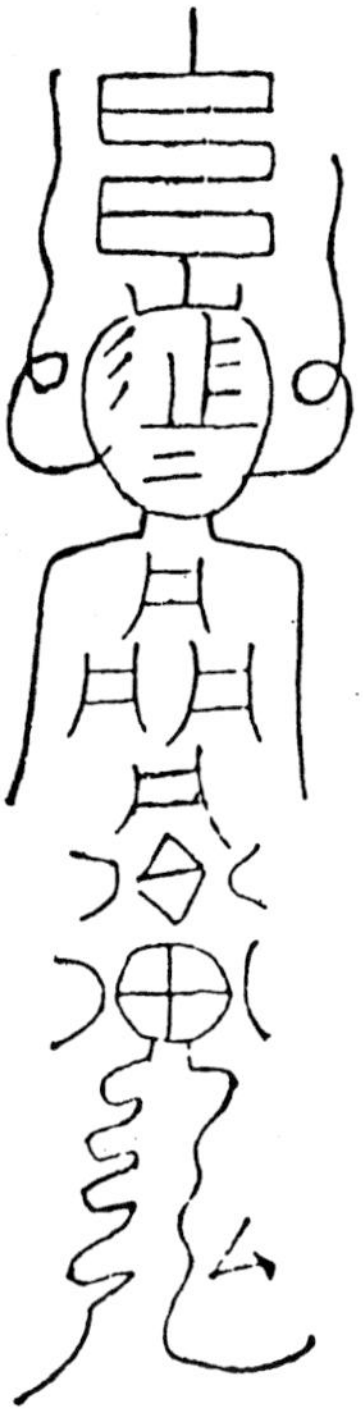

紫賢金剛

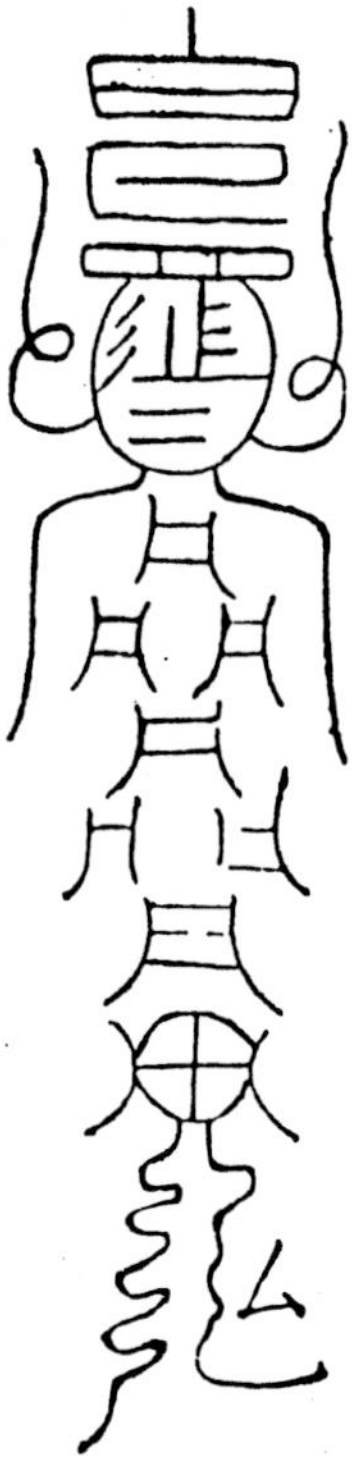

大神金剛

年《トシ》月《ツキ》日《ヒ》相《ソウ》尅《コク》ヲ鎭《シヅ》ム

凡《オヨ》ソ建《ケン》宅《タク》ノ年《トシ》月《ツキ》日《ニチ》時《ジ》ノ干《カン》支《シ》、相《ソウ》生《シヤウ》相《ソウ》比《ヒ》和《ワ》ノ者《モノ》ハ吉《キチ》、假令《タトヘ》ハ癸《キ》宅《タク》ニ丙《ヘイ》午《ゴ》日《ヒ》ヲ用《モチ》ヒル修《シユ》造《ゾウ》ハ凶《ケフ》ナリ、黄《クワウ》石《セキ》三十斤《キン》ヲ用《モチ》ヒ中《チウ》宮《キウ》ニ埋《ウメ》入《イル》レハ吉《ヨシ》、月《ツキヲ》犯《オカス》ノ絶《セツ》治《シ》ハ骨《ホネ》ヲ養《ヤシナ》フ一年《ネン》ヲ出《イ》テス官《クワン》災《サイ》（官災ノ注ハ已ニ前ニ載ス）口《ク》舌《ゼツ》有《ア》リ、狗《ク》頭《トウ》骨《コツ》ノ燒《ヤキ》灰《ハイ》ヲ用《モチ》ヒ、又歳《トシ》徳《トク》方《ハウ》ノ土《ツチ》一升《シヤウ》ヲ用《モチ》ヒ泥《ドロ》ニ和《クワ》シ、泥《ドロ》ハ竈《カマド》上《シヤウ》ヲ用《モチ》フ、又桃《モヽノ》木《キ》板《イタ》ニ左《サ》ノ符《フ》ヲ朱《シユ》書《シヨ》シ用《モチ》ヒテ、宅《タク》中《チウ》ニ貼《ハ》レハ其《ソノ》災《サイ》ヲ消《セウ》除《ジヨ》スヘシ、

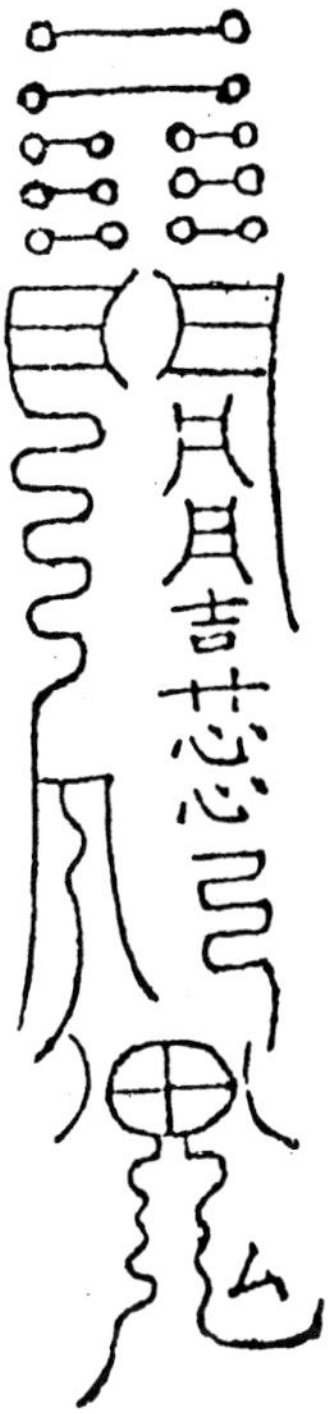

修造《シユソウ》ヲ預鎮《ヨチン》神符《シンフ》

凡《オヨ》ソ修造《シユソウ》セント欲《ホツ》スル者《モノ》ハ、先《マ》ツ牲《セイ》酒《シユ》ニ紙《シ》馬《ハ》ヲ作《ツク》リ、桃《モヽノ》木《キ》板《イタ》ニ符《フ》ヲ書《カキ》用《モチ》ヒテ、各《カク》方《ハウ》ニ之《コレ》ヲ鎮《シヅメ》ハ諸《シヨ》殺《サツ》犯《オカ》スト雖《イヘト》モ、凶《ケフ》災《サイ》ヲ生《セウ》セス、

（牲《セイ》ハ イケニエト訓ム、天地ノ神ニ御酒ヲ献スルニ・紙製馬ヲ添ル故ニ、馬ヲ牲ニ共スル意ニテ災ヲ消除ス）

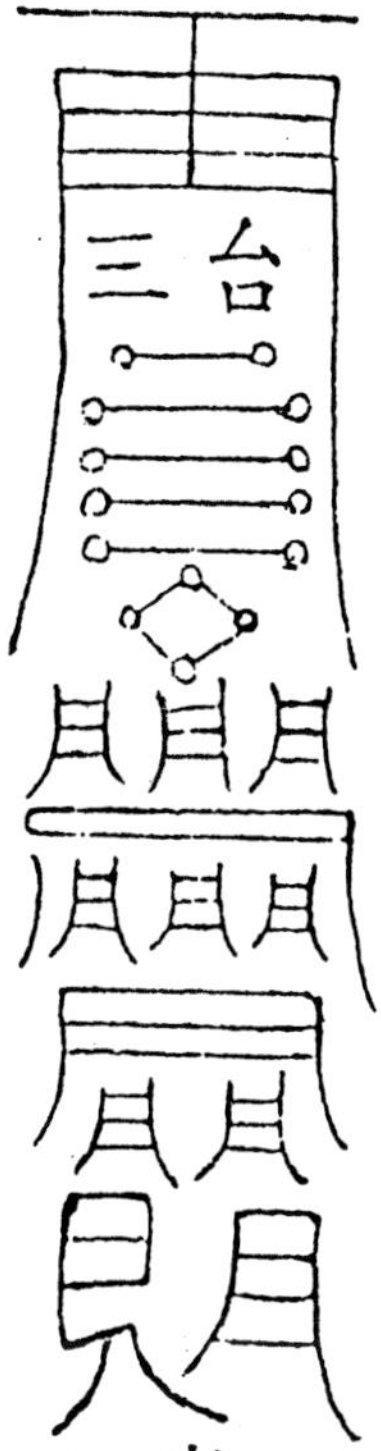

東方符

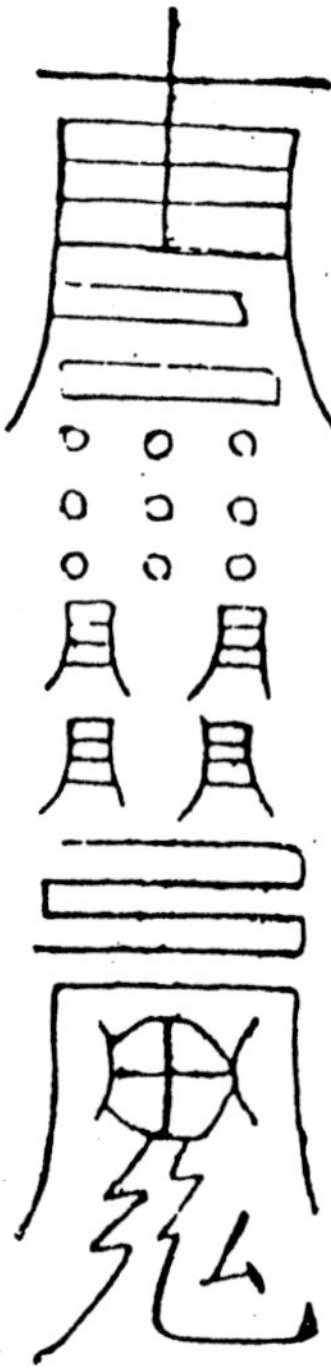

西方符

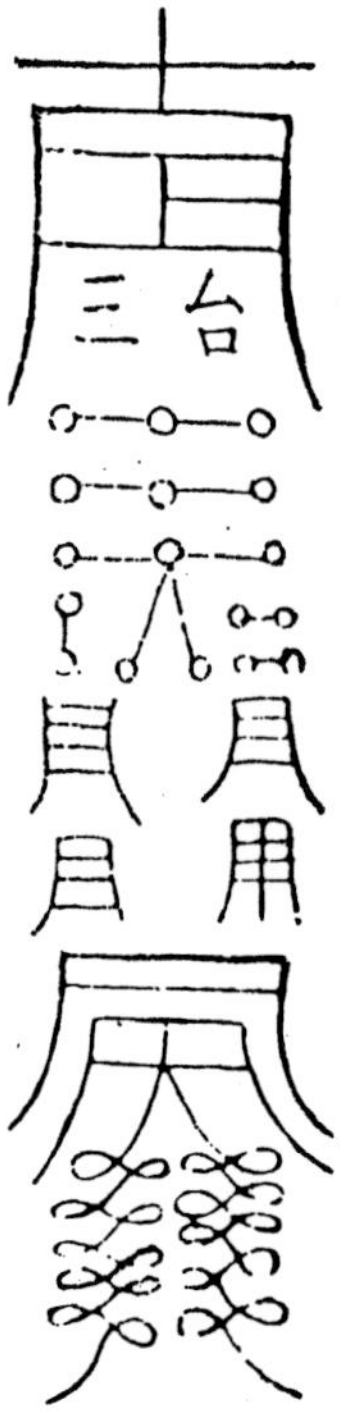

南方符

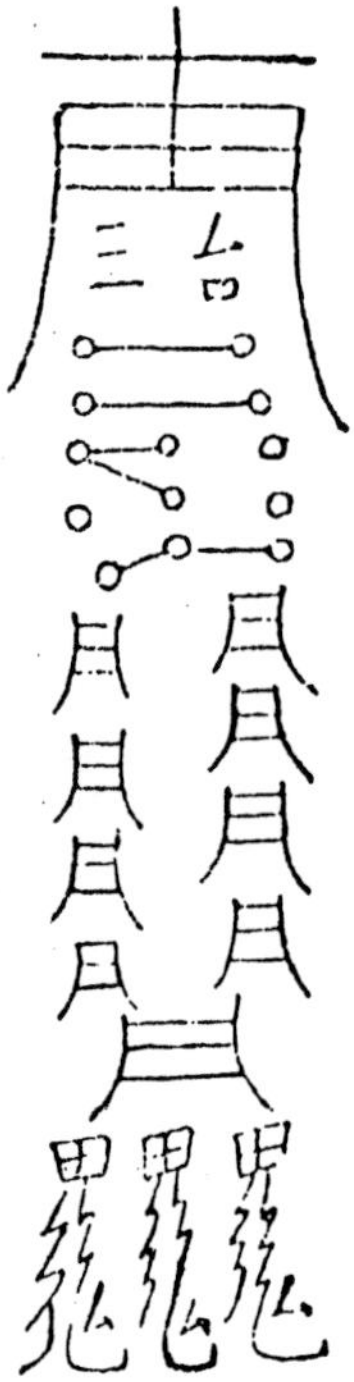

北方符

中央符

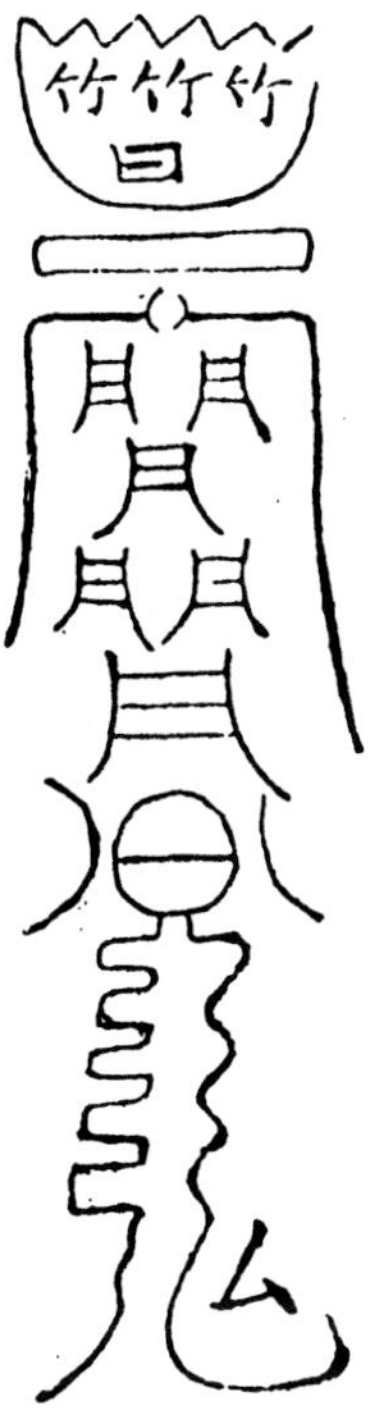

子方符

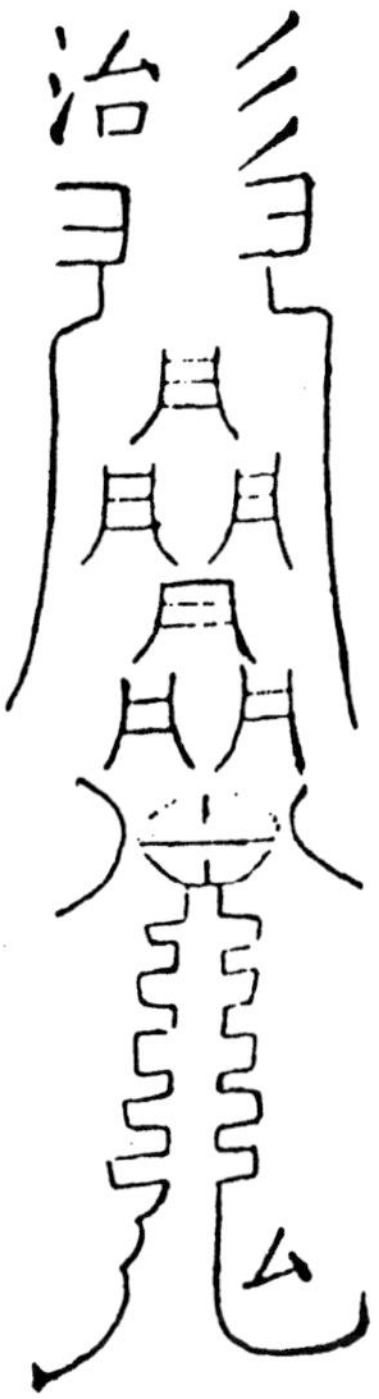

丑方符

寅方符

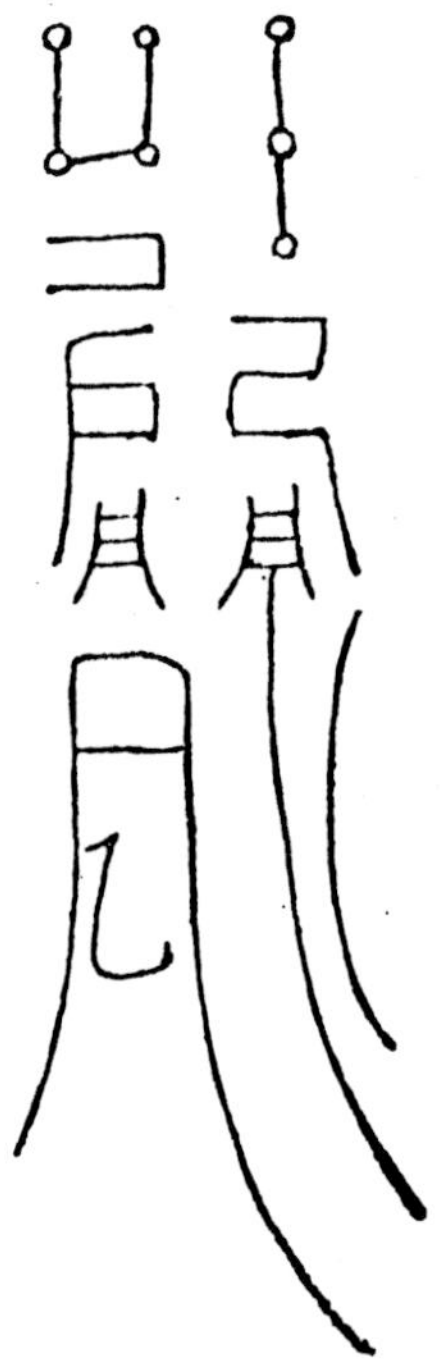

卯方符

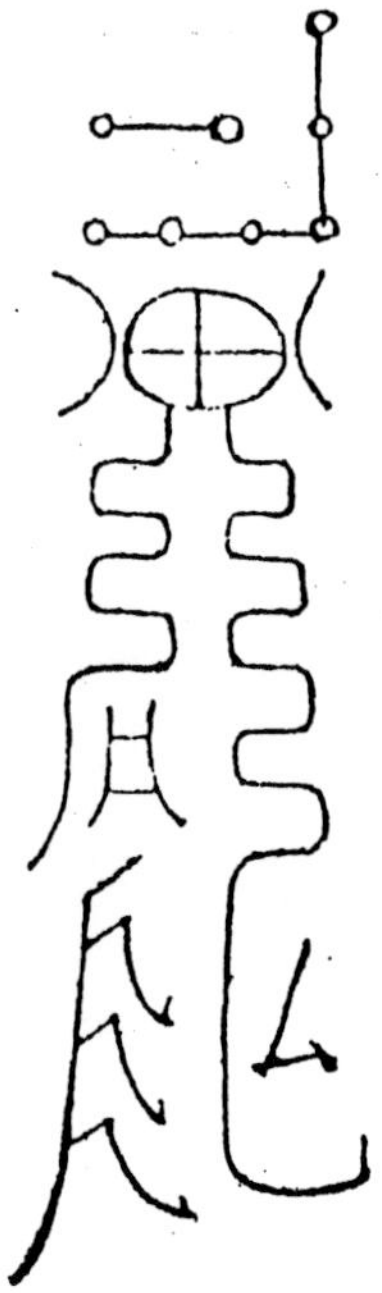

辰方符

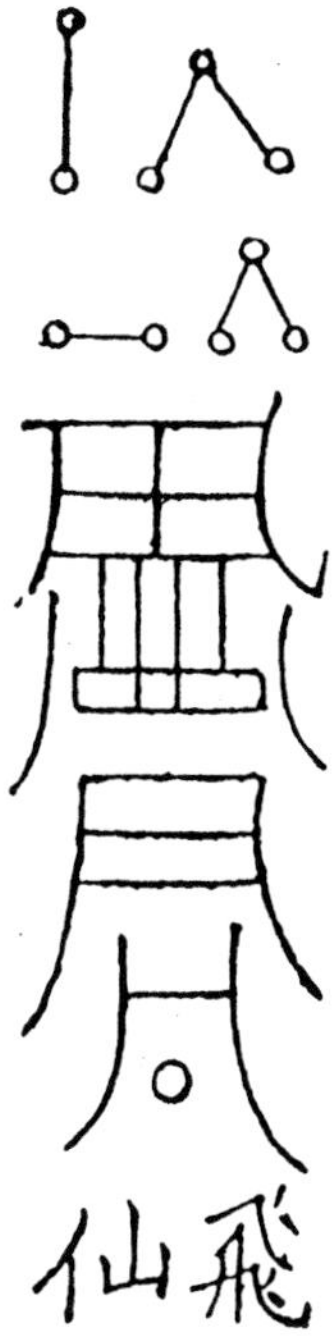

巳方符

午方符

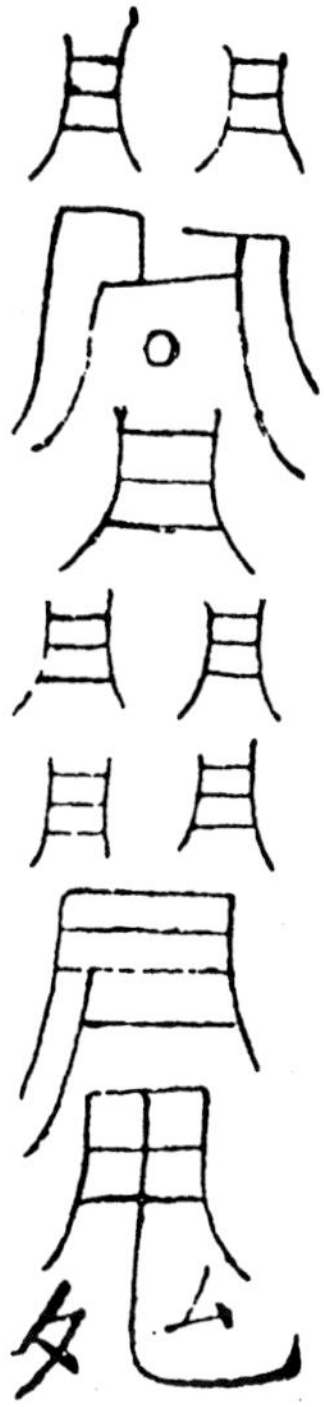

未方符

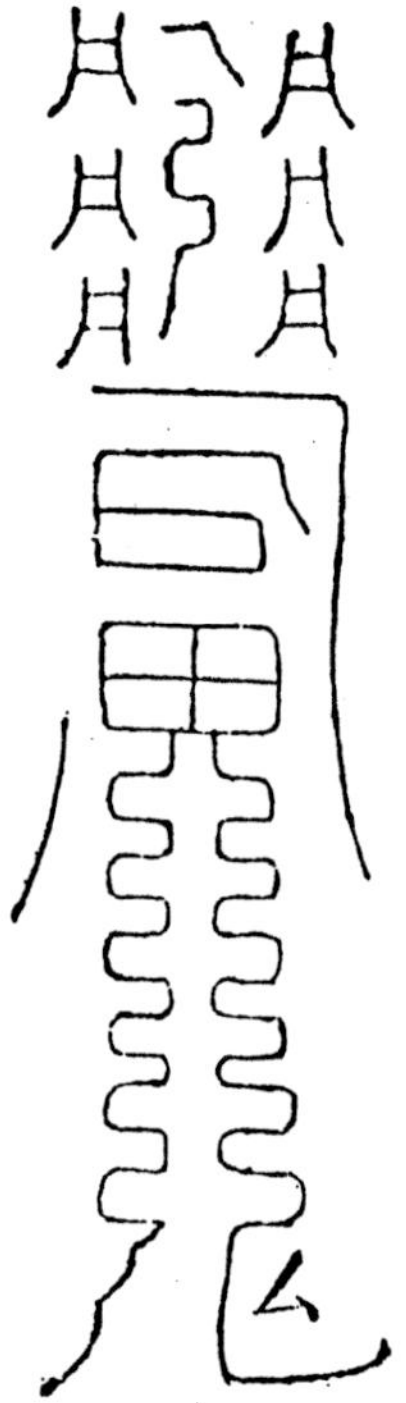

申方符

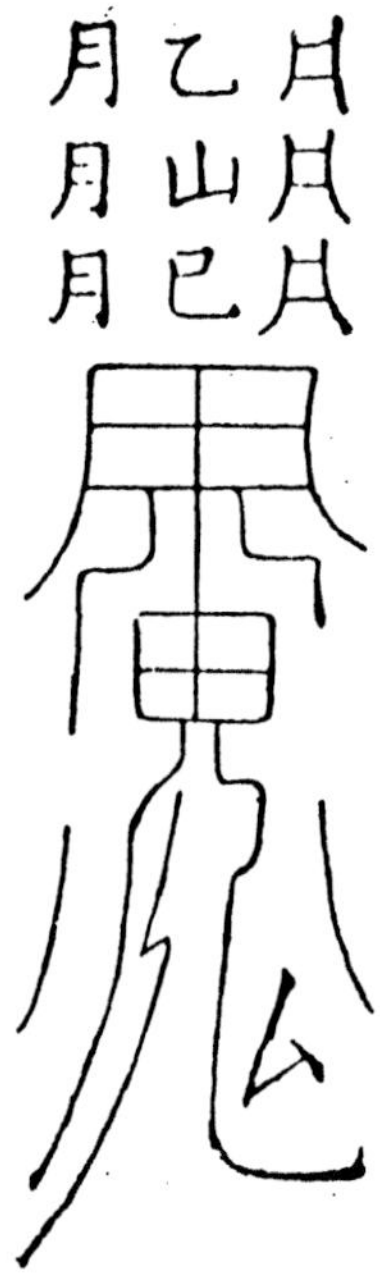

酉方符

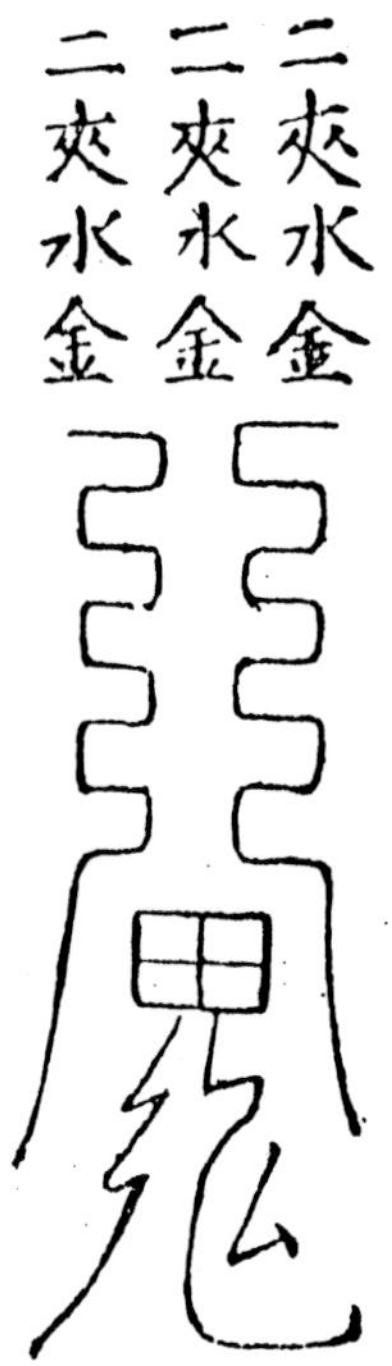

戌方符

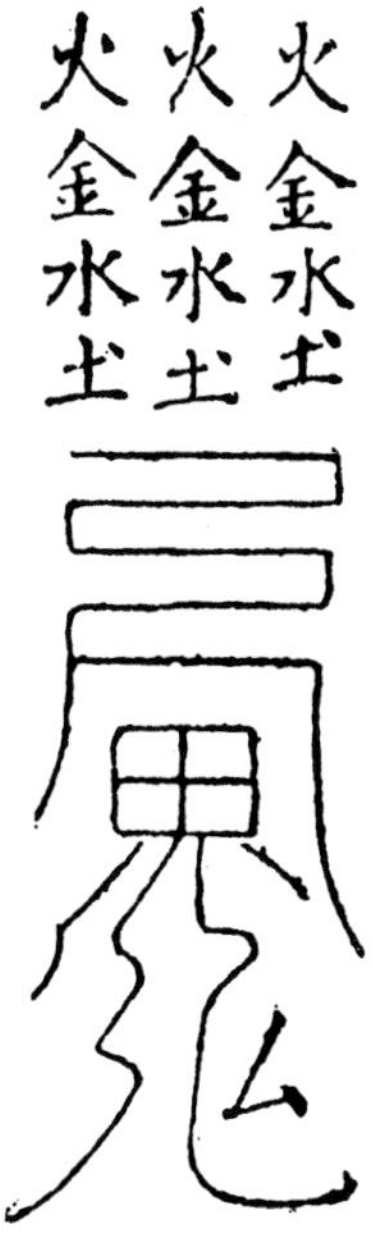

亥方符

火《クワ》庵《アン》遠《エン》近《キン》布《フ》交《カウ》不《サル》レ成《ナラ》ヲ鎭《シツ》ム

火《クワ》庵《アン》トハ厨房《ニタキバ》厨竈《ニタキノカマド》ヲ云《イフ》、本《モ》ト宅内《タクナイ》ニ在《ア》ルニ宜《ヨロ》シ凶方《ケフハウ》ニ在《ア》ルニ宜《ヨロ》シカラス、吉《キツ》方《ハウ》ハ此両言《コノリヤウケン》ニテ盡《ツク》セリ、世《ヨ》ノ術者的當《シユツシヤナキトウ》ヲ知《シ》ラス、紛《フン》〱タル説《セツ》ヲ立《タ》ツ迷《マヨ》フ勿《ナカ》レ、凡《オヨ》ソ人《ジン》宅《タク》ノ火《クワ》庵《アン》遠者《トホキモノ》ハ三五十歩《ホ》。近者《チカキモノ》ハ十一十五歩《ホ》ノ陰《イン》數《スウ》ヲ用《モチ》ユル最《サイ》妙《メウ》ナリ、須《スヘ》カラク四宅《タク》分《ブン》房《バウ》（分房トハ離レタル坐散ノ類ヲ云）ヲ以テ卦《クリ》ヲ布《シク》ニ上《シヤウ》ト爲《ナ》ス、若《モ》シ顚《テン》倒《タウ》ハ大《タイ》凶《ケフ》ナレハ、宜《ヨロシ》ク之《コレ》ヲ折《タチ》改《アラタ》ムヘシ、若《モ》シ改《アラタ》ムヘカラサル如《ゴト》キハ、靑《アヲ》石《イシ》一塊《クワイ》重《オモ》サ一百斤《キン》ニ、左《サ》ノ神《シン》符《フ》ヲ書《シヨ》シ、若《モ》シ重《ジウ》陰《イン》界《カイ》ハ北《ホク》方《ハウ》ニ之《コレ》ヲ埋《ウツ》メ、若《モ》シ重《ジウ》陽《ヤウ》界《カイ》ハ南《ナン》方《ハウ》ニ之《コレ》ヲ埋《ウツム》ル大《タイ》吉《キチ》ナリ（此項ハ方道易斷ニ關ルコト故、方道ト周易ヲ不知者ニハ解シ難シ、易ヲ知ル者ニ承合スヘシ）若《モ》シ丙《ヘイ》外《クワイ》ニ城《シロ》ヲ布《シ》ク、五鬼《キ》、六煞《サツ》、禍《クワ》害《ガイ》、絶《ゼツ》命《メイ》ハ、各《カク》位《井》ニ依《ヨツ》テ之《コレ》ヲ鎭《シヅ》ム、假令《タトヘ》ハ乾《ケン》宅《タク》ニ布《シ》キ成《ナ》ス、震《シン》卦《クワ》ハ五鬼《キ》ヲ卯《ウ》上《シヤウ》ト爲《ナ》シ、之《コレ》ヲ鎭《シツム》ル用《ヨウ》ハ佛《ブツ》座《ザ》上《シヤウ》ノ土《ド》一斗《トウ》ト、酒《サケ》ニ泥《トロ》ト錯《マシ》ヘ和《クワ》シ、泥《トロ》ハ本《ホン》屋《チク》上《シヤウ》ニ在《ア》ルモノ吉《キチ》トス、餘《ヨ》ハ前《ゼン》ノ符《フ》石《セキ》ニ依《ヨツ》テ之《コレ》ヲ鎭《シツ》ムヘシ（五鬼、六禍、煞禍害絶命等ハ、是皆八門遁甲ニ關ル用語、彼ノ八宅ノ事ヲ知レハ明カナリ、）（猶火庵ノ詳細ハ十書ノ二巻ニ載ス故茲ニ畧ス）

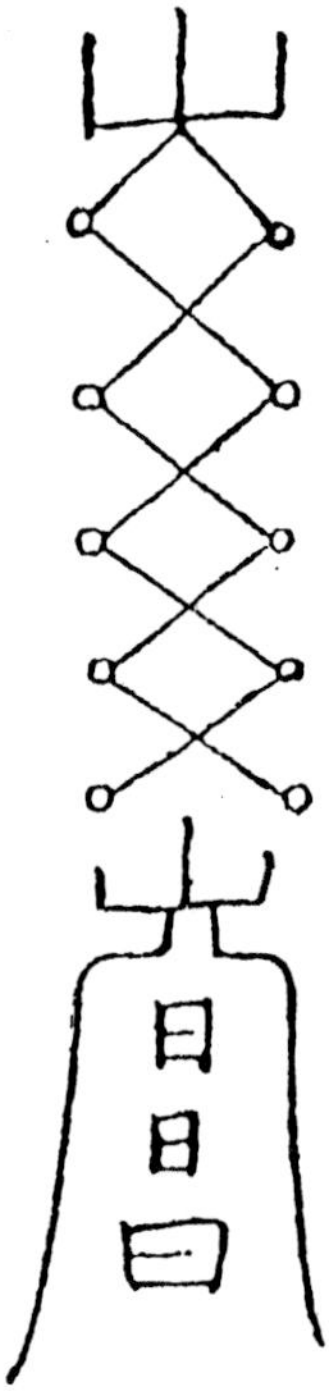

八宅《タク》不《ズ》成《ナラ》卦《クワ》爻《カウ》折《セツ》改《カイ》ヲ鎭《チン》ス、

凡《オヨ》ソ人《ヒト》ノ舍《シヤ》宅《タク》ハ四吉《キチ》星《セイ》ハ高《タカキ》ニ宜《ヨロシ》ク、四凶《ケフ》星《セイ》ハ低《ヒクキ》ニ宜《ヨロ》シ、若《モ》シ誤《アヤマリ》テ蓋《ケタ》シ凶《ケフ》星《セイ》高《タカ》キハ、宜《ヨロ》シク之《コレ》ヲ折《タチ》改《アラタ》ムヘシ、折《セツ》改《カイ》ノ法《ハフ》ハ左《サ》ノ神《シン》符《フ》ヲ朱《シユ》書《シヨ》シ用《モチ》ヒテ之《コレ》ヲ鎭《シツム》ル吉《キチ》、或《アルヒ》ハ地《チ》下《カ》ニ埋《ウメ》入《イ》ルモ吉《キチ》トス、蓋《ケダ》シ四吉《キチ》星《セイ》トハ生《セイ》氣《キ》、延《エン》年《ネン》、天《テン》醫《イ》、巨《コ》門《モン》ヲ云《イフ》、四凶《ケフ》星《セイ》トハ五鬼《キ》、六煞《サツ》、禍《クワ》害《ガイ》絶《ゼツ》命《メイ》ヲ云《イフ》ナリ、（是亦八門遁甲ノ用語ト知ルヘシ）

宅《タク》内《ナイ》移《ワタ》徙《マシ》出《シユツ》火《クワ》ニ修《シユ》造《ゾウ》方《ハフ》道《ダウ》ヲ鎭《チン》ス 此項モ八門遁甲ヲ用ユル時ノ要ナリ

凡ソ人《ヒト》移《イ》居《キヨ》シ出《シユツ》火《クワ》ニ遇《ア》ヒ急《キウ》速《ソク》ニ宅《タク》ヲ造《ツク》リ、暫《シハラ》ク移《イ》住《シウ》ノ處《トコロ》ハ、須《スベカ》ラク宅《タク》主《シユ》ノ年《ネン》命《メイ》ノ吉《キツ》方《ハウ》ニ住《シウ》坐《ザ》スル吉《キチ》ナリ、三十六歳《サイ》ニ兌《ダ》上《シヤウ》ノ如《ゴト》キハ、是《コレ》生《セイ》氣《キ》兌《ダ》上《シヤウ》ハ却《カヘツ》テ房《ハウ》無《ナ》キハ卯《ウ》土《ド》ニ移《ウツ》ルヘシ房《ハウ》（房ノ注ハ前ニ出ス）有《ア》ルハ却《カヘツ》テ五鬼《キ》ノ郷《キヤウ》ヲ犯《ヲカ》ス、卯《ウ》上《シヤウ》ニ就《ツキ》テ居《キヨ》住《チウ》スル四吉《キチ》方《ハウ》ヲ取《ト》

ル、水《スイ》土《ド》泥《デイ》ニ和《クワ》シテ卯《ウ》上《シヤウ》ニ香《カウ》火《クワ》ノ處《トコロ》ハ壁《ヘキ》上《シヤウ》ノ泥《ドロ》カ吉《キチ》、此《コノ》神《シン》符《フ》ヲ朱《シユ》書《シヨ》シ之《コレ》ヲ鎭《シツ》ム、但《タヾ》シ四吉《キチ》ハ即《スナハ》チ生《セイ》氣《キ》、福《フク》德《トク》、延《エン》年《ネン》、巨《コ》門《モン》ヲ云《イフ》ナリ、

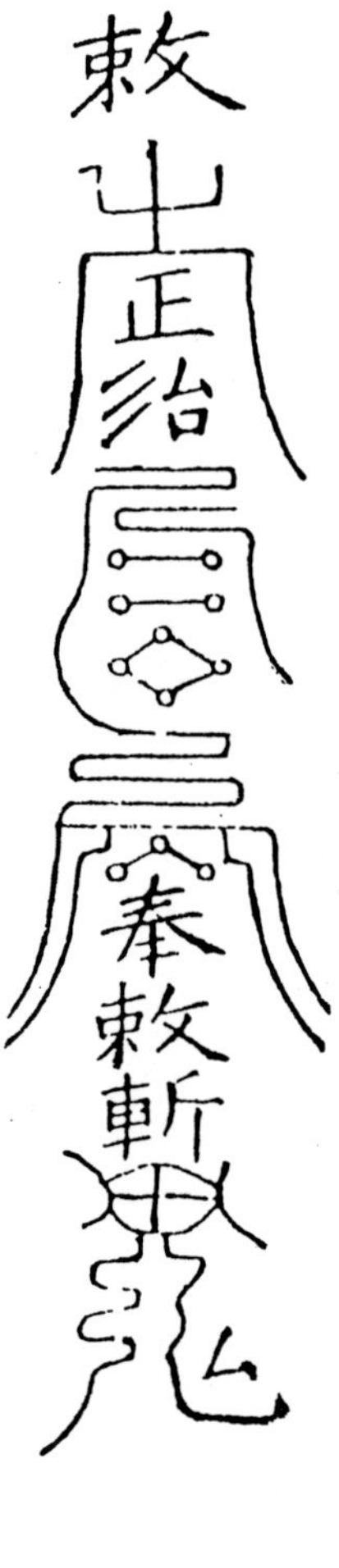

凡《オヨ》ソ移《ワタ》徙《マシ》ハ四凶《ケフ》位《イ》ヲ犯《オカ》ス者《モノ》、人《ジン》口《コウ》ニ多《タ》災《サイ》ヲ主《ツカサト》ル、舊《キウ》住《シウ》宅《タク》ノ四《ヨ》角《スミ》ノ土《ツチ》共《トモ》ニ一斗《トウ》ト、泥《ドロ》ハ竈《カマト》土《ツチ》ヲ用《モチ》フル吉《キチ》ナリ、但《タヾ》シ四凶《ケフ》ハ即チ破《ハ》軍《グン》、廉《レン》貞《シヤウ》、祿《ロク》存《ソン》、六煞《サツ》是《コレ》ナリ、

凡《オヨ》ソ徙《ウツリ》居《テル》ニ沒《モツ》滅《メツ》ヲ犯《オカ》ス者《モノ》ハ、福《フク》德《トク》宮《キウ》ノ土《ツチ》一升《シヤウ》ヲ用《モチ》ヒ、泥《ドロ》人《ニン》形《ケフ》四個《コ》ヲ作《ツク》リ、住《ジウ》宅《タク》ノ四《ヨ》角《スミ》ニ埋《ウ》メハ即《スナハ》チ止《ヤ》ム、又法《ハツ》ハ大《タイ》門《モン》下《シタ》ニ埋《ウメ》入《イ》ル吉《キチ》ナリ、

凡《オヨ》ソ移《イ》居《キヨ》シ出《シユツ》火《クワ》シ大《タイ》利《リ》ニ介《ア》ハス、年《ネン》月《ケツ》日《ニチ》時《ジ》年《ホン》命《メイ》ト相《ソウ》沖《チウ》ハ大《タイ》凶《ケフ》

ナリ、栢木《カシノキ》四片《ヘン》ヲ用《モチ》ヒテ、除《ショ》災《サイ》金《コン》剛《カウ》馬《バ》鞍《アン》勒《ロク》ト書《ショ》シ、四片《ヘン》ニ大《タイ》勒《ロク》鬼《キ》車《シヤ》輻《フク》四條《デウ》ト朱《シユ》書《ショ》シ、禍《クワ》去《キヨ》福《フク》來《ライ》ト書《カ》ク、明《メイ》鏡《キヤウ》一個《コ》ト天《テン》尊《ソン》佛《フツ》像《ゾウ》ト書《ショ》シテ、福《ソク》德《トク》土《ド》五升《シヤウ》ト土《ド》坯《ハイ》一個《コ》ヲ作《ツク》リ、上《ウヘ》ニ二土《ド》字《ジ》ヲ書《カキ》テ栢《ウシ》板《イタ》八片《ヘン》ヲ用《モチ》ヒテ、前《セン》三教《ケフ》ノ八方《ハウ》符《フ》ヲ書《カ》キ、處《トコロ》ニ隨《シタカヒ》テ名《ナ》ヲ書《カキ》記《シル》シ、一尺二寸ノ深《フカ》サニ埋《ウメ》ルニ八宅《タク》ノ神《シン》名《メイ》ヲ書《カ》ク、乾《ケン》ノ名《ナ》ハ劉《リウ》子《シ》卿《ケイ》、坎《カン》ノ名《ナ》ハ劉《リウ》字《シ》伯《ハク》俠《ケフ》艮《コン》ノ名《ナ》ハ任《ニン》子《シ》辛《シン》、震《シン》ノ名《ナ》ハ明《ミン》子《シ》辛《シン》天《テン》、巽《ソン》ノ名《ナ》ハ張《チヤウ》元《ケン》孫《ソン》離《リ》ノ名《ナ》ハ馬《バ》伯《ハク》叔《シユク》、坤《コン》ノ名《ナ》ハ黃《クワウ》天《テン》禽《キン》、兌《ダ》ノ名《ナ》ハ劉《リウ》子《シ》孟《モウ》ト謂《イ》フ、即《スナハ》チ此《コノ》神《シン》名《メイ》ヲ書《カク》ヘシ、

移《ワタ》徙《マシ》預《ヨ》鎭《チン》神《ジン》符《フ》

凡《オヨ》ソ人《ヒト》移《ワタ》徙《マシ》ノ居《キヨ》宅《タク》、或《アルヒ》ハ出《シユツ》火《クワ》ノ修《シユ》造《ゾウ》ニ本《ホン》月《ケツ》利《ヨロ》シカラス、福《フク》德《トク》方《ハウ》位《ヰ》利《ヨロ》シカラス、預《アラカ》シメ五方《ハウ》ノ神《シン》符《フ》ヲ五方《ハウ》ニ書《カ》ク、并《ナラヒ》ニ六甲《カウ》靈《レイ》符《フ》

ハ宅《タク》中《チウ》ノ諸《シヨ》凶《ケフ》忌《イナ》マス亦《マタ》吉《キチ》ナリ、若《モ》シ文《フン》曲《キヨク》星《セイ》ヲ犯《オカ》ス鐵《テツ》人《ニン》形《ケフ》五個《コ》、錫《スヾ》人《ニン》形《ケフ》三《》個《コ》ヲ用《モチ》ヒテ、背《セ》ニ定《テイ》印《イン》匠《シヤウ》人《シン》ノ姓《セイ》名《メイ》ヲ書《カ》ク、○祿《ロク》存《ソン》星《セイ》ハ鐵《テツ》人《ニン》形《ケフ》三《サン》個《コ》、白《ハク》楊《ヤウ》木《ボク》人《ニン》形《ケフ》三個《コ》ヲ用《モチ》ヒテ、皆《ミナ》定《テイ》印《イン》匠《シヤウ》人《シン》ノ姓《セイ》名《メイ》ヲ書《カ》ク、黃《キ》絹《キヌ》ニ之《コレ》ヲ裹《ツヽ》ム、○廉《レン》貞《シヤウ》星《セイ》ハ赤《アカ》土《ツチ》一斗《ト》ト、木《ホク》炭《タン》三百斤《キン》ト白《ハク》楊《ヤウ》木《ボク》人《ニン》形《ケフ》五個《コ》ヲ用《モチ》ヒテ、背《セ》ニ定《テイ》印《イン》匠人ノ姓《セイ》名《メイ》ヲ書《カ》ク、紅《アカ》絹《キヌ》ニ之《コレ》ヲ裹《ツヽ》ム○破《ハ》軍《クン》星《セイ》ハ桐《キリノ》木《キノ》人《ニン》形《ケフ》五個《コ》ヲ用《モチ》ヒテ背《セ》ニ定《テイ》印《イン》匠人ノ姓《セイ》名《メイ》ヲ書《カ》ク、白《シロ》絹《キヌ》ニ之《コレ》ヲ裹《ツヽミ》テ、東《トウ》流《リウ》ノ水《ミツ》ヲ取《ト》リ罐《クワン》ニ盛《モ》リ香《カウ》七柱《チウ》ヲ、各《カク》位《井》ニ埋《ウツ》ム上《シヤウ》吉《キツ》ナリ（定印匠人ノ姓名ハ、即チ前項ニ係ル鑄造鐵錫木人形ノ匠人是ナリ・）五方《ハウ》ノ符《フ》ハ棗《ナツメノ》木《キ》ヲ用《モチ》ヒテ朱《シユ》書《シヨ》シ各《カク》方《ハウ》位《井》ニ釘《クキ》ニ打《ウ》ツ上《シヤウ》吉《キチ》ナリ、

六甲《カウ》護《コ》宅《タク》符《フ》ハ是《コノ》符《フ》ヲ云《イフ》、天《テン》師《シ》符《フ》ヲ用《モチ》ユ、即《スナハ》チ此《コノ》符《フ》ナリ、此《コノ》符《フ》ハ桃《モヽノ》木《キ》ノ板《イタ》ニ書《カ》クヘシ、

右符《フ》ヲ用《サチ》ヒル修《シユ》法《ハフ》ノ呪《ジエ》文《ブン》ニ云《イハク》、天《テン》心《シン》天《テン》目《モク》天《テン》耳《ニ》天《テン》光《クワウ》之《ノ》心《シン》。尅《コク》地《チ》之《ノ》靈《レイ》光《クワウ》日《ジツ》月《ゲツノ》爲」光《ナシヒカリト》。唸《キウ》急《キウ》如《ニヨ》律《リツ》令《レイ》ト唱《トナ》ヘ、而《シカ》ルニ後《ノチ》ニ五帝《テイ》ノ勑《チヨク》ヲ一《イツ》氣《キ》ニ信《シン》念《ネン》シテ七遍《ヘン》ヲ吹《フ》ク、符《フ》上《シヤウ》随處《シタカフトコロ》ニ在《ア》レハ之《コレ》ヲ鎭《シヅ》ムヘシ、

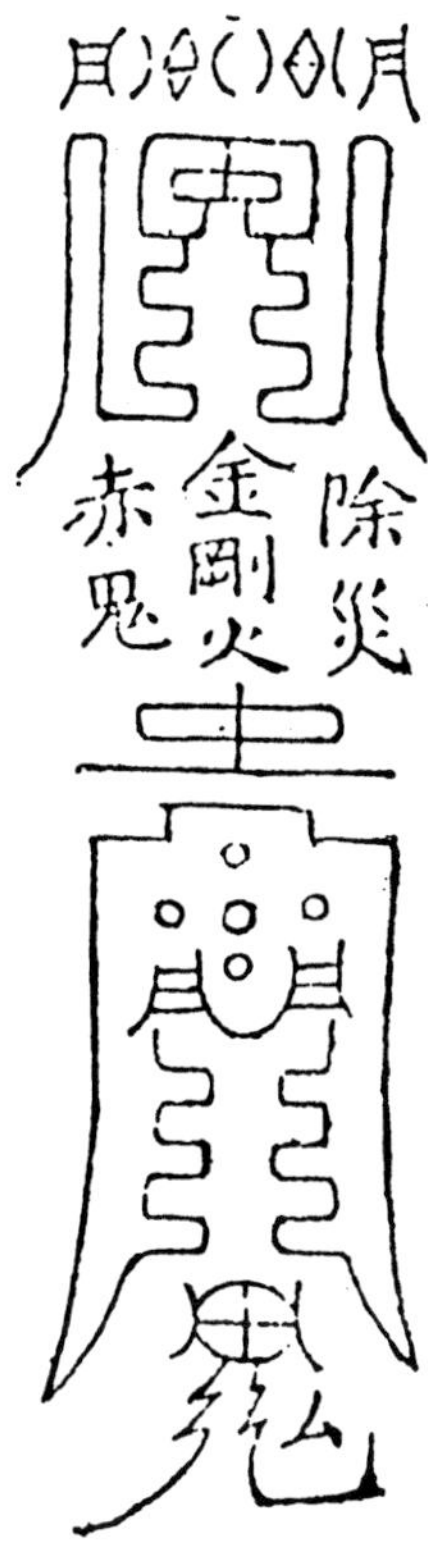

東方符

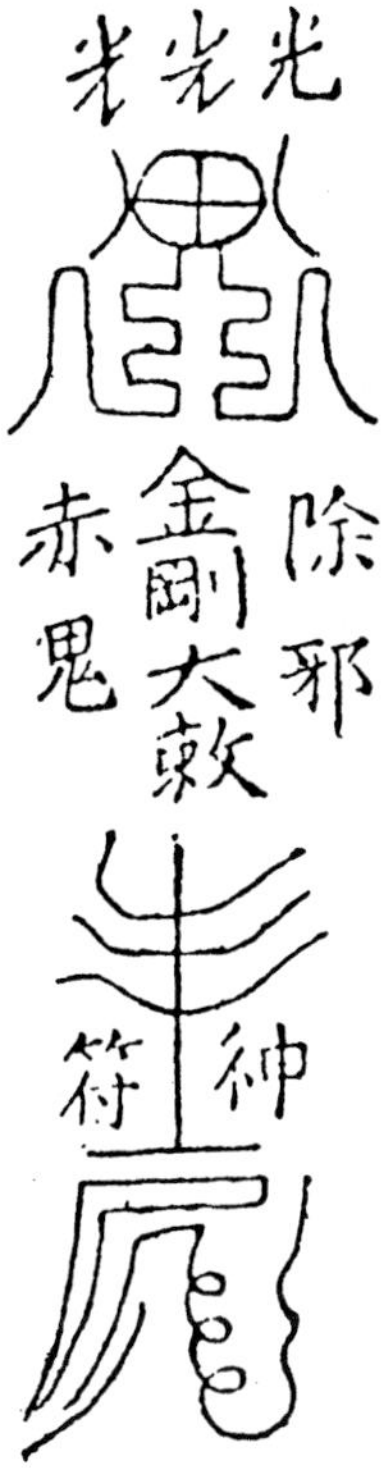

西方符

南方符

北方符

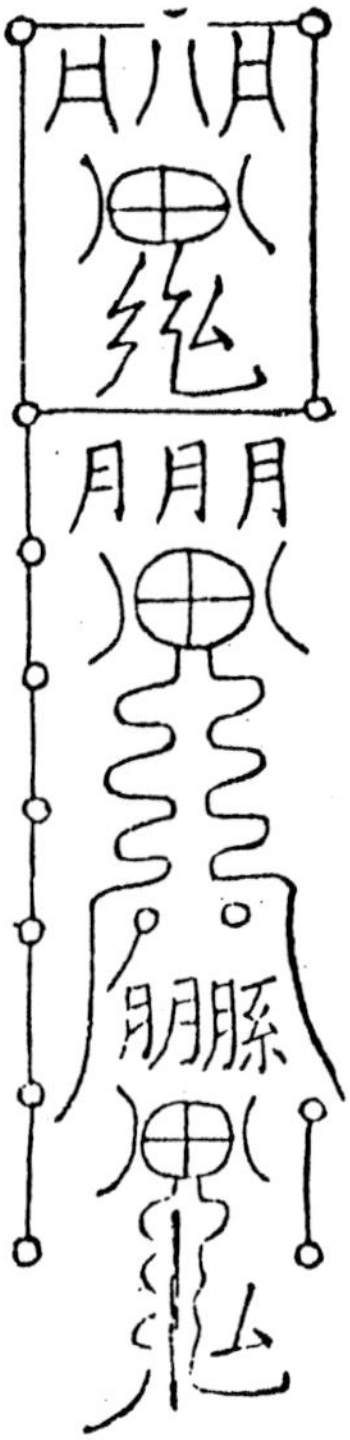

中央符

四隣《リン》ノ家《イヘ》ニ土《ド》動《ドウ》修《シユ》造《ソウ》シ誤《アヤマリ》テ我家《ワカヤ》ノ土《ド》府《フ》凶《ケフ》神《ジン》ヲ犯《ヲカス》ヲ鎮《シツ》ム

凡《オヨ》ソ隣《リン》家《カ》ニ動《ドウ》土《ド》シテ土《ド》府《フ》ヲ冐《ヲカ》犯《ス》者《モノ》ハ、雷《ライ》驚《キヤウ》木《ボク》三尺六寸ヲ用《モチ》ヒ、或《アルヒ》ハ一尺二寸ノ神《シン》符《フ》三道《ダウ》ヲ朱《シユ》書《シヨ》シ、本《ホン》宅《タク》ノ中《チウ》心《シン》ニ之《コレ》ヲ釘《クギ》打《ウチ》ニセハ諸《シヨ》悪《アク》凶《ケフ》ヲ爲《ナ》ス能《アタ》ハザルナリ、

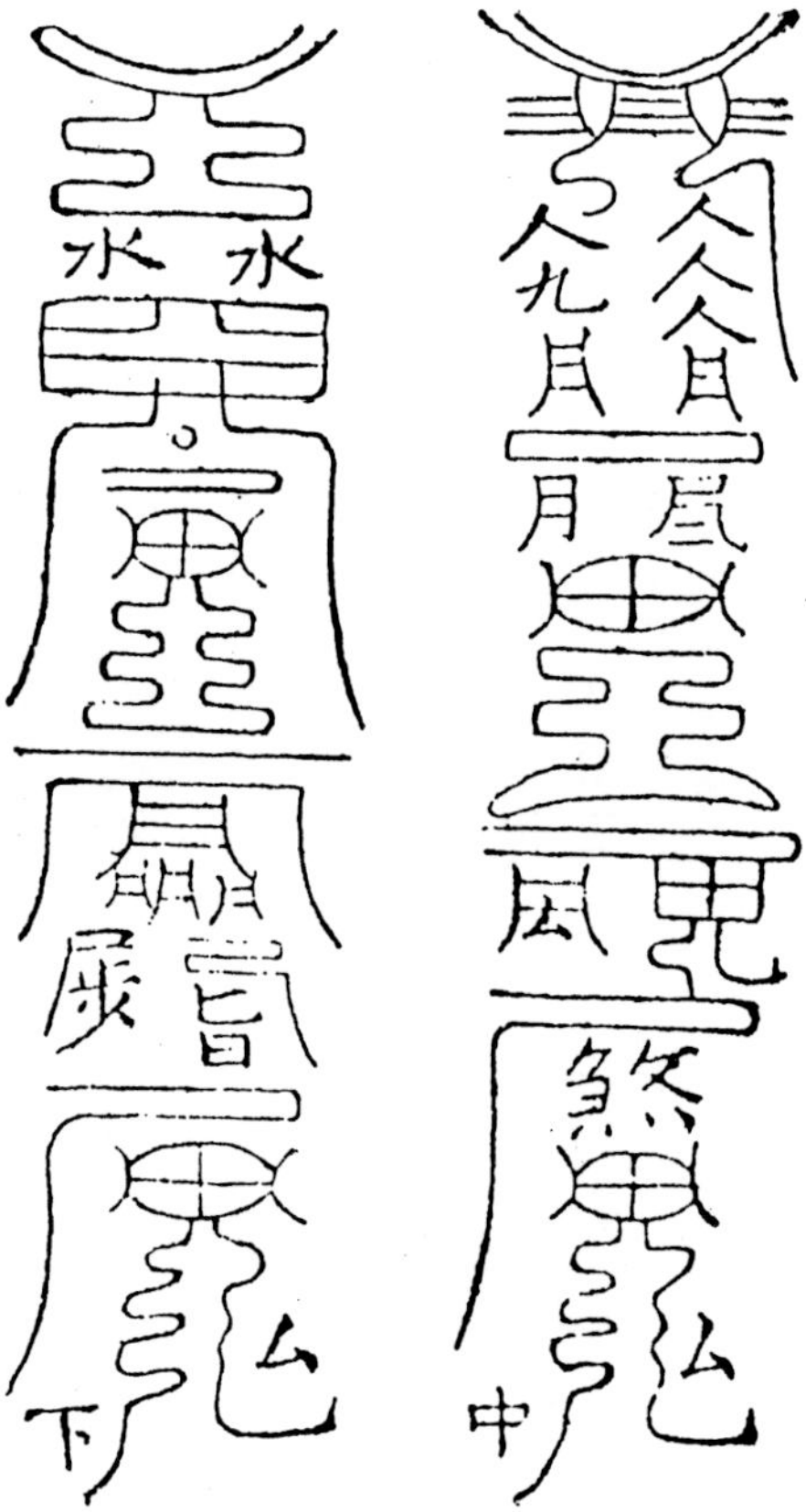

四季《キ》ニ誤《アヤマリ》テ土《ド》旺《ワウ》殺《サツ》ヲ犯《オカス》ヲ鎮《シツ》ム

凡《オヨ》ソ土《ド》旺《ワウ》ニ際《サイ》シ事《コト》ヲ用《モチ》ヒ修《シウ》造《ゾウ》動《ドウ》土《ド》シ、昌《サカ》ンニ之《コレ》ヲ犯《ヲカ》ス者《モノ》ノ凶《ケフ》ハ、柏《カシノ》木《キ》板《イタ》一尺二寸ヲ用《モチ》ヒテ、神《シン》符《フ》ヲ犯《オカ》ス處《トコロ》ニ朱《シユ》書《シヨ》シテ之《コレ》ヲ鎮《シツ》

ム、即《スナハ》チ吉《キチ》ニ轉《テン》化《クワ》スヘシ、

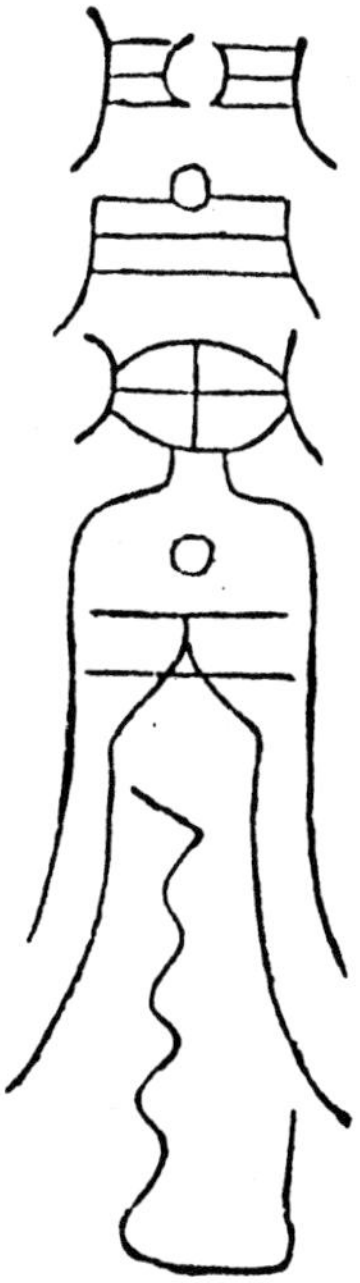

春神符

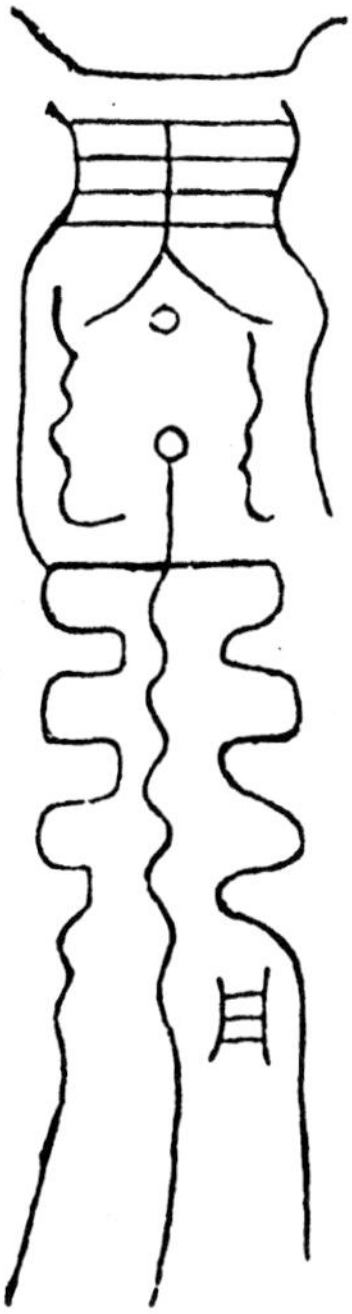

夏神符

秋神符

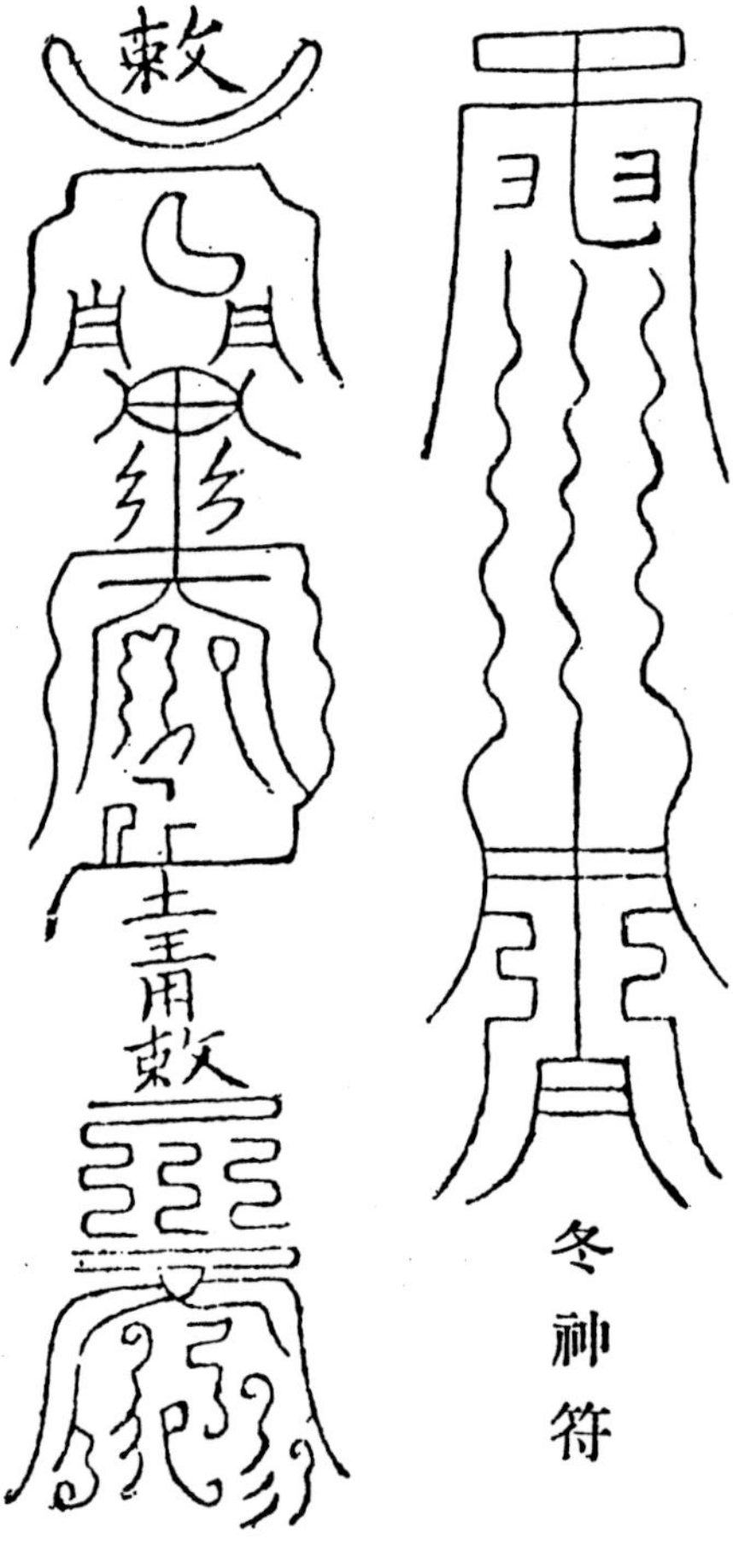

冬神符

井《ヰ》ノ穿《ウカツ》ニ利《リ》方《ハウ》ニ在《ア》ラサルヲ鎮《シヅ》ム

凡《オヨ》ソ井《ヰト》ヲ穿《ウカ》チ福《フク》徳《トク》利《コロ》シカラサルハ凶《ケツ》ヲ主《ツカサト》ル、柏木《カシノキ》二片《ヘン》長《ナカ》サ一尺二寸ヲ川《モノ》ヒテ、五方《ハウ》ノ神《シン》符《フ》左《サ》記《キ》ノ二道《ダウ》ヲ朱《シユ》書《シヨ》シ、石《イシ》一塊《クワイ》、五穀《コク》一升《シヤウ》ヲ井《ヰ》ニ投《トウ》入《ニウ》シ符《フ》ヲ釘《クギ》打《ウ》ツ、上《シヤウ》呪《ジユ》文《ブン》ニ曰《イハク》ク、五方《ハウ》井《ヤイ》神各《ジンチノ〳〵》安《ヤスンシ》ニ本《ホン》

宮《キウニ》。符《フ》到《イタリ》奉《ブ》行《ギヤウス》。用《ヨウ》水《スイ》噴《ホン》符《フ》井《セイ》土《ド》ト、七遍《ヘン》ヲ誦《ジユ》スヘシ、但《タヾ》シ福《フク》徳《トク》ハ是《コレ》亦《マタ》八《ハチ》門《モン》遁《トン》甲《カウ》ノ方《ハウ》位《ヰ》ノ稱《シヤウ》ナリ、

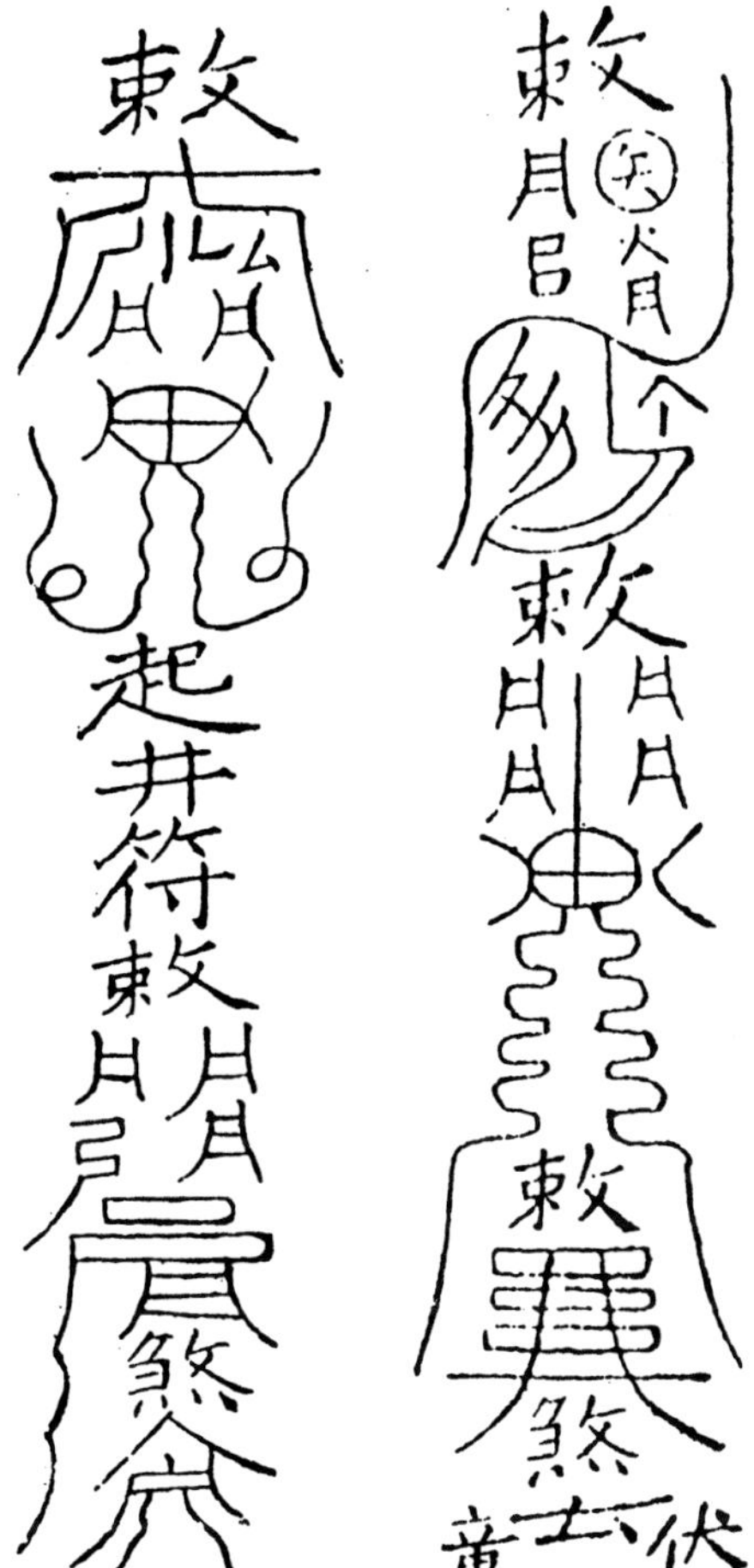

宅《タク》己《イナ》ニ邪《シヤ》氣《キ》妖《コウ》鬼《キ》怪《クワイ》ヲ作《ナス》ヲ鎮《シヅ》ム

凡《オヨ》ソ人《シン》宅《タク》中《チウ》ノ氣《ケ》色《シキ》、烟《エン》火《クワ》人《シン》形《ケイ》鬼《キ》象《シヤウ》ノ如《ゴト》キ者《モノ》、辰《タツ》時《トキ》(午前八時ヲ云)ヨリ申《サル》時《トキ》

（午後四時ヲ云）ニ至《イタ》ルニ吉《キチ》ヲ見《ミ》ルモ、酉《トリ》時《トキ》（午後六時ヲ云）ヨリ寅《トラ》時《トキ》（午前四時ヲ云）ニ至《イタ》ルニ凶《ケフ》ヲ見《ミ》ル、酆《ホウ》都《ト》大《ダイ》帝《テイ》位《井》ト朱《シユ》書《シヨ》シテ、柏木《カシノキ》板《イタ》一尺二寸ヲ用《モチ》ヒテ、符《フ》ヲ宅《タク》中《チウ》ニ書《シヨ》シテ貼《ハレ》ハ鎭《チン》ス、神《シン》符《フ》ハ左《サ》ノ如《コト》シ、

以《イ》上《シヤウ》ノ符《フ》ハ原《モト》是《コ》レ方《ハウ》道《ダウ》ノ凶《ケフ》神《ジン》煞《サツ》ヲ犯《オカ》シ、是《コレ》ニ由《ヨツ》テ災《サイ》禍《クワ》續《ゾク》出《シユツ》スルモノヲ鎭《シヅ》ムル法《ハフ》ナリ（以上）黄《クワウ》石《セキ》公《コウ》ノ鎭《チン》符《フ》ノコトハ、陽《ヤウ》宅《タク》十《ジツ》書《シヨ》（二巻三巻）ニ詳《シヤウ》解《カイ》在《ア》リ（文長キヲ以テ茲ニ畧ス）方《ハウ》道《ダウ》ニ關《カ》ル説《セツ》明《メイ》ハ、猶《ナホ》八宅《タク》明《メイ》鏡《キヤウ》ト對《タイ》照《セウ》シ、且《カツ》亦《マタ》拙《セツ》著《チヨ》ノ八門《モン》遁《トン》甲《カウ》ヲ熟《シユク》讀《ドク》セハ、方《ハウ》道《ダウ》ノ用《ヨウ》語《ゴ》ヲ解《カイ》スルヲ以テ、一層《ソウ》明《アキラ》カニ了《レウ》解《カイ》爲《ナ》ス事《コト》ヲ得《ウ》、是《コレ》童《ドウ》蒙《モウ》ノ爲《タメ》ニ一言《ゲン》ヲ附《フ》記《キ》ス、

靈《レイ》符《フ》ノ傳《デン》來《ライ》及《オヨ》ヒ根《コン》元說《ケンノセツ》

夫《ソ》レ正《シヤウ》對《タイ》化《クワ》靈《レイ》天《テン》眞《シン》坤《コン》元《ゲン》靈《レイ》符《フ》ノ、普《アマネ》ク流《ル》布《フ》セシ始《ハシマ》リハ、我《ワカ》朝《テフ》神《シン》功《コウ》皇《クワウ》后《グウ》ノ御《ゴ》治《チ》世《セ》ニ當《アタ》ル、中《チウ》華《クワ》ハ後《ゴ》漢《カン》ノ末《スヱ》ニ衰《オトロヘ》テ、列《レツ》候《コウ》總《スベ》テ魏《ギ》ニ降《クダ》ル、後《ゴ》漢《カン》ノ十四世《セ》獻《ケン》帝《テイ》ハ、魏《ギ》ノ曹《ソウ》操《〱》ヲ山《サン》陽《ヤウ》公《コウ》ト下《カ》封《ホウ》シ、是《コレ》ヨリ漢《カン》土《ド》ハ三ツニ分《ワカ》レ、魏《ギ》ノ曹《ソウ》操《〱》、蜀《シヨク》ノ劉《リウ》備《ビ》、吳《ゴ》ノ孫《ソン》權《ケン》ト三國《ゴク》ニ分《ワカ》レ、各《チノ〱》雌《シ》雄《ユウ》ヲ爭《アラソ》フコト數《スウ》年《ネン》ニ及《オヨ》ブ、遂《ツヒ》ニ西《セイ》晉《シン》起《オコツ》テ三國《コク》ヲ滅《ホロボ》シ、西《セイ》晉《シン》ノ武《ブ》帝《テイ》天《テン》下《カ》ヲ一統《トウ》シ治《オサ》ム、武《ブ》帝《テイ》ノ太《タイ》康《カウ》年《ネン》中《チウ》ハ、我《ワカ》朝《テウ》應《オウ》神《ジン》天《テン》皇《クワウ》ノ御《ミ》代《ヨ》ニ當《アタ》ル、此《コノ》時《トキ》西《セイ》晉《シン》ニ許《キヨ》遜《ソン》字《アサナ》ハ敬《ケイ》之《シ》眞《シン》君《クン》ト稱《シヤウ》ス仙《セン》人《ニン》在《アリ》テ、萬《バン》民《ミン》ヲ憐《アハレ》ミ始《ハシメ》テ正《シヤウ》對《タイ》化《クワ》靈《レイ》ノ靈《レイ》符《フ》ヲ畫《カキ》テ、普《アマネ》ク萬《バン》民《ミン》ニ施《ホトコ》シケル、其《ソノ》德《トク》益《エキ》ニ浴《ヨク》スル者《モノ》餘《アマ》多《タ》有《ア》リ、其《ソノ》後《ゴ》我《ワカ》朝《テフ》仁《シン》德《トク》天《テン》皇《クワウ》ノ御《ミ》代《ヨ》ニ、西《セイ》晉《シン》滅《ホロビ》テ東《トウ》晉《シン》ノ世《ヨ》ト成《ナ》ル、此《コノ》亂《ラン》世《セ》ナル故《ユヘ》ニ許《キヨ》眞《シン》君《クン》群《クン》民《ミン》ヲ憐《アハレ》ミ、靈《レイ》符《フ》ヲ普《アマネ》ク施《ホトコ》シ在《ア》ルヲ以《モッ》テ、許《キヨ》眞《シン》君《クン》ノ所《シヨ》在《サイ》地《チ》ノ百餘《ヨ》里《リ》カ間《アイダ》ハ、亂《ラン》世《セ》ナルモ何《ナン》等《ラ》ノ害《ガイ》無《ナ》ク、諸《シヨ》人《ジン》安《アン》堵《ド》ヲ得《エ》タリ、其《ソノ》後《ゴ》東《トウ》晋《シン》ノ孝《カウ》武《ブ》帝《テイ》寧《ネイ》康《カウ》二年《ネン》、我《ワカ》仁《ジン》德《トク》天《テン》皇《クワウ》六十二年《ネン》甲戌ニ當《アタ》ル、八月十五日許《キヨ》眞《シン》君《クン》仙《セン》人《ニン》ハ龍《リウ》車《シヤ》ニ乘《ノ》リ仙《セン》弟《デ》子《シ》數《スウ》人《ニン》ヲ供《ソ》シテ、白《ハタ》日《ジツ》ニ昇《シヤウ》天《テン》シ上《シヤウ》界《カイ》ニ入《イ》ル、其《ソレ》ヨリ中《チウ》華《クワ》ノ代《ヨ》々《ヽ》ニ、此《コノ》天《テン》眞《シン》坤《コン》元《ゲン》靈《レイ》符《フ》ヲ傳《デン》來《ライ》シ、諸《シヨ》人《ジン》利《リ》益《ヤク》ヲ享《ウ》ケ潤《ウルホヒ》ノ益《エキ》ヲ得《エ》タリ、而《シカ》ルニ餘《アマ》リ心《コヽロ》易《ヤス》ク感《カン》應《オウ》顯《アラハ》ル靈《レイ》符《フ》ユヘ、諸《シヨ》人《ジン》却《カヘツ》テ是《コレ》ヲ輕《カロン》シテ、又信《シン》仰《カウ》者《シヤ》モ稀《マレ》トナレリ、後《ノ》チ宋《ソウ》朝《テウ》ノ代《ヨ》ニ至《イタリ》テ、此《コノ》靈《レイ》符《フ》ヲ普《アマネ》ク信《シン》スル者《モノ》多《オホ》ク、夫《ソレ》ヨリ大《ダイ》元《ゲン》ノ代《ヨ》ニ至《イタリ》テ專《モッパ》ラ尊《ソン》信《シン》スル事《コト》ニ成《ナリ》タリ、我《ワカ》朝《テウ》後《ゴ》水《ミツノ》尾《ヲ》天《テン》皇《クワウ》ノ御《ミ》代《ヨ》ニ當《アタ》ル、大《タイ》明《ミン》ノ思《シ》宗《ソウ》皇《クワウ》帝《ナイ》崇《ソウ》禎《テイ》二年、韃《ダッ》靼《タン》ヨリ北《ヘイ》京《キン》ヲ攻《セ》ム、是《コレ》大《タイ》明《ミン》ノ亂《ラン》ノ始《ハジメ》ニテ、其《ソノ》後《ゴ》韃靼北京ニ都《ミヤコ》シ南《ナン》京《キン》ヲ陷《オトシ》レ、福《フク》王《ワウ》ヲ擒《トリコ》ニシ鄭《ナイ》芝《シ》龍《リウ》モ降《クダ》リ福《フク》建《ケン》城《ジヤウ》モ落《オ》チ、南《ナン》京《キン》ノ庶《シヨ》民《ミン》髪《カミ》鬢《ヒゲ》ヲ剃《ソリ》落《オト》サレテ、韃《ダッ》靼《タン》風《フウ》ト成《ナ》ル、其《ソノ》後《ゴ》我《ワガ》朝《テウ》後《ゴ》西《セイ》院《イン》ノ御《ミ》代《ヨ》ニ、鄭《テイ》芝《シ》龍《リウ》ノ子《コ》秦《シン》官《クワン》カ、吾《ワカ》朝《ナフ》ヘ援《エン》兵《ヘイ》ヲ請《コヒ》テ北《ヘイ》京《キン》ヲ攻《セメ》シモ、克《カタ》スシテ、遂《ツイ》ニ大《タイ》明《ミン》ハ滅《メツ》亡《バウ》ス、是《コレ》ヨリ韃《タツ》旦《タン》國《コク》號《ガウ》ヲ大《タイ》清《シン》ト稱《シヤウ》シ、大《タイ》祖《ソ》順《シユン》治《チ》皇《クワウ》帝《テイ》、二代《タイ》ハ康《カウ》熙《キ》皇《クワウ》帝《テイ》ト稱《シヤウ》ス、此《コノ》帝《テイ》ノ代《ヨ》ニ揚《ヤウ》州《シウ》ニ石《セキ》天《テン》基《キ》ト云《イフ》賢《ケン》人《シン》在《ア》リ、天《テン》性《セイ》聰《ソウ》明《メイ》博《ハク》學《ガク》ニテ慈《ジ》悲《ヒ》深《フカ》ク、諸《シヨ》人《ニン》ヲ憐《アハレ》ミ普《アマネ》ク萬《バン》民《ミン》ヲ救《スク》フ事《コト》ニ心《コヽロ》懸《カケ》在《ア》リシカ、或《アル》夕《ユウ》暮《クレ》ニ一道《ダウ》人《ジン》來《キタリ》テ、石《セキ》天《テン》基《キ》先《セン》生《セイ》ヲ倩視《ツク〱ミ》テ、人《ニン》相《ソウ》ニ仙《セン》骨《コツ》在《ア》リ、何《ナン》ソ至《セン》道《ジユツ》ヲ修《シユ》煉《レン》シ玉《タマ》ハザルト、石天基答《コタヘ》テ曰《イハ》ク、我《ワレ》諸《シヨ》人《ニン》ヲ憐《アハレ》ミ苦《ク》痛《ツウ》ヲ救《スクハ》ント思《オモ》フ心《コヽロ》切《セツ》ニシテ一身《シン》ヲ顧《カヘリミ》ル間《ヒマ》無《ナ》シト謂《イ》ヘリ、道《ダウ》人《ニン》曰《イハ》ク、善《ヨキ》哉《カナ》々く々く先《セン》生《セイ》萬《バン》民《ミン》ヲ憐《アハレ》テ、我《ワカ》身《ミ》ヲ忘《ワス》ルニ至《イタ》ル、將《マサ》ニ天《テン》帝《テイ》ノ御《ミ》心《コヽロ》ニ叶《カナ》ヘリトテ、一書《シヨ》冊《サツ》ヲ授《サツケ》テ曰《イハ》ク、是《コレ》東《トウ》晋《シン》ノ代《ヨ》ニ計《キヨ》眞《シン》君《クン》仙《セン》人《ニン》、萬《ハン》民《ミン》ノ爲《タメ》ニ施《ホトコ》シ玉《タマ》フ靈《レイ》符《フ》ナリ、號《ナヅケ》テ正《シヤウ》對《タイ》化《クワ》靈《レイ》天《テン》眞《シン》坤《コン》元《ゲン》靈《レイ》符《フ》ト云《イフ》、是《コレ》ヲ書《シヨ》寫《シヤ》シテ廣《ヒロ》ク施《ホトコ》シ玉《タマ》ヘ、此《コノ》靈《レイ》符《フ》ハ萬《バン》民《ミン》ヲ救《キウ》護《ゴ》シテ、諸《シヨ》願《クワン》如《ニヨ》意《イ》長《チヤウ》命《メイ》福《フク》貴《キ》ナラシム、甚《シン》深《ジン》奇《キ》妙《メウ》不《フ》測《シギ》ノ感《カン》應《オウ》神《シン》靈《レイ》ノ如《ゴト》シ、吾《ワレ》ハ張《チヤウ》中《チウ》鐵《テツ》冠《クワン》道《タウ》人《ジン》ナリ、先《セン》生《セイ》ノ仁《ジン》慈《ジ》ノ心《コヽロ》ヲ、感《カン》ジテ來《キタ》レリト云《イヒ》テ忽《コツ》然《セン》失《ウセ》ヌ、石《セキ》天《テン》基《キ》先《セン》生《セイ》奇《キ》異《ヰ》ノ思《オモ》ヒヲ無《ナ》シ、其《ソノ》書《シヨ》ヲ繙《ヒモトキ》見《ミ》レハ、許《キヨ》眞《シン》君《クン》仙《セン》人《ニン》ノ十二靈《レイ》符《フ》ナリ、是《コレ》ヨリ此《コノ》靈《レイ》符《フ》ヲ書《シヨ》寫《シヤ》シ、其《ソノ》法《ハフ》式《シキ》ノ如《ゴト》ク諸《シヨ》人《ニン》ニ佩《オバ》サセラレシヨリ、大《タイ》清《シン》國《コク》中《チウ》普《アマネ》ク此《コノ》靈《レイ》符《フ》ヲ信《シン》仰《カウ》シ、遂《ツイ》ニ流《ル》布《フ》スルニ到《イタ》レリ、石《セキ》天《テン》基《キ》先《セン》生《セイ》此《コノ》靈《レイ》符《フ》ノ始《シ》末《マツ》ヲ著《アラハシ》タルヲ、隨《ズイ》身《シン》珮《ハイ》ト號《ガウ》シ二冊《サツ》アリ、其《ソノ》他《タ》撰《セン》述《シユツ》ノ書《シヨ》モ、悉《コトヽヽ》ク諸《シヨ》人《シン》ノ助《タスケ》ト成《ナ》ル事《コト》ノミヲ作《ツク》ラル、殊《コト》ニ乾《ケン》隆《リウ》四年《ネン》ノ作《サク》ヲ、家《カ》寶《ホウ》全《セン》集《シウ》ト云《イフ》四十卷《クワン》在《ア》リ、時《トキ》ニ歲《トシ》八十一歲《サイ》ニテ誠《マコト》ニ長《チヤウ》命《メイ》福《フク》貴《キ》ナル先《セン》生《セイ》ナリ、其《ソノ》他《タ》四書《シヨ》字《ジ》考《カウ》四書《シヨ》淺《セン》說《セツ》（二十七卷）今《コン》金《キン》集《シウ》（四十卷）神《セキ》天《テン》石《セキ》（四十卷）等《トウ》數《アマ》多《タ》ノ著《チヨ》書《シヨ》有《アリ》ト雖《イヘト》モ。今《イマ》玆《コヽ》ニ其《ソノ》書《シヨ》名《メイ》二三ヲ擧《アゲ》テ餘《ヨ》ハ省《セウ》畧《リヤク》ス、

和《ワ》漢《カン》靈《レイ》符《フ》ノ靈《レイ》驗《ケン》奇《キ》瑞《スイ》

大《ダイ》清《シン》ノ康《カウ》熙《キ》皇《クワウ》帝《テイ》ハ、世《セ》祖《ソ》順《シユン》治《チ》帝《テイ》ノ御《オン》子《コ》ニテ、御《ミ》名《ナ》ハ玄《ゲン》曄《クワ》ト稱《シヤウ》ス、幼《コウ》少《セウ》ニテ韃《ダツ》旦《タン》ヨリ大《タイ》明《ミン》ニ渡《ワタ》リ、北《ヘイ》京《キン》ノ順《シユン》天《テン》府《フ》ノ禪《ゼン》寺《ジ》ニ入《イ》リ、出《シユツ》家《ケ》シ玉《タマ》ヒ沙《シヤ》彌《ミ》ノ苦《ク》行《ギヤウ》ヲ勤《ツトメ》在《ア》リシカ、或《アル》時《トキ》ニ一道《タウ》人《ジン》來《キタ》リ、玄《ゲン》曄《クワ》沙《シヤ》彌《ミ》ノ御《オ》姿《スガタ》ヲ見《ミ》テ、沙《シヤ》彌《ミ》ハ誠《マコト》ニ希《ケ》有《ウ》ノ聖《セイ》相《ソウ》在リ、成《セイ》長《チヤウ》ニ從《シタカヒ》テ福《フク》貴《キ》ナルコト無《ム》上《ジヤウ》ニシテ、天《テン》下《カ》ヲ掌《シヤウ》握《アク》ノ相《ソウ》有《ア》リト雖《イヘト》モ、惜《ヲシ》ムラクハ運《ウン》拙《ツタナ》ク、殊《コト》ニ吉《キチ》事《ジ》ヲ掩《オホ》フ陰《イン》翳《エイ》ノ氣《キ》有《ア》リ、我《ワレ》是《コレ》ヲ退《シリソ》ケ泰《タナマ》ラント、懷《クワイ》中《チウ》ヨリ一ノ靈《レイ》符《フ》ヲ取《トリ》出《ダ》シ、是《コレ》ハ正《シヤウ》對《タイ》化《クワ》靈《レイ》天《テン》眞《シン》坤《コン》元《ケン》靈《レイ》符《フ》ト名《ナツ》ク、壁《ヘキ》間《カン》ニ貼《ハリ》置《オキ》テ朝《テフ》暮《ボ》ニ見《ミ》給《タマ》ヘ、君《キミノ》運《ウン》ヲ開《ヒラ》キ玉《タマ》フ事《コト》必《ヒツ》然《セン》ナリト、玄《ゲン》曄《クワ》沙《シヤ》彌《ミ》ノ生《ウマレ》年《ドシノ》支《シ》ヲ問《トヒ》テ、指《ユビ》ヲ折《チツ》テ一紙《シ》ノ靈《レイ》符《フ》ヲ授《サツ》ケントス、玄《ゲン》曄《クワ》沙《シヤ》彌《ミ》ハ道《ダウ》人《ジン》ノ袂《タモト》ヲヒカヘ、君《キミ》ハ何《イカナル》人《ヒト》ナルソト尋《タツ》ネ玉《タマ》ヘハ、吾《ワレ》ハ是《コレ》西《セイ》晋《シン》ノ許《キヨ》眞《シン》君《クン》仙《セン》人《ニン》ナリト答《コタヘ》テ所《ユキ》在《カタ》ヲ失《ウシナ》フ、玄《ゲン》嘩《クワ》沙《シヤ》彌《ミ》ソレヨリ靈《レイ》符《フ》ヲ壁《ヘキ》間《カン》ニ貼《ハリ》置《オキ》テ、朝《テフ》夕《セキ》ニ視《ミ》玉《タマ》フ数《スウ》年《ネン》ナリキ、時《トキ》ニ大《タイ》清《シン》ノ世《セ》祖《ソ》順《シユン》治《チ》帝《テイ》北《ヘイ》京《キン》ニ崩《ホウ》御《ギヨ》有リケレハ、諸《シヨ》臣《シン》評《ヘウ》議《ギ》シテ玄《ゲン》嘩《クワ》沙《シヤ》彌《ミ》ヲ強《シヒ》テ、禪《ゼン》寺《テラ》ヨリ迎奉《ムカヘタテマツ》リ帝《テイ》位《イ》ニ就《ツケ》マイラス、是《コレ》即《スナハ》チ聖《セイ》祖《ソ》康《カウ》熙《キ》皇《クワウ》帝《テイ》ナリ、幼《ヨウ》少《セウ》ヨリ出《シユツ》家《ケ》ト成《ナ》リ苦《ク》行《キヤウ》アリシユヘ、御《ヲン》手《テ》ニ胼《ヒ》胝《ヾ》有《ア》リ御《ヲ》足《アシ》モ跡《アカヾリ》有《アリ》テ、誠《マコト》ニ道《ダウ》心《シン》坊《ボウ》ノ如《ゴト》キ玄《ゲン》嘩《クワ》沙《シヤ》彌《ミ》、遂《ツイ》ニ爰《コヽ》ニ開《カイ》運《ウン》シ玉《タマ》ヒ帝《テイ》位《ヰ》ニ登《トウ》祚《サ》シテ、富《フウ》貴《キ》無《ム》上《シヤウ》ニ御《ゴ》壽《ジユ》命《メウ》ハ限《カギ》リ無《ナ》ク、康《カウ》熙《キ》ノ年《ネン》號《カウ》ハ六十一年續《ツヾ》キ、例《タメ》シ無《ナ》キ御《ゴ》治《チ》世《セイ》ニテ萬《バン》民《ミン》ハ太《タイ》平《ヘイ》ヲ歌《ウタ》フ、御《ゴ》即《ソク》位《イ》ノ後《ゴ》康《カウ》熙《キ》三已《キ》丑《チウ》年《トシ》、許《キヨ》眞《シン》君《クン》仙《セン》人《ニン》ヲ北《ヘイ》京《キン》城《シヤウ》外《クワイ》ニ祭《マツリ》テ、勅《チヨク》贈《ゾウ》シテ開《カイ》國《コク》守《シユ》護《ゴ》正《シヤウ》化《クワ》靈《レイ》陽《ヤウ》神《シン》廉《レン》眞《シン》人《シン》ト封《ホウ》シ玉《タマ》フ、此《コノ》帝《ミカト》ノ開《カイ》運《ウン》ハ是《コレ》單《ヒトヘ》ニ天《テン》眞《シン》坤《コン》元《ゲン》靈《レイ》符《フ》ノ靈《レイ》驗《ケン》ナリト、康《カウ》熙《キ》皇《クワウ》帝《テイ》御《ゴ》遺《ユウ》詔《セウ》ト云《イフ》書《シヨ》ニ見《ミ》ヘタリ、我《ワカ》朝《テウ》ニ於《オイ》テハ此《コノ》靈《レイ》符《フ》ヲ信《シン》仰《カウ》シ玉《タマ》ヒ、開《カイ》運《ウン》立《リツ》身《シン》出《シユツ》世《セ》シ玉《タマ》フ、公《ク》家《ゲ》武《ブ》家《ケ》等《トウ》ニ餘《アマ》多《タ》有《アリ》テ、姓《セイ》名《イ》ヲ聞《キ》及《オヨ》フモ憚《ハヾカ》リ多《オホ》ケレハ畧《リヤク》スモ、衆《シウ》人《ジン》能《ヨ》ク聞《キヽ》及《オヨ》フナラント、亦《マタ》近《チカ》頃《ゴロ》關《クワン》東《トウ》、西《サイ》國《コク》、北《ホク》國《コク》、南《ナン》海《カイ》等《トウ》ノ貴《キ》人《シン》高《カウ》位《井》ニ此《コノ》靈《レイ》符《フ》ヲ信《シン》仰《カウ》シ玉《タマ》フ事《コト》、其《ソノ》靈《レイ》驗《ゲン》、有《ア》リシ事《コト》モ數《アマ》多《タ》有《ア》リ、高《カウ》名《メイ》ノ人《ヒト》々《〱》ノ利《リ》生《シヤウ》ハ記《シル》シ顯《アラハ》スモ、人《ヒト》々《〱》疑《ウタカ》フ者《モノ》モアランカ、又高《カウ》位《イ》貴《キ》官《クワン》ノ御《ヲ》方《カタ》、ノ御《ゴ》利《リ》生《シヤウ》ヲ得《エ》玉《タマ》フコトハ、恐《ヲソ》レ多《オホ》キヲ以《モツ》テ一《イチ》々《〱》記《シル》サス、御《ゴ》利《リ》生《シヤウ》ヲ得《エ》玉《タマ》フコトハ尋《タツネ》問《トヒ》テ、其《ソノ》信《シン》念《ネン》ヲ增《マ》シ玉《タマ》ヘ、爰《コヽ》ニ態《ワサ》ト記《キ》事《ジ》ヲ洩《モラ》シヌト靈《レイ》符《フ》集《シウ》說《セツ》ニ見《ミ》ヘタリ、集《シウ》說《セツ》ハ寶《ホウ》永《エイ》年《ネン》中《チウ》ノ作《サク》ニテ、其《ソノ》前《ゼン》後《ゴ》ハ我《ワカ》國《クニ》ニ盛《サカン》ニ信《シン》仰《カウ》セシ徵《チウ》ト爲《ナ》スニ足《タ》ルヘシ）

○漢《カン》土《ド》ノ普《フ》陀《タ》山《サン》ハ、浙《セツ》江《コウ》省《セイ》ノ寧《ネイ》波《ハ》府《フ》ノ內《ウチ》、定《テイ》海《カイ》縣《ケン》ニ在《ア》ル島《シマ》ナリ、補《フ》陀《タ》落《ラク》迦《キヤ》山《サン》トモ梅《バイ》岑《キン》山《ザン》トモ云《イフ》、觀《クワン》音《オン》ノ靈《レイ》場《ジヤウ》ニテ、日《ニ》本《ホン》ノ僧《ソウ》惠《ヱ》蕚《ガク》ノ開《カイ》基《キ》ナリ、大《タイ》清《シン》康《カウ》熙《キ》五十三年《ネン》ニ、杭《カウ》州《シウ》府《フ》ノ城《シヤウ》下《カ》ノ商《シヤウ》人《ニン》カ、他《タ》國《コク》ヘ商《シヤウ》船《セン》ヲ仕《シ》立《タ》テ、海《カイ》上《シヤウ》ヲ乘《ノリ》行《ユク》トテ此《コノ》普《フ》陀《タ》山《サン》ニ船《フネ》ヲ着《ツケ》ケ、觀《クワン》音《オン》ノ靈《レイ》場《シヤウ》ヘ詣《モウ》テ、已《スデ》ニ船《フネ》ニ乘《ノ》ラントセシニ、一道《ダウ》人《シン》忽《コツ》然《セン》出《イデ》テ來《キタ》リ、商《シヤウ》人《ニン》陳《チン》元《ゲン》璃《リ》ニ向《ムカ》ヒ、一ノ靈《レイ》符《フ》ヲ授《サヅケ》テ曰《イハ》ク、海《カイ》上《シヤウ》ノ風《フウ》波《ハ》ヲ凌《シノ》グヘシ、是《コレ》ハ天《テン》眞《シン》坤《コン》元《ゲン》靈《レイ》符《フ》トテ、諸《シヨ》人《ニン》開《カイ》運《ウン》シ、災《サイ》害《ガイ》ヲ消《ケシ》ク事《コト》神《カミ》ノ如《ゴト》シト、是《コ・》ニ於《オイ》テ船《セン》中《チウ》ノ諸《シヨ》人《ニン》悉《コト〴〵》ク、是《コレ》ヲ爭《アラソ》ヒ授《サヅカ》リヌ、陳《チン》元《ゲン》璃《リ》カ其《ソノ》道《ダウ》人《シン》ノ姓《セイ》名《メイ》ヲ問《トヘ》ハ、吾《ワレ》ハ精《セイ》行《キヤウ》眞《シン》人《ジン》甘《カン》戟《ゲキ》成《ナ》リト云《イヒ》失《ウセ》ヌ、此《カ》クテ船《フネ》ハ海《カイ》上《シヤウ》遙《ハルカ》ニ漕《コキ》出《イツ》ルニ、忽《タチマ》チ惡《アク》風《フウ》吹《フキ》來《キタリ》テ逆《ケキ》浪《ラウ》天《テン》ニ漲《ミナキ》リ、數《アマ》多《タ》ノ商《シヤウ》船《セン》皆《ミナ》海《カイ》中《チウ》ニ沈《シツ》沒《ミ》シモ、陳元璃ノ船《フネ》ノミ難《ナン》ヲ脫《ノカレ》テ、肥《ヒ》前《セン》平《ヒラ》戸《ト》ニ着《チヤク》シタリト云《イフ》、

○我《ワカ》國《クニ》ノ洛《ラク》西《サイ》朱《シユ》雀《シヤク》ノ邊《ヘン》ニ、桔《キ》梗《キヤウ》屋《ヤ》ト云《イフ》大《タイ》商《シヤウ》人《ニン》有《ア》リ、名《ナ》ヲ嗽《トン》汜《シ》ト云《イフ》、家《イヘ》ハ富《フ》榮《エイ》ニシテ家《カ》族《ゾク》百五十餘《ヨ》人《ニン》ノ暮《クラ》シナリ、此《コノ》家《イヘ》ヘ出《シユツ》入《ニウ》スル者《モノ》數《カズ》多《オホク》有《ア》リシカ、主《シユ》人《ジン》嗽《トン》汜《シ》ハ其《ソノ》出《デ》入《イル》ノ者《モノ》ニ喩《サト》シテ曰《イハ》ク、汝《ナンヂ》等《ラ》

富《フウ》貴《キ》繁《ハン》昌《シヤウ》壽《ジユ》命《メウ》長《チヤウ》久《キウ》ヲ祈《イノ》ラハ、汝《ナンヂ》等《ラ》カ生《ウマレ》年《ドシ》ノ支《シ》ヨリ七ツ目《メ》ノ支《シ》ヲ畫《エガ》描《カ》セテ、朝《テフ》夕《セキ》ニ見《ミ》ルヘシ、所《シヨ》願《グワン》ハ自《オノヅカ》ラ如《ニヨ》意《イ》ナラント、平《ツ》常《ネ》ニ教《ヲシヘ》タリ、或《アル》日《ヒ》正《シヤウ》吉《キチ》ト云《イフ》者《モノ》彼《カノ》家《イヘ》ニ訪《トヒ》來《キタ》リシニ、噋《トン》汜《シ》ハ正吉ノ生《ウマレ》年《ドシ》ノ支《シ》ヲ問《ト》フニ、正吉ハ未《ヒツジ》年《ドシ》ト答《コタ》フ、噋《トン》汜《シ》ノ曰《イハ》ク然《シカ》ラハ牛《ウシ》ヲ畫《エガ》セ朝《テフ》夕《セキ》見《ミ》ルヘシト教《ヲシ》フ、其《ソノ》後《ゴ》正吉ニ遇《ア》ヒ牛《ウシ》畫《グワ》ノ事《コト》ヲ問《ト》フ、正吉イマダト答《コタ》ヘケレバ此《コノ》時《トキ》庫《ク》藏《ラ》ノ一軸《ヂク》ヲ取《トリ》出《イダ》シ、是《コレ》ニ牛《ウシ》畫《グワ》有《ア》リ持《モチ》歸《カヘリ》テ見《ミ》ルヘシト、其《ソノ》軸《ヂク》物《モノ》ヲ與《アタ》ヘヌ、持《モチ》返《カヘ》リテ人《ヒト》ニ語《カタ》リ軸《ヂク》ヲ見《ミ》セケルニ、其《ソノ》畫《グワ》ハ狩《カ》野《ノ》探《タン》幽《ユウ》法《ハフ》眼《ゲン》ノ眞《シン》筆《ヒツ》ニテ、牛《ウシ》ノ米《コメ》俵《ダハラ》三俵《ヒヤウ》ヲ背《セ》負《オヒ》シ上《ウヘ》ニ、大《ダイ》黑《コク》天《テン》ノ乘《ノ》ル圖《ヅ》ナリ、正吉是《コレ》ヨリ信《シン》シテ朝《テフ》夕《セキ》見《ミ》シヤ知《シ》ラス、彼《カノ》噋《トン》汜《シ》ハ益《マス》々《く》富《フ》家《カ》ト成《ナ》リ繁《ハン》昌《シヤウ》シタリト云、是《コレ》即《スナハ》チ寶《ホウ》永《エイ》頃《コロ》ノ例《レイ》談《タン》ナリ、

和《ワ》漢《カン》共《トモ》ニ唯《タヾ》十二支《シ》禽《キン》ヲ畫《エ》描《カキ》ク者《モノ》多《オホ》キカ、正《シヤウ》對《タイ》化《クワ》靈《レイ》天《ナン》眞《シン》坤《コン》元《ケン》靈《レイ》

符《フ》ヲ書《カク》ヲ知《シ》ラス、靈《レイ》驗《ケン》利《リ》生《シヤウ》ヲ得《ウ》ルコト、誠《マコト》ニ信《シン》有《ア》レハ德《トク》有《ア》リト云《イフ》諺《コトハサ》ムベナル哉《カナ》、世《ヨ》ニ持《モチ》扱《アツカフ》ハ靈《レイ》符《フ》ノ下《シタ》ニ圖《ヅ》スル所《トコロ》ノ鼠《ソ》形《ケフ》、丑《ウシ》形《ケフ》、虎《トラ》形《ケフ》等《トウ》ノミナリ、是《コレ》サヘ利《リ》生《シヤウ》有《ア》リ、況《イハン》ヤ十二支《シ》天《ナン》眞《シン》坤《コン》元《ケン》靈《レイ》符《フ》ノ眞《シン》圖《ヅ》ヲヤ、其《ソノ》感《カン》應《トウ》利《リ》生《シヤウ》ハ毫《スコシ》モ疑《ウタカ》フベカラス、

因《チナミ》ニ云《イフ》世《セ》人《ジン》ノ習《シフ》慣《クワン》ニ男《タン》子《シ》ハ煙《タハ》艸《コ》入《イレ》ノ金《カナ》具《グ》ニ七ツ目《メ》ノ支《シ》ヲ用《モチ》ヒ又《マタ》婦《フ》人《ジン》モ種《イロ》く々ノ金《カナ》具《グ》ニ支《シ》ヲ撰《セン》用《ヨウ》ス、是《コレ》ニテモ何《ナニ》カ靈《レイ》在《ア》ルカ如《ゴト》シ、是《コレ》即《スナハ》チ往《ワウ》時《ジ》桔《キ》梗《キヤウ》屋《ヤ》某《バウ》等《ラ》カ敎《ヲシヘ》タルニ由《ヨ》ルカ、亦《マタ》一般《ハン》ニ信《シン》仰《カウ》セシ餘《ヨ》習《シフ》ノ今《イマ》ニ及《オヨ》ベルモノ歟《カ》、故《ユヘ》ニ其《ソノ》禽《キン》獸《ジウ》ノ形《カタチ》ヲ畫《クワ》工《コウ》ヲ擇《エラミ》テ描《カヽ》シメ緊《キン》要《エウ》ノ秘《ヒ》符《フ》ヲ正《セイ》式《シキ》ニ修《シユ》法《ハフ》シ信《シン》念《ネン》謹《キン》寫《シヤ》シテ、神《シン》聖《セイ》ナル事《コト》ヲ期《キ》圖《ト》シ、有《イウ》志《シ》士《シ》ニ頒《ワカチ》布テ共《トモ》ニ天《テン》寶《ホウ》ノ冥《メイ》祐《イウ》ヲ禱《イノ》リ、天《テン》幸《カウ》ヲ享《ウ》受《ケ》ント欲《オモ》ヒ、爰《コヽ》ニ微《ヒ》意《イ》ノ有《ア》ル處《トコロ》ヲ知《シ》ラシムル爾《ノミ》、

天《テン》眞《シン》坤《コン》元《ゲン》靈《レイ》符《フ》二十八靈《レイ》驗《ケン》

第一無《ヤマヒ》病《ナク》長《イノチ》壽《ナカシ》、　第二增《クライ》位《マシ》增《タキヤウ》宦《マス》、　第三福《トミ》德《サカヘ》長《サカ》榮《フ》、　第四子《シ》孫《ソン》連《レン》

綿《メン》以《イ》下《カ》第二十八ノ所《ショ》願《クワン》皆《ミナ》達《タッス》ト在《ア》ル迄《マデ》、旣《スデ》ニ卷《クワン》首《シュ》ニ其《ソノ》目《モク》標《ヒヤウ》ヲ掲《ケイ》出《シュツ》セシヲ以テ茲《コヽ》ニ省《セイ》畧《リヤク》ス、此《コノ》他《ホカ》ニ人《シン》事《ジ》ノ願《ネガヒ》ハ、悉《コト〻》ク成《シヤウ》就《ジュ》セスト云《イフ》コト無《ナ》ク、斯《カク》ノ如《ゴト》キ靈《レイ》驗《ケン》ノ廣《クワウ》大《ダイ》奇《キ》妙《メウ》不《フ》測《シギ》在《ア》ル、此《コノ》靈《レイ》符《フ》ノ利《リ》生《シヤウ》ハ何《ナニ》故《ユヘ》ニ在《ア》ルカ、偖《サテ》又《マタ》許《キョ》眞《シン》君《クン》仙《セン》人《ニン》ハ奈《イ》何《カ》ナル仙《セン》人《ニン》ニテ、カヽル不《フ》測《シキ》ノ靈《レイ》符《フ》ヲ授《サヅ》ケ玉《タマ》フゾ、又何《ド》フ謂《イ》フ利《リ》益《ヤク》ニテ、十二支《シ》ノ靈《レイ》符《フ》世《ヨ》ニ行《オコナ》ハレルゾ、又《マタ》板《ハン》行《カウ》ノ靈《レイ》符《フ》ヲ寫《ウツ》シテ、何《イカ》ナル信《シン》仰《カウ》シテ諸《ショ》人《ニン》ニ與《アタ》ヘルソ、斯《カ》ク心《コヽロ》易《ヤス》キ靈《レイ》符《フ》ノ靈《レイ》驗《ケン》ハ、何《イカ》ナル理《ワ》由《ケ》ニテ靈《レイ》驗《ケン》カ有《ア》ルゾト、諸《ショ》人《ニン》ノ不《フ》測《シキ》ト爲《ナ》スコトアラン、其《ソ》ハ次《ジ》項《カウ》ヨリ悉《コト〻》ク其《ソノ》至《シ》理《リ》至《シ》數《スウ》ナルコトヲ漸《セン》々《〻》ニ說《セツ》明《メイ》シテ、疑《ウタガヒ》ヲ解《カイ》決《ケツ》スヘシ、

靈《レイ》符《フ》ニ正《シヤウ》對《タイ》化《クワ》靈《レイ》天《テン》眞《シン》坤《コン》元《ゲン》ト題《ダイ》スル理《ワ》由《ケ》

此《コノ》題《タイ》號《カウ》ノ說《セツ》明《メイ》タル十二支《シ》ナルモノハ、其《ソノ》根《コン》本《ホン》カ聖《セイ》人《シン》ノ天《テン》文《モン》學《ガク》ニ關《カヽ》ル事《コト》ユヘ

其《ソノ》意《イ》ヲ以《モツ》テ此《コノ》項《コウ》ヲ讀《ヨム》ニアラザレハ、難解《カイシカタキ》ノ虞《ヲソレ》有《ア》ル故《ユヘ》、茲《コヽ》ニ一言《ゲン》ヲ附《フ》記《キ》ス、請《コ》フ
之《コレ》ヲ諒《レウ》シテ讀《ヨ》ムヘシ、

夫《ソ》レ靈《レイ》符《フ》ノ符《フ》篆《シヤワ》ハ數《アマ》多《タ》有《ア》リ、其《ソノ》中《ナカ》ニ正《シヤウ》對《タイ》化《クワ》靈《レイ》天《テン》眞《シン》坤《コン》元《ゲン》ノ靈《レイ》符《フ》ト題《タイ》號《カウ》スルハ、甚《ジン》深《シン》微《ヒ》妙《メウ》ノ義《ギ》ニシテ、短《タン》紙《シ》ニ禿《トク》筆《ヒツ》ノ盡《ツク》スヘキニアラサルカ、茲《コヽ》ニ其《ソノ》寶《ホウ》號《ガウ》ニ就《ツキ》テ考《カンカフ》ルニ、先《マ》ツ正《シヤウ》對《タイ》化《クワ》靈《レイ》ト云《イフ》ハ、經《ケイ》ニ曰《イハ》ク天《テン》地《チ》ハ六氣《キ》ヲ合《アハ》シ、六節《セツ》ニ分《ワカ》レテ萬《バン》物《ブツ》ヲ化《クワ》生《シヤウ》ス、然《シカ》ルニ地《チ》ニ五行《キヤウ》ヲ列《レツ》スルトハ、是《コレ》其《ソノ》用《ヨウ》ヲ言《イフ》ナリ、

按《アン》スルニ天《テン》ハ客《カク》氣《キ》ト爲《ナ》シ地《チ》ハ主《シユ》氣《キ》ト爲《ナ》ス、毎《マイ》歳《ネン》ノ天《テン》時《ジ》ニ日照《ヒデリ》ト降《カウ》雨《ウ》ニ多《タ》少《セウ》ノ差《サ》、及《オヨ》ヒ豊《ホウ》凶《ケフ》在《ア》ル所《ユ》以《ヱン》ハ、客《カク》氣《キ》ノ善《ヨシ》惡《アシ》ト地《チ》氣《キ》ノ主《シユ》氣《キ》ト相生相尅《ソウシヤウソウコク》ニ因《ヨ》ルナリ、其《ソノ》理《リ》ハ素《ソ》問《モン》運《ウン》氣《キ》論《ロン》ニ審《ツマヒラ》カナル故《ユヘ》、聖《セイ》賢《ケン》之《ノ》天《テン》眼《カン》研《ケン》究《キウ》ト題《ダイ》シ拙《セツ》著《チヨ》ニ其《ソノ》全《ゼン》文《ブン》ヲ掲《カヽケ》テ天《テン》時《ジ》及ヒ人《シン》事《シ》ノ疾《シツ》病《ヒヤウ》ノ起《キ》因《イン》并ニ禍《クワ》福《フク》等《トウ》ニ係《カヽ》ル事《コト》ヲ詳《シヤウ》述《シユツ》ス就《ツキ》テ見《ミ》ルヘシ、

偖《サテ》川《コウ》トハ子《ネ》、丑《ウシ》、寅《トラ》、卯《ウ》等《トウ》ノ支《シ》ヲ云《イフ》、其《ソノ》支《シ》ヲ十二ニ分《ワカツ》テ、五《ゴ》行《ギヤウ》ト陰《イン》陽《ヤウ》ノ氣《キ》ヲ以テ八《ハツ》方《ハウ》ニ布《シ》ク、蓋《ケダ》シ天《テン》ノ氣《キ》ハ降《カウ》下《カ》スル則《トキ》ハ、地《チ》ノ氣《キ》ハ

遷《ウカン》テ上《ノボ》ル、皆《ミナ》五《ゴ》行《ギヤウ》ノ化《クワ》氣《キ》備《ソナハリ》テ後《ノチ》ニ其《ソノ》川《コウ》ヲ合《アハ》ス、萬《バン》物《ブツ》ヲ觀《ミ》ルニ未《イマ》タ嘗《カツ》テ、天《テン》地《チ》ノ氣《キ》ニ因《ヨツ》テ化《クワ》生《シヤウ》セスンハアラス、地《チ》氣《キ》ハ靜《セイ》ニシテ常《ツネ》有《ア》リ、天《テン》ノ氣《キ》ハ動《ウコキ》テ變《ヘン》ス、

惟《オモ》フニ過《クワ》古《コ》ニ溯《サカノホ》レハ數《スウ》千《セン》歳《ザイ》前《セン》ニテモ、未《ミ》來《ライ》ハ萬《バン》歳《ザイ》ノ後《ノチ》ニ及《オヨ》ブモ、終《シウ》始《シ》異《コトナ》ラザル聖《セイ》賢《ケン》ノ教《ケフ》カ萬《ハン》世《セ》不《フ》易《エキ》ナル所《ユ》以《エン》タルヤ、此《コノ》終《シウ》始《シ》無《ム》變《ヘン》ニ大《タイ》盤《ハン》石《シヤク》ノ如《ゴト》キ天《テン》地《チ》ノ眞《シン》理《リ》ヲ基《キ》礎《ソ》トシテ、立《リツ》教《ケフ》ノ根《コン》本《ホン》ト爲《ナ》ス故《ユヘ》、四千年《ネン》前《セン》ノ經《ケイ》文《ブン》カ、現《ケン》代《タイ》ニ於《オイ》テモ差《サ》異《イ》無《ナ》キ徵《チヤウ》ト爲《ナ》スニ足《タ》ル乎《カ》、

偖《サテ》其《ソノ》六氣《キ》ノ源《ゲン》ハ即《スナハ》チ同《ヲナ》シク、六氣《キ》ノ始《シウ》終《シ》ニ少《スコ》シク異《コトナ》ル何《ナニ》故《ユヘ》ナレハ、蓋《ケタ》シ天《テン》ノ氣《キ》ハ少《セウ》陰《イン》ニ始《ハシマリ》テ厥《ケツ》陰《イン》ニ終《オハ》リ、地《チ》ノ氣《キ》ハ厥《ケツ》陰《イン》ノ木《キ》ニ始《ハシマリ》テ太《タイ》陽《ヤウ》ノ水《ミツ》ニ終《オハ》ル、天《テン》ノ六元《グン》ノ氣《キ》ハ、却《カヘツ》テ地《チ》ノ十二支《シ》ニ合《カウ》シテ以テ、五《ゴ》行《キヤウ》ハ正《シヤウ》化《クワ》ニ對《タイ》シテ其《ソノ》緒《チヨ》ヲ爲《ナ》ス則《トキ》ハ、少《セウ》陰《イン》ハ子《ネ》午《ウマ》ヲ司《ツカサド》リ、太《タイ》陰《イン》ハ丑《ウシ》未《ヒツシ》ヲ司《ツカサド》リ、少《セウ》陽《ヤウ》ハ寅《トラ》申《サル》ヲ司《ツカサ》トル、陽《ヤウ》明《メイ》ハ卯《ウ》酉《トリ》ヲ司《ツカサド》リ、太《タイ》陽《ヤウ》ハ辰《タツ》戌《イヌ》ヲ司《ツカサト》ル、厥《ケツ》陰《イン》ハ巳《ミ》亥《ヰ》ヲ司《ツカサド》ル、天《テン》氣《キ》ノ始《シ》終《シウ》ノ因《イン》斯《カク》ノ

如《ゴト》キ而《ノ》巳《ミ》、○六氣《キ》ハ上《シヤウ》下《ケ》左《サ》右《ユウ》ニ分《ワカレ》テ天《テン》令《レイ》ヲ行《オコナ》フ、十二支《シ》ハ節《セツ》ヲ令《レイ》シ時《ジ》日《ジツ》ニ分《ワカチ》テ、地《チ》ノ化《クワ》ヲ司《ツカサト》ルナリ、六氣《キ》十二支《シ》ヲ司《ツカサト》ル事《コト》ハ正《シヤウ》對《タイ》ト化《クリ》對《タイ》トアレハナリ、然《シカ》ルニ厥《ケツ》陰《イン》ニ巳《ミ》亥《ヰ》ヲ司《ツカサト》ル所《ユ》以《エン》ハ何《ナニ》故《ユヘ》カト云《イフ》ニ、○厥《ケツ》陰《イン》ハ木《キ》ナリ、木《キ》ハ亥《ヰ》ニ生《シヤウ》スル故《ユヘ》ニ、亥《ヰ》ニ正《シヤウ》化《クワ》シ巳《ミ》ニ對《タイ》化《クワ》ス、卯《ウ》ハ正《マサ》ニ木《キ》ノ分《ブン》ト爲《ナ》ス事《コト》在《ア》ルモ、陽《ヤウ》明《メイ》金《キン》ノ對《タイ》化《クワ》ナリ、西《セイ》方《ハウ》ハ金《キン》ニ屬《ゾク》スル故《ユヘ》、酉《トリ》ニ正《シヤウ》化《クワ》シ卯《ウ》ニ對《タイ》化《クワ》ス、○少《セウ》陰《イン》ノ子午ヲ司《ツカサド》ル所《ユ》以《エン》ハ、謂《イハ》ユル少《セウ》陰《イン》ハ君《クン》火《クリ》ノ尊《ソン》位《イ》ナリ、故《ユヘ》ニ正《シヤウ》南《ナン》方《ハウ》ノ離《リ》位《ヰ》ヲ得《ウ》ルユヘ、午《ウマ》ニ正《シヤウ》化《クワ》シ子《ネ》ニ對《タイ》化《クリ》ス、○太《タイ》陰《イン》ノ丑《ウシ》未《ヒツシ》ヲ司《ツカサド》ルユヘンハ、太《タイ》陰《イン》ハ土《ツチ》ナリ、土《ツチ》ハ中《チウ》宮《グウ》ニ屬《ゾク》シ、坤《コン》位《ヰ》ノ西《セイ》南《ナン》ニ寄《ヨ》ル、未《ヒツシ》ノ分《ブン》ニ居《ヲ》ル故《ユヘ》、未《ヒツシ》ニ正《シヤウ》化《クワ》シ丑《ウシ》ニ對《タイ》化《クワ》ス、○少《セウ》陽《ヤウ》ノ寅《トラ》申《サル》ヲ司《ツカサト》ル故《ユヘ》ニ、少《セウ》陽《ヤウ》相《ソウ》火《クワ》ノ位《クライ》ハ君《クン》火《クワ》ヨリ卑《ヒク》シ、午ノ位《クライ》有《アリ》ト雖《イヘト》モ、君《クワ》火《クワ》ハ是《コレ》ニ居《キヨ》ス、火《ヒ》ハ寅《トラ》ニ生《シヤウ》スル故《ユヘ》寅ニ正《シヤウ》化《クリ》シ、申《サル》ニ對《タイ》化《クワ》ス、○太《タイ》陽《ヤウ》ノ辰《タツ》戌《イヌ》ヲ司《ツカサト》ルハ何《ナニ》ユヘナレハ、太《タイ》陽《ヤウ》ハ水《ミツ》ナリ、子ノ位《クライ》ニ有《アリ》ト雖《イヘト》モ、以テ君《クン》火《クワ》ノ對《タイ》化《クワ》ニ居《キヨ》ス、水ハ土《ド》中《ナウ》ニ伏《カク》ル、即《スナハ》チ六戌《シユ》ハ天《テン》門《モン》ノ戌《イヌ》是《コレ》ナリ、六已《シ》ハ地《チ》戸《コ》ノ辰《タツ》是《コレ》ナリ、故《ユヘ》ニ水《スイ》土《ド》ノ用《ヨウ》ト雖《イヘト》モ戌《イヌ》ニ正《シヤウ》化《クワ》シ辰《タツ》ニ對《タイ》化《クワ》ス、○此《コレ》天《テン》ノ陰《イン》陽《ヤウ》地《チ》ノ十二支《シ》ニ合《カフ》シテ動《ウコキ》テ息《ヤマ》ス、其《ソノ》妙《メウ》用《ヨウ》ヲ作《ナ》スヲ以テ、正《シヤウ》對《タイ》化《クワ》靈《レイ》ト號《ナツク》ルナリ、

偖《サテ》亦《マタ》天《テン》眞《シン》坤《コン》元《ゲン》ト云《イフ》ハ、先《マ》ツ天《テン》眞《シン》トハ天《チン》ノ客《カク》氣《キ》ニシテ、上《シヤウ》下《ケ》左《サ》右《ユウ》ニ分《ワカ》レ天《テン》令《レイ》ヲ行《オコナ》フモノナリ、天《テン》ノ氣《キ》ハ少《セウ》陰《イン》ニ始《ハシマ》リ、太《タイ》陰《イン》、少《セウ》陽《ヤウ》、陽《ヤウ》明《メイ》、太《タイ》陽《ヤウ》、厥《ケツ》陰《イン》ニ終《オハ》リ、地《チ》ノ氣《キ》ハ厥《ケツ》陰《イン》ニ始《ハシマリ》テ少《セウ》陽《ヤウ》、太《タイ》陰《イン》、陽《ヤウ》明《メイ》、太《タイ》陽《ヤウ》ニ終《オハ》ル故《ユヘ》、是《コレ》ヲ以テ坤《コン》元《ケン》ト云《イフ》ハ即《スナハ》チ地《チ》氣《キ》ナリ、此《コレ》天《テン》眞《シン》坤《コン》元《ゲン》ノ二氣《キ》カ相《アヒ》因《ヨツ》テ、天《テン》地《チ》ノ妙《メウ》用《ヨウ》ヲ爲《ナ》ス故《ユヘ》ニ、正《セイ》對《タイ》化《クワ》靈《レイ》天《テン》眞《シン》坤《コン》元《ケン》ト題《ダイ》號《ガウ》セラレタルモノナルヘシ、

前《セン》述《シユツ》ノ天《テン》眼《カン》研《ケン》究《キウ》ニ十二支《シ》并ニ十幹《カン》ノ性《セイ》質《シツ》ヨリ此《コノ》干《カン》支《シ》ノ作《ハタ》用《ラキ》ヲ詳《シヤウ》細《サイ》ニ講《カウ》述《シユツ》

セシ故《ユヘ》參《サン》照《セウ》セハ聖《セイ》人《ジン》ノ意《イ》ヲ一層《ソウ》明瞭《メイリヤウ》ニ、其《ソノ》由《ヨツ》テ來《キタ》ル所以《ユエン》ヲ自《ジ》覺《カク》スヘシ、支《シ》ノ和《ワ》訓《クン》ハ次《シ》項《カウ》ニ載《ノ》ス、

偖《サテ》又《マタ》靈《レイ》符《フ》トハ靈《レイ》妙《メウ》不《フ》測《シギ》ノ謂《イヒ》ニテ、符《フ》トハ雲《フン》笈《キウ》七籤《セン》ニ曰《イハ》ク、道《ミチ》ハ虛《キヨ》無《ム》ノ至《シ》眞《シン》ナリ、術《シユツ》ハ變《ヘン》化《クワ》ノ玄《ケン》伎《ギ》ナリ、術《シユツ》ノ秘《ヒ》ナル者《モノ》ハ唯《タヾ》符《フ》ト氣《キ》ト藥《ヤク》石《セキ》ナリト謂《イ》ヘリ、故《ユヘ》ニ原《モ》ト符《フ》ハ三光《クワウ》ノ靈《レイ》文《ブン》ニテ、天《ナン》眞《シン》ノ信《シン》ナリ、氣《キ》ハ陰《イン》陽《ヤウ》ノ大《タイ》和《クワ》ニテ萬《バン》物《ブツ》ノ靈《レイ》爽《ケフ》ナリ、藥《クスリ》ハ五《ゴ》行《キヤウ》ノ華《クワ》英《エイ》ニテ、天《テン》地《チ》ノ精《セイ》液《エキ》ナリ、故《ユヘ》ニ一事《ジ》ニ妙《メウ》ニシテ應《オウ》セサル事《コト》無《ナ》シト在《ア ※》リ、符《フ》ト云《イフ》ハ玆《コヽ》ニ叙《ショ》スル如《ゴト》ク、三光《クワウ》ノ靈《レイ》文《ブン》ニテ天《テン》眞《シン》ノ信《シン》ナル事《コト》ヲ記《キ》臆《オク》シタル以《イ》上《シヤウ》ハ、實《ジツ》ニ尊《ツン》信《シン》スヘキ神《シン》聖《セイ》ノモノト知《チ》了《レウ》スヘシ、

和《ワ》訓《クニ》十二支《シ》ノ說《セツ》

夫《ソ》レ清《スメ》ル陽《ヤウ》ハ天《テン》ト爲《ナ》リ、五行《キヤウ》彰《アラハ》レテ十幹《カン》立《タ》ツ、濁《ニゴ》ル陰《イン》ハ地《チ》ト爲《ナ》

リ、八方《ハウ》定《サダマ》リテ十二支《シ》分《ワカ》ル、其《ソノ》十《ジツ》幹《カン》ハ天《テン》ノ五行《キヤウ》ニシテ、木《キ》ノ眞《シン》カ一《イツ》本《ホン》立《タチ》タルヲ幹《カン》《ミキ》ト云《イフ》、陽《ヤウ》數《スウ》ハ五ノ奇《キ》ヲ用《モチ》ユ、十二支《シ》ハ地《チ》ノ六氣《キ》ニシテ、木《キ》ノ幹《ミキ》ニ附《ツキ》テ生《シヤウ》スル枝《エダ》ナリ、然《シカ》レハ十干《カン》ト書《カ》ク干《カン》ハ幹《ミキ》ニテ支《シ》ハ枝《エダ》ナリ、木《キ》ハ五行《キヤウ》ノ母《ハヽ》ニテ最《サイ》初《シヨ》ナレハ、干《カン》支《シ》共《トモ》ニ木《キ》ニ因《ヨ》ル、今《イマ》茲《コヽ》ニ幹《カン》ノ事《コト》ハ別《ヘツ》問《モン》題《タイ》ニテ必《ヒツ》要《ヤウ》無《ナ》キ故《ユヘ》、只《タヾ》十二支《シ》ノ事《コト》ヲ云《イフ》則《トキ》ハ、十二支《シ》ハ地《チ》ノ五行《キヤウ》ニテ、天《テン》ノ六氣《キ》ヲ備《ソナ》フ、是《コレ》ヲ十二支《シ》ノ禽《キン》ニ配《ハイ》當《トウ》ス、例《タトヘ》ハ子《ネ》ハ鼠《ネツミ》、丑《ウシ》ハ牛《ウシ》、寅《トラ》ハ虎《トラ》、卯《ウ》ハ兎《ウ》、辰《タツ》ハ龍《リウ》、巳《ミ》ハ蛇《ヘビ》、午《ウマ》ハ馬《ウマ》、未《ヒツシ》ハ羊《ヒツシ》、申《サル》ハ猿《サル》、酉《トリ》ハ鷄《トリ》、戌《イヌ》ハ狗《イヌ》、亥《ヰ》ハ猪《ヰ》ト肖《ニ》象《シヤウ》ヲ以《モツ》テ、人ニ知《シリ》易《ヤス》カラシメタルモノトス(原《モト》是《コレ》天《テン》學《カク》ノ則《ノツト》リナリ)十二支《シ》ヲ文《モン》字《ジ》ノ性《セイ》質《シツ》ト作《ハタ》用《ラキ》ハ拙《セツ》著《チヨ》ニ詳《シヤウ》述《シユツ》セシ故《ユヘ》、茲《コヽ》ニ和《ワ》訓《クン》ハ悉《コト〳〵》ク木《キ》ノ生《シヤウ》シ、長《チヤウ》シ、化《クワ》シ、收《オサマ》リ、藏《カク》ル、此《コノ》五ツニ因《ヨツ》テ以テ號《ナツ》ク、例《タトヘ》ハ子《ネ》ハ根《ネ》ニテ果《クワ》ノ根《コン》ヲ地《チ》中《チウ》ニ下《クダ》ス義《ギ》ニ取《ト》ル、◯丑《ウシ》ハ濕《ウルホ》ヒノ省《セウ》畧《リヤク》ニテ、果《クワ》ハ水《ミツ》ノ潤《ウルホ》ヒテ含《フクミ》テ、孚《コノミ》、ノ甲《ヨロヒ》ヲ脱《ヌカ》ントスル理《リ》ト爲《ナ》ス、○寅《トラ》ハ戸《ト》ヲ開《ヒラキ》テ果《クワ》ノ甲《ヨロヒ》ヲ抜《ヌ》キ、芽《メ》ヲ出《イタ》スハ戸《ト》ヲ開《ヒラ》クカ如《コト》キ理《リ》ト爲《ナ》ス、○卯《ウ》ハ生《ウマ》ルノ省畧《セイリヤク》ニテ果《クワ》芽《メ》ヲ出《イタ》ス、恰《アタカ》モ生《ウマ》ル、カ如《コト》キ理《リ》ト爲《ナ》ス、○辰《タツ》ハ出《シユツ》立《タツ》ノ義《ギ》ニ取《ト》ル、○巳《ミ》ハ實《ミ》ニテ花《ハナ》咲《サキ》テ結實《ケツジツ》スルノ義《ギ》ニ取《ト》ル、○午《ウマ》ハ旨《ウマ》味《シ》ニテ實《ミ》ニ旨《ウマ》味《ミ》ヲ含《フク》ム義《ギ》ニ取《ト》ル、○未《ヒツジ》ハ干《カン》熱《ネツ》ノ省畧《セイリヤク》ニテ、陽《ヤウ》氣《キ》ノ干《カン》熱《ネツ》ニ化《クワ》セラレテ、熟《シユク》スルノ義《ギ》ニ取《ト》ル、○申《サル》ハ實《ミ》熟《ジユク》シテ枝《エダ》ヲ去《サル》ノ義《ギ》ニ取《ト》ル、○酉《トリ》ハ採《トリ》ニテ實《ミ》枝《エダ》ヲ去《サリ》テ取《トリ》運《ハコ》フ義《ギ》ト爲《ナ》ス、○戌《イヌ》ハ納《イレヌ》ニテ實《ミ》ヲ納《イ》レ藏《オサム》ルノ義《ギ》ト爲《ナ》ス、○亥《ヰ》ハ居《ヰ》ルニテ果《クワ》ヲ入《イ》レ納《オサ》メタルヲ、又地《チ》中《チウ》ヘ植《ウヘ》置《チ》ク事《コト》ナリ、農《ノウ》家《カ》カ種《シユ》子《シ》ヲ蒔《マク》ヲ居《スヘ》ルト云《イフ》ニ準《ヒト》シ、然《シカ》レハ支《シ》ノ和《ワ》訓《クン》ハ木《キ》ニ因《ヨツ》テ、果《クワ》ニ因《ヨ》ルノ一説《セツ》是《コレ》ナリ、此《コノ》幹《カン》支《シ》ヲ配《ハイ》合《カフ》シ六十ニ變《ヘン》化《クワ》スル處《トコロ》ヲ以テ、天《テン》學《カク》者《シヤ》ハ天《テン》變《ヘン》地《チ》殃《ワウ》ヲ前《セン》知《チ》スルニ用《モチ》ヒ、亦《マタ》人《ジン》事《ジ》ノ一世《セ》ノ禍《クワ》福《フク》ヲ、專《モツハ》ラ推《スイ》命《メイ》スルヲ四柱《チウ》ト謂《イ》ヒ、歳《トシ》月《ツキ》日《ニチ》時《ジ》ニ配《ハイ》シ、千《セン》變《ヘン》萬《バン》化《クワ》ノ作用《ハタラキ》ヲ爲《ナ》スモノニテ、何《イツ》レモ其《ソノ》專門《センモン》ノ書《シヨ》ニ已《スナ》ニ其《ソノ》要《エウ》ヲ縷述《ルジユツ》セシカ、聖教《セイケフ》ヲ不知《フチ》ノ學者《カクシヤ》ハ文字《モンジ》ノ簡易《カンイ》ナルヲ輕侮《ケイブ》シ、其《ソノ》用《ヨウ》ノ廣大《クワウタイ》無限《ムゲン》ナルヲ知《シ》ラス、況《イハン》ヤ靈符《レイフ》ノ靈驗《レイケン》ノ秘妙《ヒメウ》ナルヲヤ、沈思《チンシ》シ絪縕《インウン》ヲ悟《サト》ルコトヲ期《キ》スベシ、

天《テン》ノ六元氣《ロクケンキ》十二月ニ配當《ハイトウ》

前項《ゼンカウ》ニ天地《テンチ》陰陽《インヤウ》ノ氣《キ》ヲ辨《ベン》セシカ、其《ソノ》陰陽《インヤウ》ノ氣《キ》ハ上升《シヤウシヤウ》シ下降《カカウ》シテ、萬物《バンブツ》皆《ミナ》變化《ヘンクワ》シ干支《カンシ》配合《ハイカフ》シテ、共《トモ》ニ妙用《メウヨウ》ヲ致《イタ》ス、其《ソノ》妙用《メウヨウ》ヲ致《イタ》ス所《トコロ》ニ由《ヨツ》テ、十二支《シ》ノ正對化《シヤウタイクワ》スル象《シヤウ》、陰陽《インヤウ》交合《カウカフ》シテ自然《シゼン》ト相和《アヒクワ》シ、遂《ツイ》ニ人間《ニンゲン》一生《シヤウ》ヲ守護《シユゴ》スル理《リ》ヲ考察《カウサツ》シ知《シ》ルベキハ、聖人《セイジン》ノ易卦《エキクワ》ノ象《シヤウ》ナリ、十二支《シ》ノ正對化《シヤウタイクワ》スルト云《イフ》理《リ》ハ、一讀《ドク》ノ下《シタ》ニ了解《レウカイ》成難《ナリカタ》

キモノナル故《ユヘ》、之《コレ》ヲ了《レウ》解《カイ》セント欲《ホツ》スル者《モノ》ハ、運《ウン》氣《キ》論《ロン》ヲ學《カク》得《トク》セシ學《カク》者《シヤ》ニ就《ツキ》テ、其《ソノ》深《シン》意《イ》ヲ聞《ブン》知《チ》スヘシ、何《イカ》ニセン科《クワ》學《ガク》ニ偏《ヘン》信《シン》ノ秋《トキ》ニテ、斯《コノ》道《ミチ》ニ精《セイ》通《ツウ》者《シヤ》ハ究《キハメ》テ乏《トボ》シク、實《ジツ》ニ皆《カイ》無《ム》ノ世《ヨ》ト謂《イ》フモ、恐《オソ》ラク過《クワ》言《ゲン》ニアラスト思《オモ》フ、偖《サナ》運《ウン》氣《キ》ノ事《コト》ヲ記《シル》セシ典《テン》籍《セキ》數《アマ》多《タ》在《ア》リト雖《イヘト》モ、天《テン》地《チ》ノ宗《ソウ》師《シ》ト稱《シヤウ》スル、素《ソ》問《モン》運《ウン》氣《キ》論《ロン》ヲ始《ハシメ》トシテ、氣《キ》交《カウ》變《ヘン》大《タイ》論《ロン》、六節《セツ》藏《サウ》象《シヤウ》、五運《ウン》行《カウ》、天《テン》元《ケン》記《キ》、六元《ゲン》正《シヤウ》紀《キ》、六微《ヒ》旨《シ》五常《シヤウ》政《セイ》、至《シ》眞《シン》要《エウ》等《トウ》ノ大《タイ》論《ロン》ハ、皆《ミナ》其《ソノ》法《ハフ》ヲ說《トキ》タル書《シヨ》ナルモ、是《コレ》モ無《ム》眼《カン》テハ見《ミ》ル事《コト》ナラス、假《カ》名《ナ》附《ヅケ》ノ讀《ヨミ》易《ヤス》キ書《シヨ》ハ、年《ネン》中《チウ》運《ウン》氣《キ》指《シ》南《ナン》ナリト云《イフ》、往《ムカ》古《シ》ハ運《ウン》氣《キ》ノ事《コト》ハ醫《イ》師《シ》ノ知《シ》ラテ成《ナ》ラヌモノナルカ、世《ヨ》ノ變《ヘン》遷《セン》シテ現《ケン》象《シヤウ》ハ皆《ミナ》科《クワ》學《カク》醫《イ》ノミニテ、天《テン》學《ガク》ノ事《コト》ハ度《ド》外《クワイ》視《シ》シ、毫《スコシ》モ耳《ミヽ》ヲ傾《カタムク》ル者《モノ》無《ナ》ク、適《タマ》ニ知《シ》ル者《モノ》ハ老《ラウ》衰《スヒ》シ、或《アルヒ》ハ死《シ》亡《バフ》シテ殆《ホト》ント滅《メツ》亡《バフ》シテ斷《タン》絕《セツ》ノ秋《トキ》ナリ、噫《アヽ》時《トキ》ナル哉《カナ》、故《ユヘ》ニ内《ナイ》科《クワ》ノ診《シン》斷《タン》ヲ往《ワウ》々《〱》誤《ゴ》診《シン》ヲ聞《キ》ク已《スデ》ニ久《ヒサ》シ、劉《リウ》宗《ソウ》厚《カウ》ノ醫《イ》經《ケイ》小《セウ》學《ガク》ニ云《イハク》、醫《イ》ニ一言《ゲン》有《ア》リ運《ウン》氣《キ》是《コレ》ナリト、又曰《イハ》ク五運《ウン》六氣《キ》ハ毎《マイ》日《ニチ》之《コレ》ヲ候《コウ》シテ、其《ソノ》風《フウ》雨《ウ》晦《クワイ》冥《メイ》ヲ記《シル》シ、將《ハタ》亦《マタ》其《ソノ》病《ヒヤウ》者《シヤ》ヲ體《タイ》認《ニン》シテ、純《シユン》熟《シユク》久《ヒサ》シキ則《トキ》ハ、自《オノツカ》ラ能《ヨ》ク其《ソノ》至《シ》極《ゴク》ニ造《イタ》ルト謂《イ》ヘリ、此《コノ》言《ゲン》ヲ味《アヂハ》フ必《ヒツ》要《エウ》有《アリ》ト思《オモ》フ、

顧《オモ》フニ科《クワ》學《ガク》ノ理《リ》ハ學《マナン》テ知《シ》ル故《ユヘ》ニ、一般《ハン》ニ教《ケウ》育《イク》ヲ施《ホトコ》シツ、在《ア》ルカ物《ブツ》質《シツ》ノ理《リ》ハ感《カン》シ易《ヤス》シ、精《セイ》神《シン》界《カイ》ノ眞《シン》理《リ》ハ、啻《タヽ》ニ其《ソノ》眞《シン》理《リ》ヲ學《マナヒ》テ知《シ》ル耳《ノミ》ニテハ其《ソノ》功《コウ》益《エキ》ヲ見《ミ》ル能《アタ》ハス實《ジツ》地《チ》ニ之《コレ》カ修《シウ》養《ヤウ》シ行《オコナ》ヒ實《ジツ》驗《ケン》ノ功《コウ》ヲ積《ツミ》テ始《ハシメ》テ自《シ》然《ゼン》ニ感《カン》得《トク》スル者《モノ》ニテ能《ノウ》辨《ベン》者《シヤ》モ一言《ゲン》ニ謂《イ》ヒ盡《ツク》シ難《カタ》ク、亦《マタ》能《ノウ》文《ブン》家《カ》モ之《コレ》ヲ書《カキ》盡《ツク》スヘキモノニアラス、是《コレ》無《ム》形《ケイ》カ實《ジツ》地《チ》ニ現《ケン》出《シユツ》スルモノ故《ユヘ》例《タトヘ》ハ天《テン》時《ジ》ニ就《ツキ》テハ風《フウ》火《クワ》水《スイ》震《シン》災《サイ》等《トウ》モ未《ミ》發《ハツ》ニ知《シ》リ、人《ジン》事《ジ》ニ於《オイ》テモ禍《クワ》福《フク》ヲ未《ミ》發《ハツ》ニ知《シ》ル是《コレ》則《スナハ》チ聖《セイ》學《ガク》ノ特《トク》色《シヨク》ナリ、是《コヽ》ニ於《オイ》テ啻《タヽ》ニ書《シヨ》ヲ讀《ヨ》ム耳《ノミ》ニテハ靈《レイ》妙《メウ》ヲ感《カン》得《トク》シ難《カタ》シ故《ユヘ》ニ其《ソノ》事《コト》ヲ信《シン》シテ實《ジツ》地《チ》ニ修《シウ》養《ヤウ》シ驗《ケン》シテ後《ノチ》ニ其《ソノ》事《ジ》實《ジツ》ニ現《ケン》出《シユツ》スルヲ知《シ》リ始《ハシメ》テ靈《レイ》妙《メウ》ヲ感《カン》得《トク》スルト思《オモ》フ茲《コヽ》ニ婆《バ》言《ゲン》ヲ附《フ》ス、

是《コレ》ヨリ惠《エ》登《ト》ヲ辨《ベン》セントス、

先《マ》ツ十二支《シ》ト云《イフ》ハ俗《ゾク》言《ゲン》ノ恵《エ》登《ト》ナリ、然《シカ》ルニ支《シ》ヲ恵《エ》登《ト》ト云《イフ》ハ誤《アヤマリ》ヲ傳《ツタ》フルモノニテ、恵《エ》登《ト》ハ十幹《カン》ニ就《ツキ》テ言《イ》フ辭《コトバ》ナリ、一例《レイ》ヲ擧《アゲ》レハ木《キ》ノ○兄《ゑ》、木《キ》ノ○弟《と》、火《ヒ》ノ○兄《ゑ》、火《ヒ》ノ○弟《と》等《トウ》云《イフ》カ如《ゴト》シ、故《ユヘ》ニ十幹《カン》ノ和《ワ》訓《クン》ヲ恵《エ》ト呼《ヨ》フ、十二支《シ》ハ地《チ》ノ六氣《キ》ニシテ、十干《カン》ニ附《ツキ》テ生《シヤウ》スル枝《シ》ナリ、

○十二支《シ》ハ原《モ》ト五行《ギヤウ》ニテ、六氣《キ》ヲ備《ソナフ》ル者《モノ》ナリ、故《ユヘ》ニ之《コレ》ヲ十二律《リツ》ト云《イ》ヒ、又十二辰《シン》ト云《イフ》、遠《トホ》ク年《トシ》ニ歩《ホ》シテ六十年《ネン》ヲ統《ス》フ、近《チカ》ク月《ツキ》ニ日《ヒ》ニ推《ヲシ》テ十二月《グツ》十二時《ジ》ヲ明《アキラカ》ニス、六十年《ネン》ヲ統《スフ》ルニ十干《カン》ヲ加《クワフ》ルモノ故《ユヘ》、今《イマ》此《コノ》靈《レイ》符《フ》ニ就《ツキ》テハ所《シヨ》用《ヨウ》無《サ》シ、此《コノ》靈《レイ》符《フ》ニ就《ツキ》テハ正《シヤウ》對《タイ》化《クワ》ノ理《リ》ト、又天《テン》ノ六元《ケン》ノ氣《キ》ヲ司《ツカサト》ル理《リ》ヲ擱《サシナキ》テ、諸《シヨ》氏《シ》カ疾《ハヤ》ク此《コノ》符《フ》ヲ帶《チフ》ニ一ノ甚《シン》深《シン》微《ビ》妙《メウ》ノ陰《イン》陽《ヤウ》和《ワ》合《カウ》ノ理《リ》ヲ、爰《コヽ》ニ了《レウ》解《カイ》シ易《ヤス》キ至《シ》理《リ》有《ア》リ凡《スベ》テ十二ケ月《グツ》ハ十二支《シ》ヲ配《ハイ》當《トウ》ス、先《マ》ツ子《ネ》月ト云《イフ》ハ十一月ナリ、十二月ハ丑《ウシ》、正月ハ寅《トラ》、二月ハ卯《ウ》、三月ハ辰《タツ》、四月ハ巳《ミ》、五月ハ午《ウマ》、六月

ハ未《ヒツジ》、七月ハ申《サル》、八月ハ酉《トリ》、九月ハ戌《イヌ》、十月ハ亥《ヰ》ト定《サダ》ム、是《コレ》終《シウ》始《シ》萬《バン》歳《サイ》ニ異《コトナ》ル事《コト》無《ナ》シ、而《シカ》シテ斯《カク》ノ如《コト》ク十二月ニ、亦《マタ》易《エキ》ノ卦《クワ》象《シヤウ》在《ア》リ、例《タトヘ》ハ十一月ハ子《ネ》月ナレハ䷗地《チ》雷《ライ》復《フク》ノ卦《クワ》ナリ、乃《ナイ》至《シ》餘《ヨ》月《ゲツ》モ皆《ミナ》卦《クワ》象《シヤウ》在《ア》リ、是《コレ》ヲ今《イマ》正《シヤウ》對《タイ》化《クワ》ト或《アルヒ》ハ天ノ六元《ゲン》ノ氣《キ》ノ司《ツカサト》ル所《トコロ》ノ支《シ》ヲ配《ハイ》當《トウ》シ考《カウ》察《サツ》シ見《ミ》レハ、易《エキ》ノ卦《クワ》象《シヤウ》ハ左《サ》ノ如《コト》シ、

子象ハ	䷗	地雷復ノ卦	十一月
午象ハ	䷫	天風始ノ卦	五月
丑象ハ	䷒	地澤臨ノ卦	十二月
未象ハ	䷠	天山遯ノ卦	六月
寅象ハ	䷊	地天泰ノ卦	正月
申象ハ	䷋	天地否ノ卦	七月

卯象ハ	䷡	雷天大壯ノ卦	二月
酉象ハ	䷓	風地觀ノ卦	八月
辰象ハ	䷪	澤天夬ノ卦	三月
戌象ハ	䷖	山地剝ノ卦	九月
巳象ハ	䷀	乾爲天ノ卦	四月
亥象ハ	䷁	坤爲地ノ卦	十月

右《ミギ》ノ十二月ニ十二支《シ》ノ連《レン》象《シヤウ》ハ、斯《カク》ノ如《コト》キ卦《クワ》躰《タイ》ニテ、一卦《クワ》兩《リヤウ》卦《クワ》ハ陰《イン》ト陽《ヤウ》ト交《カウ》遘《カウ》シテ、上《シヤウ》下《ゲ》臨《リン》御《キヨ》スル象《シヤウ》ヲ見《ミ》ルヘシ、易《エキ》象《シヤウ》ヲ配《ハイ》スルニ其《ソノ》象《シヤウ》タル、自《シ》然《ゼン》ニテ至《シ》理《リ》ナル、人《ヒト》ノ智《チ》力《リヨク》ヲ以《モツ》テ及《オヨ》フヘキモノニアラス、繫《ケイ》辭《ジ》ニ曰《イハ》ク、子曰《シノタマハク》書《シヨハ》不《ス》レ盡《ツクサ》レ言《コトヲ》。言《コトハ》不《ス》レ盡《ツクサ》レ意《イヲ》。然《シカラハ》則《スナハチ》聖《セイ》人《シン》之《ノ》意《イ》。其《ソレ》

不《ル》レ可《ヘカラ》レ見《ミル》乎《カ》。子《シノ》曰《タマハク》。聖《セイ》人《ジン》立《タテヽ》レ象《シヤウヲ》以《モツテ》盡《ツクシ》レ意《イヲ》。設《モウケ》レ卦《クワヲ》以盡《ツクス》二情《シヤウ》僞《ギヲ》一ト有《ア》リ、易《エキ》ノ畧《リヤク》解《カイ》ハ已《スデ》ニ拙《セツ》著《チヨ》ニ再《サイ》三述《ノベ》タルカ、實《ジツ》ニ神《シン》聖《セイ》ノ所《ユ》以《エン》ハ易《エキ》象《シヤウ》ヲ深《フカ》ク味《アヂハ》ヘ、將《ハタ》亦《マタ》許《キヨ》眞《シン》君《クン》仙《セン》人《ニン》ノ神《シン》慮《リヨ》ト謂《イ》ヒ、上《シヤウ》古《コ》運《ウン》氣《キ》ノ秘《ヒ》文《ブン》タル、陰《イン》陽《ヤウ》ノ精《セイ》論《ロン》燦《サン》然《ゼン》タリ、尚《ナヲ》又《マタ》子《ネ》ト午《ウマ》ト相《ソウ》冲《シウ》ト謂《イ》ヒ、尅《コク》煞《サツ》ノ烈《ハゲ》シキ所《ユ》以《エン》ヲ以《モツ》テ、之《コレ》ヲ推《スイ》命《メイ》術《シユツ》ニ於《オイ》テハ、人《ヒト》ノ災《サイ》厄《ヤク》ニ罹《カヽ》ル時《ジ》機《キ》ヲ測《ハカ》ルニ、何《ナン》人《ビト》モ免《マヌカ》ル者《モノ》無《ナ》シ、蓋《ケダ》シ尅《コク》煞《サツ》トハ戰《セン》爭《ソウ》ノ如《ゴト》ク、攻《カウ》擊《ゲキ》ノ甚《ハナハ》タシキヲ云《イフ》、此《コレ》等《ラ》頗《スコブ》ル明《メイ》白《ハク》ナレハ一ヲ擧《アゲ》テ、十ヲ推《スイ》察《サツ》スルヲ要《エウ》ス、其《ソノ》一ヲ信《シン》ジテ十ヲ尊《ソン》信《シン》スヘキ事《コト》ナリ、亦《マタ》易《エキ》卦《クワ》象《シヤウ》ハ無《ム》限《ケン》無《ム》量《リヤウ》ノ趣《シユ》味《ミ》ト理《リ》在《ア》ルモ、童《トウ》蒙《モウ》ノ徒《モノ》ハ無《ム》感《カン》覺《カク》者《シヤ》モ或《アルヒ》ハ多《タ》々《タ》アラン、能《ヨ》ク其《ソノ》道《ミチ》ニ精《セイ》通《ツウ》ノ有《ユウ》德《トク》者《シヤ》カ、將《シヤウ》來《ライ》ニ現《アラ》出《ハル》ノ時《トキ》ニ到《イタ》ラハ、爰《コヽ》ニ復《フク》興《コウ》爲《ナ》ス事《コト》アラン、唯《タヾ》微《ヒ》意《イ》ヲ錄《シル》シテ其《ソノ》期《キ》ヲ竢《マ》ツ而《ノ》已《ミ》、

靈《レイ》符《フ》書《シヨ》寫《シヤ》法《ハフ》式《シキ》　別法

謹寫《キンシヤ》ノ法式《ハフシキ》ハ已《スデ》ニ詳述《シヤウシユツ》セシモ、古書《コシヨ》ニ一種《シユ》ノ此《コノ》法式《ハフシキ》ヲ載《ノ》セ有《ア》ルヲ以テ採錄《トリシル》ス、是本《コレモト》ト畧法《リヤクハフ》ナレハ從《シタカ》ヒ易《ヤス》ク、其理《ソノリ》ハ一ツナルヲ以《モツ》テ、參考《サンカウ》ノ爲《タメ》ニ提供《テイキヨウ》ス、

凡《オヨ》ソ肖《ニ》象《シヤウ》ノ禽《キン》獸《シウ》ニ靈《レイ》符《フ》ヲ書《シヨ》寫《シヤ》シ、掛《カケ》軸《シク》ト爲《ナ》シ守《シユ》札《サツ》等《トウ》ト爲《ナ》シ、信《シン》念《ネン》スルニ板《ハン》摺《スリ》ノモノハ原《モト》神《シン》聖《セイ》ノ理《リ》無《ナ》シ、書《シヨ》寫《シヤ》ノ法《ハフ》式《シキ》ハ元《クワン》來《ライ》數《スウ》週《シウ》間《カン》、精《セウ》進《シン》潔《ケツ》齋《サイ》シテ修《シユ》法《ハフ》祈《キ》念《ネン》ノ上《ウヘ》ニ謹《キン》寫《シヤ》スル法《ハフ》ユヘ、實《ジツ》ニ靈《レイ》驗《ケン》ノ顯《ケン》著《チヨ》ナルハ、不《フ》思《シ》議《ギ》無《ナ》ク當《トウ》然《ゼン》ノ理《リ》ナル事《コト》ヲ已《スデ》ニ叙《シヨ》述《シユツ》セリ、今《イマ》按《アン》スルニ往《ワウ》時《シ》盛《セイ》旺《ワウ》ニ行《オコナ》ハレタル時《ジ》代《タイ》ハ、社《シヤ》寺《ジ》院《イン》等《トウ》ヨリ信《シン》徒《ト》ニ授《シユ》與《ヨ》スルモノ、皆《ミナ》板《ハン》摺《スリ》ノモノニ屬《ゾク》ス、偖《サテ》其《ソノ》法《ハフ》式《シキ》ニ云《イフ》、清《シヤウ》淨《ゞ》ノ唐《トウ》紙《シ》絹《キヌ》紙《カミ》等《トウ》ニ謹《キン》寫《シヤ》セント欲《オモ》ヘハ、先《マ》ツ早《ソウ》朝《テウ》ニ起《オキ》テ浴《ヨク》水《スイ》シ口《クチ》ヲ漱《ソヽ》キ、新《アタ》ラシキ衣《イ》裳《シヤウ》ヲ着《キ》テ、春《ハル》ハ東《ヒカシ》ニ向《ムカ》ヒ夏《ナツ》ハ南《ミナミ》ニ向《ムカ》ヒ、秋《アキ》ハ西《ニシ》ニ向《ムカ》

ヒ、冬《フユ》ハ北《キタ》ニ向《ムカ》ヒ、土《ド》用《ヨウ》ハ四季《キ》共《トモ》ニ中《チウ》央《ワウ》ニ向《ムカ》フ心《コヽロ》ナリ、是《コヽ》ニ於《オイ》テ其《ソノ》身《ミ》ハ五玉《ギヨク》ト成《ナ》ル事《コト》ヲ思《オモ》フヘシ、五玉《ギヨク》トハ四季《キ》ノ色《イロ》ニ従《シタカ》フ事《コト》ニテ、先《マ》ツ春《ハル》ナレハ其《ソノ》身《ミ》全《ゼン》体《タイ》カ青《アヲ》ク成《ナ》リシ心《コヽロ》ニテ、目《メ》ヲ閉《ト》チ暫《サン》時《ジ》カ間《アイダ》青《アヲ》ク成《ナ》リシ心《コヽロ》ニテ居《ヰ》ルヲ云《イフ》、夏《ナツ》ナレハ赤《アカ》ク成《ナ》リシ心《コヽロ》持《モ》チ、秋《アキ》ナラハ白《シロ》ク成《ナ》リタル心《コヽロ》持《モチ》ニ、土《ド》用《ヨウ》ナレハ四季《キ》共《トモ》ニ黄《キ》色《イロ》ニ成《ナ》リシ心《コヽロ》持《モ》チ、冬《フユ》ナラハ其《ソノ》身《ミ》全《ゼン》体《タイ》黒《クロ》ク成《ナ》リシ心《コヽロ》持《モ》チ、四季《キ》五色《シキ》共《トモ》ニ瞑《メイ》目《モク》シテ、右《ミギ》ノ心《コヽロ》持《モチ》ニテ神《シン》氣《キ》ヲ閉《トヂ》テ煮《イキ》ヲ存《ゾン》シト云《イフ》ハ、心《コヽロ》ヲ沈《チン》静《セイ》ニシ意《イ》氣《キ》ヲ以《モツ》テ、虚《コ》空《クウ》ヨリ金《キン》光《クワウ》ノ燄《ホノホ》ノ如《ゴト》キカ舞《マイ》降《クダ》ルト心《コヽロ》デ思《オモ》ヒ、其《ソレ》ヲ意《イ》氣《キ》ヲ以《モツ》テ呑《ノミ》込《コ》ミ吸《スイ》取《ト》ル心《コヽロ》ニテ、新《アタラ》シキ筆《フデ》ニ朱《シユ》ヲ含《フク》マセ、右《ミギ》ノ意《イ》氣《キ》ヲ筆《フデ》ニ吹《フキ》入《イ》レテ、靈《レイ》符《フ》ヲ能《ヨク》々《〳〵》見《ミ》テ、一点《テン》一格《カク》差《タガ》ハヌ様《ヤウ》ニ書《カ》クヘシ、下《シタ》ノ十二支《シ》ノ禽《キン》畫《クワ》ハ、自《シ》身《シン》ニ畫《エ》描《カク》コト能《アタ》ハザル者《モノ》ハ、畫《クワ》工《コウ》ニ託《タク》スモ差《サシ》支《ツカヘ》無《ナ》シ、故《コ》人《ジン》曰《イハ》ク靈《レイ》符《フ》ヲ書《カク》ハ、是《コレ》ヲ字《ジ》ヲ書《カク》ニ譬《タト》フ、若《モ》シ誤《コ》寫《シヤ》シ書《カク》則《トキ》ハ啻《タヽ》ニ益《エキ》無《ナ》キノミニアラス、能《ヨ》ク災《サイ》禍《クワ》ヲ招《マネ》クト謂《イ》ヘリ、故《ユヘ》ニ充《ジウ》分《フン》謹《キン》身《シン》心《コヽロ》ヲ留《トヽメ》テ書《カ》クヲ要《エウ》ス、若《モ》シ亦《マタ》板《ハン》行《カウ》ノ靈《レイ》符《フ》ヲ弘《ヒロメ》ントスル者《モノ》ハ、右《ミキ》書《シヨ》寫《シヤ》ノ式《シキ》法《ハフ》ニ從《シタカ》ヒ、新《アタ》ラシキ筆《フデ》ヲ以《モツ》テ、板《ハン》行《カウ》摺《スリ》ノ上《ウヘ》ニ空《クウ》書《シヨ》シテ所《シヨ》持《ジ》スルハ宜《ヨロ》シ、自《ジ》身《シン》ニ式《シキ》法《ハフ》ヲ知《シ》ラサル人《ヒト》ハ、能《ヨ》ク式《シキ》法《ハフ》ニ通《ツウ》シタル者《モノ》ニ請《コ》ヒ認《シタヽ》メモラヒテ降《カウ》臨《リン》ノ祭《サイ》文《ソン》ヲ誦《ジユ》シ、諸《シヨ》神《シン》仙《セン》人《ニン》ヲ勸《クワン》請《シヤウ》シ奉《タテマツ》ラサレハ、其《ソノ》靈《レイ》應《オウ》薄《ウス》シ能《ヨ》ク心得《コヽロウ》ヘキ事《コト》ナリ、

靈《レイ》符《フ》諸《シヨ》神《シン》勸《クワン》請《シヤウ》式《シキ》

偖《サテ》靈《レイ》符《フ》ヲ書《シヨ》寫《シヤ》ノ則《トキ》ハ、机上《ツクヱノウヘ》ニ新《アタ》ラシキ半《ハン》紙《シ》、又ハ奉《ホウ》書《シヨウ》紙《シ》ヲ敷《シキ》テ靈《レイ》符《フ》ヲ其《ソノ》上《ウヘ》ニ置《オキ》テ新《シン》調《テウ》ノ土《ド》器《キ》二《フタツ》ニ燈《トウ》火《クワ》ヲ獻《ケン》シ、一ノ土《ト》器《キ》ニ火《ヒ》ヲ六口《クチ》ニシ、兩《リヤウ》燈《トウ》ニテ十二口《クチ》ニ爲《ナ》スハ即《スナハ》チ十二支《シ》神《シン》ヘ奉《タテマツ》ル心《コヽロ》

ナリ、是《コレ》ヲ左《サ》右《ユウ》ニ分《ワカ》チ眞中《マンナカ》ニ香爐《コウロ》一ツ置《オキ》テ、線香《センカウ》ノ好匂《ヨキニホヒ》ノモノニ、沈香《チンカウ》等《トウ》ヲ焚《タキ》テ精神《セイシン》ヲ清淨《シヤウ〴〵》ニシテ、其日《ソノヒ》ハ酒肉《シユニク》五辛房事《シンハウジ》ヲ禁《キン》忌《キ》スルハ勿論《モチロン》ナリ、其《ソノ》靈符《レイフ》ヲ所持《シヨジ》スル人《ヒト》ノ、生年《ウマレトシ》ノ惠登《エト》ノ日《ヒ》、惠《エ》登《ト》ノ方《ハウ》ニ向《ムカ》フカ宜《ヨロ》シ、例《タトヘ》ハ子年《ネトシ》生《ウマレ》ノ者《モノ》ハ子日《ネノヒ》ニ子方《ネノハウ》（北方）ニ向《ムカ》フモノトス、若《モ》シ亦《マタ》急《イソ》ク時《トキ》ハ、何日《イツカ》ニ何方《ドノハウ》ニ向《ムカ》フモ苦《クル》シカラス、其《ソノ》時《トキ》ハ机《ツクヱ》ノ前《マヘ》ニテ三拜《ハイ》シ、左《ヒダリ》ノ膝《ヒザ》ヲ立《タチ》ナカラ座《ザ》シテ、香《カウ》ヲ焚《タキ》テ祭《サイ》文《ブン》ヲ讀《ヨ》ムヘシ、

靈符《レイフ》勸請《クワンシヤウ》ノ祭文《サイブン》幷ニ修法《シユハフ》

夫《ソ》レ清陽《セイヤウ》ハ天《テン》ト爲《ナ》リ、五行《ギヤウ》顯《アラハ》レテ十干《カン》立《タ》ツ、濁陰《ダクイン》ハ地《チ》ト爲《ナ》リ、八方定《ハウサタマリ》テ十二支《シ》ニ分《ワカ》ル、陰陽《インヤウ》上昇《シヤウシヤウ》シ下降《カカウ》シテ、物々《ブツ〴〵》變化《ヘンクワ》ヲ爲《ナ》ス、十干《カン》十二支《シ》配合《ハイカフ》シテ共《トモ》ニ妙用《メウヨウ》ヲ臻《イタ》ス（何某姓名）伏《フシ》テ願《ネカハ》クハ正對《シヤウタイ》化神《クワシン》

變《ヘン》中《チウ》ニ加《カ》護《ゴ》哀《アイ》愍《ミン》止《シ》多《ク》摩《マ》兄《エ》ト唱《トナ》ヘ次《ツキ》ニ

謹《キン》請《シヤウシ》奉《タテマツ》ル　十二辰《シン》仙《セン》正《シヤウ》對《タイ》化《クワ》靈《レイ》天《テン》眞《シン》坤《コン》元《ゲン》尊《ソン》神《シン》

謹《キン》請《シヤウシ》奉《タテマツ》ル　九《キウ》州《シ》都《ト》仙《セン》太《ダイ》史《シ》高《カウ》明《メイ》太《タイ》使《シ》、許《キヨ》眞《シン》君《クン》眞《シン》人《ジン》、

謹《キン》請《シヤウシ》奉《タテマツ》ル　精《セイ》行《カウ》眞《シン》人《ジン》、烈《レツ》和《クリ》靖《セイ》眞《シン》人《ジン》、水《スイ》府《フ》仙《セン》伯《ハク》許《キヨ》家《カ》列《レツ》仙《セン》、

謹請奉ル　秘《ヒ》授《ジユ》傳《デン》來《ライ》、靈《レイ》符《フ》列《レツ》仙《セン》眞《シン》人《ジン》、守《シユ》護《ゴ》諸《シヨ》神《ジン》

謹請奉ル　降《カウ》臨《リン》諸《シヨ》神《ジン》、諸《シヨ》眞《シン》人《ジン》不《ズ》レ離《ハナレ》二吾《ゴ》身《シンチ》一守《シユ》護《ゴ》急《キウ》急《く》如《ニヨ》律《リツ》令《レイ》、

斯《カク》ノ如《コト》ク誦《トナヘ》終《ヲハリ》テ、更《サラ》ニ香《カウ》ヲ焚《タキ》テ立《タチ》テ三拜《ハイ》シ、柏《ハク》手《シユ》ヲ二ツ打《ウ》ツ、次《ツキ》ニ靈《レイ》符《フ》ヲ兩《リヤウ》手《テ》ニ捧《サヽ》ケ齒《ハ》叩《タヽ》キ三度《ド》シ（齒叩クトハ、齒ヲカチ〳〵ト噛合スヲ云）口《クチ》ニテ燈《トウ》明《メウ》ヲ一《イチ》度《ド》ニ吹《フキ》消《ケ》シテ後《ノチ》、其《ソノ》靈《レイ》符《フ》ヲ吾《ワカ》所《シヨ》持《ジ》ナラハ、壁《カヘ》ニ貼《ハ》ルカ掛《カケ》軸《シク》ニ爲《ナ》スカ、守《マモリ》ニ入《イ》レ帶《チフ》カ、人ニ遣《ヤ》ルニハ其《ソノ》儘《マヽ》ニテ渡《ワタ》スヘシ、若《モ》シ他《タ》處《シヨ》ヘ持《モチ》行《ユ》ク時《トキ》ハ、敷《シキ》タル紙《カミ》ニテ直《タヽチ》ニ包《ツヽミ》テ持《モチ》行《ユ》クヘシ、

十二支《シ》象《シヤウ》靈《レイ》符《フ》祭《サイ》式《シキ》

靈《レイ》符《フ》ノ軸《ヂク》ヲ懸《カケ》ル者《モノ》清淨《シヤウ〳〵》ノ机上《ツクヘノウヘ》ニ飾《カザ》ルニ、十二ノ燈明《トウメウ》ヲ設《モウ》ケ十二色《シキ》ノ菓子《クワシ》ヲ土器《トキ》ニ供《キヨウ》シ、四季《キ》折々《ヲリ〳〵》ノ草花《ソウクワ》ヲ備《ソナ》ヘ、香《カウ》ヲ焚《タキ》テ勸請《クワンシヤウ》ノ祭文《サイブン》ヲ讀《ヨ》ムコト十二返《ヘン》ス、祭日《サイジツ》ハ其人《ソノヒト》ノ支日《シジツ》ヲ用《モチ》ユ、五辛《シン》房事《ハウジ》ヲ忌《イ》ム、尤《モツト》モ大祭日《タイサイジツ》ハ大勢《タイセイ》ノ客《カク》ヲ招請《セウシヤウ》シテ、賑々《ニギ〳〵》敷《シク》酒宴《シユエン》ヲ催《モヨウ》スモ可《ヨシ》、其《ソノ》支月《シツキ》ノ支日《シジツ》ヲ以《モツ》テ大祭日《タイサイジツ》ト爲《ナ》ス、但《タヾ》シ其《ソノ》支月《シケツ》トハ十一月ハ子《ネ》月、十二月ハ丑《ウシ》、正月ハ寅《トラ》ノ例《レイ》ニテ、支日《シジツ》トハ其月《ソノツキ》ノ中《ウチ》ニ在《ア》ル支《シ》ヲ用《モチ》フ、例《タトヘ》ハ子《ネ》月《ツキ》子《ネ》日《ヒ》ヲ以テ法《ハフ》式《シキ》ノ類《ルイ》、餘《ヨ》ハ之《コレ》ニ倣《ナラ》ヘ、

十二支《シ》象《シヤウ》ノ靈《レイ》符《フ》篆《シヤウ》

鼠《ソ》形《ケイ》之《ノ》靈《レイ》符《フ》

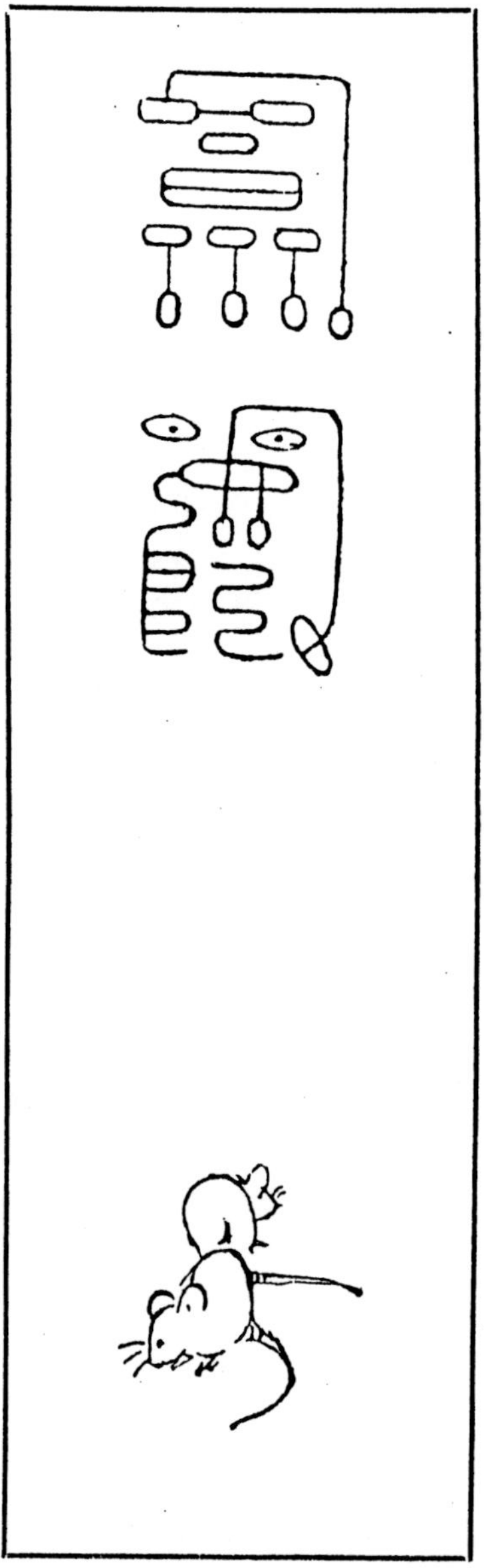

牛《ウシ》形《ケイ》之《ノ》靈《レイ》符《フ》

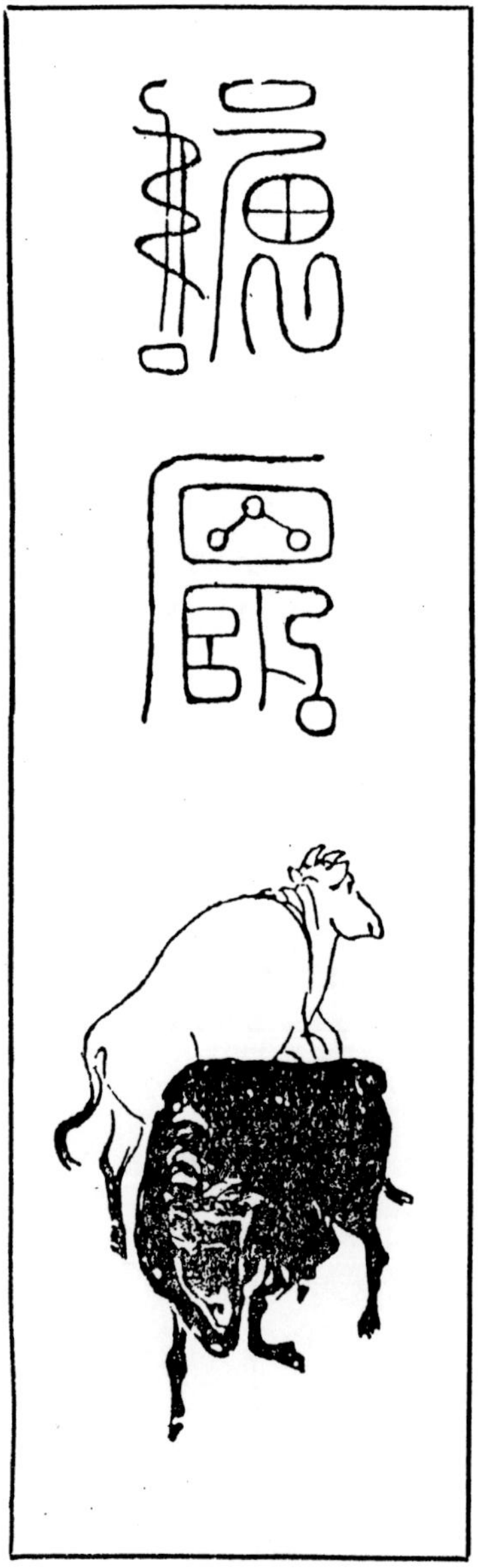

寅《トラ》形《ケイ》之《ノ》靈《レイ》符《フ》

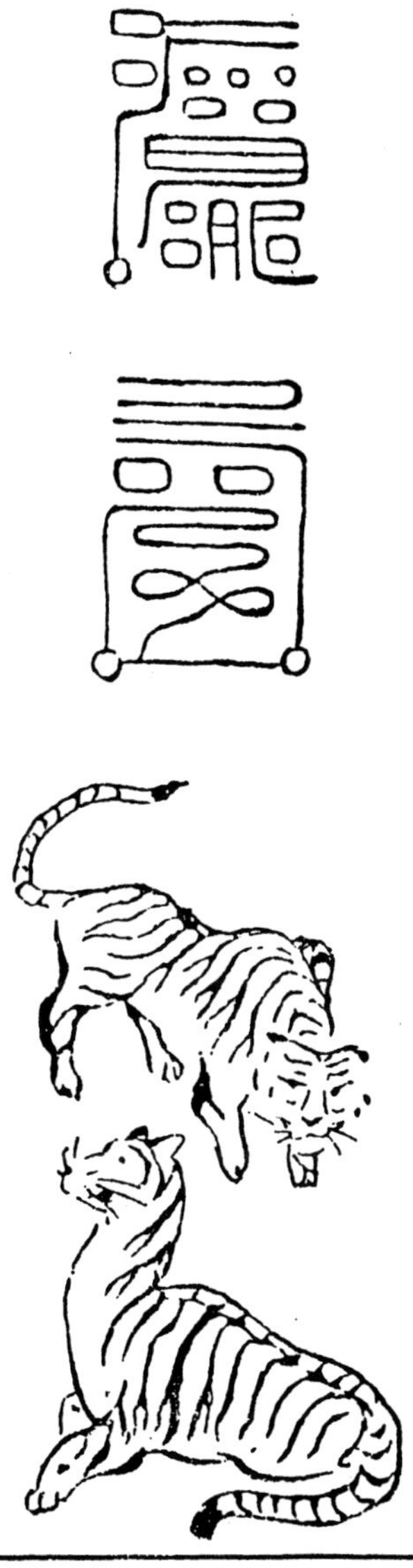

兎《ウ》形《ケイ》之《ノ》靈《レイ》符《フ》

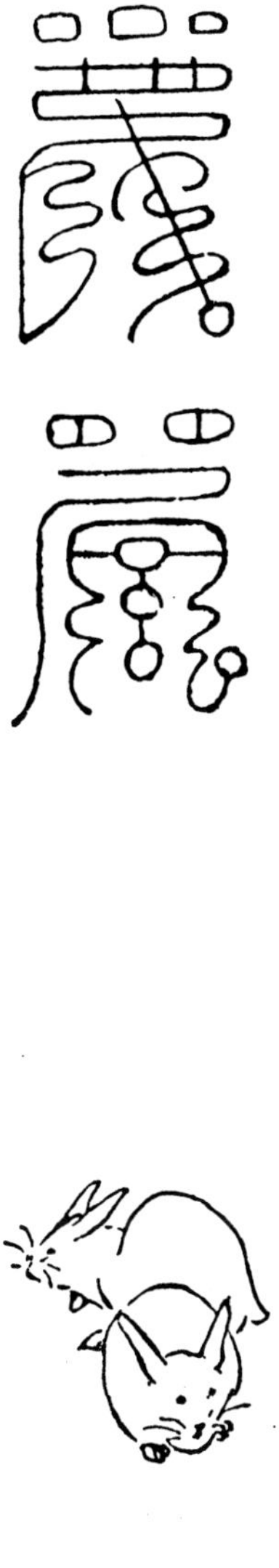

龍《タツ》形《ケイ》之《ノ》靈《レイ》符《フ》

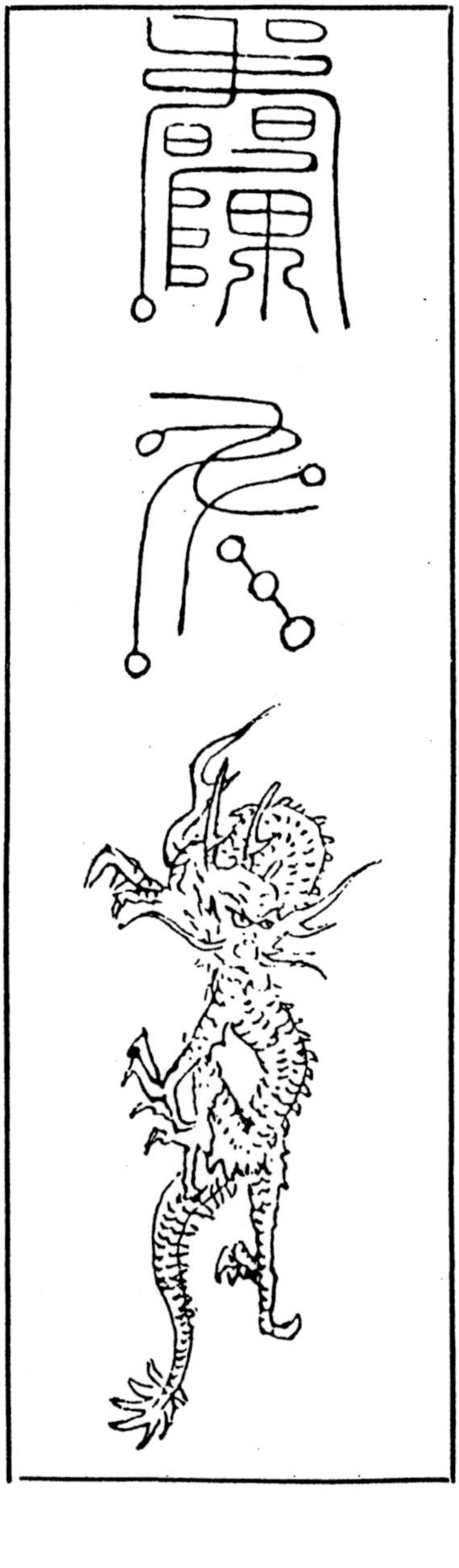

蛇《ダ》形《ケイ》之《ノ》靈《レイ》符《フ》

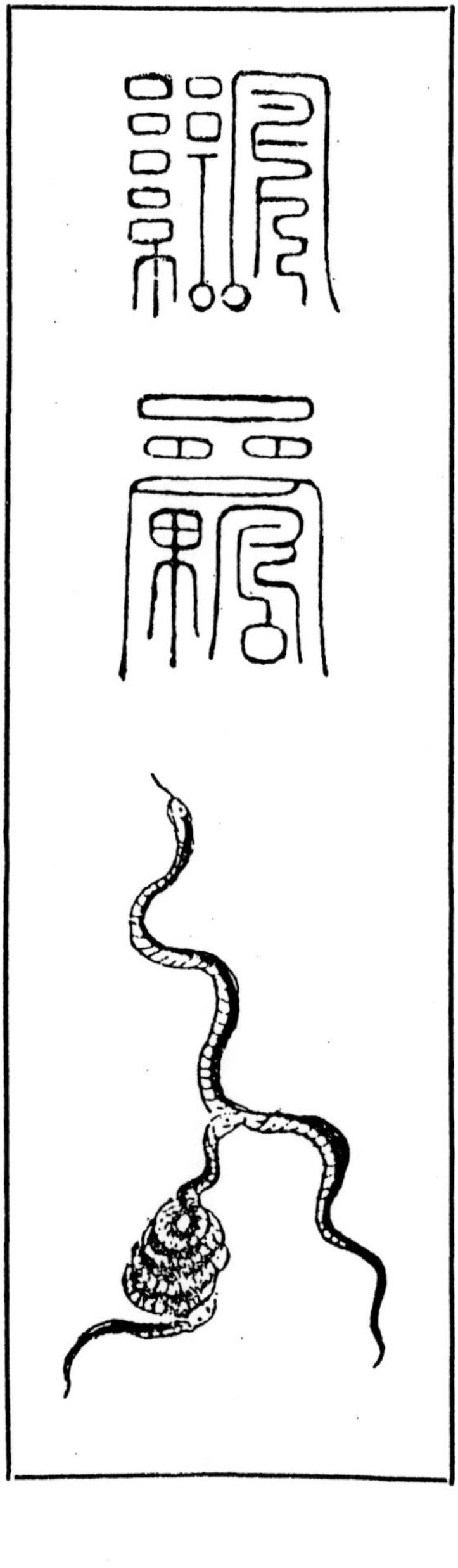

馬《バ》形《ケイ》之《ノ》靈《レイ》符《フ》

羊《ヨウ》形《ケイ》之《ノ》靈《レイ》符《フ》

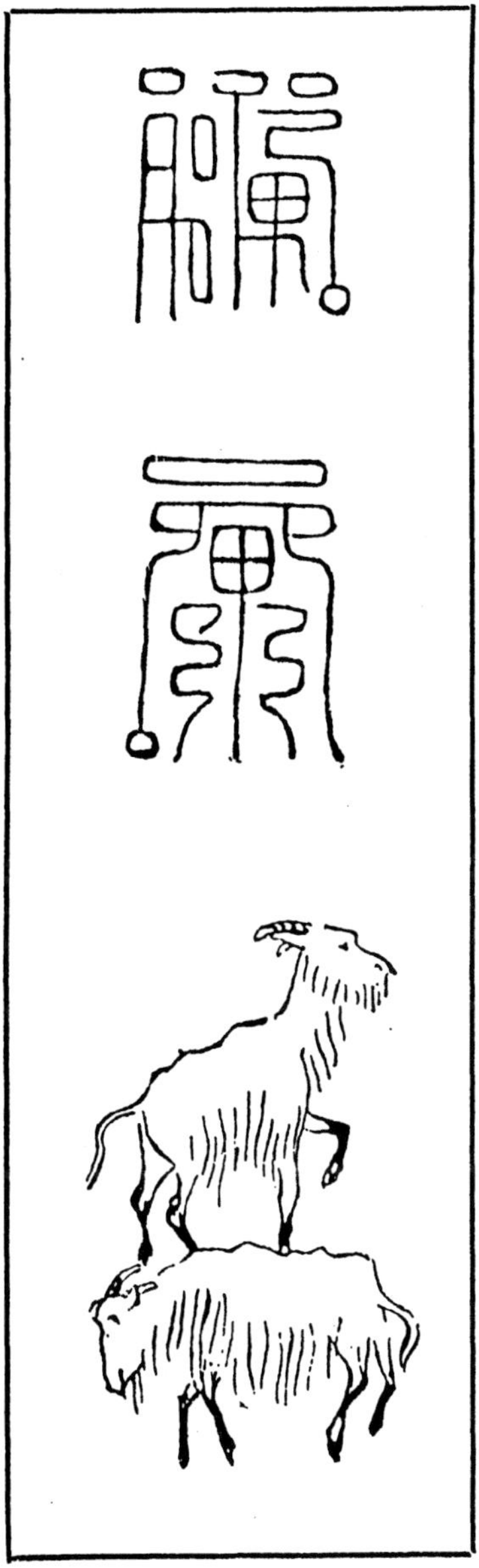

猴《サル》形《ケイ》之《ノ》靈《レイ》符《フ》

鷄《トリ》形《ケイ》之《ノ》靈《レイ》符《フ》

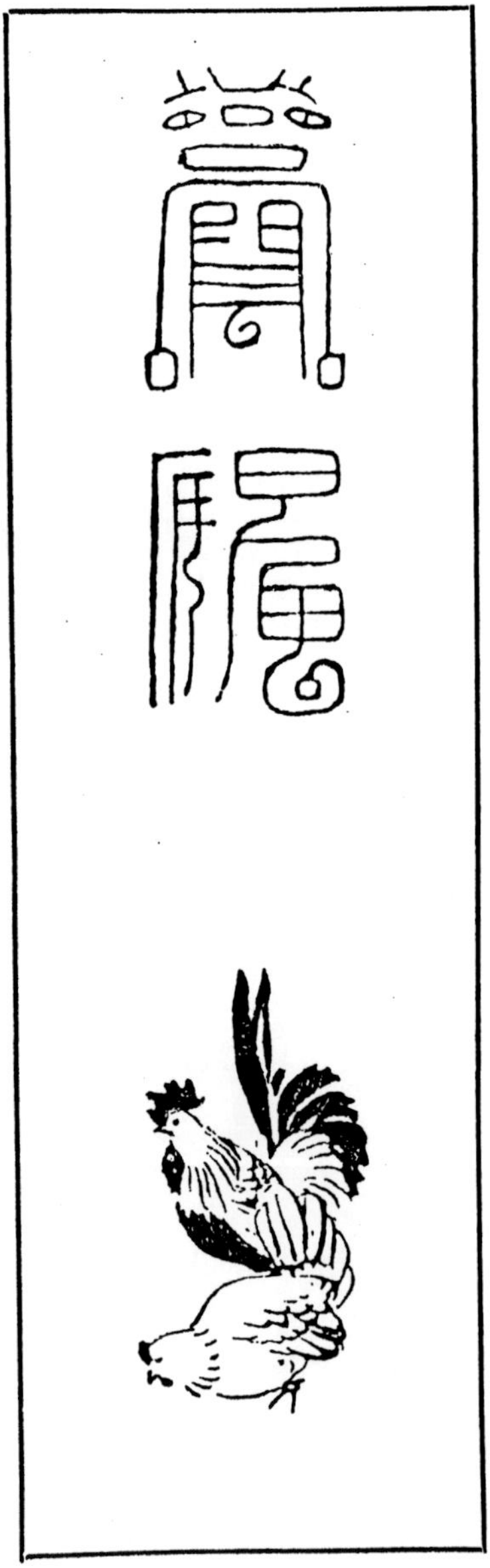

狗《ク》形《ケイ》之《ノ》靈《レイ》符《フ》

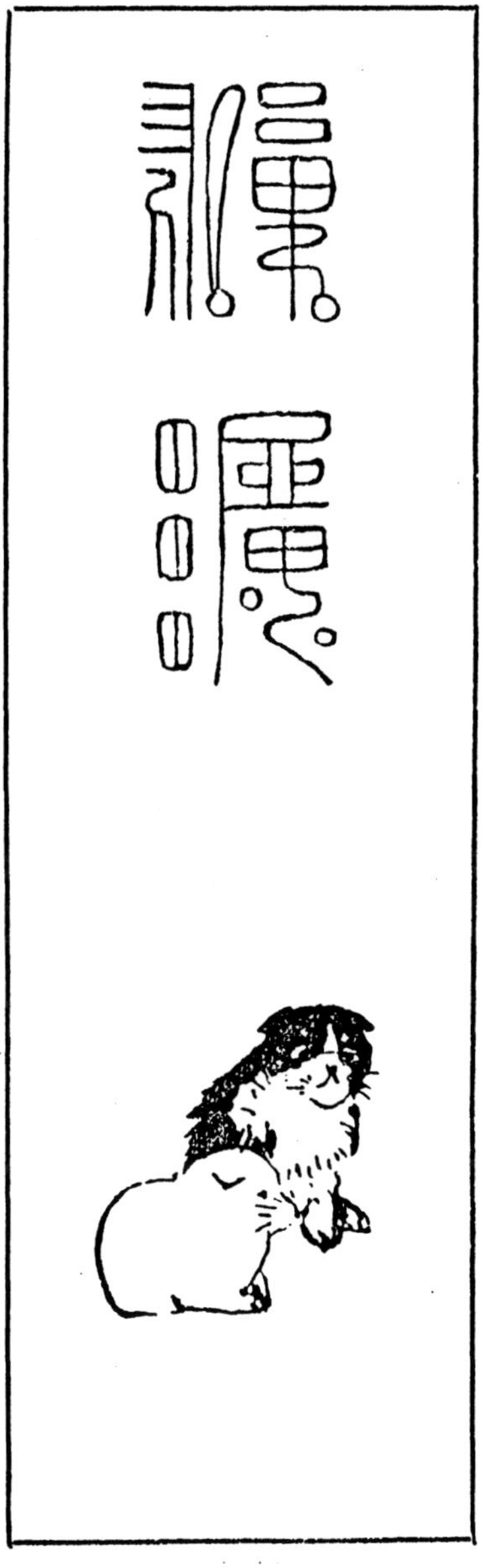

猪《ヰ》形《ケイ》之《ノ》靈《レイ》符《フ》

鼠《ソ》形《ケイ》之《ノ》靈《レイ》符《フ》ハ
牛《ウシ》形《ケイ》之《ノ》靈《レイ》符《フ》ハ
虎《トラ》形《ケイ》之《ノ》靈《レイ》符《フ》ハ
兎《ウ》形《ケイ》之《ノ》靈《レイ》符《フ》ハ
龍《タツ》形《ケイ》之《ノ》靈《レイ》符《フ》ハ
蛇《ミ》形《ケイ》之《ノ》靈《レイ》符《フ》ハ
馬《バ》形《ケイ》之《ノ》靈《レイ》符《フ》ハ
羊《ヒツジ》形《ケイ》之《ノ》靈《レイ》符《フ》ハ
猿《サル》形《ケイ》之《ノ》靈《レイ》符《フ》ハ
鷄《トリ》形《ケイ》之《ノ》靈《レイ》符《フ》ハ
狗《イヌ》形《ケイ》之《ノ》靈《レイ》符《フ》ハ

午《ウマ》年《トシ》生《ウマレ》ノ者《モノ》佩《オ》フヘシ
未《ヒツジ》年《トシ》生《ウマレ》ノ者《モノ》佩《オ》フヘシ
申《サル》年《トシ》生《ウマレ》ノ者《モノ》佩《オ》フヘシ
酉《トリ》年《トシ》生《ウマレ》ノ者《モノ》佩《オ》フヘシ
戌《イヌ》年《トシ》生《ウマレ》ノ者《モノ》佩《オ》フヘシ
亥《井》年《トシ》生《ウマレ》ノ者《モノ》佩《オ》フヘシ
子《ネ》年《トシ》生《ウマレ》ノ者《モノ》佩《オ》フヘシ
丑《ウシ》年《トシ》生《ウマレ》ノ者《モノ》佩《オ》フヘシ
寅《トラ》年《トシ》生《ウマレ》ノ者《モノ》佩《オ》フヘシ
卯《ウ》年《トシ》生《ウマレ》ノ者《モノ》佩《オ》フヘシ
辰《タツ》年《トシ》生《ウマレ》ノ者《モノ》佩《オ》フヘシ

七十四叟秀岳画

猪《ヰ》形《ケイ》之《ノ》靈《レイ》符《フ》ハ　己《ミ》年生《トシウマレ》ノ者《モノ》佩《オ》フヘシ

以上十二符《フ》篆《シヨウ》ハ是《コレ》ナリ

不《フ》老《ラウ》長《チヤウ》壽《ジユ》神《シン》秘《ヒ》法《ハフ》

此《コノ》不老長壽《フラウチヤウジユ》ノ秘法《ヒハフ》ハ、貴賤《キセン》ノ差別《サベツ》無《ナ》ク人《ヒト》トシテ渇望《カツハウ》セサルハアラサルヘシ凡《オヨ》ソ富貴《フウキ》ハ有徳者《イウトクシヤ》カ其家《ソノイヘ》ニ生育《セイイク》セハ、繼襲《ケイシウ》スルコトヲ得《ウ》ヘク、又《マタ》適《タマ》ニ其地位《ソノチヰ》ヲ得《ウ》ル者《モノ》有《ア》リ、而《シカ》ルニ命數《メイスウ》ハ貨財《クワザイ》ヲ以《モツ》テ購《アカナ》ヒ難《ガタ》ク、名醫《メイイ》ノ治療《チレウ》藥石《ヤクセキ》モ無効《ムカウ》ノ時《トキ》在《アツ》テ、命壽《メイジユ》ハ啻《タヾ》ニ老若《ラウニヤク》ヲ以《モツ》テ一律《リツ》ニ斷《ダン》シ難《ガタ》ク、是《コレ》ニ由《ヨツ》テ人智《ジンチ》ノ測《ハカ》ル能《アタ》ハサルモノ故《ユヘ》、衆人《シウジン》カ一般《ハン》ニ長壽《チヤウジユ》ヲ切望《セツハウ》スル處《トコロ》ナリ、其道《ソノミチ》ハ仙教《センケウ》ノ特色《トクシヨク》ニシテ頗《スコブ》ル簡易《カンイ》ニ實行《ジツカウ》シ得《ウ》ル、其《ソノ》不老長壽《フラウチヤウシユ》ノ秘法《ヒハフ》ハ、三尸《シ》九蟲《チウ》ト云《イフ》モノヲ絶滅《ゼツメツ》セシムルニ在《ア》リ、其詳解《ソノシヤウカイ》ハ本文《ホンブン》ニ讓《ユヅ》リ、實《ジツ》ニ是得難《コレエガタ》キ神秘《シンピ》ノ法《ハフ》ナルヲ以《モツ》テ濫《ミダリ》ニ思議《シギ》スル勿《ナカ》レト誡《イマ》シム、

夫《ソ》レ人生《ジンセイ》ニ命壽《メイジユ》ノ貴重《キチヤウ》ナルハ、何人《ナンヒト》モ異論《イロン》ヲ挾《ハサ》ム者《モノ》無《ナ》ク、之《コレ》ヲ

世《ヨ》ニ求《モトム》ルニ神《シン》儒《シユ》佛《ブツ》ノ三教《ケフ》ハ貴《タツ》トシト雖《イヘト》モ、殊《コト》ニ其《ソノ》法《ハフ》ハ備《ソナ》ハラサル故《ユヘ》、神《シン》佛《ブツ》ニ祈《キ》念《ネン》スルモ得《エ》難《ガタ》ク、是《コヽ》ニ於《オイ》テ儒《シユ》教《ケフ》ヲ學《マナ》ヒ遵《シユン》奉《ホウ》スル實《ジツ》踐《セン》者《シヤ》タル、顏《ガン》回《クワイ》ハ夭《ヨウ》死《シ》シ伯《ハク》牛《ギウ》ハ悪《アク》疾《シツ》ヲ煩《ハツラ》フ、是《コレ》則《スナハ》チ夫《フウ》子《シ》モ惜《ヲシ》ミテ天《テン》命《メイ》ハ免《マヌカ》レ難《カタ》シト有《ア》リ、然《シカ》ルニ仙《セン》教《ケフ》ハ獨《ヒト》リ延《エン》命《メイ》ノ法《ハフ》完《クワン》備《ビ》ス。其《ソノ》徴《チヤウ》ハ列《レツ》仙《セン》傳《デン》等《トウ》ニ明《アキラ》カナルカ、先《マ》ツ西《セイ》王《ワウ》母《ボ》等《トウ》ヨリ彭《ハウ》祖《ソ》ノ七百《ヒヤク》餘《ヨ》歳《サイ》等《トウ》多《オホ》ク在《ア》ルモ、一二ノ例《レイ》ヲ示《シメ》シ煩《ハン》ヲ恐《オツ》レテ省《セイ》畧《リヤク》シ、爰《コヽ》ニ近《チカ》ク我《ワカ》國《クニ》ノ徴《チヤウ》證《シヤウ》ハ、本《ホン》書《シヨ》ノ引《イン》用《ヨウ》ト爲《ナ》ス、甲《カワ》庚《ガウ》秘《ヒ》錄《ロク》ノ跋《バフ》文《ブン》ノ撰《セン》書《シヨ》者《シヤ》在《ア》リ、其《ソノ》文《ブン》ニ曰《イハ》ク。

老《ラウ》、君《クンノ》遺《ユ》誡《カイニ》。教《ヲシヘ》子《シカ》防《ハウ》軀《クチ》。外《ソト》如《コトク》空城《クウシヤウノ》。裏《ウチ》如《コトク》丹《タン》朱《シユノ》。外《ソト》常《ツネニ》不《ズ》足《タラ》。內《ウチ》實《ジツニ》有《アリ》餘《アマリ》。保《タモツ》道《ミチ》五《ゴ》藏《ザウ》。勿《ナカレ》得《ウル》發《ハツシ》舒《ヨヲ》。行《オコナヒ》正《セイヲ》念《オモフ》道《ミチヲ》。常《ツネニ》覆《オホフ》子《シ》軀《クチ》。思《オモヒ》道《ミチヲ》。念《オモフ》道《ミチヲ》。坐《ザ》致《チ》行《カウ》風《フウ》。思《オモヒ》道《ミチヲ》。念《オモフ》道《ミチヲ》。常《ツネニ》以《モツテ》道《ミチヲ》俱《トモニ》。內《ウチ》懷《オモフ》金《キン》寶《ホウヲ》。外《ソト》常《ツネニ》如《コトシ》無《ナキガ》。保《タモチ》神《シンヲ》愛《アイシ》氣《キヲ》。萬《バン》邪《ジヤ》不《ス》拘《カヽハラ》。長《チヤウ》生《セイ》在《アリ》已《ヲノレニ》。三《サン》尸《シ》自《ジ》去《キヨス》。百《ヒヤク》病《ヒヤウ》九《ク》蟲《チウ》。皆《ミナ》自《ジ》消《セウ》除《ジヨスヽ》。身過《スコシ》千《セン》災《サイヲ》。仙《セン》人《ニント》隣《リン》居《キヨス》。以《モツテ》爲《ナス》跋《ハツト》。　丹《タン》陽《ヤウ》一百

二拾有三叟《ソウ》關《セキ》富《フ》翁《オウ》書《シヨ》ト有《ア》リ、此《コノ》翁《オウ》ハ斯《カク》ノ如《ゴト》キ仙《セン》敎《ケウ》ノ遺《ユイ》文《ブン》ヲ撰《セン》出《シユツ》セラル、素《モト》ヨリ其《ソノ》道《ミチ》ヲ常《ツネ》ニ學《マナ》ヒ長《チヤウ》壽《シユ》ヲ得《エ》シ徵《チヤウ》ハ已《スデ》ニ明《アキラカ》ナリ、惜《ヲシ》シキ哉《カナ》傳《デン》記《キ》詳《ツマビラ》カナラザル故《ユヘ》終《シウ》焉《エン》ノ幾《イク》歳《サイ》ナリシカヲ知《シ》ラス、又《マタ》現《ゲン》代《ダイ》ニ於《オイ》テモ高《カウ》齡《レイ》者《シヤ》尠《スク》ナカラス、爰《ココ》ニ播《ハリ》磨《マ》ノ三《ミ》木《キ》ニ鍜《カ》治《ヂ》職《シヨク》ノ名《メイ》工《コウ》ニ妙《メウ》珍《チン》ト云《イフ》百《ヒヤク》翁《オウ》在《ア》リ、其《ソノ》筆《ヒツ》蹟《セキ》ハ揭《ケイ》出《シユツ》ノ如《ゴト》シ、惜《ヲシ》ムヘク近《チカ》ク沒《モツ》スト聞《キ》ク、翁《オウ》ハ祖《ソ》ヨリ代《ヨ》々《ヽ》甲《カツ》冑《チウ》等《トウ》ノ精《セイ》工《コウ》ヲ以《モツ》テ其《ソノ》名《ナ》高《タカ》シ、曩《サキ》ニ先《セン》祖《ソ》ノ作《サク》鐵《テツ》鷲《ワ》鳥《シ》ノ置《オキ》物《モノ》ヲ見《ミ》シカ、精《セイ》巧《ケウ》ノ作《サク》ト感《カン》シタルコト在《ア》リ、此《コノ》翁《オフ》ノ長《チヤウ》生《セイ》法《ハフ》

ヲ聽《キカ》サリシカ、兎《ト》ニ角《カク》モ長命《チヤウメイ》ハ道術《センシユツ》ノ他《タ》ニ求《モトム》ルニ在《ア》ルコト無《ナ》シト斷言《タンケン》ス、斯《カク》ノ如《ゴト》ク立證《リツシヤウ》在《ア》レハ、長壽《チヤウジユ》ノ疑議《ギギ》ハ氷解《ヒヤウカイ》セシナラン、猶《ナホ》神儒佛《シンシユフツ》ノ三教《ケウ》ニ仙教《センケフ》ト同一理《トウイツリ》ノ説《セツ》在《ア》ルヲ以《モツ》テ、更《サラ》ニ提出《テイシユツ》辨明《ベンメイ》セント欲《オモ》フモ、此《コノ》三尸《シ》九蟲《チウ》絶滅《ゼツメツ》秘法《ヒハフ》ハ頗《スコブ》ル靈法《レイハフ》ナル故《ユヘ》、其《ソノ》出所《シユツシヨ》ヲ先《マ》ツ參考《サンカウ》ニ供《キヨウ》スヘシ、

因《チナミ》ニ云《イツ》近時《キンジ》大隈伯《オホクマハク》ノ百二十五歳説《サイセツ》カ、社會《ヨノナカ》ノ人口《ジンコウ》ニ膾炙《クワイシヤ》シ傳播《デンパン》シツヽ在《ア》ルカ、是《コレ》漫然《マンゼン》タル放言《ハウケン》ニシテ、之《コレ》ヲ眞面目《マジメ》ニ聽信者《チヤウシンシヤ》モアラサルベシ、併乍《シカシナカ》ラ偉人《ヰジン》有爲《イウヰ》ノ伯《ハク》ガ長命《チヤウメイ》ノ如《ゴト》キハ、衆人《シウジン》ト共《トモ》ニ期望《キハウ》スルモ其《ソノ》法《ハフ》ニ憑《ヨル》ニ在《ア》ラサレハ、其《ソノ》言《コト》ノ如《コト》ク實行《ジツカウ》ハ至難《シナン》ニテ、反《カヘツ》テ伯《ハク》ノ徳《トク》ヲ傷《ソコナ》フコトアラザル歟《カ》。

三尸九蟲《サンシクチウ》ノ秘法《ヒセツ》

此《コノ》秘法《ヒセツ》ノ利生靈驗《リシヤウレイケン》ハ、後項《ゴコウ》ニ詳述《シヤウシユツ》ニ就《ツキ》テ知《シ》ルヘシ。

道藏經《ダウサウキヤウ》ニ此《コノ》三尸《シ》九蟲《チウ》ノ絶滅《セツメツ》秘法《ヒハフ》ニ就《ツキ》テ誡《イマシメ》テ曰《イハ》ク、是《コレ》神仙微妙《シンセンミメウ》

長《チヤウ》生《セイ》不《フ》老《ラウ》ノ要《エウ》術《シユツ》ニテ、容《タヤ》易《ス》ク凡《ボン》人《ジン》ノ識《シ》ルヘキ秘《ヒ》法《ハフ》ニアラス、若《モ》シ人《ヒト》有《アリ》テ此《コノ》秘《ヒ》法《ハフ》ヲ信《シン》シ行《オコナ》ヘハ、此《カク》ノ如《ゴト》キ利《リ》生《シヤウ》靈《レイ》驗《ケン》有《ア》リ、又信《シン》セス行《オコナ》フ事《コト》能《アタ》ハサレハ、無《ム》種《シユ》ノ災《サイ》害《ガイ》ニ遇《アヒ》テ無《ム》福《フク》短《タン》命《メイ》ナルヘシト在《ア》リ、又雲《ウン》笈《キウ》七籤《セン》ニ此《コノ》三尸《シ》ヲ除《ノゾ》ク仙《セン》法《ハフ》ニ曰《イハ》ク、人《ヒト》常《ツネ》ニ鶏《ケイ》鳴《メイ》ノ時《トキ》ヲ以《モツ》テ口《クチ》ヲ漱《ソソク》ニ、醴泉《ミツ》ヲ取《トリ》テ是《コレ》ヲ咽《ノム》コト三度《ド》シテ、徐《シヅカ》ニシテ氣《キ》ヲ定《サダ》メ、人《ヒト》ト言《コト》語《バ》ヲ發《ハツ》セサルトキハ、三尸《シ》ヲ絶《セツ》滅《メツ》スト在《ア》リ、然《シカ》ルニ此《コノ》法《ハフ》簡《カン》易《イ》ナルモ、都《ト》市《シ》ニ住《ジウ》者《シヤ》ハ假《カリ》ニ河《カ》流《リウ》在《ア》ルモ、日《ツ》常《ネ》ニ實《ジツ》行《カウ》スルコト難《カタ》シト思《オモ》フ、（是亦庚申部ニ見ユ）亦《マタ》此《コノ》絶《セツ》滅《メツ》秘《ヒ》法《ハフ》ハ庚《カウ》申《シン》日《ヒ》ヲ撰《エラミ》テ書《シヨ》寫《シヤ》及《オヨ》ヒ修《シユ》法《ハフ》爲《ナ》スモノ故《ユヘ》、往《ムカ》時《シ》庚《カウ》申《シン》待《マチ》ト稱《シヤウ》スルコト禁《キン》中《チウ》ニ行《オコナ》ヒ玉《タマ》フ、下《シモ》萬《バン》民《ミン》モ之《コレ》ニ倣《ナラヒ》タルモノ故《ユヘ》、其《ソノ》庚《カウ》申《シン》待《マチ》ノ由《ユ》來《ライ》ヲ次《シ》項《コウ》ニ參《サン》考《カウ》ニ供《キヨウ》スヘシ、

我邦《ワカハウ》庚申待《カウシンマチ》ノ傳來《デンライ》

我朝《ワカテフ》ノ皇極天皇《クワウキヨクテンクワウ》（三十五代）ノ御代《ミヨ》ニ唐土《トウド》ヨリ庚申《カウシン》ノ儀式《ギシキ》傳來《デンライ》シケルモ、女帝《ニヨテイ》ニテ御在《オハシ》マセシカハ、此御式《コノオンシキ》ヲ行《オコナ》ヒ玉《タマ》ハス、天智天皇《テンチテンクワウ》（三十八代）ノ御代《ミヨ》ニ始《ハシメ》テ其式《ソノシキ》ヲ修《シユ》セラレ、文武天皇《ブンブテンクワウ》（四十二代）大寶《タイホウ》元辛丑年ニ天王寺《テンワウジ》ニテ庚申待《カウシンマチ》ヲ修《シユ》セラル、其後《ソノゴ》朱雀天皇《シユシヤクテンクワウ》（六十一代）天慶《テンキヤウ》二年ニ禁裏《キンリ》ニ庚申《カウシン》ノ御遊《ギヨユウ》アリ、庚申ヲ守ル事ヲ云ト本朝國史《ホンテウコクシ》ニ載《ノ》ス、宇多醍醐《ウタダイゴ》ノ兩朝《リヤウテウ》ニモ專《モツハ》ラ庚申待ヲ行《オコナ》ヒ玉《タマ》フ、殊《コト》ニ庚申歳《カウシントシ》ハ別《ヘツ》シテ愼《ツヽシ》ムヘキ歳《トシ》ナリト在《ア》リ、已《ステ》ニ元正天皇《ゲンシヤウテンクワウ》（四十四代）養老《ヤウラウ》五年ノ詔《ミコトノリ》ニ曰《イハ》ク、

世諺《ヨノコトハザ》云《ニイハク》。歳《トシ》在《アレハ》レ申《サルニ》有《アリ》二事《ジ》故《コ》一。此《コレ》如《コトシ》レ所《トコロノ》レ言《イフ》。去《サンヌル》庚申《カノヘサル》年《ノトシ》。咎《トカメ》徴《シルシ》屢《シバ〳〵》見《アラハル》。水旱《スイカン》竝《ナラビ》臻《イタル》。今《イマ》亦《マタ》去年《キヨネン》災異《サイイ》之《ノ》餘《アマリ》。延《ヒイテ》及《オヨフ》二今歳《コトシニ》一。亦《マタ》猶《ナホ》風雲《フウウンノ》氣色《ケシキ》。有《アリ》レ違《タカフ》二于常《ツネニ》一云云ト有《ア》リ、

御《ゴ》歴《レキ》代《タイ》ノ天《テン》皇《ワウ》、常《ツネ》ニ天《テン》災《サイ》ヲ御《ゴ》軫《シン》念《ネン》ノ詔《セウ》勅《チヨク》ヲ拜《ハイ》スルナリ、此《コノ》詔《セウ》勅《チヨク》ノコトヲ卷《クワン》首《シユ》ニ論《ロン》徵《チヤウ》ト爲《ナ》シ、且《カツ》亦《マタ》御《ゴ》歴《レキ》代《タイ》ニ修《シユ》法《ハフ》ヲ行《オコナ》ハセ玉《タマ》フ事《コト》ヲ叙《ジヨ》シタリ、故《ユヘ》ニ其《ソノ》徵《チヤウ》ニ參《サン》考《カウ》ニ供《キヨウ》ス、又拾《シウ》芥《カイ》ニ曰《イハ》ク庚《カウ》申《シン》彭《ホウ》候《コウ》子《シ》。彭《ホウ》常《シヤウ》子《シ》。命《メイ》兒《ジ》子悉《コト〲ク》入《イリナ》幽《ユウ》冥《メイ》之《ノ》中《ウチニ》。去《サリ》離《ハナル》我《ワカ》身《ミヲ》。ト有《ア》リ、女人ハ必《カナラ》ス庚《カウ》申《シン》ヲ守《マモ》ルヘシト記《シル》シ在《ア》リ、又中《チウ》華《クワ》ノ柳《リウ》子《シ》厚《カウ》カ尸《シ》蟲《チウ》ヲ罵ル文《ブン》ト、韓《カン》退《タイ》之《シ》カ窮《キウ》鬼《キ》ヲ罵《ノル》問《モン》答《トウ》シテ、送《ソウ》窮《キウ》文《ブン》ヲ作《ツク》ル、是《コレ》世《ヨ》ニ對《タイ》偶《グウ》ノ事《コト》ニ談《ダン》ス、韓《カン》退《タイ》之《シ》柳《リウ》子《シ》厚《カウ》ハ、古《コ》今《コン》ノ學《カク》者《シヤ》ナルモ、三尸《シ》九蟲《チウ》ト窮《キウ》乏《バウ》神《シン》トハ恐《オソレ》シト謂《フ》フ、

此《コノ》庚《カウ》申《シン》ノ夜《ヨ》孕《ハラメ》ル子《コ》ハ、盜《トウ》賊《ツク》ニ成《ナ》ルユヘニ恐《オソ》ル、酉《ユウ》陽《ヤウ》雜《サツ》俎《ソ》ニ庚《カウ》申《シン》ヲ守《マモ》ルコトヲ記《シル》セリ、古《コ》今《コン》醫《イ》統《トウ》ニモ、女《ニヨ》人《ニン》ハ殊《コト》ニ庚《カウ》申《シン》ヲ守《マモ》ルヘシト謂《イ》ヘリ、和《ワ》漢《カン》共《トモ》ニ庚《カウ》申《シン》ノコトハ久《ヒサ》シク傳《ツタハ》レリ、後《ノチ》徹《テツ》夜《ヤ》スルニ就《ツキ》テ、琴《コト》三《サ》味《ミ》線《セン》尺《シヤク》八《ハチ》等《トウ》ヲ以《モツ》テ音《オン》曲《キヨク》シテ、唯《タヾ》終《シウ》夜《ヤ》ヲ明《アカ》スヲ是《ゼ》ト

心得《コヽロエ》シハ、大《オホイ》ニ了《レウ》解《カイ》違《チカイ》ト謂《イ》フヘシ、酒《シユ》宴《エン》亂《ラン》舞《ブ》シ姦《カン》聲《セイ》ヲ以《モツ》テ濫《ミダレ》溺《オホ》レ、藝《ケイ》人《ニン》等《ラ》ノ男《ナン》女《ニヨ》ヲ間《マジヘ》雜《ミダレ》テ、庚《カウ》申《シン》待《マチ》ヲ爲《ナ》スハ、是《コレ》謂《イ》ハレ無《ナ》キコトニテ、却《カヘツ》テ無《ム》福《フク》短《タン》命《メイ》災《サイ》害《ガイ》ヲ招《マネ》ク根《コン》本《ホン》ナリ、原《モ》ト庚《カウ》申《シン》ヲ守《マモ》ルハ、是《コ》レ仙《セン》教《ケフ》ノ秘《ヒ》法《ハフ》ヲ修《シユ》スルモノナル故《ユヘ》、謹《キン》肅《シユク》シテ修《シユ》スルモノナリ、其《ソノ》他《タ》彼《カノ》庚《カウ》申《シン》待《マチ》ト稱《シヤウ》シ種々《イロ〳〵》ト牽《ケン》合《カフ》附《フ》會《クワイ》ノ俗《ゾク》説《セツ》ハ甚《ハナハ》タ非《ヒ》ト爲《ナ》シ取《ト》ルニ足《タ》ラサルコトハ、漸々《ゼン〳〵》讀《ヨム》ニ從《シタカヒ》テ自《ジ》知《チ》スヘシ、次《ツギ》ニ神《シン》儒《シユ》佛《ブツ》ノ三教《ケフ》ニ三尸《シ》ノコト、同《トウ》一《イチ》理《リ》ノ説《セツ》在《ア》ルヲ以《モツ》テ、茲《コヽ》ニ資《シ》料《レウ》ニ供《キヨウ》スヘシ、

道《タウ》釋《シヤク》神《シン》ノ三教《ケフ》ニ三《サン》尸《シ》司《シ》過《クワ》神《シン》ノ説《セツ》

夫《ソ》レ世《セ》界《カイ》ノ人《ニン》間《ゲン》ハ悉《コト〴〵》ク司《シ》過《クワ》神《シン》三《サン》尸《シ》九《ク》蟲《チウ》ト云《イフ》物《モノ》在《アリ》テ、誕《タン》生《シヤウ》ノ時《トキ》ヨリ其《ソノ》人《ヒト》ニ附《ツキ》添《ソヒ》テ庚《カウ》申《シン》日《ヒ》甲《カウ》子《シ》日《ヒ》毎《コト》ニ、其《ソノ》人《ヒト》ノ罪《サイ》過《クワ》ヲ天《テン》ニ告《ツゲ》テ、其《ソノ》人《ヒト》ノ壽《シユ》命《メウ》ヲ滅《メツ》シ災《サイ》禍《クワ》ヲ起《オコ》サセ、無《ム》福《フク》貧《ヒン》乏《バウ》ナラシメ諸《モロ〳〵》ノ難《ナン》治《チ》

ノ病《ヤマヒ》ヲ起《オコ》サシム、故《ユヘ》ニ道《タウ》藏《サウ》經《キヤウ》庚《カウ》申《シン》部《ブ》ニ曰《イハ》ク、凡《オヨ》ソ道《ダウ》士《レ》醫《イ》師《シ》ハ只《タヾ》方《ハウ》ヲ按《アン》シ身《ミ》ヲ治《オサム》ル事《コト》ヲ知《シツ》テ、伏《フク》尸《シ》ノ所《シヨ》在《ザイ》ヲ知《シ》ラス、上《シヤウ》尸《シ》ハ寶《ホウ》貨《クワ》千《セン》億《オク》ヲ好《コノ》ミ、中《チウ》尸《シ》ハ五《ゴ》味《ミ》ヲ好《コノ》ミ、下《ゲ》尸《シ》ハ好《カウ》色《シヨク》トス、若《モ》シ之《コレ》ヲ去《サラ》ハ心《シン》神《シン》ヲ飢《ウヘ》ザラシメ、靜《シヤウ》念《ホン》ニシテ延《エン》生《セイ》ヲ得《ウ》ヘシ、眞《シン》人《ジン》ハ其《ソノ》道《ミチ》ヲ貴《タツト》ミ、道《タウ》士《シ》ハ其《ソノ》藥《クスリ》ヲ尊《タツト》ミ、賢《ケン》者《シヤ》ハ其《ソノ》法《ハフ》ヲ樂《タノ》シム、愚《グ》俗《ゾク》ハ其《ソノ》事《コト》ヲ笑《ワラ》フト在《ア》リ、太《タ》上《ジヤウ》感《カン》應《オウ》編《ヘン》ニ曰《イハ》ク、三《サン》臺《タイ》北《ホン》斗《ト》神《シン》君《クン》去《ア》リ、人《ヒト》ノ頭《ツ》上《シヤウ》ニ在《アリ》テ人《ヒト》ノ罪《ザイ》惡《アク》ヲ錄《ロク》シ、其《ソノ》壽《ジユ》命《メウ》ヲ奪《ウバ》フト（北斗七星神符傳ニ詳記在リ）又抱《ホウ》朴《ホク》子《シ》第一（五十丁）ニ易《エキ》ノ內《ナイ》戒《カイ》及《オヨ》ヒ、赤《セキ》松《セウ》子《シ》經《キヤウ》及《オヨ》ヒ、河《カ》圖《ド》記《キ》命《メイ》符《フ》ヲ引《ヒキ》テ曰《イハ》ク、天《テン》地《チ》仙《セン》道《ダウ》經《キヤウ》ニ司《シ》過《クワ》神《ジン》在《ア》リ、人《ヒト》ノ犯《オカ》ス處《トコロ》ノ輕《ケイ》重《ヂウ》ノ罪《ザイ》過《クワ》ニ隨《シタガ》ヒ、其《ソノ》壽《ジユ》命《メウ》ヲ奪《ウバ》ヒ人《ヒト》ヲシテ貧《ヒン》耗《ボウ》ニ、疾《イタム》痛《ヤマヒ》ヲ生《セウ》ゼシメ屢《シバ〳〵》憂《ウレイ》患《イタマ》シメ其《ソノ》人《ヒト》短《タン》命《メイ》ニシテ死《シ》スト、又神《シン》道《ダウ》ニテハ舊《ク》事《シ》記《キ》第二ニ曰《イハ》ク、變《アタ》識《タマ》着《ツクノ》神《カミ》、直《ナチ》識《タマ》着《ツクノ》神《カミ》這《コノ》二《フタ》神《カミ》ハ、能《ヨ》ク諸《シヨ》神《ジン》等《トウ》ノ所《シヨ》作《サ》ノ善《セン》惡《アク》ノ事《コト》ヲ記《シル》シテ、天《テン》帝《ナイ》ニ白《モフ》シ又泉神《ヨモツカミ》ニ白《モフ》スト又佛《ブツ》道《ダウ》ニハ藥《ヤク》師《シ》經《キヤウ》六《ロク》齊《サイ》精《セウ》進《ジン》經《キヤウ》等《トウ》ニ、三《サン》尸《シ》ノ事《コト》ヲ倶《グ》生《シヤウ》神《ジン》ト名《ナツ》ケ、人ノ身《ミ》ノ左《サ》右《ユウ》ノ肩《カタ》ニ有《アツ》テ、其《ソノ》罪《サイ》惡《アク》ヲ記《シル》スト説《トカ》レ、華《ケ》嚴《ゴン》經《キヤウ》（舊譯ノ四十五十七丁ニ出ツ）ニ曰《イハ》ク、人《ヒト》生《ウマレ》テ己《ヲノレ》ニ二天《テン》在《アリ》テ、恆《ツネ》ニ相《アヒ》隨《シタ》逐《カイ》テ其《ソノ》人《ヒト》ノ罪《ザイ》惡《アク》ヲ記《キ》ス、一《イツ》ヲ同《ドウ》生《シヤウ》ト云《イヒ》、二《ニ》ヲ同《ドウ》名《メウ》ト名《ナツ》ク、二天ハ常《ツネ》ニ其《ソノ》人《ヒト》ヲ見《ミ》レトモ、人ハ其《ソノ》二天《テン》ヲ見《ミ》スト（新譯ノ六丁大跡六十五丁）無《ム》量《リヤウ》壽《ジユ》經《キヤウ》ニ曰《イハ》ク、神《シン》明《メイ》記《キ》識《シキ》ト云《イフ》ハ嘉《カ》祥《シヤウ》ノ跡《シヨ》ニ云《イハ》ク、神《シン》明《メイ》記《キ》識《シキ》ト云《イフ》ハ、名《メウ》籍《セキ》先《マツ》定《サダマツ》テ蹉《サ》跌《ケツ》セズ、一《イツ》切《サイ》衆《シユ》生《シヤウ》ニ皆《ミナ》二《ニ》神《ジン》在《ア》リ、一ニ同《ドウ》生《シヤウ》ト云《イ》ヒ二ヲ同《ドウ》名《メウ》ト云《イフ》、同《ドウ》生《シヤウ》ハ女《ヲンナ》ニテ右《ミギノ》肩《カタ》ノ上《ウヘ》ニ在《アツ》テ、其《ソノ》作《サ》惡《アク》ヲ書《シヨ》シ、同《ドウ》名《メウ》ハ男《オトコ》ニテ左《ヒダリ》肩《カタノ》上《ウヘ》ニ在《アツ》テ、其《ソノ》作《サ》善《ゼン》ヲ書《シヨ》スト、弘《ク》決《ケツ》ノ八卷《クワン》ニ身《ミ》ト名《ナ》ヲ同《オナシ》フシ、身《ミ》同《オナ》シク生《シヤウ》スレハ、名《ナツ》ケテ天《テン》神《シン》ト爲《ナ》ス、自《ジ》然《ネン》ニ在《ア》ルカ故《ユヘ》ニ天《テン》トハ名《ナツ》ケタリト、然《シカ》レハ儒《シユ》、釋《シヤウ》、道《タウ》、神《シン》ノ四道《ダウ》共《トモ》ニ、此《コノ》司《シ》過《クワ》神《ジン》在《ア》ルヲ知《シ》ルヘシ、此《カク》ノ如《ゴト》ク大《タイ》惡《アク》神《シン》三尸《シ》九蟲《チウ》ヲ、各《オノ〳〵》庚《カノヘ》申《サル》日《ヒ》甲《カフ》子《シ》日《ヒ》毎《コト》ニ消《シヤウ》滅《メツ》サセスンハ、短《タン》命《メイ》無《ム》福《フク》災《サイ》害《カイ》病《ビヤウ》身《シン》ニシテ、一生《シヤウ》涯《ガイ》患《ウレイ》愁《ウレヒ》テ身《ミ》ヲ過《スゴ》スナラン、最《モツト》モ此《コノ》三尸《シ》九蟲《チウ》ヲ消《シヤウ》滅《メツ》サスルノ秘《ヒ》法《ハフ》ハ、仙《セン》家《カ》ニ其《ソノ》法《ハフ》種《イロ》々《イロ》在《ア》リ、然《シカ》ルニ容《タヤ》易《ス》ク行《オコナ》フ秘《ヒ》法《ハフ》無《ナ》シ、故《ユヘ》ニ今《イマ》太《タ》上《シヤウ》眞《シン》君《クン》秘《ヒ》授《シユ》ノ斬《サン》三《サン》尸《シ》桃《トウ》板《バン》寶《ホウ》符《フ》ノ秘《ヒ》法《ハフ》ヲ傳《ナン》授《シユ》ス、猶《ナホ》其《ソノ》他《タ》三尸《シ》ヲ滅《メツ》スル仙《セン》法《ハフ》ノ一二ヲ記《シル》シ、參《サン》看《カウ》ニ供《キヨウ》スヘシ、

神《シン》仙《セン》庚《カウ》申《シン》ヲ守《マモ》ル神《シン》法《ハフ》

常《ツネ》ニ庚《カウ》申《シン》日《ヒ》ヲ以《モツ》テ徹《ヨモ》夕《スカラ》眠《ネム》ラサレハ、下《ケ》尸《シ》交《カウ》對《タイ》斬《サン》死《シ》シテ還《カヘ》ラス、復《マタ》庚《カウ》申《シン》日《ヒ》徹《ヨモ》夕《スカラ》眠《ネム》ラサレハ、中《チウ》尸《シ》交《カウ》對《タイ》斬《サン》死《シ》シテ還《カヘ》ラス、亦《マタ》上《シヤウ》尸《シ》モ交《カウ》對《タイ》斬《サン》死《シ》シテ還《カヘ》ラス、三《サン》尸《シ》皆《ミナ》盡《ツキ》テ司《シ》命《メイ》死《シ》籍《セキ》ヲ削《ケツリ》去《サリ》テ、長《チヤク》生《セイ》籙《ロク》ニ著《アラハ》スユヘ上《カミ》天《ナン》人《ニン》ト遊《アツ》フ（或ハ六月八月ノ庚申彌佳ナリ、宜シク竟日盡夕之ヲ守ルヘシ、三ノ庚申ヲ守レハ三尸伏沒ス、七ツノ庚申ヲ守レハ、三尸長ク滅ス、庚申ハ一年ニ六ツト七ツ在リ、皆之ヲ守ルヲ云、）

趙《テフ》先《セン》生《セイ》三尸《シ》九蟲《チウ》ヲ除《ノゾ》ク秘《ヒ》法《ハフ》

常《ツネ》ニ月《ケツ》建《ケン》ノ日《ヒ》（月建日トハ正月ハ寅日、二月ハ卯日ナリ、此他ノ餘月モ是ニ准シ知ルヘシ）夜《ヨ》半《ナカ》子《ネ》ノ時《トキ》ヲ以テ密《ヒソカ》ニ庭《ニハ》中《ウチ》ニ出《イ》テ、正《セイ》東《トウ》方《ハウ》ニ向《ムカヒ》テ五体《タイ》ヲ平《ヘイ》ニシテ、氣《キ》ヲ正《タヾシ》フシテ齒《ハ》ヲ叩《タヽ》クコト三十回《クワイ》（齒ヲカチ〳〵カミ合スヲ云）訖《チハツ》テ頭《ヅ》ヲ擧《アゲ》テ少《スコ》シ仰《アオ》キ、即《スナハ》チ又頭《ヅ》ヲ下《サ》ケ少《スコ》シ俛《ウツム》キ、因《ヨツ》テ液《ツバ》ヲ咽《ノム》コト二七過《クワ》（二七トハ十四度ツバラノムヲ云）又前《マヘ》ニ向《ムカ》ヒ兩手《リヤウテ》ヲ仰《アオ》キ二七過《クワ》シ、前《セン》後《ゴ》仰《アオイ》テ手《チ》ヲ緩《ユルフ》シ是《コレ》ヲ爲《ナ》ス、扨《サテ》竊《ヒソカ》ニ呪《シユ》シテ曰《イハ》ク、南《ナン》昌《シヤウ》君《クン》五《ゴ》人《ジン》。官《クワン》將《シヤウ》百《ビヤク》二《ニ》十《ジウ》人《ニン》。爲某除三《タメニソレガシジヨスサン》尸《シ》伏《フク》尸《シナ》。將某周《マサニソレガシシウ》遊天《ユウステン》下《カニ》。過《クワ》度《ド》災《サイ》厄《ヤク》ト呪《シユ》シ訖《オハリ》テ、徐《シヅカ》々ニ左《ヒダリ》ニ廻《メク》リ還《カヘツ》テ臥《フ》ス、此《コノ》秘《ヒ》法《ハフ》ヲ能《ヨ》ク行《オコナ》ヘハ三《サン》尸《シ》九《ク》蟲《チウ》ハ消《セウ》滅《メツ》ス、若《モ》シ又月《ツキ》中《ヂウ》ニ重《チフ》建《ケン》アル時《トキ》ハ（重建トハ共月ニ二回其エトアルヲ云、正月ナラハ寅日ノ類ヲ云）右《ミキ》ノ日《ヒ》ニ此《コノ》法《ハフ》ヲ修《シユ》行《ギヤウ》スヘシ、○猶《ナホ》此《コノ》他《タ》ニ種《イロ》々《〳〵》在《ア》ルモ、容《ヨウ》易《イ》ニ行《オコナ》ヒ難《カタ》キヲ以テ畧《リヤク》ス、

三尸《シ》ノ名《ナ》ヲ呼《ヨビ》テ諸病《シヨヒヤウ》ヲ除《ノゾ》ク秘法《ヒハフ》

毎年《マイネン》六月八日及《オヨ》ヒ庚申日《カノヘサルノヒ》ノ夜《ヨ》睡《ネム》ラサレハ、三尸《サンシ》ヲ振伏《シンフク》スルナリ、又常日《ツネノヒ》ニ毎夜《マイヨ》歯《ハ》ヲ叩《タヽ》クコト三十六遍《ヘン》シテ、左手《ヒダリノテ》ヲ以《モツ》テ心《コヽロ》ヲ捧《サヽケ》テ三尸《シ》ノ名《ナ》ヲ呼《ヨブ》ナリ、曰《イハ》ク上尸《シヤウシ》彭琚《ホウキヨ》出《シユツ》。中尸《チウシ》彭瓆《ホウシツ》出《シユツ》。下尸《カシ》彭璚《ホウキヤウ》出《シユツ》。ト右《ミギ》ノ如《ゴト》ク呼《ヨ》フ時《トキ》ハ三尸《シ》カ害《ガイ》ヲナサス、無《ム》病《ビヤウ》ノ人《ヒト》モ常《ツネ》ニ能《ヨ》ク行《オコナ》ヘハ、精神《セイシン》倍爽《バイキヤウ》シ五神《シン》恬静《テンシヤウ》《シツカ》ニシテ、諸病《シヨヒヤウ》悉《コト〴〵》ク消滅《セウメツ》シ長命《チヤウメイ》法《ハフ》ナリト、衛生《エイセイ》易簡方《イカンハウ》ニ見《ミ》ユ、

神仙《シンセン》勞瘵《ラウカー》ヲ治《ヂ》スル斬三尸《ザンサンシ》ノ秘法《ヒハフ》

男女《ナンニヨ》ノ勞瘵《ラウカイ》ヲ治《ヂ》セント欲《オモ》ハ、、庚申日《カノヘサルノヒ》ニ手《テ》ノ甲《ツメ》ヲ去《サリ》テ、丑日《ウシノヒ》ヲ以《モツ》テ足《アシ》ノ甲《ツメ》ヲ去《サ》リ、此《コノ》指甲《ユビノツメ》ト足甲《アシノツメ》ヲ、毎度《マイド》乍《ナガ》ラ香合《カウガウ》等《トウ》ノ物《モノ》ニ集《アツメ》

入《イレ》置《オキ》テ、偖《サテ》舊《キウ》七月十六日ニ集《アツメ》置《オキ》タル、一年中《ネンヂウ》ノ手《テ》足《アシ》ノ甲《ツメ》ヲ灰《ハイ》ニ焼《ヤ》キ、水《ミツ》ニ和《クワ》シテ服《フク》スレハ、三尸《シ》九蟲《チウ》皆《ミナ》滅《ミツ》亡《バウ》シテ勞《ラウ》瘵《ガイ》漸《ゼン》次《ジ》ニ平《ヘイ》癒《ユ》ス、是《コレ》ヲ斬《ザン》三尸《サンシ》ト名《ナツ》ク、是《コレ》亦《マタ》衛《エイ》生《セイ》易《イ》簡《カン》方《ハウ》ニ見《ミ》ユ、

寶符靈驗利生《ホウフレイケンリシヤウ》ノ概要《カイエフ》

寶符《ホウフ》ヲ庚申日《カウシンヒ》ニ式法《シヤハフ》ノ如《ゴト》ク書寫《シヨシヤ》シ行《オコナ》ヘハ、人間《ニンゲン》ノ三尸九蟲《サンシクチウ》ヲ消滅《セウメツ》シテ、長生《チヤウセイ》不死《フシ》ノ神仙《シンセン》ニ成《ナ》ルノ法《ハフ》ニテ、仙錄《センロク》ニ記《シル》ス處《トコロ》ヲ見《ミ》ルニ其《ソノ》靈驗利生《レイケンリシヤウ》ノ概畧《カイリヤク》ヲ謂《イ》ヘハ左《サ》項《コウ》ノ如《ゴト》シ、

○削《ケヅリ》去《サル》死《シ》籍《セキヲ》ト謂《イフ》ハ、此《コノ》秘《ヒ》法《ハフ》ヲ行《オコナ》ヒ寶《ホウ》符《フ》ヲ書《シヨ》寫《シヤ》シ常《ツネ》ニ佩《オブ》レハ、人《ニン》間《ゲン》ノ壽《ジユ》命《メウ》ハ天《テン》數《スウ》在《アリ》テ、長命《チヤウメイ》ナルヘキ人《ヒト》モ、我《ワカ》造《ツク》ル所《トコロ》ノ過《クワ》失《シツ》ノ罪《ザイ》狀《ジヤウ》ニ由《ヨツ》テ、壽《ジユ》命《メウ》ノ縮《チヾマ》ルハ天ニ死《シ》籍《セキ》トテ、死《シ》人《ニン》ノ數《カズ》ニ帳《チヤウ》記《キ》シ置《オキ》玉《タマ》フニヨリ、長《ナカ》カルヘキ命《イノチ》モ短《ミジカ》ク成《ナ》ルナリ、然《シカ》ルニ此《コノ》寶《ホウ》符《フ》ノ靈《レイ》驗《ゲン》ニハ、其《ソノ》縮《チヾマ》ル所《トコロ》ノ壽《ジユ》命《メウ》死《シ》人《ニン》ノ數《カズ》ニ加《クワ》ヘ玉《タマ》フ、死《シ》籍《セキ》ヲ削《ケヅリ》

去《サリ》タマフト謂《イ》へり、

○著《アラハス》長生《チヤウセイ》錄《ロク》ト謂《イフ》ハ、此《コノ》寶《ホウ》符《フ》ノ靈《レイ》驗《ケン》ニテ罪《ザイ》過《クワ》ヲ犯《オカ》シ、天《テン》上《ジヤウ》ノ死《シ》籍《セキ》ニ記《シル》サレタル人《ヒト》モ、忽《タチマ》チ長《チヤウ》生《セイ》ノ錄《ワク》ニ著《シル》サレ、短《タン》命《メイ》ノ人《ヒト》モ壽《ジユ》命《メウ》ヲ增《ゾウ》長《チヤウ》シ、諸《シヨ》運《ウン》强《ツヨ》ク萬《バン》事《ジ》成《ナス》程《ホド》ノ事《コト》カ吉《キツ》祥《シヤウ》ニシテ、如《ニヨ》意《イ》滿《マン》足《ソク》セシムルト云《イフ》、至《イタツ》テ此《コノ》秘《ヒ》法《ハフ》ヲ行《オコナ》ヘハ、長《チヤウ》生《セイ》不《フ》死《シ》ノ仙《セン》人《ニン》ト成《ナ》リ、白《ハク》日《ジツ》昇《シヤウ》天《テン》スルニ至《イタ》ルヘシ（至ツテトハ、永ク努テ行フ意ヲ云ナリ、）

○上《カミ》天《テン》人《ニント》遊《アソフ》ト謂《イフ》ハ、此《コノ》寶《ホウ》符《フ》ノ秘《ヒ》法《ハフ》ヲ行《オコナ》ヒ、常《ツネ》ニ佩《オフ》ル人《ヒト》ハ誠《マコト》ニ三尸《シ》九蟲《チウ》ヲ滅《メツ》盡《シン》シテ、常《ツネ》ニ此《コノ》人《ヒト》ヲ諸《シヨ》天《テン》善《ゼン》神《ジン》守《シユ》護《ゴ》シ玉《タマ》ヒ、天《テン》人《ジン》影《カゲ》身《ミ》ニ添《ソヒ》テ此《コノ》人《ヒト》ト遊《アソ》フト謂《イ》へり、

○除《ジヨ》治《チス》勞《ライ》瘵《ガイチ》ト謂《イフ》ハ、此《コノ》秘《ヒ》法《ハフ》ヲ行《オコナ》ヒ寶《ホウ》符《フ》ヲ佩《オフ》ル男《オン》女《ニヨ》ハ、勞《ラウ》瘵《ガイ》ヲ煩《ハツラ》フ事《コト》無《ナ》ク、勞《ラウ》瘵《ガイ》ヲ病《ヤム》人《ヒト》ハ忽《タチマ》チ治《ヂ》ス、此《コノ》病《ヤマヒ》ハ人《ニン》間《ケン》一《イツ》端《タン》ノ事《コト》ニアラス、神《シン》氣《キ》ト形《キヤウ》躰《タイ》ト虛《キヨ》損《ソン》シ、心《シン》氣《キ》腎《ジン》精《セイ》ヲ勞《ラウ》傷《シヤウ》シテ此《コノ》病《ヤマヒ》ヲ生《シヤウ》ス、

心《シン》ハ血《チ》ヲ主《ツカサ》トリ、腎《ジン》ハ精《セイ》ヲ主《ツカサ》トル、精汁《セイジウ》盡《ツキ》テ血液《チエキ》燥《カハヰ》テ即《スナハ》チ此《コノ》病《ヤマヒ》ヲ生《シヤウ》ス、凡《オヨ》ソ壯年《サウネン》ノ時《トキ》ハ血氣《ケツキ》充滿《ジウマン》シ、精液《セイエキ》全《マツタ》ク備《ソナフ》ヲ保《タモ》チ愼《ツヽシ》マス、酒色《シユシヨク》房事《ボウジ》ヲ過《スゴ》シ精元《セイゲン》ヲ傷《ヤブ》リ、不食《フシヨク》、盜汗《ネアセ》、白濁《ヒヤクダク》、遺精《イセイ》シテ面《メン》貌《ボウ》白《シロ》ク燥《カワ》キ頰《ホウ》紅《クレナイ》ニ體《タイ》熱《ネツ》シテ、咳《ガイ》痰《タン》、血骨《ケツコツ》蒸等《シヤウトウ》起《オコ》ル、腎虛《ジンキヨ》スルニ依《ヨツ》テ火邪《クワシヤ》盛《サカン》ニ金《キン》衰《オトロ》フ、重《オモ》キハ半年《ハンネン》ニテ死《シ》シ、輕《カル》キハ一年《ネン》ニテ死《シ》ス、此《カク》ノ如《ゴト》キ難治《ナンチ》ノ勞瘵《ラウガイ》タリトモ、此《コノ》秘法《ヒハフ》桃板《トウハン》寶符《ホウフ》ヲ佩《オフ》レハ自然《シゼン》ニ治《ヂ》ス、醫者《イシヤ》ノ輩《トモカラ》ハ知《シ》ラスンハアルベカラスト明記《メイキ》有《ア》リ、

竊《ヒソカ》ニ惟《オモ》フニ現代《ケンタイ》ノ醫士《イシ》ハ、斯《カク》ノ如《ゴト》キ神法《シンハフ》モ試用《シコウ》ヲ欲《ホツ》セスシテ、例《レイ》ノ口吻《コウフン》ヲ以《モツ》テ排斥《ハイセキ》シテ以テ科學《クワカク》ニ偏信《ヘンシン》スルカ、否《イナ》哉《ヤ》、後日《コウジツ》ノ批評《ヒヒヤウ》ヲ待《マ》ツ耳《ノミ》、

○治五中風《チスイツノチウフウヲ》

治五中風ト謂《イフ》ハ、此《コノ》寶符《ホフフ》ヲ佩《オフ》ルトキハ、五《イツヽ》ノ中風《チウフウ》ヲ治《チ》ス、五《イツヽ》ハ五臟《ザウ》ノ中風《チウフウ》ヲ云《イフ》、肝《カン》、心《シン》、脾《ヒ》、肺《ハイ》、腎《ジン》ノ五《イツヽ》ヨリ起《オコ》ル中風ナリ、又醫學《イカク》

者《シヤ》ノ發《ハツ》明《メイ》ニ經《ケイ》ト臟《ザウ》ト腑《フ》トノ三《サン》證《シヤウ》ヲ明《アカ》ス、口《クチ》喎《ユカミ》テスヂウハ血《ケツ》脈《ミヤク》ノ中《チウ》風《フウ》トシ、手《テ》足《アシ》ノ叶《カナ》ハス、附《ツキ》節《フシ》ナヘスクムハ六《ロク》腑《フ》ノ中《チウ》風《フウ》トシ、耳《ミヽ》目《メ》口《クチ》鼻《ハナ》トヾコフリ、舌《シタ》硬《コハ》バリ聲《コヘ》出《イチ》ヌハ臟《ゾウ》ノ中《チウ》風《フウ》ト爲《ナ》ス、此《カク》ノ如《コト》キ難《ナン》治《チ》ノ種《イロ》々《く》ノ中《チウ》風《フウ》在《ア》リ、卒《ソツ》中《チウ》風《フウ》等《トウ》ハ皆《ミナ》難《ナン》治《チ》ノ症《シヤウ》トス、斯《カク》ノ如《コト》キ中《チウ》風《フウ》タリトモ、寶《ホウ》符《フ》ヲ佩《オフ》フレハ忽《タチマチ》ニ治《ヂ》スヘシ、

○治《ヂス》溫《ウン》傷《シヤウ》寒《カンヲ》ト謂《イフ》ハ、此《コノ》寶《ホウ》符《フ》ヲ佩《オフ》レハ、傷《シヤウ》寒《カン》溫《ウン》病《ビヤウ》ニ感《ウツ》染《ラ》ス、又病人《ビヤウニン》ハ忽《タチマ》チニ治《ヂ》ス、此《コノ》傷《シヤウ》寒《カン》ハ冬《フユ》甚《ハナハ》タ寒《サム》キ殺《サツ》癘《レイ》ノ氣《キ》ニ傷《ヤブ》ラレシ病《ビヤウ》ナリ、冬《フユ》中《チウ》ニ病《ヤム》ヲ傷《シヤウ》寒《カン》ト謂《イ》ヒ、又ハ寒《カン》毒《ドク》骨《コツ》肉《ニク》ノ中《ウチ》ニ隱《カク》レ、春《ハル》病《ヤム》ヲ溫《ウン》病《ビヤウ》ト云《イフ》、夏《ナツ》ノ熱《ネツ》ト戰《タヽカ》ヒ病《ヤム》ヲ熱《ネツ》病《ビヤウ》ト云《イフ》、然《シカ》レトモ醫《イ》家《カ》ハ皆《ミナ》傷《シヤウ》寒《カン》ト云《イフ》者《モノ》在《ア》リ、此《コノ》難《ナン》治《ヂ》ノ病《ヤマヒ》モ寶《ホウ》符《フ》ニテ治《ヂ》癒《ユ》スルヲ得《ウ》、現《ゲン》代《タイ》ハチフスト云《イフ》カト思《オモ》フ、

○除《ジヨ》治《ヂス》五《ゴ》瘧《キヤクヲ》ト云《イフ》ハ、此《コレ》亦《マタ》寶《ホウ》符《フ》ヲ佩《オフ》レハ五瘧《キヤク》ヲ治《ヂ》ス、五瘧《キヤク》トハ癉《タン》

瘧《キヤク》、寒《カン》瘧《キヤク》、牝《ヒン》瘧《キヤク》、牡《ボ》瘧《キヤク》ナリ、六經《ケイ》ノ瘧《キヤク》トハ、素《ソ》問《モン》論《ロン》ニ足《アシ》ノ太《タイ》陽《ヤウ》ノ瘧《キヤク》、足《アシ》ノ少《セウ》陽《ヤウ》ノ瘧《キヤク》、足《アシ》ノ陽《ヤウ》明《メイ》ノ瘧《キヤク》、足《アシ》ノ太《タイ》陰《イン》ノ瘧《キヤク》、足《アシ》ノ少《セウ》陰《イン》ノ厥《ケツ》陰《イン》ノ瘧《キヤク》是《コレ》ナリ、此《コノ》他《ホカ》ニマラリヤ熱《ネツ》ノ類《タクヰ》、總《スベ》テ諸《シヨ》熱《ネツ》病《ヒヤウ》、及《オヨ》ヒ此《コノ》瘧《キヤク》疾《シツ》ニ寶《ホウ》符《フ》ヲ井《クミ》華《タテノ》水《ミツ》ニ三枚《マイ》共《トモ》ニ移《ウツ》シ、病《ヒヤウ》人《ニン》ニ呑《ノマ》スレハ即《ソク》座《ザ》ニ神《シン》効《カウ》アリ、

○治《ヂス》ニ十二疫《エキナ》ト謂《イフ》ハ、此《コレ》又《マタ》寶《ホウ》符《フ》ヲ佩《オブ》レハ十二ノ疫《ヤク》病《ヒヤウ》ヲ治《ヂ》ス、陳《チン》無《ム》擇《シヤク》カ云《イハ》ク、夫《ソ》レ疫《エキ》病《ヒヤウ》ハ四時《ジ》皆《ミナ》不《フ》正《セイ》ノ氣《キ》在《アツ》テ、ソレニ感《カン》シテ生《シヤウ》スルモノナリ、十二ノ病《ヒヤウ》名《メイ》ハ現《ゲン》代《タイ》ニ於《オイ》テ、其《ソノ》病《ヒヤウ》名《メイ》ヲ不《キカ》聞《チル》者《モノ》多《オホ》キヲ以テ畧《リヤク》ス、此《コノ》疫《エキ》病《ヒヤウ》亦《マタ》ハ流《ハヤ》行《リ》疫《ヤマ》病《ヒ》タリトモ、此《コノ》寶《ホウ》符《フ》ヲ佩《オフ》レハ悪《アク》疫《エキ》ヲ遠《トチザ》ケ避《サケ》テ病《ヤム》コト無《ナ》シ、現《ケン》代《タイ》ニテハペスト虎《コ》烈《レ》刺《ラ》病《ヒヤウ》等《トウ》ノ類《タクヰ》、悪《アク》疫《エキ》流《ハヤ》行《ル》ノ時《トキ》ニ此《コノ》寶《ホウ》符《フ》ヲ佩《オフ》レハ、悪《アク》疫《エキ》ヲ遠《トナ》サケ病《ヤム》コト無《ナ》ク、他《タ》人《ジン》ノ疫《エキ》病《ヒヤウ》ニ近《チカ》ヅクモ感《ウツ》染《ル》コト無《ナ》シ、

○呪《ジユ》治《チス》癰《ヨウ》疽《ソチ》ト謂《イフ》ハ、此《コノ》寶《ホウ》符《フ》ヲ以《モツ》テ常《ツネ》ニ癰《ヨウ》疽《ソ》ヲ撫《ナツ》レハ、自《シ》然《ゼン》ト癰《ヨウ》疽《ソ》消《キヘ》却《シリソ》クヘシ、曾《カツ》テ薛《セツ》伯《ハク》宗《ソウ》ト云《イフ》人《ヒト》ハ、公《コウ》孫《ソン》泰《タイ》ト云《イフ》者《モノ》ノ脊《セ》ニ癰《ヨウ》疽《ソ》ヲ發《ハツ》ス、呪《マジナヒ》テ氣《キ》ヲ以《モツ》テ柳樹《ヤナギノキ》ノ上《ウヘ》ニ移《ウツ》ス、明《メウ》日《ジツ》癰《ヨウ》疽《ソ》柳《ヤナ》樹《ギ》ニ感《ウツ》染《リ》テ、便《スナハ》チ一《イツ》ノ瘤《コブ》ト成《ナ》レリ、其《ソノ》後《ゴ》公《コウ》孫《ソン》泰《タイ》ノ病《ヤマヒ》ハ癒《イエ》テ、柳樹《ヤナギノキ》ハ痿《シホ》ミ損《ソン》シタリ、信《シン》念《ネン》ノ徹《テツ》底《テイ》スル人《ヒト》ハ斯《カク》ノ如《ゴト》シ、

○治諸邪祟《チスモロ〱ノシヤタヽリ》ト謂《イフ》ハ、世《ヨ》ニ云《イフ》諸《モロ〱》ノ悪《アク》神《ジン》悪《アク》鬼《キ》、又ハ狐《コ》狸《リ》一切《サイ》ノ畜《チク》生《シヤウ》ノ人《ヒト》ニ憑《ツキ》デ祟《タヽル》有《ア》リ、此《コレ》等《ラ》諸《モロ〱》ノ邪《シヤ》祟《タヽリ》等《トウ》ニ苦《ク》痛《ツウ》スル人《ヒト》在《ア》ランニ、此《コノ》寶《ホウ》符《フ》ヲ以テ呪《シユ》スルトキハ、一切《サイ》ノ邪祟《タヽリ》忽《タチ》然《マチ》ト退去《シリゾキサ》ルナリ、

○治《チス》百《ヒヤク》病《ヒヤウ》邪《シヤ》鬼《キ》蠱《コ》毒《ドクナ》ト謂《イフ》ハ、是《コレ》亦諸《マタモロ〱》ノ病《ヤマヒ》起《オコ》リ死《シ》靈《リヤウ》生《イキ》靈《リヤウ》ノ邪《シヤ》祟《タヽリ》、又ハ魑《チ》魅《ミ》魍《モウ》魎《リヤウ》、獅《シ》子《シ》、狂《ケフ》象《ソウ》、虎《コ》、狼《ラウ》、野《ヤ》干《カン》、山《サン》神《ジン》、河《カ》神《ジン》、塚《ツカ》神《ガミ》等《トウ》ノ邪《ジヤ》祟《ソウ》、又ハ蠱《コ》毒《ドク》トテ種々《イロ〱》ノ呪《シユ》咀《ソ》、禁《マジ》厭《ナヒ》等《トウ》モ、此《コノ》寶《ホウ》符《フ》ヲ佩《オフ》レハ一切《サイ》災《サイ》害《ガイ》ヲ爲《ナ》サヽルナリ、

○野《ヤ》火《クワ》遊《ユウ》行《カウ》ト謂《イフ》ハ、暗《アン》夜《ヤ》降《アメ》雨《フリ》ノ際《サイ》ニ田《デン》野《ヤ》、又ハ屋《ヤノ》中《ウチ》ニテ遊《ヒカリ》光《モノ》ヲ見《ミ》ル、之《コレ》ヲ燐《リン》鬼《キ》火《クワ》ト云《イフ》、或《アルヒ》ハ人《ヒト》ノ死《シ》血《ケツ》久《ヒサ》シク成《ナリ》テ火《ヒ》ト成《ナ》リ、亡《ボウ》靈《レイ》ノ幽《ユウ》火《クワ》等《トウ》カ人《ヒト》ニ逼《セマツ》テ、人《ヒト》ノ精《セイ》氣《キ》ヲ奪《ウバイ》テ、其《ソノ》人《ヒト》病《ヒヤウ》身《シン》ト成《ナ》ル等《トウ》、此《コノ》寶《ホウ》符《フ》ニテ退《シリゾ》クヘシ、

○暴《ボウ》風《フウ》雷《ライ》電《デン》ノ時《トキ》ニ、此《コノ》寶《ホウ》符《フ》ヲ佩《オブ》レハ害《ガイ》無《ナ》シ、毒《ドク》蛇《ジヤ》、蚖《マ》蝮《ムシ》、毒《ザク》蟲《チノ》、毒《ドク》獸《ジフ》ニ傷《シヤウ》害《ガイ》セラレス、故《ユヘ》ニ常《ツネ》ニ佩《テ》ヒ旅《タ》行《ヒ》ニ佩《オフ》レハ、一切《サイ》ノ災《サイ》害《ガイ》ヲ免《マヌカ》レ、無《ブ》事《ジ》歸《キ》國《コク》スルヲ得《ウ》ヘシ、

○人《ヒトノ》腹《ハラノ》九《ク》蟲《チウ》ト謂《イフ》ハ、本《ホン》卷《クワン》ノ三《サン》尸《シ》九《ク》蟲《チウ》トハ異《コト》ニス、是《コレ》ハ常《ツネ》ニ腹《ハラノ》中《ウチ》ニ生《シヤウ》シテ、疾《ヤマ》病《ヒ》ヲ爲《ナ》ス蚘《ヒトムシ》ノ類《タクヰ》ニテ、是《コレ》ヲ蛔《クワイ》トモ、蛕《イウ》トモ、人《ジン》龍《リヤウ》トモ云《イフ》、本《ホン》艸《ソウ》綱《カウ》目《モク》ニ曰《イハ》ク、蚘《ヰ》ハ(ヒトムシ音ハ爲)人《ヒト》ノ腹《フク》中《チウ》ノ長《ナカキ》蟲《ムシ》ナリ、人ノ腹《ハラ》ニ九蟲《コヽノツノムシ》在《ア》リ、一切《サイ》癥《チヤウ》瘕《カ》久《ヒサ》シクシテ皆《ミナ》蟲《ムシ》ト成《ナ》ル、凡《オヨ》ソ上《シヤウ》旬《シユン》ニ頭《カシラ》ヲ上《カミ》ニ向《ムカ》ヒ、中《チウ》旬《シユン》ニ中《チウ》ニ向《ムカ》ヒ、下《ケ》旬《シユン》ニ下《シモ》ニ向《ムカ》フ、服《フク》藥《ヤク》ハ凡《スベ》テ月《ツキ》

初《ハジ》メ四五日ノ五《ゴ》更《カウ》ノ時《トキ》（凡ソ午前四時五時頃）ニ用《モチ》ヒハ効《カウ》在《ア》リ易《ヤス》シ、其《ソノ》九《ク》蟲《チウ》ハ左《サ》ノ如《ゴト》シ、（集元方病原ニ載ス）○伏《フク》蟲《チウ》ハ（群蟲ノ主トス）○蚘《クワイ》蟲《チウ》ハ（心腹痛ヲ爲ス、心ヲ貫キ傷ムハ人死ス）○白《ハク》蟲《チウ》ハ（精氣ヲ損弱シ、虫カ長スレハ人ヲ殺ス、）○肉《ニク》蟲《チウ》ハ（人ヲ煩悶ナサシム）○肺《ハイ》蟲《チウ》ハ（咳嗽ヲ起シ、勞瘵ト成リ、人ヲ殺ス）○胃《イ》蟲《チウ》ハ（嘔逆シテ、シヤクリセシ）○弱《ジヤク》蟲《チウ》ハ（膈蟲ニテ唾リ多カラシム、）○赤《セキ》蟲《チウ》ハ（腹鳴ヲナス）○蟯《キヤウ》蟲《チウ》ハ（胴腸中ニ居ル、癰疽、疥癬、ムシバノ患アリ、諸蟲ハ皆腸胃ノ間ニ寄ル、若シ人臟腑ノ氣實スルトキハ害ヲセス、虚スルニ至テ侵蝕シ變シテ諸疾ヲ生起セシム）是《コレ》ヲ腹中《ハラノウチ》ノ九《ク》蟲《チウ》ト云《イフ》、凡《オヨ》ソ九《ク》蟲《チウ》ノ中《ウチ》六蟲《チウ》ハ、傳《テン》變《ヘン》シテ勞《ラウ》瘵《ガイ》ト成《ナ》ル、胃《イ》、蚘《クワイ》、寸《ス》白《ハク》ノ三蟲《チウ》ハ傳《ツタ》ハラス、其《ソノ》蟲《ムシ》ノ傳《デン》變《ヘン》スルコト、嬰《ヨウ》兒《ジ》ノ如《ゴト》ク、鬼《キ》形《キヤウ》ノ如《ゴト》ク、蝦《カヘ》蟇《ル》ノ如《ゴト》ク、守《イ》宮《モリ》ノ如《ゴト》ク、蜈《ム》蚣《カデ》ノ如《ゴト》ク、螻《ア》蟻《リ》ノ如ク、蛇《ヘビ》ノ如ク、鼈《スツホン》ノ如ク、蛸《クサフムシ》ノ如《ゴト》ク、鼠《ホツミ》ノ如ク、蝠《カフモリ》ノ如《ゴト》ク、蝦《エビ》ノ如ク、猪《チヨ》肝《カン》ノ如《ゴト》ク、血《ケツ》汁《ジフ》ノ如ク、亂《ラン》髮《ハツ》亂《ラン》絲《シ》等《トウ》ノ狀《カタチ》ノ如《ゴト》ク、勝《マゲ》テ窮《キハ》ムヘカラス、是《コレ》等《ラ》ノ九《キウ》蟲《チウ》ハ、素《モト》ヨリ寶《ホウ》符《フ》ヲ佩《オフ》ル者《モノ》ニハ、自《シ》然《セン》ト消《セウ》滅《メツ》スヘシ、都《スヘ》テ此《コノ》桃《トウ》板《ハン》寶《ホウ》符《フ》ヲ佩《オビ》テ、常《ツネ》ニ身《ミ》ヲ離《ハナ》タス所《シヨ》持《チ》セハ、水《スイ》火《クワ》ノ中《ウチ》ニ入《イル》トモ、其《ソノ》身《ミ》ヲ燒《シヤウ》溺《デキ》スルコト無《ナ》シト傳《ツタ》フ、實《ジツ》ニ神《シン》變《ヘン》奇《キ》妙《メウ》不《フ》測《シギ》ノ秘《ヒ》法《ハフ》、無《ム》比《ヒ》ノ寶《ホウ》符《フ》ナレハ、其《ソノ》秘《ヒ》法《ハフ》ヲ行《オコナ》ヒ桃《トウ》板《ハン》ニ書《シヨ》寫《シヤ》スル人《ヒト》ハ、愼《ツヽシミ》テ誠《セイ》心《シン》ニスヘシ、若《モ》シ修《シウ》法《ハフ》書《シヨ》寫《シヤ》ノ時《トキ》ニ少《スコ》シニテモ、疑《ギ》念《ネン》ヲ起《オコ》スカ、又《マタ》ハ不《フ》淨《シヤウ》ノ近《チカキ》所《トコロ》ニ立《タチ》寄《ヨ》リ、亦《マタ》ハ經《ケイ》水《スイ》ノ女《ヲンナ》ノ傍《カタハラ》ヘ近《チカ》寄《ヨル》モ無《ム》効《カウ》、殊《コト》ニ五《ゴ》辛《シン》酒《シユ》肉《ニク》一切《サイ》ノ不《フ》淨《シヤウ》ヲ忌《イム》ハ勿《モチ》論《ロン》、此《コノ》ケ條《デウ》ヲ一モ犯《オカ》スコトヲ許《ユル》サス、（此《コノ》項《コウ》最《モツト》モ緊《キン》要《エウ》ナレハ特《トク》ニ注《チウ》意《イ》スヘシ、）

若《モ》シ人ノ一切《サイ》ノ病《ヒヤウ》患《ケン》アランニ、其《ソノ》寶《ホウ》符《フ》ヲ以《モツ》テ其《ソノ》病《ヒヤウ》患《ゲン》ヲ除《ノゾ》キ、或《アルヒ》ハ一切《サイ》災《サイ》難《ナン》、横《ワウ》死《シ》、非《ヒ》命《メイ》、刀《トウ》杖《ヂヤウ》、水《スイ》火《クワ》、盜《トウ》賊《ゾク》、怨《ヲン》讎《シウ》、貧《ビン》乏《ボウ》、厭《エン》魅《ミ》、呪《シユ》咀《ソ》等《トウ》ノ災《サイ》害《ガイ》ヲ除《シヨ》滅《メツ》シ、常《ツネ》ニ一切《サイ》ノ善《ゼン》神《ジン》諸《モロ〳〵》ノ眷《ケン》屬《ゾク》ト共《トモ》ニ、晝《チウ》夜《ヤ》ニ衛《エイ》護《ゴ》シ玉《タマ》フ故《ユヘ》ニ、日《ニチ》夜《ヤ》ニ貧《ヒン》賤《セン》ヲ轉《テン》シテ富《フウ》貴《キ》ニ成《ナ》リ、諸《シヨ》運《ウン》强《ツヨ》ク、或《アルヒ》ハ高《カウ》官《クワン》高《カウ》位《ヰ》ニ俸《ホウ》祿《ロク》ノ加《カ》增《ゾウ》ヲ得《ウ》、又ハ農《ノウ》家《カ》ハ田《デン》畠《ハタ》能《ヨク》熟《シユク》シ、町《ナウ》家《カ》ハ商賣《シヤウバイ》繁昌《ハンシヤウ》シ、上《カミ》御《ゴ》一人《イチニン》ヨリ下《シモ》萬民《バンミン》ニ至《イタ》ルモ、壽命《シユメウ》永久《エイキウ》子孫《シソン》繁殖《ハンシヨク》シ、諸願《シヨクワン》滿足《マンゾク》如意《ニヨイ》吉祥《キチシヤウ》ナラシム、然《シカ》レハ諸人《シヨニン》庚申《カウシン》日《ヒ》甲子《キノヘネ》日《ヒ》ニ到《イタ》ル毎《ゴト》ニ、必《カナラ》ス秘法《ヒハフ》修行《シユキヤウ》スヘシ、

太《タ》上《シヤウ》眞《シン》人《ジン》三尸《シ》九蟲《チウ》ヲ絶滅《セツメツ》ノ寶符《ホウフ》

眞人《シンジン》曰《イハ》ク、三尸《シ》九蟲《チウ》ハ能《ヨ》ク萬病《マンビヤウ》ヲ作《ナ》シ、病人《ビヤウニン》夜《ヨル》夢《ユメ》ニ戰鬪《タヽカフ》ヲ見《ミ》ルハ、皆《ミナ》此《コノ》三尸《シ》九蟲《チウ》ノ業《ワザ》ナリ、桃板《トウハン》ヲ用《モツ》テ符《フ》書《シヨ》三通《ツウ》ヲ爲《ナ》シ、門《モン》闕下《ケツカ》ニ埋《ウツム》トキハ、一切《イツサイ》ノ惡病《アクビヤウ》難病《ナンビヤウ》時行病《ハヤリヤマヒ》、一切《サイ》ノ災害《サイガイ》諸難《シヨナン》惡《アク》鬼《キ》魔《マ》魅《ミ》ノ類《タクヰ》、一切《サイ》家内《カナイ》國内《コクナイ》ニ其身《ソノミ》ヲ侵害《シンガイ》スルコト無《ナ》シ（其外ノ諸病等ハ前記ニ見ヘタリ）此《コノ》寶符《ホウフ》ノ靈驗《レイケン》神異《シンイ》不測《フシギ》ハ別《ベツ》ニ記《シル》シ、其《ソノ》即効《ソクカウ》ヲ見《ミ》ント欲《オモ》ヘハ、若《モ》シ虫齒《ムシハ》又《マタ》ハ何《ナン》ト無《ナ》ク齒《ハ》痛《イタミ》在《アリ》テ苦痛《クツウ》者《シヤ》ニ、葦《ヨシ》ヲ用《モチ》ヒテ其《ソノ》齒《ハ》ヲ痛《イタ》ム人《ヒト》ノ、平常《ツネノ》飯《ハン》ヲ喫《クラ》フ箸《ハシ》ノ寸尺《スンシヤク》ニ葦《ヨシ》ヲ切《キリ》テ、其《ソレ》ニ其《ソノ》

人《ヒト》ノ當《トウ》年《ネン》ノ歳《トシ》ト名《ナ》ヲ書《カキ》テ、偖《サナ》其《ソノ》箸《ハシ》ノ尺《タケ》ニ葦《ヨシ》ヲ痛歯《イタムハ》ニテ、シツカリト噛《カマ》シ、其《ソノ》時《トキ》ニ上尸《シヤウシ》彭《ホウ》琚《キヨ》出《シユツ》ト三遍《ヘン》唱《トナ》フヘシ、此《コノ》呪《シユ》ハ其《ソノ》人《ヒト》ニテモ他《タ》人《ニン》ニテモ唱《トナフ》ルトキ、口《クチ》ノ中《ウチ》ニテ唱《トナ》フ、偖《サテ》其《ソノ》葦《ヨシ》ノ兩《リヤウ》端《ハシ》ヲ噛《カミ》ヒシヤキテ、此《コノ》葦《ヨシ》ヲ紙《カミ》ニテ包《ツヽミ》テ、火《ヤ》葬《ド》場《バ》へ持《モチ》行《ユキ》テ燒《ヤキ》棄《スナ》ル、尤《モツト》モ其《ソノ》行《ユキ》歸《カヘ》ル道《ミチ》ニテ、他《タ》人《ニン》ト言語《モノイツコト》ヲ一切《サイ》ニ禁《キン》ス、火《ヤ》葬《キ》場《バ》ニテモ仕《シ》形《カタ》ニテ、おんほうニ燒《ヤキ》呉《クレ》ヨト頼《タノミ》テ、燒《ヤキ》テモラウニ（燒賃ハ何程カ心附クヘシ）此《カク》ノ如《ゴト》クスレハ二《ニ》度《ド》ト歯《ハ》ノ痛《イタ》ム事《コト》無《ナ》シ、實《ジツ》ニ神《シン》効《カウ》在《ア》ルヲ信《シン》スヘシ、

斬《ザン》三《サン》尸《シ》九蟲《チウ》桃《トウ》板《ハン》寶《ホウ》符《フ》ノ秘《ヒ》要《エフ》

道《セン》家《シユツ》ノ諸《シヨ》書《シヨ》ニ三尸《シ》九《ク》蟲《チウ》ヲ消《セウ》滅《メツ》ノ秘《ヒ》法《ハフ》ヲ錄《シル》スルモ、此《コノ》甲《カフ》庚《カウ》秘《ヒ》籙《ロク》ノ秘《ヒ》要《エフ》トスル所《トコロ》ハ、次《ツキ》ニ記《シル》ス斬《ザン》三《サン》尸《シ》桃《トウ》板《ハン》寶《ホウ》符《フ》ノ三種《シユ》ニ優《マサ》

ルハ無《ナ》シ、如何《ナン》トナレハ種々《イロ〳〵》ノ法《ハフ》在《ア》ルモ行《オコナ》フニ至難《ムツカシ》ク、衆人《シウジン》ニ容易《タヤス》ク修《シユ》シ難《ガタ》キ煩《ワツラ》ヒ在《ア》リ、今《イマ》此《コノ》寶符《ホウフ》ノ秘法《ヒハフ》ハ一度《ヒトタヒ》之《コレ》ヲ修《シユ》シテ、再《フタヽ》ヒ書改《カキアラタム》ル勞《ラウ》無《ナ》ク、又他人《タニン》ノ病氣《ヒヤウキ》災難《サイナン》等《トウ》ニ遇《ア》ヒ難義《ナンギ》センニ、此《コノ》寶符《ホウフ》ヲ貸與《カシアタ》ヘ、又ハ此《コノ》寶符《ホウフ》ニテ諸事《ナニコト》ニモ加持《カヂ》シヤルヘシ、諸仙人《シヨセンニン》ノ秘法《ヒハフ》ト靈驗《レイケン》利生《リシヤウ》少《スコ》シモ異《コト》ナル事《コト》無《ナ》ク、實《ジツ》ニ不測《フシキ》奇妙《キメウ》ノ桃板《トウハン》寶符《ホウフ》ナルユヘ、上《カミ》一天《テン》萬乘《ハンシヤウ》ノ陛下《ヘイカ》ヨリ下《シモ》ハ士《シ》農工商《ノウコウシヤウ》ノ四民《ミン》ニ至《イタ》ル、平常《ヨノツネ》ニ是《コレ》ヲ佩《オ》フヘキモノナリ、殊《コト》ニ道《ダウ》士《シ》病苦《ヒヤウク》ヲ救濟《キウサイ》シ、醫者《イシヤ》又ハ之《コレ》ニ類《ルヰ》業《ケウ》等《トウ》ハ、此《コノ》寶符《ホウフ》ヲ傳授《テンシユ》シ修《シユ》行《キヤウ》シテ、人《ヒト》ニ與《アタ》ヘ我《ワレ》モ行《オヒ》テ、其《ソノ》靈妙《レイメウ》不測《フシキ》ヲ信知《シンチ》シ尊重《ソンチウ》スヘシ、

桃木《モヽノキ》ハ諸木《シヨボク》ニ勝《スクレ》ル靈木《レイボク》ノ理由《リケ》

此《コノ》寶符《ホウフ》ヲ桃木《モヽノキ》ニテ作《ツク》ル所以《ユヱン》ハ、桃木《モヽノキ》ハ五木《ボク》ノ精《セイ》ニテ邪氣《シヤキ》ヲ伏《フク》

スル仙《セン》木《ボク》ナリ、本《ホン》艸《ソウ》綱《コウ》目《モク》ニ曰《イハ》ク、桃《モヽ》ハ乃《スナハ》チ西《セイ》方《ハウ》ノ木《キ》ナリ、五行《キヤウ》ノ精《セイ》ニテ仙《セン》木《ホク》ナリ、故《ユヘ》ニ能《ヨ》ク邪《シヤ》氣《キ》ヲ厭《エン》伏《フク》シ百《ヒヤク》鬼《キ》ヲ制《セイ》ス、人《ヒト》ノ門《モン》上《シヤウ》ニ桃《トウ》符《フ》ヲ用《モチ》ヒルハ此《コレ》ヲ以《モツ》テナリ、又《マタ》地《チ》上《ジヤウ》ニ桃《モヽノ》木《キ》ヲ釘《クギ》打《ウチ》テ家《カ》宅《タク》ヲ鎭《チン》ス、是《コレ》ヲ桃《トウ》橛《ケツ》ト云《イフ》、許《キヨ》愼《シン》カ云《イハ》ク羿《ケイ》桃《トウ》棓《バイ》ニ死《シ》ス（棓ハ杖ナリ）故《ユヘ》ニ鬼《キ》ハ桃《モヽ》ヲ畏《ヲソ》ル、又《マタ》桃《モヽノ》花《ハナ》ハ悪《アク》鬼《キ》ヲ殺《コロ》スト、荆《ケイ》楚《ソ》ノ歳《サイ》時《ジ》記《キ》ニ曰《イハ》ク、桃《トウ》板《バン》ヲ造《ツクリ》テ戸《シ》ニ著《ナク》、是《コレ》ヲ仙《セン》木《ホク》ト云《イフ》、又正月元日ニ桃《モヽノ》木《キ》ニ神《シン》荼《ダ》鬱《ウツ》壘《ルイ》ノ二神《ジン》ノ形《カタチ》ヲ畫《ヱカキ》テ門《モン》ニ立《タツ》レハ、凶《ケフ》鬼《キ》邪《シヤ》氣《キ》ヲ防《フセ》ク、是《コレ》ヲ名《ナツ》ケテ桃《トウ》板《ハン》桃《トウ》校《カウ》仙《セン》木《ボク》桃《トウ》符《フ》ト云《イフ》ト、事《ジ》文《フン》類《ルヰ》集《シウ》ニ見《ミ》ユ、風《フウ》土《ド》記《キ》ニ曰《イハ》ク、桃《モヽハ》五《ゴ》行《キヤウ》ノ精《セイ》邪《ジヤ》氣《キ》ヲ厭《エン》伏《フク》シ、百《ヒヤク》鬼《キ》ヲ制《セイ》スト、又通《ツウ》典《テン》ニ曰《イハ》ク、周《シウ》人《ジン》ハ木《ホク》德《トク》桃《モヽ》ヲ以《モツ》テ梗《カウ》ト爲《ナ》ス、今《イマ》ノ桃《トウ》符《フ》是《コレ》其《ソノ》遺《ユ》制《セイ》ナリト、事《ジ》物《ブツ》紀《キ》原《ゲン》、典《テン》術《ジユツ》、花《クワ》鏡《キヤウ》草《ソウ》木《モク》、古《コ》今《コン》醫《イ》統《トウ》等《トウ》ニ、桃《モヽ》ノ靈《レイ》木《ボク》ナルヲ記《キ》セリ、或《アル》書《シヨ》ニ曰《イハ》ク、伊《イ》弉《サ》諾《ナミノ》尊《ミコト》桃《モヽノ》子《ミ》三《ミ》箇《ツ》ヲ採《トツ》テ、火《ヒ》務《サ》女《メ》ヲ撃《ウツ》ニ悪《アク》卒《ソツ》皆《ミナ》去《サ》ル、因《ヨツ》テ桃樹《モヽノキ》ニ勅《チヨク》シテ名《ナツ》ケテ、稜威《イツノ》神《カン》富《トミノ》命《ミコト》ト云《イフ》ト、和《ワ》漢《カン》三《サン》才《サイ》圖《ツ》會《エ》ニ見《ミ》ヘタリ、又《マタ》日《ニ》本《ホン》紀《キ》ニ曰《イハ》ク、伊《イ》弉《サ》諾《ナキノ》尊《ミコト》桃《モヽ》實《ノミ》ヲ采《トリ》テ以《モノ》テ、雷《ライ》ニ擲《ナゲウ》チ玉《タマ》フ雷等《イカツチラ》皆《ミナ》退走《シリゾキハシ》ル、此《コレ》桃《モヽ》ヲ以《モツ》テ鬼《キ》ヲ避《サク》ルノ縁《コトノモ》トナリ、此《カク》ノ如《ゴト》キ靈《レイ》木《ボク》ナルニ、其《ソノ》上《ウヘ》ニ斬《ザン》三《サン》尸《シ》ノ寶《ホウ》符《フ》ヲ書《シヨ》寫《シヤ》シ、是《コレ》ヲ尊《ソン》信《シン》シ佩《オフ》ルニ於《オイ》テオヤ、其《ソノ》靈《レイ》驗《ケン》利《リ》生《シヤウ》更《サラ》ニ疑《ウタカ》フヘカラサル者《モノ》ナリ、

又桃《トウ》板《ハン》ノ寶《ホウ》符《フ》ヲ作《ツク》ル徵《チヤウ》證《シヤウ》ハ、仙《セン》經《キヤウ》ニ曰《イハ》ク、

太《ダ》上《シヤウ》曰《イハク》。三《サン》尸《シ》九《ク》、蟲《チウ》。能《ヨク》爲《ナス》㆓萬病《マンヒヤウヲ》㆒。病《ヒヤウ》人《ニン》夜《ヨル》夢《ユメニ》戰鬪《タヽカヒスルハ》。皆《ミナ》此《コノ》蟲《ムシ》也《ナリ》。可《ベシ》㆑用《モチウ》㆓桃板《トウバンヲ》㆒。爲《ツクリ》㆓符《フ》書《シヨ》三《サン》道《ダウトウヲ》㆒。埋《ヅメテ》㆓於門《モン》闕《ケツノ》下《モトニ》㆒。即《スナハチ》止《ヤム》矣《ナリ》。毎《コトニ》以《モツテ》㆓庚《カウ》申《シン》日《ヒヲ》㆒書《シヨシテ》帶《ヲフ》㆑之《コレヲ》。庚《カノヘ》子《ネ》日《ヒ》呑《ノム》㆑之《コレヲ》。三《サン》尸《シ》自《オノツカラ》去《サル》矣《ナリ》。常《ツネニ》以《モツテ》㆓六《ロク》庚《カウノ》日《ヒヲ》書《シヨシテ》㆓姓《セイ》名《メイヲ》㆒。安《アンスレハ》㆓元《ケン》命《メイ》籙《ロクノ》中《ウチニ》㆒。三《サン》尸《シ》（八牋ニ三月作ル）不《ザル》㆓敢《アヘテ》爲《ナサ》㆑患《ウレヒヲ》也。ト、遵《シユン》生《セイ》八《ハツ》牋《セン》。雲《ウン》笈《キウ》七《ヒチ》籤《セン》。金《キン》丹《タン》正《セイ》理《リ》大《タイ》全《ゼン》綱《コウ》目《モク》等《トウ》、其《ソノ》外《ホカ》ノ道《セン》書《シヨ》ニ多《オホ》ク見《ミ》ヘタリ、

太《ダ》上《シヤウ》眞《シン》君《クン》桃《トウ》板《ハン》斬《ナン》三《サン》尸《シ》寳《ホウ》符《フ》ノ式《シヤ》法《ハフ》

先《マ》ツ桃《トウ》板《ハン》寳《ホウ》符《フ》ヲ作《ツク》ラント欲《ホツ》セハ、桃樹《モノキ》ノ東方《ヒカシハウ》ヘ茂《シケ》ル枝《エタ》ヲ採《トリ》テ、是《コレ》ヲ板《イタ》ニ引割《ヒキワリ》テ三枚《マイ》ト爲《ナ》シ、其《ソノ》三枚《マイ》乍《ナカ》ラノ板《イタ》ノ寸法《スンハフ》ハ、左《サ》ニ記《シル》ス圖《ツ》ノ如《ゴト》クスヘシ、

寳符之
寸法圖

長《ナカ》サ金《カネ》尺二寸
横《ヨコ》　金尺一寸
厚《アツ》サ圖《ツ》ノ如《ゴト》ク五分《ゴブ》

右《ミキ》ノ寸法《スンハフ》ニテ三枚《マイ》同樣《ドウヤウ》ニ拵《コシラ》ヘ、寳符《ホフ》ヲ書《カキ》終《ヲハ》リ勅符呪《チヨクフジユ》ヲ唱《トナ》ヘ了《ヲハ》ラハ、是《コノ》三枚《マイ》ヲ上尸《シヤウシ》中尸《チウシ》下尸《ケシ》ト符《フ》ノ次第《シタイ》ニ重《カサネ》テ、清淨《シヤウヾ》ナル美濃《ミノ》

紙《カミ》ニテ包《ツヽ》ミ、其上《ソノウヘ》ノ表《オモテ》ニ次圖《ジヅ》ノ如《ゴト》ク題號《ダイカウ》ヲ記《シル》ス、
上《カミ》ノ如《ゴト》ク書《カキ》テ其裏《ソノウラ》ニ年號《ネンガウ》月日《ツキヒ》ト、我名《ワガナ》ヲ書《カキ》テ封《フウ》シ目ニ印《イン》ヲ悉《コト〲》ク押《オ》シ、尤《モツト》モ我《ワ》カ所持《シヨジ》ノ印判《インハン》ヲ押《オ》ス、

三光之靈文
太上眞人斬三尸桃板之寶符
天眞之神信

右《ミギ》ノ如《ゴト》ク調《シタヽ》メ其上《ソノウヘ》ヲ又美濃紙《マタミノカミ》ニテ包《ツヽ》ミ、錦《ニシキ》ノ袋《フクロ》ニ入《イ》レ常《ツネ》ニ所《シヨ》ニ持《ジ》シ肌身《ハダミ》ヲ離《ハナ》スヘカラス、錦《ニシキ》ノ袋《フクロ》ハ人々《ヒト〲》ノ生性《ウマレシヤウ》ニヨリ、其色《ソノイロ》ヲ用《モチ》ユ、木性《キシヤウ》ハ青色《アヲイロ》錦《ニシキ》、火性《クワシヤウ》ハ赤色《セキシヨク》錦《ニシキ》、土性《ドシヤウ》ハ黄色《キイロ》錦《ニシキ》、金性《カネシヤウ》ハ白色《シロイロ》錦《ニシキ》、水性《ミツシヤウ》ハ黑色《クロイロ》錦《ニシキ》ヲ用《モチ》ユ、是亦傳《コレマタデン》ナリ、

桃板斬三尸寶符書寫《トウハンザンサンシホウフシヨシヤ》ノ式法《シキハフ》

桃板《トウハン》ニ斬三尸《ザンサンシ》ノ寶符《ホウフ》ヲ書寫《シヨシヤ》セント欲《ヲモハ》ハ、三日前《ミツカマヘ》ヨリ房事《ボウジ》五辛《ゴシン》酒肉《シユニク》ヲ禁《キン》シ、月水《ケツスイ》ノ女《ヲンナ》、瘡《カサ》、癬《ヒゼン》、癩《ライ》病《ビヤウ》、總《スベ》テ不淨《フジヤウ》ノ病《ヤマヒ》有《ア》ル人《ヒト》ニ近寄《チカヨ》ル

へカラス、毎《マイ》朝《テフ》毎《マイ》夜《ヨ》三《サン》日《ジツ》カ間《アイタ》ハ汲《クミ》タテノ水《ミツ》ヲ浴《アビ》テ、太《ダ》上《シヤウ》虚《キヨ》無《ム》北《ホク》帝《テイ》七《ヒチ》元《ゲン》諸《シヨ》天《チン》尊《ソン》ト唱《トナヘ》テ、歯《ハ》叩《タヽク》コト、三十六度《ド》シテ、尤《モツト》モ身《シン》心《シン》共《トモ》ニ愼《ツヽシ》垂テ浄潔《キヨクイサギヨ》ク有《ア》ルヘシ斯《カク》ノ如《ゴト》キヲ一《イチ》事《ジ》ニテモ闕《カケ》ハ、桃《トウ》板《ハン》寶《ホウ》符《フ》ノ靈《レイ》驗《ケン》利《リ》生《シヤウ》少《スコ》シモアルコト無《ナ》シ、偖《サテ》庚《カウ》申《シン》日《ヒ》ノ當《トウ》日《ジツ》ト定《サダ》メ、早《サウ》朝《テフ》ヨリ起《オキ》テ曉《アカツキ》ニ井《クミ》華《タナ》水《ミツ》ヲ浴《アビ》テ口《クチ》ヲ洗《アラ》ヒ、一《イツ》心《シン》清《シヤウ》浄《く》ニ成《ナリ》テ一《ヒト》間《マ》ノ内《ウチ》ニ籠《コモ》リ平《ヘイ》坐《ザ》シ、兩《リヤウ》眼《カン》ヲ閉《トヂ》テ神《タマシ》ヒヲ凝《コラ》シ、心《コヽロ》ニ金《キン》光《クワウ》一《ヒト》筋《スヂ》天《テン》ヨリ圓《マロ》焔《カセ》ト成《ナ》リ、火《ヒ》ノ如《コト》キカ舞《マイ》下《サカ》リシト欲《オモ》フ時《トキ》、此《コノ》金《キン》光《クワウ》ヲ一《ヒト》呑《ノミ》ニグットヲ呑《ノミ》テ、之《コレ》ヲ新《アラタ》シキ筆《フデ》ニ吹《フキ》入《イレ》テ、偖《サテ》寶《ホウ》符《フ》ヲ一々ニ次《シ》第《タイ》ニ書《カク》ナリ、但《タヾ》シ前《セン》日《ジツ》ヨリ案《ツクヱ》ノ上《ウヘ》ニ硯《スヽリ》墨《スミ》筆《フデ》ヲ浄《キヨ》メ置《オキ》テ、水《ミツ》ハ朝《アサ》汲《クミ》タルヲ用《モチ》ユ、總《スヘ》テ修《シユ》法《ハフ》ハ人《ヒト》ニ見《ミ》スヘカラス、

寶《ホウ》符《フ》ヲ丹《タン》簡《カン》墨《ボク》籙《ロク》ニ書《シヨ》寫《シヤ》ノ秘《ヒ》傳《デン》

太《タイ》眞《シン》科《クワ》ニ曰《ハク》ク、丹《タン》簡《カン》ハ即《スナハ》チ朱《シユ》漆《シツ》ノ簡《カン》ナリ、火《ヒ》ハ陽《ヤウ》ヲ主《ツカサ》トルコトヲ明《アカ》ス、墨《ボク》籙《ロク》ハ墨《スミ》ヲ以《モツ》テ書《シヨ》ス、水《ミヅ》ハ陰《イン》ヲ主《ツカサト》ルヲ明《アカ》ス、人《ヒト》長《チヤウ》生《セイ》ヲ學《マナハ》ハ是《コレ》ニ遵《シタカ》フヘシト、若《モ》シ丹《タン》簡《カン》ノ心《コヽロ》ニテ書《カヽ》ント欲《チモハ》ハ朱《シユ》ニ書《シヨ》スヘシ、墨《ボク》籙《ロク》ノ心《コヽロ》ナラハ墨《スミ》ニテ書《カク》ヘシ、雅《チ》川《セン》ノ曰《イハ》ク、符《フ》ヲ書《カク》ハ文《モン》字《ジ》ヲ書《カク》ニ同《チナ》シ、符《フ》ヲ少《スコ》シニテモ書《カキ》誤《アヤマ》ルトキハ、但《タヽ》ニ益《エキ》無《ナ》キノミニアラス、大《ナホイ》ニ災《サイ》害《ガイ》ヲ招《マク》クト、然《シカ》ラハ一《イツ》心《シン》ヲ凝《コラ》シテ、三《ミ》ツノ寶《ホウ》符《フ》ノ誤《アヤマリ》無《ナ》キ様《ヨウ》ニ書《カク》クヘシ、少《スコシ》モ誤《アヤマ》リ無《ナ》ク清《シヤウ》淨《〱》ニ書《カ》カザレハ、靈《レイ》驗《ケン》利《リ》生《シヤウ》ハ、更《サラ》ニアルヘカラス、能《ヨ》ク留《リウ》意《イ》ヲ要《エウ》ス、

斬《キル》上《シヤウ》尸《シ》三《サン》蟲《チウ》之《ノ》寶《ホウ》符《ン》也。

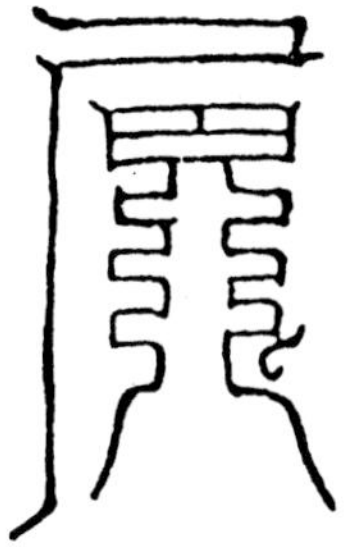

斬《キル》中《チウ》尸《シ》三《サン》蟲《チウナ》之《ノ》寶《ホウ》符《フ》也《ナリ》。

斬《キル》二下《グ》尸《シ》三《サン》

蟲《チウナ》一之《ノ》寶《ホウ》符《フ》

也《ナリ》。

斯《カク》ノ如《ゴト》クニ次《レ》第《ダイ》ニ三枚《マイ》ノ符《フ》ヲ桃《トウ》板《ハン》ニ書《シヨ》寫《シヤ》シテ、此《コノ》三枚《マイ》ノ寶《ホウ》符《フ》ヲ兩《リヤウ》手《テ》ニ捧《サヽゲ》テ、勅《チヨク》符《フ》呪《ジユ》ヲ唱《トナ》フヘシ、

日《ニツ》出《シユツ》東《トウ》方《ハウ》。赫《カク》赫《〳〵》堂《タウ》堂《〳〵》(某姓名)服《フクス》二神《シン》符《フヂ》一。符《フ》衞《マモル》二四方《ハウチ》一。神《ジン》符《フ》入《ニウ》服《フク》。換《カヘ》胃《イチ》蕩《トカシ》レ腸《チヤウチ》。百《ヒヤク》病《ヒヤウ》除《シヨ》愈《ユス》。骨《コツ》體《タイ》康《カウ》强《キヤウ》。千《セン》鬼《キ》萬《バン》邪《シヤ》。無《ナシ》レ有《アル》二敢《アヘナ》當《アタル》一。知《シル》レ符《フ》爲《ナシ》レ神《シント》。知《シル》レ道《ミチナ》爲《ナス》レ眞《シント》。吾《ワレ》服《フクス》二此《コノ》符《フナ》一。九《キウ》蟲《チウ》離《ハナル》レ身《ミナ》。攝《セツ》籙《ロク》萬《ハン》毒《ドク》。上《シヤウ》昇《シヤウ》眞《シン》人《ジン》。急《キウ》々《〳〵》如《ニヨ》律《リツ》令《レイ》。ト唱《トナ》フ、

此《コノ》呪《シユ》ヲ九遍《ヘン》唱《トナヘ》テ伽《キヤ》羅《ラ》ニテモ沈《チン》香《カウ》ニテモ焚《タ》キ、其《ソノ》香《カウ》ノ煙《ケムリ》ノ立《タ》ツ間《マ》ニ、右《ミギ》三枚《マイ》ノ寶《ホウ》符《フ》ヲ重《カサネ》テ紙《カミ》ニ封《フウ》シ包《ツヽミ》終《オハ》ルニ、香《カウ》烟《エン》燼《ツク》レハ香《カウ》ヲ焚《タキ》續《ツヽケ》テ式《キシ》ヲ了《オハ》ル、此《コノ》修《シユ》法《ハフ》斯《カク》ノ如《ゴト》ク行《オコナ》フヘシ、

太《ダ》上《シヤウ》眞《シン》人《ジン》庚《カウ》申《シン》ヲ守《マモ》ル秘《ヒ》法《ハフ》

上《シヤウ》尸《シ》彭《ホウ》琚《キヨ》出《シユツ》　洞《トウ》神《シン》玄《ケン》訣《ケツ》ニ曰《イハ》ク、上《シヤウ》蟲《チウ》ハ上《シヤウ》丹《タン》田《デン》腦《ノウ》心《シン》ニ居《キヨ》ス、其《ソノ》色《イロ》ハ白《シロク》シテ青《アヲ》ク彭《ホウ》琚《キヨ》ト名《ナ》ツク、人《ヒト》ヲシテ好《コノン》テ嗜《キ》慾《ヨク》痴《チ》滯《タイ》セシム、仙《セン》道《ダウ》其《ソノ》外《ホカ》一切《サイ》ノ道《ミチ》ヲ學《マナ》フ人、宜《ヨロ》シク是《コレ》ヲ消《セウ》滅《メツ》セシムヘシ、假《タト》令《ヘ》五《ゴ》穀《コク》ヲ絶《タ》タザルモ、常《ツネ》ニ此《コノ》斬《ザン》三《サン》尸《シ》ノ秘《ヒ》法《ハフ》ヲ行《オコナ》ヘハ、一年《ネン》ノ外《ホカ》上《シヤウ》尸《シ》自《オノツカラ》消《キ》ユ、人《ヒト》是《コレ》ヲ行《オコナ》フコト知《シ》ラスシテ、空《ムナ》シク五《ゴ》穀《コク》ヲ絶《タ》ツ若《モ》シ貪《トン》欲《ヨク》ヲ絶《タヽ》サレハ、何《イツ》クンゾ上《シヤウ》尸《シ》三《サン》蟲《チウ》滅《メツ》スル事《コト》アランヤ、

中《チウ》尸《シ》彭《ホウ》瓆《シツ》出《シユツ》　洞《トウ》神《ジン》玄《ケン》訣《ケツ》ニ曰《イハ》ク、中《チウ》蟲《チウ》ヲ彭《ホウ》瓆《シツ》ト名《ナ》ツク、其《ソノ》色《イロ》ハ白《シロク》シテ黄《キ》ナリ、中《チウ》丹《タン》田《デン》ニ居《キヨ》ス、人ヲシテ財《ザイ》ヲ貪《ムサボ》リ、喜《キ》怒《ド》ヲ好《コノミ》テ眞《シン》氣《キ》ヲ濁《ニコリ》亂《ミダス》ス、三《サン》魂《コン》ヲシテ居《ヲ》ラシメス、七《シチ》魄《ハク》ヲ流《リウ》閉《ヘイ》セシム、洞《トウ》玄《ケン》經《キヤウ》ニ曰《イハ》ク、喜《キ》怒《ド》ナケレハ、中《チウ》尸《シ》大《オホイ》ニ懼《ヲソ》ル貪《ムサホラ》ス慾《ヨク》セスシテ、和《クワ》氣《キ》常《ツネ》ニ足《タ》

ル、坐《イナカ》ラニ元《ケン》陽《ヤウ》萬《マン》福《フク》來《ライ》集《シウ》スルヲ見《ミ》ルト謂《イ》ヘリ、

下《ケ》尸《シ》彭《ホウ》蹻《キヤウ》出《シユツ》　洞《トウ》神《シン》玄《ケン》訣《ケツ》ニ曰《イハ》ク、下《ケ》尸《シ》其《ソノ》色《イロ》白《シロク》シテ黑《クロ》シ下《シモ》丹《タン》田《デン》ニ居《オ》ル、彭《ホウ》蹻《キヤウ》ト名《ナ》ツク、人ヲシテ衣《エ》服《フク》ヲ愛《アイ》シ酒《サケ》ニ耽《フケ》リ色《イロ》ヲ好《コノ》マシム、但《タヾ》仙《セン》道《ダウ》ヲ學《マナ》フ人、心《シン》識《シキ》内《ナイ》ニ安《ヤスン》シ、常《ツネ》ニ淡《タン》泊《ハク》ヲ守《マモ》レハ三《サン》瓆《シツ》自《オノヅカ》ラ死《シ》シテ、永《ナカ》ク災《ワザハヒ》ヲ爲《ナ》サスト、雲《ウン》笈《キウ》七《ヒチ》籤《セン》、道《ダウ》藏《ザウ》經《キヤウ》等《トウ》ニ見《ミ》ヘタリ、又《マタ》衛《エイ》生《セイ》易《イ》簡《カン》方《ハウ》ニモ見《ミ》ユ、

斯《カク》ノ如《ゴト》ク三《サン》尸《シ》九《ク》蟲《チウ》モ、右《ミギ》ノ桃《トウ》板《ハン》寶《ホウ》符《フ》ヲ常《ツネ》ニ佩《オフ》レハ、漸《ゼン》次《ジ》消《セウ》滅《メツ》シ子《シ》孫《ソン》連《レン》綿《メン》シテ、家《カ》内《ナイ》繁《ハン》榮《エイ》富《フウ》貴《キ》ニ、無《ム》病《ヒヤウ》息《ソク》災《サイ》ニ長《チヤウ》命《メイ》、不《フ》老《ラウ》還《ケン》少《セウ》ノ靈《レイ》妙《メウ》不《フ》思《シ》議《ギ》有《ア》リト、道《ダウ》藏《ザウ》七《ヒチ》籤《セン》巻八（八十一二三）庚《カウ》申《シンノ》部《ブ》ニ委《クハ》シク見《ミ》ユ、此《コノ》書《シヨ》ハ宋《ソウ》ノ張《チヤウ》君《クン》房《ボウ》ノ輯《イツ》ニシテ、明《ミン》ノ張《チヤウ》萱《ケン》ノ訂《テイ》スル道《ダウ》書《シヨ》ナリ、三《サン》彭《ホウ》ノ事《コト》ハ諸《シヨ》書《シヨ》ニ出《イチ》タリ、陳《チン》簡《カン》齋《サイ》カ集《シウ》ノ玉《キヨク》延《エン》賦《フ》ニモ、掃《ソウ》除《ジヨス》三《サン》彭《ボウヲ》見《ミル》蓬《ホウ》萊《ライチ》夷《イ》路《ロ》ト在《ア》リ、我《ワカ》國《クニ》ノ南《ナン》紀《キ》ノ善《セン》齊《サイ》道《タウ》慶《ケイ》八年《トシ》十四歳《サイ》ニテ、洛《ラク》東《トウ》建《ケン》仁《ニン》

寺《ジ》稽《ゲイ》古《コ》澗《カン》ニ従《シタガ》フ、一《イツ》夕《セキ》隣《リン》寺《ジ》ノ僧《ソウ》數《ス》輩《ハイ》来《キタ》リ訪《トウ》フ、時《トキ》ニ庚《カウ》申《シン》日《ヒ》ニ丁《アタ》ル、古《コ》澗《カン》衆《シウ》僧《ソウ》ニ詩《シ》ヲ作《ツク》ラシム、善《ゼン》齊《サイ》同《オナ》シク賦《フ》ス、

一霄《イツシヤウノ》清《セイ》話《ワ》共相親《トモニアヒシタシム》　忽轉《タチマチテンス》朱《シユ》欄《ラン》月色新《ゲツシヨクアラタナリ》

且喜《カツヨロコブ》三《サン》彭《ホウ》今《イマ》可《ベシ》伏《フクス》　静焚《シヅカニタキナ》香《カウ》炷《チウナ》守《マモル》庚《カウ》申《シンヲ》

右《ミギ》ハ膾《クワイ》餘《ヨ》雜《サツ》錄《ロク》ニ見《ミ》ユ、往《ワウ》時《ジ》ハ禪《ゼン》僧《ソウ》モ三《サン》尸《シ》ノ法《ハフ》ヲ用《モチ》ヒ、且《カツ》又《マタ》知《シ》ル處《トコロ》ノ徴《チヤウ》ニ供《キヨウ》スルナリ、（以上甲庚秘錄ニ載ス）

三尸《シ》九《キウ》蟲《チウ》三符《フ》呪《ジユ》文《ブン》一符《フ》ニ收《ヲサム》ル秘《ヒ》符《フ》

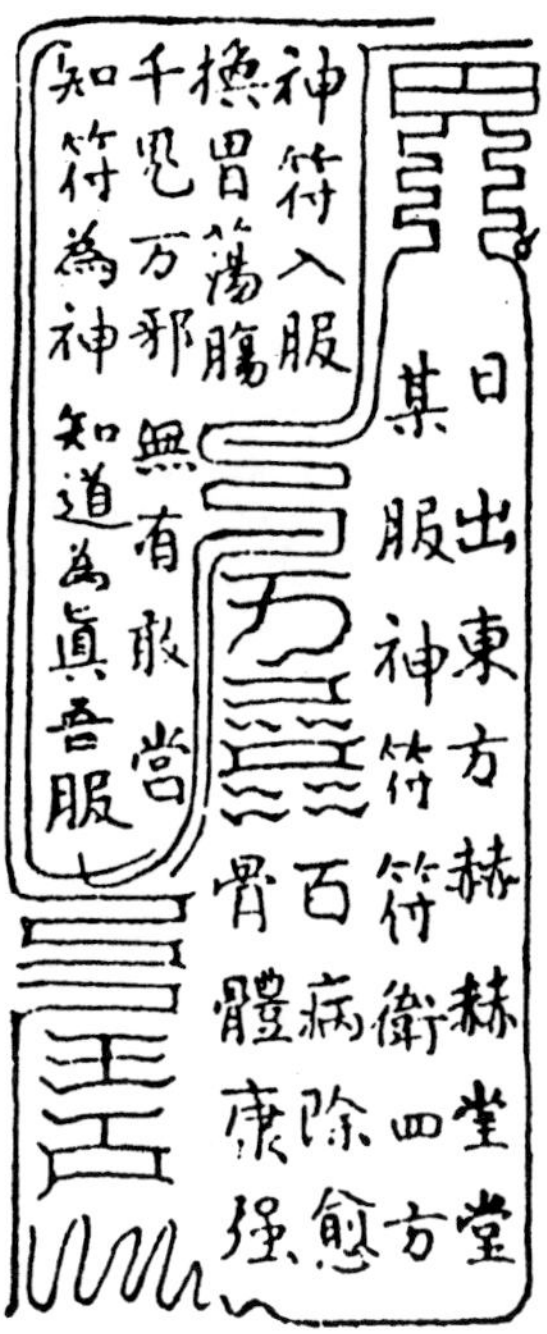

此《コノ》符《フ》ヲ桃板《モヽノイタ》ニ庚《カウ》申《シン》日《ヒ》ニ墨《スミ》ヲ以《モツ》テ書《シヨ》シ、即《ソク》日《ジツ》門《モン》戸《コ》内《ナイ》ノ柱《ハシラ》ニ貼《ハ》リ置《オケ》ハ、家《カ》族《ゾク》并ニ衆《シウ》人《シン》百《ヒヤク》病《ヒヤウ》及ヒ、諸《シヨ》災《サイ》ノ憂《ウレイ》ヲ除《ノゾ》ク奇《キ》妙《メウ》ノ靈《レイ》符《フ》ナリ、又此《コノ》符《フ》ヲ庚《カウ》申《シン》日《ヒ》ニ白《ハク》紙《シ》ニ墨《スミ》ニテ書《シヨ》寫《シヤ》シ、常《ツネ》ニ貯置《タクハヘオケ》ハ、若《モ》シ瘧《キヤク》又ハ疫《エキ》病《ヒヤウ》等《トウ》ノ惡《アク》病《ヒヤウ》ニ罹《カヽ》リタル時《トキ》ニ、初《ハツ》水《ミツ》ニテ服《ノメ》ハ、熱《ネツ》三時《ジ》ヲ待《マタ》ス速《スミヤカ》ニ冷《サメ》テ癒《イユ》、或《アルヒ》ハ小《セウ》兒《ニ》ノ驚《キヨウ》風《フウ》腦《ノウ》膜《マク》炎《エン》等《トウ》ノ病《ヤマヒ》ハ癒《ナヲル》モ、後《ノチ》ニ智《チ》惠《ヱ》ヲ癡《チ》滯《タイ》シ白《ハク》痴《チ》ト成《ナ》ル恐《ヲソレ》有《ア》リ、此《コノ》符《フ》ハ初《ハツ》水《ミツ》ニテ毎《マイ》日《ニチ》一符《フ》ツ・服《フク》セハ、病《ヒヤウ》治《ヂ》シテ白《ハク》痴《チ》ト成《ナ》ラス、若《モ》シ白《ハク》癡《チ》ノ人《ヒト》モ庚《カウ》申《シン》日《ヒ》ニ書《シヨ》寫《シヤ》シ、即《ソク》日《ジツ》服《フク》セハ一年《ネン》乃《ナイ》至《シ》三年《ネン》セハ、自《シ》然《セン》ニ治《チ》癒《ユ》ス、又元《モト》ノ明《ミン》達《タツ》ニ成《ナ》ルコト、此《コノ》靈《レイ》符《フ》ノ靈《レイ》驗《ケン》奇《キ》妙《メウ》不《フ》思《シ》議《ギ》ノ利《リ》生《シヤウ》ト信《シン》念《ネン》スヘシ（秘密集傳ニ載ス）

再《フタヽ》ヒ禁《キン》忌《キ》ノ食《シヨク》物《ブツ》ヲ辨《ヘン》ス

時《ジ》事《ジ》ヲ顧《オモ》フニ昔《シヤク》日《シツ》宗《シウ》教《ケフ》界《カイ》ハ偉《ヰ》人《ジン》現出《アラハ》シテ、戒《カイ》律《リツ》ヲ嚴《ゲン》守《シユ》シ德《トク》行《カウ》ヲ以テ教《ケフ》化《クワ》ノ主《シユ》トシ、加之《シカノミナラス》靈妙《レイメウ》ヲ眼前《カンゼン》ニ實現《ジツゲン》シテ、貴賤《キセン》ノ尊敬《ソンキヤウ》ヲ受《ウ》ケ大《オホイ》ニ世道人心《セダウジンシン》ニ益《エキ》シタリ、今《イマ》ヤ時變《ジヘン》ニ遇《ア》ヒ風潮《フウテフ》ニ感染《カンセン》シテ、聖僧《セイソウ》ハ甚《ハナハ》タ尠《スクナ》クシテ破戒僧《ハカイソウ》多《オホ》キヲ以テ、宗教《シウケフ》ノ威信《ヰシン》ハ地《チ》ニ墜《オチ》タリ、此時《コノトキ》ニ方《アタツ》テ識者《シキシヤ》ハ其《ソノ》墮落《ダラク》ヲ攻擊《カウゲキ》シテ熄《ヤマ》ス、其機《ソノキ》會《カイ》ヲ利用《リヨウ》シタル基督教《キリストケフ》ハ、佛教《ブツケフ》ノ積弊《セキヘイ》ヲ算《カゾヘ》テ材料《サイリヤウ》トシ、看板《カンハン》ニ博愛慈善《ハクアイジゼン》ヲ以テ表彰《ヒヤウシヤウ》シ、我《ワカ》多情男子《タシヤウナンシ》ノ蓄妾等《チクセウトウ》ヲ囂々《カウ〳〵》シテ、小壯《セウソウ》及《オヨ》ヒ婦女《フジヨ》ヲ專《モツハ》ラ勸《スヽ》メ、遂《ツイ》ニ多《タ》數信者《スウシンシヤ》ヲ得《エ》タルカ如《コト》シ、其《ソノ》接伴《セウハン》ノ僥倖者《ケウカウシヤ》ハ誰《タレ》カ、是即《コレスナハ》チ一二ノ教會《ケフクワイ》ト思《オモ》フ、教《ケフ》祖《ソ》ハ凡夫《ボンフ》ニテ偉人《ヰジン》トモ感《カン》セサルカ不思議《フシギ》ニ多數《タスウ》ノ信徒《シント》ヲ有《イウ》シ勃興《ホツコウ》セリ、此《コレ》等《ラ》ノ教義《ケフキ》ハ所謂《イハユル》通俗的《ツウゾクテキ》ニ簡易《カンイ》ナルヲ以テ、人氣《ニンキ》ニ投《トウ》スル事《コト》ヲ得《エ》タル乎《カ》、或《アルヒ》ハ思想界《シソウカイ》ノ變化《ヘンクワ》カ助成《ジヨセイ》セシモノ乎《カ》、素《モト》ヨリ佛教《ブツケフ》ノ如《コト》ク戒律《カイリツ》ノ嚴制等《ゲンセイトウ》無《ナ》キ故《ユヱ》布《フ》教者《ケフシヤ》ヲ得《ウ》ルニ易《ヤス》クシテ、忽然《コツゼン》意外《イクワイ》ノ盛況《セイケフ》ヲ看《ミ》ルニ至《イタ》レリ、然《シカ》ルニ彼教《カノケフ》ノ慈善《ジゼン》ハ美事《ビシ》、蓄妾《チクセウ》ヲ制《セイ》スルモ宜《ヨロ》シ、酒《サケ》ニ烟草《タハコ》ヲ制《セイ》スルモ可《カ》ナリ、爰《コヽ》ニ杞憂《キユウ》スヘキハ祖《ソ》先《セン》ヲ祀《マツ》ル佛檀尊牌《フツタンソンハイ》ヲ無靈視《ムレイシ》シテ、破壞《ハクワイ》スル点《ナン》ニ於《オイ》テハ是則《コレスナハ》チ國情《コクジヤウ》ノ異《コトナ》ル缺陷《ケツカン》ニテ、忽《タチマ》チ國體《コクタイ》ト矛盾《ムジユン》スルニアラサル歟《カ》、又《マタ》現代《ゲンダイ》ノ學者《カクシヤ》カ物質《ブツシツ》ニ偏《ヘン》シ、祖《ソ》先《セン》ヲ輕《カル》ンスル弊在《ヘイアツ》テ、百事《ヒヤクジ》ノ立論《リツロン》カ羝羊《テイヨウ》觸《フル》レ藩《カキニ》ノ嫌《キラ》ヒヲ免《マヌカ》レスト考《カンカ》フ、我《ワ》カ提《テイ》供《キヨウ》スル靈符《レイフ》ノ法《ハフ》ハ、已《ノデ》ニ多《タ》多、徵證《チヤウシヤウ》ヲ擧《アゲ》タル如《ゴト》ク、皇室《クワウシツ》ノ御《ゴ》信仰《シンカウ》遊《アソ》ハサレタルコト燦然《サンセン》ナルニ國體《コクタイ》ニ益《エキ》スルトモ障害《シヤウガイ》ハ毫《スコシ》モ無《ナ》ク、流布《ルフ》ノ敎義《ケフギ》ニ優《マサ》ル要点《アツナン》ハ靈驗《レイケン》ノ無比《ムヒ》ナルヲ以《モツ》テナリ、故《ユヘ》ニ國家《コクカ》ヲ念《ネン》ト爲《ナ》ス誠忠《セイチウ》賢明《ケンメイ》ノ諸君《シヨクン》ハ、些少《イサヽカ》ノ禁忌《キンキ》ヲ誤解《ゴカイ》ナカラン事《コト》ヲ期望《キハウ》シ再辨《サイベン》ヲ爲《ナ》ス所以《ユエン》ナリ、

爰《コヽ》ニ各戸《カクコ》ニ靈符《レイフ》ノ祭祀《サイシ》ヲ勸《スヽム》ル趣意《シユイ》ハ、已《スデ》ニ要旨《エフシ》ヲ叙述《ジヨシユツ》ノ如《ゴト》ク、家《イヘ》ノ榮昌《エイシヤウ》ヲ謀《ハカ》ル者《モノ》ニ缺《カ》クヘカラサル所以《ユエン》ハ、歳毎《トシゴト》ニ天災《テンサイ》多《オホ》キ時代《ジダイ》ナレハ、現時《ゲンジ》富豪《フガウ》ノ生活者《セイクワツシヤ》モ一朝《テフ》激變《ゲキヘン》ニ遭遇《ソウクウ》センカ、身命《シンメイ》財産《ザイサン》共《トモ》ニ滅亡《メツハフ》ノ虞《ヲソレ》有《ア》ルカ故《ユヘ》ナリ、誰《タレ》カ災厄《サイヤク》ニ遇《アハ》スト斷言《ダンゲン》スル者《モノ》アル乎《カ》、且《カツ》又《マタ》思想界《シソウカイ》ノ變化《ヘンクワ》ニ因《ヨツ》テ、人情《ニンジヤウ》浮薄《フハク》ニ趨《ハシ》リ、惡奸《アクカン》ハ身《ミ》ノ破滅《ハメツ》ヲ省《カヘリミ》スシテ、眼前《ガンゼン》ノ利《リ》ヲ以テ詐謀《サバウ》ヲ恣《ホシイマヽ》ニシ、奪掠《ダツリヤク》ノ計《ハカリコト》ヲ爲《ナ》ス者《モノ》尠《スクナ》カラス、故《ユヘ》ニ些《イサヽ》カ隙《スキ》アラハ其《ソノ》災厄《サイヤク》ニ罹《カヽ》リ、今日《コンニチ》ノ富者《フシヤ》モ永久《エイキウ》ノ富者《フシヤ》ト樂觀《ラククワン》セハ、遂《ツヒ》ニ倒産《タウサン》零落《レイラク》ノ悲境《ヒキヤウ》ニ陷《オチイ》ル例《レイ》ハ乏《トボ》シカラス、其他《ソノタ》百般《ヒヤクハン》ノ事故《ジコ》ノ災禍《サイクワ》ヲ免《マヌカ》ル道《ミチ》ヲ講《カウ》スルハ緊要《キンエフ》ナ

ルヘシ、殊《コト》ニ現《ケン》今《コン》生《セイ》活《クワツ》難《ナン》ヲ絶《セツ》叫《ケウ》者《シヤ》ノ多《オホ》キ時《トキ》ニ臨《ノソミ》テ、聖《セイ》僧《ソウ》ノ徳《トク》化《クワ》ヲ以テ救《キウ》濟《サイ》スル能《アタ》ハス、況《イハン》ヤ其《ソノ》人《ヒト》ニ乏《トボ》シキ時《トキ》ナラスヤ、假《カリ》ニ我《ワ》カ宗《シウ》教《ケウ》ニ倦《ア》怠《キ》テ、基《キリ》督《スト》教《ケウ》ヲ信《シン》スルモ何《ナン》等《ラ》ノ靈《レイ》妙《メウ》不《フ》測《シキ》ハ未《イマ》タ聞《フン》知《チ》セザルナリ、然《シカ》ルニ靈《レイ》符《フ》ノ修《シユ》法《ハフ》タル種《イロ》々《く》ノ法《ハフ》完《クワン》備《ヒ》シテ、諸《シヨ》災《サイ》厄《ヤク》ヲ免《マヌカ》レ人《ジン》世《セ》ノ期《キ》望《バウ》ハ、悉《コトく》ク成《シヤウ》就《シユ》スルコト實《ジツ》徴《チヤウ》ノ如《コト》シ、其《ソノ》法《ハフ》ヲ實《シツ》行《カウ》ニ些《イサヽ》カノ齋《サイ》戒《カイ》在《ア》ルモ、己《オノ》カ不《フ》徳《トク》ヲ反《ハン》省《セイ》セハ務《ツトメ》テ愼《ツヽシ》ミ易《ヤス》ク、暫《シハラ》ク窮《キウ》屈《クツ》ヲ忍《シノ》フハ當《トウ》然《セン》ナラスヤ、其《ソ》ハ此《アノ》法《ハフ》ノミナラス流《ル》布《フ》ノ天《テン》部《ブ》ノ聖《シヤウ》天《テン》、毘《ビ》沙《シヤ》門《モン》天《テン》、托《ダ》只《ダ》尼《ニ》天《テン》等《トウ》ノ法《ハフ》ヲ修《シユ》スルモ我《ワガ》法《ハフ》ノ如《コト》ク皆《ミナ》然《シカ》リ、只《タヽ》靈《レイ》應《オウ》ノ顯《ケン》著《チヨ》ニ迅《ジン》速《ソク》ナルヲ以《モツ》テ特《トク》ニ勸《スヽ》獎《ム》ル而《ノ》已《ミ》人《ヒト》ハ凡《スベ》テ屈《クツ》シテ後《ノチ》ニ伸《ノビ》ルモノナリ、繫《ケイ》辭《ジ》ニ曰《イハ》ク、尺《シヤク》蠖《カク》之《ノ》屈《クツスルハ》。以求《モトムル》信《ノブチ》也《ナリ》。龍《リウ》蛇《ダ》之《ノ》蟄《チツスルハ》。以存《ソンスル》身《ミチ》也《ナリ》ト有《ア》リ、此《コノ》教《ケウ》ヲ能《ヨ》ク味《アチハ》ヘ、人トシテ尺《シヤク》蠖《カク》ノ屈《クツ》スル理《リ》モ、龍《リウ》蛇《ダ》ノ蟄《チツ》スル理《リ》モ知《シ》ラザレハ、小《セウ》蟲《チウ》龍《リウ》蛇《ダ》ノ智《チ》ニ及《オヨ》ハサル者《モノ》乎《カ》、人《ヒト》トシテ愼《ツヽシ》ムヘキヲ謹《ツヽシ》メハ、前《セン》途《ト》ノ一《イチ》大《タイ》光《クワウ》明《メイ》ヲ見《ミ》出《イタ》ス活《クワツ》法《ハフ》ナリ、若《モ》シ無《ム》視《シ》シテ行《オコナ》ハサル者《モノ》ハ、艱《カン》苦《ク》ヲ好《コノミ》テ甞《ナム》ル者《モノ》ナリ、假《タト》令《ヘ》眼《メ》ニ蟹《カイ》文《ブン》ヲ讀《ヨ》ミ、口《クチ》ニ世《セ》界《カイ》ノ大《タイ》勢《セイ》ヲ論《ロン》スルモ、萬《ハン》物《ブツ》ノ靈《レイ》長《チヤウ》ノ價《カ》値《チ》ヲ自《シ》棄《キ》者《シヤ》ハ、教《オシヘ》ニ由《ヨツ》テ化《クワ》スヘカラサル者《モノ》ト思《オモ》フ、世《ヨ》ニ天《テン》賦《フ》ノ好《カウ》命《メイ》者《シヤ》ハ乏《トボ》シク、凶《ケウ》命《メイ》者《シヤ》ハ此《コノ》法《ハフ》ニ因《ヨ》ラスンハ、他《タ》ニ憂《ユウ》苦《ク》ヲ免《マヌカ》ル道《ミチ》無《ナ》シ、唯《タヾ》口《コウ》欲《ヨク》ヲ自《ミツカ》ラ制《セイ》シテ禁《キン》忌《キ》ヲ嚴《ゲン》守《シユ》セハ、一生《シヤウ》快《クワイ》樂《ラク》ヲ受《ウク》ルコト古《コ》書《シヨ》ニ明《メイ》記《キ》ノ徴《チヤウ》有《ア》リ、故《ユヘ》ニ艱《カン》苦《ク》ヲ救《キウ》濟《サイ》ニ有《イウ》益《エキ》ナリ、予《ヨ》ハ不《フ》德《トク》ニテ多《タ》年《ネン》艱《カン》苦《ク》ヲ甞《ナメ》タルヲ以テ、一身《シン》ヲ犧《キ》牲《セイ》ニ供《キヨウ》シ諸《シヨ》術《シユツ》ヲ精《セイ》研《ケン》シ、斯《コノ》法《ハフ》モ卒《ソツ》先《セン》實《シツ》踐《セン》シテ靈《レイ》應《オウ》ヲ知《シ》リ、猶《ナホ》數《スウ》人《シン》ニ施《ホトコ》シ確《カク》信《シン》スルヲ以テ警《ケイ》醒《セイ》ヲ謀《ハカ》ル處《トコロ》ナリ、讀《ヨム》者《モノ》カ事《シ》實《ジツ》ト實《ジツ》蹟《セキ》ヲ見《ミ》テ實《ジツ》驗《ケン》ノ上《ウヘ》ニ自《ジ》覺《カク》爲《ナ》スヲ渴《カツ》望《ハウ》ス、更《サラ》ニ誠《イマシ》ムヘキハ、人トシテ至《シ》誠《セイ》ノ念《ネン》無《ナ》ク、將《ハタ》亦《マタ》陰《イン》險《ケン》ヲ好《コノ》ム徒《モノ》ハ、天《テン》カ罰《ハツ》スト聞《キ》クモ、冥《メイ》祐《ユウ》ヲ降《カウ》賜《チヨウ》ノ理《リ》無《ナ》キヤ必《ヒツ》セリ、若《モ》シ斯《カク》ノ如《ゴト》キ徒《モノ》ハ速《スミヤカ》ニ懺《サン》悔《ゲ》シ改《カイ》悛《シユン》スルヲ要《エフ》ス、若《モ》シ天《テン》命《メイ》凶《ケフ》ニシテ着《チヤク》實《ジツ》ニ事《コト》ヲ謀《ハカ》ルモ、歳《トシ》歳《〳〵》障《シヤウ》難《ナン》多《オホ》クシテ志《コヽロサシ》ヲ伸《ノブ》ル能《アタ》ハサル者《モノ》ハ、敢《アヘ》テ憂《ユウ》苦《ク》ニ及《オヨ》ハス、要《エフ》旨《シ》ノ如《ゴト》ク實《ジツ》行《カウ》者《シヤ》ハ、人ノ賢《ケン》愚《グ》ヲ論《ロン》セス靈《レイ》應《オウ》ヲ享《ウク》ルコト、影《カゲ》ノ形《カタチ》ニ隨《シタガ》フカ如《ゴト》シ、今《イマ》終《シウ》結《ケツ》ニ及《オヨン》テ一《イチ》言《ゲン》ヲ呈《テイ》ス、此《コノ》法《ハフ》ノ特《トク》色《シヨク》ハ自《ジ》已《コ》ノ事《コト》ヲ自《ジ》身《シン》ニ爲《ナ》ス故《ユヘ》、疑《ウタガヒ》ヲ容《イル》ル地《チ》無《ナ》シ、若《モ》シ流《ル》布《フ》ノ社《シヤ》寺《ジ》ノ祈《キ》禱《トウ》ノ如《ゴト》ク、社《シヤ》寺《ジ》ニ依《イ》頼《ライ》スルトセンカ人《シン》撰《セン》ノ要《エウ》有《ア》リ、其《ソノ》神《シン》靈《レイ》及《オヨ》ヒ必《ヒツ》要《エフ》ノ符《フ》ヲ書《シヨ》寫《シヤ》スルニ、己《ヲノ》カ息《イキ》カ入《ニウ》用《ヨウ》ナルヲ以《モツ》テ、數《スウ》週《シウ》日《ジツ》潔《ケツ》齋《サイ》ヲセザルヲ得《エ》ス、若《モ》シ不《フ》淨《シヤウ》ノ肉《ニク》食《シヨク》シ、酒《サケ》ヲ呑《ノミ》テ心《コヽロ》ヲ亂《ミダ》シテ符《フ》ヲ書《カ》ク、何《ナン》ソ神《シン》聖《セイ》ト稱《シヤウ》シ尊《ソン》敬《ケウ》スル理《リ》ヲ知《シ》ラス、此《コノ》故《ユヘ》ニ諸《シヨ》法《ハフ》ニ優《スグ》勝《レ》タルト、異《コトナ》ル要《エフ》点《テン》ナリ、將《ハタ》亦《マタ》其《ソノ》肉《ニク》ヲ不《フ》淨《シヤウ》ト爲《ナ》シ忌《イ》ム所《ユ》以《エン》ハ、佛《フツ》家《ケ》ニ至《シ》理《リ》ヲ緻《チ》密《ミツ》ノ論《ロン》有《ア》リ、又《マタ》酒《サケ》ヲ禁《キン》忌《キ》ノ理《ワ》由《ケ》弊《ヘイ》害《ガイ》ノ論《ロン》ハ、人《シン》生《セイ》ニ最《モツト》モ適《テキ》切《セツ》ト信《シン》シ左《サ》ニ參《サン》

考《カウ》ニ供《キヨウ》スヘシ、（蓋シ酒ハ生涯ヲ禁スルニアラス、只ﾞ日ヲ限リ祈ル際ハ禁スルモノトス、）

菩《ボ》薩《サツ》戒《ガイ》之《ノ》諺《ケン》註《チウ》抄《セウ》譯《ヤク》

此《コノ》諺《ケン》註《チウ》者《シヤ》ハ眞《シン》言《ゴン》宗《シウ》ノ高《カウ》徳《トク》淨《シヤウ》嚴《ゴン》和《ワ》尙《シヤウ》カ延《エン》寶《ホウ》乙卯ノ歳《トシ》ニ心《シン》地《チ》戒《カイ》ヲ講《カウ》セラレタルニ、道《ダウ》俗《ゾク》風《フウ》靡《ヒ》シテ群《グン》集《シウ》ヲ致《チ》セリ、是《コレ》其《ソノ》戒《カイ》題《ダイ》毎《ゴト》ニ俚《リ》諺《ゲン》ヲ其《ソノ》下《シタ》ニ加《クワヘ》ラレタルヲ以《モツ》テ、能《ヨ》ク戒《カイ》意《イ》ヲ知《シ》ル事《コト》ヲ得《ウ》其《ソノ》一二節《セツ》ヲ摘《テキ》擇《ヤク》シテ、今《イマ》爰《コヽ》ニ提《テイ》供《キヨウ》スル處《トコロ》ヲ看《ミ》ルヘシ

飮《イン》酒《シユ》戒《カイ》第《ダイ》二（此戒ハ一切ノ酒ヲ飮ムコトヲ戒シムルナリ、）

酒《サケ》ニ總《ソウ》シテ三種《シユ》アリ、藥《ヤク》酒《シユ》、果《クワ》酒《シユ》、穀《コク》酒《シユ》ナリ、一切《サイ》酒《サケ》ノ色《イロ》、酒《サケ》ノ香《カ》酒《サケ》ノ味《アヂハ》ヒアルヲハ皆《ミナ》制《セイ》ス、酒《サケ》ノ糟《カス》モ同《オナジ》ク制《セイ》ス、又《マタ》何《ナン》ニテモ人《ヒト》ヲ醉《エ》ハシムル物《モノ》ヲハ皆《ミナ》此《コノ》制《セイ》ナリ、凡《オヨ》ソ酒《サケ》ハ迷《メイ》亂《ラン》ノ本《モト》ニテ、愚《ク》癡《チ》ノ始《ハジメ》メナルカ故《ユヘ》ニ、佛《ホトケ》殊《コト》ニ此《コレ》ヲ制《セイ》シタマフ、智《チ》度《ト》論《ロン》ノ十三ニ曰《イハ》ク、佛《ホトケ》ハ難《ナン》提《テイ》迦《カ》優《ウ》婆《バ》塞《ソク》ニ語《ツゲ》テノタマハク、酒《サケ》ニ三十五ノ

失《シツ》在《ア》リ、一ニ現《ケン》在《サイ》ノ財《サイ》物《ブツ》ヲ虛《コ》竭《カツ》ス、酒《サケ》ニ醉《エヒ》テ用《モチヒ》費《ツイヤ》スコト度《ド》無《ナ》キカ故《ユヘ》ニ、二ニハ諸《シヨ》病《ヒヤウ》ノ始《ハジメ》ナリ、三ニハ鬪《トウ》諍《シヤウ》ノ本《モト》ナリ、四ニハ裸《ラ》露《ロ》ニシテ耻《ハヂ》ヲ知《シ》ラス、五ニハ惡《アク》名《メイ》ヲ世《ヨ》ニ播《ホドコ》スカ故《ユヘ》ニ人《ヒト》皆《ミナ》敬《ウヤマ》ハス、六ニハ智《チ》慧《エ》ヲ覆《オホヒ》沒《カク》ス、七ニハ得《ウ》ヘキ物《モノ》ヲハ得《エ》ズ、得《エ》タル物《モノ》ヲハ失《ウシナ》フ、八ニハ伏《フク》匿《ダク》ノ事《コト》ヲモ盡《コト〳〵》ク人《ヒト》ニ語《カタ》ル、九ニハアラユル作《サ》業《ケフ》皆《ミナ》廢《スタ》レテ成《シヤウ》辨《ベン》セス、十ニハ醉《スイ》中《チウ》ニ失《シツ》多《オホ》キカ故《ユヘ》ニ、醒《サメ》已《ハテ》テ慚《サン》愧《ギ》シ憂《ユウ》愁《シウ》ス、十一ニハ身《ミ》ノ力《チカラ》ハ轉《ウタヽ》少《スクナ》シ、十二ニハ身《ミ》ノ色《イロ》ヲ壞《ソコナ》フ、十三ニハ父《チヽ》ヲ敬《ウヤマ》ハス、十四ニハ母《ハヽ》ヲ敬《ウヤマ》ハス、十五ニハ沙《シヤ》門《モン》ヲ敬《ウヤマ》ハス、十六ニハ婆《ハ》羅《ラ》門《モン》ヲ敬《ウヤマ》ハス、十七ニハ伯《チシ》叔《チハ》及ヒ尊《ソン》長《チヤウ》ヲ敬《ウヤマ》ハス、十八ニハ佛《ホトケ》ヲ敬《ウヤマ》ハス、十九ニハ法《ハフ》ヲ敬《ウヤマ》ハス、二十ニハ僧《ソウ》ヲ敬《ウヤマ》ハス、二十一ニハ惡《アク》人《ニン》ニ徒《ト》黨《トウ》ス、二十二ニハ賢《ケン》善《ゼン》ニ疎《ソ》遠《エン》ナリ、二十三ニハ破《ハ》戒《カイ》ノ人《ヒト》ト作《ナ》ル、二十四ニハ他《タ》ニ慚《ハヂ》ス自《ミツカ》ラ愧《ハヂ》ス、二十五ニハ六根《コン》ヲ守《マモ》ラス、二十六ニハ婬《イン》欲《ヨク》ヲ放《ハウ》逸《イツ》ニス、二十七ニハ皆《ミナ》憎《ソウ》惡《ヲ》シテ見《ミ》ルヲ喜《ヨロコ》ハス、二十八ニハ貴《キ》重《チヤウ》ノ親《シン》屬《ゾク》及ヒ諸《モロ〱》ノ智《チ》識《シキ》ニ見《ミ》棄《スナ》ラル、二十九ニハアラユル惡《アク》事《ジ》ヲ作《ナ》ス、三十ニハ善《セン》法《ハフ》ヲ捨《ス》ツ、三十一ニハ酒《サケ》ニ醉《エイ》テ放《ハウ》逸《イツ》ナルカ故《ユヘ》ニ、智《チ》人《シン》信《シン》用《ヨウ》セス、三十二ニハ佛《ブツ》道《ダウ》ニ遠《トヲ》サカル、三十三ニハ狂《ケウ》亂《ラジ》癡《チ》駭《カイ》《ヲロカ》ノ因《イン》緣《エン》ヲ種《ウ》フ、三十四ニハ命《イノチ》終《オワリ》テ必《カナラ》ス地《ヂ》獄《ゴク》ニ墮《オ》ツ（銅ヲソカシテ口ニ入ル、苦シミアリ、灌口地獄ト云フ、）三十五ニハ當《トウ》來《ライ》ニ若《モ》シ人《ヒト》ニ生《ウマ》ルレハ、必《カナラ》ス顚《モノ》狂《クルヒ》《モノクルヒ》愚《グ》癡《チ》ノ人ト成《ナ》ル、是《カク》ノ如《コト》ク種《イロ》種《〱》ノ過《クワ》失《シツ》アルカ故《ユヘ》ニ、飲《ノム》ヘカラスト（已上智度論ニ丮ム）又大《タイ》日《ニチ》經《キヤウ》ニ曰《イハ》ク、一事《ジ》業《ケフ》ヲ毀《キ》壞《クワイ》スルコト、諸《モロ〱》ノ酒《サケ》ニ由《ヨ》ル、一切《サイ》ノ不《フ》善《セン》法《ハフ》ノ根《コン》ナリ、毒《ドク》火《クワ》刀《トウ》霜《ソウ》雹《アラレ》等《トウ》ノ如《コト》シ、故《ユヘ》ニ當《マサ》ニ遠《ヲン》離《リ》スヘシ、親《シン》近《キン》スルコト勿《ナカ》レ、又《マタ》優《ウ》婆《ハ》塞《ソク》ノ五戒《カイ》ニ飲《イン》酒《シユ》ヲ加《クワ》ヘタマフコトハ、餘《ヨ》ノ四戒《カイ》ヲ堅《ケン》固《コ》ニ守《マモ》ラ

シメンカ為《タメ》ナリ、此《カク》ノ如《ゴト》ク様《サマ》々《ぐ》ノ故《ユヘ》有《ア》ツテ、佛《ホトケ》深《フカ》クコレヲ制《セイ》シ給《タマ》フナリ、

(結犯)一滴《テキ》モ咽《ノド》ニ入《イ》レハ犯《ヲカ》ス、

(開縁)有《イウ》情《ジヤウ》ノ命《メイ》ヲ救《スク》ハン為《タメ》ナラハ、自《シ》飲《イン》教《ケフ》他《タ》トモニ犯《ハン》無《ナ》シ、又《マタ》餘《ヨ》藥《ヤク》ヲ以テ治《ヂ》セラレサル病《ヤマヒ》ニハ、少《セウ》酒《シユ》多《タ》藥《ヤク》トシテ用《モチ》ユヘシ、或《アルヒ》ハ瘡《カサ》ニ塗《ヌ》ルハ犯《ハン》無《ナ》シト在《ア》リ、禁《キン》酒《シユ》ズヘキ理《ワ》由《ケ》茲《コヽ》ニ掲《カヽク》ルコトヲ以テ知《シ》ルヘシ、(通局)七衆《シユ》倶《トモ》ニ制《セイ》ス、

食《シキ》肉《ニク》戒《カイ》第《ダイ》三(肉ヲ食フコトヲ戒シムルナリ)

一切《サイ》ノ有《イウ》情《ジヤウ》ノ肉《ニク》ヲ食《シキ》スルヲ制《セイ》ス、夫《ソ》レ肉《ニク》ヲ食《クラ》フ者《モノ》ハ大《タイ》慈《シ》悲《ヒ》ノ種《タネ》ヲ斷《タツ》カ故《ユヘ》ニ、一切《サイ》衆《イウ》生《セウ》ハ生《セウ》生《ぐ》世《セ》世《ぐ》ニ、六親《シン》眷《ケン》屬《ゾク》ト成《ナ》ルカ故《ユヘ》ニ、肉《ニク》ハ是《コレ》不《フ》淨《シヤウ》ナルカ故《ユヘ》ニ、衆《シウ》生《シヤウ》其《ソノ》人《ヒト》ノ香《カ》ヲ聞《キヽ》テ怖《オソレ》ヲ成《ナ》スカ故《ユヘ》ニ、狗《イヌ》見《ミ》テ驚《オドロ》キ吠《ホエ》ルカ故《ユヘ》ニ、一切《サイ》ノ呪《シユ》術《シユツ》驗《ケン》無《ナ》キカ故《ユヘ》ニ、諸《シヨ》

天《テン》善《セン》神《シン》ニ棄《ステ》ラル、カ故《ユヘ》ニ、夜《ヨ》ニ惡《アク》夢《ム》多《オホ》キカ故《ユヘ》ニ、他《タ》ノ信《シン》心《シン》ヲサマスカ故《ユヘ》ニ、過《クワ》古《コ》ニ惡《アク》羅《ラ》刹《セウ》、獅《シ》子《シ》、虎《コ》、狼《ラウ》、猫《ネコ》、狸《タヌキ》等《トウ》タリシ習《シフ》氣《キ》ノ故《ユヘ》ニ、我《ワカ》命《メイ》ヲ惜《ヲシ》ムカ如《コト》ク、一切《サイ》衆《シユ》生《シヤウ》モ命《イノチ》ヲ惜《ヲシ》ムカ故《ユヘ》ニ、非《ヒ》人《ニン》惡《アク》鬼《キ》常《ツネ》ニ附《ツキ》隨《シタカ》フカ故《ユヘ》ニ、死《シ》シテハ必《カナラ》ス獅《シ》子《シ》、虎《コ》、狼《ラウ》、鵰《タカ》、鷲《ワシ》等《トウ》ノ惡《アク》鳥《テフ》惡《アク》獸《シウ》ト成《ナ》リ、惡《アク》鬼《キ》ノ身《ミ》ヲ受《ウク》ルカ故《ユヘ》ニ、殺《セツ》生《シヤウ》ノ本《モト》ナルカ故《ユヘ》ニ、是《カク》ノ如《コト》ク種《イロ》種《イロ》ノ過《クワ》失《シツ》アルカ故《ユヘ》ニ、食《シヨク》スベカラス（楞伽經等ノ意）又楞《リヨウ》嚴《ゴン》經《キヤウ》ニ絲《シ》綿《メン》絹《ケン》帛《ハク》、靴《クツ》履《リ》裘《カハコロモ》毳《ゼイ》《ニコゲ》等《トウ》ヲ制《セイ》シ給《タマ》フモ、皆《ミナ》衆《シウ》生《シヤウ》ヲ殺《セツ》害《カイ》シテ造《ツク》レル物《モノ》ナルカ故《ユヘ》ナリ、制《セイ》意《イ》ハ食《シキ》肉《ニク》ト同《オナ》シ、

（結犯）咽《ノト》ニ入《イ》ル位《クライ》ニ犯《オカ》ス、

（開縁）若《モ》シ怨《ヲン》敵《テキ》在《アリ》テ強《キヤウ》逼《ハク》シテ、口《クチ》ニ入《イレ》ンニ貪《トン》嗜《ギ》ノ心《コヽロ》無《ナ》クハ犯《ハン》ナカルヘシ、

（通局）七衆《シユ》同《ヲナシ》ク制《セイ》ス、

食《シキ》五辛《シン》戒《カイ》第《タイ》四（五辛ヲ食フコトヲ戒シムルナリ、）

大蒜《ニンニク》、茖葱《ノビル》、韮《ニ》葱《ヲ》、葱《ヒトモジ》、胡葱《アサツキ》、皆《ミナ》葱《ネキ》ノ類《ルヰ》ヲ五辛《シン》ト云《イフ》、辛《カラ》ク臭《シウ》氣《キ》ノ烈《ハゲ》シキ物《モノ》ヲ食《クラ》フコトヲ制《セイ》ス、此《コノ》類《タグヰ》ハ生《ナマ》ニテ食《シヨク》スレハ瞋《イカリ》ヲ增《マ》シ、煮《ニ》テ服《フク》スレハ婬《イン》ヲ發《ハツ》ス、已《ステ》ニ貪《トン》瞋《シン》ノ二毒《ドク》ヲ起《チコ》ス、諸《モロ〳〵》ノ惡《アク》何《ナン》ソ起《オコ》ラサラン、況《イハン》ヤ五辛《シン》ヲ食《クラ》フ人ハ、縱《タト》ヒ能《ヨ》ク一代《ダイ》ノ聖《シヤウ》敎《ケフ》ヲ解《ケ》脫《タツ》スルトモ、諸《シヨ》天《テン》ハ臭《シウ》穢《エ》ヲ嫌《キラフ》テ捨《ステ》離《ハナ》シ、一切《サイ》ノ鬼《キ》神《ジン》ハ其《ソノ》脣《シン》ヲ舐《ネブ》ル、常《ツネ》ニ鬼《キ》ト共《キヨウ》住《シフ》ス、福《フク》德《トク》ハ日《ヒ》ニ銷《セウ》シテ長《ナガ》ク利《リ》益《ヤク》無《ナ》シ、此《コノ》人《ヒト》ハ縱《タト》ヒ三摩《マ》地《ヂ》ヲ修《シユ》スレトモ、天《テン》神《シン》ノ守《シユ》護《ゴ》無《ナ》ク、大《タイ》力《リヨク》ノ魔《マ》王《ワウ》佛《ホトケ》ト作《ナツ》テ來《キタツ》テ爲《タメ》ニ法《ハフ》ヲ說《トキ》テ、三毒《ドク》ヲ讃《サン》シテ禁《キン》戒《カイ》ヲ毀《ソシ》ル、命《イノチ》終《ヲハリ》テハ魔《マ》ノ眷《ケン》屬《ソク》ト成《ナ》ル、魔《マ》道《ダウ》ノ命《イノチ》終《オハリ》テ無《ム》間《ケン》獄《ゴク》ニ墮《ヂ》ツ、（已上楞嚴ノ意）又五辛《シン》ヲ食《シキ》スレハ眞《シン》言《ゴン》ヲ念《ネン》誦《シユ》スルニ成《シヤウ》就《シユ》セス、眞《シン》言《ゴン》行《キヤウ》者《シヤ》ト名《ナツ》ケス（已上蘇悉地經、蘇婆呼童子經ノ意）顯《ケン》密《ミツ》ノ行《キヤウ》者《シヤ》ハ、受《シユ》用《ヨウ》スヘカラサルコト此《カク》ノ如《ゴト》シ、然《シカ》ルヲ今《コン》時《ジ》ノ高《カウ》僧《ソウ》カ專《モツハ》ラ受《シユ》用《ヨウ》セラル、淺《アサ》間《マ》敷《シキ》コトナリト說《ト》キ

在《ア》リ、破《ハ》戒《カイ》僧《ソウ》多《オホ》シト云《イヒ》強《シヒ》テ犯《オカ》ス勿《ナカ》レ、
(結犯咽《ノド》ニ入《イ》ル位《クライ》ヲ犯《ハン》ス、
(開縁)若《モ》シ五辛《シン》ナラデ治《ヂ》セザル病《ヤマヒ》アラハ、僧《ソウ》ハ伽《カ》藍《ラン》ノ外《ソト》
俗《ゾク》家《カ》ニテ食《ショク》シ、食《ショク》シ已《オハリ》テヨリ四十九日ヲ經《ヘ》テ後《ノチ》ニ香《カウ》湯《トウ》
ヲ以《モツ》テ澡《ス丶キ》浴《アラヒ》シ竟《オハリ》テ、經《キヤウ》論《ロン》ヲ讀《トク》誦《シユ》スヘシ、(通局七衆同《シウオナシク》制《セイ》
ス、

劫《カウ》盗《トウ》人《シン》物《フツ》戒《カイ》第《タイ》二(人ノ物ヲ掠メ盗ムコトヲ戒シムルナリ、)

凡《オヨ》ソ一切《サイ》ノ主《シユ》有《ア》ル物《モノ》ヲ竊《ヒソカ》ニ取《ト》リ、強《シヒ》テ取《ト》ルコトヲ制《セイ》ス、主《シユ》有《ア》ル物《モノ》ニ五種《シユ》アリ、一ニ三寶《ホウ》ノ物《モノ》此《コレ》ニ互《ゴ》用《ヨウ》盗《トウ》ト云《イフ》コトアリ、謂《イハ》ク佛《ブツ》物《ブツ》ヲ法《ハフ》物《ブツ》ニ用《モチ》ヒ、又僧《ソウ》ノ用《ヨウ》ニ使《ツカフ》コトアリ、今《コン》世《セ》ニ供《ク》養《ヤウ》セル米《ヘイ》錢《セン》等《トウ》ヲ恣《ホシイマヽ》ニ用《モチ》ヒル人甚《ハナハ》タ多《オホ》シ、是《コレ》皆《ミナ》盗《トウ》罪《サイ》ナリ、恐《ヲツ》ルヘシ愼《ツヽシ》ムヘシ、又法《ハフ》物《ブツ》ヲ佛《ホトケ》ノ用《ヨウ》ニ僧《ソウ》ノ用《ヨウ》ニ使《ツカ》ヒ、或《アルヒ》ハ僧《ソウ》物《フツ》ヲ佛《ホトケ》ノ

事《コト》ニ、法《ハフ》ノ事《コト》ニ用《モチ》ヒル是《コレ》皆《ミナ》互《ゴ》用《ヨウ》盗《トウ》ナリ、但《タヾ》シ僧《ソウ》物《フツ》ハ衆《シウ》僧《ソウ》和《ワ》合《ガフ》シヌレハ、餘《ヨ》事《シ》ニ用《モチ》ヒテモ罪《ツミ》無《ナ》シ、又當《トウ》分《フン》互《ゴ》ト云《イフ》コト有《ア》リ、謂《イハ》ク彌《ミ》陀《タ》ノ財《ザイ》ヲ釋《シヤ》迦《カ》ノ用《ヨウ》トシ、華《ケ》嚴《ゴン》經《キヤウ》ニ屬《ゾク》セル財《サイ》、或《アルヒ》ハ紙《シ》墨《ホク》等《トウ》ヲ餘《ヨ》ノ經《キヤウ》ニ轉《テン》シ用《モチ》ユル、此《コ》ノ類《ルヰ》皆《ミナ》盗《トウ》罪《サイ》ナリ、（三寶物ノ相、具ニシルシ難シ）二屬《ニゾク》人《シン》物《フツ》謂《イハ》ク山《サン》林《リン》田《デン》地《チ》屋《ヤ》宅《タク》錢《セン》財《ザイ》等《トウ》、凡《オヨ》ソ他《タ》人《ニン》ノ有《モチ》ル物《モノ》ナリ、三ニハ畜《チク》生《シヤウ》物《ブツ》、鳥《テウ》獸《ジフ》等《トウ》ノ食《クヒ》殘《ノコ》セル物《モノ》、或《アルヒ》ハ鼠《ソ》ノ穴《アナ》ニ引《ヒカ》レタル物《モノ》等《トウ》ナリ、四ニハ鬼《キ》神《シンノ》物《モノ》、今《コン》時《シ》在《ザイ》在《〳〵》處《シヨ》處《〳〵》ニアル、小《セウ》社《シヤ》又《マタ》ハ道《タウ》祖《ソ》神《シン》等《トウ》、或《アルヒ》ハ山《サン》林《リン》ヲ領《リヤウ》シ、或《アルヒ》ハ小《セウ》分《フン》ノ地《チ》ヲ領《リヤウ》セル者《モノ》、若《モ》シ人《ヒト》カ其《ソノ》所《シヨ》領《レウ》ノ物《モノ》ヲ侵《ヲカ》シ取《ト》ル時《トキ》ハ、必《カナラ》ス祟《タヽリ》ヲ爲《ナ》ス、是《コレ》皆《ミナ》鬼《キ》神《シン》ノ物《モノ》ナルカ故《ユヘ》ナリ、五ニハ劫《カウ》賊《ゾク》ノ物《モノ》、謂《イハ》ク賊《ゾク》ニ取《ト》ラレタル物《モノ》ヲ、後《ノチ》ニ奪《ウハ》ヒ還《カヘ》ス時《トキ》ハ、其《ソノ》本《ホン》主《シユ》却《カヘツ》テ盗《トウ》罪《サイ》ヲ得《エ》ルナリ、

（結犯）盗《トウ》心《シン》ヲ起《オコ》シテ、擧《キヨ》離《リ》本《ホン》處《シヨ》スル位《クライ》ニ犯《ハン》ス（本ト其物ノ有シ處ヲ少シニテモ動スヲ云）

ナリ）

以《イ》上《シヤウ》菩《ボ》薩《サツ》戒《カイ》中《チウ》ノ衆《シウ》人《ジン》ニ、是《ゼ》非《ヒ》心《コヽロ》得《エ》テ益《エキ》有《ア》ルト思《オモ》フ、二三節《セツ》ヲ擧《アゲ》テ佛《フツ》理《リ》ノ精《セン》密《ミツ》ナル徵《チヤウ》ニ參《サン》考《カウ》ニ示《シメ》ス、學《カク》者《シヤ》讀《ヨミ》テ自《ジ》覺《カク》爲《ナ》スアラハ幸《サイハ》ヒナリ、

讀《ドク》經《キヤウ》之《ノ》辨《ベン》

凡《オヨ》ソ讀《ドク》經《キヤウ》ハ高《カウ》德《トク》ノ聖《セイ》僧《ソウ》カ誦《シユ》スレハ、神《シン》佛《ブツ》降《カウ》臨《リン》シ聽《キヽ》玉《タマ》フト謂《イ》ヒ必《ヒツ》然《セン》靈《レイ》驗《ケン》ヲ實《ジツ》現《ゲン》ス、是《コレ》經《キヤウ》意《イ》ニ精《セイ》通《ツウ》スルニ因《ヨ》ルカ、近《キン》時《シ》ノ學《ガク》者《シヤ》カ坊《ハウ》主《ズ》ノ讀《ドク》經《キヤウ》ノ如《ゴト》シト謂《イフ》ハ、經《キヤウ》意《イ》ノ何《ナニ》タルヲ解《ガイ》セザル僧《ソウ》多《オホ》キヲ以《モツ》テ、之《コレ》ヲ誹《ヒ》譏《キ》スルガ如《ゴト》シ、又《マタ》禪《ゼン》僧《ソウ》カ經《キヤウ》ハ悟《サトリ》テ誦《シユ》唱《シヤウ》ヲ言《イフ》モ亦《マタ》然《シカ》リト思《オモ》フ、此《コノ》故《ユヘ》ニ經《キヤウ》卷《クワン》ハ法《ハフ》樂《ラク》ノ爲《タメ》ニ誦《ヨム》モ、唯《タヽ》無《ム》意《イ》味《ミ》ノ音《オン》讀《トク》ハ、靈《レイ》驗《ケン》無《ナ》キヲ以《モツ》テ、予《ヨ》ハ叮《テイ》嚀《ネイ》ニ訓《クン》讀《トク》ヲ勸《スヽ》メ、能《ヨ》ク意《イ》味《ミ》ヲ了《レウ》解《カイ》セシメント欲《ホツ》シ、茲《コヽ》ニ音《オン》訓《クン》兩《リヤウ》讀《トク》ヲ揭《カヽ》ク、本《モト》ト神《シン》佛《フツ》ハ至《シ》誠《セイ》ヲ納《ノウ》受《シユ》シ玉《タマ》フモノニテ、形《ケイ》式《シキ》ヲ貴《タツト》ハザル故《ユヘ》ニ、急《キウ》讀《トク》ノ如《ゴト》キモ亦《マタ》無《ム》功《コウ》ニ歸《キ》スルヲ恐ル、最《モツト》モ微《ヒ》音《ヲン》ニ靜《セイ》肅《シユク》ニ留《リウ》意《イ》シ讀《ドク》經《キヤウ》ヲ勸《スヽム》ル所《ユ》以《エン》ハ、是《コレ》即《スナハ》チ其《ソノ》所《シヨ》願《クワン》ヲ圓《エン》滿《マン》ニ成《シヤウ》就《シユ》セシメント欲《ホツ》スル微《ヒ》衷《チウ》ナルヲ知《チ》了《レウ》スベシ、

附言經《キヤウ》文《モン》中《チウ》ニ某○甲○等○ト錄《シル》ス處《トコロ》ハ各《オノ〳〵》姓《セイ》名《メイ》ヲ唱《トナ》ヘ、官《クワン》位《ヰ》有《アル》者《モノ》ハ官《クワン》位《ヰ》姓《セイ》名《メイ》ヲ唱《トナ》フヘシ、

佛說安宅神呪經

如《ニヨ》是《ゼ》我《ガ》聞《モン》。一《イチ》時《ジ》佛《ブツ》住《ヂユ》舍《シヤ》衛《エ》國《コク》。祇《キ》樹《ジユ》給《キウ》孤《コ》獨《ドク》園《テン》。與《ヨ》千二百五十比《ビ》丘《ク》。皆《カイ》阿《ア》羅《ラ》漢《カン》。諸《シヨ》漏《ロ》已《イ》盡《ジン》身《シン》心《シン》澄《チヤウ》靜《シヤウ》。六通《ツウ》無《ム》礙《ゲ》。其《ゴ》名《メウ》曰《ワウ》大《タイ》智《チ》舍《シヤ》利《リ》弗《ホツ》。摩《マ》訶《カ》目《モク》揵《ケン》連《レン》。摩訶迦《カ》葉《セウ》。摩訶迦《カ》旃《セ》延《エン》。須《シユ》菩《ボ》提《タイ》等《トウ》。復《フ》有《ウ》菩《ボ》薩《サツ》摩《マ》訶《カ》薩《サツ》。八千人倶《グ》。文《モン》殊《ジユ》師《シ》利《リ》菩《ボ》薩《サツ》。導《タウ》師《シ》菩薩。虚《コ》空《クウ》藏《ザウ》菩薩。觀《クワン》世《セ》音《オン》菩薩。救《ク》脫《タツ》菩薩。如《ニヨ》是《ゼ》等《トウ》菩《ボ》薩《サツ》摩《マ》訶《カ》薩《サツ》。威《ヰ》德《トク》自《ジ》在《サイ》。復《フ》有《ウ》比《ビ》丘《ク》比《ビ》丘《ク》尼《ニ》。優《ウ》婆《バ》塞《ソク》。優《ウ》婆《バ》夷《イ》。天《テン》龍《リウ》夜《ヤ》叉《シヤ》。八《ハチ》部《ブノ》鬼《キ》神《ジン》。共《ク》相《サウ》圍《ヰ》繞《ネウ》。說《セツ》微《ミ》妙《メウ》法《ハフ》。時《ジ》有《ウ》離《リ》車《シヤ》長《チヤウ》者《シヤ》子《シ》五十人。倶《ク》身《シン》坌《フン》塵《ジン》土《ド》。懷《ヱ》憂《ウ》愁《シウ》慼《セキ》。猶《ユウ》如《ニヨ》有《ウ》人《ジン》生《シヤウ》失《シツ》父《フ》母《ボ》所《シヨ》愛《アイ》妻《サイ》子《シ》。來《ライ》至《シ》佛《ブツ》所《シヨ》。頭《ヅ》面《メン》作《サ》禮《ライ》。却《キヤク》住《ヂユ》一《イチ》面《メン》。

爾《ニ》時《ジ》、世《セ》尊《ソン》知《チ》而《ニ》故《コ》問《モン》諸《シヨ》長《チヤウ》者《ジヤ》子《シ》、以《イ》何《カ》因《イン》縁《エン》、而《ニ》有《ウ》惱《ナウ》色《シヨク》、憂《ウ》愁《シウ》不《フ》樂《ラク》、失《シツ》於《ア》常《ジヤウ》容《ヨウ》、時《ジ》諸《シヨ》長《チヤウ》者《シヤ》子《シ》、同《ドウ》聲《セイ》倶《グ》白《ビヤク》佛《ブツ》言《ゴン》、世《セ》尊《ソン》未《ミ》審《シン》、人《ニン》居《キヨ》世《セ》間《ケン》、匣《カフ》有《ウ》家《カ》宅《タク》吉《キツ》凶《キヨウ》、以《イ》不《フ》、佛《ブツ》即《ソク》答《タウ》言《ゴン》、如《ニヨ》是《ゼ》諸《シヨ》事《ジ》、皆《カイ》由《イウ》衆《シユ》生《シヤウ》心《シン》行《キヤウ》夢《ム》想《ソウ》所《シヨ》造《ソウ》、不《フ》得《トク》都《ト》無《ム》、諸《シヨ》離《リ》車《シヤ》等《トウ》、白《ビヤク》佛《ブツ》言《ゴン》、世《セ》尊《ソン》、弟《デ》子《シ》等《トウ》、蒙《ム》宿《シユク》縁《エン》一毫《ゴウ》之《シ》福《フク》、得《トク》覩《ト》如《ニヨ》來《ライ》、慈《ジ》化《ケ》無《ム》遺《ユイ》、開《カイ》甘《カン》露《ロ》門《モン》、潤《ジユン》以《イ》法《ハフ》雨《ウ》、復《フ》有《ウ》何《カ》罪《ザイ》、生《シヤウ》此《シ》五《ゴ》濁《ヂヨク》極《ゴク》惡《アク》之《シ》世《セ》、懷《エ》憂《ユウ》抱《ホウ》苦《ク》、怖《フ》懼《ク》萬《バン》端《タン》、不《フ》捨《シヤ》須《シユ》臾《ユ》、所《シヨ》以《イ》言《ゴン》者《シヤ》、自《シ》唯《ユイ》弟《デ》子《シ》德《トク》淺《セン》福《フク》薄《ハク》、所《シヨ》居《キヨ》舍《シヤ》宅《タク》、災《サイ》禍《クワ》頻《ヒン》疊《ジヤウ》、惡《アク》魔《マ》日《ニチ》夜《ヤ》、競《キヤウ》共《ク》侵《シン》陵《レウ》、坐《ザ》臥《クワ》不《フ》安《アン》、如《ニヨ》懷《エ》湯《トウ》火《クワ》、自《シ》頃《ケイ》已《イ》來《ライ》、失《シツ》去《キヨ》善《ゼン》心《シン》、無《ム》所《シヨ》恃《ヂ》怙《コ》、唯《ユイ》願《クワン》世《セ》尊《ソン》、受《シユ》弟《デ》子《シ》請《シヤウ》、臨《リン》降《カウ》所《シヨ》居《キヨ》、賜《シ》爲《イ》安《アン》宅《タク》勅《チヨク》語《ゴ》、守《シユ》宅《タク》諸《シヨ》神《ジン》、及《キウ》四《シ》時《ジ》禁《キン》忌《キ》、常《シヤウ》來《ライ》營《エイ》衞《エイ》、使《シ》日《ニチ》夜《ヤ》安《アン》吉《キツ》、災《サイ》禍《クワ》消《セウ》滅《メツ》、佛《ブツ》言《ゴン》、善《セン》哉《サイ》善《セン》哉《サイ》、當《タウ》如《ニヨ》汝《ニヨ》說《セツ》。吾《ゴ》自《シ》知《チ》時《ジ》。

爾《ニ》時《ジ》世《セ》尊《ソン》。明《メウ》旦《タン》勅《チヨク》諸《シヨ》弟《デ》子《シ》。可《カ》各《カク》整《シヤウ》衣《イ》服《フク》。當《タウ》入《ニフ》聚《ジユ》落《ラク》。各《カク》持《ヂ》應《ヲウ》器《キ》。往《ワウ》至《シ》長《チヤウ》者《シヤ》子《シ》舍《シヤ》。飯《ハン》食《ジキ》既《キ》畢《ヒツ》。敷《フ》轉《テン》輪《リン》座《ザ》。爲《イ》諸《シヨ》長《チヤウ》者《シヤ》。說《セツ》微《ミ》妙《メウ》法《ハフ》。令《レウ》離《リ》怖《フ》畏《イ》身《シン》心《シン》悅《エツ》樂《ラク》。時《ジ》諸《シヨ》離《リ》車《シヤ》。各《カク》生《シヤウ》歡《クワン》喜《キ》。猶《ユウ》如《ニセ》比《ビ》丘《ク》入《ニウ》第《ダイ》三《サン》禪《ゼン》。

爾《ニ》時《ジ》世《セ》尊《ソン》。即《ソク》呼《コ》守《シユ》宅《タク》諸《シヨ》神《ジン》。來《ライ》到《タウ》佛《ブツ》所《シヨ》。而《ニ》告《コウ》之《シ》言《ゴン》。自《ジ》今《コン》已《イ》後《ゴ》。是《ゼ》諸《シヨ》神《ジン》鬼《キ》。不《フ》得《トク》妄《モウ》作《サ》恐《ク》動《ドウ》。令《レウ》某《ム》甲《カウ》等《トウ》不《フ》安《アン》。恆《ゴ》懷《ヱ》憂《ユウ》怖《ク》。吾《ゴ》當《タウ》使《シ》大《ダイ》力《リキ》鬼《キ》神《シン》碎《サイ》滅《メツ》汝《ニヨ》身《シン》令《レウ》如《ニヨ》微《ミ》塵《ジン》。

爾《ニ》時《ジ》世《セ》尊《レン》。復《フ》告《コウ》大《タイ》衆《シユ》。諸《シヨ》善《ゼン》男《ナン》子《シ》。善《ゼン》女《ニヨ》人《ニン》等《トウ》。吾《ゴ》涅《ネ》槃《ハン》後《ゴ》。五《ゴ》百《ヒヤク》歲《サイ》中《チウ》。衆《シユ》生《シヤウ》垢《ク》重《ヂウ》。邪《ジヤ》見《ケン》轉《テン》熾《シン》。魔《マ》道《ダウ》競《ケウ》興《コウ》。妖《ヨウ》魅《マイ》妄《モウ》作《サ》。鬧《キ》人《シン》門《モン》戶《コ》各《カク》伺《シ》人《ジン》便《ヘン》。覓《ヘキ》人《ニン》長《チヤウ》短《タン》爲《イ》作《サ》不《フ》祥《シヤウ》。種《シユ》種《ジユ》留《ル》難《ナン》。當《タウ》爾《ニ》之《シ》時《ジ》是《ゼ》諸《シヨ》弟《デ》子《シ》、應《オウ》當《タウ》一《イツ》心《シンニ》、念《ネン》佛《ブツ》念《ネン》法《ハフ》念《ネン》比《ビ》丘《ク》僧《ソウ》、齋《サイ》戒《カイ》淸《シヤウ》淨《ジヤウ》、奉《ブ》持《ジ》三《サン》歸《キ》五《ゴ》戒《カイ》十《ヂウ》善《セン》八《ハツ》關《クワン》齋《サイ》戒《カイ》、日《ニツ》夕《シヤク》六時《ジ》、禮《ライ》拜《ハイ》懺《サン》悔《ゲ》、勤心《シン》精《セウ》進《ジン》、請《セウ》淸《シヤウ》淨僧《ソウ》、設《セツ》安《アン》宅《タク》齋《サイ》、燒《セウ》衆《シユ》名《メイ》香《カウ》、然《ネン》燈《トウ》續《ゾク》明《ミヤウ》、露《ロ》出《シユツ》中《チウ》庭《テイ》、讀《ドク》是《ゼ》經《キヤウ》典《テン》、某《ム》甲《カウ》等《トウ》、安《アン》居《キヨ》立《リツ》宅《タク》已《イ》來《ライ》、建《コン》立《リウ》南《ナン》庌《ケ》北《ホク》堂《ダウ》、東《トウ》西《サイ》之《シ》廂《シヤウ》、碓《スイ》磨《マ》倉《ソウ》庫《コ》、井《セイ》竈《ソウ》門《モン》牆《シヤウ》、園《オン》林《リン》池《チ》沼《シヤウ》、六畜《チク》之《シ》欄《ラン》、或《アク》復《フク》移《イ》房《ボウ》動《ダウ》土《ド》穿《セン》鑿《サク》、非《ヒ》時《ジ》、或《ワク》犯《ハン》觸《シヨク》伏《フク》龍《リウ》騰《トウ》蛇《シヤ》、青《セイ》龍《リウ》白《ヒヤク》虎《コ》、朱《シユ》雀《シヤク》玄《ケン》武《ブ》、六甲《カウ》禁《キン》忌《キ》、十二時《ジ》神《シン》、門《モン》庭《テイ》戸《コ》伯《ハク》、井《セイ》竈《ソウ》精《セイ》靈《レイ》、堂《ダウ》上《シヤウ》戸《コ》中《チウ》、㵎《コン》邊《ベン》之《シ》神《ジン》、我《ガ》今《コン》持《チ》諸《シヨ》佛《フツ》神《シン》力《リキ》菩《ボ》薩《サツ》威《ヰ》光《クワウ》、般《ハン》若《ニヤ》波《ハ》羅《ラ》密《ミツ》力《リキ》、勅《チヨク》宅《タク》前《ゼン》宅《ダク》後《ゴ》、宅《タク》左《サ》右《ユウ》、宅《タク》中《チウ》守《シユ》宅《タク》神《ジン》、子《シ》神《ジン》母《ボ》、伏《フク》龍《リウ》騰《トウ》蛇《シヤ》、六甲《カウ》禁《キン》忌《キ》、十二時《ジ》神《シン》、飛《ヒ》屍《シ》邪《シヤ》忤《ゴ》、魍《モウ》魎《リヨウ》鬼《キ》神《ジン》、因《イン》託《タクシ》形《キヤウ》聲《シヤウ》、寄《キ》名《メウ》附《フ》着《チヤク》、自《ジ》今《コン》已《イ》後《ゴ》、不《フ》得《トク》妄《モウ》嬈《ネウ》我《ガ》弟《デ》子《シ》等《トウ》、神《ジン》子《シ》神《ジン》母《モ》、宅《タク》中《チウ》諸《シヨ》神《ジン》邪《ジヤ》魅《マイ》蠱《コ》道《ダウ》。各《カク》安《アン》所《シヨ》在《ザイ》不《フ》得《トク》妄《モウ》相《サウ》侵《シン》陵《レウ》爲《イ》作《サ》衰《スイ》惱《ノウ》。令《レウ》某《ム》甲《カウ》等《トウ》。驚《キヤウ》動《ドウ》怖《フ》畏《イ》。當《タウ》如《ニヨ》我《ガ》敎《ケウ》。若《ニヤク》不《フ》順《シユン》我《ガ》語《ゴ》。令《レウ》汝《ニヨ》等《トウ》頭《ヅ》破《ハ》作《サ》七《シチ》分《フン》。如《ニヨ》多《タ》羅《ラ》樹《シユ》枝《シ》。

爾《ニ》時《ジ》世《セ》尊《ソン》。而《ニ》說《セツ》呪《ジユ》曰《ワツ》。

南《ナウ》無《ボウ》佛《ブツ》陀《タ》四《シ》野《ヤ》。南《ナウ》無《ボウ》達《ダツ》摩《マ》四《シ》野《ヤ》。南《ナウ》無《ボウ》僧《ソウ》伽《ギヤ》四《シ》野《ヤ》。今《コン》爲《イ》弟《デ》子《シ》某《ム》甲《カウ》承《シヤウ》佛《ブツ》威《イ》力《リキ》。而《ニ》說《セツ》神《ジン》呪《ジユ》。

一足《ニソク》衆《シユ》生《シヤウ》莫《マク》惱《ナウ》我《ガ》。

二足《ソク》衆《シユ》生《シヤウ》莫《アク》惱《ノウ》我《ガ》。

三足《ソク》衆《シユ》生《シヤウ》莫《マク》惱《ナウ》我《ガ》。

四足《ソク》衆《シユ》生《シヤウ》莫《マク》惱《ナウ》我《ガ》。

我《カ》有《ウ》一切《サイ》大《ダイ》慈《シ》大《ダイ》悲《ヒ》。愍《ミン》念《ネン》一切《サイ》衆《シユ》生《ジヤウ》。汝《ニヨ》等《トウ》惡《アク》魔《マ》。各《カク》還《ゲン》所《シヨ》

屬《ゾク》ニ不《フ》レ得《トク》四横《ワウ》二忤《ゴ》擾《シヤウ》三亂《ラン》我《ガ》弟《デ》子《シ》等《トウ》一復《フ》說《セツ》レ呪《ジユ》曰《ワツ》。
白《ヒヤク》黑《コク》龍《リウ》王《ワウ》。善《セン》子《シ》龍《リウ》王《ワウ》。漚《アウ》鉢《ハ》羅《ラ》龍《リウ》王《ワウ》。阿《ア》耨《ノノ》大《タイ》龍《リウ》王《ワウ》。
結《ケツ》界《カイ》呪《ジユ》文《ブン》　伽《キヤ》婆《ハ》致《チ》。伽《キヤ》婆《ハ》致《チ》。悉《ソ》婆《ワ》訶《カ》。
東《トウ》方《ハウ》大《ダイ》神《ジン》龍《リウ》王《ワウ》。七《ヒチ》里《リ》結《ケツ》界《カイ》。金《コン》剛《ガウ》宅《タク》。
南《ナン》方《ハウ》大《ダイ》神《ジン》龍《リウ》王《ワウ》。七《ヒチ》里《リ》結《ケツ》界《カイ》。金《コン》剛《ガウ》宅《タク》。
西《セイ》方《ハウ》大《ダイ》神《ジン》龍《リウ》王《ワウ》。七《ヒチ》里《リ》結《ケツ》界《カイ》。金《コン》剛《ガウ》宅《タク》。
北《ホク》方《ハウ》大《ダイ》神《ジン》龍《リウ》王《ワウ》。七《ヒチ》里《リ》結《ケツ》界《カイ》。金《コン》剛《ガウ》宅《タク》。
如《ニヨ》レ是《ゼ》三《サン》說《セツ》。
東《トウ》方《ハウ》婆《ハ》鳩《リキ》深《シン》山《サン》。婆《ハ》羅《ラ》伽《キヤ》。收《シユ》汝《ニヨ》百《ヒヤク》鬼《キ》頸《ケウ》著《チヤク》枷《カ》。
南《ナン》方《ハウ》婆《ハ》鳩《リキ》深《シン》山《サン》。婆《ハ》羅《ラ》伽《キヤ》。收《シユ》汝《ニヨ》百《ヒヤク》鬼《キ》頸《ケウ》著《チヤク》枷《カ》。
西《サイ》方《ハウ》婆《ハ》鳩《リキ》深《シン》山《サン》。婆《ハ》羅《ラ》伽《キヤ》。收《シユ》汝《ニヨ》百《ヒヤク》鬼《キ》頸《ケウ》著《チヤク》枷《カ》。

北《ホク》方《ハウ》婆《ハ》鳩《リキ》深《シン》山《サン》、婆《ハ》羅《ラ》伽《キヤ》、收《シユ》汝《ニヨ》百《ヒヤク》鬼《キ》頸《ケウ》著《チヤク》枷《カ》。　如《ニ》是《ゼ》三《サン》說《セツ》。
主《シユ》疾《シツ》病《ヒヤウ》者《シヤ》、主《シユ》頭《ヅ》痛《ツウ》者《シヤ》、主《シユ》人《ニン》舍《シヤ》宅《タク》門《モン》戶《コ》者《シヤ》、當《タウ》歛《カン》諸《シヨ》毒《ドク》不《フ》得《トク》擾《ジユウ》、我《ガ》諸《シヨ》弟《デ》子《シ》、若《ニヤク》不《フ》順《シユン》我《カ》呪《ジユ》、頭《ヅ》破《ハ》作《サ》七《ヒチ》分《ブン》。

爾《ニ》時《ジ》世《セ》尊《ソン》而《ニ》說《セツ》偈《ゲ》言《ゴン》。

造《ゾウ》宅《タク》立《リウ》堂《ダウ》宇《ウ》　安《アン》育《イク》諸《シヨ》群《クン》生《シヤウ》
園《オン》林《リン》並《ヘウ》池《チ》沼《セウ》　門《モン》牆《シヤウ》及《キウ》與《ヨ》園《セウ》
起《キ》心《シン》興《コウ》舍《シヤ》室《シツ》　動《ドウ》靜《シヤウ》應《オウ》聖《セイ》靈《レイ》
稽《ゲイ》首《シユ》歸《キ》命《メウ》佛《ブツ》　衆《シユ》魔《マ》莫《マク》能《ノウ》傾《ケイ》
明《ミヤウ》燈《トウ》照《セウ》無《ム》極《ゴク》　五《ゴ》眼《ケン》因《イン》之《シ》生《シヤウ》
法《ハフ》王《ワウ》大《ダイ》呪《ジユ》力《リキ》　動《ドウ》破《ハ》魔《マ》億《オク》千《セン》
如《ニヨ》來《ライ》慈《ジ》普《フ》潤《ジユン》　威《ヰ》光《クワウ》徹《ナツ》無《ム》邊《ヘン》

我《ガ》等《トウ》咸《カン》歸《キ》レ命《メウ》　衆《シユ》邪《シヤ》各《カク》自《ジ》遷《セン》
佛《ブツ》告《ゴウ》日《ジツ》月《ケツ》五《ゴ》星《セイ》、二十八宿《シユク》、天《テン》神《ジン》龍《リウ》鬼《キ》、皆《カイ》來《ライ》受《シユ》レ教《ケフ》明《ミヤウ》聽《チヨウ》、
佛《ブツ》告《ゴウ》言《ゴン》、不《フ》レ得《トク》三前《ゼン》二却《キヤク》　某《ム》甲《カウ》之《シ》家《ク》一、或《ワク》レ作《サ》二東《トウ》廂《シヤウ》西《サイ》廂《シヤウ》、南《ナン》序《ゲ》北《ホク》堂《ダウ》一、
勅《チヨク》日《ニチ》遊《ユウ》月《グワツ》殺《サツ》、土《ド》府《フ》將《シヤウ》軍《グン》、青《セイ》龍《リウ》白《ビヤク》虎《コ》、朱《シユ》雀《シヤク》玄《ゲン》武《ブ》、歳《サイ》月《ゲツ》劫《コウ》殺《サツ》、
六《ロク》甲《カウ》禁《キン》忌《キ》、土《ド》府《フ》伏《フク》龍《リウ》、莫《マク》レ妄《モウ》二東《トウ》西《ザイ》一、若《ニヤク》有《ウ》二動《ドウ》靜《ジヤウ》一、燒《シヤウ》香《カウ》啓《ケイ》聞《ブン》、某《ム》
甲《カウ》宅《タク》舍《シヤ》、是《ゼ》佛《ブツ》金《コン》剛《ガウ》之《シ》地《チ》、面《メン》二百《ヒヤク》歩《フ》、佛《ブツ》有《ウ》二約《ヤク》言《ゴン》一、諸《シヨ》疫《エキ》鬼《キ》神《ジン》、
不《フ》レ得《トク》二妄《モウ》忤《ゴ》一者《シヤ》、頭《ヅ》破《ハ》作《サ》二七《ヒチ》分《ブン》一、身《シン》不《フ》レ得《トク》レ全《ゼン》、不《フ》レ得《トク》二水《スイ》漿《シヤウ》一、去《コ》二離《リ》本《ホン》
宮《ギウ》一、宅《タク》舍《シヤ》已《イ》成《シヤウ》、富《フウ》貴《キ》吉《キツ》遷《セン》、田《ナン》作《サク》大《ダイ》得《トク》、所《シヨ》願《クワン》光《クワウ》榮《エイ》、行《ギヤウ》來《ライ》在《ザイ》軍《クン》、
仕《シ》官《クワン》宜《キ》レ官《クワン》、門《モン》戸《コ》昌《シヤウ》盛《シヤウ》、百《ヒヤク》子《シ》千《セン》孫《ソン》、父《フ》慈《ジ》子《シ》孝《ケフ》、男《ナン》女《ニヨ》忠《チウ》貞《シヨウ》、兄《ケフ》
良《リヤウ》弟《ナイ》順《シユン》、崇《ソウ》義《ギ》仁《ニン》賢《ケン》、所《シヨ》願《クワン》如《ニヨ》レ意《イ》、十《ヂツ》方《ハウ》證《シヤウ》明《メイ》、行《キヤウ》如《ニヨ》二菩《ボ》薩《サツ》一得《トク》レ道《ダウ》
如《ニヨ》レ佛《ブツ》、

佛《ブツ》告《ゴウ》阿《ア》難《ナン》。若《ニヤク》欲《ヨク》安《アン》宅《タク》。露《ロ》出《シユツ》中《チウ》庭《テイ》。然《ネン》四十《ザウ》九《ク》燈《トウ》。掃《サウ》灑《シヤ》燒《シヤウ》香《カウ》。一《イツ》心《シン》懺《サン》悔《ケシ》。禮《ライ》十《ジツ》方《ハウ》諸《シヨ》佛《ブツ》。阿《ア》難《ナン》又《ウ》白《ビヤク》佛《ブツ》言《ゴン》。當《タウ》何《カ》名《メウ》斯《シ》經《キヤウ》。佛《ブツ》語《ゴ》阿《ア》難《ナン》。此《シ》經《キヤウ》名《メイ》。如《ニヨ》來《ライ》大《ダイ》悲《ヒ》。不《フ》可《カ》思《シ》議《ギ》神《シン》力《リキ》。亦《ヤク》名《メウ》愍《ミン》念《ネン》衆《シユ》生《シヤウ》。安《アン》宅《タク》破《ハ》魔《マ》神《ジン》呪《ジユ》。佛《ブツ》説《セツ》經《キヤウ》竟《ケフ》。大《ダイ》衆《シユ》歡《クワン》喜《ギ》。作《サ》禮《ライ》奉《ブ》行《キヤウ》。

佛説安宅神呪經

佛說安宅神呪經

訓讀

是《カク》ノ如《ゴト》ク我《ワレ》聞《キ》ク、一《アル》時《トキ》佛《ホトケ》舍《シヤ》衛《エ》國《コク》、祇《ギ》樹《ジユ》給《キウ》孤《コ》獨《ドク》園《テン》ニ住《スミ》テ、千二百五十ノ比《ビ》丘《ク》ト與《トモ》ナリキ、皆《ミナ》阿《ア》羅《ラ》漢《カン》ナリ、諸《シヨ》漏《ロ》己《スデ》ニ盡《ツキ》テ身《シン》心《シン》澄《チヤウ》《シツカニ》靜《シヤウ》《スミ》ニシテ、六通《ツウ》ニ無《ム》《サハリ》礙《ゲ》《ナシ》ナシ、其《ソノ》名《ナ》ヲ大《タイ》智《チ》舍《シヤ》利《リ》弗《ホツ》・摩《マ》訶《カ》目《モク》犍《ケン》連《レン》・摩《マ》訶《カ》迦《カ》葉《セウ》、摩《マ》訶《カ》迦《カ》旃《セン》延《エン》・須《シユ》菩《ボ》提《ダイ》等《ムウ》ト曰《イ》フ、復《マタ》菩《ボ》薩《サツ》摩《マ》訶《カ》薩《サツ》八千人有《アリ》テ倶《トモ》ナリキ、文《モン》珠《ジユ》師《シ》利《リ》菩《ボ》薩《サツ》・導《ダウ》師《シ》菩薩・虛《コ》空《クウ》藏《ザウ》菩薩・觀《クワン》世《ゼ》音《オン》菩薩・救《ク》脫《ダツ》菩薩・是《カク》ノ如《ゴト》キ等《トウ》ノ菩薩摩訶薩ハ・威《ヰ》德《トク》自《ジ》在《サイ》ナリ、復《マタ》比《ビ》丘《ク》・比《ビ》丘《ク》尼《ニ》、優《ウ》婆《バ》塞《ソク》・優《ウ》婆《バ》夷《イ》・天《テン》龍《リウ》夜《ヤ》叉《シヤ》・八《ハチ》部《ブノ》鬼《キ》神《ジン》有《アツ》テ、共《トモ》ニ相《アヒ》圍《ヰ》繞《ネウ》セリ、微《ミ》妙《メウ》ノ法《ハフ》ヲ說《トギ》玉《タマ》フ、時《トキ》ニ離《リ》車《シヤ》長者子《チヤウシヤシ》五十人有《ア》リ、倶《トモ》ニ身《ミ》ハ坌塵土《フンジンド》ニテ、憂《ウレイ》ヲ懐《オモ》ヒ愁慼《シウセキ》《ウレフ》スルコト、猶《ナチ》人生《シンシヤウ》ノ父母《フボ》所愛《シヨアイ》ノ妻子《サイシ》ヲ失《ウシナ》フコト有《ア》ルガ如《ゴト》シ、佛所《ブツシヨ》ニ來至《ライシ》シテ頭面《ヅメン》ニ禮《ライ》ヲ作《ナ》シ、却《カヘツ》テ一面《メン》ニ住《トヾ》マル、

爾時《ソノトキ》ニ世尊《セソン》知《シツ》テ而《シカ》モ故《コト》サラニ、諸《シヨ》長者子《チヤウシヤシ》ニ問《トヒ》玉《タマ》ハク、何《ナン》ノ因縁《インエン》ヲ以《モツ》テ、而《シカ》モ惱色《ノウシヨク》有《アリ》テ、憂愁《ユウシウ》シ樂《タノ》シマズシテ、常容《シヤウヨウ》ヲ失《ウシナ》フヤ、時《トキ》ニ諸《シヨ》長者子《チヤウシヤシ》カ、同聲《ドウセイ》ニ倶《トモ》ニ佛《ホトケ》ニ白《モウ》シテ言《モウ》サク、世尊《セソン》未審《イフカシキ》ハ人《ヒト》カ世間《セケン》ニ居《ヰ》テ、家宅《カタク》ノ吉凶《キツケウ》有《ア》ルベカラサルヤ以不《イナヤ》、佛《ホトケ》即《スナハ》チ答《コタヘ》テ言《ノタマ》ハク、是《カク》ノ如《ゴト》キ諸事《シヨジ》ハ、皆《ミナ》衆生《シユシヤウ》ノ心行《シンギヤウ》夢想《ムサウ》ノ所造《シヨゾウ》ニ由《ヨ》ル、都《スベ》テ無《ナキ》コトヲ得《エ》ス、諸《シヨ》離車《リシヤ》等《ラ》、佛《ホトケ》ニ白《モウ》シテ言《モウ》サク、世《セ》

尊《ソン》弟《デ》子《シ》等《ラ》ハ宿《シユク》緣《エン》一毫《ゴウ》ノ福《フク》ヲ蒙《カウム》リ、如《ニヨ》來《ライ》ヲ覩《ミ》上《タテマ》ツルコトヲ得《エ》テ、慈《ジ》化《クワ》遺《ノコ》スコト無《ナ》ク、甘《カン》露《ロ》ノ門《モン》ヲ開《ヒラキ》テ潤《ウルホ》スニ法《ハフ》雨《ウ》ヲ以《モツ》テシ玉《タマ》フ、復《マタ》何《ナニ》ノ罪《ツミ》有《アツ》テカ、此《コノ》五《ゴ》濁《シヨク》極《ゴク》惡《アク》ノ世《ヨ》ニ生《ウマ》レテ、憂《ウレイ》ヲ懷《オモ》ヒ苦《ク》ヲ抱《イタキ》テ、怖《フ》懼《ク》《オソレ》萬《バン》端《タン》ニシテ、須《シハ》臾《ラク》モ捨《ステ》ス言《イフ》所《ユ》以《エン》ノ者《モノ》ハ、自《ミツカ》ラ唯《オモフ》ニ弟《デ》子《シ》ハ德《トク》淺《アサ》ク福《フク》薄《ウス》ク、所《シヨ》居《キヨ》ノ舍《シヤ》宅《タク》ニ災《サイ》禍《クワ》頻《シキリ》ニ疊《カサナ》リ、惡《アク》魔《マ》日《ニチ》夜《ヤ》ニ競《キソヒ》テ共《トモ》ニ侵《シン》陵《リヨウ》シテ、坐《ザ》臥《クワ》安《ヤス》カラザルコト、湯《トウ》火《クワ》ヲ懷《イタク》カ如《ゴト》シ、自《コノ》頃《ゴロ》ヨリ已《コノ》來《カタ》ハ善《セン》心《シン》ヲ失《シツ》去《キヨ》シ、恃《タノミ》怙《タノ》ム所《トコロ》無《ナ》シ、唯《タヾ》願《ネカハ》クハ、世《セ》尊《ソン》、弟《デ》子《シ》ノ請《セウ》ヲ受《ウケ》テ所《シヨ》居《キヨ》ニ臨《リン》降《カウ》シ玉《タマ》ヒテ、安《アン》宅《タク》ノ爲《タメ》ニ勅《チヨク》語《ゴ》ヲ賜《タマ》ヘ、守《シユ》宅《タク》ノ諸《シヨ》神《シン》及《オヨ》ヒ四時《ジ》ノ禁《キン》忌《キ》、常《ツネ》ニ來《キタツ》テ營《エイ》衞《エイ》シ、日《ニチ》夜《ヤ》安《アン》吉《キツ》ニシテ、災《サイ》禍《クワ》消《セウ》滅《メツ》

セシメ玉《タマ》ヘ、佛言《ホトケノタマ》ハク善《セン》哉《サイ》善《セン》哉《サイ》、當《マサ》ニ汝《ナンチ》カ說《セツ》ノ如《ゴト》クスヘシ、吾《ワレ》自《オノツカ》ラ時《トキ》ナルコトヲ知《シ》ル、

爾《ソノ》時《トキ》ニ世《セ》尊《ソン》、明《メウ》旦《タン》諸《シヨ》弟《デ》子《シ》ニ勅《チヨク》シ玉《タマ》ハク、各《オノ〳〵》衣《イ》服《フク》ヲ整《タヽ》スヘシ、當《マサ》ニ聚《シウ》落《ラク》ニ入《イ》ルニ各《オノ〳〵》應《オウ》器《キ》ヲ持《ジ》シテ、長《チヤウ》者《シヤ》子《シ》カ舍《シヤ》ニ往《ワウ》至《シ》シ、飯《ハン》食《ジキ》既《スデ》ニ畢《ヲハリ》テ轉《テン》輪《リン》座《ザ》ヲ敷《シキ》テ、諸《シヨ》長《チヤウ》者《シヤ》ノ爲《タメ》ニ微妙《メウ》ノ法《ハフ》ヲ說《トキ》玉《タマ》フニ、怖《フ》畏《イ》ヲ離《ハナレ》テ身《シン》心《シン》悅《エツ》樂《ラク》セシム、諸《シヨ》離《リ》車《シヤ》ハ各《オノ〳〵》歡《クワン》喜《キ》ヲ生《シヤウ》シテ、猶《ナヲ》比《ビ》丘《ク》ノ第《ダイ》三禪《セン》ニ入《イ》ルカ如《ゴト》シ、

爾《ソノ》時《トキ》ニ世《セ》尊《ソン》ハ、即《スナハ》チ守《シユ》宅《タク》ノ諸《シヨ》神《ジン》ヲ呼《ヨビ》テ、佛《ブツ》所《シヨ》ニ來《ライ》到《タウ》セシメテ、之《コレ》ニ告《ツゲ》テ言《ノタマ》ハク、今《イマ》ヨリ已《イ》後《ゴ》ハ、是《コノ》諸《シヨ》神《ジン》鬼《キ》カ妄《ミタリ》ニ恐《ク》動《ドウ》ヲ作《ナ》スコトヲ得《エ》ザレ、某《ム》(姓名ヲ唱フ)甲《カウ》等《トウ》ヲシテ不《フ》

安《アン》恆《ツネ》ニ憂《ユウ》怖《フ》ヲ懷《イダ》カシムレハ、吾《ワレ》當《マサ》ニ大《タイ》力《リヨク》ノ鬼《キ》神《ジン》ヲシテ、汝《ナンヂ》カ身《ミ》ヲ碎《サイ》滅《メツ》セシメテ、微《ミ》塵《ジン》ノ如《ゴト》クニナサシムベシ、

爾《ソノ》時《トキ》世《セ》尊《ソン》ハ復《マタ》大《タイ》衆《シユ》ニ告《ツゲ》玉《タマ》ハク、諸《モロ〳〵》ノ善《ゼン》男《ナン》子《シ》善《ゼン》女《ニヨ》人《ニン》等《トウ》、吾《ワ》カ涅《ネ》槃《ハン》ノ後《ゴ》五《ゴ》百《ヒヤク》歳《サイ》ノ中《チウ》、衆《シウ》生《シヤウ》ノ垢《コウ》重《オモ》ク邪《ジヤ》見《ケン》ハ轉《ウタ》タ熾《サカン》ニシテ、魔《マ》道《ダウ》競《キソ》ヒ興《オコ》リ妖《ヨウ》魅《マイ》妄《ミダリ》ニ作《オコ》リ、人《ヒト》ノ門《モン》戸《コ》ヲ闚《ウカヾ》ヒ、各《カク》人《ジン》ノ便《タヨリ》ヲ伺《ウカヾ》ヒ、人《ヒト》ノ長《チヤウ》短《タン》ヲ覓《モトメ》テ、不《フ》祥《シヤウ》種《シユ》種《〳〵》ノ留《リウ》難《ナン》ヲ爲《ナシ》作《ナ》サン、爾《ソ》ノ時《トキ》ニ當《アタツ》テ是《コノ》諸《シヨ》弟《デ》子《シ》ハ應《マサ》ニ當《マサ》ニ一心《シン》ニ佛《ブツ》ヲ念《ネン》シ、法《ハフ》ヲ念《ネン》シ、比《ビ》丘《ク》僧《ソウ》ヲ念《ネン》シ、齋《サイ》戒《カイ》清《シヤウ》淨《ジヤウ》ニシテ、三歸《キ》五戒《カイ》十《ジウ》善《ゼン》八《ハツ》關《クワン》齋《サイ》戒《カイ》ヲ奉《ホウ》持《ジ》シテ、日《ニツ》夕《セキ》六《ロク》時《ジ》ニ禮《ライ》拜《ハイ》懺《サン》悔《ゲ》シ、勤《ゴン》心《シン》精《シヤウ》進《ジン》シテ清《シヤウ》淨《〳〵》ノ僧《ソウ》ヲ

請《シヤウ》シ、安《アン》宅《タク》齋《サイ》ヲ設《モウ》ケ、衆《オホク》ノ名《メイ》香《カウ》ヲ燒《タキ》テ燈《トウ》火《クワ》ヲ然《モヤ》シ、明《ミン》ヲ續《ツヽケ》テ露《アラハ》ニ中《チウ》庭《テイ》ニ出《イ》テ、、是《コノ》經《キヤウ》典《ナン》ヲ讀《ヨム》ヘシ、某《ム》甲《カウ》等《ラ》安《アン》居《キヨ》ヲ立《リツ》宅《タク》ヨリ已《コノ》來《カタ》、南《ナン》庌《ゲ》北《ホク》堂《ダウ》ヤ東《トウ》西《ザイ》ノ廂《シヤウ》ヤ碓《ウス》磨《スリウス》ヤ倉《ソウ》庫《コ》、井《井》竈《カマド》ニ門《モン》牆《カキ》ニ園《ヲン》林《リン》池《チ》沼《セウ》ニ、六《ロク》畜《チク》ノ欄《ラン》ヲ建《コン》立《リウ》シ、或《アルヒ》ハ復《マタ》房《ボウ》ヲ移《ウツ》シ、土《ド》ヲ動《ウゴカ》シ、非《ヒ》時《ジ》ニ穿《セン》鑿《サク》シ、或《アルヒ》ハ伏《フク》龍《リウ》騰《トウ》蛇《ジヤ》カ、青《セイ》龍《リウ》白《ヒヤク》虎《コ》カ、朱《シユ》雀《シヤク》玄《ゲン》武《ブ》カ、六《ロク》甲《カウ》禁《キン》忌《キ》カ十二時《ジ》神《ジン》カ、門《モン》庭《ナイ》ノ戸《コ》伯《ハク》カ井《井》竈《カマド》ノ精《シヤウ》靈《レイ》カ、堂《ダウ》上《シヤウ》戸《コ》中《チウ》カ溷《コン》《カハ》邊《ヘン》《ヤ》ノ神《シン》ヲ犯《オカ》シ觸《フル》ルモ、我《ワレ》今《イマ》諸《シヨ》佛《ブツ》ノ神《ジン》力《リキ》、菩《ボ》薩《サツ》ノ威《井》光《クワウ》ト、般《ハン》若《ニヤ》波《ハ》羅《ラ》密《ミツ》ノ力《チカラ》ヲ持《モチ》テ、勅《チヨク》スラク宅《タク》前《ゼン》ニ宅《タク》後《ゴ》ニ、宅《タク》左《サ》ニ宅《タク》右《ユウ》ニ宅《タク》中《チウ》守《シユ》宅《タク》ノ神《ジン》、神《ジン》子《シ》神《ジン》母《ボ》ニ伏《フク》龍《リウ》騰《トウ》蛇《ジヤ》ニ、六《ロク》甲《カウ》禁《キン》忌《キ》ニ十二時《ジ》神《ジン》ニ、飛《ヒ》屍《シ》邪《ジヤ》忤《ゴ》ニ魍《モウ》魎《レウ》鬼《キ》神《ジン》ノ形《ギヤウ》聲《ジヤウ》ニ因《イン》託《タク》シ、名《ナ》ニ寄《ヨセ》テ附《フ》着《チヤク》スルモノ、今《イマ》ヨリ已《イ》後《ゴ》ハ、妄《ミダリ》ニ我《ワガ》弟《デ》子《シ》等《ラ》ヲ嬈《ミダ》スコトヲ得《エ》ザレ、神《ジン》子《シ》神《ジン》母《ボ》ノ宅《タク》中《チウ》ノ諸《シヨ》神《ジン》、邪《ジヤ》魅《マイ》蠱《コ》道《ダウ》ハ各《ヲノ〳〵》所《シヨ》在《ザイ》ニ安《ヤス》ンジテ、妄《ミダリ》ニ相《アヒ》侵《シン》陵《レウ》シ衰《スイ》惱《ノウ》ヲ爲《ナ》シ作《ナ》シ、某《ム》甲《カウ》等《ラ》ヲシテ、驚《キヤウ》動《ドウ》怖《フ》畏《イ》セシムルコトヲ得《エ》ザレ、當《マサ》ニ我《ワガ》教《ケフ》ノ如《ゴト》クスヘシ、若《モ》シ我《ワガ》語《ゴ》ニ順《シタガ》ハスンハ、汝《ナンヂ》等《ラ》カ頭《ヅ》ヲ破《ワリ》テ七《ヒチ》分《ブン》ト作《ナ》シ、多《タ》羅《ラ》樹《ジユ》枝《シ》ノ如《ゴト》クナラシメン、

爾《ソノ》時《トキ》世《セ》尊《ソン》ハ而《シカ》モ呪《ジユ》ヲ説《トキ》テ曰《ノタマハ》ク、

南《ナウ》無《ボウ》佛《ブツ》陀《ダ》四《シ》野《ヤ》、南《ナウ》無《ボウ》達《ダラ》摩《マ》四《シ》野《ヤ》、南《ナウ》無《ボウ》僧《ソウ》伽《ギヤ》四《シ》野《ヤ》、○今《イマ》弟《デ》子《シ》某《ム》甲《カウ》ノ爲《タメ》ニ佛《ホトケ》ノ威《井》力《リキ》ヲ承《ウケ》テ神《ジユ》呪《シユ》ヲ説《トカ》シム、一ニ衆《シウ》生《ジヤウ》ヲ惱《ナヤマ》スコト莫《ナケ》レハ我《ワレ》足《タ》ル、

二ニ衆《シウ》生《シヤウ》ヲ惱《ナヤマ》スコト莫《ナケ》レハ我《ワレ》足《タ》ル、
三ニ衆《シウ》生《シヤウ》ヲ惱《ナヤマ》スコト莫《ナカ》レハ我《ワレ》足《タ》ル、
四ニ衆《シウ》生《シヤウ》ヲ惱《ナヤマ》スコト莫《ナカ》レハ我《ワレ》足《タ》ル、
我《ワレ》一《イツ》切《サイ》大《タイ》慈《ジ》大《ダイ》悲《ヒ》有《アリ》テ、一《イツ》切《サイ》衆《シユ》生《ジヤウ》ヲ愍《ミン》念《ネン》ス、汝《ナンヂ》等《ラ》惡《アク》魔《マ》ハ各《オノ／＼》所《シヨ》屬《ゾク》ニ還《カヘ》リ、我《ワガ》弟《デ》子《シ》等《ラ》ヲ横《ワウ》忤《ゴ》シ、擾《セウ》亂《ラン》スルコトヲ得《エ》ザレ、復《マタ》呪《ジユ》ヲ說《トキ》テ曰《イハ》ク、
白《ハク》黑《コク》龍《リウ》王《ワウ》、善《セン》子《シ》龍《リウ》王《ワウ》、漚《ヲウ》鉢《ハ》羅《ラ》龍《リウ》王《ワウ》、阿《ア》耨《ノク》大《ダイ》龍《リウ》王《ワウ》、
結《ケツ》界《カイ》呪《ジユ》文《ブン》、伽《カ》婆《ハ》致《チ》・伽《カ》婆《ハ》致《チ》・悉《ソ》波《ハ》訶《カ》・
東《トウ》方《ハウ》大《ダイ》神《シン》龍《リウ》王《ワウ》・七《ヒチ》里《リ》結《ケツ》界《カイ》・金《コン》剛《ガウ》宅《タク》・
南《ナン》方《ハウ》大《ダイ》神《ジン》龍《リウ》王《ワウ》・七《ヒチ》里《リ》結《ケツ》界《カイ》・金《コン》剛《ガウ》宅《タク》・
西《サイ》方《ハウ》大《ダイ》神《シン》龍《リウ》王《ワウ》・七《ヒチ》里《リ》結《ケツ》界《ガイ》・金《コン》剛《ガウ》宅《タク》・

北《ホク》方《ハウ》大《ダイ》神《シン》龍《リウ》王《ソウ》・七《ヒチ》里《リ》結《ケツ》界《カイ》・金《コン》剛《ガウノ》宅《タク》・
是《カク》ノ如《ゴト》ク三《サン》說《セツ》スヘシ、
東《トウ》方《ハウ》婆《ハ》鴀《リヤ》深《シン》山《サン》ノ婆《ハ》羅《ラ》伽《キヤ》、汝《ナンヂ》ヲ收《オサメ》テ百《ヒヤク》鬼《キ》ノ頸《クビ》ニ枷《カ》《クヒカセ》ヲ着《ツ》ク、
南《ナン》方《ハウ》婆《ハ》鴀《リヤ》深《シン》山《サン》ノ婆《ハ》羅《ラ》伽《キヤ》、汝《ナンヂ》ヲ收《オサメ》テ百《ヒヤク》鬼《キ》ノ頸《クビ》ニ枷《クヒカセ》ヲ着《ツ》ク、
西《サイ》方《ハウ》婆《ハ》鴀《リヤ》深《シン》山《サン》ノ婆《ハ》羅《ラ》伽《キヤ》、汝《ナンヂ》ヲ收《オサメ》テ百《ヒヤク》鬼《キ》ノ頸《クビ》ニ枷《クヒカセ》ヲ着《ツ》ク、
北《ホク》方《ハウ》婆《ハ》鴀《リヤ》深《シン》山《サン》ノ婆《ハ》羅《ラ》伽《キヤ》、汝《ナンヂ》ヲ收《オサメ》テ百《ヒヤク》鬼《キ》ノ頸《クビ》ニ枷《クヒカセ》ヲ着《ツ》ク、
是《カク》ノ如《ゴト》ク三《サン》說《セツ》スヘシ、

疾《シツ》病《ヒヤウ》ヲ主《ツカサト》ル者《モノ》、頭《ヅ》痛《ツウ》ヲ主《ツカサト》ル者《モノ》、人《ヒトノ》舍《シヤ》宅《タク》門《モン》戸《コ》ヲ主《ツカサド》ル者《モノ》、當《マサ》ニ諸《シヨ》毒《ドク》ヲ歛《ヲサメ》テ、我《ワレ》諸《シヨ》弟《デ》子《シ》ヲ擾《サハガ》スコトヲ得《エ》サルヘシ、若《モ》シ我《ワカ》呪《ジユ》ニ順《シタガ》ハサレハ、頭《ヅ》ヲ破《ヤブリ》テ七分《ブン》ト作《ナ》サン、爾《ソノ》時《トキ》世《セ》尊《ソン》而《シカ》モ偈《ゲ》ヲ説《トキ》テ曰《タマハ》ク、

宅《タク》ヲ造《ツク》リ堂《タウ》宇《ウ》ヲ立《タテ》テ、諸《シヨ》ノ群《グン》生《シヤウ》ヲ安《アン》育《イク》スルニ、園《ヲン》林《リン》並《ナラヒ》ニ池《チ》沼《セウ》ヤ、門《モン》牆《カキ》及《オヨ》ヒ圍《カワヤ》ト起《キ》心《シン》ニ舍《シヤ》室《シツ》ヲ興《オコ》シテ、動《ドウ》靜《セイ》聖《セイ》靈《レイ》ニ應《オウ》ジ、稽《ケイ》首《シユ》シテ、佛《ホトケ》ニ歸《キ》命《メイ》スレハ、衆《シユ》魔《マ》ハ能《ヨ》ク傾《カタムク》ルコト莫《ナ》シ、明《メイ》燈《トウ》ノ照《テラ》スコト極《キハマ》リ無《ナ》シ、五《ゴ》眼《ゲン》ハ之《コレ》ニ因《ヨツ》テ生《シヤウ》ス、法《ワフ》王《ワウ》ノ大《タイ》呪《ジユ》力《リキ》ハ魔《マ》ノ億《オク》千《セン》ヲ動《ドウ》破《ハ》セン、如《ニヨ》來《ライ》ノ慈《ジ》ハ普《アマネ》ク潤《ウルホ》ヒ、威《井》光《クワウ》ハ無《ム》邊《ヘン》ニ徹《テツ》セン、我《ワレ》等《ヲ》咸《ミナ》歸《キ》命《メイ》ス、衆《シウ》邪《ジヤ》ハ各《ヲノ〱》自《ミツカ》ラ遷《ウツ》ラン、

佛《ホトケ》告《ツゲ》玉《タマ》ハク、日《ジツ》月《ゲツ》五星《セイ》ニ二十八宿《シユク》ニ、天《テン》神《ジン》龍《リウ》鬼《キ》モ皆《ミナ》來《キタリ》テ教《ケフ》ヲ受《ウ》ケ、明《アキラカ》ニ聽《キ》ケ、佛《ホトケ》告《ツゲ》テ言《ノタマ》ハク、某《ム》甲《カウ》ノ家《イヘ》ヲ前《セン》却《キヤク》スルコトヲ得《エ》ザレ、東《ヒカシ》ノ廂《シヤウ》西《ニシ》ノ廂《シヤウ》ヤ南《ナン》庌《グ》ニ北《ホク》堂《ダウ》ヲ作《ツク》ルコトアラン、勅《チヨク》スラク日《ニチ》遊《ユウ》月《ゲツ》殺《サツ》、土《ド》府《フ》將《シヤウ》軍《グン》、靑《セイ》龍《リウ》白《ビヤク》虎《コ》、朱《シユ》雀《シヤク》、玄《ゲン》武《ブ》、歳《サイ》月《ゲツ》ノ劫《ガウ》殺《サツ》、六《ロク》甲《カウ》ノ禁《キン》忌《キ》、土《ド》府《フ》ニ伏《フク》龍《リウ》ハ妄《ミダリ》ニ東《アチ》西《コチ》スルコト莫《ナカ》レ、若《モ》シ動《ドウ》靜《セイ》スルコト有《ア》ラハ、燒《シヤウ》香《カウ》シテ啓《ケイ》聞《ブン》セヨ、某《ム》甲《カウ》ノ宅《タク》舍《シヤ》ハ是《コレ》佛《ホトケ》ノ金《コン》剛《ガウ》ノ地《チ》ナリ、面《メン》二百《ヒヤク》歩《ホ》ハ佛《ホトケ》ノ約《ヤク》言《ゲン》有《ア》リ、諸《シヨ》疫《エキ》鬼《キ》神《ジン》ハ妄《ミダリ》ニ忤《サカフ》コトヲ得《エ》サレ、忤《サカフ》者《モノ》ハ頭《ヅ》ヲ破《ワリ》テ七分《ブン》ト作《ナ》シ、身《シン》全《マツタ》キコトヲ得《エ》ス、水《スイ》漿《シヤウ》ヲ得《エ》ザレ、本《ホン》宮《キウ》ヲ去《キヨ》離《リ》スヘシ、舍《タク》宅《シヤ》已《スデ》ニ成《ナ》ラハ富《フウ》貴《キ》吉《キチ》ニ遷《ウツ》リ、田《デン》作《サク》大《オホイ》ニ得《エ》テ、所《シヨ》願《クワン》ヲ光《クワウ》榮《エイ》シ、行《ユキ》來《キタル》ノ軍《グン》ニ、在《ア》ル仕《シ》官《クワン》ハ官《クワン》ニ宜《ヨロシ》ク、門《モン》戸《コ》ハ昌《シヤウ》盛《セイ》ニ百《ヒヤク》子《シ》千《セン》孫《ソン》ノ父《チヽ》ハ慈《ジ》ニ子《コ》ハ孝《ケフ》ニ、男《ナン》女《ニヨ》ハ忠《チウ》貞《テイ》ニ兄《ケイ》ハ良《リヤウ》ニ弟《テイ》ハ順《シユン》ニ、崇《ソウ》義《ギ》ニ仁《ジン》賢《ケン》ニシテ、所《シヨ》願《クワン》ハ意《イ》ノ如《ゴト》クナラン、十方《ハウ》證《シヤウ》明《メイ》シテ行《ギヤウ》ハ菩《ボ》薩《サツ》ノ如《ゴト》ク、道《ミチ》ヲ得《ウ》ルコト佛《ホトケ》ノ如《ゴト》クナラン、

佛《ホトケ》阿《ア》難《ナン》ニ告《ツケ》玉《タマ》ハク、若《モ》シ安《アン》宅《タク》ヲ欲《ホツ》セハ、露《ロ》ニ中《チウ》庭《テイ》ニ出《イ》テヽ、四十九燈《トウ》ヲ然《モヤ》シ、掃《ソウ》灑《レイ》シ焼《シヤウ》香《カウ》シテ、一《イツ》心《シン》ニ懺《サン》悔《ゲ》シ、十方《ハウ》ノ諸《シヨ》佛《ブツ》ヲ禮《ライ》スヘシ、阿《ア》難《ナン》又《マタ》佛《ホトケ》ニ白《モウ》シテ言《マウ》サク、當《マサ》ニ何《ナ》ント斯《コノ》經《キヤウ》ヲ名《ナツ》ク、佛《ホトケ》阿《ア》難《ナン》ニ語《ツゲ》玉《タマ》ハク、此《コノ》經《キヤウ》ヲ如《ニヨ》來《ライ》大《タイ》悲《ヒ》不《フ》可《カ》思《シ》議《ギ》神《ジン》力《リキ》ト名《ナツ》ク、亦《マタ》愍《ミン》念《ネン》衆《シユ》生《シヤウ》安《アン》宅《タク》破《ハ》魔《マ》神《シン》呪《ジユ》ト名《ナツ》ク、佛《ホトケ》經《キヤウ》ヲ説《トキ》竟《オハ》リ玉《タマ》フニ、大《タイ》衆《シユ》歡《クワン》喜《キ》

シ禮《ライ》ヲ作シ奉《フ》行《ギヤウ》シキヌ、

佛說安宅神呪經　終

妙法蓮華經觀世音菩薩普門品第二十五

爾《ニ》時《ジ》、無《ム》盡《ジン》意《ヰ》菩《ボ》薩《サツ》、即《ソク》從《ジウ》座《ザ》起《キ》、偏《ヘン》袒《ダン》右《ウ》肩《ケン》、合《ガウ》掌《シヤウ》向《カウ》佛《ブツ》、而《ニ》作《サ》是《ゼ》言《ゴン》、世《セ》尊《ソン》、觀《クワン》世《ゼ》音《オン》菩《ボ》薩《サツ》、以《イ》何《カ》因《イン》緣《エン》、名《ミヤウ》觀《クワン》世《ゼ》音《オン》、佛《ブツ》告《ガウ》無《ム》盡《ジン》意《ヰ》菩《ボ》薩《サツ》、善《ゼン》男《ナン》子《シ》、若《ニヤク》有《ウ》無《ム》量《リヤウ》、百《ヒヤク》千《セン》萬《マン》億《オク》衆《シユ》生《ジヤウ》、受《ジユ》諸《シヨ》苦《ク》惱《ナウ》、聞《モン》是《ゼ》觀《クワン》世《ゼ》音《オン》菩《ボ》薩《サツ》、一《イツ》心《シン》稱《シヤウ》名《ミヤウ》、觀《クワン》世《ゼ》音《オン》菩《ボ》薩《サツ》、即《ソク》時《ジ》觀《クワン》其《ゴ》音《オン》聲《ジヤウ》、皆《カイ》得《トク》解《ゲ》脫《ダツ》。

若《ニヤク》有《ウ》持《ヂ》是《ゼ》、觀《クワン》世《ゼ》音《オン》菩《ボ》薩《サツ》名《ミヤウ》者《シヤ》、設《セツ》入《ニフ》大《タイ》火《クワ》、火《クワ》不《フ》能《ノウ》燒《セウ》、由《ユ》是《ゼ》菩《ボ》薩《サツ》、威《ヰ》神《ジン》力《リキ》故《コ》。

若《ニヤク》爲《ヰ》大《タイ》水《スイ》所《シヨ》漂《ヘウ》、稱《シヤウ》其《ゴ》名《ミヤウ》號《ガウ》、即《ソク》得《トク》淺《セン》處《シヨ》。

若《ニヤク》有《ウ》百《ヒヤク》千《セン》萬《マン》億《オク》衆《シユ》生《ジヤウ》・爲《ヰ》求《ク》金《コン》・銀《ゴン》・瑠《ル》璃《リ》・硨《シヤ》磲《コ》・碼《ノ》碯《ナウ》・珊《サン》瑚《コ》・琥《コ》珀《ハク》・眞《シン》珠《ジユ》等《トウ》寶《ホウ》・入《ニフ》於《オ》大《ダイ》海《カイ》・假《ゲ》使《シ》黑《コク》風《フウ》・吹《スイ》其《ゴ》船《セン》舫《バウ》・飄《ヒヤウ》墮《ダ》羅《ラ》刹《セツ》鬼《キ》國《コク》・其《ゴ》中《チウ》若《ニヤク》有《ウ》・乃《ナイ》至《シ》一《イチ》人《ニン》・稱《シヤウ》觀《クワン》世《ゼ》音《オン》菩《ボ》薩《サツ》名《ミヤウ》者《シヤ》・是《ゼ》諸《シヨ》人《ニン》等《トウ》・皆《カイ》得《トク》解《ゲ》脫《ダツ》・羅《ラ》刹《セツ》之《シ》難《ナン》・以《イ》是《ゼ》因《イン》緣《エン》・名《ミヤウ》觀《クワン》世《ゼ》音《オン》・

若《ニヤク》復《ブ》有《ウ》人《ジン》・臨《リン》當《タウ》被《ヒ》害《ガイ》・稱《シヤウ》觀《クワン》世《ゼ》音《オン》菩《ボ》薩《サツ》名《ミヤウ》者《シヤ》・彼《ヒ》所《シヨ》執《シツ》刀《トウ》杖《ジヤウ》・尋《ジン》段《ダン》段《〴〵》壞《エ》・而《ニ》得《トク》解《ゲ》脫《ダツ》・

若《ニヤク》三《サン》千《ゼン》大《ダイ》千《セン》國《コク》土《ド》・滿《マン》中《チウ》夜《ヤ》叉《シヤ》・羅《ラ》刹《セツ》・欲《ヨク》來《ライ》惱《ナウ》人《ジン》・聞《モン》其《ゴ》稱《シヤウ》觀《クワン》世《ゼ》音《オン》菩《ボ》薩《サツ》名《ミヤウ》者《シヤ》・是《ゼ》諸《シヨ》惡《アク》鬼《キ》・尚《シヤウ》不《フ》能《ノウ》以《イ》・惡《アク》眼《ゲン》視《シ》之《シ》・況《キヤウ》復《ブ》加《カ》害《ガイ》・

設《セツ》復《ブ》有《ウ》人《ニン》・若《ニヤク》有《ウ》罪《ザイ》・若《ニヤク》無《ム》罪《ザイ》・杻《チウ》械《カイ》枷《カ》鎖《サ》・檢《ケン》繫《ゲ》其《ゴ》身《シン》・稱《シヤウ》觀《クワン》世《ゼ》音《オン》菩《ボ》薩《サツ》名《ミヤウ》者《シヤ》・皆《カイ》悉《シツ》斷《ダン》壞《エ》・即《ソク》得《トク》解《ゲ》脫《ダツ》・若《ニヤク》三《サン》千《セン》大《ダイ》千《セン》國《コク》土《ド》滿《マン》

中《チウ》怨《ヲン》賊《ゾク》有《ウ》一《イチ》商《シヤウ》主《シユ》。将《シヤウ》諸《シヨ》商《シヤウ》人《ニン》。齎《サイ》持《ヂ》重《ヂウ》寶《ホウ》。經《キヤウ》過《クワ》險《ケン》路《ロ》。其《ゴ》中《チウ》一《イチ》人《ニン》。作《サ》是《ゼ》唱《シヤウ》言《ゴン》。諸《シヨ》善《ゼン》男《ナン》子《シ》。勿《モチ》得《トク》恐《ク》怖《フ》。汝《ニヨ》等《トウ》應《オウ》當《トウ》。一《イツ》心《シン》稱《シヤウ》観《クワン》世《ゼ》音《オン》菩《ボ》薩《サツ》名《ミヤウ》號《ガウ》。是《ゼ》菩《ボ》薩《サツ》。能《ナウ》以《イ》無《ム》畏《ヰ》。施《セ》於《オ》衆《シユ》生《ジヤウ》。汝《ニヨウ》等《トウ》若《ニヤク》稱《シヤウ》名《ミヤウ》者《シヤ》。於《オ》此《シ》怨《オン》賊《ゾク》。當《トウ》得《トク》解《ゲ》脱《ダツ》。衆《シユ》商《シヤウ》人《ニン》聞《モン》。倶《グ》發《ホツ》聲《シヤウ》言《ゴン》。南《ナ》無《ム》観《クワン》世《ゼ》音《オン》菩《ボ》薩《サツ》。稱《シヤウ》其《ゴ》名《ミヤウ》故《コ》。即《ソク》得《トク》解《ゲ》脱《ダツ》。

無《ム》盡《ジン》意《ヰ》。観《クワン》世《ゼ》音《オン》菩《ボ》薩《サツ》摩《マ》訶《カ》薩《サツ》。威《ヰ》神《ジン》之《シ》力《リキ》。巍《ギ》巍《ギ》如《ニヨ》是《ゼ》。

若《ニヤク》有《ウ》衆《シユ》生《ジヤウ》。多《タ》於《オ》婬《イン》欲《ヨク》。常《ジヤウ》念《ネン》恭《ク》敬《ゲウ》。観《クワン》世《ゼ》音《オン》菩《ボ》薩《サツ》。便《ベン》得《トク》離《リ》欲《ヨク》。若《ニヤク》多《タ》瞋《シン》恚《イ》。常《ジヤウ》念《ネン》恭《ク》敬《ゲウ》。観《クワン》世《ゼ》音《オン》菩《ボ》薩《サツ》。便《ベン》得《トク》離《リ》瞋《シン》。若《ニヤク》多《タ》愚《グ》痴《チ》。常《ジヤウ》念《ネン》恭《ク》敬《ゲウ》。観《クワン》世《ゼ》音《オン》菩《ボ》薩《サツ》。便《ベン》得《トク》離《リ》癡《チ》。無《ム》盡《ジン》意《ヰ》。観《クワン》世《ゼ》音《オン》菩《ボ》薩《サツ》。有《ウ》如《ニヨ》是《ゼ》等《トウ》。大《ダイ》威《ヰ》神《ジン》力《リキ》。多《タ》所《シヨ》饒《ネウ》益《ヤク》。是《ビ》故《コ》衆《シユ》生《ジヤウ》。常《シヤウ》應《オウ》心《シン》念《ネン》。

若《ニヤク》有《ウ》女《ニヨ》人《ニン》。設《セツ》欲《ヨク》求《グ》男《ナン》。禮《ライ》拜《ハイ》供《ク》養《ヤウ》。観《クワン》世《ゼ》音《オン》菩《ボ》薩《サツ》。便《ベン》生《シヤウ》福《フク》德《トク》。

智《チ》慧《エ》之《シ》男《ナン》、設《セツ》欲《ヨク》求《グ》女《ニヨ》、便《ベン》生《シヤウ》端《タン》正《ジヤウ》、有《ウ》相《サウ》之《シ》女《ニヨ》、宿《シユク》植《ヂキ》徳《トク》本《ホン》、衆《シユ》人《ジン》愛《アイ》敬《ケフ》、無《ム》盡《ジン》意《ヰ》、觀《クワン》世《ゼ》音《オン》菩《ボ》薩《サツ》、有《ウ》如《ニヨ》是《ゼ》力《リキ》、若《ニヤク》有《ウ》衆《シユ》生《ジヤウ》、恭《ク》敬《ゲフ》禮《ライ》拜《ハイ》、觀《クワン》世《ゼ》音《オン》菩《ボ》薩《サツ》、福《フク》不《フ》唐《トウ》捐《エン》、

是《ゼ》故《コ》衆《シユ》生《ジヤウ》、皆《カイ》應《オウ》受《ジユ》持《ヂ》、觀《クワン》世《ゼ》音《オン》菩《ボ》薩《サツ》名《メウ》號《ガウ》、無《ム》盡《ジン》意《ヰ》、若《ニヤク》有《ウ》人《ニン》、受《ジユ》持《ヂ》、六《ロク》十《ジウ》二《ニ》億《オク》、恆《ガウ》河《カ》沙《シヤ》菩《ボ》薩《サツ》名《ミヤウ》字《ジ》、復《ブ》盡《ジン》形《ギヤウ》供《ク》養《ヤウ》、飲《オン》食《ジキ》衣《エ》服《フク》、臥《グワ》具《グ》醫《イ》藥《ヤク》、於《オ》汝《ニヨ》意《ヰ》云《ウン》何《カ》、是《ゼ》善《ゼン》男《ナン》子《シ》、善《ゼン》女《ニヨ》人《ニン》、功《ク》徳《ドク》多《タ》不《フ》、無《ム》盡《ジン》意《ヰ》言《ゴン》、甚《ジン》多《タ》、世《セ》尊《ソン》、佛《ブツ》言《ゴン》、若《ニヤク》復《ブ》有《ウ》人《ニン》、受《ジユ》持《ヂ》觀《クワン》世《ゼ》音《オン》菩《ボ》薩《サツ》名《ミヤウ》號《ガウ》、乃《ナイ》至《シ》一《イチ》時《ジ》、禮《ライ》拜《ハイ》供《ク》養《ヤウ》、是《ゼ》二《ニ》人《ニン》福《フク》、正《シヤウ》等《トウ》無《ム》異《イ》、於《オ》百《ヒヤク》千《セン》萬《マン》億《オク》劫《ゴウ》、不《フ》可《カ》窮《グウ》盡《ジン》、無《ム》盡《ジン》意《ヰ》、受《ジユ》持《ヂ》觀《クワン》世《ゼ》音《オン》菩《ボ》薩《サツ》名《ミヤウ》號《カウ》、得《トク》如《ニヨ》是《ゼ》無《ム》量《リヤウ》無《ム》邊《ヘン》福《フク》徳《トク》之《シ》利《リ》、

無《ム》盡《シン》意《ヰ》菩《ボ》薩《サツ》、白《ビヤク》佛《ブツ》言《ゴン》、世《セ》尊《ソン》、觀《クワン》世《ゼ》音《オン》菩《ボ》薩《サツ》、云《ウン》何《ガ》遊《ユウ》此《シ》、娑《シヤ》婆《バ》

世《セ》界《カイ》。云《ウン》何《ガ》而《ニ》爲《ヰ》。衆《シユ》生《ジヤウ》説《セツ》法《ハフ》。方《ハウ》便《ベン》之《シ》力《リキ》。其《ゴ》事《ジ》云《ウン》何《ガ》。佛《ブツ》告《ガウ》無《ム》盡《ジン》意《ヰ》菩《ボ》薩《サツ》。善《ゼン》男《ナン》子《シ》。若《ニヤク》有《ウ》國《コク》土《ド》。衆《シユ》生《ジヤウ》。應《オウ》以《イ》佛《ブツ》身《シン》得《トク》度《ド》者《シヤ》。觀《クワン》世《ゼ》音《オン》菩《ボ》薩《サツ》。即《ソク》現《ゲン》佛《ブツ》身《シン》。而《ニ》爲《ヰ》説《セツ》法《ハフ》。應《オウ》以《イ》辟《ビヤク》支《シ》佛《ブツ》身《シン》得《トク》度《ド》者《シヤ》。即《ソク》現《ゲン》辟《ビヤク》支《シ》佛《ブツ》身《シン》。而《ニ》爲《ヰ》説《セツ》法《ハフ》。應《オウ》以《イ》聲《シヤウ》聞《モン》身《シン》得《トク》度《ド》者《シヤ》。即《ソク》現《ゲン》聲《シヤウ》聞《モン》身《シン》。而《ニ》爲《ヰ》説《セツ》法《ハフ》。應《オウ》以《イ》梵《ボン》王《ワウ》身《シン》得《トク》度《ド》者《シヤ》。即《ソク》現《ゲン》梵《ボン》王《ワウ》身《シン》。而《ニ》爲《ヰ》説《セツ》法《ハフ》。應《オウ》以《イ》帝《タイ》釋《シヤク》身《シン》。得《トク》度《ド》者《シヤ》。即《ソク》現《ゲン》帝《タイ》釋《シヤク》身《シン》。而《ニ》爲《ヰ》説《セツ》法《ハフ》。應《オウ》以《イ》自《ジ》在《ザイ》天《テン》身《シン》。得《トク》度《ド》者《シヤ》。即《ソク》現《ゲン》自《ジ》在《サイ》天《テン》身《シン》。而《ニ》爲《ヰ》説《セツ》法《ハフ》。應《オウ》以《イ》大《ダイ》自《ジ》在《ザイ》天《テン》身《シン》。得《トク》度《ド》者《シヤ》。即《ソク》現《ゲン》大《タイ》自《ジ》在《サイ》天《テン》身《シン》。而《ニ》爲《ヰ》説《セツ》法《ハフ》。應《オウ》以《イ》天《テン》大《ダイ》將《シヤウ》軍《グン》身《シン》得《トク》度《ド》者《シヤ》即《ソク》現《ゲン》天《テン》大《タイ》將《シヤウ》軍《グン》身《シン》。而《ニ》爲《ヰ》説《セツ》法《ハフ》。應《オウ》以《イ》毗《ビ》沙《シヤ》門《モン》身《シン》得《トク》度《ド》者《シヤ》。即《ソク》現《ゲン》毗《ビ》沙《シヤ》門《モン》身《シン》。而《ニ》爲《ヰ》説《セツ》法《ハフ》。應《オウ》以《イ》小《セウ》王《ワウ》身《シン》得《トク》度《ド》者《シヤ》。即《ソク》現《ゲン》小《セウ》王《ワウ》身《シン》。而《ニ》爲《ヰ》説《セツ》法《ハフ》。應《オウ》以《イ》長《チヤウ》者《シヤ》身《シン》得《トク》度《ド》者《シヤ》。即《ソク》現《ゲン》長《チヤウ》者《シヤ》身《シン》、而《ニ》爲《ヰ》說《セツ》法《ハフ》。應《オウ》以《イ》居《コ》士《ジ》身《シン》得《トク》度《ド》者《シヤ》、即《ソク》現《ゲン》居《コ》士《ジ》身《シン》、而《ニ》爲《ヰ》說《セツ》法《ハフ》、應《オウ》以《イ》宰《サイ》官《クワン》身《シン》得《トク》度《ド》者《シヤ》、即《ソク》現《ゲン》宰《サイ》官《クワン》身《シン》、而《ニ》爲《ヰ》說《セツ》法《ハフ》、應《オウ》以《イ》婆《バ》羅《ラ》門《モン》身《シン》得《トク》度《ド》者《シヤ》、即《ソク》現《ゲン》婆《バ》羅《ラ》門《モン》身《シン》、而《ニ》爲《ヰ》說《セツ》法《ハフ》、應《オウ》以《イ》比《ビ》丘《ク》、比《ビ》丘《ク》尼《ニ》、優《ウ》婆《バ》塞《ソク》、優《ウ》婆《バ》夷《イ》身《シン》得《トク》度《ド》者《シヤ》、即《ソク》現《ゲン》比《ビ》丘《ク》、比《ビ》丘《ク》尼《ニ》、優《ウ》婆《バ》塞《ソク》、優《ウ》婆《バ》夷《イ》身《シン》、而《ニ》爲《ヰ》說《セツ》法《ハフ》、應《オウ》以《イ》長《チヤウ》者《ジヤ》居《コ》士《ジ》、宰《サイ》官《クワン》、婆《バ》羅《ラ》門《モン》婦《ブ》女《ニヨ》身《シン》得《トク》度《ド》者《シヤ》、即《ソク》現《ゲン》婦《フ》女《ニヨ》身《シン》、而《ニ》爲《ヰ》說《セツ》法《ハフ》、應《オウ》以《イ》童《ドウ》男《ナン》童《ドウ》女《ニヨ》身《シン》得《トク》度《ド》者《シヤ》、即《ソク》現《ゲン》童《ドウ》男《ナン》童《ドウ》女《ニヨ》身《シン》、而《ニ》爲《ヰ》說《セツ》法《ハフ》、應《オウ》以《イ》天《テン》龍《リウ》、夜《ヤ》叉《シヤ》、乾《ケン》闥《ダツ》婆《バ》、阿《ア》脩《シユ》羅《ラ》、迦《カ》樓《ロ》羅《ラ》、緊《キン》那《ナ》羅《ラ》、摩《マ》睺《ゴ》羅《ラ》伽《カ》、人《ニン》非《ヒ》人《ニン》等《トウ》身《シン》得《トク》度《ド》者《シヤ》、即《ソク》皆《カイ》現《ゲン》之《シ》、而《ニ》爲《ヰ》說《セツ》法《ハフ》、應《オウ》以《イ》執《シウ》金《コン》剛《ガウ》神《ジン》得《トク》度《ド》者《シヤ》、即《ソク》現《ゲン》執《シウ》金《コン》剛《ガウ》神《シン》、而《ニ》爲《ヰ》說《セツ》法《ハフ》、無《ム》盡《ジン》意《ヰ》、是《ゼ》觀《クワン》世《ゼ》音《オン》菩《ボ》薩《サツ》、成《ジヤウ》就《ジユ》如《ニヨ》是《ゼ》功《ク》德《トク》、以《イ》種《シユ》種《〲》形《ギヤウ》、遊《ユウ》諸《シヨ》國《コク》土《ド》、度《ド》脫《ダツ》衆《シユ》生《シヤウ》、是《ゼ》故《コ》汝《ニヨ》等《トウ》、應《オウ》當《トウ》・一《イン》心《シン》・供《ク》養《ヤウ》觀《クワン》世《ゼ》音《オン》菩《ボ》薩《サツ》・是《ゼ》觀《クワン》世《ゼ》音《オン》菩《ボ》薩《サツ》摩《マ》訶《カ》薩《サツ》・於《オ》怖《フ》畏《イ》急《キウ》難《ナン》之《シ》中《チウ》・能《ノウ》施《ヒ》無《ム》畏《イ》・是《ゼ》故《コ》此《シ》娑《シヤ》婆《バ》世《セ》界《カイ》・皆《カイ》號《ガウ》之《シ》爲《ヰ》施《セ》無《ム》畏《イ》者《シヤ》・無《ム》盡《ジン》意《ヰ》菩《ボ》薩《サツ》・白《ビヤク》佛《ブツ》言《ゴン》世《セ》尊《ソン》・我《ガ》今《コン》當《タウ》供《ク》養《ヤウ》・觀《クワン》世《ゼ》音《オン》菩《ボ》薩《サツ》・即《ソク》解《ゲ》頸《キヤウ》・衆《シユ》寶《ホウ》珠《ジユ》瓔《ヤウ》珞《ラク》・價《ゲ》直《ヂキ》百《ヒヤク》千《セン》兩《リヤウ》金《キン》・而《ニ》以《イ》與《ヨ》之《シ》・作《サ》是《ゼ》言《ゴン》・仁《ニン》者《シヤ》受《ジユ》此《シ》法《ハフ》施《セ》・珍《チン》寶《ホウ》瓔《ヤウ》珞《ラク》・時《ジ》觀《クワン》世《ゼ》音《オン》菩《ボ》薩《サツ》・不《フ》肯《コウ》受《ジユ》之《シ》・無《ム》盡《ジン》意《ヰ》・復《フ》白《ビヤク》觀《クワン》世《ゼ》音《オン》菩《ボ》薩《サツ》言《ゴン》・仁《ニン》者《シヤ》愍《ミン》我《ガ》等《トウ》故《コ》・受《ジユ》此《シ》瓔《ヤウ》珞《ラク》・

爾《ニ》時《ジ》佛《ブツ》告《ゴウ》・觀《クワン》世《ゼ》音《オン》菩《ボ》薩《サツ》・當《タウ》愍《ミン》此《シ》無《ム》盡《ジン》意《ヰ》菩《ボ》薩《サツ》・及《キフ》四《シ》衆《シユ》・天《テン》龍《リウ》・夜《ヤ》叉《シヤ》・乾《ケン》闥《ダツ》婆《バ》・阿《ア》脩《シユ》羅《ラ》・迦《カ》樓《ル》羅《ラ》・緊《キン》那《ナ》羅《ラ》・摩《マ》睺《ゴ》羅《ラ》伽《カ》・人《ニン》非《ピ》人《ニン》等《トウ》故《コ》・受《ジユ》是《ゼ》瓔《ヤウ》珞《ラク》・即《ソク》時《ジ》觀《クワン》世《ゼ》音《オン》菩《ボ》薩《サツ》・愍《ミン》諸《シヨ》四《シ》衆《シユ》・及《キフ》於《オ》天《テン》龍《リウ》・人《ニン》非《ヒ》人《ニン》等《トウ》・受《ジユ》其《ゴ》瓔《ヤウ》珞《ラク》・分《ブン》作《サ》二《ニ》分《フン》・一《イチ》分《ブン》奉《ブ》釋《シヤ》迦《カ》牟《ム》尼《ニ》佛《ブツ》・

一《イチ》分《ブン》奉《ブ》多《タ》寶《ホウ》佛《ブツ》塔《トウ》。無《ム》盡《ジン》意《ヰ》。觀《クワン》世《ゼ》音《オン》菩《ボ》薩《サツ》。有《ウ》如《ニヨ》是《ゼ》自《ジ》在《ザイ》神《ジン》力《リキ》。遊《ユウ》於《オ》娑《シヤ》婆《バ》世《セ》界《カイ》。爾《ニ》時《ジ》無《ム》盡《ジン》意《ヰ》菩《ボ》薩《サツ》。以《イ》偈《ゲ》問《モン》曰《ワツ》。

世《セ》尊《ソン》妙《メウ》相《サウ》具《グ》。我《ガ》今《コン》重《ヂウ》問《モン》彼《ヒ》。佛《ブツ》子《シ》何《ガ》因《イン》緣《エン》。
名《ミヤウ》爲《ヰ》觀《クワン》世《ゼ》音《オン》。具《グ》足《ソク》妙《メウ》相《サウ》尊《ソン》。偈《ゲ》答《タフ》無《ム》盡《ジン》意《ヰ》。
汝《ニヨ》聽《チフ》觀《クワン》音《オン》行《キヤウ》。善《ゼン》應《オウ》諸《シヨ》方《ハウ》所《シヨ》。弘《グ》誓《セイ》深《シン》如《ニヨ》海《カイ》。
歷《リヤク》劫《カフ》不《フ》思《シ》議《ギ》。侍《ジ》多《タ》千《セン》億《オク》佛《ブツ》。發《ホツ》大《ダイ》淸《シヤウ》淨《ヾ》願《グワン》。
我《ガ》爲《ヰ》汝《ニヨ》略《リヤク》說《セツ》。聞《モン》名《ミヤウ》及《キフ》見《ケン》身《シン》。心《シン》念《ネン》不《フ》空《クウ》過《クワ》。
能《ノウ》滅《メツ》諸《シヨ》有《ウ》苦《ク》。假《ケ》使《シ》興《コウ》害《ガイ》意《ヰ》。推《スイ》落《ラク》大《ダイ》火《クワ》坑《キヤウ》。
念《ネン》彼《ヒ》觀《クワン》音《オン》力《リキ》。火《クワ》坑《キヤウ》變《ヘン》成《ジヤウ》池《チ》。或《ワク》漂《ヘウ》流《ル》巨《コ》海《カイ》。
龍《リウ》魚《ギヨ》諸《シヨ》鬼《キ》難《ナン》。念《ネン》彼《ヒ》觀《クワン》音《オン》力《リキ》。波《ハ》浪《ラウ》不《フ》能《ノウ》沒《モツ》。
或《ワク》在《ザイ》須《シユ》彌《ミ》峯《ブ》。爲《ヰ》人《ニン》所《シヨ》推《スイ》墮《ダ》。念《ネン》彼《ヒ》觀《クワン》音《オン》力《リキ》。

如《ニヨ》日《ジツ》虚《コ》空《クウ》住《ヂウ》。　或《ワク》被《ヒ》惡《アク》人《ニン》逐《チク》。　墮《ダ》落《ラク》金《コン》剛《カウ》山《セン》。
念《ネン》彼《ヒ》觀《クワン》音《オン》力《リキ》。　不《フ》能《ノウ》損《ソン》一《イチ》毛《モウ》。　或《ワク》値《チ》怨《オン》賊《ゾク》遶《ネウ》。
各《カク》執《シウ》刀《トウ》加《カ》害《ガイ》。　念《ネン》彼《ヒ》觀《クワン》音《オン》力《リキ》。　咸《ゲン》即《ソク》起《キ》慈《ジ》心《シン》。
或《ワク》遭《サウ》王《ワウ》難《ナン》苦《グ》。　臨《リン》刑《ギヤウ》欲《ヨク》壽《ジユ》終《ジウ》。　念《ネン》彼《ヒ》觀《クワン》音《オン》力《リキ》。
刀《トウ》尋《ジン》段《ダン》段《〱》壞《エ》。　或《ワク》囚《シウ》禁《キン》枷《カ》鎖《サ》。　手《シユ》足《ソク》被《ヒ》杻《チウ》械《カイ》。
念《ネン》彼《ヒ》觀《クワン》音《オン》力《リキ》。　釋《シヤク》然《ゼン》得《トク》解《ゲ》脱《ダツ》。　呪《シユ》詛《ソ》諸《シヨ》毒《ドク》藥《ヤク》。
所《シヨ》欲《ヨク》害《ガイ》身《シン》者《シヤ》。　念《ネン》彼《ヒ》觀《クワン》音《オン》力《リキ》。　還《ゲン》著《チヤク》於《オ》本《ホン》人《ニン》。
或《ワク》遇《グウ》惡《アク》羅《ラ》刹《セツ》。　毒《ドク》龍《リウ》諸《シヨ》鬼《キ》等《トウ》。　念《ネン》彼《ヒ》觀《クワン》音《オン》力《リキ》。
時《ジ》悉《シツ》不《フ》敢《カン》害《ガイ》。　若《ニヤク》惡《アク》獸《シウ》圍《ヰ》遶《ネウ》。　利《リ》牙《ガ》爪《サウ》可《カ》怖《フ》。
念《ネン》彼《ヒ》觀《クワン》音《オン》力《リキ》。　疾《シツ》走《ソウ》無《ム》邊《ヘン》方《ハウ》。　蚖《クワン》蛇《ジヤ》及《キフ》蝮《フク》蠍《カツ》。
氣《ケ》毒《ドク》煙《エン》火《クワ》然《ネン》。　念《ネン》彼《ヒ》觀《クワン》音《オン》力《リキ》。　尋《ジン》聲《ジヤウ》自《ジ》回《ヱ》去《コ》。

雲《ウン》雷《ライ》鼓《ク》掣《セイ》電《デン》。降《カフ》雹《バク》澍《ジユ》大《タイ》雨《ウ》。念《ネン》彼《ヒ》觀《クワン》音《オン》力《リキ》。
應《オウ》時《ジ》得《トク》消《セウ》散《サン》。衆《シユ》生《ジヤウ》被《ヒ》困《コン》厄《ヤク》。無《ム》量《リヤウ》苦《ク》逼《ヒツ》身《シン》。
觀《クワン》音《オン》妙《メウ》智《チ》力《リキ》。能《ノウ》救《ク》世《セ》間《ケン》苦《ク》。具《グ》足《ソク》神《ジン》通《ヅウ》力《リキ》。
廣《クワウ》修《シユ》智《チ》方《ハウ》便《ベン》。十《ジツ》方《ハウ》諸《シヨ》國《コク》土《ド》。無《ム》刹《セツ》不《フ》現《ゲン》身《シン》。
種《シユ》種《ゞ》諸《シヨ》惡《アク》趣《シユ》。地《ヂ》獄《ゴク》鬼《キ》畜《チク》生《シヤウ》。生《シヤウ》老《ラウ》病《ビヤウ》死《シ》苦《ク》。
以《イ》漸《ゼン》悉《シツ》令《リヤウ》滅《メツ》。眞《シン》觀《クワン》清《シヤウ》淨《ゞ》觀《クワン》。廣《クワウ》大《ダイ》智《チ》慧《エ》觀《クワン》。
悲《ヒ》觀《クワン》及《キフ》慈《ジ》觀《クワン》。常《シヤウ》願《グワン》常《シヤウ》瞻《セン》仰《ガウ》。無《ム》垢《ク》清《シヤウ》淨《ゞ》光《クワウ》。
慧《エ》日《ジツ》破《ハ》諸《シヨ》闇《アン》。能《ノウ》伏《ブク》災《サイ》風《フウ》火《クワ》。普《フ》明《ミヤウ》照《セウ》世《セ》間《ケン》。
悲《ヒ》體《タイ》戒《カイ》雷《ライ》震《シン》。慈《ジ》意《ヰ》妙《メウ》大《ダイ》雲《ウン》。澍《ジユ》甘《カン》露《ロ》法《ハフ》雨《ウ》。
滅《メツ》除《ジヨ》煩《ボン》惱《ノウ》燄《エン》。諍《シヤウ》訟《シヨ》經《キヤウ》官《クワン》處《シヨ》。怖《フ》畏《ヰ》軍《グン》陣《ヂン》中《チウ》。
念《ネン》彼《ヒ》觀《クワン》音《オン》力《リキ》。衆《シユ》怨《オン》悉《シツ》退《タイ》散《サン》。妙《メウ》音《オン》觀《クワン》世《ゼ》音《オン》。

梵《ボン》音《オン》海《カイ》潮《テフ》音《オン》。　勝《シヤウ》彼《ヒ》世《セ》間《ケン》音《オン》。　是《ゼ》故《コ》須《シユ》常《ジヤウ》念《ネン》。
念《ネン》念《〱》勿《モツ》生《シヤウ》疑《ギ》。　觀《クワン》世《セ》音《オン》淨《ジヤウ》聖《シヤウ》。　於《オ》苦《ク》惱《ノウ》死《シ》厄《ヤク》。
能《ノウ》爲《ヰ》作《サ》依《エ》怙《コ》。　具《グ》一《イツ》切《サイ》功《ク》德《ドク》。　慈《ジ》眼《ゲン》視《ジ》衆《シユ》生《ジヤウ》。
福《フク》聚《ジウ》海《カイ》無《ム》量《リヤウ》。　是《ゼ》故《コ》應《オウ》頂《テフ》禮《ライ》。

爾《ニ》時《ジ》持《ヂ》地《チ》菩《ボ》薩《サツ》。即《ソク》從《ジウ》座《ザ》起《キ》。前《ゼン》白《ビヤク》佛《ブツ》言《ゴン》。世《セ》尊《ソン》。若《ニヤク》有《ウ》衆《シユ》生《ジヤウ》。聞《モン》是《ゼ》觀《クワン》世《ゼ》音《オン》菩《ボ》薩《サツ》品《ホン》。自《ジ》在《ザイ》之《シ》業《ゴウ》。普《フ》門《モン》示《ジ》現《ゲン》神《ジン》通《ツウ》力《リキ》者《シヤ》。當《タウ》知《チ》是《ゼ》人《ニン》。功《ク》德《ドク》不《フ》少《セウ》。佛《ブツ》說《セツ》是《ゼ》普《フ》門《モン》品《ホン》。時《ジ》衆《シウ》中《チウ》八《ハチ》萬《マン》四《シ》千《セン》衆《シユ》生《ジヤウ》。皆《カイ》發《ホツ》無《ム》等《トウ》等《〱》。阿《ア》耨《ノク》多《タ》羅《ラ》三《サン》藐《ミヤク》三《サン》菩《ボ》提《ダイ》心《シン》。

普門品第二十五。

妙法蓮華經・觀世音菩薩普門品第二十五・

爾《ソノ》時《トキ》ニ無《ム》盡《ジン》意《ニ》菩《ボ》薩《サツ》、即《スナハ》チ座《ザ》ヨリ起《タチ》テ偏《ヒトヘ》ニ右《ミギ》ノ肩《カタ》ハタヌギ、掌《タナゴヽロ》ヲ合《アハ》セ佛《ホトケ》ニ向《ムカヒ》タテ上《マツ》リテ是《コノ》言《コト》ヲ作《ナサ》ク、世《セ》尊《ソン》觀《クワン》世《ゼ》音《オン》菩《ボ》薩《サツ》ハ、何《ナン》ノ因《イン》縁《エン》ヲ以《モツ》テカ觀《クワン》世《ゼ》音《オン》ト名《ナ》ツク、佛《ホトケ》無《ム》盡《ジン》意《ニ》菩《ボ》薩《サツ》ニ告《ツゲ》テ曰《ノタマハ》ク、善《ゼン》男《ナン》子《シ》若《モ》シ無《ム》量《リヤウ》百千萬《マン》億《オク》ノ衆《シユ》生《シヤウ》有《ア》リテ、諸《モロ〳〵》ノ苦《ク》惱《ナウ》ヲ受《ウケ》ンニ、是《コノ》觀《クワン》世《ゼ》音《オン》菩《ボ》薩《サツ》ヲ聞《キヽ》テ、一心《シン》ニ稱《シヨウ》名《メウ》セハ、觀《クワン》世《ゼ》音《オン》菩《ボ》薩《サツ》、即《ソク》時《ジ》ニ其《ソノ》音《オン》聲《シヤウ》ヲ觀《クワン》シテ、皆《ミナ》解《ゲ》脫《ダツ》スルコトヲ得《エ》ン、若《モ》シ是《コノ》觀《クワン》世《ゼ》音《オン》菩《ボ》薩《サツ》ノ名《ミナ》ヲ持《ヂ》スル者《モノ》有《ア》ラハ、設《タト》ヒ大《ダイ》火《クワ》ニ入《イル》トモ、火《ヒ》モ焼《ヤク》コト能《アタ》ハス、是《コノ》菩《ボ》薩《サツ》ノ威《ヰ》神《ジン》力《リキ》ニ由《ヨ》ルカ故《ユヘ》ニ、若《モ》シ大《タイ》水《スイ》ノ爲《タメ》ニ漂《タヾヨ》ハサルモ、其《ソノ》名《ミヤウ》號《ガウ》ヲ稱《シヤウ》セハ、即《スナハ》チ淺《アサキ》處《トコロ》ヲ得《エ》ン、若《モ》シ百千萬《マン》億《オク》ノ衆《シユ》生《シヤウ》有《アツ》テ、金《コン》銀《ゴン》瑠《ル》璃《リ》、硨《シヤ》磲《コ》、瑪《メ》瑙《ナウ》、珊《サン》瑚《ゴ》、琥《コ》珀《ハク》、眞《シン》珠《ジユ》等《トウ》ノ寶《タカラ》ヲ求《モトメ》ンカ爲ニ、大《タイ》海《カイ》ニ入《イ》ランニ、假《タト》令《ヘ》黑《コク》風《フウ》ガ其《ソノ》船《セン》舫《バウ》ヲ吹《フキ》テ、羅《ラ》刹《セツ》鬼《キ》國《コク》ニ飄《タヾヨ》ヒ墮《オチン》ニモ、其《ソノ》中《ウチ》モシ乃《ナイ》至《シ》一人モ、觀《クワン》世《ゼ》音《オン》菩《ボ》薩《サツ》ノ名《ミナ》ヲ稱《シヤウ》スル者《モノ》有《ア》ラハ、是《コノ》諸《シヨ》人《ニン》等《トウ》皆《ミナ》羅《ラ》刹《セツ》ノ難《ナン》ヲ解《ゲ》脱《ダツ》スル事《コト》ヲ得《エ》ン、是《コノ》因《イン》縁《エン》ヲ以《モツ》テ觀《クワン》世《ゼ》音《オン》ト名《ナ》ツク、若《モ》シ復《マタ》人有《アリ》テ當《マサ》ニ害《ガイ》セラルベキニ臨《ノゾミ》テ、觀《クワン》世《ゼ》音《オン》菩《ボ》薩《サツ》ノ名《ミナ》ヲ稱《シヤウ》セハ、彼《カレ》ノ執《ト》ル所《トコロ》ノ刀《タウ》杖《シヤウ》、尋《ツイ》テ段《ダン》段《〳〵》ニヲレテ、解《ゲ》脱《ダツ》スルコトヲ

壞

得《エ》ン、
若《モ》シ三千大千國《コク》土《ド》ノ中《ウチ》ニ滿《ミツ》ル、夜《ヤ》叉《シヤ》羅《ラ》刹《セツ》來《キタ》リテ、人《ヒト》ヲ惱《ナヤ》マサント欲《ホツ》センニ、其《ソノ》觀《クワン》世《ゼ》音《オン》菩《ボ》薩《サツ》ノ名《ミナ》ヲ稱《シヤウ》スル者《モノ》ヲ聞《キカ》ハ、是《コノ》諸《モロ〳〵》ノ惡《アク》鬼《キ》ナホ惡《アク》眼《ゲン》ヲ以《モツ》テ、之《コレ》ヲ視《ミ》ルコト能《アタ》ハジ、況《イハン》ヤ復《マタ》害《ガイ》ヲ加《クハ》ヘムヲヤ、
設《タト》ヒ復《マタ》人《ヒト》有《ア》リ、若《モシ》クハ罪《ツミ》有《ア》リ、若《モシ》クハ罪《ツミ》無《ナ》キモ、杻《チウ》械《カイ》《ゴクヤノ》枷《カ》鎖《サ》《セメダウグ》其《ソノ》身《ミ》ヲ檢《ケン》繋《ゲ》《ツナキ》センニ、觀世音菩薩ノ名《ミナ》ヲ稱《シヤウ》セハ、皆《ミナ》悉《コト〳〵》ク斷《ダン》壞《エ》シテ、即《スナハ》チ解《ゲ》脫《タツ》スルコトヲ得《エ》ン、
若《モ》シ三千大千國《コク》土《ド》ノ中《ウチ》ニ滿《ミツ》ル、怨《オン》賊《ゾク》一《ヒトリ》ノ商《アキ》人《ビト》ノ主《アルジ》有《アリ》リテ、諸《モロ〳〵》ノ商《アキ》人《ビト》ヲヒキヰテ、重《ヂユウ》寶《ハウ》ヲ齎《ツヽミ》持《モチ》テ險《ケン》路《ロ》ヲ經《ヘ》過《スギ》ンニ、其《ソノ》中《ウチ》一人是《コノ》唱《シヤウ》言《ゴン》ヲ作《ナサ》ク、諸《モロ〳〵》ノ善《ゼン》男《ナン》子《シ》恐《オソレ》怖《オソ》

ルコトヲ得《ウ》ルコト勿《ナカ》レ、汝等《ナンヂラ》マサニ一心《シン》ニ、觀世音菩薩ノ名《メウ》號《ガウ》ヲ稱《シヤウ》スヘシ、此《コノ》菩《ボ》薩《サツ》ハ能《ヨ》ク無《ム》畏《ヰ》ヲ以《モツ》テ、衆《シユ》生《シヤウ》ニ施《ホドコ》シ玉《タマ》フ、汝等《ナンヂラ》若《モ》シ名《ミナ》ヲ稱《シヤウ》セハ、此《コノ》怨《オン》賊《ゾク》ニ於《オイ》テ、マサニ解《ゲ》脱《ダツ》スルコトヲ得《ウ》ヘシ、衆《モロ〱》ノ商人《アキウト》聞《キ》テ倶《トモ》ニ聲《コエ》ヲ發《ハツ》シテ言《マウ》サク、南《ナ》無《ム》觀《クワン》世《ゼ》音《オン》菩《ボ》薩《サツ》ト、其《ソノ》名《ミナ》ヲ稱《シヤウ》スルカ故《ユヘ》ニ、即《スナハ》チ解《ゲ》脱《ダツ》スルコトヲ得《エ》ン、

無《ム》盡《ジン》意《ニ》菩《ボ》薩《サツ》、摩《マ》訶《カ》薩《サツ》ハ、威《ヰ》神《ジン》ノ力《チカラ》巍《ギ》々《ギ》タルコト是《カク》ノ如《ゴト》シ、

若《モ》シ衆《シユ》生《シヤウ》有《アリ》テ婬《イン》欲《ヨク》多《オホ》カラムニ、常《ツネ》ニ念《ネン》シテ觀《クワン》世《ゼ》音《オン》菩《ボ》薩《サツ》ヲ恭《ク》敬《キヤウ》セハ、即《スナハ》チ欲《ヨク》ヲ離《ハナ》ルコトヲ得《エ》ン、若《モ》シ瞋《シン》恚《イ》多《オホ》カラムニ、常《ツネ》ニ念《ネン》シテ觀《クワン》世《ゼ》音《オン》菩《ボ》薩《サツ》ヲ恭《ク》敬《キヤウ》セハ、

即《スナハ》チ瞋《イカリ》ヲ離《ハナ》ルコトヲ得《エ》ン、若《モ》シ愚《グ》癡《チ》多《オホ》カラムニ、常《ツネ》ニ念《ネン》シテ観《クワン》世《ゼ》音《オン》菩《ボ》薩《サツ》ヲ恭《ク》敬《キヤウ》セハ、即《スナハ》チ癡《チ》ヲ離《ハナ》ルコトヲ得《エ》ン、無《ム》盡《ジン》意《ニ》、観《クワン》世《ゼ》音《オン》菩《ボ》薩《サツ》ハ、是《カク》ノ如《ゴト》キ等《トウ》ノ大《タイ》威《ヰ》神《ジン》力《リキ》有《アリ》テ、饒《ネウ》益《ヤク》スル所《トコロ》多《オホ》シ、是《コノ》故《ユヘ》ニ常《ツネ》ニ心《コヽロ》ニ念《ネン》スヘシ、

若《モ》シ女《ニヨ》人《ニン》有《アリ》テ設《タト》ヒ男《ナン》ヲ求《モトメ》ント欲《ホツ》シテ、観《クワン》世《ゼ》音《オン》菩《ボ》薩《サツ》ヲ禮《ライ》拜《ハイ》供《ク》養《ヤウ》セハ、即《スナハ》チ福《フク》徳《トク》智《チ》慧《エ》ノ男《ナン》ヲ生《ウマ》ン、設《タト》ヒ女《テンナ》ヲ求《モトメ》ント欲《ホツ》セハ、即《スナハ》チ端《タン》正《シヤウ》有《ウ》相《ザウ》ノ女《テンナ》ヲ生《ウマ》ン、ムカシ徳《トク》本《ホン》ヲ植《ウエ》テ、衆《シユ》人《ジン》ニ愛《アイ》敬《キヤウ》セラル、無盡意、観世音菩薩ハ、是《カク》ノ如《ゴト》キノ力《チカラ》有《ア》リ、

若《モ》シ衆《シユ》生《シヤウ》有《アリ》テ、観《クワン》世《ゼ》音《オン》菩《ボ》薩《サツ》ヲ恭《ク》敬《キヤウ》禮《ライ》拜《ハイ》セハ、福《フク》唐《タウ》捐《エン》

セス、是《コノ》故《ユヘ》ニ衆《シユ》生《シヤウ》皆《ミナ》、觀《クワン》世《ゼ》音《オン》菩《ボ》薩《サツ》ノ名《ミヤウ》號《ガウ》ヲ受《シユ》持《ヂ》スヘシ、無《ム》盡《ジン》意《ニ》若《モ》シ人《ヒト》有《アリ》テ、六十二億《オク》恆《ガウ》河《カ》沙《シヤ》ノ菩薩ノ名《ミヤウ》字《ジ》ヲ受《シユ》持《ヂ》シ、復《マタ》形《カタチ》ヲ盡《ツク》スマテ、飮《オン》食《ジキ》。衣《エ》服《フク》。臥《グワ》具《グ》。醫《イ》藥《ヤク》ヲ供《ク》養《ヤウ》セン、汝《ナンヂ》カ心《コヽロ》ニ於《オイ》テ何《イカ》ン、是《コノ》善《ゼン》男《ナン》子《シ》、善《ゼン》女《ニヨ》人《ニン》ノ功《ク》德《ドク》多《オホ》キヤ不《イ》ナヤ、無盡意ノ曰《イハ》ク甚《ハナハタ》多《オホ》シ、世尊佛《ホトケ》ノ言《ノタマ》ハク、若《モ》シ復《マタ》人《ヒト》有《アリ》テ、觀世音菩薩ノ名《メウ》號《カウ》ヲ受《シユ》持《ヂ》シ、乃《ナイ》至《シ》一時《ジ》モ禮《ライ》拜《ハイ》供《ク》養《ヤウ》センニ、是《コノ》二人ノ福《フク》ハ正《マサ》ニ等《ヒトシク》シテ異《コトナ》ルコト無《ナ》シ、百千萬億《ヲク》劫《カフ》ニ於《オ》テモ、窮《キハメ》テ盡《ツク》スベカラス、無《ム》盡《シン》意《ニ》觀《クワン》世《セ》音《オン》菩《ボ》薩《サツ》ノ名《メウ》號《カウ》ヲ受《シユ》持《ヂ》セハ、是《カク》ノ如《ゴト》ク無《ム》量《リヤウ》無《ム》邊《ヘン》ノ福《フク》德《トク》ノ利《リ》ヲ得《エ》ン、

無盡意菩薩、佛《ホトケ》ニ白《マウ》シテ言《マウ》サク、世《セ》尊《ソン》觀《クワン》世《セ》音《オン》菩《ボ》薩《サツ》ハ、

イカ、シテ此《コノ》娑《シヤ》婆《バ》世《セ》界《カイ》ニ遊《アソビ》玉《タマ》ヒ、イカンシテカ衆《シユ》生《シヤウ》ノ為《タメ》ニ説《セツ》法《ハフ》シ玉《タマ》フ、方《ハウ》便《ベン》ノ力《チカラ》其《ソノ》事《コト》イカン、佛《ホトケ》無盡意菩薩ニ告《ツゲ》テノタマハク、善《ゼン》男《ナン》子《シ》若《モ》シ國《コク》土《ド》ノ衆《シユ》生《シヤウ》有《アリ》テ、佛《ブツ》身《シン》ヲ以《モツ》テ得《トク》度《ド》スヘキ者《モノ》ニハ、観世音菩薩、即《スナハ》チ佛《ブツ》身《シン》ヲ現《ゲン》シテ、為《タメ》ニ説《セツ》法《ハフ》シ、辟《ビヤク》支《シ》佛《ブツ》身《シン》ヲ以《モツ》テ得《トク》度《ド》スヘキ者《モノ》ニハ、即《スナハ》チ辟支佛身ヲ現《ゲン》シテ、為《タメ》ニ説《セツ》法《ハフ》シ、聲《シヤウ》門《モン》身《シン》ヲ以テ得《トク》度《ド》スヘキ者《モノ》ニハ、即《スナハ》チ聲《シヤウ》聞《モン》身《シン》ヲ現《ゲン》シテ、為《タメ》ニ説《セツ》法《ハフ》シ、梵《ボン》王《ワウ》身《シン》ヲ以《モツ》テ得《トク》度《ド》スヘキ者《モノ》ニハ、即《スナハ》チ梵王身ヲ現《ケン》シテ為《タメ》ニ説《セツ》法《ハフ》シ、帝《タイ》釋《シヤク》身《シン》ヲ以《モツ》テ得度スヘキ者《モノ》ニハ、即《スナハ》チ帝《タイ》釋《シヤク》身ヲ現《ケン》シテ為《タメ》ニ説《セツ》法《ハフ》シ、自《ジ》在《サイ》天《テン》身《シン》ヲ以テ得《トク》度《ド》スヘキ者《モノ》ニハ、即《スナハ》チ自在天身ヲ現《ケン》シテ、爲《タメ》ニ說《セツ》法《ハフ》シ、大《タイ》自《ジ》在《ザイ》天《テン》身《シン》ヲ以《モツ》テ得《トク》度《ド》スヘキ者《モノ》ニハ、即《スナハ》チ大自在天身ヲ現《ケン》シテ爲《タメ》ニ說《セツ》法《ハフ》シ、天《テン》大《ダイ》將《シヤウ》軍《グン》身《シン》ヲ以《モツ》テ得《トク》度《ド》スヘキ者《モノ》ニハ、即《スナハ》チ天大將軍身ヲ現《ゲン》シテ爲《タメ》ニ說《セツ》法《ハフ》シ、毗《ビ》沙《シヤ》門《モン》身《シン》ヲ以《モツ》テ得度スヘキ者ニハ、即《スナハ》チ毗《ビ》沙《シヤ》門《モン》身《シン》ヲ現《アラハ》シテ、爲《タメ》ニ說《セツ》法《ハフ》シ、小《セウ》王《ワウ》身《シン》ヲ以《モツ》テ得《トク》度《ド》スヘキ者《モノ》ニハ、即《スナハ》チ小《セウ》王《ワウ》身《シン》ヲ現《ゲン》シテ爲《タメ》ニ說《セツ》法《ハフ》シ、長《チヤウ》者《シヤ》身《シン》ヲ以《モツ》テ得度スヘキ者ニハ、即《スナハ》チ長者身ヲ現《ゲン》シテ爲《タメ》ニ說法シ、居《コ》士《シ》身《シン》ヲ以《モツ》テ得《トク》度《ド》スヘキ者《モノ》ニハ、即《スナハ》チ居士身ヲ現《ゲン》シテ爲《タメ》ニ說《セツ》法《ハフ》シ、宰《サイ》官《クワン》身《シン》ヲ以《モツ》テ得度スヘキ者ニハ、即《スナハ》チ宰官身ヲ現《ケン》シテ爲《タメ》ニ說《セツ》法《ハフ》シ、婆《バ》羅《ラ》門《モン》身《シン》ヲ以《モツ》テ得《トク》度《ド》スヘキ者《モノ》ニハ、即チ婆羅門身ヲ現シテ為《タメ》ニ説法シ、比《ビ》丘《ク》、比《ビ》丘尼《ニ》、優《ウ》婆《バ》塞《ソク》、優《ウ》婆《ハ》夷《イ》身《シン》ヲ以《モツ》テ、得《トク》度《ド》スヘキ者《モノ》ニハ、即《スナハ》チ比丘、比丘尼、優婆塞、優婆夷身ヲ現シテ為《タメ》ニ説《セツ》法《ハフ》シ、長《チヤウ》者《シヤ》、居《コ》士《ジ》、宰《サイ》官《クワン》、婆《バ》羅《ラ》門《モン》ノ婦《フ》女《ジヨ》身《シン》ヲ以《モツ》テ、得《トク》度《ド》スヘキ者《モノ》ニハ、即《スナハ》チ婦女身ヲ現《ゲン》シテ為《タメ》ニ説《セツ》法《ハフ》シ、童《ドウ》男《ナン》、童《ドウ》女《ジヨ》身《シン》ヲ以《モツ》テ得《トク》度《ド》スヘキ者《モノ》ニハ、即《スナハ》チ童男、童女身《シン》ヲ現《ゲン》シテ為《タメ》ニ説法シ、天《テン》龍《リウ》夜《ヤ》叉《シヤ》、乾《ケン》闥《ダツ》婆《バ》、阿《ア》脩《シユ》羅《ラ》、迦《カ》樓《ル》羅《ラ》、緊《キン》那《ナ》羅《ラ》、摩《マ》睺《ゴ》羅《ラ》伽《カ》、人《ニン》非《ヒ》人《ニン》等《トウ》身《シン》ヲ以《モツ》テ得《トク》度《ド》スヘキ者《モノ》ニハ、即《スナハ》チ皆《ミナ》之《コレ》ヲ現《ゲン》シテ為ニ説法シ、執《シユ》金《コン》剛《ガウ》神《ジン》ヲ以《モツ》テ得度スヘキ者《モノ》ニハ、即チ執金剛神ヲ現シテ為《タメ》ニ説《セツ》法《ハフ》ス、無《ム》盡《ジン》意《ニ》、是《コノ》観世音菩薩ハ、是《カク》ノ如《ゴト》キノ功《ク》徳《トク》ヲ成《シヤウ》就《ジユ》シテ、種種《シユ〻》ノ形《カタチ》ヲ以《モツ》テ、諸《モロ〻》ノ國《コク》土《ド》ニ遊《アソ》ヒ衆《シユ》生《シヤウ》ヲ度《ド》脱《ダツ》シ玉《タマ》フ、是《コノ》故《ユヘ》ニ汝等《ナンチラ》マサニ、一心《シン》ニ觀世音菩薩ヲ供《ク》養《ヤウ》シ奉《タテマ》ツルヘシ、是《コノ》觀世音菩薩摩《マ》訶《カ》薩《サツ》ハ、怖《フ》《オソレ》畏《ヰ》《オソル》急《キウ》難《ナン》ノ中《ウチ》ニ於《オイ》テ、能《ヨ》ク無《ム》畏《ヰ》ヲ施《ホドコ》シ玉《タマ》フ、是《コノ》故《ユヘ》ニ此《コノ》娑《シヤ》婆《バ》世《セ》界《カイ》皆《ミナ》之《コレ》ヲ號《カウ》シテ、施《セ》無《ム》畏《ヰ》者《シヤ》ト為《ナ》ス、無盡意菩薩・佛《ホトケ》ニ白《モウ》シテ言《マウ》サク、世《セ》尊《ソン》我《ワレ》今《イマ》マサニ、觀世音菩薩ヲ供《ク》養《ヤウ》シ奉《タテマ》ツルヘシ、即《スナハ》チ頸《クビ》ノ諸《モロ〻》ノ寶《ホウ》珠《ジユ》ノ瓔《ヤウ》珞《ラク》ノ價《アタ》直《ヒ》、百千兩《リヤウ》金《キン》ナルヲトヒテ以《モツ》テ、之《コレ》ヲ與《アタヘ》テ是《コノ》言《コト》ヲ作《ナサ》ク、仁《ニン》者《シヤ》此《コノ》法《ハフ》施《セ》ノ珍《チン》寶《ハウ》瓔《エウ》珞《ラク》ヲ受《ウク》玉《タマ》ヘ、時《トキ》ニ觀世音菩薩、肯《アヘ》テ之《コレ》ヲ受《ウケ》玉《タマ》ハス、無《ム》盡《ジン》意《イ》、復《マタ》觀世音菩薩ニ白《マウ》シテ言《マウ》サク、仁《ニン》者《シヤ》我《ワレ》等《ラ》ヲ愍《アハレム》カ故《ユヘ》ニ、此《コノ》瓔《エウ》珞《ラク》ヲ受《ウケ》玉《タマ》ヘ、爾《ソノ》時《トキ》ニ佛《ホトケ》、觀世音菩薩ニ告《ツゲ》テノタマハク、當《マサ》ニ此《コノ》無《ム》盡《ジン》意《イ》菩《ボ》薩《サツ》、及《オヨ》ヒ四衆《シユ》天《テン》龍《リウ》、夜《ヤ》叉《シヤ》、乾《ケン》闥《ダツ》婆《バ》、阿《ア》脩《シユ》羅《ラ》、迦《カ》樓《ル》羅《ラ》、緊《キン》那《ナ》羅《ラ》、摩《マ》睺《ゴ》羅《ラ》伽《カ》、人《ニン》非《ヒ》人《ニン》等《トウ》ヲ愍《アハレム》カ故《ユヘ》ニ、是《コノ》瓔珞ヲ受《ウ》クヘシ、即《ソク》時《ジ》ニ觀世音菩薩、諸《モロ〳〵》ノ四衆《シユ》及《オヨ》ヒ天龍、人非人等《トウ》ヲ愍《アハレミ》テ、其《ソノ》瓔《エウ》珞《ラク》ヲ受《ウケ》テ分《ワカツ》テ二分《ブン》ト作《ナ》シテ、一分《ブン》ハ釋《シヤ》迦《カ》牟《ム》尼《ニ》佛《ブツ》ニ上《タテマ》ツリ、一分《ブン》ハ多《タ》寶《ハウ》佛《ブツ》塔《タフ》ニ上《タテマ》ツル、無《ム》盡《ジン》意《ニ》觀世音菩薩ハ、是《カク》ノ如《ゴト》キ自《ジ》在《サイ》神《ジン》力《リキ》有《アツ》テ、娑《シヤ》婆《バ》世《セ》界《カイ》ニ遊《アソ》ヒ玉《タマ》フ、爾《ソノ》時《トキ》ニ無盡意菩薩、偈《ゲ》ヲ以《モツ》テ問《トフ》テ曰《イハ》ク、

世《セ》尊《ソン》妙《メウ》相《サウ》ヲ具《グ》シ玉《タマ》フ、我《ワレ》今《イマ》重《カサネ》テ彼《カレ》ヲ問《トヒ》上《タテマ》ツル、佛《ブツ》子《シ》何《ナン》ノ因《イン》縁《エン》ヲ以《モツ》テカ、名《ナツ》ケテ觀世音ト爲《ナ》ス、具《グ》足《ソク》妙《メウ》相《サウ》尊《ソン》偈《ゲ》ヲ以《モツ》テ、無盡意ニ答《コタヘ》テタマハク、汝《ナンヂ》聽《キ》ケ觀音ノ

行《ギヤウ》ハ、能《ヨ》ク諸《モロ〳〵》ノ方《ハウ》所《シヨ》ニ應《オウ》シテ、弘《グ》誓《ゼイ》ノ深《フカ》キコト海《ウミ》ノ如《ゴト》シ、歷《リヤク》劫《ガウ》ニモ思《シ》議《ギ》セラレス、多《タ》ノ千億《チタ》ノ佛《ホトケ》ニ侍《ツカヘ》テ大《ダイ》淸《シヤウ》淨《ジヤウ》ノ願《クワン》ヲ發《オコ》セリ、我《ワレ》汝《ナンヂ》カ爲《タメ》ニ略《ホヾ》說《トカ》ン、名《ナ》ヲ聞《キヽ》及《オヨ》ヒ身《ミ》ヲ見《ミ》、心《コヽロ》ニ念《ネン》シテ空《ムナ》シク過《スゴサ》ズンハ、能《ヨ》ク諸《シヨ》有《ウ》ノ苦《ク》ヲ滅《メツ》シ玉《タマ》フ、假《タト》使《ヒ》害《ガイ》意《イ》ヲ興《オコ》シテ、大《ダイ》火《クワ》坑《キヤウ》ニ推《オシ》落《オト》サルヽモ、彼《カノ》觀音ノ力《チカラ》ヲ念《ネン》ズレバ、火坑變《ヘン》ジテ池《イケ》ト成《ナ》ラン、或《アルヒ》ハ巨《コ》海《カイ》ニ漂《タヾヨ》ヒ流《ナガレ》テ、龍《リウ》魚《ギヨ》諸《モロ〳〵》ノ鬼《キ》難《ナン》アランニモ、彼《カノ》觀音ノ力《チカラ》ヲ念《ネン》スレハ、波《ハ》浪《ラウ》モ沒《シヅム》ルコト能《アタ》ハス、或《アルヒ》ハ須《シユ》彌《ミ》ノ峯《ミネ》ニ有《アリ》テ、人《ヒト》ノ爲《タメ》ニ推《オシ》墮《オト》サレンニモ、彼《カノ》觀音ノ力《チカラ》ヲ念《ネン》ズレハ、日《ヒ》ノ如《ゴト》クニシテ虛《コ》空《クウ》ニ住《ジユウ》セム、或《アルヒ》ハ惡《アク》人《ニン》ニ逐《オハ》レテ、金《コン》剛《ガウ》山《セン》ヨリ墮《オチ》落ニモ、彼《カノ》觀音ノ力《チカラ》ヲ念《ネン》スレハ、一毛《モウ》モ損《ソン》スルコト能《アタ》ハス、或《アルヒ》ハ怨《オン》賊《ソク》ノ繞《カコン》テ各《オノ〱》刀《カタナ》ヲ執《トリ》テ、害《ガイ》ヲ加《クワフ》ルニ遇《アフ》トモ、彼《カノ》觀音ノ力《チカラ》ヲ念《ネン》ズレハ、咸《コト〲》ク即《スナハ》チ慈《ジ》心《シン》ヲ起《オコ》サン、或ハ王《ワウ》難《ナン》ノ苦《ク》ニ遇《ア》ヒ、刑《ケイ》ニ臨《ノゾミ》テ壽《シユ》ヲ終ラント欲《ホツ》スルモ、彼《カノ》觀音ノ力ヲ念《ネン》スレパ、刀《カタナ》尋《ツイ》テ段段《ダン〱》ニ壞《アレ》ン、或《アルヒ》ハ囚《トラヘ》ラレテ枷《カ》鎖《サ》ニ禁《キン》セラレ、手足ニ杻《チウ》械《カイ》セラレンニ、彼《カノ》觀《クワン》音《オン》ノ力《チカラ》ヲ念《ネン》スレハ、釋《シヤク》然《ゼン》トシテ解《ゲ》脫《ダツ》スルコトヲエン、呪《シユ》咀《ソ》諸《モロ〱》ノ毒《ドク》藥《ヤク》身《ミ》ヲ害《ガイ》セント欲《ホツ》スル所《トコロ》ノ者《モノ》、彼《カノ》觀音ノ力《チカラ》ヲ念スレハ、還《カヘツ》テ本《ホン》人《ニン》ニ著《ツカ》ン、或《アルヒ》ハ惡《アク》羅《ラ》刹《セツ》毒《ドク》龍《リウ》、諸《モロ〱》ノ鬼《キ》等《トウ》ニ遇《アハ》ンニ、彼觀音ノ力ヲ念スレハ、時《トキ》ニ悉《コト〲》ク敢《アヘ》テ害《ガイ》セス、若《モ》シ惡《アク》獸《ジウ》ニ圍《イ》繞《ネウ》セラレ、利《トキ》牙《ゲ》爪《サウ》怖《オツ》ルヘキモ、彼《カノ》觀音ノ力《チカラ》ヲ念《ネン》スレハ、疾《トク》無《ム》邊《ヘン》ノ方《ハウ》ニ走《ハシ》ラン、蚖《クチ》蛇《ナハ》及《オヨ》ヒ蝮《マム》蝎《シ》、氣《キ》毒《ドク》烟《ホノ》火《ホ》ノ如《コト》クニ然《モユ》ルモ、彼《カノ》觀《クワン》音《オン》ノ力《チカラ》ヲ念《ネン》スレハ、聲《コヱ》ニ尋《ツイ》テ自《オノヅカ》ラ回《カヘリ》去《サラ》ン、雲《クモ》雷《イカツチ》鳴《ナ》リ掣《イナビ》電《カリ》シ雹《アラレ》ヲ降《フラ》シ大《タイ》雨《ウ》ヲ澍《ソヽク》モ、彼《カノ》觀音ノ力《チカラ》ヲ念スレハ、時《トキ》ニ應《オウ》ジテ消《キエ》散《チル》コトヲ得《エ》ン、衆《シユ》生《シヤウ》困《コン》厄《ヤク》セラレ無《ム》量《リヤウ》ノ苦《クルシ》ミ身《ミ》ニ逼《セマ》ルトモ、觀《クワン》音《オン》ノ妙《メウ》智《チ》力《リキ》ハ能《ヨ》ク世《セ》間《ケン》ノ苦《ク》ヲ救《スク》ヒ玉《タマ》フ、神《ジン》通《ヅウ》力《リキ》ヲ具《グ》足《ソク》シ、廣《ヒロ》ク智《チ》方《ハウ》便《ベン》ヲ脩《シユ》シテ十方《ハウ》諸《モロ〳〵》ノ國《コク》土《ド》刹《セツ》トシテ、身《ミ》ヲ現《ゲン》ゼズト云《イフ》コト無《ナ》シ、種《シユ》種《シユ》モロ〳〵ノ惡《アク》趣《シユ》。地《ヂ》獄《ゴク》。鬼《キ》畜《チク》生《セウ》、生《シヤウ》老《ラウ》病《ビヤウ》死《シ》ノ苦《ク》以《モツ》テ、漸《ザウヤ》ク悉《コト〳〵》ク滅《メツ》セシム、眞《シン》觀《クワン》清《シヤウ》淨《ジヤウ》觀《クワン》、廣《クワウ》大《ダイ》智《チ》慧《ヱ》觀《クワン》、悲《ヒ》觀《クワン》及《オヨ》ヒ慈《ジ》觀《クワン》、常《ツネ》ニ願《ネガ》ヒ常《ツネ》ニ瞻《セン》仰《カウ》スヘシ、無《ム》垢《ク》清《シヤウ》淨《〴〵》ノ光《ヒカリ》有《アリ》テ、慧《エ》日《シツ》諸《モロ〳〵》ノ闇《ヤミ》ヲ破《ヤブ》リ、能《ヨ》ク災《サイ》ノ風《フウ》火《クワ》ヲ伏《フク》シテ、普《アマネ》ク明《アキラ》カニ世《セ》間《ケン》ヲ照《テラ》シ玉《タマ》フ、悲《ヒ》體《タイ》戒《カイ》雷《ライ》ノ如《ゴト》クニ震《フル》ヒ、慈《ジ》意《イ》妙《メウ》ニ大《オホイ》ナル雲《クモ》ノ如《ゴト》シ、甘《カン》露《ロ》ノ法《ハフ》雨《ウ》ヲ澍《ソヽ》テ煩《ボン》惱《ナウ》ノ焔《ホノホ》ヲ滅《メツ》除《ジヨ》ス、諍《アラソ》ヒ訟《ウツタヘ》テ官《クワン》處《シヨ》ヲ經《ヘ》、怖《フ》畏《ヰ》ナル軍《グン》陣《ヂン》ノ中《ウチ》ニモ、彼《カノ》觀《クワン》音《オン》ノ力《チカラ》ヲ念《ネン》スレハ、諸《モロ〳〵》ノ怨《アタ》悉《コト〳〵》ク退《タイ》散《サン》セム、妙《メウ》音《オン》觀世音、梵《ボン》音《オン》海《カイ》潮《チウ》音《オン》、彼《カレ》世《セ》間《ケン》ノコヱニ勝《マサ》レリ、是《コノ》故《ユヘ》ニ須《スベカ》ラク常《ツネ》ニ念《ネン》ズヘシ、念念《ネン〳〵》疑《ウタカ》ヒヲ生《シヤウ》スルコト勿《ナカ》レ、觀世音ハ淨《ジヤウ》聖《シヤウ》ニシテ、苦《ク》惱《ナウ》死《シ》厄《ヤク》ニ於《オイ》テ、能《ヨ》ク爲《タメ》ニ依《エ》怙《コ》トナリ玉《タマ》フ、一切《サイ》ノ功《ク》徳《ドク》ヲ具《グ》シ、慈《ジ》眼《ゲン》ヲ以テ衆《シユ》生《シヤウ》ヲ視《ミ》玉《タマ》ヒ、福《フク》聚《ジユ》ノ海《ウミ》無《ム》量《リヤウ》ナリ、是《コノ》故《ユヘ》ニ頂《チヤウ》禮《ライ》シ上《タテマ》ツルヘシ、爾《ソノ》時《トキ》ニ持《ヂ》地《ヂ》菩《ボ》薩《サツ》、即《スナハ》チ座《ザ》ヨリ起《タチ》テ前《スヽミ》テ、佛《ホトケ》ニ白《モウ》シテ言《モウ》サク、世《セ》尊《ソン》若《モ》シ衆《シユ》生《シヤウ》有《アリ》テ、是《コノ》觀世音菩薩品《ホン》、自《ジ》在《ザイ》ノ業《カウ》普《フ》門《モン》示《ジ》現《ゲン》神《シン》道《ツウ》ノ力《チカラ》ヲ聞《キカン》者《モノ》ハ、當《マサ》ニ知《シ》ルヘシ、是《コノ》人《ヒト》ハ功《ク》德《ドク》少《スク》ナカラズ、佛《ホトケ》是《コノ》普《フ》門《モン》品《ヒン》ヲ說《トキ》玉《タマ》ヒシ時《トキ》ニ、衆《シユ》中《チウ》八萬《マン》四千《セン》ノ衆《シユ》生《シヤウ》、皆《ミナ》無《ム》等《トウ》等〻《トウ》阿《ア》耨《ノク》多《タ》羅《ラ》三藐《ミヤク》三菩《ボ》提《ダイ》心《シン》ヲ發《オコ》シキ、

普門品第二十五 了

佛說摩訶般若波羅密多心經

觀《クワン》自《ジ》在《ザイ》菩《ボ》薩《サツ》。行《キヤウ》深《ジン》般《ハン》若《ニヤ》波《ハ》羅《ラ》密《ミツ》多《タ》。時《ジ》照《セウ》見《ケン》五《ゴ》蘊《オン》皆《カイ》空《クウ》度《ド》一《イツ》切《サイ》苦《ク》厄《ヤク》。舍《シヤ》利《リ》子《シ》。色《シキ》不《フ》異《ヰ》空《クウ》。空《クウ》不《フ》異《ヰ》色《シキ》。色《シキ》即《ソク》是《ゼ》空《クウ》。空《クウ》即《ソク》是《ゼ》色《シキ》。受《ジユ》想《サウ》行《キヤウ》識《シキ》。亦《ヤク》復《フ》如《ニヨ》是《ゼ》。舍《シヤ》利《リ》子《シ》。是《ゼ》諸《シヨ》法《ハフ》空《クウ》相《サウ》。不《フ》生《シヤウ》、不《フ》滅《メツ》、不《フ》垢《コウ》、不《フ》淨《ジヤウ》、不《フ》增《ゾウ》、不《フ》減《ゲン》。是《ゼ》故《コ》空《クウ》中《チウ》。無《ム》色《シキ》無《ム》受《シユ》想《サウ》行《キヤウ》識《シキ》。無《ム》眼《ゲン》耳《ニ》鼻《ビ》舌《ゼツ》身《シン》意《イ》。無《ム》色《シキ》、聲《シヤウ》、香《カウ》、味《ミ》、觸《ソク》法《ハフ》。無《ム》眼《ゲン》界《カイ》乃《ナイ》至《シ》。無《ム》意《イ》識《シキ》界《カイ》。無《ム》無《ム》明《ミヤウ》亦《ヤク》無《ム》無《ム》明《ミヤウ》盡《ジン》。乃《ナイ》至《シ》無《ム》老《ラウ》死《シ》亦《ヤク》無《ム》老《ラウ》死《シ》盡《ジン》。無《ム》苦《ク》集《シフ》滅《メツ》道《ダウ》。無《ム》智《チ》亦《ヤク》無《ム》得《トク》。以《イ》無《ム》所《シヨ》得《トク》故《コ》。菩《ボ》提《ダイ》薩《サツ》埵《タ》。依《エ》般《ハン》若《ニヤ》波《ハ》羅《ラ》密《ミツ》多《タ》。故《コ》心《シン》無《ム》罣《ケ》礙《ゲ》。無《ム》罣《ケ》礙《ゲ》故《コ》。無《ム》有《ウ》恐《ク》怖《フ》。遠《オン》離《リ》一《イツ》切《サイ》顚《テン》倒《ダウ》。夢《ム》想《サウ》究《ク》竟《キヤウ》。涅《ネ》槃《ハン》三《サン》世《ゼ》諸《シヨ》佛《ブツ》。依《エ》般《ハン》若《ニヤ》波《ハ》羅《ラ》密《ミ》多《タ》。故《コ》得《トク》阿《ア》耨《ノク》多《タ》羅《ラ》三《サン》藐《ミヤク》三《サン》菩《ボ》提《ダイ》。故《コ》知《チ》般《ハン》若《ニヤ》波《ハ》羅《ラ》密《ミツ》多《タ》是《ゼ》大《タイ》神《ジン》呪《ジユ》。是《ゼ》大《タイ》明《ミヤウ》呪《シユ》。是《ゼ》無《ム》上《シヤウ》呪《ジユ》。是《ゼ》無《ム》等《トウ》等《〱》呪《ジユ》。能《ノフ》除《ジヨ》一《イツ》切《サイ》苦《ク》。眞《シン》實《ジツ》不《フ》虚《クウ》故《コ》説《セツ》。般《ハン》若《ニヤ》波《ハ》羅《ラ》密《ミツ》多《タ》。呪《ジユ》即《ソク》説《セツ》呪《ジユ》曰《ワツ》。羯《ギヤ》諦《テイ》羯《ギヤ》諦《ナイ》。波《ハ》羅《ラ》羯《ギヤ》諦《ナイ》。波《ハ》羅《ラ》僧《ソウ》羯《ギヤ》諦《テイ》。菩《ホウ》提《ジ》薩《ソ》婆《ワ》訶《カ》。

般若心經●

佛説 摩訶般若波羅密多心經・

觀《クワン》自《ジ》在《ザイ》菩《ボ》薩《サツ》。深《フカ》ク般《ハン》若《ニヤ》波《ハ》羅《ラ》密《ミツ》多《タ》ヲ行《ギヤウ》ジ玉《タマ》フ、時《トキ》ニ五《ゴ》蘊《オン》皆《カイ》空《クウ》ヲ照《セウ》見《ケン》シ。一《イツ》切《サイ》ノ苦《ク》厄《ヤク》ヲ度《ド》ス。舍《シヤ》利《リ》子《シ》色《シキ》ハ空《クウ》ニ異《コト》ナラス。空《クウ》ハ色《シキ》ニ異《コト》ナラス。色《シキ》ハ即《スナハ》チ是《コ》レ空《クウ》。空《クウ》ハ即《スナハ》チ是《コ》レ色《シキ》ナリ、受《ジユ》想《サウ》行《ギヤウ》識《シキ》モ。亦《マタ》復《マタ》是《カク》ノ如《ゴト》シ。舍《シヤ》利《リ》子《シ》是《ゼ》諸《シヨ》法《ハフ》ハ空《クウ》相《サウ》ニテ。不《フ》生《シヤウ》、不《フ》滅《メツ》、不《フ》垢《コウ》、不《フ》淨《ジヤウ》、不《フ》增《ゾウ》、不《フ》減《ゲン》ナリ。是《コ》ノ故《ユヘ》ニ空《クウ》中《チウ》ニ色《シキ》モ無《ナ》ク。受《ジユ》想《サウ》行《ギヤウ》識《シヤ》モ無《ナ》ク。眼《ゲン》、耳《ニ》、鼻《ビ》、舌《ゼツ》、身《シン》、意《イ》モ無《ナ》シ。色《シキ》、聲《シヤウ》、香《カウ》、味《ミ》、觸《ソク》法《ハフ》モ無《ナ》ク。眼《ゲン》界《カイ》モ無《ナ》シ。乃《ナイ》至《シ》意《イ》識《シキ》界《カイ》モ無《ナ》シ。無《ム》明《ミヤウ》モ無《ナ》シ。亦《マタ》無《ム》明《ミヤウ》盡《ジン》モ無《ナ》ク。乃《ナイ》至《シ》老《ラウ》死《シ》モ無《ナ》シ。亦《マタ》老《ラウ》死《シ》盡《ジン》モ無《ナ》シ。苦《ク》集《シウ》滅《メツ》道《ダウ》モ無《ナ》シ。智《チ》モ無《ナ》シ亦《マタ》得《トク》モ無《ナ》シ得《ウ》ル所《トコロ》無《ナキ》ヲ以《モツ》テノ故《ユヘ》ニ菩《ボ》提《ダイ》薩《サツ》埵《タ》ハ般《ハン》若《ニヤ》波《ハ》羅《ラ》密《ミツ》多《タ》ニ依《ヨ》ルカ故《ユヘ》ニ心《コヽロ》ニ罣《ケ》礙《ゲ》無《ナ》シ罣《ゲ》礙《ゲ》無《ナ》キカ故《ユヘ》ニ恐《オソレ》怖《オソ》ルコト有《ア》ル無《ナ》シ一《イツ》切《サイ》ノ顛《テン》倒《ダウ》夢《ム》想《サウ》ヲ遠《オン》離《リ》シ究《ク》竟《ヒヤウ》涅《ネ》槃《ハン》ヲ三《サン》世《ゼ》諸《シヨ》佛《ブツ》ハ般《ハン》若《ニヤ》波《ハ》羅《ラ》密《ミツ》多《タ》ニ依《ヨ》ルカ故《ユヘ》ニ阿《ア》耨《ノク》多《タ》羅《ラ》三《サン》藐《ミヤク》三《サン》菩《ボ》提《ダイ》ヲ得《エ》玉《タマ》フ故《ユヘ》ニ知《シ》ル般《ハン》若《ニヤ》波《ハ》羅《ラ》密《ミツ》多《タ》ハ是《コ》レ大《タイ》神《ジン》呪《ジユ》ナリ是《コ》レ大《タイ》明《ミヤウ》呪《ジユ》ナリ是《コ》レ無《ム》上《ジヤウ》ノ呪《ジユ》ナリ是《コ》レ無《ム》等《トウ》等《く》呪《ジユ》ナリ能《ヨ》ク一《イツ》切《サイ》ノ苦《ク》ヲ除《ノツ》ヒテ眞《シン》實《ジツ》ニシテ虚《キヨ》ナラス故《ユヘ》ニ般《ハン》若《ニヤ》波《ハ》羅《ラ》密《ミツ》多《タ》ノ呪《ジユ》ヲ説《ト》ク則《スナハ》チ呪《ジユ》ヲ説《トキ》テ曰《ノタマハ》ク羯《ギヤ》諦《テイ》羯《ギヤ》諦《テイ》波《ハ》羅《ラ》羯《ギヤ》諦《テイ》波《ハ》羅《ラ》僧《ソウ》羯《ギヤ》諦《デイ》菩《ボウ》提《ジ》薩《ソ》婆《ワ》訶《カ》

心經了

鎭宅靈符神

終

附録

運命梗要

凡《オヨ》ソ人間《ニンゲン》ノ運命《ウンメイ》ニ貴《キ》賤《セン》貧《ヒン》富《フ》ノ差《サ》有《ア》リ、是《コレ》衆人《シウジン》カ已《スデ》ニ腦裡《ノウリ》ニ感《カン》シ居《ヲ》ルカ、本《モト》ト運《ウン》ハ天《テン》ニ稟《ウ》享《ク》ルコト、卷首《クワンシユ》ニ説明《セツメイ》ノ如《ゴト》シ、既《スデ》ニ生時《ウマルトキ》ニ定《サダマ》ル處有《トコロア》ルユヘ、敎《ヲシヘ》ニ由《ヨ》ラサル者《モノ》ハ天命《テンメイ》ニ因《ヨツ》テ榮枯《エイコ》凋落《テウラク》スル當然《トウゼン》ナリ、素《モト》ヨリ人《ヒト》ハ欲《ヨク》望《ハウ》ヲ具《グ》備《ヒ》スル故《ユヘ》貧者《ヒンシヤ》ハ必《カナラ》ス富者《フシヤ》ヲ羨《ウラヤ》ミ、貴《キ》上《ウヘ》ノ歡樂《クワンラク》ヲ擬《ギ》セントシ、其《ソノ》地《チ》位《ヰ》ヲ得《エ》ント欲《オモ》フ、是《コレ》即《スナハ》チ一般《イツパン》ノ人情《ニンジヤウ》ナリ、此《コノ》人情《ニンジヤウ》ヲ以テ根本《コンホン》ト爲《ナ》ス、現代《ゲンダイ》ノ文明《フンメイ》ナレハ學《カク》技《ギ》藝《ゲイ》ヲ勸《スヽメ》テ榮達《エイタツ》スルヲ敎《ヲシ》ユ、是《コレ》ニ由《ヨツ》テ敎育《ケフイク》ノ必要《ヒツエウ》ヲ感《カン》シテ衆人《シウジン》ハ一致《イツチ》ノ氣運《キウン》ニ進《スヽミ》タリ、其者《ソノモノ》カ悉《コト〴〵》ク地位《チヰ》ヲ得《ウ》ルニアラス、亦《マタ》其《ソノ》望《ノゾミ》ハ容易《タヤス》ク達《タツ》シ難《ガタ》ク、人生《ジンセイ》ノ期圖《ノゾミ》ヲ達《タツ》スルハ別《ベツ》ニ道《ミチ》有《ア》リ、其道《ソノミチ》トハ靈符《レイフ》ノ法《ハフ》是《コレ》ナリ、偖《サテ》已《スデ》ニ天命《テンメイ》ヲ享《ウク》ルヲ知《シ》ル者《モノ》ハ、先《マ》ツ已《オノ》カ運命《ウンメイ》ノ吉凶《キツケフ》ヲ知《シ》ルヘシ其法《ソノハフ》ハ四柱《シチウ》推命《スイメイ》ト稱《シヤウ》シ、生年月日時《ウマレネンゲツニチジ》ヲ以テ推《オ》セハ精確《セイカク》ニ測《ハカ》ル法在《ハフア》リ、之《コレ》ヲ多年《タネン》研磨《ケンマ》シ漸《ヤウヤ》ク蘊絪《ウンイン》ノ法《ハフ》ヲ得《エ》テ、世人《セジン》ノ運命《ウンメイ》ヲ見《ミ》ルニ好運《カウウン》ハ甚《ハナハ》

タ尠《スクナ》ク凶運《ケフウン》ハ大多數者《タイタスウシヤ》ニ屬《ゾク》ス、其者《ソノモノ》カ皆志望《ミナシハウ》ヲ抱《イダキ》テ滿足《マンゾク》ニ成功《セイコウ》セント欲《ホツ》セハ、此靈法《コノレイハフ》ヲ信念《シンネン》スルカ捷徑《チカミチ》ナルヲ知《シ》ルヘシ、

夫《ソ》レ人《ヒト》ハ天稟《テンリン》ノ德《トク》ニ多少《タセウ》ノ差《サ》有《ア》リ其德《ソノトク》トハ何《ナン》ソヤ、父祖《フソ》ノ遺《ユ》産《サン》ヲ繼襲《ケイシウ》ノ類《タクヰ》是《コレ》ナリ、其遺産《ソノユサン》ヲ巧《タクミ》ニ維持《イジ》シテ、生涯《シヤウガイ》何《ナン》ノ勞苦《ラウク》モ無《ナ》ク、優遊《ユウユウ》生活《セイクワツ》スル在《ア》リ、是所謂《コレイハユル》好運者《カウウンシヤ》トス、而《シカ》ルニ均《ヒト》シク遺産《ユサン》ヲ享《ウク》ル者《モノ》、若《モ》シ父祖《フソ》無德《ムトク》ニテ、只《タヽ》財産《サイサン》ノミヲ巨額《キヨカク》ニ遺《ノコ》セハ、繼襲《ケイシウ》者《シヤ》カ無盡藏《ムジンザウ》ノ如《ゴト》ク思《オモ》ヒ、濫費《ランヒ》シテ槿花《キンクワ》ノ榮《エイ》ニ準《ヒト》シク、俄然大厦《カセンタイカ》高樓《カウロウ》カ變化《ヘンクワ》シテ、陋巷蝸居《ロウカウクワキヨ》ニ入《イ》リ艱苦《カンク》ヲ嘗《ナム》ル在《ア》リ、或《アルヒ》ハ生時《ウマレトキ》ヨリ貧家《ヒンカ》ニ成長《セイチヤウ》スルモ發達者《ハツタツシヤ》在《ア》リ、是即《コレスナハ》チ父祖《フソ》ノ餘德《ヨトク》ニ起因《キイン》ス、時俗《ジゾク》ハ已《オノ》カ智能《ナノウ》ニ因《ヨ》ル如《ゴト》ク欲《オモ》フカ敢《アヘ》テ然《シカ》ラス、其徵《ソノチヤウ》ハ豊臣氏《トヨトミシ》以下《イカ》榮達《エイタツ》ノ者《モノ》ハ皆起因《ミナキイン》在《ア》リ、若《モ》シ父祖《フソ》カ無德《ムトク》ノ者《モノ》ハ一生《イツシヤウ》齷齪《アクソク》トシテ、晝夜《チウヤ》ニ怠慢《タイマン》無《ナ》ク家穡《カシヤク》ヲ勵行《レイカウ》者《シヤ》モ、漸《ヤウヤ》ク妻子《サイシ》ヲ養《ヤシナ》フニ過《ス》

ギザル有《ア》リ、其《ソ》ハ敎《ケフ》育《イク》ニ缺《ケツ》点《ナン》有《ア》ルニ因《ヨ》ルト謂《イ》フモ敢《アフ》テ然《シカ》ラス、或《アルヒ》ハ敎《ケフ》育《イク》ノ功《コウ》ニ由《ヨツ》テ好《カウ》地《チ》位《井》ニ居《ヲ》ルト、均《ヒト》シク螢《ケイ》雪《セツ》ノ功《コウ》有《ア》ルモ薄《ハク》給《キウ》ニ苦《クル》シム者《モノ》尠《スクナ》カラス、學《カク》藝《ゲイ》ハ常《シヤウ》人《ジン》カ卒《ソツ》業《ケフ》スルモ、社《シヤ》會《クワイ》ノ活《クワツ》舞《ブ》臺《タイ》ニ出《イツ》ルニ、一《イツ》歩《ホ》疾《ハヤ》キヲ以《モツ》テ地《チ》位《井》ヲ得《エ》、或《アルヒ》ハ遲《チソ》クシテ困《コマ》ル者《モノ》、或《アルヒ》ハ緣《エン》故《コ》無《ナ》キ等《トウ》ヲ以《モツ》テ愚《グ》痴《チ》ヲ謂《イ》フカ、畢《ヒツ》竟《ケフ》德《トク》ヲ解《カイ》セス、又《マタ》運《ウン》命《メイ》ノ天《テン》禀《リン》ヲ忘《ハウ》却《キヤク》シ、己《オノ》カ學《マナ》ヒタル智《チ》能《ノウ》ヲ以《モツ》テ、百《ヒヤク》方《ハウ》工《ク》風《フウ》ヲ凝《コラ》スニ成《ナ》ラス、遂《ツイ》ニ人《シン》力《リヨク》ヲ以《モツ》テ何《イカン》トモ爲《ナ》ス能《アタ》ハストシテ、彼《カ》ノ人《ゼン》世《セ》ヲ不《フ》可《カ》解《カイ》ト爲《ナ》ス者《モノ》ハ、古《イニシ》ヨリ立《リツ》派《ハ》ナ名《メイ》敎《ケフ》ノ有《ア》ルヲ不《フ》學《カク》ノ徒《ト》カ膠《レウ》見《ケン》耳《ノミ》、凡《オヨ》ソ好《カウ》運《ウン》ト悲《ヒ》運《ウン》トハ懸《ケン》隔《カク》甚《ハナハ》タシク、之《コレ》ヲ單《タン》純《シユン》ニ學《カク》藝《ケイ》ノ素《ソ》養《ヤウ》ニ歸《キ》スルカ、學《カク》技《ギ》ノ敎《ケフ》育《イク》薄《ウス》キ實《ジツ》業《ゲフ》界《カイ》ヲ視《ミ》ルニ、時《トキ》ノ不《フ》況《ケフ》ヲ歎《ナゲキ》テ憂《ユウ》苦《ク》ニ沈《シズ》淪《ム》者《モノ》多《オホ》キ際《サイ》ニ、何《ナン》ノ感《カン》シモ無《ナ》ク生《セイ》活《クワツ》者《シヤ》モ尠《スク》ナカラス、假《タト》ヒ好《カウ》況《ケフ》ノ時《トキ》ニ成《セイ》金《キン》黨《トウ》ノ跋《ハツ》扈《コ》ノ際《サイ》モ、貧《ヒン》者《シヤ》カ根《コン》絕《セツ》爲《ナ》スニアラス、其《ソノ》逢《アフ》處《トコロ》ノ歡《クワン》樂《ラク》苦《ク》痛《ツウ》ハ、其《ソノ》人《ヒト》ニ有《アツ》テ皆《ミナ》滿《マン》足《ソク》スル時《トキ》ハアラサルヘシ、現《ゲン》時《ジ》物《ブツ》價《カ》ノ暴《ハウ》騰《トウ》ノ起《キ》因《イン》ハ、本《ホン》文《ブン》ニ錄《シル》シタル卑《ヒ》見《ケン》ナルカ、兎《ト》ニ角《カク》モ艱《カン》苦《ク》ヲ嘗《ナム》ル薄《ハク》德《トク》者《シヤ》ガ多《オホ》ク、其《ソノ》多《タ》數《スウ》ノ憂《ユウ》患《クワン》在《ア》ル勿《モチ》論《ロン》ナルカ、此《コ》ノ時《ジ》機《キ》ヲ利《リ》用《ヨウ》シテ、窃《ヒソカ》ニ喜《キ》悅《エツ》者《シヤ》モ有《ア》ルカ如《ゴト》シ、是《コレ》ニ由《ヨツ》テ學《カク》技《キ》ノ多《タ》少《セウ》ノミヲ以《モツ》テ、一《イチ》律《リツ》ノ下《モト》ニ歡《クワン》苦《ク》ハ論《ロン》斷《タン》爲《ナ》シ難《ガタ》ク、亦《マタ》無《ム》學《カク》ノ商《シヤウ》家《カ》カ巨《キヨ》萬《マン》ノ富《トミ》ヲ有《ユウ》シ、財《ザイ》運《サン》ノ強《キヤウ》者《シヤ》ハ、學《ガク》士《シ》博《ハク》士《シ》ヲ頤《イ》使《シ》スル有《ア》リ、故《ユヘ》ニ財《サイ》運《ウン》ハ別《ベツ》問《モン》題《ダイ》ナリ、然《シカ》ルニ識《シキ》者《シヤ》ノ說《セツ》ヲ眞《マ》面《シ》目《メ》ニ信《シン》シ、家《カ》資《シ》ヲ傾《カタムケ》テ就《キツヒ》テ學《カク》技《ギ》ヲ得《エ》シ者《モノ》カ、今《イマ》ヤ薄《ハク》給《キウ》ニ困《コン》苦《ク》シ、生《セイ》活《クワツ》難《ナン》ヲ鳴《ナ》ラスハ無《ム》理《リ》モ無《ナ》ク、學《カク》資《シ》ト俸《ホウ》給《キウ》ト對《タイ》照《セウ》シテ收《シウ》支《シ》償《ツクノ》ハサルヲ悵《チヤウ》然《セン》セリ、此《コノ》時《トキ》ニ方《アタツ》テ學《カク》技《ギ》ハ人《ジン》格《カク》ヲ作《ツク》ル者《モノ》、或《アルヒ》ハ中《チウ》毒《ドク》ニ罹《カヽ》ル等《トウ》ノ放《ハウ》言《ゲン》ハ、我《ワカ》教《クウ》義《ギ》ヨリ視《ミ》レハ無《ム》定《テイ》見《ケン》ノ感《カン》有《ア》ルガ畢《ヒツ》竟《キヤウ》人《ヒト》ハ運《ウン》命《メイ》ノ支《シ》配《ハイ》スル處《トコロ》ト、德《トク》ニ因《ヨ》ルヲ知《シ》ラザル者《モノ》カ、愚《グ》痴《チ》ヲ囂《カウ》々《く》爲《ナ》スニ過《スギ》ス、古《コ》今《コン》共《トモ》ニ學《カク》術《ジユツ》ノミヲ以テ財《サイ》運《ウン》ヲ論《ロン》シ難《カタ》ク、其《ソノ》徴《チヤウ》ハ名《メイ》教《ケウ》ノ盛《セイ》時《ジ》ニ於《オイ》テ、陶《トウ》朱《シユ》ノ富《トミ》ヲ爲《ナ》ス有《ア》ルカ、韓《カン》退《タイ》之《シ》等《トウ》ノ絶《ゼツ》世《セ》ノ文《ブン》豪《カウ》モ、三《サン》尸《シ》ト貧《ヒン》乏《ハウ》神《カミ》ヲ罵《ノ》ルカ如《ゴト》シ、現代ノ多《タ》數《スウ》ノ博《ハク》士《シ》ノ稱《シヤウ》有《ア》ル者《モノ》モ、財《サイ》運《ウン》無《ナ》キハ貧《ヒン》ヲ免《マヌカ》レス、故《ユヘ》ニ職《シヨク》業《ケフ》ニ關《クワン》セス皆《ミナ》然《シカ》リ、教《ケウ》育《イク》ノ必《ヒツ》要《エウ》ハ勿《モチ》論《ロン》ナルカ、運《ウン》命《メイ》ノ好《カウ》非《ヒ》ハ、生《シヤウ》涯《ガイ》ノ歡《クワン》樂《ラク》ト、苦《ク》痛《ツウ》ノ分《ワカ》ル處《トコロ》ナリ、是《コヽ》ニ由《ヨツ》テ勅《チヨク》語《ゴ》ニ垂《スイ》教《ケウ》ノ如《ゴト》ク、徳《トク》カ緊《キン》要《エウ》ニシテ缺《カ》クヘカラサルコトヲ警《ケイ》醒《セイ》シ、疾《ハヤ》ク歐《オウ》化《クワ》ニ泥《デイ》醉《スイ》ノ夢《ユメ》ヲ醒《サマ》シテ自《ジ》覺《カク》ヲ要《エウ》スト思《オモ》フ、予《ヨ》ハ天《テン》命《メイ》ヲ精《セイ》確《カク》ニ測《ハカ》ル法《ハウ》ヲ究《キハ》メ、實《ジツ》驗《ケン》シテ好《カウ》命《メイ》ノ尠《スクナ》キハ斷《ダン》言《ゲン》ス、然《シカ》ルニ皆《ミナ》自《ジ》己《コ》ノ命《メイ》ヲ不《シラ》知《サル》者《モノ》ハ、先《マ》ツ其《ソノ》命《メイ》ヲ知《シ》ルヘシ、凶《ケフ》命《メイ》者《シヤ》カ何《イカ》ニ心《シン》膽《タン》ヲ碎《クダ》クモ、貧《ヒン》ハ免《マヌカ》レサル數《スウ》ナリ、其《ソノ》凶《ケフ》命《メイ》ヲ知《シ》ル耳《ノミ》ニテハ益《エキ》薄《ウス》シ、之《コレ》ニ由《ヨツ》テ已《オノ》カ不《フ》德《トク》ヲ知《シ》ラハ、我《ワカ》唱《トナフ》ル靈《レイ》符《フ》ヲ信《シン》念《ネン》セハ、凶《ケフ》命《メイ》モ悲《ヒ》觀《クワン》ニ及《オヨ》ハス、其《ソノ》志《シ》望《ハウ》ヲ達《タツ》スルコト容《ヨウ》易《イ》ナリ、此《コノ》法《ハフ》ハ職《シヨク》ヲ撰《エラ》ハス、業《ケフ》ヲ嫌《キラ》フコト無《ナ》ク、啻《タヾ》ニ精《セイ》神《シン》堅《ケン》固《コ》ニシテ至《シ》誠《セイ》ヲ以《モツ》テ信《シン》念《ネン》スレハ、憂《ユウ》患《ケン》ヲ免《マヌカ》レ、其《ソノ》思《シ》想《ソウ》カ一《イツ》轉《テン》スル故《ユヘ》、職《シヨク》業《ケフ》ハ何《ナニ》ニ從《シウ》事《ジ》スルモ、正《セイ》理《リ》ノ心《シン》願《クワン》ハ成《シヤウ》就《シユ》セザルコト無《ナ》シ、誰《タレ》モ厭《イト》フ百《ヒヤク》難《ナン》ノ災《サイ》厄《ヤク》ヲ悉《コトヾヾ》ク免《マヌカ》ルノミナラス、家《カ》政《セイ》ノ艱《カン》苦《ク》ヲ脱《ノカ》ル等《トウ》、功《コウ》益《エキ》ハ算《カツ》フルニ遑《イトマ》アラス、其《ソノ》美《ビ》德《トク》カ國《コク》家《カ》ニ影《エキ》響《キヤウ》ヲ及《オヨホ》スニ至《イタ》レハ、天《テン》時《》モ序《ジヨ》ヲ忒《タカハ》スシテ豊《ホウ》饒《ニヨウ》カ歳《トシ》歳《ヾヾ》連續《ケ》ハ、物《フツ》價《カ》ハ自《シ》然《セン》ニ低《テイ》落《ラク》シテ、一《イツ》般《ハン》ノ生《セイ》活《クワツ》モ易《ヤス》キコトハ、已《ステ》ニ叙《ジヨ》述《ジユツ》ノ如《ゴト》シ、之《コレ》ニ由《ヨツ》テ人《ジン》生《セイ》ハ德《トク》カ必《ヒツ》要《エフ》ナルヲ以《モツ》テ、聖《セイ》訓《クン》ニ德《トク》ヲ修《オサム》ルコトヲ埀《スイ》敎《ケフ》シ玉《タマ》フト、予《ヨ》ハ解《カイ》釋《シヤク》スル所《トコロ》ナリ、

倖《サチ》運《ウン》命《メイ》ニ差《サ》有《ア》ルヲ以《モツ》テ緻《チ》密《ミツ》ニ測《ハカ》ルコトハ、彼《カ》ノ推《スイ》命《メイ》寶《ホウ》鑑《カン》ニ譲《ユツ》リ、今《イマ》茲《コヽ》ニ簡《カン》易《イ》ニ測《ハカ》ル、九《キウ》星《セイ》術《シユツ》ノ奥《オウ》義《ギ》ヲ以《モツ》テ示《シメ》シ、本《ホン》書《シヨ》ノ靈《レイ》驗《ケン》ヲ迅《ジン》速《ソク》ニ享《ウク》ル者《モノ》ト或《アルヒ》ハ遲《オソキ》者《モノ》トヲ區《ク》別《ヘツ》シテ、概《カイ》要《エフ》ヲ摘《ツマミ》録《シル》セハ左《サ》ノ

如《コト》シ、

注《チウ》意《イ》茲《コヽ》ニ掲《カヽ》ル歳《トシ》歳《〳〵》ニ各《メイ》人《〳〵》ノ運《ウン》命《メイ》ハ、大正《タイシヤウ》元年ヨリ十二年ニ終《オハ》ルト思《オモ》フヘカラス、此《コノ》九《キウ》星《セイ》ハ十年《ネン》目《ノ》ニ又《マタ》元《モト》ニ還《カヘ》リ、年《ネン》干《カン》ハ十一年《ネン》目《ノ》ニ元《モト》ニ還《カヘ》リ、十二支《シ》ハ十三年《ネン》目《ノ》ニ元《モト》ニ還《カヘ》ルモ、一周《シウ》シテハ又循環《マタシユンクワン》シテ休《ヤス》ムコト無《ナ》ク、恰《アタカ》モ環《タマキ》ノ端《ハシ》無《ナ》キカ如《コト》ク、クル〳〵廻《マワ》ルモノ故《ユヘ》、之《コレ》ヲ未《ミ》來《ライ》ニ用《モチ》ヒルニ、何十《ナン》何百何千年《チノツキルマデ》異《コトナ》ルコト無《ナ》シ所謂《イハユル》萬世《バンセイ》運命《ウンメイ》表《ヒヤウ》ト謂《イ》フモ過言《クワゲン》ニアラス、之《コレ》ヲ將來《シヤウライ》ニ應用《オウヨウ》スルニ、自身《ジシン》ノ九星《キウセイ》ト生年《ウマレトシ》ノ干支《カンシ》ヲ知《シ》レハ何人《ナンヒト》ノ運命《ウンメイ》モ斯《カク》ノ如《コト》シ、

○大正元年ハ壬子《ジンシ》ニ在《ヤド》ル、七赤《ヒチセキ》中宮年《チウキウドシ》ニ當《アタ》ル、　七赤命《メイ》ノ者《モノ》ハ多事《タジ》ナリ、

好命《カウメイ》ノ運《ウン》ハ二黑《ジコク》、八白《ハツハク》ノ兩命《リヤウメイ》ト、三碧命《サンヘキメイ》ハ吉《キチ》ト爲《ナ》シ、

凶命《ケフメイ》ノ運《ウン》ハ五黃《ゴワウ》、九紫《キウシ》ノ者《モノ》ハ尤《モツト》モ凶《ケフ》、次《ツキ》ニ一白《ハク》、四綠《ロク》ト爲《ナ》シ其《ソノ》次《ツキ》ニ六白命《リクハクメイ》ナリ、

又生年《セイネン》ノ干《カン》ト支《シ》ニ由《ヨツ》テ、九星ニ關《クワン》セス凶《ケフ》ハ、丙《ヒノエ》ト午《ウマ》ト子《ネ》年生《ドシウマレ》

ノ者《モノ》ハ百事《ヒヤクジ》ニ警戒《ケイカイ》ヲ要《エウ》ス、卯《ウ》年《ドシ》生《ウマレ》ノ者《モノ》モ又《マタ》凶《ケフ》ニ近《チカ》シトス、

○大正二年ハ癸《キ》丑《チウ》ニ在《ヤト》ル、六《リク》白《ハク》中《チウ》宮《キウ》年《トシ》ニ當《アタ》ル、六白命《メイ》ノ者《モノ》ハ多事《タジ》ナリ、

好《カウ》命《メイ》ノ運《ウン》ハ八《ハツ》白《ハク》、四《シ》緑《リク》ノ兩命《リヤウメイ》ナルカ、充《ジウ》分《ブン》滿《マン》足《ソク》ノ吉《キチ》事《ジ》無《ナ》シ、

凶《ケフ》命《メイ》ノ運《ウン》ハ二《ジ》黑《コク》、五《ゴ》黄《ワウ》、一《イツ》白《ハク》、三《サン》碧《シ》ノ者《モノ》ト爲《ナ》シ、次《ツギ》ニ九《キウ》紫《シ》、七《ヒチ》赤《セキ》ノ者《モノ》ハ凶《ケフ》ニ近《チカ》シ、

生《ウマレ》年《トシ》ノ干《カン》ト支《シ》ニ由《ヨツ》テ、己《キ》ト未《ヒツジ》年《ドシ》生《ウマレ》ノ者《モノ》ハ、百事《ヒヤクジ》ニ警戒《ケイカイ》ヲ要《エウ》ス、戌《イヌ》年《トシ》生《ウマレ》ノ者《モノ》モ凶《ケフ》ニ近《チカ》シト爲《ナ》ス、

○大正三年ハ甲《カウ》寅《イン》ニ在《ヤト》ル、五《ゴ》黄《ワウ》中《チウ》宮《キウ》年《ドシ》ニ當《アタ》ル、　五《ゴ》黄《ワウ》命《メイ》ノ者《モノ》ハ多《タ》事《ジ》ナリ、

此《コノ》年《トシ》ハ好《カウ》運《ウン》ト爲《ナ》ス者《モノ》無《ナ》シ、只《タヾ》月《ツキ》々《〵》ノ循環《シユンクワン》ニ由《ヨツ》テ、五《ゴ》行《ギヤウ》互《タガヒ》ニ相《サウ》生《セウ》シテ吉《キチ》事《ジ》ヲ享《ウ》ク、

何《ナニ》命《メイ》カ好《カウ》運《ウン》凶《ケウ》運《ウン》ト定《サダ》メ難《ガタ》シ、精《セイ》密《ミツ》ニ調《テウ》査《サ》シ好《カウ》運《ウン》期《キ》ニ在《ア》ル者《モノ》カ優《マサ》ル處《トコロ》在《ア》リ、

殊《コト》ニ凶《ケウ》命《メイ》ト爲《ナ》スハ、生《ウマレ》年《トシ》ノ庚《カウ》干《カン》ト申《サル》支《シ》ノ者《モノ》警《ケイ》戒《カイ》ヲ要《エウ》ス、己《ミ》年《ドシ》生《ウマレ》モ凶《ケウ》ニ近《チカ》シ、

○大正四年ハ乙《イツ》卯《ハウ》ニ在《ヤド》ル、四《シ》緑《リク》中《チウ》宮《キウ》年《トシ》ニ當《アタ》ル、四《シ》緑《リク》命《メイ》ノ者《モノ》多《タ》事《ジ》ニ凶《ケウ》多《オホ》シ、

好《カウ》命《メイ》ノ運《ウン》ハ八《ハツ》白《ハク》、五《ゴ》黄《ワウ》命《メイ》ノ者《モノ》、次《ツキ》ニ七《ヒチ》赤《セキ》、六《リク》白《ハク》命《メイ》ノ者《モノ》ハ吉《キチ》トシ、三《サン》碧《ヘキ》之《コレ》ニ亞《ツ》クベシ、

凶《ケウ》命《メイ》ノ運《ウン》ハ九《キウ》紫《シ》、二《ジ》黒《コク》、一《イツ》白《ハク》ノ者《モノ》ト爲《ナ》ス、

生《ウマレ》年《トシ》ノ干《カン》支《シ》ノ辛《シン》ト酉《トリ》年《トシ》生《ウマレ》ノ者《モノ》ハ、九《キウ》星《セイ》ノ吉《キツ》凶《ケウ》ニ關《クワン》セス警《ケイ》戒《カイ》ヲ要《エウ》ス、子《ネ》年《トシ》生《ウマレ》モ亦《マタ》凶《ケウ》ニ近《チカ》シト爲《ナ》ス、

○大正五年ハ丙《ヘイ》辰《シン》ニ在《ヤド》ル、三《サン》碧《ヘキ》中《チウ》宮《キウ》年《トシ》ニ當《アタ》ル、三《サン》碧《ヘキ》命《メイ》ノ者《モノ》多《タ》事《ジ》

凶《ケフ》多《オホ》シ、

好《カウ》命《メイ》ノ運《ウン》ハ五《ゴ》黄《ワウ》ノ者《モノ》、六《リク》白《ハク》ノ者《モノ》、之《コレ》ニ次《ツ》ク、其《ソノ》次《ツギ》ハ九《キウ》紫《シ》ノ者《モノ》一《イツ》白《ハク》ノ、者《モノ》ハ不《フ》如《ニヨ》意《イ》ナリ、

凶《ケフ》命《メイ》ノ者《モノ》ハ八《ハツ》白《ハク》、七《ヒチ》赤《セキ》、四《シ》綠《リク》ノ者《モノ》、次《ツギ》ニ二《ジ》黑《コク》ノ者《モノ》ナリ、

生《ウマレ》年《トシ》ノ干《カン》支《シ》ノ戊《ボ》ト、戌《イヌ》年《トシ》生《ウマレ》ノ者《モノ》ハ、九星ノ吉《キツ》凶《ケフ》ニ關《クワン》セス殊《コト》ニ警《ケイ》戒《カイ》ヲ要《エフ》ス、辰《タツ》年《トシ》生《ウマレ》ノ者《モノ》又《マタ》凶《ケフ》ニ近《チカ》シ、

○大正六年丁《テイ》巳《シ》ニ在《ヤド》ル、二《ジ》黑《コク》中《チウ》宮《キウ》年《ドシ》ニ當《アタ》ル、　二《ジ》黑《コク》ノ者《モノ》多《タ》事《ジ》ナリ、

好《カウ》命《メイ》ノ者《モノ》ハ九《キウ》紫《シ》ノ者《モノ》、次《ツギ》ハ七《ヒチ》赤《セキ》ノ者《モノ》、一《イツ》白《ハク》ノ者《モノ》ハ無《ブ》事《ジ》、五《ゴ》黃《ワウ》八《ハツ》白《ハク》ノ者《モノ》不《フ》如《ニヨ》意《イ》ナリ、

凶《ケフ》命《メイ》ノ者《モノ》ハ三《サン》碧《ペキ》、四《シ》綠《リク》、其《ソノ》次《ツギ》ニ六《リク》白《ハク》ノ者《モノ》ナリ、

生《ウマレ》年《トシ》ノ干《カン》支《シ》ノ癸《キ》ト亥《ヰ》年《トシ》生《ウマレ》ノ者《モノ》ハ、殊《コト》ニ警《ケイ》戒《カイ》ヲ要《エフ》ス、寅《トラ》年《トシ》生《ウマレ》ノ

者《モノ》凶《ケフ》ニ近《チカ》シ、

○大正七年戊《ボ》午《ゴ》ニ在《ヤト》ル、一《イツ》白《ハク》中《チウ》宮《キウ》年《トシ》ニ當《アタ》ル・　一《イツ》白《ハク》ノ者《モノ》多《タ》事《ジ》凶《ケフ》多《オホ》シ、

好《カウ》命《メイ》ノ者《モノ》ハ五《ゴ》黄《ワウ》、二《ジ》黒《コク》、九《キウ》紫《シ》ノ者《モノ》、之《コレ》ニ次《ツ》ク七《ヒチ》赤《セキ》ノ者《モノ》ナリ、

凶《ケフ》命《メイ》ノ者《モノ》ハ四《シ》緑《リク》、三《サン》碧《ヘキ》八《ハツ》白《ハク》ノ者《モノ》ト爲《ナ》シ、六《リク》白《ハク》ノ者《モノ》ハ不《フ》如《ニヨ》意《イ》ト爲《ナ》ス、

生《ウマレ》年《トシ》ノ干《カン》支《シ》壬《ジン》ト子《ネ》年《トシ》生《ウマレ》ノ者《モノ》ハ、殊《コト》ニ警《ケイ》戒《カイ》ヲ要《エフ》ス、午《ウマ》年《トシ》生《ウマレ》ノ者《モノ》凶《ケフ》ニ近《チカ》シ、

○大正八年己《キ》未《ヒ》ニ在《ヤド》ル、九《キウ》紫《シ》中《チウ》宮《キウ》年《ドシ》ニ當《アタ》ル、　九紫ノ者《モノ》多《タ》事《ジ》ナリ、

好《カウ》命《メイ》ノ者《モノ》ハ一《イツ》白《ハク》、二《ジ》黒《コク》ノ者《モノ》、之《コレ》ニ次《ツ》ク六《リク》白《ハク》ノ者《モノ》、四《シ》緑《リク》ノ者《モノ》吉《キチ》事《ジ》薄《ウス》シ、

凶《ケフ》命《メイ》ノ者《モノ》ハ五《ゴ》黃《ワウ》、三《サン》碧《ヘキ》、七《ヒチ》赤《セキ》ノ者《モノ》其《ソノ》次《ツキ》凶《ケフ》ヲ八《ハツ》白《ハク》ノ者《モノ》ト爲《ナ》シ、生年《ウマレトシ》ノ干支《カンシ》ノ己《キ》ト丑《ウシ》年《トシ》生《ウマレ》ノ者《モノ》ハ、殊《コト》ニ警《ケイ》戒《カイ》ヲ要《エフ》ス、未《ヒツジ》年《トシ》ノ者《モノ》ハ凶《ケフ》ニ近《チカ》シ、但《タヾ》シ九《キウ》星《セイ》ノ吉《キツ》凶《ケフ》ニ關《クワン》セス、丑《ウシ》年《トシ》ノ者《モノ》ハ注《チウ》意《イ》シ愼《ツヽシ》ムヘシ、

○大正九年庚《カウ》申《シン》ニ在《ヤト》ル、八《ハツ》白《ハク》中《チウ》宮《キウ》ニ當《アタ》ル、　八白命《メイ》ノ者《モノ》ハ多《タ》事《ジ》ナリ、

好《カウ》命《メイ》ノ者《モノ》ハ四《シ》綠《リク》ノ者《モノ》、一《イツ》白《ハク》ノ者《モノ》、之《コレ》ニ次《ツ》ク、三《サン》碧《ヘキ》ノ者《モノ》、二《ジ》黑《コク》五《ゴ》黃《ワウ》ノ者《モノ》不《フ》如《ニヨ》意《イ》ナリ、

凶《ケフ》命《メイ》ノ者《モノ》ハ六《リク》白《ハク》、九《キウ》紫《シ》ノ者《モノ》、次《ツキ》ニ七《ヒチ》赤《セキ》ノ者《モノ》ト爲《ナ》シ、

生年《ウマレトシ》ノ干支《カンシ》ノ甲《キノヘ》ト寅《トラ》年《トシ》生《ウマレ》ノ者《モノ》ハ、九《キウ》星《セイ》ノ吉《キツ》凶《ケフ》ニ關《クワン》セス、殊《コト》ニ警《ケイ》戒《カイ》ヲ要《エウ》ス、己《ミ》年《トシ》生《ウマレ》ノ者《モノ》モ又《マタ》凶《ケフ》ニ近《チカ》シ、

○大正十年辛《シン》酉《ユウ》ニ在《ヤド》ル、七《ヒチ》赤《セキ》中《チウ》宮《キウ》ニ當《アタ》ル、　七赤命《メイ》ノ者《モノ》多《タ》事《ジ》ナ

リ、
運《ウン》命《メイ》ノ好《カウ》凶《ケフ》ノ解《カイ》ハ、前《セン》ノ七赤中《チウ》宮《キウ》年《トシ》ノ際《サイ》ニ準《ヒト》シ、生《ウマレ》年《トシ》ノ干《カン》支《シ》乙《イツ》ト卯《ウ》年《ドシ》生《ウマレ》ノ者《モノ》ハ、九《キウ》星《セイ》ノ吉《キツ》凶《ケフ》ニ關《クワン》セス殊《コト》ニ警《ケイ》戒《カイ》ヲ要《エウ》ス、又《マタ》酉《トリ》年《ドシ》ノ者《モノ》ハ凶《ケフ》ニ近《チカ》シ、

○大正十一年壬《ジン》戌《シユ》ニ在《ヤド》ル、六《リク》白《ハク》中《チウ》宮《キウ》ニ當《アタ》ル、　六《リク》白《ハク》命《メイ》ノ者《モノ》ハ多《タ》事《ジ》ナリ、
運《ウン》者《メイ》ノ好《カウ》凶《ケフ》ノ解《カイ》ハ前《セン》ノ六《リク》白《ハク》年《トシ》中《チウ》宮《キウ》ニ準《ヒト》シ、生《ウマレ》年《ドシ》ノ干《カン》支《シ》ノ戊《ボ》ト辰《タツ》年《ドシ》生《ウマレ》ノ者《モノ》ハ、九《キウ》星《セイ》ノ吉《キツ》凶《ケフ》ニ關《クワン》セス、殊《コト》ニ警《ケイ》戒《カイ》ヲ要《エウ》ス、又《マタ》丑《ウシ》年《ドシ》生《ウマレ》ノ者《モノ》モ凶《ケフ》ニ近《チカ》シ、

○大正十二年癸《キ》亥《ガイ》ニ在《ヤド》ル、五《コ》黄《ワウ》中《チウ》宮《キウ》ニ當《アタ》ル、　五黄命《メイ》ノ者《モノ》ハ多《タ》事《ジ》ナリ、
運《ウン》命《メイ》ノ好《カウ》凶《ケフ》ノ解《カイ》ハ、前《セン》五黄年《ドシ》中《チウ》宮《キウ》ニ準《ヒト》シ、

生年《ウマレトシ》ノ干支《カンシ》ノ丁《テイ》ト已《ミ》年生《トシウマレ》ノ者《モノ》ハ、九星《キウセイ》ノ吉凶《キツケフ》ニ關《クワン》セス、殊《コト》ニ警戒《ケイカイ》ヲ要《エフ》ス、亥《ヰ》年生《トシウマレ》ノ者《モノ》ハ凶《ケフ》ニ近《チカ》シ、

以上配當《イジヤウハイトウ》スル九星《キウセイ》ノ年々《トシ〳〵》ノ吉凶《キツケフ》ヲ見《ミ》テ、訪間《ハウカン》ニ流布《ルフ》スル書籍《シヨセキ》ノ吉凶《キツケフ》ト差有《サア》リ、其《ソ》ハ實際《ジツサイ》ニ適中《テキチウ》セザル、初段《シヨタン》ノ法《ハフ》ト差在《サア》ルハ勿論《モチロン》ナリ、是即《コレスナハ》チ九星《キウセイ》ノ蘊紜《オンウン》ヲ記《シル》シ、實地《ジツチ》ニ的中《テキチウ》ヲ以《モツ》テ主《シユ》ト爲《ナ》ス故《ユヘ》、濫《ミダリ》ニ思議《シギ》スヘカラス、實地《ジツチ》ノ禍福《クワフク》ニ就《ツキ》テ、本卷《ホンクワン》ト相對照《アヒタイセウ》シテ自然《シゼン》ノ理《リ》ヲ知了《チレウ》スヘシ、

右《ミギ》運命《ウンメイ》ノ好凶《カウケフ》ヲ區分《クフン》シテ、禍福《クワフク》ノ年々《トシ〳〵》ニ循環《シユンクワン》シ來《キタ》ル梗要《アラマシ》ヲ知《シ》リ、靈符《レイフ》ヲ信念《シンネン》シテ、感應《カンオウ》ヲ疾《ハヤ》ク享《ウケ》易《ヤス》キ者《モノ》ヲ好命《カウメイ》トシ、遲《チツ》キ者《モノ》ヲ凶命《ケフメイ》ト爲《ナ》ス、然《シカ》ルニ斯《カク》ノ如《ゴト》ク運命《ウンメイ》ハ循環《シユンクワン》スルト雖《イヘト》モ、信念《シンネン》ノ至《シ》誠《セイ》カ貫徹《クワンテツ》者《シヤ》ハ、其《ソノ》凶運《ケフウン》カ一轉《イツテン》爲《ナ》ス故《ユヘ》、障難《シヤウナン》ヲ消《ケシ》禳《ハラ》ヒ吉命《キチメイ》ニ善化《ゼンクワ》者《シヤ》ハ此限《コノカギリ》ニアラス、若《モ》シ信念《シンネン》無《ナ》キ者《モノ》ハ、凶年《ケフネン》ト錄《シル》スル際《サイ》ニ方《アタツ》テ重《オモ》キハ死亡《シバフ》、輕《カル》キモ病難《ヒヤウナン》損財《ソンザイ》等《トウ》ノ諸難《シヨナン》ニ遇《アフ》ハ、必然《ヒツセン》ノ數《スウ》ナリ、凡《オヨ》ソ人事《ジンジ》ヲ處《シヨ》スルニ、職務《シヨクム》ノ何《ナニ》タルヲ問《ト》ハス、若《モ》シ苦衷《クチウ》ヲ無視《ムシ》

者《シャ》ハ、凶《ケツ》命《メイ》ト指《シ》示《ジ》ノ年《トシ》ニ何《イカ》ニ心《シン》膽《タン》ヲ碎《クダク》モ、意《イ》志《シ》ノ計《ケイ》畫《クワク》ノ達《タツ》スル理《リ》ハ毫《スコシ》モ無《ナ》シ、天《テン》命《メイ》ヲ不《シラ》知《サル》者《モノ》ハ已《オノ》カ智《チ》能《ノウ》ノ作《ハタ》用《ラキ》ニテ、發《ハツ》達《タツ》スル如《ゴト》ク思《オモ》ヒ神《シン》佛《ブツ》ヲ無《ム》視《シ》者《シャ》モ、之《コレ》ニ由《ヨツ》テ天《テン》ノ擁《エウ》護《ゴ》ヲ知《シ》ラハ、一《イチ》日《ジツ》モ等《ナヲ》閑《ザリ》ニ附《フ》スコト無《ナ》ク、熟《シユク》慮《リヨ》シテ信《シン》仰《カウ》力《リヨク》ヲ興《コウ》起《キ》シ、天《テン》寶《ホウ》ヲ享《ウ》受《ケ》以《モノ》テ家《カ》族《ゾク》圓《エン》滿《マン》ニ、子《シ》孫《ソン》繁《ハン》殖《シヨク》ヲ謀《ハカリ》テ、名《ナ》ヲ轟《トヾロカ》スル至《イタ》レハ、予《ヨ》カ本《ホン》懷《クワイ》之《コレ》ニ過《スギ》ザル矣《ナリ》、

鎭宅靈符神

附錄了

謹告

聖賢 天眼之研究

星文館主山岸乾齋講述
門人松本蘭齋筆記

菊判形 全一冊
並製 金壹圓八拾錢
但シ全國中逓送無料

本書《ホンシヨ》ノ原《モト》ハ大聖黄帝《タイセイクワウテイ》カ、臣岐伯《シンキハク》ト問答《モンドウ》シ、天文《テンモン》ト人《ヒト》ノ疾苦《シツク》ヲ救濟《キウサイ》ノ法《ハフ》ヲ叙述《ジヨジユツ》シ、素問運《ソモンウン》氣論《キロン》ト題《ダイ》スル書《シヨ》ナリ、是則《コレスナハ》チ周易《シウエキ》已前《ゼン》ノ古典《コテン》ナルヲ以《モツ》テ、天地《テンチ》ノ宗師《ソウシ》ノ稱在《シヤウア》リ、現代《ゲンダイ》ニ之《コレ》ヲ繙《ヒモトキ》テ時事《シジ》ニ對照《タイセウ》スルニ、二十世紀《セイキ》ノ歳々《トシ〴〵》ノ天時《テンジ》ト實地《シツチ》ニ符合《フガウ》ス、聖賢《セイケン》ノ遺教《ユケフ》ハ萬世《バンセイ》ヲ達觀《タツクワン》セラルモノ故《ユヘ》、予《ヨ》ハ之《コレ》ヲ天眼ト感歎《カンタン》シテ研究《ケンキウ》シ、斯《カク》ノ如《ゴト》ク題《ダイ》スル所以《ユエン》ナリ、原《モト》ト漢文《カンブン》ナレハ謹譯《キンヤク》シ、實地《ジツチ》ニ應用法《オウヨウハフ》ヲ注解《チウカイ》シ、研究《ケンキウ》ニ便《ベン》ナラシム、偖天文學《サテテンモンガク》ハ觀測法《クワンソクハフ》ト暦象《レキシヤウ》トニ分《ワカ》ツ、本卷《ホンクワン》ハ其暦象《ソノレキシヤウ》ノ根基《コンキ》ト、歳々《トシ〴〵》實現《ジツゲン》スル平易《ヘイイ》(無事《ブジ》)年《ドシ》ト、暴風雨旱害等《バウフウウカンカイトウ》ノ災異《サイイ》起《オコ》ル年《トシ》トヲ、前知《ゼンチ》スルカ是特色《コレトクシヨク》ナリ、

一人躰《ジンタイ》ハ天地《テンチ》ト其氣《ソノキ》ヲ準《ヒト》シクスル故《ユエ》、其理《ソノリ》ヲ推測《スイソク》シ疾病《シツビヤウ》ノ病症及《ビヤウシヤウオヨ》ヒ、起因《キイン》ト治療法《チレウハフ》ヨリ衛生法《エイセイハフ》等《トウ》ヲ示《シメ》シタルモノ故《コヘ》、專門家《センモンカ》ハ勿論《モチーン》ナルカ、素人《シロフト》モ簡易《カシイ》ニ病災《ビヤウサイ》幷ニ治療《チレウ》ノ要《エフ》ヲ知《シ》リ、現代《ゲンダイ》ニ獨逸醫《ドイツイ》カ發明《ハツメイ》ト謂《イ》フ、精神療養法等《セイシンレウヤウハフトウ》ハ己《スデ》ニ本書《ホンシヨ》ニ見《ミ》ル、己《スデ》ニ四千年前《セシネンゼン》ニ聖賢《セイケン》ハ垂教《スイケウ》セラル、實《ジツ》ニ達觀《タツクワン》ノ徵《チヨウ》ト爲《ナ》スニ足《タ》ルヘシ、之《コレ》ニ由《ヨツ》テ人生《ジンセイ》ノ何《ナニ》タル知《シ》ラント欲フ者《モノ》ハ、何人《ナンヒト》モ之《コレ》ヲ研究《ケンキウ》

スル要《エウ》在リト思《オモ》フ、

一、聖人《セイジン》ノ天文學《テンモンガク》ハ、十干《ジウカン》十二支《ニシ》ヲ以《モツ》テ五行《ゴギヤウ》ノ相生相尅《ソウセウソウコク》ニ因《ヨ》テ、歳々《トシヽヽ》ノ事《コト》ヲ測《ハカ》ルモノ故頗《ユエスコブ》ル簡易《カンイ》ナリ、其干支《ソノカンシ》ノ作用性質等《ハタラキセイシツトウ》ヨリ、猶變化《ナホヘンクワ》スル所以《ユエン》ヲ研究《ケンキウ》ノ方法《ハウハフ》ヲ詳述《シヤウジユツ》ス、【靈符神《レイフシン》ノ天眞坤元《テンシンコンゲン》靈符《レイフ》ノ條項《デフコウ》ト對照《タイセウ》スレハ明《アキラ》カナリ】猶參等《ナホサントウ》ニ四柱推命法《シチウスイメイハフ》ノ病斷《ビヤウダン》ノ部《ブ》ヲ提出《テイシユツ》シテ、各人《カクジン》ノ疾病《シツビヤウ》病源《ビヤウゲン》、病症《ビヤウシヤウ》、治癒《チユ》生死《セイシ》ノ時期《ジキ》ヲ知《シ》ル法《ハフ》ヲ例證《レイシヤウ》ヲ擧《アゲ》テ附記《フキ》シタリ、【以上上卷ノ摘要ナリ】

一病斷《ビヤウダン》ノ秘訣《ヒケツ》ハ周易《シウエキ》ト九星術《セイジユツ》トヲ以《モツ》テ、是亦疾病《コレマタシツビヤウ》ノ輕重《ケイヂウ》ニ係《カヽ》ル、一切《イツサイ》ノ豫知法《ヨチハフ》ヲ掲載《ケイサイ》シ、簡易《カンイ》ニ判斷法《ハンダンハフ》ヲ示《シメ》シ、一一ニ其例徴《ソノレイチヨウ》ヲ種々擧《イロ〳〵アゲ》アリ、

一周易《シウエキ》ニ覆射法《アテモノハフ》ト稱《シヤウ》シテ、所謂物質《イハユルブツシツ》ト名稱等《メイシヤウトウ》ヲ中《ア》テモノ法《ハフ》ヲ示《シメ》シ、是亦其例證《コレマタソノレイシヤウ》ヲ示《シメ》シ、先年一《センネンイチ》時流行《ジリウカウ》セシ千里眼《センリガン》ニ優《マサ》ル法《ハフ》ハ、是則《コレスナハ》チ周易《シウエキ》ノ占法中《センハフチウ》ニ備《ソナハ》ル、故《ユヘ》ニ周易《シウエキ》ノ神聖《シンセイ》ナル所以《ユエン》ノ私見《シケン》ヲ錄《シル》シ、人生《ジンセイ》ニ缺《カク》ヘカラサルコトヲ知《シ》ラシム、

一九星術《セイジユツ》ノ奥義活用法《オウギクワツヨウハフ》ヲ以《モツ》テ、人事《ジンジ》ノ禍福《クワフク》ヲ透視法《トウシハフ》ニ關《カヽ》ル諸種《シヨシユ》ノ件《コト》ヲ掲《カヽ》ケ、猶人《ナホヒト》ノ行爲《カウヰ》ニ係《カヽ》ル事項《ジカウ》ヲ叙述《ジヨジユツ》シ、又病難《マタビヤウナン》ノ實驗談《ジツケンダン》ヲ擧《アゲ》テ批評《ヒヒヤウ》ヲ加《クハ》ヘ、且又醫界《カツマタイカイ》ノコト及《オヨ》ヒ神佛《シンブツ》ノ祈念等《キネントウ》ニ就《ツキ》テ卑見《ヒケン》ヲ詳述《シヤウジユツ》シタリ、凡《オヨ》ソ聖人《セイジン》ノ天文學《テンモンガク》、人事《ジンジ》ニ關聯《クワンレン》スルコトハ斯《カク》ノ如《ゴト》シ、將亦天時《ハタマタテンジ》ニ人事《ジンジ》ニ總《スベ》テ未發《ミハツ》ニ知《シ》ルカ特色《トクシヨク》ナリ、試《コヽロミ》ニ思《オモ》ヘ人生《ジンセイ》ノ貴重《キチヤウ》ノ性命《セイメイ》ヲ論《ロン》スルニ、死後《シゴ》ニ及《オヨビ》テ何《イカ》ニ詳論《シヤウロン》ス

ル益《エキ》スル處《トコロ》無《ナ》キカ如《ゴト》シ、天災《テンサイ》モ亦然《マタシカ》リ、蓋《ケダ》シ根元《コンゲン》ヲ知《シ》ラスシテ末《スエ》ヲ學者《マナフモノ》ハ非《ヒ》ナリ、故《ユヘ》ニ人《ジン》生虧《セイカ》クヘカラサル寶典《ホウテン》ナレハ、梗要《アラマシ》ヲ摘錄《ツヽミシル》シテ研學者《ケンガクシヤ》ニ告《ツ》ク、

新著廣告

古今未發 九星神機奥傳
諸葛亮遺法 八門遁甲之部（上卷）

星文館主山岸乾齋講述
門人松本蘭齋筆記

菊判形全二冊
近刻

夫《ソ》レ八門遁甲法《ハチモントンカウハフ》ハ世人皆其名《セジンミナソノナ》ヲ知《シ》ル處《トコロ》ナルモ、操格《クリカタ》ノ繁雜《ハンザツ》ナルヲ以《モツ》テ流布《ルフ》ノ書《シヨ》ニ由《ヨツ》テ學《マナ》ヒ難《ガタ》シ、故《ユヘ》ニ本卷《ホンカン》ハ其操格《ソノクリカタ》ヲ懇切《コンセツ》ニ說明《セツメイ》シテ、師無《シナ》ク秘訣《ヒケツ》ヲ知《シ》ルコト得《ウ》、之《コレ》ニ由《ヨツ》テ諸災厄《シヨサイヤク》ヲ免《マヌカ》ルヘシ、此法《コノハフ》ノ特色《トクシヨク》ハ諸吉神《シヨキチジン》ヲ撰《エラン》テ以《モツ》テ、凶方《ケウハフ》ヲ制伏《セイフク》ノ時《トキ》ヲ知《シ》リ之《コレ》ニ由《ヨツ》テ、家屋建築及《カオクケンチクオヨ》ヒ修造《シウゾウ》等《トウ》ヨリ、人事《ジンジ》百般《ヒヤクハン》ニ應用《オウヨウ》スレハ、天祐《テンユウ》ノ福壽《フクジユ》ヲ全《マツタ》フ享受《ウク》ルヲ得《ウ》ル故《ユヘ》、日常《ツネ》ニ缺《カ》クヘカラサルコト言《コトアタ》新ラシク喋々《ナフナフ》ノ辨《ベン》ヲ要《エウ》セス、方道《ハウダウ》ヲ研究者《ケンキウシヤ》ハ勿論《モチロン》、猶《ナホ》九星方犯《セイハウハン》ノ輕重吉凶《ケイジウキツケウ》ヨリ、新式《シンシキ》占斷法《センダンハフ》ノ奥義《オウギ》ヲ掲載《ケイサイ》シタル書《シヨ》ナレハ、實《ジツ》ニ坐右《ザユウ》ヲ離《ハナ》スヘカラサル緊要《キンエウ》ノ寶籍《ホウセキ》ナリ、

九星神機運命獨斷之部（下卷）

一本書《ホンシヨ》ハ九星《セイ》ノ運用秘法《ウンヨウヒハフ》ヲ首《ハジメ》トシ、各人《カクジン》ノ性情《セイジヤウ》ヨリ一代中《イチダイチウ》ノ運命盛衰等《ウンメイセイスイトウ》、幷《ナラビ》ニ百般《ヒヤクハン》ノ吉凶禍福《キツケウクワフク》

ニ關《カヽ》ル事故等《ジコトウ》ヲ載《ノセ》タリ、例《タトヘ》ハ一白水星命者《パクスイセイメイシヤ》カ一白年《パクトシ》ニ生《ウマ》ルモ、同一《ドウイツ》ノ運命《ウンメイ》ニアラス、素《モト》ヨリ六十年間《ネンカン》種々《イロ〱》ノ差在《サア》リ、是《コ》レ其年《ソノトシ》ノ干《カン》ト支《シ》ニ差在《サア》ルヲ區別《クベツ》シテ、其吉凶《ソノキツケウ》ノ差《サ》ヲ斷定《ダンテイ》セシム、且又貧富貴賤《カツマタヒンフウキセン》ニ由《ヨツ》テ差在《サア》ル等《トウ》ヲ、明細《メイサイ》ニ辨明《ベンメイ》シアリ、其他《ソノタ》ノ者皆然《モノミナシカ》リ、將亦男女《ハタマタナンニヨ》ノ差在《サア》ル等《トウ》ヨリ禍福《クワフク》ノ實現《ジツゲン》ヲ示《シメ》シ在《ア》レハ是即《コレスナハ》チ眞《シン》ニ神秘《シンピ》ノ奥義《アウギ》ニシテ、六千萬《マン》ノ同胞《ドウハウ》ヲ十把《ジツパ》一束《ヒトカラケ》ニ論《ロン》シタル、普通《フツウ》ノ書《シヨ》ト異《コトナ》ル要点《エウテン》ナリ、最《モツト》モ之《コレ》カ起因《キイン》スル相性相剋《ソウセウソウコク》ハ勿論《モチロン》、疾病事故《シツペイジコ》モ各人異《カクジンコトナ》ルコトヲ示《シメ》シ、或《アルヒ》ハ運命《ウンメイ》ヲ上中下《ジヤウチウゲ》ノ三段《ダン》ニ分《ワカ》チ、賢愚等《ケングトウ》モ其差在《ソノサア》ル所以《ユエン》ヲ詳述《シヤウジユツ》セラレタリ、更《サラ》ニ四柱《シチウ》九星術《セイジユツ》ノ新式法《シンシキハフ》ヲ啓發《ケイハツ》シ、初運中運晩運《シヨウンチウウンバンウン》ノ三期《キ》ニ測《ハカ》ル法《ハフ》ヲ知《シ》ラシメ、猶周易《ナホシウエキ》ノ斷法《ダンハフ》ニ一代《イチダイ》ヲ六十年間《ネンカン》ト爲《ナ》シ、前《ゼン》三十年《ネン》ト後《ゴ》三十年間《ネンカン》ノ盛衰《セイスイ》ヲ測《ハカ》リ、其禍福《ソノクワフク》ヲ豫知《ヨチ》セシメ、將亦《ハタマタ》覆射法《フクシヤハフ》ノ占例數種《センレイスーシユ》ヲ掲《カヽ》ケ、生死事故《セイシジコ》ノ成敗《セイハイ》ヲ知悉《チシツ》スル等《トウ》、總《スベ》テ坊間《ハウカン》ニ流布《ルフ》スル、初段《シヨダン》ノ實地《ジツチ》ニ符合《フガフ》セサル書《シヨ》ト同視《ドウシ》スル勿《ナカ》レ、眞《シン》ニ古今未發ノ神機奥蘊《オウウン》ノ書是《シヨコレ》ナリ、已《スデ》ニ發行近《ハツカウチカ》キ以《モツ》テ豫告《ヨコク》シ、發行《ハツカウ》ノ上《ウヘ》ハ御愛讀《ゴアイドク》ノ光榮《クワウエー》ヲ給《タマハ》ラン事《コト》ヲ祈《イノ》ル、

發行者敬白

大正元年十月貳拾日印刷
大正元年十月貳拾七日發行

特價金參圓五拾錢

著作權所有

神戸市下山手通七丁目百拾七番邸寄留
編著兼發行者　山岸彌平

大阪市北區天神橋筋四町目二十七番地
發行兼印刷者　上村由太郎

大阪市西區靱上通二丁目十四番地
印刷所　玉鳴館

發兌元　瑞祥書院
大阪市北區天神橋筋四丁目二十七番地上村方

解題

鎮宅とは、家宅の災禍を祓い消し鎮めるとの義で、下記のような由来がある。

風水・宅相に精通していた漢の孝文帝が、あるとき孔農県に行幸したとき、滅茶苦茶凶相の地に立派な邸宅のあるのを怪しみ、その主人をよんで尋ねたところ、その昔、災禍打ち続きど貧民となり不幸のどん底にあったとき、いずこともなく書生二人が現れ、七十二霊符を伝授され、十年にして大富豪となり、二十年にして子孫栄え、三十年にして天子までが訪ねて来るであろうと預言し、忽然と消えたという。ここに孝文帝はこの霊符の法を深く信仰し、天下に伝えたという。

ちなみに筆者は、家相研究のためあえて凶相の家に住むこと十年、あるゆる災禍を蒙るが、鎮宅霊符を祀るにおよんで、あらゆる災禍が忽然と消え、吉祥に転化したという。まさに我が身を捨てて実践の結果、著したのが本書であり、鎮宅霊符七十二符はもとより、武帝応用の五十八符、天真坤元の十二符などおよそ二百六十余符が収録され、『霊符秘密集傳』（藤崎孝教著・八幡書店刊）を補完する霊著として必備の宝典といえよう。各人の力量に応じて活用されたい。肥後国八代郡白木山神宮寺に霊符鎮座の次第、周防氷上山の霊符由来、妙見信仰との関係など秘教信仰の歴史資料としても貴重である。

原本は符の部分は朱で印刷されているが、今回の復刻にあたっては廉価で頒布する関係上、単色印刷となったことをお断りしておく。実際に謹製する際には、七十二符、武帝五十八朱などおおむね朱書が原則であるが、なかには桃板に墨書などの符もあるので、修法にあたっては本文を精読せられたい。霊符謹製作法の実際については本書でも述べられているが、『玄秘修法奥伝』（大宮司朗著・八幡書店刊）にはさらに詳細に述べられているので、必ず併読されたい。また謹製した霊符を身に帯びるときは、清め包みで包むことは言うまでもない。

編集部

鎮宅霊符神

感応秘密修法集

大正元年十月二十七日　初版発行（瑞祥書院）
令和五年三月　二　日　復刻版第五刷発行

編　者　金華山人

発行所　八幡書店
東京都品川区平塚二―一―十六
KKビル五階
電話　〇三（三七八五）〇八八一
振替　〇〇一八〇―一―四七二七六三

ISBN978-4-89350-572-9 C0014 ¥6800E

八幡書店 DM や出版目録のお申込み（無料）は、左 QR コードから。
DM ご請求フォーム https://inquiry.hachiman.com/inquiry-dm/
にご記入いただく他、直接電話 (03-3785-0881）でも OK。

八幡書店 DM（48 ページの A4 判カラー冊子）毎月発送

①当社刊行書籍（古神道・霊術・占術・古史古伝・東洋医学・武術・仏教）
②当社取り扱い物販商品（ブレインマシン KASINA・霊符・霊玉・御幣・神扇・火鑽金・天津金木・和紙・各種掛軸 etc.）
③パワーストーン各種（ブレスレット・勾玉・PT etc.）
④特価書籍（他出版社様新刊書籍を特価にて販売）
⑤古書（神道・オカルト・古代史・東洋医学・武術・仏教関連）

八幡書店のホームページは、
下 QR コードから。

八幡書店 出版目録（124 ページの A5 判冊子）

古神道・霊術・占術・オカルト・古史古伝・東洋医学・武術・仏教関連の珍しい書籍・グッズを紹介！

災禍を覆滅し、凶を吉に転ずる霊符神の応験

掛軸 太上神仙鎮宅霊符

定価 7,480 円（本体 6,800 円+税 10%）
簡易掛軸

巾 29.4cm ×高さ 66cm

一般書店からの注文はできません

鎮宅とは、家宅の災禍を祓い消し鎮めるとの義で、下記のような由来がある。風水・宅相に精通していた漢の孝文帝が、あるとき孔農県に行幸したとき、滅茶苦茶凶相の地に、立派な邸宅のあるのを怪しみ、その主人をよんで尋ねたところ、その昔、災禍打ち続きど貧民となり不幸のどん底にあったとき、いずこともなく書生二人が現れ、七十二霊符を伝授され、十年にして大富豪となり、二十年にして子孫栄え、三十年にして天子までが訪ねて来るであろうと預言し、忽然と消えたという。ここに孝文帝はこの霊符の法を深く信仰し、天下に伝えたと。ちなみに『鎮宅霊符神』の筆者は、家相研究のためあえて凶相の家に住むこと十年、あるゆる災禍を蒙るが、鎮宅霊符を祀るにおよんで、あらゆる災禍が忽然と消え、吉祥に転化したという。本商品は、高級掛軸表装（三段表装、丸表装 etc.）では高額となってしまうところを、簡易掛軸にしてお安く頒布することとした。この霊験あらたかな鎮宅 72 霊符の掛け軸をご自宅に飾っていただければと思う次第である。

道教系霊符の集大成！

増補 霊符の呪法

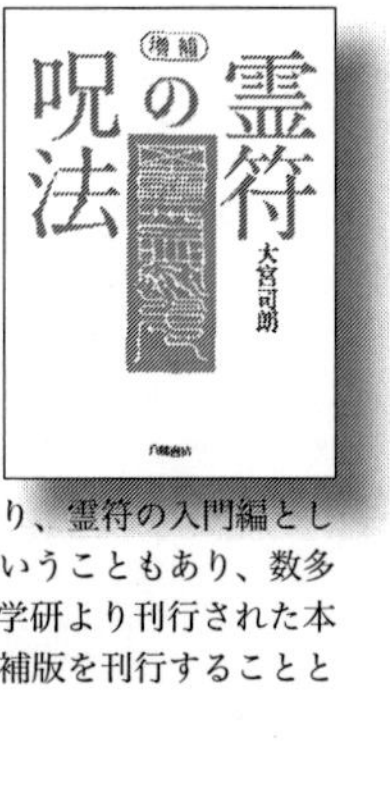

大宮司朗＝著

定価 3,080 円（本体 2,800 円+税 10%）
四六判 上製 ハードカバー

大宮司朗先生著『玄秘修法奥伝』では、神道系の霊符を多数紹介しているが、本書では、鎮宅霊符をはじめ、道教系の秘奥の霊符 500 符を網羅している。霊符収録の数も半端ではないが、霊符の起源や歴史、解読法、書写法、使用法など、基本的なこともおさえており、霊符の入門編としてもお薦めの書である。霊符を活用する人にとっては、どうしても気線が合う合わないということもあり、数多い霊符を書写・活用することが重要なので、本書はその一助となるであろう。2002 年に学研より刊行された本書は、しばらく品切れになっていたが、その後も復刊希望が後を絶たないため、弊社で増補版を刊行することとした。増補にあたっては、道教経典の集大成である『正統道蔵』より追加集録した。